金奎植과 그의 시대

김규식과 그의 시대 3
열정과 냉정 사이, 중국에서의 독립운동(1922~1945)

정병준 지음

2025년 8월 15일   초판 1쇄 발행

펴낸이	한철희
펴낸곳	돌베개
등록	1979년 8월 25일 제406-2003-000018호
주소	(10881) 경기도 파주시 회동길 77-20 (문발동)
전화	(031) 955-5020
팩스	(031) 955-5050
홈페이지	www.dolbegae.co.kr
전자우편	book@dolbegae.co.kr
블로그	blog.naver.com/imdol79
인스타그램	@Dolbegae79
페이스북	/dolbegae
편집	김태현·강경희
표지디자인	김민해
본문디자인	이은정·이연경
마케팅	고운성·김영수·정지연
제작·관리	윤국중·이수민·한누리
인쇄·제본	영신사
ISBN	979-11-94442-39-4 (94910)
	979-11-94442-36-3 (set)

• 책값은 뒤표지에 있습니다.
• 이 책의 내용 전체 또는 일부를 재사용하려면 출판사의 허가를 받아야 합니다.

김규식과
그의 시대

3

열정과 냉정 사이,
중국에서의 독립운동
1922~1945

정병준 지음

사랑하는 아내에게

차 례

저자의 글　　　　　　　　　　　　　　　　　　　　　　　　　13

1장　모스크바 극동민족대회 참가와 모스크바 외교(1921~1922)　　27

1　상해에서 모스크바로 가는 형극의 여정　　　　　　　　　　　29
　　(1) 상해·천진·북경·장가구·고비사막·고륜·캬흐타·베르흐네우딘스크·
　　　　이르쿠츠크·모스크바의 여정　　　　　　　　　　　　　　29
　　(2) 고륜에서 마주한 이태준의 죽음과 사촌여동생 김은식　　41
2　모스크바대회와 한국대표단장 김규식　　　　　　　　　　　47
　　(1) 이르쿠츠크에서 모스크바로　　　　　　　　　　　　　　47
　　(2) 모스크바대회 주석단에 오른 한국대표단의 김규식·여운형　51
　　(3) 한국대표단장 김규식의 연설과 한국 문제 보고서　　　　61
　　(4) 극동민족대회의 유산: 김규식-러시아 밀약설　　　　　　74
3　모스크바에서의 분열
　　: 외교교섭단, 상해파 고려공산당, 임시정부의 3각 외교전　　79
　　(1) 극동민족대회 한국대표단의 외교교섭단 단장 김규식　　79
　　(2) 상해파, 이르쿠츠크파, 임정의 모스크바 외교 3파전　　　84
　　(3) 레닌자금을 둘러싼 상해파, 이르쿠츠크파의 극한 대결　　91
　　(4) 임정 특사단의 모스크바 외교전 참가와 김규식에 대한 악평　99
　　(5) 코민테른의 자금 지원 중단 결정　　　　　　　　　　　107

2장 국민대표회의와 블라디보스토크의 국민위원 김규식(1923)   113

1 국민대표회의의 동력: 한형권의 20만 루블   115
   (1) 워싱턴과 모스크바의 대결   115
   (2) 레닌자금 20만 루블의 사용처   121
   (3) 중한호조사와 교육사업의 김규식   135

2 국민대표회의의 경과: 창조파 정부 수립이라는 결말   139
   (1) 국민대표회의 개막과 참가자   139
   (2) 창조파와 개조파, 상해파와 이르쿠츠크파의 대립   146
   (3) 창조파의 '한'(韓) 정부, 국민위원회의 설립   154

3 블라디보스토크에서의 몇 개월: 국민위원 김규식   164
   (1) 정부가 아닌 혁명정당 '국민위원회'   164
   (2) 국민위원회의 혁명정당 강령 초안   168
   (3) 국민위원회에 대한 반대파의 공격   177
   (4) 국민위원회 총회와 종막   181
   (5) 박용만 제명 미스터리   189

3장 생업에 돌아가 일상을 돌보다(1923~1932)   195

1 상해 남화학원·고등보수학원·삼일공학의 교육자(1923~1925)   197
2 상해 혜령영문교·복단대학 교수, 5·30운동, 북벌 참가(1922~1928)   205
   (1) 혜령영문교·복단대학 교수   205
   (2) 일본 경찰과 영국 경찰의 체포 시도   210
   (3) 국민당 북벌 참가(1927)   220
3 천진에서의 일상(1928~1933)   227

4장 또 한 번의 도미 외교 시도(1933)   235

1 윤봉길 의거 이후 상해 독립운동 진영의 재편(1932)   237

2	한국대일전선통일동맹·중한민중대동맹의 결성(1932)	247
	(1) 한국 측 통일전선 한국대일전선통일동맹의 창립(1932. 11)	247
	(2) 중한연대를 위한 중한민중대동맹의 결성(1932. 11)	255
3	김규식의 도미와 재미한인사회의 실정(1933)	267
	(1) 『원동정세』의 정세관	267
	(2) 대공황기 재미한인사회의 실정	277
4	김규식의 미주 여정과 주요 활동: 분열을 품은 통일	284
	(1) 캘리포니아에서의 일정: 중한동맹 지부 결성 실패와 대한독립당 조직 (1933. 3. 10~1933. 5. 16)	284
	(2) 중부·동부에서의 일정: 중한민중동맹·한국대일전선통일동맹 뉴욕지부의 결성(1933. 5. 17~1933. 7. 7)	294
	(3) 하와이에서의 활동: 이용직·한길수와의 연결	306

5장 실의와 온축의 10년(1933~1942)
: 임시정부·민족혁명당 합류와 탈퇴, 사천대학 교수 시절   335

1	김규식의 임시정부 재합류(1933~1935)	337
2	1930년대 중국국민정부의 후원과 임시정부·민족혁명당의 양립	345
3	민족혁명당의 결성, 김규식의 참여와 사직(1935)	352
	(1) 대일전선통일동맹의 해체와 민족혁명당 결성	352
	(2) 김규식의 민족혁명당 "사직"	358
4	온축의 사천대학 교수 시절(1935~1942)	364
	(1) 영문학 교수 생활과 저술	364
	(2) 화상마 찻집, 죽근탄 감귤원의 김우사	376

6장 한국독립당과 민족혁명당의 대결(1937~1942)   383

1	중일전쟁과 광복진선·민족전선의 분립(1937)	385
	(1) 광복진선과 민족전선의 분립	385
	(2) 기강7당회의·5당회의의 결렬	390

2	조선의용대와 광복군의 분립	398
	(1) 조선의용대의 창설과 북상	398
	(2) 한국광복군의 창설	410
3	한독당·민혁당 통합 실패와 군대·의회·정부의 통일(1942)	424
	(1) 중국국민당정부의 광복군·의용대 통합 결정	424
	(2) 한독당과 민혁당의 통합 시도	427
	(3) 임시의정원과 임시정부의 확대 개편	433

7장　중경 임시정부의 김규식(1943~1945)　439

1	김원봉·민족혁명당과 한길수·재미한인사회의 연계(1941~1942)	444
	(1) 김규식과 문제적 인물 한길수의 관계	444
	(2) 김원봉과 한길수·민족혁명당 미주지부의 연계	453
2	신탁통치 문제의 대두와 한독당·민혁당의 갈등(1943)	472
	(1) 한반도 신탁통치론의 대두와 국제공관·국제공영·국제감호설 (1942~1943)	472
	(2) 1943년 카이로회담·카이로선언의 이중적 의미	487
	(3) 광복군 행동준승 9개조와 중국정부 지원금의 연계	493
	(4) 중국지원금을 둘러싼 갈등: '암살단 사건'과 '공금횡령'의 대결	500
	(5) 갈등의 안팎: 생계 문제와 정치 갈등, 중국 지원통로의 불통일	509
3	임시정부 부주석 김규식(1944)	517
	(1) 의정원의 갈등: 헌법 개정, 한독당의 분열, 국무위원 선임(1944)	517
	(2) "민족통일전선적 정부"의 부주석 김규식	526
4	중경과 미주의 연계·갈등·분열(1941~1945)	535
	(1) 김구·이승만 연대와 이승만·한길수의 갈등	535
	(2) 갈등의 삼파전: 이승만·한길수·재미한족연합회의 대결	542
	(3) 김구·임시정부의 이승만 선택과 재미한인사회의 좌절	547
5	임시정부의 외교·군사·통일·연대(1945)	557
	(1) 외교: 김규식의 1945년 샌프란시스코회의 참가 시도와 이승만의 '얄타밀약설' 파란	557

(2) 군사: 행동준승 9개조 철폐와 광복군-OSS의 공동작전		567
(3) 중경 내 정당 통일 시도: 5당통일회의와 독립운동자대표대회		576
(4) 독립운동 세력과의 연대: 독립동맹, 만주빨치산의 연락·연대 시도		582

8장 해방과 귀국의 길 593

1 중경에서 맞은 해방의 날 595
2 33년 만의 귀국길 607

남은 말 김규식 자료 추적기 623

1 가계, 유년기, 도미 유학 626
  (1) 미국 내셔널아카이브의 현대사 자료로부터 출발한 여정 626
  (2) 홍천 후손들의 증언, 가계, 부친 김용원 629
  (3) 언더우드 고아원학교 632
  (4) 스미소니언박물관의 김규식 사진들 633
  (5) 김규식의 신분과 신분의식 635
  (6) 도미 유학, 의화군과의 관계 638
  (7) 로녹대학의 기록들이 이야기하는 김규식의 대학 시절 640
  (8) 호주로 인삼 팔러 간다며 여권 받아 중국으로 망명하다 643
2 3·1운동, 파리강화회의, 워싱턴 구미위원부, 모스크바 극동민족대회, 국민대표회의 646
  (1) 영국에서의 자료 조사: 김규식이 인도양 콜롬보에서 쓴 편지 646
  (2) 미국에서의 자료 조사: 토머스호 밀항 실패가 남긴 기록 648
  (3) 여운형이 윌슨 대통령에게 쓴 청원서 편지를 찾다 650
  (4) 파리강화회의의 김규식: 무명의 청년에서 독립운동의 상징으로 거듭나다 652
  (5) 공채표 세일즈맨 김규식의 뇌수술 654
  (6) 김규식과 여운형의 관계 656
  (7) 김규식과 신규식, 동제사의 관계 659

	(8) 일본에서의 자료 조사: 최정익 미스터리, 박용만 미스터리	660
	(9) 임정과 김규식의 1차 결별: 극동민족대회	662
	(10) 극한까지 밀고 간 국민대표회의	667
3	1930~1940년대 중국 시절	671
	(1) 1932년 중한민중동맹단, 1933년 도미 외교, 한길수와의 만남	671
	(2) 1935년 민족혁명당 참가와 탈당: 행간으로 읽은 인간관계	676
	(3) 사천대학 교수 시절	678
	(4) 1943년 임시정부 복귀	680
	(5) 임시정부와 미주의 관계	684
	(6) 카이로선언, 국제공관론과 반탁운동	688
	(7) 해방과 귀국	690
4	해방 이후 김규식	691

	부록	699
1.	「한국독립당의 정강 급 쁘로그람」의 성립 과정	701
2.	국민위원회 집무규정	703
3.	한국독립당 조직안	706

부록 논문	711
버치 문서를 통해 본 1946~1947년 김규식의 정치 활동	713

참고문헌	748
표·그림 목록	771
찾아보기	774

일러두기

1. 인용문의 강조 표시(밑줄)와 중괄호(( ))는 인용자(이 책의 저자)가 삽입한 것이다.
2. 인명·지명·조직명 등의 표기 및 용례는 원문을 존중하여 사용했으며, 약칭으로 기술한 경우도 있다. 외국어의 인명·지명·조직명 읽기는 원문에 따라 다양하게 혼용했다. 일본어 표기는 도쿄, 동경, 東京 등을 함께 사용했고, 중국어 표기는 장개석, 장제스, 蔣介石 등을 혼용했다. 한국어 조직명의 경우 대한민국임시정부, 임시정부, 임정, 상해 임정, 중경 임정 등 정식 명칭과 약칭을 모두 사용했다. 주로 원문의 표현을 따랐다.
3. 한국, 조선, Korea 등은 원문과 상황에 따라 병용했다.
4. 주요 인용 도서 및 자료의 경우, 각주에 서지사항 중 핵심 부분 전체를 중복 기재했다.

저자의 글

이 책은 우사 김규식(尤史 金奎植, 1881~1950) 평전이다. 1881년 출생부터 1945년 해방 후 중국에서 돌아오는 64세까지의 시기를 다루었다. 이후부터 납북되어 1950년 12월 평북 만포진에서 비감하게 사망할 때까지의 시기는 아직 미완성이다. 2014년 무렵부터 집필을 시작해서, 중요한 시기, 자료가 충분한 시기를 중심으로 글을 썼다. 중요 장절로 줄거리를 엮었고, 비어 있는 시기를 채웠다. 이런 작업의 결과 2023년 여름에 총 4부작의 초고를 완성했다.

제1부(제1권)는 1881년 출생과 가계부터 중국 망명 후 3·1운동 발발 직전인 1918년까지를 대상으로 했다. 가계, 가족관계, 언더우드 고아원학교, 미국 유학, 귀국 후 국내 사회 활동, 결혼, 1913년 중국 망명 후의 활동 등을 다루었다. 이 시기 김규식의 삶을 복기하고 추적하는 일에 많은 시간과 노력이 필요했다. 부스러기 자료를 따라서 그의 삶을 재구성해야 했기 때문이다. 이런 추적 작업에 관심을 갖고 역사학자의 길에 접어들었고, 새로운 자료를 찾아 새로운 이야기를 쓰는 일에 긍지를 갖게 되었다. 제1부에 등장하는 이야기들은 기성의 김규식 연구에서는 거의 들을 수 없었고, 볼 수 없었던 내용이다. 본문을 완성한 후 2025년 초 미국 스미소니언박물

관에서 김규식 사진들과 이를 그곳에 매각한 헐버트 선교사의 문서들을 찾아서 제1부의 서장을 쓸 수 있었다. 스미소니언박물관 사진 이야기는 김규식의 일생을 상징하는 것이었는데, 이렇게 평전의 첫 장을 열면서, 책마다 그 운명이 있구나 하는 소회를 갖게 되었다.

제2부(제2권)는 1919년 파리강화회의, 1920~1921년 구미위원부 활동, 1921년 상해 귀환 등 그의 인생을 결정적으로 대표하는 3·1운동기를 다루었다. 김규식의 일생 중 가장 빛나는 시기이자, 그가 한국근현대사에서 주요 역할을 담당한 시기였다. 김규식 일생 중 정치적으로 가장 중요한 역할을 담당한 시기는 1919년 파리강화회의 전후, 1945~1948년 해방 직후였다. 제1차 대전 이후와 제2차 대전 이후인 것이다. 물론 다른 시기의 김규식도 자기 운명의 주인공이자 역사의 주역으로서 면모를 갖추었지만, 그의 역사적 역할과 비중이 가장 두드러진 것은 이 두 시기였다. 민족의 운명이 좌우되고, 결정되는 중요한 시기였다. 이런 시기에 김규식은 중요한 위치에서 중요한 역할을 맡음으로써 그의 인생의 향배를 결정했다. 이런 연유로 김규식 일생 중 불과 3년에 불과한 시기를 한 권의 책으로 엮게 된 것이다.

제3부(제3권)는 1921년부터 1945년까지 중국에서의 활동을 다루었다. 1921~1922년 모스크바 극동민족대회, 1923년 국민대표회의, 한국대일전선통일동맹, 1933년 도미 외교, 1935년 민족혁명당, 중국 대학교수, 1943~1945년 임시정부 부주석 등 중국 내 한국 독립운동과 관련된 김규식의 활동을 다루었다. 긴 시기의 다양한 활동, 조직, 인물들을 다루게 되었고, 사실상 중국 내 한국독립운동사를 쓰게 된 셈이었다. 특히 제3부는 김규식뿐만 아니라 그를 이끈 시대, 시대정신, 사람들의 이야기를 함께 다루게 되었다. 이 시기를 다루는 데 있어서 김구·한독당·임정 중심, 김원봉·민혁당·조선의용대 중심, 연안 독립동맹·조선의용군 중심의 설명 구도가 병립하는 기성의 연구와는 다른 접근을 시도하려고 노력했다.

제4부는 1945년 8월 해방 직후 김규식 등 임시정부 요인들이 귀국하는 1945년 12월 말까지를 다루었다. 김규식의 귀국 이전 국내 상황을 개관하기 위한 목적이었다. 그런데 정작 제4부에는 김규식이 등장하지 않고, 주로 여운형과 국내 정계의 동향, 활동이 중심인 글이 되었다. 김규식 평전보다는 오래전 한국현대사 연구를 시작하면서 가지고 있던 의문들에 대한 응답의 성격이었다. 여러 생각 끝에 이 책을 단행본으로 독자들에게 선보이는 게 좋겠다고 생각했고, 제4부를 떼어 2023년 말 『1945년 해방직후사』라는 단행본으로 간행했다. 이런 연유로 이제야 김규식 평전, 『김규식과 그의 시대』 제1부~제3부를 간행하게 되었다.

책을 완성하고 보니 여러모로 개인적 감정과 소회가 교차한다. 김규식의 일생을 다룬다는 것은 한국근현대사, 그중에서도 한국독립운동사, 한국현대사의 주요 쟁점과 활동을 다루는 것과 다를 바 없었다. 어떻게 보자면 평생 공부한 바를 총정리하는 성격이었다.

김규식에 대한 관심은 해방 직후사를 공부하면서 시작되었다. 주한미군사령부 정보참모부 군사실 문서철의 비밀자료 속에서 좌우합작, 남북협상에 등장하는 김규식의 면모를 보게 되었다. 여운형의 파트너, 김구의 파트너였으며, 이승만·김구와 함께 우익 3영수의 한 사람으로 꼽히던 김규식은 해방정국에서 주인공이라기보다는 주요 조역으로 등장하는 느낌이 강했다. 그럼에도 불구하고 미국 자료에 등장하는 김규식의 풍모는 "한국적 인물"들과는 무언가 다른 비범함을 보이고 있었다. 해방정국에서 김규식이 관련된 좌우합작, 과도입법의원, 남북협상, 한국전쟁 등을 연구했기에 이 시기 김규식에 대해서는 충분히 파악하고 설명할 수 있다는 자신감이 있었다. 그러나 해방정국의 김규식은 그의 전체 인생 중 불과 5년에 불과했다. 그의 나머지 인생 63년을 추적하고 재구성하는 것이 문제였다.

때문에 해방 직후사에서 역으로 거슬러 올라가 김규식의 일제시기 활동을 추적하게 되었다. 일제시기, 대한제국기, 개항기로 거슬러 올라가면서 갈피를 잡기 어려웠다. 역사적 맥락과 시대상을 파악하기 위해서 통사적 공부가 필수적이었다. 선행 연구자들이 쌓아 올린 연구성과와 그 기반이 된 자료를 섭렵하면서 한 걸음, 한 뼘씩 전진해야 했다. 작업은 우공이산(愚公移山), 우보천리(牛步千里)의 심정으로 진행되었다. 시간과 노력이 필요했다.

거의 유일하게 참고할 수 있는 선행연구는 1974년 이정식 교수가 쓴 『김규식의 생애』라고 할 수 있었다. 김규식의 전 생애를 다루었고, 김규식이 다녔던 로녹대학(Roanoke College) 자료와 3·1운동기 관련 자료들을 발굴했고, 그 위에 김순애, 김진동, 김진세, 서병호 등 가족과 친지들의 주요 증언에 기초해 작성된 탁월한 연구였다. 1990년대에는 김재명 기자가 증언에 기초해 해방 직후 김규식 등 중도파 인물에 대한 글을 잡지에 연재한 바 있다. 아직 친척, 추종자 등 관련자들이 생존해 있어 쓸 수 있었던 글이다. 2000년대 초반 강만길, 서중석, 심지연 교수가 『우사김규식평전』(3권)을 냈다. 김규식과 중도파의 노선에 공명하는 분들의 공동 연구작업이자, 우사김규식연구회의 후원에 힘입은 것이었다. 우사김규식연구회는 이후 김규식 관련 영문자료집을 번역·간행하기도 했다. 그 외에 중요한 시기·사건·활동에 초점을 맞춰 김규식을 다룬 논문 몇 편이 제출된 바 있다.

한국현대사의 경로가 증명하듯이 김규식이라는 인물은 현대 한국사회에서 주요한 학문적 연구주제가 되기 어려웠다. 김규식은 성공과 실패가 분명치 않은 길을 걸어간 사람인 데다 정치적 추종자를 거느리지 않은 외로운 존재였고, 납북되어 사망함으로써 정치적 유산을 남기지 못했다. 김규식과 함께 중도파를 대표하는 여운형의 경우, 그의 정당인 인민당·근로인민당 추종자들이 1960년 4·19시기까지 현실 정치에서 재기를 모색할 정도로 일정한 응집력과 구심점이 존재했다. 그러나 김규식에게는 그러한 개인적 추종자나 세력이 존재하지 않았다. 좌우합작·남북협상이라는 이성적이고 합리적인 중도파의 노선은 분단과 한국전쟁 이후 한국 사회에서 설 자리가 없었다. 김규식에 대해서는 실현 가능성이 없는 이상주의적인 학자형 정치지도자라는 정도가 세간의 보편적 인식이었다고 해도 과언이 아니다. 김규식이 사라지자 그의 노선과 역할, 지향이 함께 증발된 것이나 마찬가지였다.

때문에 대중적 관심이나 역사학계의 주목을 받기 어려웠다. 강하고 카리스마 있는 지도자, 군중을 호령하고 이끌고 지배하는 영도자, 생사를 불문하고 권력을 추구하는 강한 독재적 지도자상에 익숙해진 한국 사회가 선뜻 이해하고 수용하기 어려웠다. 이분법적 세계관에 익숙한 현대 한국 사회가 흑백, 좌우, 미소, 남북이 분명하지 않은 인물을 이해하기는 쉽지 않았다.

한국 독립운동의 주요 지도자로 등장한 이후 김규식의 일생은 늘 민족과 국가의 진로를 고민하며, 올바르고 합리적 노선을 추구하기 위해 부단히 움직이는 삶이었다. 민족주의를 반역과 퇴행의 담론으로 치부하는 요즘 세태에서 이해하기 어려울 정도로 김규식의 시대는 국가와 민족이 유일한 의제이자 중심이었으며, 통일과 독립이 지상과제였던 시기였다. 이런 시대적 과제 속에서 그의 생애는 이성적이고 합리적인 선택을 향해 부단하게 움직이는 것으로 일관되었다. 끊임없는 떨림으로 국가와 민족의 나침반이 되고자 했던 것이다.

김규식은 한국 근대의 모더니티를 상징하는 대표적인 인물이자, 인텔리 지식인이며 학자적 정치인, 이성의 한국인 등으로 회자되었다. 미국 유학생 출신이며, 유창한 영어를 구사했고, 어학의 천재였으며, 파리강화회의 특사이자, 구미위원부 위원장이었으며, 임시정부 부주석을 지낸 화려한 경력의 소유자로 소개되었다. 그러나 그의 유년은 고아 신세로 언더우드 선교사의 양자로 양육되었으며, 해방 후 그의 정치 공간은 한국현대사의 경로를 상징하는 중도파의 비극과 직결되었다. 1946년 그와 정치적 합을 맞추어 좌우합작운동을 펼쳤던 여운형은 제2차 미소공동위원회가 결렬되기 직전인 1947년 7월 암살되었고, 다음 해 그와 함께 남북협상에 올라 통일독립정부를 희망했던 김구는 1949년 6월 한국군 포병 소위에 의해 암살되었다. 해방된 한국에서 한국인의 손에 의해 비극과 비극이 중첩되었고, 살아남은 병약한 김규식은 한국전쟁 중 북한에 납치되어 1950년 12월 평북 만포진에서 생을 마감했다.

김규식에게 매료된 것은 그의 일생을 관통하며 명징하게 드러나는 비극적 서사가 갖고 있는 마력적 힘 때문이었을지 모르겠다. 정치적 성패로 따지자면 성공하지 못한 사람의 역사이지만 그 삶 속에 담겨 있던 진정성과 꺼지지 않는 불꽃 같은 열정의 순간들이 마음을 사로잡았기 때문일 것이다.

이런 연유로 김규식 평전을 쓴다는 것은 일생의 도전과 같은 일이었다. 해방 전후 현대사는 물론 한말 개항기와 일제시기를 포괄하고 국내외 활동을 정리해야 했기 때문이다. 김규식에 대해 본격적인 평전을 쓰겠다고 마음을 먹었을 때, 이 책은 50대 중반 이후에야 가능하리라고 가늠했다. 그만큼의 연구와 공부가 필요했기 때문이다.

이 책을 쓰면서 늘 염두에 두었고, 떠나지 않았던 다짐들이 있다. 이 책은 그러한 마음의 무게중심에서 벗어나지 않으려는 노력의 산물이기도 하다. 이 책이 취하고 있는 기본적인 태도와 입장이다.

첫째, 김규식을 다룬 평전이기 때문에 그에 대한 관심과 애정에 기초해 있다는 점을 부정할 수 없다. 그러나 김규식을 역사의 경로에서 벗어나 위대한 결정을 하는 특별한 영웅이나 위인으로 묘사하려 하지 않았다. 위인전이나 영웅전은 이 책의 관심사가 아니다. 이 책을 관통하는 필자의 관점은 유일하다. 그것은 영웅이나 위인이 아닌 인간 김규식을 다룬다는 것이다.

둘째, 김규식이라는 평범한 사람, 보통의 인간이 민족의 지도자가 되었으며, 그는 한국근현대사의 경로를 거쳐 배출된 다양한 인간 군상 중 하나였음을 보여 주려 했다. 인간 김규식이 어떻게 성장했으며, 어떤 시점과 어떤 경우에 어떤 선택을 통해 한국현대사의 인물로 서게 되었는지를 설명하고자 했다. 인간적 강점과 약점을 모두 갖춘 보통의 인간이 자신에게 주어진 선택의 범위 내에서 최선을 다하려 노력했으며, 때로는 성공하고 때로는 실패의 길을 걷게 되었음을 설명하고자 했다. 그는 특별한 기회에 특별한 선택으로 민족적 지도자의 이름을 얻기도 했지만, 다른 경우에는 결과적으로 서지 말았어야 할 우극(愚劇)에 동참하기도 했다. 그의 삶은 일관되거나 일직선이 아닌 합리적 선택과 모순적 행동이 결합된 복합체였다. 그는 시대와 역사의 산물이자 개인적 선택의 결과로 형성된 의지적·주체적 인간이었으며, 그의 일생은 복잡계로 구성되어 있었다. 이에 대한 평가와 판단은 당대 한국인들의 보편적 의지, 독립운동가들의 염원과 지향에 따랐다. 현재적 관점에서의 재해석은 중요하게 생각하지 않았다.

셋째, 이 책을 통해 김규식이 걸어간 시대의 역사 가운데 지금까지 보이지 않던 장면들, 들리지 않던 목소리들의 이야기를 드러내길 희망했다. 한국근현대사가 걸어온 극적인 전환과 우여곡절 때문에, 이 시기의 역사를 성공과 실패, 승리와 패배, 선과 악의 단순한 이분법으로 이해하려는 경향이 만연해 있다. 그러나 역사를 승리한 자의 기록으로, 영웅들의 신비한 행적으로, 신의 섭리나 막강한 외부세력의 결정으로 인식할 경우, 우리는 역사가 전하는 진정한 교훈에 눈을 감게 될 것이다. 이 책은 다양한 발현 가능성을 지녔던 역사의 교훈이 전하는 울림에 귀를 기울이려고 했다. 그리고 그곳으로 눈을 돌리길 희망하고 있다.

넷째, 이 책은 김규식을 다루면서 그와 연관된 당시 독립운동 진영의 다양한 주제들을 다루었다. 인물평전인 동시에 한국독립운동사의 성격이며, 김규식과 그의 시대를 동시에 다루었다. 박찬승 교수는 이런 글쓰기

가 에토 준(江藤淳)의 『나쓰메 소세키(夏目漱石)와 그의 시대(漱石とその時代)』에서 비롯되었고, 김윤식 선생의 『이광수와 그의 시대』가 이를 본뜬 것이라는 얘기를 들려주었다. 필자도 이미 『현앨리스와 그의 시대』, 「안두희와 그의 시대」 등의 글을 썼으니, 이미 은연중에 이러한 영향을 받았을 것이다. 그런데 김규식과 그의 시대를 설명하다 보니, 쉽게 빨리 읽히는 글과는 거리가 있게 되었다. 자료를 분석하고, 발견한 자료를 남기려는 노력의 결과 진중하다 못해 둔탁하고 분석적인 글이 되었음을 고백한다. 후발 연구를 위한 디딤돌이 되리라 스스로 위로를 삼는다.

이 책을 완성하는 과정에서 많은 분들의 격려와 도움, 지도를 받았다. 돌이켜 보면 학문의 길을 혼자 헤쳐 나아간다고 생각했지만, 사실은 보이지 않는 학문공동체의 선배, 동료들과 함께였으며, 그분들의 응원·격려·관심·비판의 함성이 주위를 에워싸고 있었다.

제일 먼저 재미사학자 방선주 선생님께 감사인사를 드린다. 이 책이 근거한 많은 자료들의 출처이자, 학문적 영감의 근원이었다. 이 책이 활용한 자료들의 상당수가 방선주 선생님의 발굴로 세상에 소개된 것들이다. 개척자가 있어서, 눈길 위에 난 발자국을 따라 여기에 이르렀다. 지난 1월 워싱턴을 방문해 병중의 선생님을 만나 뵈었다. 문후를 여쭈니 환하게 웃으시던 모습이 생생하다. 더 이상 원고를 읽어 주시지는 못했지만, 늘 마음에 그 뜻을 간직하고 있다.

이화여자대학교 강영심 선생님은 이 책의 원고를 처음부터 끝까지 읽은 유일한 분이다. 오랜 시기에 걸쳐 마음이 가는 대로 들쭉날쭉 원고를 썼고, 전혀 체계적이지도, 시기별·장절별로 정리되지도 않은 원고를 드렸지만, 언제나 반갑게 환영하며 원고를 봐주셨다. 이 책이 다루는 시대와 이런 유형의 원고를 마다하지 않고 감당할 수 있는 학문적 지음(知音)의 역할을 해주셨다. 자세한 코멘트, 큰 격려, 한결같은 애정에 감사드린다.

이 책에 수록된 몇몇 챕터는 학술대회 혹은 학술지에 발표한 바 있는데, 3·1운동기 여운형의 윌슨 대통령 앞 청원서, 신한청년당의 활동, 파리로 향하는 김규식, 김규식과 의친왕 등의 글이다. 발표 기회를 마련해 준 대한민국임시정부기념관, 독립기념관 등의 기관, 비판과 격려를 아끼지 않으신 여러 토론자들과 익명의 심사위원들께 감사드린다. 한국외대 반병률 명예교수, 한양대 박찬승 명예교수, 서울대 한모니카 교수, 성신여대 홍석률 교수, 국가기록원 이승억 연구관, 조이현 연구관, 국사편찬위원회 박진희 박사, 제주4.3평화재단 양정심 박사 등이 원고의 몇몇 챕터를 읽고 비판과 격려의 코멘트를 해주셨다. 펜실베이니아대학에 있던 유진 박(Eugene Park) 교수는 김규식의 가계에 대한 인사이트와 족보 데이터베이스를 제공해 주었다. 루쉰 전문가인 이화여대 중문과 홍석표 교수는 중국에서 한중 지식인의 지적 교류를 연구했는데, 이를 통해 김규식·여운형의 중국 내 행적을 가늠하는 데 도움을 받았다.

한적 자료의 탈초·번역에 도움을 준 분들이 있다. 이화여대 국문과 김동준 교수는 신규식의 동제사 1주년을 기념한 한시의 탈초·번역을 도와주었다. 독립기념관에 소장된 이 자료는 김도형 선생의 도움으로 구했다. 규장각 양진석 선배는 중국 사천의 화가 양정명(梁鼎銘)이 귀국하는 김규식에게 증정한 그림의 화제(畫題)를 번역해 주셨다. 부족한 능력과 글재주를 이런 분들의 도움으로 극복했다.

귀중한 얘기를 해주신 분들도 있다. 김규식의 비서 송남헌 선생은 해방 직후 김규식 박사에 대한 기억을 여러 차례 들려주셨다. 자신이 직접 경험한 김규식의 정치행로와 노선을 후세가 기억해 주길 바라는 절절한 마음이 느껴졌다. 한국연구원 최서면 원장은 도쿄에서 만난 김규식의 장남 김진동에 대한 기억을 특유의 화술로 생생히 묘사해 주셨다. 두 분은 이미 고인이 되어 영면에 드셨다. 김규식의 손녀 김수옥 여사, 후손 김주현, 김주만 님으로부터는 후손들만 알 수 있는 귀중한 얘기들을 들었다. 홍천 선영에서 김주만 님으로부터 전해 들은 집안 내력이 지금도 생생하다. 우사김규식연구회의 총무 장은기 선생은 유일하게 생존하는 김규식맨이라고 할 만하다. 1950년 김규식이 직접 작성한 영문·한문 이력서와 편지들을 보내주셨다.

미국 자료와 관련해서 국립문서기록관리청(The National Archives and Records Administration, NARA)의 독립연구자이자 가장 연륜 있는 한국문서 전문가인 윤미숙 선생의 도움을 받았다. 김규식이 토머스호 밀항 사건 당시 가지고 있던 문서들을 비롯해 오랜 기간 빈번한 도움 요청에 흔쾌히 자료를 찾아 주었다. 2001년 방선주 선생님 팀에 합류한 이래의 인연이 벌써 사반세기가 되었다. 홍콩과학기술대학의 데이비드 창(David Chang Cheng) 교수는 수개월간 하버드옌칭도서관에서 버치(Leonard M. Bertsch) 문서를 촬영해 주었으며, 서울대 박태균 교수도 자신이 작업한 버치 문서 수천 장을 서슴없이 보내 주었다. 국가보훈처의 고 이현주 박사, 류동연 박사, 한국학중앙연구원의 윤종문 박사로부터 자료의 도움을 받았다. 이분들의 후의와 도움에 감사드린다.

러시아 자료를 얻고 분석하는 데 도움을 준 분들이 있다. 오랜 인연의 조선대 기광서 교수는 언제나 러시아 자료에 대해 막힘이 없는 해답을 제공했다. 탁월한 북한연구자이자 러시아문서 전문가로서 혜안을 지닌 분인데, 너무 이른 나이에 세상을 등졌다. 미인박명의 한탄을 금할 수 없다. 조철행, 이재훈 두 분도 흔쾌히 러시아 자료를 제공해 주셨다. 감사의 말씀을 드린다. 러시아 자료 중 일부는 이화여대에서 함께 연구했던 블라디미르 흘라스니(Vladimir Hlasny) 교수와 독립연구자 베라 보지치코(Vera Bozhichko)의 도움을 얻었다. 블라디미르 교수는 현앨리스·정웰링턴을 연구하며 이화여대에서 학문적 즐거움을 함께했지만, 지금은 레바논 주재 유엔대표부에서 일하고 있다.

이화여대 도서관 임보람 사서의 도움을 특기한다. 한국 도서관에서는 찾아보기 어려운 참고사서의 역할을 훌륭하게 해주었다. 거의 기대하지 않은 채 미국과 일본의 신문, 잡지, 자료의 원문 복사를 요청했지만, 개인적 인연을 동원하면서까지 최선을 다해 구해 주었다. 그 노력과 전문가적 네트워크에 감탄했다. 로녹대학의 린다 밀러(Linda Miller) 사서, 스텔라 수(Stella Xu) 교수, NARA의 에릭 슬랜더(Eric Slander), 미국 국립인류학아카이브의 알렉스 브라운(Alex Brown), 스미소니언기관아카이브의 데보라 샤피로(Deborah Shapiro), 맥아더아카이브의 제임스 조벨(James Zobel), 오스트레일리아 국립도서관(National Library of Australia)의 빙 젱(Bing Zeng) 등의 친절한 도움에 감사드린다.

이화여대 사학과 대학원생 허원, 류승은은 『김규식과 그의 시대』 전 3권의 교정·교열에 도움을 주었다. 대학원 수업에 참가해 김규식, 이승만, 여운형, 한국 독립운동, 한국현대사 자료와 저작을 함께 읽은 대학원생들도 이 책을 쓸 수 있었던 중요한 동력을 제공했다. 때때로 학교 앞 안산 자락을 걸으며 이런 얘기 저런 소리를 할 수 있어서 숨 쉴 여력을 얻었다. 거친 얘기를 마다하지 않고 들어준 김영미 명예교수의 보살행에 감사할 뿐이다. 스트레스에 찌든 인생을 품어 준 안산 숲과 봉은사의 저녁노을에 빚을 졌다. 산길과 능선 위에 마음의 탁기(濁氣)를 내려놓을 수 있어 이 글을 쓸 수 있었다.

한국에서는 국사편찬위원회, 국립중앙도서관, 국회도서관, 이화여자대학교도서관, 서울대학교규장각, 한국연구원, 한국기독교역사연구소, 독립기념관 등의 도움을 받았다. 미국 국립문서기록관리청 워싱턴디씨 본관, 칼리지 파크의 제2관, 의회도서관필사문서처(Manuscript Division, Library of Congress), 로녹대학아카이브(Roanoke College archives), 스탠퍼드대학후버연구소(Hoover Institute, Stanford University), 컬럼비아대학희귀필사도서관(Rare Books & Manuscript Library, Columbia University), 스미소니언박물관 국립인류학아카이브(Smithsonian National

Anthropological Archives), 스미소니언기관아카이브(Smithsonian Institution Archives), 남가주대학코리안헤리티지도서관(Korean Heritage Library, USC), 맥아더아카이브(MacArthur Memorial Archives), 영국 국립문서보관소(The National Archives), 제국전쟁박물관(Imperial War Museum), 일본외무성 외교사료관, 일본 의회도서관 등에서 자료를 볼 수 있었다. 이들 기관의 도움과 후의에 감사드린다.

자료의 발굴과 추적에 대한 상세한 내력은 제3부의 마지막 「남은 말: 김규식 자료 추적기」에 정리해 두었다. 일종의 맺음말이자 잠정적 결론에 해당하는 글로 제1부의 서장 「서장: 스미소니언박물관 사진이 전하는 140년 전의 김규식 이야기」와 연결된다. 인간 김규식에 대한 개인적 감상과 평을 담았고, 독자들을 위한 안내서 역할로 마련한 것이다. 해방 후 김규식의 행적을 완성하지 못한 미진함을 덜기 위해 제3부에 「부록 논문: 버치 문서를 통해 본 1946~1947년 김규식의 정치 활동」을 덧붙였다. 해방 후 김규식 이야기를 어떻게 전개할지에 대한 나름의 조감도에 해당한다.

2005년 이래 책을 내면서 가족들의 사랑과 기억을 헌정사에 적었다. 칠순이었던 가친은 이제 구순을 넘겨 와병 중이시다. 기억과 건강이 모두 쇠잔해졌고, 아들은 경험할 수 없었던 인생을 배우고 있다. 강진 백련사 동백꽃 찻집에서 도란도란 얘기하던 어린 아들딸은 뒤란의 대나무처럼 자라 아비를 내려보고 염려하는 나이가 되었다. 내가 쓴 모든 원고의 첫 독자이자 비평가인 아내에게 은퇴 전 김규식 평전을 완성하겠다는 약속을 지킬 수 있어 다행 중 천만다행이다. 가족의 따뜻한 사랑으로 여기에 이르렀다.

돌베개와 함께 책을 내기 시작한 이래 다섯 번째 책이 되었다. 자극적인 제목에 가볍고 멋진 디자인의 실용적 책을 선호하는 세태에 이런 학술적이고 딱딱한 책의 출간을 선뜻 수락한 한철희 대표께 감사 인사를 전한다. 복잡하고 난삽하고 방대한 분량의 원고를 제대로 된 책으로 만들어 준 김태현 과장과 편집진들의 노고와 고투에 감사 말씀을 드린다.

왜 글을 쓰는지, 왜 이런 글을 쓰는지 헤아리지 못했으나, 좋아하는 일이었고, 잘할 수 있는 일이었기에 감사했고, 그 일이 직업이 되었다. 매혹적이고 마력적인 무언가에 매료되어, 부스러기 빵조각, 빛나는 조약돌을 따라 길 끝에 있을지 모를 미지의 세계를 찾아 헤매었다. 그 결과 매혹적인 이야기를 추적하고, 그 이야기를 쓰는 것으로 연구 일생을 살았다. 이제 김규식 평전을 상재(上梓)함으로써 그 일막을 매듭짓게 된 것에 감사드린다. 아직 넘어지거나 쓰러지지 않았으니, 남은 힘으로 어떤 이야기에서 흘러나온 가냘픈 피리소리를 쫓아가게 될 것이다.

희망과 절망이 교차하는 해방 80주년 3월
정병준

모스크바 극동민족대회 참가와
모스크바 외교

1

(1921~1922)

1 상해에서 모스크바로 가는 형극의 여정

(1) 상해·천진·북경·장가구·고비사막·고륜·캬흐타·베르흐네우딘스크·이르쿠츠크·모스크바의 여정

김규식은 1921년 11월 극동민족대회가 개최될 예정인 이르쿠츠크로 향하고 있었다. 여운형·나용균과 동행이었다. 1920년 9월 러시아 바쿠(Baku)에서 개최된 동양인민대회(Congress of the People of the East)는 극동민족대회 소집안을 국제공산당(코민테른) 집행위원회에 제시했고, 이 결과 1921년 8월 대회 소집이 결정되었다. 소비에트러시아와 극동공화국은 강대국 주도의 워싱턴회의에 초대받지 못했고, 1921년 7월 19일 자신들의 참여 없이 진행되는 워싱턴회의에 반대한다는 성명을 발표했다. 이에 따라 극동민족대회는 강대국·승전국·제국주의 국가의 워싱턴회의에 대항하기 위한 식민지·반식민지·피억압 인민의 회의를 표방했으며, 최초 개최일은 제1차 세계대전 종전 기념일인 1921년 11월 11일로 예정되어 있었다.[1]

---

1   반병률, 2017, 「모스크바 원동민족혁명단체대표회와 한국 독립운동」, 『3·1운동 전후 국제정세의 변화와 한국 독립운동』, 광복 72주년·독립기념관 개관 30주년 기념 국제학술회의,

주요 참가국은 한국, 일본, 중국, 몽고 등이었다. 대회 실무는 1921년 1월 설립된 코민테른 원동비서국이 담당했으며, 책임자 슈미야츠키(Boris Shumyatsky)와 보좌역 보이틴스키(Grigori Voitinsky)가 중심인물이었다. 원동비서국 산하에는 각 민족별 부서와 책임자를 두었는데, 한국 문제를 담당하는 고려부는 이르쿠츠크파 고려공산당이 주도하고 있었다.

이르쿠츠크파는 1921년 5월 창립 이후 북경으로 이동했다가 10월 10일 자로 다시 상해로 이전했다. 1921년 10월 중순 이후 김만겸(책임비서) 등 이르쿠츠크파 고려공산당 중앙위원회는 상해에서 활동하며 극동민족대회 대표자 선정을 주도했다.[2] 상해에서 책임비서 김만겸, 서기 안병찬이 극동민족대회 참가자들을 심사했다. 고려공산총국 책임비서인 박헌영과 서기 김단야가 같은 시기 개최되는 극동혁명청년대회 참가자들을 심사했다. 상해에서는 고려공산당 중앙위원회(6명), 고려공산당 상해지부(1명), 고려공산청년회 상해회(1명), 신한청년당(1명), 독립신문사(2명), 화동한국학생연합회(2명), 대한애국부인회(1명), 이팔구락부(1명), 조선기독교연맹(1명) 등이 선정되었다. 국내에서도 이르쿠츠크파 '내지부' 간부가 극동민족대회 대표자 선정을 주도했으며, 서간도 대표자들과 이르쿠츠크 소재 반일단체 대표자들도 선임했다.

상해 일본 밀정의 보고에 따르면 10월 23일부터 이르쿠츠크에 파견할 대표를 선정하기 위한 회의가 상해 프랑스 조계에서 열렸는데, 혁명당 및 공산당 대표자 김만겸 외 대한애국부인회 대표 김원경·권애라, 대한공산청년회 대표 최창식(이상 이르쿠츠크파), 대한연합청년단 대표 김영진·유건혁, 학생회 대표 정광호, 대한공산청년단 대표 김극(김단야)·임원근, 대

한국프레스센터(2017. 8. 10); 반병률, 2018a, 「원동민족혁명단체대표회와 한국 독립운동 (1)-대회 개최의 배경과 준비」, 『역사문화연구』 36.
2   임경석, 1999, 「극동민족대회와 조선대표단」, 『역사와현실』 32, 38쪽.

한광복군총영 대표 백남신·장덕진 등이 참가했다.³

    여운형도 극동민족대회에 주도적으로 참가했다. 윌슨의 친구 크레인을 만난 후 신한청년당을 조직하고 김규식을 파리강화회의에 파견한 여운형은 상해 임시정부 수립에 참가했다. 당시 여운형은 임시정부 수립보다는 독립운동가들의 혁명정당을 건설해 명실상부한 독립운동의 중추기관을 형성해야 된다는 입장이었다. 그런데 시대 분위기는 상해에 임시정부를 수립하는 쪽이었다. 조직적으로는 임시정부 형태를 취하고, 국제외교의 중심인 상해에 위치하며, 외교독립노선을 추구하자는 입장이 주류를 형성해서 1919년 4월 대한민국임시정부(초기 상해 임시정부)가 수립되었다. 3·1운동 대폭발의 기폭제이자 마중물을 제공했던 여운형은 상해 임시정부에 동참했으나, 파리강화회의가 한국 독립 문제에 어떤 희망을 전해 주지 않고 여러 논란에 휩싸이자, 임시정부로부터 거리를 유지하기 시작했다. 파리강화회의·기독교·미국을 향한 기대가 차갑게 냉각되는 순간, 혁명러시아가 새로운 대안과 전망을 제시했다. 상해에서는 어제의 민족주의자가 오늘의 사회주의자로 거듭나는 변신(翻身)의 장이 펼쳐졌다. 여운형은 이르쿠츠크파 고려공산당에 가입했다.

    이르쿠츠크파 고려공산청년회 상해지회장이 된 여운형은 한국, 일본, 중국, 몽고, 자바 등의 참가자들 여권 수속과 기타 준비 관계를 도맡아 했다. 상세한 기록을 남긴 여운형의 목소리를 들어 보자.

    대정 10년(1921) 늦은 가을 나는 상해에서 머지않아 붉은 러시아의 수도 모스크바에서 열리게 된 원동피압박민족대표자대회의 준비에 망살(忙殺)되고 있었다. 이 대회는 푸로레타리아트의 운동과 약소민족의 운

---

3   大正 10년 11월 7일, 朝鮮總督府 警務局 高警 第28730호, 國外情報「上海ニ於ケル共産黨ノ狀況」; 강덕상, 2017, 「극동민족대회」, 『여운형과 상해 임시정부: 망명정부의 존립을 위한 고투』, 선인, 396쪽.

동을 유기적으로 결합시키기 위한 제3인터-내슈낼의 실천적 사업의 하나로써 임이 개최되었던 근동피압박 민족대회의 계속이며 후계였을 뿐만 아니라 때를 같이하야 아메리카의 수도에서 열리게 된 저 소위 워싱톤회의 곧 세계대전을 통하야 강탈한 수획의 분할을 중심으로 하야 제국주의 국가 간에 이러한 알륵과 모순을 난화(暖和)시키고 전리품의 분배를 다시 한번 고처해보려는 자본주의 국가의 회합에 대항하는 새로운 의미와 사명을 띠우게 된 극동의 피압박 약소민족의 소임이 있었다.[4]

김규식은 여기에 동참하기로 한 것이다. 1918년 겨울 합을 맞춰 파리강화회의행을 성사시켰던 여운형-김규식 팀은 3년 뒤인 1921년 겨울 이르쿠츠크행을 함께 시작한 것이다. 그러면 이제부터 김규식의 여행 경로를 따라가 보자.

첫째, 김규식의 상해 출발 시점은 언제였고, 언제 러시아에 도착했는가? 여운형은 대표들을 차례로 출발시킨 후 마지막으로 상해를 떠나 만주 경유 코스를 선택하여 11월 초 천진에 도착했다고 기억했다.[5] 일제 밀정은 상해 대표들이 10월 24~26일, 11월 2일로 분산해서 이르쿠츠크로 출발했는데, 10월 24일에는 김주(김단야)·임원근·백남신, 10월 25일에는 김원경·권애라·최창식, 11월 26일에는 김영진·유건혁·정광호가 출발했다고 보고했다.[6] 한편 여운형, 김규식, 최창식, 현순, 나용균, 정광호, 조동호, 김상덕 등이 1921년 11월 27~28일 상해를 출발했다는 상해 임정 측 관계자의 기록도 있다.[7] 여러 자료와 증언들을 종합하면 김규식·여운형은 11월

---

4 여운형, 「나의 회상기」, 『중앙』(1936. 3); 몽양여운형선생전집발간위원회 편, 1991, 『몽양여운형전집』 1, 한울, 44쪽.
5 여운형, 1936, 위의 글, 44쪽.
6 大正 10년 11월 7일, 朝鮮總督府 警務局 高警 第28730호, 國外情報 「上海ニ於ケル共産黨ノ狀況」; 大正 10년, 11월 11일, 朝鮮總督府 警務局, 高警 第28829호, 國外情報 「上海ニ於ケル共産黨ノ狀況」; 강덕상, 2017, 위의 책, 396~397쪽.

Kim-Kiusic

調查表 高麗部
(АНКЕТА) КОРЕЙСКАЯ СЕКЦИЯ
(inquiries) Korean section

I 姓名과 生年月日 김규식 (金奎植) 29/1/1881
ВРЕМЯ РОЖДЕНИЯ И ИМЯ Kiusic Kimm 22/5/1881
Birth and name Kiusic Kimm

II 敎育 大學文科卒業 (美國) College
ОБРАЗОВАНИЕ Bachelor of Arts, Roanoke, Vay. U.S.A.
Education Американский Roanok-университет в Верине

III 職業 敎育事業
ЗАНЯТИЕ Educational work педагог
occupation

IV 社會上地位 (士族,平民,紳士等別) 士族
СОЦИАЛЬНОЕ ПОЛОЖЕНИЕ интеллигент
social position

V 如何한委任狀을 가지고 오엿노? 新韓青年黨
КАКОГО РОДА МАНДАТ ИМЕЕТЕ ВЫ The Korea Young Men's Society
what kind of a mandate have you от союза молодежи "Синан-Тхонгмэн"

VI 언으政黨或은 團体에 屬하엿노 (無) (do)
К КАКОЙ ПОЛИТИЧЕСКОЙ ПАРТИИ ИЛИ Каутнзат Корекане
ГРУППЕ ПРИНАДЛЕЖИТЕ ВЫ what political party or group do you belong?

VII 언으勞働組合에 屬하엿노 在美韓人勞働社會團體
К КАКОМУ РАБОЧЕМУ СОЮЗУ ПРИНАДЛЕЖИТЕ ВЫ The Korean Labor Party in America
what labor union do you belong to к корейскому рабочему союзу в Америке

VIII 何月何日에 어마어듸 로셔아 國境을 넘어오엿노 25/XI/1921 由音도 京奉圖
ГДЕ И КОГДА ПРИБЫЛИ ВЫ В РОССИИ Via Chita Moscoba
when and where did you cross the Russian border 25/XI 1921

IX 目的과 希望 韓民族解放及獨立
ВАШИ ЦЕЛИ И НАМЕРЕНИЯ Emancipation of the Korean Nation and full Independence
your aim and desire

X 언으外國말을 알으시오 中, 英, 俄, 又 佛, 德, 希 (古于)
КАКИМ ИНОСТРАННЫМ ЯЗЫКОМ ВЛАДЕЕТЕ ВЫ Chinese, English, also much some Russia, Japanese, French, German, Greek
what foreign languages do you speak

XI 以前에 로시아 에써 오래동안 머러러 잇섯노 No; Нет
БЫВАЛИ ВЫ РАНЕЕ И КАК ДОЛГО В РОССИИ
when and how long were you in Russia before

XII 備考
ПРОЧЕЕ
others

署名 김규식
ПОД ПИСЬ Kiusic Kimm
sign

10/XII

초에 상해를 출발한 것으로 보인다.

러시아 도착 시점과 관련해 김규식이 극동민족대회에 제출한 조사표에는 1921년 11월 25일 몽고·캬흐타(Kyakhta)를 경유해(25/XI/1921, 由蒙古 恰克图) 러시아 국경을 넘었다고 되어 있다.[8] 영어로 "Via Kiachta Mongolia"라고 적었는데, 캬흐타는 부랴트공화국의 도시이다. 부랴트공화국은 원래 몽고계 부랴트족이 살던 지역으로 17세기 이래 러시아의 식민지가 되었고, 러시아혁명 이후 1920~1922년 극동공화국의 영향하에 있었다. 여운형 조사표에는 "1921年 12月 25日 蒙古로 왓소"라고 적혀 있다. 전후 사정으로 미루어 볼 때 여운형은 11월을 12월로 오기한 것으로 보인다.

여운형은 이르쿠츠크 도착 후 극동민족대회 한국대표단 일원으로 자유시참변 관련자에 대한 재판에 배심원으로 참가했는데, 상해파 사할린특별의용대 소속 장교 50명에 대한 최종판결은 1921년 11월 27일부터 30일까지 3일간 진행되었다.[9] 또한 일본대표단의 도쿠다 큐이치(德田球一)도 11월 중순이 지나 여운형을 이르쿠츠크에서 만났다고 기록하고 있다.[10] 따라서 11월 25일 러시아 국경을 넘었다는 김규식의 기록은 사실에 부합한다.

둘째, 김규식은 누구와 동행했는가? 나용균은 김규식, 여운형과 함께 1921년 말 상해를 출발했다고 했으며, 이만규도 여운형이 김규식, 나용균(나용규羅容圭로 오기)과 함께 이르쿠츠크로 향했다고 썼다.[11] 그러므로 김

---

7 「김립 문제 등을 비롯한 제반 현안에 관한 김인감의 편지」〔김인감·제봉(이희경)·신암(안공근)→이동휘〕(1921. 11. 29. 상해), 『대한민국임시정부자료집』 별책5(국민대표회의I), 275쪽.
8 「조사표(김규식)」, 러시아국립사회정치사문서보관소(РГАСПИ), ф.495, оп.228, д.177, л.013.
9 임경석, 2003, 『한국 사회주의 운동의 기원』, 역사비평, 413쪽.
10 德田球一, 1986, 『德田球一全集』 5, 五月書房, 270~271쪽; 강덕상, 2017, 위의 책, 399쪽.
11 이만규, 1946, 『여운형투쟁사』, 민주문화사. 이만규는 여운형의 평생 동지이자 사돈이었다. 이 책은 여운형의 증언·구술에 근거해 쓰인 것이다.

규식, 여운형, 나용균 세 사람이 상해에서 몽고까지 함께 움직인 것이 분명했다.[12]

셋째, 여비는 누가 제공했는가? 이 점에 대해서는 엇갈린 증언이 있다. 먼저 나용균은 "그때 일부는 모스크바에서 205원씩 여비가 와서 하얼삔(哈爾濱)으로 갔는데"라고 썼는데, 이 자금은 김규식 일행이 아니라 만주-시베리아 경로를 택한 그룹에게 주어졌다. 상해파의 김철수는 김규식·여운형 일행의 이르쿠츠크행 여비를 태을교(太乙敎) 교주 차천자(車天子)가 제공했다고 기억했다.

> 이 약소민족회의는 일크스크파(이르쿠츠크)와 그를 후원하는 유태인들의 자파 유리하게 하자는 하나의 선전수단일 줄 알면서도 우리도 참가하자 하고 김규식, 여운형, 김철, 김상덕, 나용균, 정광호, 장덕진 등을 파견키로 했다(이 중에서 김철은 병으로 못가고). <u>여비는 최팔용, 장덕수 양인이 극적으로 차천자(車天子)를 만난 자리에서(말도 많았지만) 돈 만원이 나왔든 것이다. 이를 내가 맡아 가지고 6인에게 지급했든 것이다.</u> 이 거름에서 김규식, 여운형은 일크스크파 공산당에 당 후보로 입당 수속을 했으나 김규식은 바로 그만두었고, 이 6인의 말에 의해도 그 사람들의 횡포가 많았다고 했다.[13]

태을교는 훗날 보천교(普天敎)가 되는 동학 계열 민족주의 종교로 교주 차천자(본명 차경석車京石)는 민족주의 성향이 강했으며, 일제의 주목

---

12 강덕상은 여운형이 1921년 11월 2일 김철, 권애라와 함께 상해를 출발했다고 썼는데, 출처는 미상이다(강덕상, 2017, 위의 책, 398쪽). 김철은 극동민족대회에 참석하지 않았으며, 권애라는 만주리를 거쳐 10월 30일 러시아 국경을 넘었으므로, 여운형과 동행했을 가능성이 없다. 임경석, 2003, 위의 책, 504쪽.
13 김철수, 1989, 「김철수유고」, 『역사비평』 여름호, 354쪽.

과 탄압을 받았다. 보천교는 태평양회의와 극동민족대회를 모두 후원한 것으로 보인다. 여운형의 측근 이만규도 "내지에 이상재, 장덕수 명의로 돈도 만 원이 왔다(이 돈의 출처는 문제 많은 돈이다. 석명은 보류한다)"며 이상재·장덕수 명의의 돈 1만 원이 왔는데 출처에 문제가 많았다고 밝혔다.[14] 문제가 많다는 것이 보천교의 돈을 받았기 때문인지 상해파의 돈을 받았기 때문인지는 명확치 않다. 김철수, 최팔용, 장덕수 모두 상해파 고려공산당원이었고, 훗날 사기공산당 사건의 주역이 된 인물이므로, 자금의 출처가 상해파가 받은 레닌자금 40만 금 루블일 가능성도 있다.[15]

나용균의 증언까지 합하면 상해에서 출발한 이들 중 일부에게 이르쿠츠크파를 통한 모스크바 자금이, 일부에게 상해파 인물을 통한 자금이 지원된 셈이다. 상해파 자금이 레닌의 지원금 40만 금 루블에서 나온 것이든 태을교의 자금이었든 간에 그것을 전달한 인물은 상해파 국내 핵심인물인 김철수, 장덕수, 최팔용이었다. 이르쿠츠크파 고려공산당원으로 대표 선정에 관여했던 여운형이 상해파 자금으로 극동민족대회에 참석하는 장면은 초기 사회주의운동의 모호한 국면과 복잡한 성격을 보여 준다.

넷째, 김규식·여운형의 여행 경로는 어떠했는가? 먼저 나용균은 북경-장가구-몽고 고륜-트로스차스카를 거쳐 이르쿠츠크로 갔다고 했다.

김규식, 여운형과 나, 이렇게 셋은 북경 장가구(長家口)를 거치고 몽고를 통해서 가게 되었다. 북경대학에 있는 콜맨(Coleman) 교수의 아들이 장가구에서 모피 장사를 하고 있었는데, 그에게는 장가구와 몽고의 고

14　이만규, 1946, 위의 책.
15　김립은 박진순·한형권이 레닌에게서 받은 지원금 40만 금 루블 중 31만 금 루블을 환전한 25만 4,300멕시코달러를 상해로 가져왔다. 김립은 1920년 12월 초, 박진순은 1921년 3월 각각 상해에 도착했다. 한형권은 1921년 11월 21일 상해로 귀환했다. 반병률, 2005, 「김립과 항일민족운동」, 『한국근현대사연구』 32, 91쪽.

린(庫倫)을 내왕하는 자동차가 있으므로 실버 달러(銀弗) 2천 달러인가 의 경비를 써서 고린까지는 자동차로 가고, 거기서부터는 마차를 타고 또 걷기도 하고 해서 소련 국경에 있는 트로스차스카라는 곳에 도착했는데 그곳은 춥기가 한이 없었다.[16]

다음은 이만규의 기록으로, 여운형의 증언을 해방 후 기록한 것이다. 최초에는 만주를 경유하려다 경봉선(京奉線)에서 밀정의 미행을 당해 북경-장가구-몽고-이르쿠츠크로 변경해 모스크바로 갔다는 것이다.

몽양은 김규식, 나용균과 함께 1월에 길을 떠나 만주를 지나려다가 경봉선(京奉線) 도중에서 미행을 발견하고 다시 돌아서서 북경(北京) 장가구(張家口)로 몽고를 경유하여 '일쿠스크'에 도착하였다가 회의처가 옮겨져서 '모스크바'로 갔다.[17]

가장 자세하고 유명한 것은 여운형이 1936년 『중앙』에 6회 분량으로 연재한 글이다.[18] 여운형은 문학적이고 낭만적인 회고로 몽고-이르쿠츠크-모스크바 여행의 모험담을 생생하게 기록했다. 여운형 일행은 상해를 떠나 천진에 도착한 후, 중국인으로 위장하고 만주를 경유해 러시아에 갈 요량으로 봉천행 기차 3등칸을 탔다. 그러나 밀정의 추적을 발견하고 곧바로 탕산(唐山)에서 하차했다. 사흘 후 다시 봉천행 기차 1등칸을 탔으나 마

---

16 이정식, 1974, 『김규식의 생애』, 신구문화사, 77~78쪽.
17 이만규, 1946, 위의 책.
18 여운형, 「나의 회상기」, 『중앙』(1936. 3); 여운형, 「몽고사막 횡단기-나의 회상기 제2편」, 『중앙』(1936. 4); 여운형, 「'적색 거인도시' 庫倫-나의 회상기 제3편」, 『중앙』(1936. 5); 여운형, 「모스크바의 인상-나의 회상기 제4편」, 『중앙』(1936. 6); 여운형, 「西伯利亞를 거쳐서-나의 회상기 제5편」, 『중앙』(1936. 7). 이상 몽양여운형선생전집발간위원회, 1991, 『몽양여운형전집』1, 한울.

찬가지로 밀정을 만났고, 그 후 매일 천진역에 나갔으나 인간 사냥꾼 스파이가 배회하는 것을 발견하고 기차행을 포기했다.[19]

이후 선택한 코스가 북경에서 장가구(長家口)를 거쳐 몽고로 가는 길이었다. 스파이에 의한 위험은 적은 대신 교통상 곤란이 많은 길이었다. 여운형은 장가구에서 "몽고상사회사를 경영하고 있던 '콜맨'이라는 미국인의 자동차를 세" 낸 다음 11월 하순경에야 겨우 모스크바로 출발했다.[20] 이 코스는 분명 김규식이 제안한 경로였을 것이다.

우리가 앞에서 살펴본 것처럼 김규식은 1914~1918년 사이에 몽고 고륜에 체류했으며, 상해, 천진, 홍콩, 장가구를 오가면서 몽골리언프로듀스사(the Mongolian Produce Company), 앤더슨마이어 컴퍼니 유한회사(Andersen, Myer & Co., Ltd.), 피어론다니엘사(the Fearon Daniel Co., Inc.) 등에서 일했다.[21] 여정에 등장하는 천진, 장가구, 고륜은 모두 김규식이 바로 1914~1918년간 일했던 곳이자 그의 인맥과 정보가 살아 있는 곳이었다.

여운형 회고록에 등장하는 "몽고상사회사를 경영하고 있던 '코-ㄹ맨'이 바로 몽골리언트레이딩사의 콜트먼인 것이다. 찰스 콜트먼의 회사와 자동차사업부를 이용하는 외몽고 고륜 경유 모스크바행 노선은 김규식의 노하우와 경험에 기초한 것이었다.

일행은 우선 장가구에 5일간 머물며, 여행을 준비했다.[22] 당시 러시아 백계 운게른 남작의 반혁명군이 외몽고 일대에서 전멸한 직후였고, 무정부 상태처럼 그 일대를 혼란과 무질서가 지배하고 있었다. 중국과 외몽고 간

---

19 1921년 11월 29일 상해 중국 신문에는 만주역에서 중국인 사절단 30명, 한국인 사절단 50명이 체포되었다는 기사가 게재되었다고 한다. 「김인감·제봉(이희경)·신암(안공근)이 이동휘에게 보낸 편지」(1921. 11. 29), 『대한민국임시정부자료집』 별책5(국민대표회의I).
20 여운형, 「나의 회상기」, 『중앙』(1936.3). 『몽양여운형전집』 1, 45쪽.
21 「김규식 자필 이력서」(영문, 1950).
22 여운형, 「나의 회상기 제2편」, 『중앙』(1936. 4). 『몽양여운형전집』 1.

교통은 3개월 동안 두절된 상태였다.

　　김규식 일행은 낮에는 자동차를 타고 달리고, 밤에는 야영을 해야 했으므로, 방한구로 털내의, 가죽옷, 낙타털로 안감을 댄 장화, 긴 털이 그대로 붙어 있는 늙은 양가죽으로 만든 방한모자, 털가죽으로 만든 장외투, 털가죽으로 가장자리를 싼 셀룰로이드안경, 늙은 양의 털가죽으로 만든 자루 이불[침낭] 등을 준비했다. 식료품으로는 중국식 만두, 서양식 빵을 주식으로 하고 부식으로는 통째 삶아 오래 저장할 수 있게 한 닭 서너 마리, 시베리아식 오이지, 비스킷, 초콜릿, 음료는 커피차 두서너 수통, 우유 몇 통, 약용 위스키 한 병 등을 챙겼다. 또한 호신용으로 피스톨, 기병용 소총, 예리한 비수 등을 챙겼다.

　　장가구와 고륜의 거리는 600마일 내외였는데, 중간에 고비사막이 있었다. 고비사막을 횡단해 고륜에 이른다는 것은 매우 어려운 일이었다. 11월 하순 김규식·여운형 일행은 콜트먼, 중국인 상인들과 동행해 3대의 자동차에 나눠 타고 달리기 시작했다. 장가구에서 고륜까지 5일의 여정이었다. 첫날 이들은 덴마크 선교사의 집 앞에서 유숙했다. 덴마크 선교사는 콜트먼과 영어를 자유롭게 쓸 줄 아는 '몇 사람'을 환영했다. 물론 김규식과 여운형이었을 것이다. 일행은 가지고 있던 10~11월분 영자신문을 4명의 선교사들에게 주고 하룻밤을 묵었다. 이튿날 이들은 영하 30도 이하의 고비사막에서 모닥불을 피워 놓고 침낭에 들어가 총을 옆에 끼고 방한복과 방한모를 입은 채 노숙했다. 3일째 일행은 4마리 영양을 사냥해 먹었다. 장가구를 떠난 지 4일 뒤에 사막에서 유목민의 천막과 가축 무리를 발견했고, 5일 뒤 고륜에 도착했다.

　　고륜, 즉 울란바토르는 러시아 혁명정부가 '적색 거인의 도시'라고 호명한 외몽고의 수도였다. 고륜에서 일단 몽고상사회사 지점에서 하룻밤을 묵은 뒤, 콜트먼과 정산을 했다. 이후 천진의 중국인 부호가 경영하는 미풍공사(美豊公司) 고륜지점을 숙소로 정했다. 일행은 고륜에서 8일을 체류했다. 고륜에서 일행은 소비에트 대표 '옥홀라', 브랴트족 청년 '에린치노프'와 그의 부인 '마류사 남', 외교부 최고고문이자 외몽고의회 의장인 '단싱'(丹增) 등을 만났다. 오홀라(Marta Iakovlevicha Okhola)는 자유시참변을 조사한 책임자로, 이르쿠츠크파 고려혁명군정의회 측에 특별조사위원회를 조직하고 자유시참변 당시의 "폭동과 선동행위의 주모자들"을 밝히는 등 사건 관련자들을 조사한 인물이다.[23] 에린치노프는 국제공산당 동양비서부 몽고부의 린치노(Elbegdorju Rinchino)이며, 그의 부인 마류사 남은 이르쿠츠크파 고려공산당 중앙위원회 위원인 남만춘의 둘째 여동생이었다. 모두 이르쿠츠크파와 관련된 중심인물들이다. 단싱은 극동민족대회 몽고대표인 단잔(Ajvain Danzan, 丹增)으로, 일본에 다녀온 적이 있어 '야뽄 단잔'(Japanese Danzan)이라는 별칭으로 불렸으며, 몽고 혁명정부의 수상 보두(Dogsomin Dodoo)의 친척이자 몽고인민혁명당 중앙위원회 의장이었다.[24] 일행은 단잔을 통해 몽고 외무부로부터 러시아-몽고 국경의 소도시 트로이카 삽스크(賣買城)까지의 여권과 몽고정부 역마차의 편의를 얻었다. 여운형은 '트로이카 삽스크(賣買城)'로, 나용균은 '트로스차스카'라고 기억한 몽고-러시아 국경 도시의 명칭은 트로이츠코삽스크(Troitskosavsk)로, 부랴트공화국(Republic of Buryatia)의 캬흐타(Kyakhta)이다. 1727년 캬흐타조약 이후 러시아와 청 사이의 교역 지점으로 설립되었고, 때문에 중국어로는 매매성(賣買城)으로 불리게 되었다. 역사적 복잡성 때문에 트로이츠코삽스크, 賣買城, 캬흐타, 흡극도(恰克图, 恰克圖) 등의 이름을 갖게 되었다. 김규식이 1921년 11월 25일 통과했다고 기록한 "유몽고 흡극도"(由蒙古 恰克图)가 바로 이곳이다.[25]

---

23 반병률, 1998, 『성재이동휘일대기』, 범우사, 328~329쪽: 반병률, 2013, 『홍범도장군』, 한울, 188~189쪽.
24 B. Baabar, *History of Mongolia*, Cambridge: The White Horse Press, 1999, pp.229~230, 257: 반병률, 2018a, 위의 논문, 116쪽.

(2) 고륜에서 마주한 이태준의 죽음과 사촌여동생 김은식

한국대표단 김규식·여운형·나용균 외에 단잔을 포함한 몽고 청년대표까지 10여 명의 출발 준비에 4~5일이 걸렸다. 기다리던 중 김규식은 자신의 매제이자 동지였던 이태준의 묘소를 찾았다. 김규식은 1914년 가을 군사학교를 창립한다는 목적으로 이태준, 유동열, 2명의 학생과 함께 외몽고 고륜에 왔었다.[26] 이태준은 세브란스의학교 제2회 졸업생으로, 제1회 졸업생인 김필순의 친구이자 제자였다.[27] 김규식은 김필순과 친밀한 사이였는데, 김필순이 의학박사 학위를 받자 『조선선교회지』(Korea Mission Field)에 그에 대한 자세한 약력을 소개하는 기사를 쓴 바 있다.[28] 고륜의 이태준은 김규식의 사촌여동생 김은식과 결혼하게 됨으로써 처남매부 사이가 되었다. 김규식의 사진 중에 그가 사촌여동생 김은식·아들 김진동과 함께 1918년 고륜에서 찍은 사진이 있다. 이 사진을 보면 김규식 일행이 장가구에서 몽고로 향할 때 입었던 복장이 그대로 드러나 있다.[29]

김규식 수중에는 이태준과 김은식이 보낸 편지(1920. 5. 10)가 남아

---

25 https://en.wikipedia.org/wlki/Kyalchta (2021. 12. 17. 검색).
26 「김규식 자필 이력서」(1950. 3. 5); 김진동, 「항일투쟁회고록 17: 김규식 박사와 독립투쟁」, 『경향신문』(1962. 8. 28).
27 이태준에 대해서는 다음을 참조했다. 김희곤·박윤형·홍태숙, 2008, 『의사 출신 독립운동가의 활동과 역사적 위상』, 한국 의사 100년 기념재단; 반병률, 2000, 「의사 이태준(1883~1921)의 독립운동과 몽골」, 『한국근현대사연구』 13; 반병률, 2013, 「이태준: 항일민족운동과 몽골」, 『여명기 민족운동의 순교자들』, 신서원; 반병률, 2018b, 「이태준의 서한을 통해서 본 한국 독립운동」, 『대암 이태준 애국지사의 삶과 독립운동』, 함안문화원 2018년 학술회의; N. Khisigt, 2009, 「웅게르 남작 지배하의 몽골」, 애국지사 대암이태준선생 기념사업회, 『애국지사 대암 이태준선생 서거 88주년기념 국제학술회의』, 경남 함안.
28 "Dr. Kil Pil Soon," by Mr. Kim Kiu Sik, *The Korea Mission Field*, Vol. VI, no. 1, January 1, 1911. pp.14~16.
29 일본대표단의 도쿠다 큐이치(德田球一)는 여운형이 긴 슈바, 방한용 모피모자를 쓰고 장가구를 경유해 고비사막을 넘어왔기에 추위를 견디는 특별한 방한복장을 했다고 기억했다. 『德田球一全集』 5, 五月書房, 1986, 270~271쪽; 강덕상, 2017, 위의 책, 399쪽.

김규식, 김진동, 김은식(몽고 고륜, 1918).
이정식 소장.

있었다. 김규식이 미국에서 뇌수술을 받았다고 하자 이태준·김은식이 걱정하며 보낸 편지였다. 이 편지에 따르면 이태준은 소비에트 과격파와 연락하여 암중 모색 중이었다. 이태준은 상해 임시정부에 파견한 한형권(한영관韓永觀으로 표기)이 러시아로 가는 길에 고륜에 들렀는데, 여비가 부족해서 자신이 대양(大洋) 백여 원을 대부했다고 쓰고 있다.30 한형권은 임시정부의 대러 외교 특파원으로 러시아로 건너가는 중이었다. 한형권 역시 북경-장가구-고륜-트로이츠코삽스크(賈賈城)-베르흐네우진스크의 경로를 택했다.31 이런 인연으로 이태준은 상해파 고려공산당의 '지역 관계 상설요원'이 되어 한형권이 레닌 정부와 교섭해 받은 40만 금 루블 중 김립이 몽고를 통해 운반하기로 한 12만 금 루블을 건네받았다. 1차분 8만 금 루블은 고륜을 거쳐 1920년 가을 상해로 운반되었으나, 2차분 4만 불은 이

---

30 「이태준이 김규식에게 보낸 편지」(1920. 5. 10). RG 165, Records of the WFGS, Military Intelligence Division Correspondence, 1917-41. 1766-1391 to 1766-1443, Box No. 545, Folder 1766-1391-43 through 1766-1391-57.
31 한형권, 「혁명가의 회상록: 레닌과 담판, 독립자금 20만 원 획득」, 『삼천리』 6(1948. 10). 한형권 회고에는 이태준이 언급되지 않았다.

태준이 1921년 2월 이후 운게른에 의해 총살당하면서 분실되었다. 하얼빈 총영사는 운게른 군대의 고륜 점령 당시 현장에 있던 일본인 의사 요시다 유타카(吉田豊)의 말을 인용해 1921년 2월 3일 운게른 군대가 고륜에 난입해 약탈을 자행했으나 일본인은 한 사람도 희생자가 나오지 않았는데, 조선인 의사 1명은 "과격파에 관계되어 있다고 지목되어 사살되었고, 동인(同人)은 일본에 대해 반감을 가진 자라고 한다"라고 보고(1921. 5. 24)한 바 있다.[32] 의사의 이름은 제시되어 있지 않지만 김규식의 친족이라고 명시되어 있다. 반병률에 따르면 운게른 부대에 참모로 참여한 24명의 일본인 장교들은 운게른에게 이태준을 체포하여 처형할 것을 강력하게 요구했고, 결국 이태준이 학살되었다. 해방 후 김원봉의 증언에 따라 쓰인 박태원의 『약산과 의열단』은 운게른 부대에 일본인 길전(吉田)이 참모로 있어 이태준을 알아보았고, 그 때문에 이태준이 처형되었다고 되어 있다.[33] 일본인 의사 요시다 유타카가 바로 운게른 부대의 참모 길전(吉田)이었을 것이다.

한인사회당은 부인 김은식에게 1921년 6월 9일 위로금 500루블을 지급했다.[34] 러시아 기록에는 "울란바타르에서 지역 관계 상설요원 이대암(이태준)에게 4만 금 루블 지불, 운게른에게 총살당해, 금액 손실"이라고 정리되어 있다.[35] 이미 1921년 8월 총독부 경무국장은 김규식과 인척관계인 이태준(리태현李泰鉉으로 오기)이 사망해 김규식이 가족을 이끌고 몽고 방면으로 향했다는 정보보고를 전하고 있다.[36]

32　「邦人ノ庫倫引上ニ關スルに件」(在哈爾濱 總領事 松島肇=外務大臣 內田康哉)(1921. 5. 24), 『露國革命一件(別冊) 極東及過激派活動(別冊)「ウンゲルン」ノ庫倫攻擊』(1921. 10. 5), 일본외무성 외교사료관 1.6.3. 24-13-28-1.
33　박태원, 2000, 『약산과 의열단』, 깊은샘, 98쪽.
34　반병률, 2000, 「의사 이태준(1883~1921)의 독립운동과 몽골」, 『한국근현대사연구』 13, 172~173쪽.
35　반병률, 1999, 「대한민국임시정부와 노령지역 독립운동」, 『대한민국임시정부80주년기념논문집』 상, 국가보훈처, 476~482쪽; 조철행, 2011, 『국민대표회 전후민족운동 최고기관 조직론 연구』, 고려대학교 박사학위논문, 97쪽.

여운형은 "이태준이라는 청년의사"는 "웅겐 남작의 패잔군이 고륜을 노략할 때 고륜의 주민뿐 아니라 이태준병원을 략탈하고 이군을 학살한 것"이라고 썼다. 이태준은 고륜의 남산, 몽고인의 거룩한 산(聖山)에 "간소한 분묘"로 묻혀 있었다. 1914년 이태준과 함께 몽고 고륜에 도착했던 김규식은 상해-파리-워싱턴을 거쳐서 1921년 이태준의 묘소에 서게 된 것이다. 운게른 학살에서 살아남은 그의 사촌여동생 김은식은 1923년 국내에 들어왔으나 곧 기록에서 사라졌다.[37]

김규식·여운형 일행과 동행한 단잔·몽고대표단은 3~4개 조로 나누어서 쌍두마차를 타고 길을 떠나 러시아-몽고 국경의 소도시 트로이츠코삽스크로 떠났다. 고륜에서 트로이츠코삽스크까지는 4일이 걸렸는데, 몽고정부 시설인 역전마차를 타고 도중에 있는 태점(駄站)에서 말을 갈아타며 여행했다. 트로이츠코삽스크에서 일행은 오홀라가 소개한 소비에트 대표이자 코민테른 동방부장 사파로프(Georgy Safarov)를 만났다.[38] 일행은 3일간 사파로프의 집에 머물렀는데, 사파로프는 30세의 유태계 러시아인이었다.[39] 일행은 백위파 군대의 습격을 경계하여 28년식 일본소총 한 자루와 탄환 20발씩으로 무장하고, 바퀴를 떼고 겨울 썰매식으로 꾸민 트로

36 「상해 임시정부의 현재간부에 관해 1921년 8월 1일 자로 조선총독부 경무국장이 외무차관에 통보한 요지」, 국회도서관, 1976, 『한국민족운동사료(중국편)』, 343쪽.
37 「잠복햇든 김은식 본명서에 구인취조, 중대범인 듯」, 『동아일보』(1923. 12. 22); 「영어와 중국어에 능한 본명서에 잡힌 미인, 본명경찰서에 잡힌 단발미인 림시정부직원과도 련락한 듯, 몽고를 거쳐온 김은식의 행색」, 『동아일보』(1923. 12. 22). "본명서에 체포된 김은식(22)은 몽고 歸化城에서 의주를 거쳐 경성에 들어왔다. 영어와 중국말에 능하고 상해 임시정부 유력자의 명함과 기타 수상한 문서를 많이 소지하고 있었다." 유력자는 김규식이었을 것이다.
38 여운형, 「나의 회상기 제5편」, 『중앙』(1936. 7). 『몽양여운형전집』 1, 80쪽.
39 사파로프는 볼세비키혁명, 러시아내전에 참여했고, 로마노프왕가의 처형에 직접 개입한 인물이다. 훗날 지노비예프와 트로츠키 진영에 가담해 1942년 처형되었다. 1922년 코민테른 집행위원이 되었으며, 1921~1925년간 소련공산당 중앙위원회 후보위원을 지냈다. 1930~1934년간 코민테른 집행위원회 동양부장을 지냈다. https://en.wikipedia.org/wiki/Georgy_Safarov(2021. 12. 29. 검색).

이카에 나눠 타고 트로이츠코삽스크를 떠나 우딘스크로 향했다. 3일간 썰매로 눈밭을 헤치고 여행한 후에 일행은 부랴트 몽고자치공화국의 수도인 우딘스크(Udinstk, 베르흐네우딘스크Verkhneudinsk, 현재 울란우데Ulan-Ude)에 도착했다.⁴⁰ 당시 우딘스크 일대는 원동공화국, 즉 극동공화국의 일부로 소비에트공화국과 만주·시베리아 일대 제국주의 세력 사이에 일종의 완충지대로 성립된 곳이었다. 당시 험악한 정세로 계엄 상태였다.⁴¹ 여기서 3일을 묵은 일행은 출발 전날 비밀리에 낡은 기차에 올라타 하룻밤을 보낸 후 이르쿠츠크를 향해 출발했다. 다음 날 이들은 자바이칼의 치타에서 온 모스크바행 광궤열차로 갈아탔다.

드디어 일행은 이르쿠츠크에 도착했다. 이르쿠츠크역에서 이미 도착한 한국대표단과 러시아, 중국대표단이 환영해 주었다. 성대한 환영모임 후에 한국대표들은 몽고대표들과 헤어져 숙소에 도착했다. 중국대표들과 함께 쓰는 숙소에는 한국대표 30여 명이 모여 있었다.⁴² 여기까지가 여운형 회상기의 내용이다.

일행의 여정을 정리하면, 11월 초 상해를 떠나 천진에 도착했고, 북경을 거쳐 장가구에 도착했다. 5일 준비 후 장가구를 떠나 자동차로 고비사막을 횡단해 5일 만에 고륜에 도착했고, 8일을 체류했다. 일행은 쌍두마차를 타고 4일이 걸려 11월 25일 캬흐타(트로이츠코삽스크·賣買城)를 통과했으며, 3일을 체류한 후 3일간 썰매를 타고 우딘스크(베르흐네우딘스크·

---

40 여운형이 우딘스크(Udinsk)라고 부른 이곳은 우다강(Uda River)에 위치해 있기 때문에 생긴 이름이다. 1783년 베르흐네우딘스크(Verkhneudinsk)로 이름이 변경되었다. 현재의 이름 울란우데는 1932년 소련공산당의 이념을 반영해 "붉은 우다"라는 뜻으로 변경된 것이다. 고려공산당 통합대회가 열린 베르흐네우딘스크가 바로 이곳이다. https://en.wikipedia.org/wiki/Ulan-Ude；https://www.encyclopedia.com/religion/encyclopedias-almanacs-transcripts-and-maps/verkhneudinsk (2021. 12. 17. 검색).
41 여운형, 「나의 회상기 제5편」, 『중앙』(1936. 7), 『몽양여운형전집』 1, 83쪽.
42 여운형, 「나의 회상기 제2편」, 『중앙』(1936. 4), 『몽양여운형전집』 1, 68쪽.

1 상해에서 모스크바로 가는 형극의 여정

울란우데)에 도착했다. 여기서 3일간 머문 후 이르쿠츠크행 기차를 탔다. 이르쿠츠크 도착 며칠 뒤에 여운형은 자유시참변 관련자들에 대한 군사재판의 배심원으로 참가(1921. 11. 28~30)했다. 11월 초 상해-천진-북경-장가구(5일 준비)-자동차 고비사막 횡단(5일 소요)-고륜(우르가)-(8일 체류)-쌍두마차(4일 소요)-11월 25일 캬흐타(매매성) 통과-(3일 체류)-썰매 트로이카(3일 소요)-우딘스크(베르흐네우딘스크)-(3일 체류)-기차-이르쿠츠크 도착의 여정이었던 것이다.

그런데 일행의 이르쿠츠크행 여정은 문서상 날짜와 잘 들어맞지 않는다. 임경석의 연구에 따르면 한국대표단의 이르쿠츠크 도착일은 11월 11일 11명, 11월 13일 7명, 11월 26일 1명, 12월 9일 14명 등이다.[43] 김규식·여운형·나용균 일행이 11월 25일 러시아 국경을 넘었다고 한다면, 가능한 것은 12월 9일 14명에 포함되는 것인데, 이는 자유시참변 군사재판일(11. 28~30)과는 어긋난다.

여하튼 상해를 떠난 김규식 일행은 기차, 자동차, 쌍두마차, 썰매, 기차를 타고 일본 밀정, 백위파, 도적, 자연의 위험을 감수하며 고비사막과 대초원, 시베리아의 눈밭을 헤치는 한 달여의 대모험 끝에 모스크바에 도착할 수 있었다.

---

43 임경석, 2003, 위의 책, 504~505쪽.

2 　　　　　　　모스크바대회와 한국대표단장 김규식

(1) 이르쿠츠크에서 모스크바로

이르쿠츠크에 어렵게 도착한 대표단은 회의 장소가 이르쿠츠크에서 모스크바로 바뀌었고, 회의 기간이 변경되었다는 통보를 받게 되었다. 11월 11일로 예정되었던 대회는 1개월 뒤로 연기되었고, 12월 말 다시 1922년으로 연기되었다.

　이렇게 된 첫 번째 이유는 대표들의 도착이 늦어졌기 때문이다. 11월 11일 이전에 도착한 각국 대표자는 중국인 3명, 일본인 1명 등 4명에 불과했다. 한국인 대표자는 11월 11일에 11명이 도착했다.[44] 이르쿠츠크라는 지점에 도달하기까지 거쳐야 할 난관이 많았다. 러시아 극동공화국의 정세는 혼란했고, 교통편에 많은 불편과 문제가 있었다. 어떤 면에서는 이러한 상황과 곤란이 대회를 성사시키려는 모스크바 측의 요인이었고, 이를 무릅쓰고라도 소비에트러시아로 향하려는 '극동민족' 대표들의 의지이기도 했다. 두 번째는 워싱턴회의 결과를 기다려 그에 맞는 비판과 동아시아 혁명

44　임경석, 1999, 위의 논문, 43쪽; 임경석, 2003, 위의 책, 506~520쪽.

운동의 대책을 마련하기 위해서였다.[45] 세 번째는 일본대표단 단장이자 아시아를 대표하는 사회주의자로 코민테른 창립 및 미국에서의 볼셰비즘 선전 활동으로 유명하던 가타야마 센(片山潛)을 회의에 참가시키기 위해서였다. 가타야마는 1921년 11월 12일 체류 중이던 멕시코를 떠나 유럽을 거쳐 1921년 12월 11일 모스크바에 도착했다.[46]

대회 명칭 역시 최초에는 극동피압박민족(대표자)대회를 사용했으며, 대회 공식 개최 이후에는 자신들은 피압박 민족이 아니라는 일본대표들의 이의 제기로 인해 극동민족대회로 변경되었다.[47] 영어 회의록의 명칭은 '제1회 극동노력자대회'(The First Congress of the Toilers of the Far East)로 되어 있으며, 한국에서는 극동민족대회라는 명칭이 일반적으로 사용되고 있다.

이르쿠츠크에 머무는 동안 한국대표단은 중국대표단과 같은 건물을 사용했는데, 중국대표단의 장국도(張國燾)는 중국대표 7명, 한국대표 김규식·여운형, 자바대표 세마운(Semaun)을 거론했다. 장국도는 남경-천진-봉천-하얼빈-만주리-치타-베르흐네우딘스크-이르쿠츠크의 경로를 밟았다. 장국도는 김규식에 대해 이렇게 묘사했다.

---

45 山極晃, 1966, 「極東民族大會について(1)」, 『橫濱市立大學論叢(人文科學系列)』, 17-2·3合, 22쪽; 임경석, 2003, 위의 책, 520쪽.
46 遊子, 『一九念一遊子觀察 新俄回想錄』, 153~154쪽; 山內昭人, 2007, 「片山潛, 在米日本人社會主義團とコミンテルン」, 初期コミンテルンと東アジア硏究會 編著, 『初期コミンテルンと東アジア』, 東京, 不二出版株式會社, 122쪽; 반병률, 2018a, 위의 논문, 103쪽.
47 대회 명칭의 일본어, 중국어, 영어 표기로 인한 다양성에 대해서는 반병률, 2018a, 위의 논문, 92~97쪽 참조. 반병률은 최초 준비 단계에서는 원동피압박민족(대표자)대회를 사용했으며, 이후 대회를 준비하면서 원동(각)민족혁명단체대회의라는 명칭을 사용했고, 대회 개최 이후에는 원동각민족공산당 및 혁명단체대표회"(The Congress of the Communist and Revolutionary Parties(Organizations))와 함께 "원동노력자대회"(Congress of the Toilers of the Far East)라는 명칭을 사용했다고 정리하고 있다. 극동민족대회는 대회에 참가한 가타야마 센(片山潛), 스즈키 시게미로(鈴木茂三) 등의 회고록에 나타나는 명칭이라고 한다.

김규식은 자신이 총리였던 상해 임시정부의 대표로 이 대회에 참석하지는 않았던 것 같다. 대회에서 한국인 발언자들은 "정부"를 가혹하게 비난했으며 그중 한 사람은 (위에 언급된 의사록 117쪽에 나타나듯) "정부"가 워싱턴회의에 참석하기 위해 (극동민족)대회의 초청을 거절한 사실을 발언했으므로 그가 (임시정부 대표로 참석)했을 리는 없는 것 같다. 이 문제에 대한 내 기억은 명확치 않다. 그는 다른 자격으로 참석했던 것 같은데, 김규식은 사절단이었다고 분명히 확신한다. 나는 대회 이전 상해에서부터 그를 알았으며, 우리가 이르쿠츠크에 있는 동안, 그를 아주 잘 알게 되었고, 같은 기차를 타고 여행했으며, 레닌을 만났을 때 우리는 함께였다.[48]

각 민족 대표들은 각기 집행위원회를 조직하고 대표가 사무를 관장했다. 각 민족 대표들은 코민테른 동양부장(원동부장) 슈미야츠키를 방문해 대회 개최를 재촉하고 분과위원회를 구성했다. 슈미야츠키는 1920년 11월부터 1921년 4월까지 극동공화국 총리(Prime Ministers)를 겸임하고 있는 극동의 실력자였다.[49]

이르쿠츠크에 머무는 동안 한국대표단의 일부는 자유시참변 관련 대한의용군 소속 장교 50명에 대한 최종판결에 배심원으로 참가했다. 자유시참변의 결과 상해파 대한의용군 1,400명 중 약 900여 명이 포로로 체포되었고, 500명이 행방불명되었다. 피해자인 상해파 대한의용군 측은 400~600명의 사상자(총격 사망 72명, 익사 37명, 도주 중 사망 200여 명,

---

[48] Chang Kuo-tao, *The Rise of the Chinese Communist Party, 1921-1927, Volume One of the Autobiography of Chang Kuo-tao*, vol. 1, Lawrence, Manhattan, Wichita, The University of Press of Kansas, 1971, pp.698~699.

[49] https://www.revolvy.com/main/index.php?s=Boris%20Shumyatsky&item_type=topic.

행방불명 250여 명)가 나왔다고 주장했고, 가해자인 이르쿠츠크파 고려혁명군정의회 측은 사망 37명, 부상 4명, 도망 50여 명, 포로 900여 명이라고 주장했다.[50] 포로 중 장교 72명이 중대 범죄자로 분류되었고, 1921년 11월 27일부터 30일까지 고려혁명군법원에서 재판위원장 채동순, 위원 홍범도, 박승만이 출석해 50명에 대해 판결했다.[51] 이 자리에 여운형 등이 배석한 것이다. 여운형 등은 이르쿠츠크파 일원으로 상해부터 이르쿠츠크에 이르는 도중 이르쿠츠크파의 입장을 견지했으며, 고륜에서는 자유시참변의 조사책임자 오홀라, 이르쿠츠크파 중앙위원 남만춘의 제부 린치노 등을 만났으므로 전후 사정을 이르쿠츠크파의 입장에서 파악했을 것이다.

여운형은 "조선의 운동사에 유명한 저 소위 흑하사변에 관련한 반동분자의 처벌"이었으며, "흑하사변은 그 후 오랫동안 조선의 민중운동을 망쳐 온 저 파벌투쟁의 선구였으며 또 가장 부끄러운 표현이었다"라고 규정했다.[52] 여운형은 이르쿠츠크파의 입장에서 자유시사변을 이해한 것이다. 상해파 군단이 이르쿠츠크파 군단과 합작했다가 분파적 갈등과 충돌로 인해 다시 분리하고 탈주를 계획한 것이 "잔인한 분파투쟁의 도화선"이 되었고, 흑하군단이 상해파군을 무장해제시키려 하니 "유순하게 무기를 버리는 자보다도 완강하게 대항하는 자와 탈주를 꾀하는 자가 많"았고 "근백 명의 피가 흘"렀다고 썼다.[53]

12월 하순 대표단은 "극동피압박민족대표자대회" 개최 장소를 이르쿠츠크에서 모스크바로 이동한다는 발표를 전해 들었다. 모스크바로 가는 기차에서 여운형과 몇몇 동지는 슈미야츠키 일행과 1등실에 총사무실을 형성하고, 저녁 식사 이후 식당차에서 전체회의를 개최했다. 대표단이 "모스

---

50 임경석, 2003, 위의 책, 408~410쪽.
51 「중대사건 판결」, 『붉은군사』 제2호(1921. 12. 24); 임경석, 2003, 위의 책, 413쪽.
52 여운형, 「나의 회상기 제4편」, 『중앙』(1936. 6); 『몽양여운형전집』 1, 68~69쪽.
53 여운형, 「나의 회상기 제4편」, 『중앙』(1936. 6); 『몽양여운형전집』 1, 69쪽.

크바! 레닌이 살고 있는 곳, 신흥러시아 심장"에 도착한 것은 1922년 1월 7일 아침이었다. 성대한 환영식이 개최되었고, 소비에트 각 기관·조직 대표 10여 명, 코민테른 각국 지부 대표 10여 명이 열렬한 환영사를 했고, 여운형은 수만 군중의 환호성 앞에서 영어로 답사를 했다. 연설이 끝나자 "영하 30도의 추위"였으나 여운형은 "전신에 상쾌한 땀이 축은축은한 것을 느끼었다".[54]

(2) 모스크바대회 주석단에 오른 한국대표단의 김규식·여운형

한국대표단은 제정러시아 당시 러시아정교신학교 제3기숙사(제3소비에트동)를 숙소로 배정받았고, 호텔 룩스(Hotel Lux)에 사무소를 두고 대회를 준비했다. 1월 19일 민족별 2인, 코민테른 집행위원회 지정 3인 등 11인으로 참가 대표자의 자격심사 위원회가 구성되었다. 한국대표단의 심사위원은 여운형과 최고려였다. 여운형은 신임장 조사위원 3인 중 한 사람이었다.[55] "모든 대중적 민족혁명, 사회주의, 또는 공산주의 조직(당, 조합, 협동조합, 군사조직)"이 참가 자격을 지녔다.[56]

대회에 참가한 대표는 한국대표 56명, 중국대표 37명, 일본대표 13명, 몽고대표 14명, 칼미크대표 2명, 자바대표 1명 등 의결권을 가진 119명,

---

54 여운형, 「모스크바의 인상-나의 회상기 제4편」, 『중앙』(1936. 6), 『몽양여운형전집』 1, 72쪽. 이만규는 여운형이 목소리가 커서 답사할 대표로 선발되어 연설했다고 썼다. 이만규, 1946, 위의 책, 71쪽.
55 임경석, 1999, 위의 논문, 55쪽.
56 The Communist International, *The First Congress of the Toilers of the Far East, Held in Moscow, January 21st – February 1st, 1922. Closing Session in Petrograd, February 2nd 1922*. Hammersmith Books, Barnes Hight Street, London, SW13. p.237; 반병률, 2018b, 위의 논문, 157쪽.

심의권을 가진 17명[인도 2명, 중국 5명, 일본 5명, 야쿠트 3명, 부랴트(러시아연방과 원동공화국) 4명]이 참가했다.⁵⁷ 숫적으로 한국대표단이 전체 대표의 절반을 차지할 정도로 압도적 다수를 점했다. 한국대표의 숫자는 중국대표와 몽고대표를 합한 것보다도 더 많았다. 그만큼 이 대회가 한국에 거는 기대와 후원이 컸음을 의미한다. 대회의 주요 참가국이자 코민테른의 관심이 집중된 참가국의 순서는 한국-중국-일본-몽고였음을 알 수 있다. 모두 소비에트러시아의 극동 국경을 맞대고 있는 국가·민족이었고, 이들이 상대하고 있는 대상은 일본 제국주의였다.

한국대표단의 구성은 국내 13명, 간도 및 국내 7명, 중국 관내 13명, 러시아 19명, 일본 1명 등이었다. 주로 상해와 이르쿠츠크에서 왔으며, 조사에 응한 48명 중 사상적으로는 공산주의자 42명, 무당파 6명로 공산주의자가 다수를 점했다.⁵⁸

대회는 코민테른 동방부장 사파로프와 동양비서부장 슈미야츠키를 중심으로 한국의 김규식·여운형, 중국의 장국도, 몽고의 단잔, 인도의 로이(M. N. Roy), 자바의 세마운, 헝가리의 벨라 쿤(Bela Kun), 미국의 카(Carr) 등이 지도부를 형성했다.⁵⁹

극동민족대회(Congress of the Toilers of the Far East)는 1922년 1월 21일 개막해서 1월 30일까지 11차의 회의를 모스크바에서 진행한 후, 페트로그라드로 옮겨 12차 회의를 마지막으로 폐막했다. 1922년 1월 21일

---

57 The Communist International, *The First Congress of the Toilers of the Far East*, p.237. 한국대표단 소속단체는 Representatives of the Korean Delegation to the First Congress of the Communist and Revolutionary Parties of the Far East, "Memorandum: Information Relative to the Korean Delegation on the Congress of the Communist and Revolutionary Parties of the Far East"(February 8, 1922), 러시아국립사회정치사문서보관소(РГАСПИ), ф. 495, оп. 154, д. 175; 반병률, 2017, 위의 논문, 157쪽을 참조.
58 임경석, 2003, 위의 책, 508~509쪽; 반병률, 1998, 위의 책, 349쪽.
59 반병률, 2017, 위의 논문, 158쪽; 김마트베이, 1990, 『일제하 극동시베리아의 한인사회주의자들』, 역사비평, 170쪽.

개막식에는 명예주석 가타야마 센, 중국대표 장국도, 한국대표 김규식, 동양비서부장 슈미야츠기, 몽고 대표(미상), 칼리닌 등이 주석단에 앉았다.

극동민족대회에 참가한 김규식·여운형과 관련해 2장의 사진이 있다. 첫 번째는 러시아국립사회정치사문서보관소에서 나온 것이고, 두 번째는 어네슈타인 에반스(Ernestine Evans)의 글에 포함된 것이다.

러시아국립사회정치사문서보관소에 소장된 극동민족대회 주석단 사진은 많이 알려져 있지 않다.[60] 주석단 탁자에 "全世界無産階級聯合起來罷!"(전 세계 무산계급은 뭉쳐 일어서라!), "공산당은원동해방의선봉대니"라는 중국어와 한글 플래카드가 붙어 있다. 뒤편 마르크스 흉상 주위를 에워싼 플래카드는 모두 중국어로 되어 있다. 이 대회에서 가장 중요한 국가가 한국과 중국임을 보여 준다. 플래카드가 단출하고 "적색 모스크바"(赤色莫斯科)라고 표기되었으며, 대회 명예의장인 가타야마가 연설하는 장면으로 미루어 모스크바 크레믈린(크렘린) 스베르들로프홀(Sverdlov Hall, Kremlin)에서 개최된 극동민족대회 개막식(1922. 1. 21)을 촬영한 것으로 보인다.[61]

주석단에 위치한 사람 가운데 가장 오른쪽 카이젤 수염을 기르고 보타이를 한 여운형의 옆모습이 보인다. 그 옆에 안경을 쓴 김규식이 위치하고 있고, 그 왼편에 중국대표 장국도(張國燾)가 앉았다. 그다음 서서 연설하는 사람이 대회 명예의장 가타야마 센(片山潛)이다. 문건을 읽고 있는 사

---

60 러시아국립사회정치사문서보관소(РГАСПИ), ф.495 оп.228 д.181а л.001.
61 어네슈타인 에반스 지음, 신복룡 옮김, 2012, 「모스크바에서 본 동방 -1921~1922년의 극동피압박민족회의 참관기-」, 『한국민족운동사연구』 72, 254쪽. 크레믈린궁 스베르들로프홀의 무대는 이 사진처럼 그리스 신전과 같은 흰색 대리석 기둥 사이에 마르크스의 흉상이 놓여 있다. Lenin V. I., Sverdlov Ya. M., on the presidium of the first All-Russian Congress of Land Departments, Committees of the Poor and Agricultural Communes in the Column Hall of the House of Unions. 1918, December 11. Moscow. https://www.gettyimages.ie/detail/news-photo/lenin-v-i-sverdlov-ya-m-on-the-presidium-of-the-first-all-news-photo/1347280460(2021. 12. 19. 검색).

극동민족대회 주석단.
(1열 오른쪽부터) 여운형, 김규식, 장국도, 가타야마 센(연설자), 미상, 슈미야츠키(서 있는 사람), 몽고 대표, 미상, 부하린(서 있는 사람). 러시아국립사회정치사문서보관소 소장.

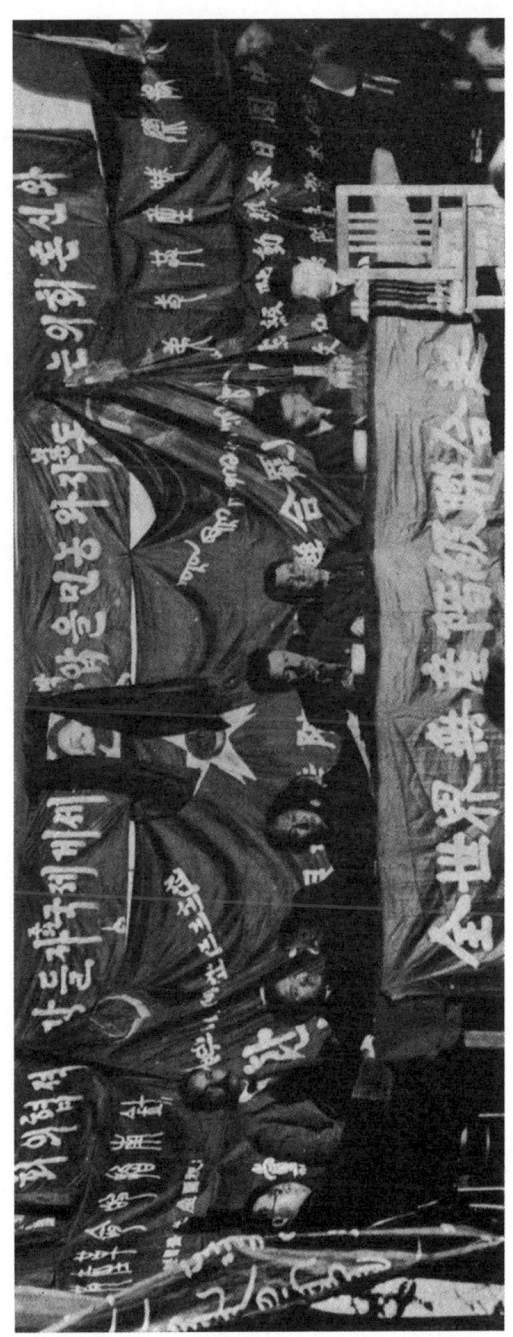

극동민족대회 주석단.
(1열 왼쪽부터) 김규식, 여운형, 미상, 미상, 슈미야츠키, 가타야마 센, 장국도. Ernestine Evans.

람은 미상이며 그 뒤에 서 있는 남자가 슈미야츠키이다. 그 왼편 2명은 미상이며 그 뒤에 서 있는 남자에 대해 사진 뒤에 필사로 의문부호를 달아 부하린(Nikolai Ivanovich Bukharin)이라 표기했다.[62]

두 번째 사진은 어네슈타인 에반스가 미국 『아시아』 잡지에 쓴 글 「모스크바에서 아시아를 조망하다」에 포함된 것이다.[63] 사진 설명에 따르면 극동민족대회 "상임위원회"(Presidium) 혹은 집행위원회라고 표기되어 있다. 플래카드가 개막일보다 많아지고 구호가 다양해진 것으로 미루어 개막식 이후에 촬영된 것으로 생각된다. 마르크스 흉상이 아니라 휘장을 친 사진 액자가 설치되었고, 회의장 모습도 크렘린궁 스베르들로프홀과는 다른 것을 알 수 있다. 에반스에 따르면 첫날 개막전야제는 스베르들로프홀에서 개최되었고, 둘째 날부터는 제3소비에트동에서 회의가 개최되었다고 기록했는데,[64] 이 사진은 바로 러시아정교신학교 제3기숙사, 즉 제3소비에트동에서 찍은 것으로 추정된다. 한글 표어로는 "와신톤회의는 〔원〕동 뇌동자와 농민을 압박〔하는〕 세계제국주의자들 강〔도〕도적 협의회", "전세게 빈천(이하 미상)" 등의 플래카드가, 중국어로는 "全世界無產階級聯合起來罷!〔전 세계 무산계급은 뭉쳐 일어서라〕", "無產革命之指南針〔무산혁명의 지남침〕" 외에 다수의 플래카드가 설치되었다. 몽고어 표어도 게시되었으며, 한자로 된 "중국일본노동계급(이하 미상)", "일본자산계급(이하 미상)" 등의 슬로건도 보인다.

주석단 왼쪽 첫 번째에 김규식의 옆얼굴이 보이며, 그 옆에 서 있는 사람이 카이젤 수염을 기른 여운형이다. 몽고인으로 추정되는 두 명을 건너

---

62 에반스는 『프라우다』(Pravda) 편집장인 부하린이 개막식에 참석해 24회나 지속되는 끊임없는 환영사를 들으며 지루해했다고 기록했다. 에반스, 2012, 위의 논문, 255~256쪽.
63 Ernestine Evans, "Looking East from Moscow," *ASIA*, volume XXII, number 12, December 1922. p.976.
64 에반스, 2012, 위의 논문, 254쪽. 여운형도 대회장에 대해 처음 개회식은 크레믈린궁전, 그 이튿날부터는 希臘正敎神學校 제3기숙사에서 진행되었다고 했다. 이만규, 1946, 위의 책, 73쪽.

뛰어 문건을 읽고 있는 중앙의 남자가 대회 조직자 슈미야츠키이다. 그 옆이 일본대표 가타야마 센, 그 옆이 중국대표 장국도이다.

2장의 주석단 사진으로 볼 때 한국대표단은 저명인사 김규식·여운형 2명이 주석단에 배치되었으며, 일본대표는 가타야마 센 1명, 중국대표는 장국도 1명, 몽고 대표 1명, 기타 1명 등이 위치하고 있다. 한국대표단의 비중이 큰 대회였음을 알 수 있다. 대표단의 숫자가 가장 많고, 주석단에도 2명의 대표가 포함된 극동민족대회는 한국 독립운동과 한국 공산주의운동에 중요한 전기를 제공할 수도 있는 기회였다.

에반스는 "52명의 한국대표단"에 대해 설명했는데, 그중 15명은 현상금이 붙어 있었다. 블라디보스토크, 만주, 상해, 한국에서 비밀리에 도착한 대표들이었다. 에반스는 김규식이 "만약 미국과 일본 사이에 전쟁이 일어난다면 우리는 미국을 위해 무시하지 못할 동맹이 될 것입니다"라고 발언했다고 썼다. 에반스는 김규식이 베르사유강화회의에 임시정부 대표로 파견되었으며, 윌슨 대통령에게 희망을 걸고 워싱턴에 갔지만, 워싱턴에서 겪은 일로 냉소주의자가 되었다고 했다. 미국이 한국을 위해 최후의 선을 넘어 전쟁을 하리라는 희망을 품었는데 그게 무산되었기 때문이라는 것이다. 이에 따라 김규식은 러시아공산주의가 동방의 혁명전략에서 가장 훌륭하다고 확신했고, 한국이 모스크바에서 마지막 정신적·물질적 희망을 찾기 때문에 공산주의자가 되었다고 썼다.[65] 에반스는 김규식이 다소 슬픈 심정으로 모스크바에 온 것 같다고 생각했다. 이외에도 에반스는 감리교 해리스 감독으로부터 서임된 현순(Hyung) 목사, "상해 어느 기독교 서점에서 일하고 있는 냉철한 청년" 여운형과의 대화를 기록하고 있다.[66]

---

65 에반스, 2012, 위의 논문, 262쪽.
66 에반스는 김규식, 현순, 여운형을 모두 젊은 청년으로 묘사하고 있다. 에반스, 2012, 위의 논문, 263쪽.

1922년 1월 21일 개막식이 시작되기 전 각국 대표단의 중심인물들이 레닌을 방문했다. 한국대표 김규식, 여운형, 김시현, 최고려, 현순, 김단야, 김원경, 한명세, 홍범도. 일본대표 가타야마 센(片山潛), 다구치 운조(田口運藏), 요시다 하지메(吉田一), 중국대표 진독수, 몽고대표 야뽄 단잔(日本團山) 등이 참석했다.[67]

여운형에 따르면 레닌을 2차례 만났는데, 레닌이 "관대한 덕량(德量), 원만한 기질, 광박한 지식, 평범자약(平凡自若)한 의표(儀表), 그리고 혁명가의 열정이 모두가 과연 고대(高大)한 인물"이라고 평가했다.[68] 여운형은 레닌이 한국에 철저한 공산주의를 요구하지 않을까 우려했지만, 레닌이 한국의 교통과 언어를 묻기에 교통은 자동차로 하루면 다 갈 수 있는 정도이고 국어는 1개라고 했더니 한국은 지금은 민도가 낮기 때문에 바로 공산주의를 실행하는 것은 안 되며 민족주의를 실행하는 것이 좋다고 해서 안도했다.[69] 레닌은 가타야마에게는 "동무는 조선 독립을 위하여 생명을 희생하여 투쟁하겠는가?"라고 물었고, 여운형에게는 "동무는 일본혁명을 위하여 투쟁하겠는가?"라고 물었다. 둘이 다 "하겠다"고 대답하자 레닌은 기뻐하며, "만일 일본과 조선이 악수를 한다면 양국의 혁명은 무난할 터이니 힘쓰라"고 했다. 가타야마 회고에도 비슷한 내용이 들어 있다. 레닌이 가타야마에게 일본제국주의에 대항하여 극동 노동자 전위가 결합할 필요성을 강조했는데, 유창한 영어를 구사하며 누구든 동등하게 대우하면서 모두에게 만족을 주는 "회화의 중심인물"이었다는 것이다.[70]

레닌 회견에 동석했던 김단야에 따르면 김규식이 레닌과 대화하던 도중 어떤 단어가 생각나지 않아 말을 멈추자 레닌이 얼른 막힌 말을 일러주

---

67   강덕상, 2017, 위의 책, 412~413쪽.
68   이만규, 1946, 위의 책, 74쪽.
69   강덕상, 2017, 위의 책, 413~414쪽.
70   片山潛, 1918, 「同志レーニンの追憶」, 『解放』 4·5월 합병호; 강덕상, 2017, 위의 책, 413쪽.

었는데, 도움(support)라는 단어였다. 김단야는 "물론 김규식 씨가 영어에 대한 어학이 부족해서 그랬을 것은 아니다. 서로 도와 달라는 말을 하기는 좀 거북하셨을 것이다. 그래서 잠깐 주저하는 동안 눈치 빠른 레닌이 얼른 그 말을 대신해 준 것이다"라고 레닌 사망 1주년 회고기사에 썼다.[71]

1월 21일 저녁 개막식에는 총 200여 명의 대표가 참석했고, 16명의 상임위원이 선출되었다.[72] 회의에 참석한 한국대표는 52명으로 알려졌으나,[73] 임경석에 따르면 56명이 참석한 것으로 파악되었다.[74] 한국대표단 자신이 작성한 통계에 따르면 참가한 단체·정당 22개, 대표자 54명, 특별대표 2명 등 총 56명이 참가한 것으로 되어 있다.[75]

[표 1-1] 극동민족대회 참가 한국대표단 구성

단체명 및 설명	설립일자	본부	주요 지부	회원 수	대표자 수
1. 한국					
조선로동대회	1919. 11. 1.	서울	21	35,300	7
조선청년연합회	1920. 4. 15.	서울	13	57,613	2

71 「레닌 회견 인상기. 그의 서거 1주년에」(8회), 『조선일보』(1925. 1. 31).
72 강덕상은 여운형, 김규식, 김원경, 김단야가 상임위원으로 선출되었다고 썼다. 임경석의 연구에 따르면 순번 중 6. Pak-Kieng은 김규식, 9. Kim(Kim-Chow)은 김단야, 11. Wong(Wong-Kieng)은 김원경 혹은 중국 여성으로 판단된다. 여운형의 가명이 12. Pak-Kop이었을 가능성도 있다. 그러나 총 16명의 상임위원 중 일본, 중국, 한국, 몽고 등의 대표가 골고루 분포되고, 코민테른 측 참석자(사파로프, 벨라 쿤, 카, 로이, 슈미야츠키)를 고려한다면, 한국대표가 4명이나 상임위원으로 선출되었다고 보기는 어렵다.
73 山辺健太郎, 1959, 「日本近代史研究にをける資料批判-'極東民族大會の思に出'に關聯して」, 『思想』424, 10월호, 58쪽; 강덕상, 2017, 위의 책, 415쪽; 에반스, 2012, 위의 논문, 261쪽.
74 임경석, 2003, 위의 책, 519쪽.
75 Memorandum information relative to the Korean Delegation to the congress of the communist and revolutionary parties of the Far East(1922. 2. 8) 「비망록: 극동 공산주의와 혁명당대회 한국대표단에 관한 정보비망록」(1922. 2. 8), 러시아국립사회정치사문서보관소(РГАСПИ), ф.495, оп.154, д.175, л.77~80.

조선학생대회	1920. 4. 29.	서울	-	12,536	2
조선공제단	1919. 4. 2.	서울	13	27,300	3
조선여성애국단	1919. 3. 2.	서울	-	3,000	3
합계			47	135,749	15
2. 간도 및 한국					
대한광복군총영	1919. 1. 1.	관전(寬甸)	4(한국)	30,000	2
대한청년단연합회	1919.10.24.	관전	7(한국)	19,772	2
대한독립단	1919. 4. 15.	관전	4	8,600	2
광한단	1920. 2. 12.	관전	3	1,050	1
합계			18	59,422	7
3. 중국					
신한청년당	1918. 11. 3	상해	1(미국)	126	1
이팔구락부	1920. 2. 8.	상해	-	55	1
화동한국학생연합회	1921. 8. 22.	상해	-	165	2
합계				346	4
4. 일본					
적성단	1919. 2. 10	동경	-	368	1
5. 종교집단					
조선기독교연맹(40만 조선기독교도를 대표해 1919년 3월 1일 이래 상해로 파송)		상해		(대표 6명)	1
혁명단체 합계			14	66	245,885	28
6. 러시아					
전러시아고려노동조합	1921.12.14	모스크바	-	1,032	2
남부러시아(우크라이나)고려노동조합		Donbas	-	300	1
재모스크바 조선 학생		모스크바	-	54	2
합계				1,386	5

7. 고려공산당 및 관련단체, 무장부대 포함						
고려공산당	(상해)					3
	(이르쿠츠크)					3
고려공산당 여성부	(상해에서)					3
	(모스크바에서)					1
고려공산청년회	(상해)					2
	(이르쿠츠크)					2
이르쿠츠크 고려여단(고려혁명군)(혼성여단 1)						7
합계						21
8. 특별 및 개인						
독립신문사		1919. 4. 1.		상해		1
(혁명가)						1
합계						2
총계				단체 및 정당 총 22개 대표자 총 54명 특별대표 2명		

〔출전〕 「Memorandum information relative to the Korean Delegation to the congress of the communist and revolutionary parties of the Far East」(1922. 2. 8); 「비망록: 극동 공산주의와 혁명당대회 한국대표단에 관한 정보비망록」(1922. 2. 8), 러시아국립사회정치사문서보관소(РГАСПИ), ф.495, оп.154, д.175, л.77~80.

(3) 한국대표단장 김규식의 연설과 한국 문제 보고서

김규식은 한국대표단 단장으로 일본의 가타야마 센, 중국의 장국도, 몽고의 단잔과 함께 선언서(Manifesto) 초안 수정위원이 되었다.

  개막식에서 코민테른 집행위원장 지노비예프(Grigory Yevseyevich

Zinovyev)는 개막 연설을 하며 워싱턴회의를 비판했다. 명예주석 가타야마 센의 연설, 중국 대표 장국도의 연설 후 김규식이 길게 연설했다. 김규식은 한국어로 연설한 후 스스로 영어로 통역했다. 한 중국인 참관자(海中周哀輪)는 "김규식의 연설이 유창하여 영기(英氣)가 왕성하였다"라고 평가하였다.[76] 김규식의 연설문은 극동민족대회 영문 의사록에 수록되어 있다.[77] 김규식은 박경(Pak-Kieng)이라는 가명으로 표시되어 있다.

> 동지들, 극동 혁명조직에서 오신 동료 대표 여러분, 한국대표단의 이름으로, 한국 혁명 대중을 대신해, 금번 피압박 인민, 공산주의운동 및 극동의 혁명적 대중의 대회 개막식에 가장 진실하고 따뜻한 인사를 드립니다.
> 금번 대회에 오면서, 우리가 위치하고 있는 이 위대한 중앙의 역사적 도시 모스크바라는 장소의 순간을 생각하니 과거의 기억과 인상을 회고하게 되었습니다. 과거 모스크바는 모스크바식 권력(Muscovite power)을 연상시켰습니다. 때때로 우리는 그것이 제국의 폭정과 팽창을 대표하는 것으로 생각했습니다. 과거 오랫동안 우리는 워싱턴이 미국식 소위 자유주의, 민주주의, 번영의 중심이라고 생각했지만 세상이 변했습니다. 그럼에도 불구하고 우리는 이제 실질적으로 정반대로 뒤바뀐 상황이 되었다는 것을 목격하기에 이르렀습니다. 이제는 정반대가 되었습니다. 모스크바식 권력은 더 이상 이곳을 대표하지 않습니다. 모스크바는 세계 프롤레타리아 혁명운동의 중심으로 이곳에 서 있으며, 팔을 활짝 펴고 극동의 피압박 인민이 자신들의 혁명운동을 수행하는 것을 환영하고 있다는 것을 우리는 깨달았습니다. 여기서 워싱턴은 세계 자본주의 착

76　遊子, 『一九念一遊子觀察 新俄回想錄』, 176쪽; 반병률, 2017, 위의 논문, 160쪽.
77　The Communist International, *The First Congress of the Toilers of the Far East*, pp.11~12.

취 및 제국주의적 팽창의 중심으로 서 있습니다. 우리는 이곳 오늘 개막식에 왔을 때 이제 이 개막식이 세계 자본주의와 제국주의에 대항하는 우리 전투의 예비적 준비임을 깨달았습니다. 지금 이 순간은 우리가 함께 뭉치기 시작하는 때이며, 뭉쳐야 할 필요성을 우리가 깨닫는 때입니다. 우리는 '전 세계 노동자들이여 단결하라'라는 슬로건을 알고 있습니다. 여기서 우리의 슬로건은 "극동의 피억압 인민은 단결하라"(Toilers of the Far East, unite)가 되어야 합니다. 과거에 우리는 우리의 전투를 개별적으로 홀로 수행하면서 투쟁하고, 노역하며, 싸워 왔습니다. 한국의 운동을 예로 들어 보겠습니다. 빈약한 역량과 준비 부족 상태의 한국인들은 일본-일본제국주의와 자본주의 및 세계 자본주의에 반대해 자신들의 투쟁을 전개해 왔으며, 오늘날 우리는 우리가 이 역경의 전투를 막 시작했을 뿐임을 깨닫게 되었습니다.

우리는 지난 4~5년 동안 러시아가 겪은 일이 무엇인가를 생각하게 되었습니다. 프롤레타리아 혁명의 위대한 중심인 소비에트러시아는 지난 몇 해 동안 무슨 일을 겪어야만 했는가? 나는 우리가 세계 제국주의 및 자본주의 강국들에 반대하는 전투를 준비하기 위해 이곳에 함께 모였다고 말하고 싶습니다. 우리 잠깐 러시아의 모든 전선, 즉 폴란드, 핀란드, 크림, 루마니아 전선을 따라 남쪽, 몽고 전선의 중앙아시아, 시베리아, 동서남북 모든 곳을 생각해 봅시다. 이런 상황에도 불구하고, 러시아는 세계 강국의 합동 음모에 저항했습니다. 키플링은 "동양은 동양이고 서양은 서양이며 양쪽은 결코 만날 수 없다"고 말합니다. 그러나 나는 여기 모스크바에서 우리가 만나고 있으며, 동양과 서양은 만났다고 말합니다. 우리가 함께할 때 더 이상 동양은 없으며 더 이상 서양은 없습니다. 우리가 함께할 때, 동양은 서양이며 서양은 동양입니다. 이제 우리는 함께 우리의 싸움을 전개할 필요가 있다는 것을 깨닫게 되었습니다.

동지들, 우리 앞에는 수많은 전투가 놓여 있습니다. 우리는 오늘 극동의 피억압 인민들과 혁명적 조직들이 함께 만나야만 한다는 것을 깨닫게 되었으며, 미래를 위해 우리 운동을 함께 계획하게 되었습니다. 우리는 어떤 계획을 가져야 합니까? 이것은 나의 희망이자 확신이며, 모든 이의 희망으로, 우리가 이 대회에서 소비에트공화국이 나침반의 모든 지점에서 제국주의자들이 자신에게 강제하는 모든 과업에도 굴하지 않고, 과거에 보여 주었던 용기와 에너지를 획득하게 될 것이라는 점입니다. 우리는 극동 전역을 통해 프롤레타리아트들에게 지식을 전달해서 극동 프롤레타리아트가 소위 세계 자본주의 및 제국주의를 억압하고 박살내는 데 있어 강력한 힘으로 서길 바랍니다. 그리고 우리는 본 대회를 통해서 러시아운동의 불꽃을 얻어 모든 제국주의 및 자본주의 세계체제를 잿더미로 불태우길 바랍니다. 모든 대표의 이름으로 본인은 극동혁명인민대회(the Congress of the Far Eastern revolutionary peoples)에 "이 위대한 운동의 성채이자 지도력인 코뮤니스트 인터내셔널 만세, 제국주의 세계열강에 맞서는 위대한 강력한 힘의 성채인 소비에트러시아 만세, 극동 프롤레타리아 및 서양 프롤레타리아, 세계 제국주의 및 세계 자본주의를 완전 분쇄하기 위한 전 세계의 단결된 노력 만세"라는 기원을 드리고 싶습니다.[78]

모스크바와 워싱턴의 과거와 현재를 극적으로 대비시킨 이 연설을 다른 사람이 아닌 파리강화회의 특사 김규식이 행한 것이다. 핵심은 간단했다. 과거 모스크바는 제국의 폭정과 팽창을 대표했고, 워싱턴은 미국식 자

---

[78] The Communist International, *The First Congress of the Toilers of the Far East*, pp.11~12: 한글 번역본과 영문 편집본은 다음을 참조. 우사김규식연구회 편, 번역·해설 심지연, 2016, 『우사김규식영문자료집』, 우사김규식연구회, [영문] 72~73쪽, [번역문] 231~233쪽.

유주의·민주주의·번영의 중심이라고 생각했지만, 이제 세상은 정반대로 변했다. 모스크바는 세계 프롤레타리아운동의 중심으로 극동의 피압박 인민들의 혁명운동을 환영하는 반면, 워싱턴은 세계 자본주의 착취 및 제국주의적 팽창의 중심이 되었다. 러시아혁명의 불꽃을 얻어 모든 제국주의 및 자본주의 세계체제를 잿더미로 불태우자고 외친 것이다. 코민테른이 하고 싶은 이야기였고, 구미 외교의 경험자로 유명한 김규식의 체험담이기도 했다.

김규식의 연설은 개인적인 것이었지만, 한국대표단의 견해를 집약한 연설이었다. 즉흥연설이 아니라 준비된 연설문이었기 때문이다. 그가 상해에서 극동민족대회 대표단으로 선정될 시점에 가졌던 개인적 판단과 상해-천진-북경-장가구-고륜-캬흐타-베르흐네우딘스크-이르쿠츠크로 이동하는 동안 여운형과 함께, 이르쿠츠크-모스크바에서 매일 같이 한국대표단 전원과 함께 논의하고 토론한 끝에 합의·정리한 한국대표단의 공식 입장이었다. 개인적인 표현들과 영어 번역이 들어갔겠지만, 이 시점에 대회를 바라보는 이르쿠츠크파 중심 한국대표단의 집약된 의견 표명이었다고 보면 되겠다. 이는 극동민족대회가 끝난 후 김규식이 영국에서 출간된 『코뮤니스트리뷰』(Communist Review)에 게재한 논문과 일맥상통한다.[79]

1월 23일 아침 두 번째 회의가 개최되었다. 각 민족별 보고서는 한국, 일본, 중국이 각 3개, 자바와 몽고는 각 1개로 정해졌다. 코민테른 집행위원회는 2개의 중요 보고서를 채택했는데, 1월 23일 제2차 회의에서 지노비예프가 발표한 「세계정세와 워싱턴회의의 결과」(International situation

---

[79] Kinsic Kim, "The Asiatic Revolutionary Movement & Imperialism," *Communist Review*, No.3, Vol.3, July 1922. 한글 번역본과 영문 편집본은 다음을 참조. 우사김규식연구회 편, 2016, 위의 책, 〔영문〕 99~109쪽, 〔번역문〕 269~288쪽.

and results of the Washington Conference), 1월 26일 제8차 회의에서 사파로프가 발표한 「민족·식민지 문제와 민족혁명당과의 협력 문제에 있어서의 공산주의자 위치」(Position of the Communists in the national and colonial question and collaboration of Communists with national-revolutionary parties)가 그것이다.

먼저 코민테른 집행위원장 지노비예프는 1921년 12월 10일 미국, 영국, 프랑스, 일본이 체결한 4국 조약을 "네 흡혈귀들의 동맹"(Alliance of the Four Bloodsuckers)이라는 유명한 문구로 호명하며 각국 대표를 비판했다. 그는 한국대표가 미국을 신뢰하는 것을 꾸짖으면서, "우리는 한국 해방운동의 몇몇 활동적인 인물들조차 무슨 기적이 일어나지 않을까, 어떻게 하든지 조선 문제에 대한 해명이 뒤따르지는 않을까 하며 워싱턴회의에 희망을 가졌었다는 것을 알고 있다. 지금 무엇이 일어났는가? 워싱턴회의에서 마치 Korea가 지구상에 존재하지 않는 것같이, Korea가 존재하고 있다는 것을 들은 적이 없는 국가들이 워싱턴에서 모인 것같이 Korea라는 말은 워싱회의에서 언급조차 되지 않았다"라고 했다.[80] 중국의 문호 개방은 미국의 속임수라고 지적하며 미국의 업적을 표준으로 삼으려는 손문의 추종자들을 꾸짖었다. 그는 일본의 호전적인 정책, 애국주의로 타락한 군중, 군국주의적 정부에 대해 일본인들을 꾸짖었다. 일본 프롤레타리아트는 극동 문제 해결의 열쇠를 쥐고 있으며, 일본혁명의 최종적 승리와 일본 부르주아지의 패배 없이는 극동 문제의 본질적 해결이 없다고 했다.[81]

코민테른 집행위원 겸 동양부장이던 사파로프의 보고서는 1월 6일 제8차 회의에서 낭독되었고, 민족혁명운동에 대한 공산당의 정책을 다루었

---

80 에반스, 2012, 위의 논문, 257~258쪽; The Communist International, *The First Congress of the Toilers of the Far East*, p.25, 30~31; 반병률, 2017, 위의 논문, 162쪽.
81 에반스, 2012, 위의 논문, 257~258쪽.

다. '제1차 세계대전 이후 극동의 중요성이 부각되고 있으며 코민테른은 식민지 민족해방운동을 도울 것이다. 식민지 한국에 대해서는 첫째로 혁명운동은 부르주아적 성격을 띠지만, 반제국주의적 성격이므로 우선 지지한다. 둘째로 민족통일전선의 수립이 필요하지만, 타협과 평화주의적 민족주의는 고립시켜야 한다. 셋째로 민족해방운동은 무장투쟁을 통해 이루어져야 하며, 국제 프롤레타리아트운동과 연대했을 때 비로소 해방이 가능하다'라고 지적했다.[82]

지노비예프와 사파로프의 보고에 대해 한국대표단의 토론이 있었다. 이는 민족별 분과회의 예비토론을 거친 후에 제시된 토론이었다.[83] 1월 25일 제7회 회의에서 임원근(Kim-Khu)은 지노비예프가 제시한 1925년 혹은 1928년 미일 개전설에 깊은 공감을 표시했다.[84] 1월 27일 제9회 회의에서 이르쿠츠크파의 채동순(Kor-Khan, 채알렉산드르)은 워싱턴회의에 환상을 품은 한국인들이 있는데, 상해 임시정부가 그런 부류이며, "박쥐와 같이 행동하는 '공산주의자'가 있다"(such "Communists" who act like bats)고 비판했다. 상해파를 비난한 것이었다. 채동순은 상해 임시정부를 민족통일전선의 대상인 민족혁명단체로 인정할 수 없다고 주장했다.[85] 1월 27일 제9회 회의에서 이재곤(李在坤, Kim-Chow)은 일본 프롤레타리아트와 한국 근로대중의 연대가 현실적으로 어렵다는 입장을 피력했다.[86]

한국 문제에 대해서 모두 3건의 중요 보고서가 제출되었다. 1월 24일 제5회 회의에서 김원경(Wong-Kieng)은 「워싱턴회의와 한국의 관계

---

82 The Communist International, *The First Congress of the Toilers of the Far East*, pp.156~174; 임경석, 2003, 위의 책, 529쪽.
83 이하는 임경석, 2003, 위의 책, 530~532쪽을 참조.
84 The Communist International, *The First Congress of the Toilers of the Far East*, p.149.
85 The Communist International, *The First Congress of the Toilers of the Far East*, pp.175~177.
86 임경석, 2003, 위의 책, 533쪽.

에 관한 보고」(Report on the Washington Conference and its Relation to Korea)를, 김규식은 「한국의 혁명운동」(The Korean Revolutionary Movement)을 발표했다.[87] 1월 25일 제6회 회의에서 조동호(Kho)가 「한국의 경제상황」을 발표했다.[88] 보고서들은 이미 한국대표단 회의에서 여러 차례 토론하고 검토한 결과이며, 코민테른 원동비서국 고려부가 주관하여 작성한 것이었다.[89] 누가 발표했는지는 중요하지 않았다.

김원경의 「워싱턴회의와 한국의 관계에 관한 보고」는 모두 15개 문단으로 구성되어 있다. I. 극동에서 한국의 위치(1~3), II. 일본에 의한 한국의 강제병합(4~7), III. 1919년 3월 사건들(8), IV. 베르사유회의(9~11), V. 워싱턴회의(12~15) 등의 소목차로 구성되어 있다. 핵심은 3·1운동 전후 한국인들이 베르사유회의와 워싱턴회의에 큰 기대를 품었으나 미국은 이를 배신했다는 내용이다. 미국을 향한 한국인들의 기대가 컸지만, 미국은 중국에서 더 많은 특권을 얻기 위해 일본의 한국 합병을 승인했다고 비판했다.[90]

김규식이 낭독한 「한국의 혁명운동」은 극동민족대회에서 발표된 한국대표단의 보고서 중 가장 중요한 것으로 평가할 수 있다.[91] 이 보고서는 총 24개 문단으로 구성되어 있으며, I. 운동의 원인, 성격, 발전(1~4), II. 민족주의적 경향의 증대 및 애국주의의 성장(5~6), III. 강제병합과 독립운동(7~11), IV. 3·1운동-그 성격과 범위(8~16), V. 일본의 탄압과 한국의

---

87 The Communist International, *The First Congress of the Toilers of the Far East*, pp.65~74.
88 The Communist International, *The First Congress of the Toilers of the Far East*, pp.116~121.
89 임경석, 2003, 위의 책, 535쪽.
90 The Communist International, *The First Congress of the Toilers of the Far East*, pp.65~74.
91 The Communist International, *The First Congress of the Toilers of the Far East*, pp.74~98; 반병률, 2017, 위의 논문, 163쪽.

저항(17~20), VI. 혁명적 이상 속에 대중의 각성(21~24), VII. 결론(25)으로 구성되어 있다. 소목차를 보면 다음과 같다.

I. 운동의 원인, 성격, 발전
1. 한국 혁명운동의 양상
2. 계급투쟁
3. 혁명적 농민의 최초 봉기-동학반란
4. 혁명운동의 이행기

II. 민족주의적 경향의 증대 및 애국주의의 성장
5. 민족주의의 성장-의병
6. 애국적 사회문화운동

III. 강제병합과 독립운동
7. 강제병합
8. 독립회복 운동
9. 국외의 정치 활동
10. 국내 의병 계열 활동
11. 기회의 포착

IV. 3·1운동-그 성격과 범위
12. 삼월운동
13. 독립선언
14. 수동적 운동
15. 임시정부
16. 유럽과 미국에서 외교적 노력

V. 일본의 탄압과 한국의 저항
17. 일본의 탄압
18. 파괴적 행위
19. 충돌
20. 혁명군의 근거지

VI. 혁명적 이상 속에 대중의 각성
21. 한국 프롤레타리아트의 각성
22. 운동의 균일성

23. 고려공산당의 조직   24. 명확한 혁명적 프로그램

VII. 결론
25. 빛나는 미래

아마도 1921년까지 한국 독립운동을 주체 측에서 체계적으로 정리한 것은 이 보고서가 최초인 것으로 생각된다. 소목차와 구성을 보면 이 보고서의 주된 목표와 의도를 파악할 수 있다. 인쇄판 25쪽 분량의 보고서를 전체적으로 분석하려면 별도의 노력이 필요할 것이다. 주목되는 부분만 간략하게 살펴보자.

3·1운동에 대해 5개 소절을 할애했고, 임시정부와 김규식이 활동한 파리위원부·구미위원부를 다루었다는 사실 자체에 주목해야 한다. 임시정부를 다루는 방식은 비판적인데, 임시정부는 파벌투쟁에 집중하고 있으며, 몇 차례 헌법을 개정해서 성공적으로 인원을 교체하는 데만 집중하고 있다. 상해 대한민국임시정부는 외교적 시도만 하는 정부이다. 최고의 성취는 파리평화회의에 파견된 자신의 대표가 강대국에게 애처로운 호소를 하는 것을 지원하는 〔또한 선전 등에서 연관 활동을 약간 수행하면서〕 노력을 경주한 것이다, 라고 쓰고 있다.[92] 구미 외교에 대해서도 비판적인데, 윌슨의 민족자결주의와 14개조는 공중의 비누방울 같이 허망한 것이었다. 임시정부의 다수는 한편으로 인민들을 선동하고 다른 한편으로는 베르사유, 제네바, 워싱턴 곳곳으로 배회하며 인민의 지원을 대가로 받으려고 한다, 라고 쓰고 있다.[93] 그렇지만 이 모든 회의는 일본에 한국에서의 테러적 통치를 지속하도록 자유 재량을 공식적으로 부여했다고 비판하고 있다.

---

92 The Communist International, *The First Congress of the Toilers of the Far East*, p.90.
93 The Communist International, *The First Congress of the Toilers of the Far East*, p.91.

3·1운동과 파리강화회의, 구미 외교의 책임자 김규식이 이런 평가를 내린 보고서를 낭독한 것이다.

"20. 혁명군의 근거지"는 상해파 의병·독립군을 학살한 자유시참변(Blagoveshchensk conflict)을 이르쿠츠크파의 관점에서 설명하고 있다. "이처럼 종전의 분산되고 잡다한 한인 독립군들은 얼마간 불가피한 논쟁(통합 과정에서의 블라고베셴스크 충돌)을 거친 후 하나의 지휘체계하에 들어갔으며, 동시에 한국의 혁명적 대중에게 새롭고 확실한 길을 여는 데 있어 소비에트러시아와 코뮤니스트 인터내셔널과 밀접하게 관계를 맺게 된 것이다. 현재 고려혁명군의 중심은 고려공산당의 정치적 감독과 소비에트러시아 제5군에 부속되어 있는 이르쿠츠크의 고려군대인 것이다"라고 했다.[94]

"23. 고려공산당의 조직"에서는 한인사회당, 상해파 고려공산당을 언급하지 않은 채 상해파와 적대적 관계에 있던 이르쿠츠크파 및 대한국민의회의 입장을 적극 대변했다. "소비에트러시아 영토와 그 부근에(within and about the territory of Soviet Russia) 거주하는 한국인들은 개인적으로 혁명적 이상 및 경험과 접촉할 수 있는 지위에 있어서, 진정한 조직운동의 첫 단계에 연결되는 데 적지 않은 공로가 있었으며, 고려공산당(the Korean Communist Party)의 창립을 가져왔으며, 제3 공산주의 인터내셔널의 승인을 받아서 세계 프롤레타리아혁명에 한국인의 운동이 참가하게 되었다"라고 쓰고 있다.[95] 이르쿠츠크파와 국민의회 등 러시아 내 한인들이 고려공산당의 주역이자 코민테른의 정식 승인을 받은 주역이라고 평가한 것이다.

---

94   The Communist International, *The First Congress of the Toilers of the Far East*, pp.94~95; 반병률, 2017, 위의 논문, 163쪽.
95   The Communist International, *The First Congress of the Toilers of the Far East*, p.97.

"24. 명확한 혁명적 프로그램"은 코민테른과 이르쿠츠크파가 생각하는 극동민족대회 이후 한국 혁명운동의 방향을 설명한 것이다. 김규식은 "한국의 혁명적 그룹이 급속히 적화되고 있는 것은 공공연한 비밀"이지만, 중심부에 친미분자와 종교 분파, 특히 기독교가 존재하는 임시정부는 일정 정도까지 아직 남아 있으며, 그 짧은 역사, 기관, 인사들 때문에 임시정부의 힘이 신속하게 쇠약해지지는 않을 것이라고 분석하고 있다. 때문에 독립운동 방략의 전환이 필요하다는 것이다. 고려공산당의 정책은 제국주의 열강의 착취에 맞서 한국 대중을 통합된 입장으로 투쟁하게 하는 것이며, 한국 인민의 진정한 해방을 위해 투쟁하는 것이 가장 중요하고 제1정책이라고 규정하고 있다. 이 2개의 목표 달성을 위해 고려공산당은 전 한국 혁명운동의 통일을 원조할 것이라고 했다.[96] 그 방법은 국민대표회의(국민선거위원회) 소집을 통해 조화롭고, 통일된, 종합적 중앙혁명지도기관(harmonious, united and comprehensive central revolutionary directing organ)을 조직하는 것이며, 지금 상해에는 각 지역에서 온 대표로 구성된 조직위원회, 즉 국민대표회 기성회가 조직되어 있다고 했다. 중앙혁명지도기관은 민족통일전선기관 혹은 통일된 민족혁명당을 의미하는 것이었다.[97] 즉, 이르쿠츠크파와 코민테른의 노선은 상해 국민대표대회를 통해서 새로운 중앙혁명지도기관을 조직한다는 것임을 알 수 있다. 극동민족대회 이후 코민테른은 국민대표회의를 개최해 새로운 중앙혁명지도기관인 민족통일전선 혹은 민족혁명정당을 건설해야 한다는 방침을 정한 것이었다. 상해 임시정부는 민족혁명정당이 아니라고 규정했기 때문에, 임시정부의 개조가 아니라 새로운 조직의 창출 방향이 제시된 것이다.

---

96 임경석은 1922년 1월 이르쿠츠크파가 이전의 혁명론을 폐기하고 민주주의혁명강령을 세워 상해파와 같이 연속혁명론을 수용했다고 해석했다. The Communist International, *The First Congress of the Toilers of the Far East*, p.98; 임경석, 2003, 위의 책, 536~537쪽.
97 The Communist International, *The First Congress of the Toilers of the Far East*, p.98.

조동호의 보고 「한국의 경제상황」은 한국의 경제상황, 노동상황, 농민상황 등 3건의 보고서를 하나로 묶어 발표한 것이다. 조동호는 이 보고서가 잘 다듬어진 것으로 영어·러시아어로 번역되지 않은 예비보고서라고 밝혔다. 보고서는 "한국의 경제상황",[98] "한국농민의 상황",[99] "노동상황",[100] "노동자 농민대중의 운동"[101]으로 구성되어 있다.

반병률에 따르면 김규식·김원경은 3·1운동의 의미를 인정하려 했지만, 지노비예프와 사파로프의 평가는 혹독했다. 특히 사파로프는 "1919년의 3월혁명(한국 인민들의 삶에서 큰 사건)은 억압된 대중들의 봉기였고, 승리로 이어질 수 없었다. 한국 인민들이 열정으로 가득 차서 밀집된 대형의 일본 군인들의 총검을 향해 행진하여 영웅적으로 죽어 가고 있을 때 이는 성공할 수 없는 봉기였다"고 혹평했다.[102] 반면 일본의 가타야마는 3·1운동을 긍정적으로 평가했다.[103]

한국 문제에 대한 극동민족대회의 결의사항은 아직까지 발굴되지 않았다.[104] 여운형의 회고에 따르면 다음과 같이 결정되었다고 한다.

---

[98] The Communist International, *The First Congress of the Toilers of the Far East*, pp.111~116.

[99] The Communist International, *The First Congress of the Toilers of the Far East*, pp.116~118.

[100] The Communist International, *The First Congress of the Toilers of the Far East*, pp.118~120.

[101] The Communist International, *The First Congress of the Toilers of the Far East*, pp.120~121.

[102] The Communist International, *The First Congress of the Toilers of the Far East*, p.168; 반병률, 2017, 위의 논문, 164~165쪽.

[103] "한국인들은 생명과 고통, 그리고 다년의 감옥 생활이란 엄청난 대가를 치렀지만 독립운동과 봉기는 한국인들에게 미래의 투쟁에 대한 희망과 자극을 주었다. 그들은 전 세계에 자신들의 봉기 역량과 민족적 단결을 과시하였다. 1919년의 한국인 봉기는 미국 선교사들의 직접적 영향과 분명하게 러시아 볼셰비키혁명의 간접적 영향이다. 한국 인민은 민족적으로 외래 제국주의의 멍에로부터의 해방에 대하여 각성되었다." The Communist International, *The First Congress of the Toilers of the Far East*, p.147; 반병률, 2017, 위의 논문, 165쪽.

[104] 이하 설명은 강덕상, 임경석, 반병률의 연구에 따른 것이다.

일본은 의회에 다수 의원을 내어 의회정책으로 나갈 것, 중국은 국민당(國民黨)을 원조하여 국민개혁운동을 일으킬 것, 조선은 농민국이니 공산당의 지식이 없으므로 농민의 민족주의 공명자(共鳴者)를 움직이며 민족운동을 일으킬 것, 그리하고 임시정부를 그대로 지지할 것이 아니라 이를 개조 촉진(改造促進)시키기로 하였다.[105]

여운형은 일제 심문 과정에서도 같은 취지로 발언했다. 한국은 공업이 발달하지 않고 계급의식이 유치하기에 계급운동은 시기상조이며, 농업국이고 일반민중은 민족운동에 공명하는 상황이니 계급운동가는 독립운동을 후원·지지하라는 방침을 정했다. 상해 임시정부는 명칭은 너무 과대하고 실력은 수반되지 않는 폐단이 있으니 임시정부의 조직을 개혁할 필요가 있다고 결의했다.[106]

극동민족대회는 코민테른의 민족·식민지 문제에 대한 결의안에 입각해서 (1) 코민테른과의 완전한 결합, (2) 극동의 피억압 근로인민은 국제 프롤레타리아트와의 동맹에 의해서만 민족적·사회적 해방을 달성할 수 있음, (3) 일본·중국·한국 프롤레타리아트의 혁명적 각성 등을 의결했다.[107]

(4) 극동민족대회의 유산: 김규식-러시아 밀약설

극동민족대회는 이후 중국, 일본, 한국 등 동아시아 공산주의운동·사회운동에 큰 영향을 끼쳤다. 중국의 경우 중국공산당은 '민족·식민지 테제'

---

105 이만규, 1946, 위의 책, 73쪽; 강덕상, 2017, 위의 책, 421쪽.
106 「여운형조서」 1, 246쪽. 강덕상, 2017, 위의 책, 421쪽.
107 山極晃, 1969, 「極東民族大會と中國」, 『國際法外交雜誌』 68-2, 91쪽; 강덕상, 2017, 위의 책, 423쪽.

에 입각해 반제·반봉건투쟁의 중요성을 인식했고, 대회 참석 후 귀국한 대표들은 공산당 2차 대회에 참석했는데, 이것이 국공합작으로 이어졌다.[108] 중국대표 장국도는 대회를 통해 "중국혁명은 세계혁명의 일부이다"라는 이론을 이해하게 되었고, 코민테른의 리더십과 반제국주의통일전선의 새로운 사상을 얻게 되었다.[109]

일본의 경우 대회의 결과로 볼셰비즘과 아나키즘이 확연히 구별되었고, 공산당 결성의 기반이 견고해져서 일본공산당이 결성(1922. 7. 5)되기에 이르렀다.[110]

한국의 경우 제국주의에 대한 인식이 깊어지고, 세계혁명, 일본 프롤레타리아운동과 연대에 대한 전망을 갖게 되었으며, 상해파와 이르쿠츠크파가 사회주의혁명에 선행하는 단계로 민족혁명·민족해방운동을 위치시키고 민족통일전선 정책을 수용하게 되었다.[111] 국민대표대회를 통해서 새로운 민족통일전선 조직·정당을 조직한다는 방향이 결정된 것이었다. 이것이 극동민족대회를 통해 공식화된 코민테른과 이르쿠츠크파의 입장이었다.

일제 정보당국은 워싱턴회의와 모스크바회의를 대비시켰고, 이승만과 김규식을 비교했다. 총독부는 "당시 김규식은 트로츠키와 4번, 레닌과 2번(회견했으며), 이동휘는 치체린, 트로츠키, 레닌 각각과 수차례 회견하였고, 여운형 역시 교묘하게 유력자들과 회견하며 상당한 활동을 시도"했다고 보았다.[112] 여운형 심문조서에도 회의 종료 후 한국대표단은 레닌, 트로츠키, 지노비예프, 사파로프, 카리닌, 콜론타이 등 러시아공산당 간부를 비롯해 유린, 카라한 등 외교관과 회견했다. 여운형은 이 과정에서 코민테른

108 山極晃, 1969, 위의 논문: 강덕상, 2017, 위의 책, 423쪽.
109 반병률, 2017, 위의 논문, 175쪽.
110 渡邊春南, 1955, 『片山潛と共に』, 和光社, 107, 117쪽; 반병률, 2017, 위의 논문, 172쪽.
111 임경석, 2003, 위의 책, 384쪽; 반병률, 2017, 위의 논문, 176쪽.
112 朝鮮總督府警務局, 「大正11年朝鮮治安狀況(國外)」, 金正柱, 1971, 『朝鮮統治史料』 7, 東京 韓國史料研究所, 168~169쪽; 강덕상, 2017, 위의 책, 425쪽.

이 식민지 해방 문제 특히 한국민족의 해방에 적극적인 관심이 있다는 것을 알게 되었다고 진술했다.[113]

반면 "천재일우의 외교의 기회"라며 상해를 떠나 워싱턴으로 향했던 이승만은 워싱턴회의에서 어떤 기회도 얻지 못했다. 상해 임시정부와 구미위원부의 대위기와 재정적 난국을 워싱턴회의를 통해 돌파하려고 했던 이승만·서재필의 시도는 예정된 좌절을 맞이하고 있었다. 국내에서는 이상재·기호파를 중심으로 「태평양회의에 보내는 한국 인민의 글」(韓國人民致太平洋會議書)을 작성해 상해를 거쳐 미국으로 보냈고, 임시정부는 한국대표들이 적당한 위원회에서 의견을 피력할 수 있는 기회를 달라고 하딩 미 대통령에게 편지(1922. 1. 27)를 보냈다.[114] 워싱턴회의는 태평양지역의 현상 유지에 관한 4개국 조약, 승전국의 군사력 순위를 결정하기 위해 주력함 보유율을 정한 해군군축조약, 중국의 문호 개방·기회 균등을 협정한 9개국 합의사항 등을 체결하고 1922년 2월 6일 폐막되었다. 1921년 내내 국내외 운동 세력의 희망 속에 미일 충돌설, 미일 개전설이 확산되었지만, 워싱턴회의는 1차 대전 승전국·제국주의 국가들의 전리품 정리와 군사적 위계서열을 확정했을 뿐 한국의 목소리에는 어떤 관심도 기울이지 않았다. 강덕상은 "워싱턴회의에 의견서를 제출하려다 무시당한 이승만, 정한경 등과 모스크바에 갔던 김규식, 여운형이 얻은 성과의 차이는 너무나 명백했다"라고 평가했다.[115]

나아가 총독부 경무국의 정보보고는 김규식이 소비에트러시아와 밀약

---

113 「여운형조서」 2, 384쪽; 강덕상, 2017, 위의 책, 424쪽.
114 「태평양회의에 제출한 대한민국의 요구」(1)~(4), 『독립신문』(1922. 1. 1, 1922. 2. 20, 1922. 3. 1, 1922. 3. 31); 「한국대표단이 한국에서 발송한 진정서를 군축회의 사무총장에게 송달」 (1922. 1. 2), 워싱턴 군축회의 한국대표단 서기 정한경→워싱턴 군축회의 사무총장, 『대한민국임시정부자료집』 18(구미위원부 II); 長田彰文, 1999, 「朝鮮獨立運動と國際關係 1918-1922年」, 『國際政治』 122; 강덕상, 2017, 위의 책, 424쪽.
115 강덕상, 2017, 위의 책, 424쪽.

을 체결했다고 보았다.

> 1. 우리 조선인 동지는 머지않아 조선에서 구체적인 소요를 일으킴과 동시에 장래 조선 국경에서 러시아와 일본 간 충돌이 있을 경우에는 러시아를 원조할 것.
> 2. 우리 조선인 동지는 노농정부가 조선 및 일본으로부터 얻고자 하는 모든 정보를 수집하여 제공할 것.
> 3. 우리는 제3인터내셔널의 지휘하에 조선 기타에 공산주의 선전 및 실현에 관한 유효한 운동에 노력할 것.
> 4. 노농정부는 장래 조선인이 필요로 하는 무기 탄약을 공급할 것.[116]

위의 밀약을 김규식이 소련정부와 체결했다고 보기는 어렵다. 내용으로 미루어 한형권이 1920년 모스크바에 가서 소련정부에 제안했다는 4개 조와 유사하다.[117] 이미 1920년 12월 20일 오사카 『아사히신문』(朝日新聞)은 임시정부와 레닌 정부 사이에 6개조 밀약이 체결되었다고 보도했는데, 위의 김규식-러시아 밀약과 내용이 거의 동일하다.[118]

이러한 밀약의 정황은 러시아 문서에서는 확인되지 않는다. 다만 이런 정보가 유포될 정도로 김규식의 역할과 활동이 중시되었던 것을 알 수 있다. 극동민족대회에서 가장 중시된 것이 '극동의 민족 문제는 한국 민족의

---

116 朝鮮總督府警務局, 「大正11年朝鮮治安狀況(國外)」, 『朝鮮統治史料』 7, 168~169쪽; 강덕상, 2017, 위의 책, 425쪽.
117 한형권, 1948, 「레닌과 담판, 독립자금 20억 원 획득」, 『삼천리』(1948. 10); 한형권, 1948, 「임시정부의 對俄외교와 국민대표회의의 전말」, 『가톨릭청년』 8·9, 637쪽.
118 김학준, 1999, 「대한민국임시정부의 소비에트러시아에 대한 외교」, 『대한민국임시정부수립 80주년기념논문집』 하, 305~307쪽. 핵심 내용은 다음과 같다. (1) 한국정부는 공산주의를 채택하고 그 목적을 수행하기 위한 선전 활동을 전개할 것임. (2) 소련정부는 아시아에서 평화를 수립하기 위하여 한국의 독립운동을 지원할 것임. (3) 시베리아에서 한국군의 훈련과 집결은 허용될 것이며 필요한 군사 보급이 소련정부에 의하여 제공될 것임.

해방을 가장 급무로' 한다는 분위기였고, 소비에트러시아가 반혁명 내전을 겪으면서 7개국 연합국의 간섭 전쟁에 맞서 싸우고 있는 상황이었으므로 이런 정보 평가가 가능했을 것이다.[119]

김규식은 극동민족대회 폐막 후 런던에서 발행된 『코뮤니스트리뷰』에 게재한 글에서 "미국은 이타적이며 민주주의적인 척하며 흡혈귀와 같은 3국과 무시무시한 4개국 조약을 체결한 워싱턴회의에서 그 가면을 내팽개쳤다. 대회는 동아시아 인민 스스로의 '단결' 필요성을 말했다. (중략) 한국의 독립은 러시아의 조력으로 달성될 것이다"라고 했다.[120] 지노비예프의 "네 흡혈귀들의 동맹"을 변용해 쓴 김규식의 글은 워싱턴에서 모스크바로, 민족주의에서 사회주의로의 전환을 선언하는 것이었고, 극동민족대회의 결의와 성과를 선전하는 것이었다. 향후 국민대표회의에서 김규식의 입장이 임시정부 개조론이나 유지론이 아니라, 창조론의 입장에서 새로운 민족통일전선과 새로운 민족혁명정당 건설을 추진할 것임을 예견케 하는 것이었다.

---

119 渡辺春南, 1957, 『日本マルクス主義運動の黎明』, 靑木書店, 169쪽; 강덕상, 2017, 위의 책, 425쪽.
120 Kiusic Kim, 1922, 위의 글; 우사김규식연구회 편, 2016, 위의 책, 〔영문〕 99~109쪽, 〔번역문〕 269~288쪽.

3   모스크바에서의 분열: 외교교섭단,
                   상해파 고려공산당, 임시정부의 3각 외교전

(1) 극동민족대회 한국대표단의 외교교섭단 단장 김규식

김규식과 여운형은 파리강화회의-3·1운동-대미 외교(구미위원부)·대일 외교(여운형)로 명성을 얻은 한국대표였으나, 이 대회의 배후 실세는 이르쿠츠크파 고려공산당과 코민테른 원동부, 상해파 고려공산당과 모스크바 레닌 정부였다. 전면에 내세워지지 않은 이르쿠츠크파와 상해파의 갈등과 분열은 극동민족대회가 성대히 개최되는 순간에도 거친 파열음을 내고 있었다. 극동민족대회를 통해 아시아 민족해방운농, 사회주의운동을 고양시키려던 코민테른과 러시아정부의 의도는 중국과 일본의 경우 공산주의운동의 정립과 방향 전환을 가져왔지만, 한국의 경우 두 파벌 간 분열의 골을 심화시켰다. 모스크바의 지원을 바탕으로 민족통일전선을 결성하여 한국 독립운동 고조와 사회주의운동의 통일·확산을 꾀한 참가세력의 희망도 그 소용돌이 속에 출렁이고 있었다.

    이미 극동민족대회의 결정과 한국대표의 결정 과정에 이러한 파벌투쟁이 깊이 개입해 있었다. 한인사회당과 상해 임시정부를 대표한 밀사 한형권은 1920년 5월 말 모스크바에 도착했고, 모스크바와 협상 끝에 1920

년 9월 모스크바의 박진순이 소련 외교인민위원부로부터 40만 금 루블을, 1921년 9월 한형권이 베를린에서 20만 금 루블을 제공받았다. 그 사이 1921년 5월 2개의 고려공산당이 상해와 이르쿠츠크에서 조직되었고, 각자 정통성을 주장하며 경쟁·대립했다. 양 파는 모스크바에 대표단을 파견해 상호 비방의 외교전을 펼쳤다. 1921년 6월 코민테른 원동부의 후원 속에 이르쿠츠크파·국민의회파가 주도하는 고려혁명군과 러시아 적군이 자유시참변을 벌였고, 이후 이들 주도로 극동민족대회가 준비되었다. '모스크바 레닌 정부 직속'인 이동휘의 상해파는 60만 금 루블 이상의 자금을 확보했고, 코민테른 원동부의 지지를 받는 이르쿠츠크파는 극동민족대회를 주도했다.

이 결과, 코민테른 집행위원회는 검사위원회를 구성하고 고려공산당 내분을 조사해 1921년 11월 15일 자 「제3국제공산당 검사위원회 결정서」를 채택했다. 이는 표면적으로는 양 파에서 8명의 고려공산당 연합중앙간부를 구성하라는 미봉책이 채택되었고, 자유시참변에 대해서는 양 파의 책임을 묻는 양비론 입장에 서 있었다.[121]

상해파의 이동휘는 극동민족대회에 참석하지 못했고, 대신 상해파 중진 박진순을 대표로 출석시키려 했다. 그러나 한국대표단의 대다수를 점하고 있던 이르쿠츠크파가 이를 봉쇄했다. 여운형은 자격심사 과정에서 박진순이 한인사회당 간부로 활동했다고 설명했지만, 최고려는 박진순이 고려공산당의 위임장을 갖고 있지 않다면서 강하게 반대했다. 최고려는 박진순이 "이동휘를 대신하여 대회에 참가해서 (자유시참변) 항소서를 제출할 것을 두려워한 나머지 국제공산당 집행위 동양부장인 사파로프의 협력을 받아 박진순의 대회 참가 자격을 박탈"한 것이다.[122]

---

121 반병률, 1998, 위의 책, 338쪽.
122 반병률, 1998, 위의 책, 351쪽; 반병률, 2017, 위의 논문, 159쪽.

한국대표단은 1922년 1월 21일 총회를 개최하고, "박진순은 한국 혁명운동에 참가한 적도 없고, 그것을 잘 알지도 못하면서 코민테른 제2차 대회에 허위보고를 했고, 그 밖에도 다양한 과오를 저질렀다. 한국대표단은 그를 범죄자로 규정하고 그의 대회 참가에 결단코 반대한다"라는 결정 내용을 한국대표단 집행위원장 김규식 명의로 자격심사위원회에 전달했다.[123] 박진순은 자격심사위원회에 대회 참석을 요구하는 청원서를 제출한 끝에 결의권은 없지만 심의권을 인정받는 개인 자격의 참가자로 인정받았다.[124]

한국대표단은 극동민족대회 중 단장 김규식, 서기 한명세, 위원 최창식·김시현 등 4명으로 구성된 외교교섭단을 조직하고, 코민테른과 소비에트러시아 정부를 상대로 외교 활동을 펼쳤다.[125] 『독립신문』은 극동민족대회 참가자 50여 명이 국민대표회를 속히 소집하게 하자는 결의를 하고 위원 4명을 선거하여 주비 사무를 함께 집행하기로 했다고 보도하고 있다.[126] 외교교섭단의 특징은 김규식의 명망성·대표성이 부각된 점, 한국대표단의 핵심인물 중 하나인 여운형이 포함되지 않은 점, 이르쿠츠크파의 핵심으로 고려공산당 연합중앙간부인 한명세가 포함된 점, 상해 고려공산청년단 대표로 최창식이, 국내 조선노동대회 대표로 김시현이 포함된 점 등을 들 수 있다. 이들은 모두 이르쿠츠크파 고려공산당 (후보)당원이었으며, 고려공

---

123 반병률, 2017, 위의 논문, 159쪽; 임경석, 1999, 위의 논문, 59쪽.
124 Executive Committee of the Korean Delegation to the Congress of Communist and Revolutionary Parties of the Far East, To the Mandate Commission First Congress of Communist and Revolutionary Parties of the Far East(1922. 1. 21); 러시아현대사문서보관및연구센터(РЦХИДНИ), ф.495, оп.154, д.175(임경석, 1999, 위의 논문, 59쪽, 각주 59); 임경석, 1999, 위의 논문, 55쪽.
125 Representative of the Korean Delegation to the first congress of the communist and revolutionary parties of the Far East, "To the Executive Committee III Communist International"(1922. 4. 5), 러시아국립사회정치사문서보관소(РГАСПИ), ф.495, оп.154, д.175, л.81~87. 이재훈 선생 제공.
126 「국민대표회에 대한 각단대표의 결의」, 『독립신문』(1922. 3. 31).

산당 연합중앙간부인 한명세가 핵심 역할을 한 것으로 볼 수 있다.

성립 경위에 대해서 김규식 등 외교교섭단이 1922년 4월 5일 소비에트러시아 외교인민위원부에 제출한 문서가 있다.[127] 이를 기초로 외교교섭단의 설립 경과를 정리하면 다음과 같다.

- 1921년 12월 하반기, 극동민족대회 한국대표단이 이르쿠츠크에 체류하는 동안 이동휘가 홍도를 동반하고 모스크바에서 이르쿠츠크에 도착했다. 이동휘와 홍도는 코민테른으로부터 이르쿠츠크파와 상해파를 통합하라는 결정을 접수했으며, 고려공산당 당대회 개최 때까지 일할 8명의 중앙위원회 임시위원 중 2명으로 지명되었다. 이르쿠츠크에서 이동휘의 주도로 (1) 고려공산당 중앙위원회(이동휘가 의장이자 유일한 대표로 역할), (2) 극동민족대회 한국대표단 내 공산당 프랙션 집행위원회, (3) 극동민족대회 한국대표단 집행위원회와 합동 협의가 개최되었다. 이 합동 협의에서 이동휘는 운동의 통일과 국민대표회 소집에 협력할 것이라고 역설했고, 이 결과 예비협약을 실행하고 대회 개최를 위한 조직사업을 실행하기로 결정했다. 한국 혁명운동의 5개 주요 기관, 즉 (1) 극동민족대회 한국대표단, (2) 고려공산당 중앙위원회, (3) 상해 〔국민대표회〕 조직위원회 〔주비회〕, (4) 임시정부, (5) 시베리아 국민의회에서 대표를 선발하는데, 앞의 3기관은 4명씩, 뒤의 2기관은 2명씩 대표를 선정하기로 결정했다.
- 1921년 12월 30일 이 문제가 고려공산당 프랙션회의에서 통과되었는데, 이동휘는 자신이 주도한 조치를 옹호했으며, 다만 주비위원회에

---

127 Representative of the Korean Delegation to the first congress of the communist and revolutionary parties of the Far East, "To the Executive Committee III Communist International"(1922. 4. 5), 러시아국립사회정치사문서보관소(РГАСПИ), ф.495, оп.154, д.175, л.81-87.

파견될 대표를 5개 기관 각 4명씩, 총 20명으로 정하기로 했다.

- 1921년 12월 31일 전체 제안은 극동민족대회 한국대표단 전체회의에서 공식적으로 통과되었다. 이후 한국대표단은 모스크바에서 코민테른 및 소비에트정부와 이 문제를 협상할 위원을 임명했다. 이들이 바로 외교교섭단으로 불리는 김규식 등 4명인 것이다. 이동휘와 홍도는 이르쿠츠크에 잔류해서 코민테른 원동비서국 고려부와 협력해서 상해 및 다른 지역과 준비 작업을 신속하게 처리하도록 통신하기로 했다.

- 1922년 2월 2일 극동민족대회 폐막을 앞두고 한국대표단은 위의 합의에 따라 4명의 사절단(외교교섭단)을 모스크바에 잔류시켜 코민테른 및 소련정부와 교섭을 진행하기로 했다. 한국대표단의 모든 회의에 고려공산당 중앙위원 이동휘가 임명한 고려공산당 대표들이 출석했다.[128]

- 1922년 2월 8일 극동민족대회 한국대표단 외교교섭단은 외무인민위원부에 「제1회 극동 공산주의 및 혁명당 대회 한국대표단에 관련된 정보 비망록」(Memorandum information relative to the Korean Delegation to the congress of the communist and revolutionary parties of the Far East)을 제출했고 코민테른에도 비망록 사본을 전달했다. 한국대표단은 한국, 간도 및 한국, 중국, 일본, 종교집단, 러시아, 고려공산당, 특별대표 등 22개 정당·단체에서 54명의 대표, 특별대표 2명 등 총 56명이 참가해 한국의 전체 인민을 대표하며, 한국 인민 전체의 의지와 요구를 수행할 수 있는 완전한 권력과 권위를 가진다고 자임했다. 세계 프롤레타리아운동과 연대하고 코민테른 및 소비

---

[128] 이상은 Representative of the Korean Delegation to the first congress of the communist and revolutionary parties of the Far East, "To the Executive Committee III Communist International"(1922. 4. 5), 러시아국립사회정치사문서보관소(РГАСПИ), ф.495, оп.154, д.175, л.81~87.

에트러시아와 동맹할 것이라고 했다.[129]

즉, 1921년 12월 하반기 이르쿠츠크에서 (1) 고려공산당 중앙위원회(이동휘가 의장이자 유일한 대표로 역할), (2) 극동민족대회 한국대표단 내 공산당 프랙션 집행위원회, (3) 극동민족대회 한국대표단 집행위원회와 합동 협의가 있었고, 이동휘와 홍도가 참석했다. 이동휘 주도로 한국 혁명운동의 주요 5개 기관에서 대표를 선출해 국민대표회 소집을 준비하기로 했다. 1921년 12월 30일 고려공산당 프랙션 회의에서 이동휘 주도로 이 안건이 통과되어 (1) 극동민족대회 한국대표단, (2) 고려공산당 중앙위원회, (3) 상해〔국민대표회〕조직위원회〔주비회〕, (4) 임시정부, (5) 시베리아국민의회가 각각 4명씩 대표를 선출하기로 했으며,[130] 12월 31일 극동민족대회 한국대표단 전체회의에서 통과되었다. 1922년 2월 극동민족대회 폐막을 앞두고 합의에 따라 4명의 외교교섭단이 선출되었고, 이들은 2월 8일 외무인민위원부와 코민테른과의 교섭에 나섰다.

(2) 상해파, 이르쿠츠크파, 임정의 모스크바 외교 3파전

그런데 1922년 2월 초순 모스크바에 온 이동휘와 홍도가 말을 바꿨다는 것이다. 이동휘는 극동민족대회 동안 한국대표단의 활동을 비판하기 시작했고, 한명세가 고려공산당 중앙위원회인 이동휘 자신의 완벽한 허가를 획

129　Memorandum information relative to the Korean Delegation to the congress of the communist and revolutionary parties of the Far East(1922. 2. 8),「비망록: 극동 공산주의와 혁명당대회 한국대표단에 관한 정보 비망록」(1922. 2. 8), 러시아국립사회정치사문서보관소(РГАСПИ), ф.495, оп.154, д.175, л.77~80. 이재훈 선생 제공.
130　조철행은 이를 5방주비회(오르그뷰로)라고 불렀다. 조철행, 2011, 위의 논문, 112쪽.

외교교섭단 의장 김규식, 비서 한명세, 위원 김시현·최창식 서명(1922. 4. 5). 러시아국립사회정치사문서보관소 소장.

득하지 않고 외교교섭단 4명 중 한 명으로 활동한 것을 규탄했다. 김규식은 즉각 이동휘에게 당신이 주도한 제안에 따라 이르쿠츠크에서 채택된 결정에 따라 한명세가 활동한 것이라고 지적했다. 그러자 이동휘는 단호하게 그런 결정이 내려진 적이 없다고 부인했다. 회의록 등이 존재한다고 하자 이동휘는 어떤 결정도 통과된 적이 없다고 주장했다.

그 직후 이동휘는 외무인민위원회 위원장 치체린에게 편지를 보내 극동민족대회 외교교섭단이 일방적으로 잘못 구성되었기에 신뢰하거나 승인해서는 안 된다고 주장했다. 또한 국민대표회는 고려공산당 단독으로 소집해야 한다고 하며 그와 그의 추종자들은 극동민족대회 한국대표단의 대표들, 즉 외교교섭단과 문제에 대해 공동 협의하는 것조차 거부했다. 이상이 김규식 등 외교교섭단이 러시아 외무인민위원회에 보낸 비망록(1922. 4. 5)에 정리된 이야기였다.

그렇다면 이동휘는 왜 이렇게 행동한 것인가? 가장 큰 이유는 극동민족대회에서 상해파가 배제되고 극소수의 지위를 점한 데 따른 반감이었음이 분명했다. 1921년 11월 코민테른이 양비론을 내세워 상해파·이르쿠츠크파의 갈등을 미봉하고 고려공산당 임시연합중앙위원회를 구성했지만, 갈등은 계속 증폭되고 있었던 것이다. 이동휘는 극동민족대회 한국대표단 외교교섭단이 국민대표회 개최를 주도하고, 한국 혁명운동의 통일을 주도하는 것을 용납할 수 없었다.[131]

이동휘는 한형권에게 보내는 편지(1922. 3)에서 코민테른 집행위원회와 원동부의 지지를 받고 있는 이르쿠츠크파가 근거나 목적 없이 극동민족대회에 참석했던 대표단과 함께 최고기관을 설립한 후, 이 기관을 통해 모든 민족기구의 통합을 원하고 있다고 설명했다.[132] 즉, 이르쿠츠크파와 극동민족대회 대표단이 설립한 최고기관이 외교교섭단이며, 이를 통해 모든 민족기구의 통합을 추진하려고 한다는 것이다. 이동휘는 통합당대회나 민족중앙기관이 설립되지 않았기 때문에 이들이 절대로 지지를 받지 못하게 외무인민위원부 및 다른 기관에 대해 반대 협상을 진행하고 있다고 했다.

또한 이동휘는 치타의 계봉우에게 보내는 편지(1922. 3. 12)에서 극동민족대회에 참가한 한국대표단 중에서 김규식, 한명세, 김시현, 최창식으로 외교대표위원단을 별도로 만들었으며, 외교대표위원단은 러시아공산당 중앙위원회의 승인을 받지 못했으나, 코민테른 동방부장 사파로프의 지원 하에 한형권이 베를린에서 수령한 지원금 20만 금 루블을 몰수하려고 상해 임정 특사인 안공근·이희경 등과 함께 공동으로 외무인민위원부를 상대로 협상을 벌이고 있다고 했다.[133]

극동민족대회 직전 모스크바에 도착했던 임시정부 특사단(사절단·대표단)의 안공근은 극동민족대회 폐막 후 한국대표단에서 4명의 외교위원회(Diplomatic Commission), 즉 외교교섭단이 선출되었고, 나머지 40여 명의 대표들은 2월 1일 이르쿠츠크로 떠났다고 기록했다.[134] 외교교섭단은

---

131 반병률은 이동휘의 반대 이유로 (1) 고려공산당 연합중앙간부인 한명세가 자신의 승인 없이 대표단 서기로 활동한 점, (2) 극동민족대회에서 상해파가 철저히 배제된 점, (3) 5방주비회가 실질적으로 대한국민의회가 주도한 한국대표단이 주도했다는 점을 들었다. 반병률, 1998, 위의 책, 357~361쪽.
132 「이동휘·홍도·박애가 한형권에게 보낸 편지」(1922. 3), 『대한민국임시정부자료집』 별책5(국민대표회의I).
133 「이동휘·홍도·박애가 계봉우·박밀양에게 보낸 편지」(1922. 3. 12), 『대한민국임시정부자료집』 별책5(국민대표회의I), 277쪽.
134 「안공근이 임시정부 전 국무원 비서장 오영선에게 보낸 서한」(1922. 3. 8), 러시아현대사문

김규식·최창식·한명세·김시현으로 구성되었으며, 김규식은 "상해정부가 여전히 존재하지만 여하한 영향력도 행사하지 못하며 6개 내지 7개의 파벌로 분열됨으로써 인민의 신뢰를 상실"했고, "상해정부가 조선의 독립을 승인받기 위해 워싱턴회의(극동회의에 현저히 반하는)에 청원서를 발송"했기에 반공산주의적 정부 대표를 모스크바가 인정해서는 안 된다고 러시아 외무인민위원부에 알렸다. 임정이 '외교정부'이자 '친미정부'이며 '자본주의적 정부'라고 비판했다는 것이다.[135] 임시정부 특사단의 대표인 이희경도 김규식과 최창식이 "임정은 친미정부로서 영향력이 없는 매우 소수의 조직이므로 소련정부에 임정 대표와 거래하지 말 것을 조선 민중의 대표로서 요구"했고, "국민대표회의 소집 문제로 재정적 지원을 요구"했다고 보고했다.[136]

임정특사단은 김규식 등 외교교섭단이 인민 대표의 이름으로 소련정부에 대해 자금, 광산권, 군대통제권을 요청했지만 모두 실패했다고 주장했다.[137] 이와 관련해 이희경은 외교교섭단의 활동에 대해 조금 더 구체적으로 설명하고 있다.

첫째 러시아가 이전에 임시정부 대표에게 재정 지원을 한 것은 실수이며, 이로 인해 한국 운동에서 혼란과 분파투쟁이 가중되었다. 때문에 현 임시정부 대표들(이희경·안공근)에게 물질적 지원을 해서는 안 된다.

서보관및연구센터(РЦХИДНИ), ф.495, оп.135, д.67, Папка 8, л.14~21. 『대한민국임시정부자료집』 43(서한집Ⅱ).
135 「안공근이 임시정부 전 국무원 비서장 오영선에게 보낸 서한」(1922. 3. 22), 『대한민국임시정부자료집』 43(서한집Ⅱ).
136 「이희경이 임시정부에 보낸 공식보고 암호 서한(특명전권특사 이희경→국무총리 대리 겸 외무총장 대리 신규식)」(1922. 3. 13), 『대한민국임시정부자료집』 43(서한집Ⅱ).
137 「안공근이 임시정부 전 국무원 비서장 오영선에게 보낸 서한」(1922. 3. 22), 『대한민국임시정부자료집』 43(서한집Ⅱ).

둘째 임시정부는 현재 명목상으로만 존재하고 분파적 갈등과 혼란을 야기하고 있다. 국민대표회의를 소집해서 적절한 정부를 조직하는 것이 필수적이다. 그때까지 현 임시정부와 연락을 중단하고, 국민회의 소집 비용을 재정 지원해야 한다.
셋째 몽골의 많은 금광 채굴권 중 하나가 한국 군사 파견대에게 제공되어야 한다.[138]

이희경에 따르면 외교교섭단의 모스크바 외교의 핵심은 상해 임시정부에 대한 지원 중단, 국민대표회의를 통한 "새로운 정부" 조직 및 러시아의 자금 지원, 몽고 금광 채굴권 제공 등이었다.

국민대표회의와 관련해서 안공근은 외교교섭단이 국민대표회의 소집 제안에 관한 비망록을 작성했고, 개최비용에 대한 재정적 지원을 요청하는 비망록을 러시아정부에 제출했다고 기록했다.[139]

외교교섭단은 소련 외무인민위원부와 코민테른을 통해 자신의 대표성을 인정받고, 고려혁명군에 대한 지원을 요청하려고 했다. 외교교섭단은 1922년 2월 8일 외무인민위원부와 코민테른에 비망록을 제출하고, 자신들이 "다양한 국내외 한국 인민의 다양한 혁명적 요소들의 당당한 대표체로서 공식적으로 구성되었으며, 현재의 혁명적 노력을 하고 있는 한국 인민을 대변할 권한과 권위를 갖고 있다"라고 주장했다.

외교교섭단은 먼저 코민테른 동방부장 사파로프의 주선으로 외무인민위원회 위원장 치체린에게 문제를 상정한 후 치체린 및 외무인민위원회 극

---

[138] 「이희경이 임시정부 국무원 비서 신익희에게 보낸 서한」(1922. 3. 12), 『대한민국임시정부자료집』 43(서한집II).
[139] 「안공근이 임시정부 전 국무원 비서장 오영선에게 보낸 서한」(1922. 3. 22), 『대한민국임시정부자료집』 43(서한집II). 안공근은 러시아정부가 이는 한국의 내부 문제이기에 관여할 일이 없다고 답변했다며 면담을 거절했다고 했다.

동국과 인터뷰를 했다. 그런데 치체린은 "당신들은 극동민족대회에 참석한 공산주의 및 혁명당 대표단의 대표일 뿐이지 어떤 정부나 정부기관의 사절이 아니기 때문에 우리가 공식적으로 상대하기 어렵다"며, 코민테른으로 가라고 했다. 즉, 소비에트러시아 공식 외교부서의 파트너는 외국 정부나 정부기구여야 한다는 얘기였다. 그래서 코민테른에 가니 당신들은 고려공산당 중앙위원회가 명확한 행동 방침을 합의할 때까지 기다려야 한다는 얘기를 들었다. 이 결과, 이들은 2개월간 모스크바에 체류하며 고려공산당 중앙위원회의 결정을 기다렸지만 어떤 결과도 얻지 못했다.[140]

외교교섭단은 외무인민위원부와 접촉해 이르쿠츠크파의 고려혁명군에 대한 지원을 요청했고, 낙관적인 답변을 받았다. 조선총독부 경무국이 김규식이 소련과 밀약을 맺었다고 한 내용이 바로 이것으로 보인다. 그렇지만 코민테른은 고려공산당 연합중앙간부인 이동휘의 승인을 요구했다.[141] 이희경이 언급한 몽고 금광 채굴권이 이와 관련되었을 가능성이 있다.

김규식·여운형 일행은 몽고 고륜에서 트로이츠코삽스크로 향하던 중 동양제일이라는 금광산을 목격한 바 있다. 단잔은 1차 대전 이전 미국의 모 재벌이 이 광산을 99년간 조차해 철도 부설을 준비하던 중 전쟁이 발발해 사업이 보류되었고, 전후에는 소비에트 세력이 무서워 손을 못 댄 상태였다고 했다.[142] 김규식은 몽고에 체류하며 현지 사정에 정통했다는 점에 비춰 볼 때 이 광산 채굴권 확보가 거론되었을 가능성이 있다. 이를 고려혁명군의 운영자금으로 사용할 요량이었을 것이다. 또한 임정 사절단의 안공근은 이르쿠츠크파의 한명세가 고려혁명군을 시베리아 금광 채굴에 투

---

140 Memorandum(1922. 2. 8), p.4; The Representatives of the Korean Delegation to the First Congress of the Communist and Revolutionary Parties of the Far East, "To the Executive Committee III Communist International" (April 5, 1922), p.1; 반병률, 2017, 위의 논문, 168쪽.
141 「재로고려혁명군대연혁」, 50쪽; 반병률, 2017, 위의 논문, 169쪽.
142 여운형, 「나의 회상기 제5편」, 『중앙』(1936. 7), 『몽양여운형전집』 1, 77쪽.

입하려는 의도를 가지고 있으며, 고려혁명군 소속 한인들이 자발적으로 작성했다는 금광 채굴 작업 종사 신청서를 수거하기 위해 시베리아로 갔다고 주장하기도 했다.[143] 이희경과 안공근 모두 몽고나 시베리아에서의 금광 채굴에 이르쿠츠크파가 관련되어 있으며, 이것이 고려혁명군과 직결된 문제라고 인식하고 있었던 것이다. 한편 1921년 5월 상해를 떠나기 전 이승만이 외국 정부로부터 2백만 달러 차관을 도입하며 철도 부설권·광산 채굴권·관세를 담보로 제공하는 문제를 국무위원들과 상의한 바 있으므로, 차관과 광산 채굴권은 한국 독립운동 진영에게 익숙한 문제였을 것이다.[144]

그러나 무엇보다 가장 중요한 문제는 국민대표회의 개최와 이에 대한 모스크바의 재정 지원 확보 방안이었다.[145] 이르쿠츠크파의 한명세는 외교대표단과 이르쿠츠크파 당대표자들이 일련의 합동회의에서 혁명 주도권을 극동민족대회 한국대표단과 고려공산당에 위임한다는 결정을 내렸다고 주장했다.[146] 한명세는 한국 내에는 대중의 신뢰에 기초해 영향력을 행사할 수 있는 더 권위 있는 기관이 존재하지 않으며, 한국대표단은 22개 조직의 대표로 혁명적 한국의 다수 의견을 대표하고 있다고 했다.

결국 외교교섭단은 극동민족대회 한국대표단을 중심으로 조직되었으며, 그 목적은 한형권 지원금을 몰수하는 한편 "모든 민족기구의 통합", 즉 국민대표회의 중심기관으로 역할을 하겠다는 것이었다.

한명세는 상해파가 한형권·고창일 등 개별적인 모험주의적 인물을 중

---

143 「안공근이 외무인민위원회에 한 1922년 4월 29일 자 구두보고」(문서작성일 1922. 5. 18), 러시아국립사회정치사문서보관소(РГАСПИ), Ф.495, Оп.135, Д.65, Лл.38~62, 『대한민국임시정부자료집』 별책5(국민대표회의I).
144 「차관조건」(1921년 5월경), 우남이승만문서편찬위원회, 1996, 『우남이승만문서(동문편)』 6, 107~110쪽; 고정휴, 2007, 「상해 임시정부의 초기 재정 운영과 차관교섭 −임시대통령 이승만의 역할을 중심으로−」, 『한국사학보』 29, 219~229쪽.
145 반병률, 2017, 위의 논문, 167쪽.
146 「한명세·안병찬이 코민테른 집행위원에 보낸 보고서」(1922, 일자 미상), 『대한민국임시정부자료집』 별책5(국민대표회의I).

심으로 상해에서 새로운 혁명 중심을 창설하기 위해 사이비 국민대표회의를 조직하고 있다고 비판했다. 이들은 사이비 국민대표회의를 통해 구성될 새로운 혁명 중심이 사실상 대중 참여가 결여되었고, 공산주의 이념의 적대자이자 미국 지향의 지지자들을 중심으로, 상해 임시정부의 파산한 각료들이자 정치적 모험주의자들에 의해 배타적으로 구성될 것이라고 주장했다. 이를 막을 수 있는 것이 극동민족대회 한국대표단과 고려공산당의 권위뿐이라는 것이다.[147]

극동민족대회가 성대히 종결되고, 그 유산으로 김규식을 대표로 하는 외교교섭단이 조직되었지만, 그 내면에는 이르쿠츠크파와 코민테른 원동비서국의 입장이 관철되고 있었다. 바로 이 시점에 상해파 이동휘·홍도 등과, 임시정부의 이희경·안공근이 모두 모스크바에 집결해 있었다. 외교교섭단(이르쿠츠크파), 상해파, 임시정부 등 3대 세력은 소련정부와 코민테른을 상대로 레닌자금을 둘러싼 쟁탈전, 국민대표회의 개최를 둘러싼 충돌을 벌였다. 또한 고려공산당 연합중앙간부 내부에서는 상해파와 이르쿠츠크파의 대충돌이 벌어졌다. 갈등과 혼란, 대충돌은 중층적이고 복잡했다. 레닌자금은 한국 공산주의운동, 혁명운동, 민족해방운동의 통일이 아니라 극한적 분열적 대립의 단초가 된 것이다.[148]

(3) 레닌자금을 둘러싼 상해파, 이르쿠츠크파의 극한 대결

먼저 이동휘 측은 극동민족대회 결과에 반격을 가했다. 극동민족대회가 폐

---

147 「한명세·안병찬이 코민테른 집행위원에 보낸 보고서」(1922. 일자 미상), 『대한민국임시정부 자료집』 별책5(국민대표회의I).
148 임경석은 "해외 망명자들 마음속에 돌이킬 수 없는 불신과 적의를 낳"은 "모스크바 자금이 가져온 재앙"이라고 평가했다. 임경석, 2003, 위의 책, 298쪽.

막되면서 발표된 「극동의 공산주의자 및 혁명정당의 제1차 대회 선언서」 (Manifesto of the First Congress of the Communist and Revolutionary Parties of the Far East)를 살펴본 레닌은 사파로프에게 한국의 대표적 혁명가 이동휘의 서명을 받으라고 지시했다. 대회 내내 이동휘 계열을 탄압하고 소외시켰던 사파로프는 이동휘에게 서명을 요구했지만, 이동휘는 자신은 극동민족대회에 참석할 수 없었고, 의견을 발표할 수 없었기에 서명할 수 없다고 거부했다. 사파로프가 코민테른의 명령이라고 강박하자, 이동휘는 코민테른 집행위원회의 정식 명령을 가져오면 서명하겠다고 맞섰다. 발표된 선언서에 중국공산당, 일본공산당의 이름은 포함되었지만, 고려공산당은 빠져 있다.[149]

나아가 이동휘는 외교교섭단이 정당하지 못하게 일방적으로 구성되었기 때문에 승인할 수 없으며, 고려공산당 당원 한명세가 연합중앙간부인 자신의 승인 없이 외교교섭단 서기로 활동한 사실을 비판했다.[150] 이동휘는 외교교섭단 성원 중 파벌적 배타성이 강한 한명세·최창식을 소환하는 대신 김규찬·박애를 임명하고, 새로운 외교교섭단이 임시정부 특사인 한형권과 협력해 활동할 것을 주장했다. 이르쿠츠크파는 외교교섭단과 고려공산당 연합중앙간부의 합동회의를 설치하자고 제의했지만, 이동휘는 외교교섭단의 구성원을 변경하지 않는 한 협상은 불가하다며 거부했다.[151] 이에 맞서 이르쿠츠크파는 외교교섭단과 고려공산당 연합중앙간부가 합

---

149 遊子, 『一九念一遊子觀察 新俄回想錄』, 182쪽; The Communist International, The First Congress of the Toilers of the Far East, pp.233~234; 반병률, 2017, 위의 논문, 168쪽. 한국의 참가 조직·단체는 모두 12개였다.
150 The Representatives of the Korean Delegation to the First Congress of the Communist and Revolutionary Parties of the Far East, "To the Executive Committee III Communist International"(April 5, 1922), p.4; 「재로고려혁명군대연혁」, 51쪽; 반병률, 2017, 위의 논문, 169쪽.
151 「연합중앙간부 한명세·안병찬이 코민테른 집행위원회에 보낸 보고서」(1922, 일자 미상), 『대한민국임시정부자료집』 별책5(국민대표회의I), 308~309쪽; 반병률, 2017, 위의 논문, 169쪽.

동해서 즉각적으로 단일 혁명전선과 혁명 중심을 건설할 수 있도록 상해파에게 "결정적인 영향력을 발휘"해 달라고 코민테른 집행위원회에 청원(1922. 4. 5)했다.[152]

나아가 이동휘는 1921년 말 이르쿠츠크에서 고려공산당 연합중앙간부, 코민테른 동양비서부 고려부, 극동민족대회 한국대표단이 합의했던 국민대표회의 준비위원회 구성에 대한 합의도 뒤집었다. 이동휘는 고려공산당이 단독으로 국민대표회의를 소집해야 한다는 입장을 취했다.[153]

반병률은 김규식을 간판으로 내세워 한국대표단을 고려공산당, 상해 국민대표회 준비위원회, 상해 임시정부, 노령 국민의회와 함께 국민대표회의 주비위원회의 한 축으로 내세우려던 이르쿠츠크파·국민의회파의 계획이 좌절되었다고 평가했다.[154] 1922년 3월 이르쿠츠크파를 옹호했던 코민테른 원동비서국이 해체되고, 책임자 슈미야츠키가 이란대사로 전보됨으로써 이르쿠츠크파는 치명적 타격을 입었다.

더 중요한 충돌은 레닌자금 60만 금 루블의 처분을 둘러싸고 벌어졌다. 1922년 2월부터 5월까지 모스크바에서는 상해파 고려공산당의 이동휘·홍도·박애, 이르쿠츠크파 고려공산당의 외교교섭단, 상해 임시정부가 파견한 이희경·안공근 등 세 그룹의 대표들 사이에 치열한 외교공방전이 벌어졌다. 극한적 대립과 파쟁 속에서 누가 누구의 반대편이고, 적대 세력인지 알 수 없는 난국이 벌어졌다.

---

152 Representative of the Korean Delegation to the first congress of the communist and revolutionary parties of the Far East, "To the Executive Committee III Communist International"(1922. 4. 5), 러시아국립사회정치사문서보관소(РГАСПИ), ф.495, оп.154, д.175, л.81~87.
153 The Representatives of the Korean Delegation to the First Congress of the Communist and Revolutionary Parties of the Far East, "To the Executive Committee III Communist International"(April 5, 1922), p.5. 「이동휘·홍도·박애가 한형권에게 보낸 편지」(1922. 3), 『대한민국임시정부자료집』별책5(국민대표회의I), 277쪽; 반병률, 2017, 위의 논문, 169쪽.
154 반병률, 2017, 위의 논문, 169~170쪽.

먼저 이동휘 등은 한인사회당의 특사로 레닌자금을 수령한 한형권이 상해파에서 이르쿠츠크파로 넘어가지 않도록 설득했다. 한형권은 소련 외무인민위원회로부터 임시정부 내부 정리 운동비 조로 20만 금 루블을 추가 수령(1921. 9)했다. 한형권은 독일 베를린 주재 소비에트대사관을 통해 이를 수령하고 고창일과 동행해 1921년 11월 21일 상해로 귀환했다. 한형권은 자신이 모스크바 외교를 통해 받은 레닌자금 40만 금 루블(1920. 9)이 상해 임시정부가 아닌 한인사회당(상해파 고려공산당)에 들어간 사실을 알고, 임시정부에 이 사실을 보고하는 한편 자신이 수령한 20만 금 루블을 고려공산당이나 임시정부 어느 쪽에도 넘겨주지 않았다.[155]

자금 제공자가 러시아 외무인민위원회라는 사실은 자금 수령자가 특정 정당·단체가 아닌 상해 대한민국 임시'정부'였음을 의미한다. 1922년 2월 모스크바에서 극동민족대회 한국대표단 외교교섭단이 러시아 외무인민위원회와 교섭했으나, 러시아의 반응은 자신들은 정부나 정부기관을 상대할 뿐 공산주의 혁명정당의 대표자들을 상대하지 않는다고 한 데에서 알 수 있듯이, 러시아 외무인민위원회는 상해 임시'정부'에 자금을 제공한 것이 분명했다. 임정 측에서는 한형권이 상해에 온 직후 국무위원회에서 보고 같은 것을 했으나 품행이 미심쩍다고 여겨 김립을 체포한 후 다른 사람들도 체포하려고 했다.[156] 이미 베를린에서 한형권·고창일 일행을 만난 임정 특사단 이희경·안공근은 "이 악당들이 상해에 도착하는 즉시 체포"하라고 연락한 바 있다.[157]

---

155 한형권, 1948, 「혁명가의 회상록: 레닌과 담판, 독립자금 20만 원 획득」, 『삼천리』 6(1948. 10); 반병률, 2005, 위의 논문, 97쪽; 반병률, 2017, 위의 논문, 171쪽.
156 한형권, 고창일, 윤해 등이 상해에 도착한 후 임정 측은 김립을 먼저 체포하고 나서 나머지 인사들을 체포하겠다고 했다. 「김인감·제봉(이희경)·신암(안공근)이 이동휘에게 보낸 편지」 (1921. 11. 29), 『대한민국임시정부자료집』 별책5(국민대표회의I).
157 「안공근이 임시정부 전 국무원 비서장 오영선에게 보낸 서한」(1922. 3. 22), 『대한민국임시정부자료집』 43(서한집II).

사정을 알게 된 임정 측에서는 이동휘·김립에 대한 성토문을 발표 (1922. 1. 26)했고, 임정은 김립·한형권 처단을 공공연히 주장했다. 2월 10일 김립은 김구 측 감찰단에 의해 피살되었고, 한형권은 윤해·고창일 등 국민의회 측 도움을 받으며 피신했다.[158] 상해파는 1922년 3월 중순 한형권이 원세훈·안창호 등 상해 국민대표회의 준비 인사들과 접촉하고 있다는 소문을 듣고 한형권을 붙잡기 위해 노력했다.[159] 『독립신문』 주필로 취임해 있던 윤해도 1922년 9월 18일 총격을 당했다.[160] 이르쿠츠크파의 한명세는 한형권이 상해에 도착한 후 "자신은 이미 이르쿠츠크를 지날 즈음 공산주의를 포기했고, 소비에트정부가 공산당 이외의 민족적 조직만을 지원할 것이기 때문에 공산주의 가면을 쓰고 있을 필요가 없다"라고 선언했다는 소문을 코민테른 집행위원회에 알렸다.[161] 한형권은 상해파와 이르쿠츠크파, 임시정부 모두의 반대와 추적을 받게 되었다.

이동휘 등은 한형권에게 보내는 편지(1922. 3)에서 "우리들의 의도는 이곳〔모스크바〕에서 안공근, 김규식 그리고 그들의 동지들을 송두리째 절멸시키는 것"이라고 쓸 정도로 임정 특사 안공근, 외교교섭단 단장 김규식에 대한 증오를 감추지 않았다.[162] 동시에 이동휘는 치타의 계봉우에게 보내는 편지(1922. 3. 12)에서 이렇게 알렸다.

---

158 金正柱, 1971, 위의 책, 99~101쪽; 반병률, 2005, 위의 논문, 97쪽.
159 「이동휘·홍도·박애가 한형권에게 보낸 서선」(1922. 3), 『대한민국임시정부자료집』 별책5(국민대표회의I), 279쪽; 반병률, 2017, 위의 논문, 171쪽.
160 「윤해선생과 본사」, 『독립신문』(1922. 7. 8); 「윤해씨 피상사건에 대하야」, 『독립신문』(1922. 10. 12); 「윤해씨 조난 警報」, 『독립신문』(1922. 10. 12); 「윤해씨의 병상경과」, 『독립신문』(1922. 10. 30).
161 「연합중앙간부 한명세·안병찬이 코민테른 집행위원회에 보낸 보고서」(1922, 일자 미상), 『대한민국임시정부자료집』 별책5(국민대표회의I), 308~309쪽.
162 「이동휘·홍도·박애가 한형권에게 보낸 편지」(1922. 3), 『대한민국임시정부자료집』 별책5(국민대표회의I), 278쪽. 편지에 김립 암살 소식을 들었다고 되어 있으므로 1922년 3월 12일 이동휘가 계봉우에게 보낸 편지와 같은 날 혹은 그 이후에 작성된 것으로 추정된다.

김규식, 안공근과 이희경 그리고 한형권의 일파 중 원세훈 및 안창호와 관계를 맺고 있다는 소문이 들리는 집단을 동시에 절멸시켜버리기 위하여 마지막 피 한 방울까지 우리의 모든 최후의 힘을 다해 노력하고 있습니다.[163]

"김규식, 안공근, 한형권 일파"를 "절멸"시키기 위해 "마지막 피 한 방울까지" "최후의 힘을 다해 노력"한다는 모골이 송연할 정도의 분노가 가득하다. 이날 치타의 박밀양으로부터 김립이 살해되었다는 전문을 받았기 때문일 수도 있지만, 이동휘가 이르쿠츠크파 외교교섭단의 김규식, 김립을 살해한 임정의 특사인 안공근·이희경, 한인사회당을 배신한 한형권에 대해 품은 적개심은 편지에 적힌 것 이상이었을 것이다.

다음으로 김규식을 단장으로 하는 외교교섭단은 1922년 4월 5일 코민테른 집행위원회에 편지를 보냈다. 핵심은 임정 특사 한형권이 베를린에서 수령한 20만 금 루블이 이동휘 측에 흘러 들어갈 것을 방지하기 위한 것이었다. 외교교섭단은 극동민족대회 폐막 이후 2개월 가까이 협의를 보이코트하고 있는 이동휘를 비판했다. '모스크바 레닌 정부 직속' 이동휘가 사실 "파리강화회의 대표 파견, 3·1운동 발발과 임시정부 수립"에 관해 전혀 몰랐던 "수동적이고 주도적이지 못한 분자"이며, "모든 한국혁명가들(특히 국내)이 이동휘를 운동에 도움이 되기보다는 해악을 끼치는 인물"로 간주하고 있다고 비판했다.[164] 이르쿠츠크파는 상해 임시정부 출신 연합중앙간부인 이동휘·박애가 1922년 3월 20일부터 3월 29일까지 4차례의 연합중

---

163 「이동휘·박애·홍도가 계봉우·박밀양에게 보낸 편지」(1922. 3. 12), 『대한민국임시정부자료집』별책5(국민대표회의I).

164 The Representatives of the Korean Delegation to the First Congress of the Communist and Revolutionary Parties of the Far East, "To the Executive Committee III Communist International"(April 5, 1922), p.6; 반병률, 2017, 위의 논문, 171쪽.

앙간부 회의에서 비본질적인 문제로 공동전선 형성을 거부한다고 비판한 것이다.[165]

외교교섭단은 소련정부, 코민테른 집행위원회, 러시아공산당으로부터 한국혁명의 대표적 기관으로 승인받지 못했지만, 코민테른 동방부장 사파로프의 지원을 받아 한형권이 외무인민위원부로부터 수령한 20만 금 루블을 몰수하려고 시도했다. 이 과정에서 김규식은 임시정부 특사 이희경·안공근과 공동전선을 폈다. 김규식은 안공근에게 소련 외무인민위원부에 국민대표회의 소집에 협력을 요청하는 서한을 보내 달라고 요청했다. 한형권이 국민대표회의 소집 명목으로 20만 금 루블을 수령했기 때문에 이를 몰수하려면 소련정부의 서류가 필요하기 때문이었다. 그러나 안공근은 김규식의 제안을 거부했다.[166]

외교교섭단의 실체인 이르쿠츠크파는 코민테른 집행위원회에 다음과 같이 요청했다.

1) 혁명 중심의 창립 발기는 개별적 인사들이 아닌 극동민족대회 한국대표단(외교교섭단)과 고려공산당의 명의로 되어야 한다.
2) 대회는 고려공산당의 지도와 영향하에서 진행되어야 한다.
3) 연합중앙간부는 4인으로 구성된 한국대표단(외교교섭단)의 전권을 완전 승인하고, 한국대표단(외교교섭단)과 함께 전체 민족혁명 문제와 관련하여 소비에트정부, 코민테른과 전체 혁명적 한국 앞에 일치한 입장을 발표한다.

---

165 「한명세·안병찬이 코민테른 집행위원에 보낸 보고서」(1922, 일자 미상), 『대한민국임시정부자료집』 별책5(국민대표회의I).
166 「이동휘·홍도·박애가 한형권에게 보낸 편지」(1922. 3), 『대한민국임시정부자료집』 별책5(국민대표회의I), 279쪽; 「대한민국 상해 임시정부 문제에 관한 안동지의 금년 4월 29일 자 구두보고」(1922. 5. 18), 『대한민국임시정부자료집』 별책5(국민대표회의I), 289쪽; 반병률, 2017, 위의 논문, 172쪽.

4) 국민대표회에는 누구든지 어떤 하나의 일파가 아닌 모든 혁명그룹들이 포함되어야만 할 것이며, 바로 이러한 방법을 통하여, 비록 민족주의적 색채를 띠게 될지라도 진정으로 단일한(진정한 단일) 혁명전선과 모두가 인정하는 혁명 중심을 형성해야 한다.

5) 최근까지 보아온 바 박진순에게 40만 금 루블, 한형권에게 20만 금 루블을 제공하는 것과 같이 (모험주의적인) 상해 임시정부와 다른 일파들에 대한 도덕적이며 물질적인 모든 지원을 소비에트정부는 단일 혁명 중심이 건설될 때까지 중단해야 한다.

6) 소비에트정부와 코민테른 측은 혁명조직의 통합 그리고 단일 혁명전선과 혁명 중심의 건설을 위하여 한국대표단(외교교섭단) 및 고려공산당을 상대로 모든 지원을 제공한다.[167]

이는 이르쿠츠크파와 외교교섭단의 정리된 입장인 것이다. 내용을 다시 정리하면 첫째, 국민대표회를 통해 단일한 혁명전선, 혁명 중심을 건설한다. 둘째, 단일한 혁명전선·혁명 중심 건설의 핵심 역할은 개인이 아닌 고려공산당 연합중앙간부와 외교교섭단이 담당한다. 셋째 고려공산당 연합중앙간부는 외교교섭단의 전권을 승인한다. 넷째 단일혁명 중심, 즉 새로운 민족통일전선 기관 혹은 민족혁명정당이 결성될 때까지 소비에트정부는 상해 임정 및 다른 집단에게 도덕적·물질적 지원을 중단한다. 다섯째 소비에트정부와 코민테른은 외교교섭단과 고려공산당에 모든 지원을 제공한다는 것이다. 그렇지만 이는 이르쿠츠크파의 일방적 주장이었고, 상해파는 수용을 거부했다. 문제를 해결하고 결정하는 힘은 고려공산당 내부에

---

167 「한명세·안병찬이 코민테른 집행위원에 보낸 보고서」(1922, 일자 미상), 『대한민국임시정부자료집』 별책5(국민대표회의I); 러시아국립사회정치사문서보관소(РГАСПИ), Ф.495, Оп.135, Д.66, Лл.81~86.

존재하지 않았다. 결정은 코민테른의 권위와 판단에 달려 있었다. 사세(事勢)로 미루어 일이 어떤 방향으로 흘러갈지는 지각 있는 사람이라면 누구나 알 수 있는 바였다.

(4) 임정 특사단의 모스크바 외교전 참가와 김규식에 대한 악평

마지막으로 임정 특사 이희경·안공근의 대소(對蘇) 외교를 살펴보자. 1920년 초 임시정부 국무회의에서 안공근, 여운형, 한형권 3인이 모스크바 외교원으로 선정됐다. 그런데 국무총리 이동휘는 3명 중 한형권만 1920년 4월 모스크바에 파견했다.[168] 그 직후인 1920년 5월 말 워싱턴에 있는 대통령 이승만은 이희경을 모스크바에 특사로 파견한다고 상해에 알렸다. 1920년 8월에 이르면 이승만은 총리 이동휘와 비서장 김립이 임시정부 명의로 소비에트러시아와 거액의 차관 교섭을 하고 있으며 전망이 밝다는 것을 알게 되었다.[169]

모스크바에 파견된 한형권은 러시아정부로부터 제1차 지원금 40만 금 루블을 확보했고, 우여곡절을 겪은 후 그중 27만 금 루블이 1920년 말부터 1921년 3월 사이 상해로 반입되었다. 환전해서 24만 6,800멕시코달러였다.[170] 이 시점에 이승만은 상해에 머물고 있었고, 이동휘는 1921년 1월 임정을 떠났다. 이 자금은 임정에 귀속되지 않고 한인사회당의 활동자금으로 사용되었다.[171]

---

168 이에 대해서는 이애숙, 1999, 「상해 임시정부 참여 세력의 대소 교섭 -이동휘 국무총리 시기(1919년 11월~1921년 1월)를 중심으로-」, 『역사와현실』 32; 고정휴, 2007, 「상해 임시정부의 초기 재정운영과 차관교섭」, 『한국사학보』 29를 참조.
169 「김병조-이승만」(1920. 8. 7), 『우남이승만문서(동문편)』 16, 343~358쪽; 고정휴, 2007, 위의 논문, 224쪽.
170 「이동휘·박진순 보고」(1921. 10. 16); 조철행, 2011, 위의 논문, 97쪽.

1921년 5월 16일 임정 국무회의는 모스크바 외교원 한형권의 즉시 소환을 결의하고, 5월 17일 이승만의 결재를 받았다.[172] 이후 미국에서 유학한 의사 이희경, 1920년 1월 대러특사로 선정되었으나 파견되지 못했던 안공근이 특사로 선정되었다. 안공근은 러시아어에 능통했다. 1921년 5월 20일 신규식 총리는 러시아 외무인민위원부 치체린에게 공한을 보내 한형권 소환과 이희경 파견을 통보했다.[173] 1921년 7월 프랑스에 도착한 이희경은 질병과 자금 부족으로 우여곡절을 겪은 끝에 1921년 8월 베를린에 도착했고, 20만 금 루블을 수령해 상해로 떠나는 한형권·고창일, 모스크바로 들어가는 이동휘·박진순과 조우했다.

　　한형권은 이희경에게 러시아정부가 더 이상 임시정부를 신뢰하지 않아 모스크바에서 죽을 뻔했다가 고창일의 도움으로 베를린에 왔다며, 자신들과 함께 상해로 돌아가자고 조언했다.[174] 이희경 일행이 제안을 거부하자 한형권은 중국으로 돌아가, 북경의 소련대표를 통해 자신만이 임정의 전권특사이며, 임정은 다른 대표를 모스크바에 파견한 바 없으므로, 이들에게 자금을 제공하면 안 된다는 전보를 소련정부에 발송했다.[175] 이동휘 일행도 베를린의 이희경과 안공근이 자본주의 원칙과 이념을 가진 정부 대표자로 러시아 입국을 반대한다고 러시아정부에 알렸다. 그러나 레닌 자금의 행방과 용처 문제가 계속 제기되자, 외무인민위원부 위원장 치체린은 사실을 명확히 파악하기 위해 1921년 12월 임시정부 대표단의 모스크바

171　반병률, 2017, 위의 논문, 171쪽; 임경석, 2003, 위의 책, 295~296쪽.
172　『우남이승만문서(동문편)』 6, 355~356쪽; 고정휴, 2007, 위의 논문, 226쪽.
173　러시아연방외교정책문서보관소(АВП РФ), ф.0146, оп.4, Папка 103, д.13 л.12; 보리스 박, 2006, 『소비에트, 코민테른과 한국해방운동 1918~1925』, 88~89쪽; 고정휴, 2007, 위의 논문, 227쪽.
174　「이희경이 임시정부 재무차장 이유필에게 보낸 서한」(1922. 3. 25), 『대한민국임시정부자료집』 43(서한집II).
175　「안공근이 임시정부 전 국무원 비서장 오영선에게 보낸 서한」(1922. 3. 8), 『대한민국임시정부자료집』 43(서한집II).

방문을 허가했다.[176]

이희경은 1922년 1월 14일 베를린을 출발해 극동민족대회 개최 3일 전인 1월 19일 모스크바에 도착했다. 임정 대표들은 소련정부가 외국공사들을 초대하는 저택에 체류하며, 매일 500만 소비에트루블 이상이 소요되는 최고·최상의 대접을 받았다.[177] 이희경은 1922년 2월 7일 외교인민위원부 위원장 치체린에게 외교각서를 보내 한형권의 모스크바 활동에 관한 자세한 정보를 넘겨 달라고 요구하며 10개 항을 문의했다.

(1) 한형권이 소비에트정부에 자신을 대한민국임시정부의 밀사라고 소개하고 교섭을 개시한 시기가 언제인가?

(2) 한형권이 소비에트정부와 체결한 협약 조항들, 즉 소비에트러시아의 대한민국임시정부 비밀 승인, 러시아 영토 내 한국군 장교 양성을 위한 군사시설 설치, 한국 군대에의 무기와 군복 제공, 금화 200만 루블의 차관 제공은 과연 사실인가?

(3) 위에서 언급된 협약은 언제 체결되었으며, 문서 형태로 이루어졌는가 아니면 구두 협약에 그쳤는가?

(4) 소비에트러시아 정부는 위의 금액(200만 금 루블) 중 한형권을 통해 대한민국임시정부 앞으로 금화 40만 루블을 지출했는가?

(5) 위의 내용 이외에 체결된 다른 협약은 없는가?

(6) 한형권과 고창일이 1921년에 상해로 떠날 때 귀 정부가 그들의 여행 경비로 금화 40만 루블을 주었다는 것을 확인할 수 있는 근거가 있는

---

176 「이희경이 임시정부 재무차장 이유필에게 보낸 서한」(1922. 3. 25), 『대한민국임시정부자료집』 43(서한집II).

177 遊子, 『一九念一遊子觀察 新俄回想錄』, 174쪽; 반병률, 2017, 위의 논문, 172쪽. 안공근은 러시아인 3천만 명이 기아선상에 놓인 참혹한 상황에서 임정 특사단은 초호화 대접을 받아 양심의 가책이 든다고 썼다. 「안공근이 임시정부 전 국무원 비서장 오영선에게 보낸 서한」 (1922. 3. 22), 『대한민국임시정부자료집』 43(서한집II).

가?[178]

　　임시정부 대표가 모스크바를 찾아와 자신이 진짜 대표이고 이전 대표 한형권은 가짜라며 그 행적을 추궁하는 순간 이들과 소비에트러시아의 관계는 결정된 것이나 다름없었다. 이희경은 임정 대표 한형권의 파견 경위와 활동 내역을 정확히 알지 못하는 상태였음이 드러났다. 이희경 질의의 핵심은 한형권이 소비에트러시아와 체결했다는 4개조가 사실인지, 200만 금 루블 지원 약속과 한형권을 통한 임시정부 지원금 40만 금 루블이 사실인지, 한형권·고창일이 1921년 베를린으로 향할 때 40만 금 루블을 지원했는지 등을 문의했다. 역시 핵심은 모스크바 자금의 용도와 행처였다.[179]

　　소비에트러시아의 반응은 호의적이지 않았다. 이미 상해파, 이르쿠츠크파 고려공산당의 대표들뿐 아니라 소비에트러시아와 코민테른이 공들여 개최한 극동민족대회에 참가한 한국대표단의 외교교섭단이 모스크바를 무대로 활발한 외교전을 펼치고 있었다. 극동민족대회를 통해 상해 임시정부는 민족혁명단체가 아니라고 규정되었고, 임시정부를 탈퇴한 상해파 이동휘와 김규식도 상해 임시정부를 비판하는 상황이었다. 모스크바의 공식 입장은 임시정부가 아니라 국민대표회의를 통해 새로운 민족혁명전선·민족혁명 중심을 창출하는 것이었다.

　　더군다나 이들은 파리·베를린·모스크바로 여행하는 1년 사이 임정 국

---

[178] 「대한민국임시정부 특별전권대표 이희경이 소비에트러시아 외무인민위원부 치체린에게 보낸 외교문서」(1922. 2. 7. 모스크바), 러시아연방외교정책문서보관소(АВП РФ) ф.0146, оп.4, Папка 103, д.15 л.40~41; 보리스 박, 위의 책 89~90쪽; 고정휴, 2007, 위의 논문, 231쪽.
[179] 이희경 일행은 모스크바에 도착한 이후에야 첫 번째 레닌자금 40만 금 루블이 김립 12만 금 루블, 박진순 22만 금 루블, 한형권 6만 금 루블로 분배되었고, 두 번째 레닌자금 20만 금 루블은 한형권·고창일에게 건네졌으며, 러시아 한인들이 1920년 한형권에게 2만 멕시코달러를 모금해 주었다는 사실을 파악했다. 「이희경이 임시정부 재무총장 이시영에게 보낸 서한」(1922. 3. 8), 『대한민국임시정부자료집』 43(서한집II).

무원 비서장 신익희에게 18통의 편지, 8차례의 전보를 발송했지만, 단 한 통의 편지나 전보도 받지 못했다.[180] 러시아 외무부 당국자들의 호의로 1회에 금화 100루블이 드는 전보를 보냈고, 암호화된 메시지를 보낼 수 있었지만, 임정 측에서는 단 한 차례도 응답하지 않았다.

러시아 외교인민위원부는 상해로부터 단 한 차례의 편지, 전보, 문서도 도착하지 않는 이희경 일행에게 의문을 품었다. 이들이 정식 대표인지, 아니면 임정이 해산된 것인지에 대한 의문이었다. 이희경은 상해에 '북경에서 러시아대표와 접촉해 줄 것, 적어도 일주일에 한 번 자신들과 교신할 것, 김만겸·오영선과 좋은 관계를 유지할 것, 한형권·고창일을 잡아 자금을 되찾을 것, 임정 각료진 교체는 미뤄줄 것' 등을 요구했다.[181] 안공근은 "외국인들의 눈에도 일이 잘 진행되는 것처럼 보이기 위해", "일주일에 한 번 임정의 붉은 인장이 찍힌 보고서나 기록된 자료들을 많이 보내 주시기 바랍니다"라고 애원했다.[182] 임정 대표단은 최상급 대우를 받았지만, 두 달 이상 숙박비를 지불하지 못하는 상태였다.[183] 이들이 모스크바로 향하는 동안, 국무총리 이동휘, 학무총장 김규식, 노동국총판 안창호가 각료직을 사임했고, 이승만은 미국으로 떠났다. 1922년 3월 현재 법무총장 신규식이 국무총리 대리 겸 외무총장 대리로 정부를 대표하는 상황이었다. 신규식도 곧 사퇴했다. 기대와 희망을 품고 남은 힘을 모두 집중했던 워싱턴회의 외교마저 실패로 귀결되자, 임시정부는 사실상 내각 붕괴 상태에 이

---

180 「이희경이 임시정부 재무차장 이유필에게 보낸 서한」(1922. 3. 25), 『대한민국임시정부자료집』 43(서한집II).
181 「이희경이 임시정부 재무차장 이유필에게 보낸 서한」(1922. 3. 25), 『대한민국임시정부자료집』 43(서한집II).
182 「안공근이 임시정부 전 국무원 비서장 오영선에게 보낸 서한」(1922. 3. 22), 『대한민국임시정부자료집』 43(서한집II).
183 「안공근이 임시정부 전 국무원 비서장 오영선에게 보낸 서한」(1922. 3. 22), 『대한민국임시정부자료집』 43(서한집II).

르렀다. 재정상황으로도 전보를 보낼 여력이 없었을 것이다.

　모스크바에 도착한 이희경·안공근 특사는 냉담한 모스크바의 반응과 활발한 2개의 고려공산당, 외교교섭단의 행보에 위축되고 분노했음이 분명했다. 임정 특사단은 외무인민위원부와 코민테른 관계자들을 만났고, 구두로 자신들의 입장을 보고했다. 안공근은 외무인민위원부에 한 차례(1922. 4. 29), 코민테른에 한 차례(1922. 5. 31) 구두보고를 했다.[184] 구두보고는 러시아 외무인민위원부와 코민테른이 임정 특사단의 문서 제출을 거부했을 가능성을 시사한다. 러시아어를 구사할 줄 아는 안공근이 구두보고의 주체로 명시되어 있다.

　안공근은 임정 특사단의 심정을 정제되지 않은 언어로 대변하고 있다. 먼저 안공근은 임시정부 활동상을 소개하며 구미위원부의 활약, 중국 호법정부와의 연계, 런던에서 영국의회와의 관계 등을 부각시켰다. 이후 이동휘, 김규식, 이승만, 안창호 등 임정 '출신' 주요인물들에 대한 인물평을 날것 그대로 표현하고 있다. 안공근은 안창호에 대해 매우 우호적이었으며, 이승만에 대해서는 비교적 우호적이었다.[185] 대통령 이승만을 배제한 대러 비밀외교의 주역 이동휘에 대한 비판은 예상할 수 있는 것이었지만, 안공근이 가장 격렬하게 비난한 것은 다름 아닌 김규식이었다. 김규식에 대한 평은 인신 모독적이었다.

　안공근은 김규식에 대해 "영어와 중국어를 구사하지만 경험이 부족한

---

[184] 「안공근이 외무인민위원회에 한 1922년 4월 29일 자 구두보고」(문서작성일 1922. 5. 18), 러시아국립사회정치사문서보관소(РГАСПИ), Ф.495, Оп.135, Д.65, Лл.38~62; 「안공근이 코민테른 집행위원회에 한 1922년 5월 31일 자 추가 구두보고」, 러시아국립사회정치사문서보관소(РГАСПИ), Ф.495, Оп.135, Д.65, Лл.64~69. 『대한민국임시정부자료집』 별책5(국민대표회의I).
[185] 안공근은 유일하게 임시정부의 수장이 될 수 있는 사람으로 안창호를 꼽았다. 안창호가 활동적인 일꾼이자 웅변가로, 대일 즉시 공격이 무익하다고 판단해 준비론적 입장, 즉 전술·선전·혁명을 준비해야 한다고 주장한다고 평가했다.

인물", "병세가 심각하다. 사지 중풍 증세가 종종 나타났다 사라진다. 사람이 완전히 환자가 되어 버렸다", "날카로운 성격의 소유자"이고 "뇌수술을 받은 이후에는 완전히 비정상적인 사람"이 되어 버렸다고 했다. 김규식은 "직접 신한청년당 명의를 도용해 모스크바에 도착"했고 "오직 개인적인 이익만을 추구"한다고 비난했다.

안공근은 자신이 김규식과 접촉한 경과를 설명했는데, 모두 4가지 사례를 들고 있다. 첫째로 김규식은 모스크바 극동민족대회 참석이 자신의 미래를 해칠 수 있다고 생각해, 안공근에게 자신의 활동을 상해 임시정부에 보고하지 말기를 희망했고, 모스크바에서 활동이 성공적이지 못했다고 말했다.

둘째로 김규식은 안공근에게 국민대표회의를 이르쿠츠크나 상해에서 소집하기 위해 러시아 외무인민위원회의 협력을 요청하는 편지를 써달라고 부탁했다.

셋째로 김규식은 한형권이 수령한 지원금을 무슨 방법으로든 갖고 싶어 했으며, 이를 위해 소비에트정부가 발행한 서류를 구비하고 싶어 했다. 그러나 안공근은 상해 임시정부가 한형권 자금에 대해 공식적으로 아는 바가 없다며 김규식의 제안을 거절했다. 이것이 한형권이 베를린에서 수령한 20만 금 루블인지, 아니면 최초 200만 금 루블에서 남은 140만 금 루블을 의미하는지는 분명치 않다는 것이다.

넷째로 김규식은 자신이 소비에트정부에 50만 금 루블을 요청했으나, 한형권은 불과 40만 금 루블을 수령했다고 말했다. 코민테른이 상해파와 이르쿠츠크파의 연합이 이뤄질 때까지 자금도 제공하지 않겠다는 결정을 내리자, 김규식은 모스크바에서 자신이 해야 할 일이 더는 존재하지 않으며 소비에트정부와의 업무 협력을 포기해야 한다고 말했다는 것이다.[186]

---

[186] 「안공근이 외무인민위원회에 한 1922년 4월 29일자 구두보고」(문서작성일 1922. 5. 18), 러

안공근의 판단으로는 러시아어를 유창하게 구사하는 이르쿠츠크파가 모든 이를 제압해 버린 것이 모스크바에서 목격한 사태의 진상이었다. 김규식과 이동휘의 관계를 두고는 두 사람이 임시정부 각료로 있을 때 이승만을 축출한다는 공동목표하에 상호 결탁했지만, 현재는 적대적인 관계라고 평가했다. 이유는 김립이 받은 러시아 자금 지원 문제였다는 것이다. 김립이 김규식에게 자금 지원을 중단하자, 김규식이 위조된 위임장을 갖고 공산당에 가담했다고 안공근은 주장했다. 또한 극동민족대회 중 김규식은 한형권에 대한 정보를 입수하려고 상해로 사람을 보냈고, 상해에서 한형권의 자금 수령을 모르고 있으니 상해행을 서둘러야 한다고 발언했다는 것이다.

안공근은 김규식이 극동민족대회 한국대표단 외교사절단으로 러시아 외무인민위원부와 협의한 것에 대해서도 비난하며, 그의 권한은 스스로 부여한 것일 뿐 전권사절은 아니라고 했다. 반면 여운형에 대해서는 "지적 호기심이 많은 성격"이라고 우호적으로 평가했다. 여운형은 김규식과 도저히 함께 일할 수 없는 사람이라고 평했다.

안공근은 "이르쿠츠크파의 강력한 압력을 받는 김규식 역시 최근 들어 말수가 적어"졌고, 김규식은 "소비에트정부의 정책이 변하고 있음을 목격하는 순간 지체 없이 도주할 것"이라고 했다. 안공근은 임정에 보내는 편지에서도 김규식이 "임정을 폄하하고 사람들을 중상모략하는 데 있어 가장 사악한 인물", "양심이 없는 인물", "모든 한국인에게 수치"라며 비난했다.[187] 이희경이 보기에 모스크바에서 김규식과 최창식, 이르쿠츠크파와 이동휘, 박진순, 홍도 등 상해파는 상호비방전에 몰두해 "러시아 당국에 매일 보고서와 비망록을 작성하여 발송하고 상대방을 비방하느라 여념

시아국립사회정치사문서보관소(РГАСПИ), Ф.495, Оп.135, Д.65, Лл.38~62, 『대한민국임시정부자료집』 별책5(국민대표회의I).
187 「안공근이 임시정부 전 국무원 비서장 오영선에게 보낸 서한」(1922. 3. 22), 『대한민국임시정부자료집』 43(서한집II).

이 없"었다.[188]

모스크바에서 등장하는 김규식은 배신자, 기회주의자, 중풍환자, 사익 추구자, 중상모략자, 명의 도용자, 성격 파탄자, 사악한 인물, 양심이 없는 인물로 묘사되었다. 아마도 그의 일생에서 가장 원색적인 욕설이 기록에 남은 것이다.

어떠한 성과도 거두지 못한 임정 특사단은 1922년 6월 6일 모스크바를 떠나며 한형권이 제출한 신임장의 반환을 요청했다.[189] 베를린에 도착한 이희경은 8월 15일 치체린 외무인민위원부장에게 한형권이 러시아와 맺은 모든 일을 인정하지 않으며, 한형권이나 여타 참칭자들과의 협상으로 인해 발생하는 모든 손실은 러시아 책임이라고 통보를 보냈다.[190]

(5) 코민테른의 자금 지원 중단 결정

모스크바에서 상해파, 이르쿠츠크파·외교교섭단, 임시정부 대표들이 외교전을 펼치는 상황 속에서 코민테른은 문제의 핵심이 상해파와 이르쿠츠크파의 갈등이라고 판단했다. 1922년 4월 22일 코민테른 집행위원회는 검사위원회를 구성해 고려공산당 연합중앙간부의 문서를 검토하고 상해파·이르쿠츠크파의 대표를 불러 질문했다. 이후 이들은 6개 항의 결정서를 채택했다.

---

188 「이희경이 임시정부 재무차장 이유필에게 보낸 서한」(1922. 3. 25), 『대한민국임시정부자료집』 43(서한집II).
189 「대한민국 상해 임시정부 특별전권대사 이희경이 소비에트러시아 외무인민위원회의 치체린에게 보내는 편지」(1922. 6. 6), 러시아연방외교정책문서보관소(АВП РФ), Ф.416, Оп.4, П.103, Д.15, л.68. 『대한민국임시정부자료집』 별책5(국민대표회의I).
190 「대한민국임시정부 특별전권대표 이희경이 소비에트러시아 외무인민위원부 치체린에게 보낸 서한」(1922. 8. 15. 베를린) 러시아연방외교정책문서보관소(АВП РФ), ф.0146 оп.4 Папка 103, д.15 л.64; 보리스박, 위의 책, 92쪽; 고정휴, 2007, 위의 논문, 233쪽.

(1) 이르쿠츠크당대회·중앙위원회에서 배제된 모든 당원은 자신의 권리를 회복한다.
(2) 박진순·박애·최고려·김규식은 고려공산당이 통일될 때까지 고려공산당의 직접적인 사업에서 배제한다.
(3) 고려공산당 중앙위원회는 두 분파의 통합 실행을 위해 3개월을 준다. 이 기간 당은 국제공산당으로부터 어떤 보조금도 받을 수 없다.
(4) 국제공산당 한국사업 전권대표인 얀손에게 분파의 재정적 무장 해제의 권리를 주는데 그 가운데서도 상해 김립에게 있는 금액은 국제공산당 집행위원회에 반납하고 한형권은 인민위원부에서 교부한 20만 금 루블의 지출보고서를 가지고 모스크바 인민위원부에 출두할 것을 명령한다.
(5) 중앙위원회 장소는 치타로 정하고 중앙위원회는 한국 국내에 국을 설치해야 한다.
(6) 중앙위원회에서 당면한 시기의 완벽한 정치 활동 강령을 작성할 것과 한국과 극동공화국·소련지역에서 한국 이주민에 대한 당면 사업의 구체적 슬로건을 작성할 것을 지시한다.[191]

결의안은 양 파 고려공산당이 통합될 때까지 자금 지원을 중단한다는 것이고, 한국대표단·외교교섭단 단장이던 김규식과 박진순·박애·최고려 등 상해파·이르쿠츠크파 한인 2세 지도자들을 고려공산당 활동에서 배제한 것이다.[192] 이르쿠츠크 고려공산당 후보당원으로 알려진 김규식이 졸지에 코민테른 결정서를 통해 활동 정지를 당할 정도로 중요한 공산주의자

---

191 「국제공산당집행위원회 상임간부회 조선사업위원회의 결정」(1922. 4. 22), 러시아국립사회정치사문서보관소(РГАСПИ), ф.495, оп.135, д.55, л.1; 조철행, 2011, 위의 논문, 118~119쪽.
192 金正柱, 1971, 위의 책, 193~194쪽; 반병률, 2017, 위의 논문, 175쪽.

취급을 받게 된 셈이다.

이후 코민테른의 주선으로 상해파와 이르쿠츠크파 고려공산당의 통합 대회가 1922년 10월 베르흐네우딘스크에서 개최되었지만, 10월 23일 본회의가 결렬됨으로써 통합은 무산되었다.[193] 통합당대회에서 이탈한 이르쿠츠크파는 치타에서 독자적으로 당대회를 개최(1922. 10. 26~30)했다. 코민테른은 양자를 인정하지 않았고, 고려국을 설치해 당대회를 준비하기로 했다.

김규식이 모스크바에 머무는 동안 일행 대부분이 귀환했다. 일본 정보당국에는 사실이 아닌 과장된 정보가 입수되었다. 밀정은 1922년 3월 10일 먼저 상해로 귀환한 조동호의 말을 빌어 "상해파·이르쿠츠크파가 2월 합병에 성공했고, 러시아공산당으로부터 4백만 원의 선전비를 수령했으며 여운형, 김규식, 최창식, 나용균, 김원경, 권애라 6명이 이를 가지고 철로로 귀환해 상해에서 대대적 적화운동을 실행한다고 한다. 조동호는 프랑스 조계의 성도로(成都路) 보원리(補元里) 여운형 집에 머물고 있다"라는 보고를 전하고 있다.[194]

1922년 4월 22일 코민테른의 결정서 채택 이후 김규식은 더는 모스크바에 머물 수 없게 되었다. 김규식은 이르쿠츠크를 경유해 최창식과 함께 1922년 6월 17일 상해로 귀환했다.[195] 큰 희망을 품고 고비사막을 건너, 기차·자동차·마차·썰매를 타고서야 도착한 김규식의 모스크바행은 이렇게 종결되었다. 친미·기독교 민족주의자는 돌연 이르쿠츠크파 고려공산당 후보당원이 되어 모스크바 외교의 주역이 되었다.[196] 그가 건너온 프랑스 파

---

193 임경석, 2007, 「1922년 베르흐네우딘스크 대회의 결렬」, 『한국사학보』 27.
194 大正 11년 3월 13일, 在上海總領事館 舶津辰一郎發 外務大臣宛, 기밀제98호 「共産黨員歸滬ニ關スル件」; 강덕상, 2017, 위의 책, 427쪽.
195 「金奎植氏歸滬」, 『독립신문』(1922. 6. 24).
196 안공근은 이렇게 표현했다. "최창식의 위대한 마르크스주의적인 원칙들은 이미 우리가 알고 있던 바이므로 새롭게 지적할 필요가 없지만, 이토록 갑자기 출현한 김규식의 공산주의적 경

리, 미국 워싱턴, 러시아 모스크바는 외교의 다른 장소일 뿐이었지만, 자신이 대표해 온 임시정부를 대체하고 국민대표회의를 통해 새로운 조직체를 수립하겠다는 계획은 완전한 대변신이었다. 이 외교적 시도와 계획은 상해파의 격렬한 반대와 임시정부 특사단의 감정적 반발을 불러왔다. 상해파-이르쿠츠크파-임정 세력 간 대충돌 와중에서 김규식은 1918년 이래 자신이 걸어온 길을 부정함으로써 자신의 현재와 미래를 규정하게 된 셈이다. 상해파는 그가 상해 임시정부 대표로 친미 외교 활동을 벌인 주역이라고 비난했고, 임시정부 특사단은 임정을 폄하하는 가장 사악한 인물이자 중풍환자·기회주의자라고 비난했다. 코민테른이 그의 고려공산당 활동을 중단시키기에 이르자 짧은 고려공산당원 생활도 사실상 중단되었다. 그의 삶을 규정해 온 상해 임시정부와의 연계망, 인간관계의 그물망은 회복할 수 없는 손상을 입은 듯했다.

모스크바행에서 김규식의 일면이 드러났다. 이것이 여운형과 김규식의 차이점이기도 했다. 이르쿠츠크파 고려공산당원으로 공산주의 문헌을 번역하는 적극 선전자였던 여운형은 모스크바에서 다른 선택과 판단을 했다. 모스크바 체류 중 여운형은 자유시참변에 대한 이르쿠츠크파의 선전에 의문을 가졌고, 외교교섭단에 포함되지 않았다. 모스크바에서 이르쿠츠크로 갔다가 만주로 돌아오는 도중 여운형은 독자적 조사를 통해 자유시참변의 실상이 극동민족대회의 보고와는 달리 마녀사냥의 구조를 가지고 있다고 판단했다.[197] 강덕상의 해석에 따르면 여운형이 국민대표회의에서 창조파의 입장을 견지한 김규식과는 달리 개조파로 남게 된 이유이기도 했다.

향이 어디서 비롯된 것인지는 헤아릴 수 없습니다. 상해를 떠나면서 김규식은 친구들에게 자신이 후보 공산당원이 되었음을 발설하지 말라고 요청하였습니다. 김규식이 공산주의자라니! 전직 내각 각료의 이와 같은 불명예스러운 행동은 독립운동에 가담하고 있는 모든 우리 민족에게 알려져야 합니다." 「안공근이 임시정부 전 국무원 비서장 오영선에게 보낸 서한」 (1922. 3. 22), 『대한민국임시정부자료집』 43(서한집II).

197 강덕상, 2017, 위의 책, 426쪽.

자유시참변에 대해 정통 이르쿠츠크파와 다른 견해를 가지고 있던 여운형은 반대파에 의해 억류되거나 테러를 당할 위험에 처했다. 여운형은 이르쿠츠크-만주리를 거쳐 체포를 면하고 겨우 하얼빈으로 와서, 동화대학(東華大學) 교장이자 공산당원으로 여운형의 친구인 등려민(鄧潔民)의 자택에 도착했다.[198] 여운형은 장춘-봉천-천진-북경을 거쳐 상해로 귀환했는데, 장춘·봉천에서는 체포하려는 밀정을 피해 해당 역 이전에 내려서 다음 역에서 탑승하는 일을 반복했다. 여운형은 1922년 3월 하순에 고려공산당 합동 문제를 신채호, 박용만 등과 논의하기 위해 천진으로 갔고, 4월에는 북경에서 개최된 북경 만국기독교청년회 회의에 참석한 이상재, 여운홍, 김필례, 신흥우 등에게 극동민족대회의 경과를 알렸다.[199]

파리강화회의 특사 파견에 전력을 다함으로써 3·1운동 발생에 큰 기여를 했던 김규식과 여운형은 불과 2년 뒤 모스크바 외교로 방향을 전환했다. 두 사람 모두 이르쿠츠크파와 연관되었으나, 모스크바에서 좀 더 적극적이었던 것은 친미적이고 합리적 인물로 알려졌던 김규식이었다. 때문에 김규식의 전환은 더 극적인 면모가 있었다. 또한 모스크바에서 김규식은 이희경 등 임정대표단, 이동휘 등 상해파 고려공산당과 대결하며 새로운 길을 모색했다. 김규식이 얼마나 사회주의·공산주의를 이해하고 수용했는지는 불분명하다. 다만 이 시점에 한국 독립운동의 중요한 연대 및 후원의 대상으로 모스크바를 설정했던 것은 의문의 여지가 없다. 그 핵심은 자금 지원과 독립운동의 통일에 있었다. 모스크바와 연관된 김규식의 관성은 1923년 국민대표회의까지 이어지는 것이었다. 그리고 김규식의 이러한 행적들은 전혀 알려지지 않았다. 구소련이 해체되고, 문서보관소가 개방된 후에야 알 수 있게 된 사실이다.

---

198 이만규, 1946, 위의 책, 77쪽; 강덕상, 2017, 위의 책, 427쪽.
199 여운홍, 「북경기행」, 『동아일보』(1922. 4. 21); 강덕상, 2017, 위의 책, 429쪽.

유연한 여운형과 고지식한 김규식. 1921~1922년 모스크바행에서 우리가 마주한 두 인물의 일면이었다.

국민대표회의와 블라디보스토크의 국민위원 김규식

2

(1923)

1   국민대표회의의 동력: 한형권의 20만 루블

(1) 워싱턴과 모스크바의 대결

1922년 6월 상해로 돌아온 김규식은 침묵했다. 은둔하거나 잠적했다고 표현해도 과언이 아닐 것이다. 극동민족대회 참가 및 이르쿠츠크파 외교대표단 활동의 후유증이었다. 극동민족대회 참가는 공개된 것이었지만, 외교대표단 활동은 알려지지 않은 대소 외교였다. 그럼에도 불구하고 상해파, 이르쿠츠크파, 임정 사절단, 국민대표회 참석자 등에 의해 모스크바에서 김규식의 언행은 상해와 독립운동 진영에 소문으로 떠돌았을 것이다.

    김규식이 상해로 돌아온 1922년 중반 국민대표회의 개최를 향한 각계의 여론과 준비가 고조되고 있었다.[1] 국민대표회의 개최가 부각된 중요한 이유는 세 가지였다.

    첫째, 1921년 말부터 1922년 초에 개최된 워싱턴회의와 모스크바회의의 종결이었다. 특히 이승만·서재필이 한국 독립의 천재일우의 기회라

---

[1] 국민대표회의에 대해서는 조철행, 2011, 『국민대표회 전후 민족운동 최고기관 조직론 연구』, 고려대학교 박사학위논문을 주로 참조했다.

고 공언했던 워싱턴회의가 한국 문제에 대해 어떠한 언급도 하지 않은 채 종결되자, 그 여파가 임시정부와 대통령 이승만, 구미위원부로 파급되었다.[2] 재정적 곤란이 닥쳤고, 임시정부 내각은 사실상 붕괴되었다.

1921년 5월 이승만이 상해를 떠난 후 임시정부의 재정상황은 악화일로였다. 재무총장 이시영은 임시구미위원부 위원장 서재필에게 편지(1921. 6. 13)를 보내 "공채 모집은 거의 안 되고 있으니 임시정부에서 임시주미재무관을 미주·하와이에 파견하여 재정을 수합하겠으며 지난 6개월 동안 워싱턴에서 보낸 돈이 겨우 5백 달러뿐"이라고 했다.[3] 서재필은 이시영에게 답장(1921. 7. 14)을 보내 "미주에 재무관을 할 사람이 없다, 태평양회의가 한국 운명을 결정하는 데 10만 원이 든다, 한국의 생사가 태평양회의에서 결정된다. 6대 강국이 독립을 주기로 하면 구미위원부가 아닌 정식 공사관을 설치"하고, 한국을 계속 일본 밑에 두기로 하면 "위원부를 이곳에 두난 것이 필요함이 없다"라고 했다.[4] 필라델피아통신부를 폐지하고 공사관을 설치하려던 현순을 쫓아낸 서재필은 태평양회의를 돌파구로 삼았을 뿐만 아니라 자기 사업 확장의 기회로 삼고자 했다. 서재필은 이승만에게 편지(1921. 7. 1)를 보내, 구미위원부와 별개로 자신의 선전국과 일간신문(日報) 사업을 진행하기 위해 4원 대금을 낼 구독자 3,500명을 모아 1년에 1만 4천 원(달러)을 얻어 달라고 했다.[5] 이승만은 신규식에게 편지(1921. 7. 16)를 보내, 서재필의 얘기를 "듣는 사람 모두 코웃음을 친다"(聞者 皆 鼻笑흘지라)고 비웃었다.[6]

---

2 방선주, 1989, 「1921~22년의 워싱턴회의와 재미한인의 독립청원운동」, 『한민족독립운동사』 6, 국사편찬위원회; 고정휴, 1992, 「구미주차한국위원회의 초기 조직과 활동(1919~1922)」, 『역사학보』 제134·135합집.
3 「재무총장 이시영씨의 공독」, 『신한민보』(1921. 7. 28).
4 「구미위원부장 서재필 답복(영문번역)」(1921. 7. 14), 『신한민보』(1921. 7. 28); 『대한민국임시정부자료집』 27.
5 「서재필이 이승만에게 보낸 서한」(1921. 7. 1), 『대한민국임시정부자료집』 42(서한집 I).

태평양회의를 계기로 국내의 이상재가 한규설·민영휘로부터 4만 원을 얻어 워싱턴에 보냈다는 소문이 돌자, 재무총장 이시영은 그중 2만 원을 보내 달라는 편지(1921. 11. 23)를 이승만에게 보냈다. 이희경의 러시아 여비 1,500원, 외국인 새해 인사 1,500원, 기타 채무와 현상 유지에 큰돈이 필요하다는 것이었다.[7] 이승만은 곧바로 이상재에게 편지(1921. 12. 30)를 보내 태평양회의가 내용으로는 한국 측 요구서에 동정을 표하고, 내월(1922. 1) 중 폐회를 앞두고 미일 충돌이 증가하고 있다며 주관적·낙관적 전망을 내놓았지만, 이시영이 얘기한 바 자금은 내지에서 4원도 온 적이 없고 미국·하와이·멕시코 한인들이 4만 원가량의 자금을 냈다며 도움을 청했다.[8]

태평양회의가 이승만·서재필·임시정부의 주관적 희망과 거리가 먼 냉정한 결말에 이르자, 그 여파는 곧바로 임시정부·이승만·구미위원부에 미쳤다. 이승만의 도미 이후 1921년 임시정부를 이끌어 온 신규식의 대리 내각은 워싱턴군축회의에 진력했으나, 1922년 2월 워싱턴회의가 아무 성과 없이 끝나자 외교 실패의 책임을 지고 사퇴했다. 상해에서 국민대표회 운동이 본격화되는 와중에 내정불통일(內政不統一)·외교 실패·조각 불능(組閣不能)의 이유로 대통령 및 각원의 불신임안이 상정되고, 6월 17일 가결되었다.[9] 이승만도 5월 27일 상해의 노백린에게 사직의사를 전보로 밝혔다가 6월 초 철회할 정도로 상황은 악화되어 있었다.[10] 서재필은 1922년 2월 9일 『한국공론』(Korea Review) 폐간과 한국친우회 조직 해체를 선포했고, 국민회의 기관지 『신한민보』는 재정 곤란으로 4월에 무기 정간에 들어갔

6 「이승만이 신규식에게 보낸 서한」(1921. 7. 16), 『대한민국임시정부자료집』 42(서한집 I).
7 「이시영이 이승만에게 보낸 서한」(1921. 11. 23), 『대한민국임시정부자료집』 42(서한집 I).
8 「이승만이 이상재에게 보낸 서한」(1921. 12. 30), 『대한민국임시정부자료집』 42(서한집 I).
9 윤대원, 2006, 『상해시기 대한민국임시정부 연구』, 서울대학교출판부, 234~242쪽.
10 朝鮮總督府 警務局, 「(大正十一年)朝鮮治安狀況(國外)」, 金正柱, 1971, 위의 책, 77~78쪽.

1 국민대표회의의 동력: 한형권의 20만 루블

다.[11] 구미위원부도 사실상 정지 상태에 들어갔다.

반면 모스크바 극동민족대회에서 김규식과 한국대표단이 펼친 활약상은 국내에도 소개될 정도로 감출 수 없는 것이었다.[12] 모스크바에서 상해파, 이르쿠츠크파, 임시정부 사절단이 외교전을 벌이며 충돌했지만, 그 소식은 소문으로만 떠돌았을 뿐 누구도 정확한 내막을 알지 못했다. 때문에 현상적으로는 워싱턴회의의 실패와 모스크바회의의 성공이 대비되는 상황이었다. 그 주인공들이 상해로 모여들자, 1921년 중단되었던 국민대표회 기성회의 활동은 활력을 얻기 시작했다.

둘째, 상해파와 이르쿠츠크파가 모두 국민대표회의를 주도하기로 결정했기 때문이다. 국민대표회 개최의 방법론에서 상해파와 이르쿠츠크파의 입장이 분열되었지만, 국민대표회를 개최해 새로운 민족혁명당, 민족통일전선을 구축한다는 코민테른의 결정에 따르기로 한 것이었다. 동상이몽 두 집단의 국민대표회의 추진은 역설적으로 국민대표회의 파열의 주요 동력이 되었다.

1922년 2~4월 모스크바에서 이르쿠츠크파는 극동민족대회 한국대표단 외교교섭단을 내세워 5방주비회를 구성한 후 이를 통해 국민대표회를 추진하려고 했으나, 상해파, 국민대표회 기성회, 임시정부의 반대로 구성에 실패했다.[13] 이르쿠츠크파는 노선을 전환해 1922년 4월 상해에 집결해 자파 프랙션을 조직하고 국민대표회 추진의 구체적 전술을 전개했다.[14]

---

11 『신한민보』(1922. 2. 24); 방선주, 1989, 위의 책, 221쪽.
12 「조선인대표 김규식 씨 참석 '모스코'에 열닌 극동무산자대회에」, 『동아일보』(1922. 1. 29).
13 조철행은 국민대표회 주비회가 5방주비회를 반대한 이유에 대해 (1) 주비위원회가 통일 오르그뷰로(5방주비회) 조직 후 소멸되는 것을 반대, (2) 통일 오르그뷰로에서 공산주의자들이 우세를 점하게 되는 상황, (3) 주비위원회에 지도적 역할을 하던 한형권 그룹의 손해 등을 들었다. 씨울로프, 「블라디미르 디미트리예비치에게 보내는 편지」(1922. 7. 5), 러시아국립사회정치사문서보관소(РГАСПИ), ф.495, оп.135, д.69, л.4~6; 조철행, 2011, 위의 논문, 112쪽.

1922년 4월 20일 이르쿠츠크파의 정광호, 백남준 등은 상해 국민대표회 기성회총회에서 위원으로 선출되어 활동을 개시했다.[15]

1922년 봄 북경과 상해의 국민대표회 기성회는 신숙, 남형우, 원세훈, 김철, 서병호 등으로 국민대표회 주비회를 정식으로 발족했다.[16] 이들은 5월 10일 국민대표회 주비위원회 선언을 통해 "과거의 모든 분규 착종한 문제를 해결하고 미래의 완전 확실한 방침을 확립하여 아등의 독립운동을 재차 통일적 조직적으로 진행하자"고 했다.[17] 1922년 4월경 창조파는 대한국민의회, 북경군사통일회, 이르쿠츠크파를 핵심 세력으로 하고 있었다.

한편 상해파는 1922년 10월 베르흐네우딘스크에서 개최된 고려공산당 통합당대회를 계기로 통일고려공산당이 결성된 것으로 판단하고, 국민대표회의를 통해 임시정부 개조를 민족통일전선의 조직 방침으로 구체화했다.[18] 상해파는 1922년 전반기 내내 공산당 통일 이후 민족통일전선을 추진해야 한다며, 이르쿠츠크파가 주도한 극동민족대회의 결의사항 및 외교대표단을 포함한 5방주비회를 통해 국민대표회의를 개최한다는 기존 합의사항을 거부한 바 있다. 베르흐네우딘스크 통합당대회는 이르쿠츠크파가 불참을 선언함으로써 결렬되었지만, 상해파는 당통일을 선언하고 국민대표회의 추진을 결정했다. 상해파 중 통합당대회 참가자, 선출된 간부, 극동민족대회 참가자 등은 모두 국민대표회의에서 임정 개조 방침, 즉 개조론에 동참했다.[19] 상해파 김철수는 1922년 말 상해에 도착했다. 김철수는

---

14 「김철수친필유고」, 『역사비평』 7, 1989, 357쪽; 조철행, 2011, 위의 논문, 113쪽.
15 「국민대표회기성회총회소집」, 『독립신문』(1922. 5. 6).
16 신숙, 1963, 『나의 일생』, 일신사, 66~67쪽.
17 「국민대표회의 주비위원회 선언서」, 국사편찬위원회, 1983, 『한국독립운동사』 자료3(임정편 III), 343~344쪽.
18 조철행, 2011, 위의 논문, 122쪽.
19 통합 당대회 및 국민대표회의에 참가한 상해파는 강일, 김철수, 문시환, 박춘근, 윤자영, 이홍래, 장기영, 전창순, 채영, 현정건, 왕삼덕, 서영완 등이다. 조철행, 2011, 위의 논문, 122쪽, 각주 282.

1 국민대표회의의 동력: 한형권의 20만 루블

임정 측 안창호, 김동삼 등과 회합해서 행동을 일치하기로 합의했다.[20] 개조파는 상해파(김정하·현정건·왕삼덕), 양남파(경상·전라, 김철·김갑·배천택), 양서파(평안·황해, 안창호·이탁·선우혁) 등으로 개조파 삼삼(三三) 프랙션을 조직했다. 이들은 민족해방운동의 최고조직으로 상해 임시정부 개조를 결정했다.[21]

셋째, 한형권이 상해로 가져온 레닌자금 20만 금 루블이 국민대표회의 준비·개최 자금으로 사용되었기 때문이다. 이미 임정 사절단이 모스크바에 체류 중일 때 한형권이 국민대표회의 소집 비용으로 3만 금 루블을 안창호에게 제공했다는 정보보고가 있었다.[22] 이동휘 측에서는 한형권이 임시정부뿐 아니라 상해파를 배신하고 20만 금 루블을 국민대표회를 추진하는 원세훈·안창호에게 넘길까 봐 전전긍긍했다.[23] 미주 국민회에서 파견한 천세헌의 보고에 따르면 한형권과 윤해·고창일은 상해에 도착해 임시정부에 대해 김립의 '4만 원'은 임시정부가 김립을 돈 마중 보냈기에 준 것이기 때문에 자신들은 아무 책임이 없다고 했다. 임시정부 각료들이 이번에 가져온 돈이 얼마냐고 하니 돈이 없다고 했다. 며칠 후 한형권은 국민대표회 주비원들에게 자신에게 자금이 있으니 국민대표회 주비회 경비로 쓰자고 제안했다. 주비회가 이를 거부하자, 한형권은 이 자금이 "우리 혁명사업에 쓰라고 준 돈인데 이곳에 와보니 분규난 극도에 달하고 정부난 여지업시 부허(浮虛)하엿스니 이때에 이 돈을 정부에 드려노흐면 혁명사업

---

20 「김철수 친필유고」, 357쪽.
21 「오창환·박병세 보고」 10쪽; 조철행, 2011, 위의 논문, 124쪽; 「국민대표회의의 경과에 대해 1923년 2월 27일 자로 조선총독부 경무국장이 외무차관에 통보한 요지」, 『한국민족운동사료(중국편)』, 308~309쪽; 조철행, 2011, 위의 논문, 123쪽.
22 「안공근이 임시정부 전 국무원 비서장 오영선에게 보낸 서한」(1922. 3. 22), 『대한민국임시정부자료집』 43(서한집II).
23 「이동휘·홍도·박애가 계봉우·박밀양에게 보낸 편지」(1922. 3. 12), 『대한민국임시정부자료집』 별책5(국민대표회의I), 277쪽.

에난 쓰지 못하고 당파 싸홈에만 다 소비할 것을 확실히 본 나난 언제든지 정부가 경돈되기 전에난 그돈을 정부에 주지 못하겟노라"고 했다. 임시정부는 한형권을 달래 레닌자금을 달라고 하였으나 한형권은 끝까지 이를 거절했다. 이에 따라 국무총리 명의로 국민대표 주비원과 기타 일반 지명자들을 모아 여러 밤을 새워 토론해서 각 방면 대표들을 모으는 데 의견이 일치되었다. 천세헌은 임시정부가 '국민'대표회의 국민 두 자를 고치자고 했고, 주비회 측은 이를 거부했다고 전했다.[24]

(2) 레닌자금 20만 루블의 사용처

이제 우리는 한형권이 가져온 모스크바 레닌자금 20만 금 루블의 용처를 살펴봐야 한다. 소비에트러시아는 4차례에 걸쳐 한국 측에 자금을 지원했다.

(1) 1920년 3월. 모스크바. 이동휘·박진순에게 400만 짜르.
(2) 1920년 9월. 모스크바 외교인민위원부. 박진순에게 40만 금.
(3) 크라스코체코프의 각서(극동공화국 자금)에 따라 치타. 박진순에게 2,920은화.
(4) 1921년 9월. 베를린. 소련대사관(외교인민위원부) 한형권에게 지급 20만 금.

이 가운데 (2)와 (4)는 외교인민위원부가 공식 외교 대상인 상해 임시정부에 제공한 것이라는 점에 주목해야 한다. 자금 제공의 주체가 코민테른이나 러시아공산당이 아니라 러시아정부 외교인민위원부이므로 자금 수

---

24 「상해진상」, 『신한민보』(1922. 10. 5).

〔표 2-1〕 소비에트러시아의 한국 자금 지원 내역

일시/장소	수령인	금액	분배	잔액	환전 금액	사용 주체
(1) 1920년 3월 모스크바	이동휘·박진순	400만 짜르	가풍: 200만	압류		
			유린: 100만	임치		
			이한영: 100만	100만	75백 멕시코달러	한인사회당
(2) 1920년 9월 모스크바 외교인 민위원부	박진순	40만 금 루블	김립: 12만 — 이태준: 4만 금	8만 분실	56천 멕시코달러	한인사회당
			한형권: 6만 — 이용: 5천 — 김규면: 1만 5천 — 박애: 1만	3만	3만 금 루블	한형권
			박진순: 22만 — 박애: 1만 — 권화순: 1만 — 계봉우: 1만	19만 금	19만 8백 멕시코달러	한인사회당
(3) 크라스코체코프 각서(극동공화국 자금), 치타	박애	2,920은화				
(4) 1921년 9월 베를린	한형권	20만 금 루블			174,034 멕시코달러	한형권

〔출전〕 조철행, 2011, 『국민대표회 전후 민족운동 최고기관 조직론 연구』, 고려대학교 박사학위논문, 96쪽.

령의 주체도 한인사회당이나 이동휘 등 사회주의·공산주의자가 아닌 상해 임시정부였다.

한형권의 회고도 같은 맥락에 있다. 한형권은 최초에 200만 금 루블을 받기로 해서 제1차로 금괴 40만 루블을 받아 옴스크-베르흐네우딘스크에 도착해 김립에게 전달했고, 나머지를 받으러 모스크바로 돌아갔다. 그런데 모스크바에 민족주의·사회주의 계열의 반임정·반한형권 투서가 다수 접수되어 이전과 달리 어려운 상황이었다. 레닌을 만난 한형권은 상해 임정이 분열되어 있는 것은 사실이나 일하다 보면 내홍이 일어나기는 어느 나라나

마찬가지이고 다시 정리하면 되지 않느냐고 했고, 레닌 역시 "알엇노라. 원래 약소민족운동에는 민족주의운동, 즉 독립운동이 잇슬 뿐이요. 거기 공산운동이 혼입(混入)하여서는 끌어 오르는 열(熱)을 시키는 결과가 되어 절대로 피할 일이다. 조선에 공산운동이 지금 이러난다는 것은 민족 분열을 조장하고 민족해방을 지연식히는 소득밧게 업다고 보는 터임으로 전과 가치 상해정부를 밋고 원조하겟노라!" 하였다. 그 후 4개월 동안 외교인민위원장 치체린과 교섭한 결과 20만 금 루블을 줄 테니 "원상 회복하라. 다 줄려고 했으나 국제당〔코민테른〕 간섭으로 그리할 수 없은즉 양해하라"고 했다. 이에 따라 한형권은 베를린에서 미화 20만 원을 수령하여 고창일과 함께 상해로 돌아온 것이다.[25]

위의 표에서 나타나듯, 한형권은 (2)의 자금 중 박진순에게 분배(1920. 11. 10)받은 6만 금 루블, (4)의 자금(1921. 9. 23) 20만 금 루블을 사용했다. (2)의 6만 금 루블 사용에 대한 한형권의 보고서에 따르면 한형권은 이 중 3만 금 루블을 치타에서 이용·김규면·박애에게 분배하고, 나머지 3만 금 루블을 가지고 모스크바로 돌아갔으며, 이 자금을 1920년 11월부터 1921년 9월까지 사용한 것으로 보고했다.[26] 상해에 돌아온 1921년 11월 한형권은 이 자금 중 4,425루블(환전액 3,455멕시코달러)만을 소지하고 있었다. 한형권 보고서에는 이 자금이 "대한민국임시정부 예정 잔액"이라고 쓰여 있다. 그러나 아래의 표「한형권의 베를린 지원금(20만 금 루블) 사용 내역」에 따르면 임시정부에는 단 1멕시코달러도 지원하지 않았다.

---

25 한형권, 1948,「임시정부의 對俄외교와 국민대표회의의 전말」,『가톨릭청년』 8·9, 637쪽.
26 한형권이 모스크바에 제출한 보고서에는 이용·김규면·박애에게 제공한 3만 루블은 명시되어 있지 않고, 임시정부 앞 특사 파견(1921. 4. 14) 항목에 3만 루블이 적시되어 있다. 내용상 치타의 이용·김규면·박애를 임시정부에 특사로 파견한다는 명목으로 제공한 것으로 해석된다. 한형권,「1920년 11월 10일 박진순으로부터 받은 금액에 대한 지출보고서」(1923. 6. 2, 상해). 러시아국립사회정치사문서보관소(РГАСПИ), ф.495, оп.154, д.203, л.89~92; 조철행, 2011, 위의 논문, 97~98쪽.

한형권이 베를린에서 수령한 20만 금 루블, 즉 (4) 자금이 바로 국민대표회의 경비로 사용되었다. 한형권이 모스크바에 제출한 보고서에는 그 사용 내역이 다음과 같이 정리되어 있다.

[표 2-2] 한형권의 베를린 수령 지원금(20만 금 루블) 사용 내역

연번	일시	명목		지출 금액	소계(%)
1	1921. 9. 17. ~1921. 11. 21.	베를린-상해 출장		8,334	8,334 (4.73)
2	1922. 12. 2.	상해 인성학교(조선민족학교) 기부		135	635 (0.36)
3	1922. 2. ~1922. 3.	상해 인성학교 2개월분 기부		500	
4	1921. 11. 21. ~1923. 6. 10.	한형권 개인사무실	사무실비	186	9,950 (5.64)
			상근자 봉급	4,480	
			난방, 전기, 임차	1,306	
			사환	280	
			경비	200	
			우편통신	548	
			출장비	2,950	
5	1921. 11. 21. ~1923. 6. 10.	개인경비		8,430	8,430 (4.78)
6	1922. 12. ~1923. 1~2.	국민대표회 소집 관련 선전선동 문건 출판	인쇄활자 구입	1,010	11,899 (6.75)
			월세, 난방, 전기	255	
			사환	90	
			1923. 1~2	1,140	
			신문용지: 40호×166불 (1만부 인쇄지)	6,640	
			인쇄: 40호×16불(매호당)	640	
			조선·이주지로 문서 발송	2,124	

7	1921. 12. ~1922. 3. 1.	국민대표회 소집 관련 지출	통신비		265	11,765 (6.67)
			상해로 주비회위원 소집 교통비 : 12명×150불		1,800	
			관계기구 조직과 보조금: 9개 지점× 900불+4개 지점×400불		9,700	
8	1922. 3. 1. ~1923. 1. 2.	오르그뷰로 (주비회)에서 지출한 예산	대표 교통비: 100명×100불		10,000	59,945 (34.02)
			출장비(대회 대표 초대) : 13명×500불		6,500	
			상해 도착 대표 수당 : 100명×6개월(5~10월)×30불		18,000	
			대회 장소 임대비 : 2개월(9~11월)×600불		1,200	
			대표 경호 지원: 100명×12불		1,200	
			외교비용		2,000	
			(관계기구 조직과 그 보조금?) : 9×640불+4×320불		7,040	
			예비비		8,960	
			주 비 회	사무실 임대: 8개월×50=400	5,045	
				사환: 8개월×15=120		
				사무실비 145		
				위원·직원 17명×30불×8월 =4,080		
				통신비: 300		
9	1922. 1. ~1923. 2.	테러단 지원	테러단과 교시와 연합사업		800	55,500 (31.44)
			출장비		6,000	
			중간지점 보조금: 6개(5개 지점과 1개 기지)×100×13개월		7,800	
			폭발물: 800개(폭탄 1개)×25불		20,000	
			전문가 고용: 200불×13개월		2,600	
			테러단원 보조금: 220명×60불		13,200	
			폭발물 운송		5,000	

10	환전 손실		9,477	9,477(5.37)
	총지출		175,745	
	잔액		439	439 (0.24)
	총액		176,184	176,184 (100)

〔출전〕 한형권, 「소련 외교인민위원부 지불명령서에 의해 1921년 9월 23일 내가 수령한 금액에 대한 지출보고서」(상해, 1923. 6.10), 러시아국립사회정치사문서보관소(РГАСПИ), ф.495, оп.154, д.203, л.93~101. 조철행, 2011 『국민대표회 전후 민족운동 최고기관 조직론 연구』, 고려대학교 박사학위논문, 99~100쪽.

〔비고〕 (1) 베를린 수령 20만 금 루블, 1921. 9. 23. 환전 금액 161,301멕시코달러, 환전 손실 9,278멕시코달러.
(2) 박진순 수령 6만 금 루블 중 대한민국임시정부 예정 잔액 4,425루블, 환전액 3,455달러.
(3) 총수입 174,034멕시코달러.
(4) 은행 당좌예금 손실 2,150멕시코달러.
(5) 총수입 176,184멕시코달러.

위의 자금은 이해하기 어렵다. 환율이 가장 큰 걸림돌이다. 러시아혁명 이후 구짜르 시대 지폐, 즉 짜르화는 무용지물이었고 환전이 불가능했다. 때문에 한형권 일행은 제1차 자금을 러시아 외교인민위원부로부터 금화, 즉 금괴로 받아 몽고 고륜을 거쳐 중국 상해로 운반해야 했다. 베를린에서 받은 제2차 자금은 멕시코달러로 환전해 상해로 가져왔다.[27]

한형권은 베를린에서 수령한 20만 금 루블을 당일 환전했는데, 10만 3,003미국달러(16만 1,301멕시코달러)였으며, 환전 손실 9,278멕시코달러가 발생했다. 또한 박진순에게 수령한 6만 금 루블 중 잔액 4,425루블을 환전해 2,215미국달러(3,455멕시코달러) 등을 더해 한형권은 총 17만 4,034멕시코달러를 수령했다. 여기에 은행 당좌예금 손실 2,150멕시코달

---

27 한형권은 회고록에서 베를린에서 20만 미국달러를 받았다고 되어 있으나, 보고서에는 20만 금 루블로 되어 있다. 당시 1미국달러=10.765독일마르크, 1프랑=9.502독일마르크, 1냥(兩)=992프랑=137멕시코달러였다. 조철행, 2011, 위의 논문, 100쪽.

러를 더하면 순수한 총수입은 17만 6,184멕시코달러였다. 한형권이 상해로 들고 온 자금은 총 17만 6,184멕시코달러(11만 2,507미국달러)였다. 미화 11만 2천 달러는 어느 정도의 금액이었는가? 3·1운동 직후 독립열이 최고조에 달했던 하와이와 미주에서 1년간 모금된 금액과 비교하면 그 규모를 파악할 수 있다. 1919년 하와이 한인들은 총 6만 달러 정도를 독립의 연금으로 모금했고, 미주 국민회는 8만 8,013달러를 모금했다.[28] 이승만의 구미위원부는 1919년 9월부터 1922년 4월까지 총 14만 8,663달러를 모금했고, 1919년 12월부터 1921년 8월까지 임정 송금 1만 6,552달러를 포함해 총 9만 1,640달러를 지출했다.[29] 즉, 한형권이 들고 온 11만 2천 달러는 독립열이 최고조에 달했던 시점에 미주한인들이 1년간 모금한 금액인 14만 8천 달러에 육박하는 액수였으며, 구미위원부가 1년 반 동안 임정에 송금한 금액의 6.8배에 달하는 것이었다.

한형권은 이 자금을 가지고 상해로 귀환했다. 자금 사용처는 크게 세 군데다. 먼저 국민대표회의에 지출된 금액으로 위 표의 6~8번 자금이다. 국민대표회의에 지출된 자금은 총 8만 3,609멕시코달러로 총액의 47.44%를 점한다.

테러단 지원금은 총 5만 5,500멕시코달러로 총액의 31.44%를 점한다. 한형권 자금 중 13만 9,109멕시코달러, 총액의 78.88%가 국민대표회의와 테러단 지원에 쓰인 것이다.

나머지는 대부분 한형권의 개인자금으로 사용되었다. 베를린-상해 출장비 8,334멕시코달러(4.73%), 한형권 개인사무실 9,950멕시코달러

---

28 방선주, 1988, 「3·1운동과 재미한인」, 『한민족독립운동사』 3(3·1운동). 노재연에 따르면 하와이 사탕수수밭 노동자들의 임금이 월 26달러(주택 제공)에 생활비 월 20달러였다(노재연, 1965, 『재미한인사략』, 로스앤젤레스, 155쪽). 방선주에 따르면 1920년도 기준 미국 직장인의 연봉은 교사 평균 970달러, 지방공무원 1,164달러, 연방·정부 공무원 1,707달러, 농어업 종사자 528달러, 상하원의원 7,500달러였다. 당시 이승만의 연봉은 2,400달러였다.
29 고정휴, 2004, 『이승만과 한국 독립운동』, 연세대학교출판부, 123~125쪽.

1 국민대표회의의 동력: 한형권의 20만 루블

(5.64%), 개인경비 8,430멕시코달러(4.78%) 합계 2만 6,714멕시코달러, 총액의 15.15%를 사용한 것이다.

임정 특사로 모스크바 외교를 담당했던 한형권은 러시아정부가 임시정부에 제공한 지원금을 2차례 받았으나, 임시정부에는 제공하지 않은 채 자신의 판단에 따라 (1) 국민대표회의, (2) 테러단 지원, (3) 개인경비로 사용했다. 한형권 일생 중 가장 씀씀이가 풍족한 시기였을 것이다.

국민대표회의에 사용된 자금의 경우 우선 사용 시점에 주목할 필요가 있다. 6~8번이 여기에 해당하는데 이를 시기순으로 정리하면 다음과 같다.

- 1921년 12월~1922년 3월 1일: 국민대표회의 소집 관련 지출
- 1922년 3월 1일~1923년 1월 2일: 오르그뷰로(주비회)에서 지출한 예산
- 1922년 12월~1923년 2월: 국민대표회의 소집 관련 선전선동 문건 출판

한형권은 상해에 도착한 1921년 11월 이후부터 국민대표회의 소집과 관련해 지출을 했다고 모스크바에 보고한 것이다. 여기에는 통신비, 주비회 위원 12명을 상해로 소집하는 교통비(각 150불), 그리고 관계기구 조직과 보조금 항목에 총 13개 지점을 조직하고 보조금을 준 것으로 되어 있다. 9개 지점에 각 900불, 4개 지점에 각 400불을 지불했다. 일단 1921년 11월부터 1922년 3월 1일까지 12명의 주비회 위원들을 상해로 초청했고, 13개 지점에 보조금을 지불한 것이다. 즉, 13개 지점에서 국민대표회의 대표를 선발하는 관련 비용을 보조한 것이다.

이후 1922년 3월 1일부터 1923년 1월 2일까지는 오르그뷰로(국민대표회 주비회)에서 예산을 지출한 것으로 되어 있다. 국민대표회의 참석 대표를 100명으로 상정한 예산안임을 알 수 있다. 100명의 대표에 대해 교통비(각 100불), 수당 6개월분(각 600불), 경호 지원(각 12불), 대표 초대를 위한 출장비 13명(각 500불), 장소 임대비 2개월(600불), 관계기구 13개

지점 보조금(9개 지점 640불, 4개 지점 320불), 외교비용 2,000불, 예비비 8,960불, 주비회 사무비용 5,045불을 산정한 것이다. 국민대표회의에 참가한 대표는 총 125명이었는데, 처음에 예상한 참석 인원은 100명 내외였음을 알 수 있다.

국민대표회 주비회와 관련된 자금은 한형권이 제공했겠지만, 어느 지역, 어느 조직·단체에서 몇 명의 대표가 참석하는지, 국민대표회의의 방향과 구성 등에 관한 전체적인 구상은 당연히 국민대표회 주비회와의 협의에 따른 것이었음이 분명하다. 주비회가 어떤 논의 과정을 거쳐서 어떻게 지역별, 조직별 대표를 선정했는지는 정확하지 않다.

조철행에 따르면 한형권은 2차례에 걸쳐 국민대표회의에 4만 5,800원을 제공했다. 국민대표회 주비회 위원장 남형우가 발표한 국민대표회의 주비에 소요된 재정결산표(1923. 2. 26)에 따르면 다음과 같이 자금이 제공된 후에 결산됐다.

〔표 2-3〕 국민대표회의 주비회 결산보고서

		收支科目	수입(元)	지출(元)
수입		한형권 제1회(나용균 경유)	36,000	
		한형권 제2회	9,800	
지출	1	房租		286.00
	2	車馬費		2,050.00
	3	비품비		32.48
	4	통신비		822.57
	5	인쇄비		69.30
	6	雇給		70.00
	7	잡비		494.17
	8	여비		4,639.35

	9	교통비		1,656.46
지출	10	접대비		255.28
	11	외교비		2,535.65
	12	선전비		5,450.00
	13	교제비		1,221.98
	14	경찰비		1,413.00
	15	기밀비		2,514.39
	16	치료비		109.10
	17	債權		3,850.00
	18	예비비		18,312.03
합계			45,800.00	45,781.76
잔액				18.24

〔출전〕 위원장·회계·서기, 「국민대표회의 주비회 결산보고서」 4256(1923. 2. 26, 상해), 러시아국립사회정치사문서보관소(РГАСПИ), ф.495, оп.135, д.224, л.11; 조철행, 2011, 「국민대표회 전후 민족운동 최고기관 조직론 연구」, 고려대학교 박사학위논문, 102~103쪽.

먼저 한형권은 극동민족대회에 참가한 나용균에게 3만 6,000원을 전달했다. 나용균은 김규식·여운형과 함께 극동민족대회에 참가했는데, 대회 종료 후 1922년 3월 16일 임원근과 함께 상해로 귀환했다.[30] 〔표 2-2〕의 '8. 오르그뷰로(주비회)에서 지출한 예산'의 지출(1922. 3. 1~1923. 1. 2) 금액 5만 9,945멕시코달러가 이를 의미하는 것으로 보인다. 나용균의 상해 귀환 후 한형권이 나용균을 통해 국민대표회 주비회에 제공한 것이다. 상해파는 1922년 10월 베르흐네우딘스크 당대회 이후 1922년 말에야 상해에 도착하기 시작했으므로, 이 자금은 이르쿠츠크파와 안창호·원세훈

30 「共産黨員 歸滬에 관한 件」(1922. 3. 13), 『不逞團關係雜件 朝鮮人ノ部 鮮人と過激派』 2; 조철행, 2011, 위의 논문, 101쪽.

등 국민대표회 주비회 측에 전달된 것으로 볼 수 있다. 한형권은 제2차로 국민대표회 주비회에 9,800원을 전달해서 총 4만 5,800원을 제공했다. 4만 5,800원은 멕시코달러로 판단된다.

이 자금이 어떤 용도로 사용되었는지에 대해서 조철행이 『배달공론』·『신한민보』·『불령단관계잡건』(不逞團關係雜件) 등의 자료에 근거해 정리한 바 있다. 한형권은 모스크바는 물론 상해파, 이르쿠츠크파, 임정 측에 모두 쫓기는 상황이었으므로 자신이 모스크바에서 수령한 26만 루블 자금의 사용처를 공개함으로써 안전을 도모하고자 했던 것이다.

『배달공론』·『신한민보』·『불령단관계잡건』(不逞團關係雜件)의 내역이 거의 일치하므로 출처가 동일한 것임을 알 수 있다. 그런데 이는 한형권이 모스크바에 낸 정산보고서(1923. 6. 10)와는 차이가 있다. 『배달공론』과 한형권 정산보고서를 비교해 보면 다음과 같은 특징이 드러난다.

첫째, 『배달공론』의 보고 내용이나 한형권의 정산보고서는 매우 부정확하다. 지출 세부 항목이 일치하지 않을뿐더러, 금액도 일치하지 않는다. 한형권이 모스크바에 제출한 정산보고서(1923. 6. 10)에 따르면 잔액이 거의 남지 않을 정도로 지출을 완료한 것으로 되어 있기 때문에, 『배달공론』(1923. 10)의 정산금액은 한형권의 정산보고서와 큰 차이가 있을 수 없다. 『배달공론』은 일본 엔화로 기록되어 있지만 금 루블을 기준으로 하고 있으며, 한형권의 정산보고서는 멕시코달러를 기준으로 하고 있다.

둘째, 『배달공론』은 임시정부에 상당한 금액을 지원한 것처럼 기술하고 있다. 임시정부와 관련한 비용으로 '4. 임시정부에 준다고 했으나 잃어버린(중도 횡령) 자금' 3만 원, '5. 정부 유지 운동비' 6,335원을 적시하고 있다. 총 3만 6,335원을 임시정부에 지원한 것처럼 설명했으나, 이는 한형권이 모스크바에 제출한 정산보고서에는 없는 내용이다. 또한 정부 유지 운동비가 반드시 상해 임시정부에 제공된 자금이라고 보기도 어렵다. 중도 횡령 3만 원은 한형권이 박진순에게 받은 6만 금 루블 중 3만 금 루블을 임

〔표 2-4〕 한형권 26만 원(루블)의 사용 내역

출처 연번	1.『배달공론』·『신한민보』		2.『불령단관계잡건』	
	세목	금액(원)	세목	금액
1	여비	55,355	인원 왕래 여비	55,355엔
2	기밀통신 기타 잡비	11,944	기밀통신비	11,944엔
3	국민대표회에 준 것	64,975	국민대표회의 급여	64,975엔
4	정부 준다 하고 잃어 버린 것	30,000	임정 송금 중도 횡령	30,000엔
5	정부 유지 운동비	6,335	정부 유지 운동비	6,000엔
6	의열단	46,700	의열단 지급	46,700엔
7	신의단	4,758	신의단 지급	4,758엔
8	십인단	2,350	십인단 지급	2,350엔
9	인성학교	135	상해 인성학교	135엔
10	상해민단	500	상해 한민단	500엔
11	활자 매입비	1,010	활자 매입비	1,000엔
12	폭탄 매입비	600	폭탄 매입비	600엔
14	남은 것	420.67	잔여금	420엔
15	합계	225,082.67	합계	224,737엔

〔출전〕 1.『배달공론』제2호, 대한민국 5년 10월 1일(1923. 10. 1);「한형권씨의 26만 원 내역」,『신한민보』(1923. 11. 15). 2.「共産 宣傳費 使途의 計算書」(1923. 11. 13),『不逞團關係雜件 鮮人ノ部 鮮人と過激派』5. 이상 조철행, 2009,「국민대표회 개최과정과 참가대표」,『한국민족운동사연구』61, 44쪽.

시정부에 특사로 파견한다는 명목으로 이용·김규면·박애에게 제공(1921. 4. 14)한 내역을 의미하는 것으로 보인다. 이 3만 금 루블은 김규면이 관리하다가 블라고베셴스크 러시아공산당주위원회에 몰수당했다.[31] 사실 한형권은 베를린을 떠날 때 26만 금 루블이 아니라 베를린 소련대사관에서 받

31 「이동휘·박진순 보고」(1921. 10. 16); 조철행, 2011, 위의 논문, 97쪽, 각주 229.

은 20만 금 루블과 박진순에게 받은 6만 금 루블의 잔액 4,425루블을 합한 20만 4,425루블만을 소지하고 있었다. 박진순에게 받은 6만 금 루블 중 이용·김규면·박애에게 3만 금 루블을 제공하고, 나머지 3만 금 루블을 모스크바-베를린 여정에서 소비하고 4,425루블을 남겨 가지고 있었던 것이다. 때문에 『배달공론』의 합계 22만 5,082.67원은 한형권이 박진순에게 받은 6만 금 루블, 베를린에서 받은 20만 루블을 모두 합한 금액에서 나온 것으로 보이지만, 그 경우에도 3만 5,000루블이 미상인 상태이다.

셋째, 국민대표회와 관련된 지출 항목은 『배달공론』의 경우 '3. 국민대표회에 준 것(급여)' 6만 4,975원, '11. 활자매입비' 1,010원 등 총 6만 5,985원이다. 한형권의 모스크바 정산보고서에는 '6. 국민대표회 소집 관련 선전선동 문건 출판', '7. 국민대표회 소집 관련 지출', '8. 오르그뷰로(주비회)에서 지출한 예산' 등 3개 항목으로 구분해 총 8만 3,609멕시코달러를 국민대표회에 지급한 것으로 되어 있다. 즉, 『배달공론』에는 6만 5,985원(금 루블), 한형권 보고에는 8만 3,609멕시코달러가 국민대표회에 지불된 금액인 것이다. 6만 5,985원(금 루블)은 5만 3,216.90멕시코달러이므로, 한형권의 보고액 8만 3,609멕시코달러와의 차이는 3만 멕시코달러 정도다.

넷째, 테러단 지원금은 『배달공론』의 경우 '6. 의열단(46,700), 7. 신의단(4,758), 8. 십인단(2,350), 12. 폭탄 매입비(600)' 등 총 5만 4,408원(금 루블, 4만 3,880멕시코달러), 한형권 보고에는 5만 5,500멕시코달러로 되어 있다. 역시 1만 1,619멕시코달러의 차이가 있지만 그나마 근사치에 해당한다. 당시 소비에트러시아나 코민테른의 노선은 개별적인 테러 활동은 고립 분산적이고 소영웅주의적 활동으로 반제독립 및 혁명운동에 필수적인 대중봉기, 혁명적 무력의 건설과는 무관하다는 입장을 취하고 있었다.[32] 원래 소비에트러시아 외교인민위원부가 제공한 자금은 상해 임시정부와 관련해 '원상 회복' 비용으로 제공된 것인데, 한형권은 이를 의열단 등 테러단에게 지원한 것이다. 의열단은 처음에 국민대표회의 개최를 적극 주장하는 북경 군사통일회의와 같은 입장이었으나 태도를 변경했다. 일제 정보보고에 따르면 한형권은 의열단이 국민대표회의에 참가한다는 조건으로 4만 원을 제공했다고 하는데,³³ 의열단은 국민대표회의에 대표를 파견하지 않고 방관적 자세를 취했다.³⁴ 의열단은 이 자금을 기초로 김익상·오성륜의 다나카(田中義一) 대장 저격 사건(1922. 3. 28) 등을 일으켰을 것이다.

다섯째, 『배달공론』의 경우 '1. 여비(인원 왕래 여비) 5만 5,355원(루블), 2. 기밀통신 기타 잡비 1만 1,944원(루블)'이 적시되어 있으며, 한형권의 정산보고서에는 '1. 베를린-상해 출장비 8,334멕시코달러(4.73%), 4. 한형권 개인사무실 9,950멕시코달러(5.64%), 5. 개인경비 8,430멕시코달러(4.78%)', 합계 2만 6,714멕시코달러가 정리되어 있다. 『배달공론』에는 한형권 개인이 사용한 여비, 사무실 운영비, 개인경비가 전혀 드러나 있지 않은 것이다. 모든 자금이 공적 목적으로 사용된 것으로 표현되었다.

국민대표회 주비회 측 사용처에 대해서는 영수증이 남아 있다. 조철행의 연구에 따르면 2개 문서군에 영수증이 들어 있는데, 주비회 위원들이 사용한 사무실 임대료(房租), 급여(薪水費), 교통비(車馬費), 출장비 등과 국민대표회 대표 여비, 유숙비 등이 하나, 그리고 주비회가 사용한 비품비, 여비, 전보비 등이 하나다.³⁵ 그런데 주목되는 부분은 이 비용 중 상당액이

---

32 1923년 10월 블라디보스토크에서 코민테른과 새로운 혁명적 민족당인 '한국독립당'을 논의하던 창조파 국민위원회 측은 "본당은 한국의 독립운동을 (중략) 오직 반듯이 完實한 준비와 상당한 조직이 有한 한국 군중의 강력으로 일본의 통치를 제거하여야 될 것임을 명확히 인정함"이라고 했다. 「韓國獨立黨의 政綱 及 쁘로그람」, 러시아국립사회정치사문서보관소(РГАСПИ), ф.495, оп.154, д.190, л.103~104; 조철행, 2011, 위의 논문, 236~237쪽.
33 국회도서관, 1976, 위의 책, 296쪽; 염인호, 1993, 『김원봉연구』, 창작과비평사, 57쪽.
34 염인호, 1993, 위의 책, 58쪽.
35 러시아국립사회정치사문서보관소(РГАСПИ), ф.495, оп.135, д.224, л.1~37; 러시아국립사회정치사문서보관소(РГАСПИ), ф.495, оп.135, д.225, л.1~32; 조철행, 2011, 위의 논문, 102쪽.

주비회 서기 서병호를 통해 집행되었다는 사실이다.

국민대표회의 주비회에 자금을 중개한 인물이 김규식과 모스크바에 동행한 나용균이며, 김규식의 동서 서병호가 주비회 자금의 사용을 주도했다는 점으로 미루어 김규식 역시 국민대표회 주비회의 진행 경과와 내밀한 사정을 알고 있었을 것이다. 나용균과 서병호는 국민대표회 준비위원회 서기였다.[36]

(3) 중한호조사와 교육사업의 김규식

그러나 여전히 김규식은 공개적인 자리에 나타나지 않았다. 김규식은 상해 대한적십자사가 훈춘사건으로 피해를 입은 러시아 동포들을 구제하자며 미주 국민회에 보낸 「대한적십자청연서」에 상의원(常議員)으로 이름이 올라 있다.[37] 그러나 이는 1923년 4월의 일로 김규식은 아직 모스크바에 체류 중이었다. 김규식이 공개적으로 활동하기 시작한 것은 중한호조회와 관련해서였다. 김규식의 돌파구는 중한연대였다.

중한호조사 총사는 1922년 8월 22일 향후 개최될 대회 주비위원으로 한국과 중국 양국에서 각 5인씩을 선출했다. 1922년 9월 5일 중한호조사 제2회 대회가 삼일당에서 개최되었고, 신해혁명의 원훈 황흥(黃興)이 부인

---

36 「한인독립운동자의 국민대표회에 대한 준비회의 상황에 관해 1922년 5월 16일 자로 재상해 총영사가 외무대신에게 보고한 요지」, 국회도서관, 1976, 위의 책, 291~292쪽. 위원장 남형우, 회계 김철, 원세훈, 서기 나용균, 서병호, 이탁.
37 「대한적십자청연서(請捐書)」, 『신한민보』(1922. 8. 10). 1922년 4월 현재 간부진은 다음과 같다. 대한적십자회장 손정도, 부회장 안정근, 이사장 오영선, 재무원 이유필, 서기 이용병, 감사 옥성빈, 이탁, 송병조, 평의원 남형우, 김인전, 김규식, 김종상, 김병조, 김홍서, 조상섭, 김봉준, 김구, 차리석, 양헌, 신현창, 김철, 한진교, 신창희, 정태희, 김위택, 선우훈, 이규홍, 강경선.

황종환(黃宗煥)을 임시주석으로 세워 의사일정을 진행했다. 개정된 장정에 따라 이사 16인을 한국과 중국에서 반수씩 선출했는데, 한국 측 위원으로 김규식, 김홍서, 신익희, 최준, 이유필, 이탁, 조상섭, 여운형을 선출했다.[38] 이후 중한국민호조사 총회는 이사회를 개최하고 분과임원을 선출했다. 김규식은 부이사장, 여운형은 교제과 이사에 선임되었다.

> 정이사장 오산(吳山), 부이사장 김규식(金奎植)
> 문서과 이사 왕검농(汪劍農), 김홍서(金弘敍)
> 문서과 간사 오세영(吳世永), 백기준(白基俊), 장조동(張祖同), 김문세(金文世)
> 재무과 이사 황종환(黃宗煥), 이유필(李裕弼)
> 서무과 이사 등가진(鄧嘉縉), 최준(崔濬)
> 서무과 간사 이동원(李東園), 한태규(韓泰奎), 김두만(金斗萬)
> 교제과 이사 여운형(呂運亨), 황경완(黃警頑)
> 교제과 간사 조중구(趙重九), 조동호(趙東祜), 오희원(吳熙元), 이사림(李士林)
> 교육과 이사 신익희(申翼熙), 주검추(周劍秋)
> 교육과 간사 김인전(金仁全), 장묵지(張墨池)
> 편집과 이사 학조선(郝兆先), 이탁(李鐸)
> 편집과 간사 주침신(朱枕薪), 진적생(陳適生), 최창식(崔昌植), 원세훈(元世勳)
> 영업과 이사 조상섭(曺尙燮), 엄백위(嚴伯威)
> 영업과 간사 안정근(安定根), 박진우(朴鎭宇), 서외삼(徐畏三).[39]

38 「중한호조사소식」, 『독립신문』(1922. 8. 29); 「중한호조사대회」, 『독립신문』(1922. 9. 11).
39 「중한호조사임원 배정」, 『독립신문』(1922. 9. 30). 『신한민보』에는 10월 5일 대회가 개최된 것으로 보도되었다. 「중한호조사대회」, 『신한민보』(1922. 10. 19).

중한호조총사는 9월 18일 이사회를 개최했는데, 여운형은 공개단체로 프랑스 영사의 허가를 얻고, 장정을 프랑스어로 번역해 제출할 뜻을 보고했다. 이날 역원을 개선하고, 「중한국민호조사 총사 수정간장(修正簡章)」을 채택했다.[40]

김규식의 또 다른 공개 활동은 학원 운영이었다. 김규식은 외교를 중심으로 한 독립운동을 전개하다 물러나 돌아갈 생업이 있었다. 바로 교육자로서의 생활세계였다. 다른 독립운동가들은 독립운동의 냉각기와 마주하면 극도의 생계난을 겪다가 국내로 귀국하거나 투항하는 사례가 적지 않았다. 이것이 김규식과 다른 독립운동가들의 선택과 처신에서 차이를 불러온 요인이 되었을 것이다.

김규식은 이미 1910년대 신규식과 동제사를 함께하면서 박달학원 등 일종의 기숙학원을 운영한 경험이 있었다. 유학을 알선해 본 경험, 국내외에서 교육자로서의 경력, 영어 능통자로서의 능력도 있었다. 김규식은 1923년 남화학원(南華學院)을 창립했다. 이 학교는 유학을 목적으로 중국에 온 한국 학생을 대상으로 했다. 1923년 현재 남경에 100여 명, 상해에 90여 명, 기타 소주, 항주, 북경, 천진, 광동 등에 약 400여 명의 한국 학생이 체류 중이었다. 이들은 영어와 중국어 불통으로 학업에 문제가 많았기에 김규식, 서병호 두 사람이 홍콩에서 다년간 교육에 종사하던 중국인 이적(李迪) 문학사, 구미 유학 후 상해 각 대학과 전문학교에서 강사로 활동하던 몇몇 사람과 함께 학교를 창립한 것이다. 중학예과 2개년, 고등예과 4개

---

40 「재상해 중한호조사 설립에 관해 1922년 10월 5일 자로 조선총독부 경무국장이 외무대신에게 보고한 요지」, 국회도서관, 1976, 위의 책, 414~415쪽. 개선된 임원 중 한국인은 김규식(부이사장), 여운형(교제과 정주임), 조중구(교제과 간사), 조동호(교제과 간사), 오희원(교제과 간사), 이유필(재무과 부주임), 최준(서무과 부주임), 김두만(서무과 간사), 신익희(교육과 정주임), 김인전(교육과 간사), 김홍서(문서과 부주임), 백기준(문서과 간사), 김문세(문서과 간사), 조상섭(영업과 정주임), 박진우(영업과 간사), 안정근(영업과 간사), 이탁(편집과 부주임), 최창식(편집과 간사), 원세훈(편집과 간사) 등이다.

년, 특별상과 2개년, 대학 각 과 4개년 등으로 경영할 계획으로 1923년 가을부터 중학예과 1, 2년, 고등과 1, 2년, 상과 1년을 설치할 예정이었다.[41]

그런데 이러한 영어·중국어학원의 전신은 중한호조사 상해총사에서 시도된 바 있다. 중한호조사 상해총사에서는 중국어학교(中語學校)를 설립하고, 1922년 10월 1일부터 인성학교에서 임시로 개교하고 교수를 시작했는데, 입학자가 적지 않은 상황이었다.[42] 1923년 3월 2일에는 상해 중한국민호조사 총사에서 어학강습소 경비를 보충하기 위해 3월 2일 중국청년회관에서 유예(遊藝)대회를 개최했는데, 무려 6백여 명이 참석했다. 가곡, 내외국 무도(舞蹈), 〈안중근전〉 연극 등을 공연했다.[43] 역시 김규식이 깊이 개입했을 것이다. 김규식은 중국어학교의 실정을 발전시키고, 박달학원의 경험을 접목시켜 남화학원을 창설한 것으로 보인다. 1925년 베이징 주재 프랑스공사관 문서에 따르면 김규식이 운영하는 학교는 1924년 봄에 설립된 한국 유학생 학교이며 상급학교와 대학교 진학을 준비하는 곳으로 소개되어 있다. 이로 미루어 남화학원의 개교는 1924년 봄인 것으로 보인다. 학교는 아미랄 베일로(Rue Amiral Bayle, 貝勒路) 길평리 주택단지 21호에 자리 잡았고 약 30명의 학생이 다니고 있었으며, 교장은 김규식으로 표기되어 있다.[44] 게다가 김규식은 1923년 모교 로녹대학에서 명예법학박사 학위를 받았다. 졸업반 20주년 기념으로 주어진 것이었다.[45] 한국인으로서 미국 대학 법학박사 학위를 받은 것은 이 시점에 김규식이 유일했다.

---

41 「남화학원의 창설」, 『독립신문』(1923. 9. 1).
42 「중한호조사 소식」, 『독립신문』(1922. 10. 12); 「중한호조사 소식」, 『독립신문』(1923. 1. 17).
43 「중한호조사 주최 유예(遊藝)대회의 경과」, 『독립신문』(1923. 3. 7).
44 국사편찬위원회, 2015, 『(프랑스외무부 문서보관소 소장) 한국 독립운동사료 1 중국 베이징 주재 프랑스 공사관 문서(Légation de France à Pékin)』 1(상하이 소재 한국인 혁명가들), 31~32쪽.
45 「김규식씨의 학위, 로녹대학에서 명예로 법학박사의 학위를 授함」, 『독립신문』(1923. 7. 21).

2   국민대표회의의 경과: 창조파 정부 수립이라는 결말

(1) 국민대표회의의 개막과 참가자

국민대표회의는 1922년 말부터 본격적으로 준비되기 시작해서 1923년에 드디어 개막되었다. 1921년 국민대표회 연설회에서 여운형과 안창호가 연설하면서 시작된 움직임이 2년 뒤에 실현된 것이다. 워싱턴회의에 마지막 기대를 걸었던 외교독립노선의 몰락, 위임통치 청원·공채표 애국금 논란·임지 이탈 등으로 자격을 상실한 대통령 이승만에 대한 부정적 인식, 사분오열된 후 장기화된 지도부 부재 상황, 신망과 지지도 추락으로 인한 재정적 궁핍 등 임시정부의 존립 자체가 위태로워지자, 임시정부의 지도부를 개조하거나 제도를 변경하거나 새로운 대안을 창출하자는 공감대가 독립운동 진영에서 광범위하게 분출되었다. 여기에 한형권의 자금과 고려공산당의 적극적 참여가 덧붙여지자, 국민대표회의는 개막의 추진력을 충분히 얻게 되었다.

　　국민대표회의 개최에 대한 열망이 높아 가자, 임시의정원은 1922년 4월 14일 국민대표회의 소집을 요구하는 천세헌 등 102인이 서명한 '인민의 청원안'을 가결했다.[46] 국민대표회 주비위원회는 1922년 4월 20일 총회를 개최하고, 윤해·김두봉·정광호·김순애·백남준·천세헌·남공선·장덕진·나우 등의 새 위원을 보선했다. 총회는 "시세의 추향(趨向)과 민중의 요구에 응하야 과거의 모든 분규 착잡한 문제를 해결하고 미래의 완전 확실한 방침을 수립"하여 독립운동을 다시 통일적 조직적으로 진행하자는 국민대표회 주비위원회 선언을 발표했다.[47] 1922년 5월에는 대표선거 구역 단체 인원 수를 정했다.[48]

〔표 2-5〕 국민대표회 대표 선거 구역, 단체 및 인원수

지역	국가	지역	대표수
지역별	본국	13도	2인
	중령	신개령(新開嶺) 이북(유하, 해룡, 휘남, 화전, 반석)	1인
		신개령 이남(흥경, 통화, 환인, 집안, 임강)	1인
		장백 무송 안도 녹강	1인
		남만철로 연변(관전, 봉황, 안동, 무순, 본계, 심양, 철령, 개원, 서풍, 동풍, 서안, 요양 부근)	1인
		북간도	1인
		훈춘	1인
		중동선(동녕, 목릉, 영안, 밀산, 하얼빈, 쌍성)	1인
		합파령 이서(돈화, 액목, 길림, 장춘)	1인
		요하, 수원, 호림, 동강, 보청, 의란, 화천, 부금	1인
		흑룡강성	1인
	아령	해삼위, 수청, 남도소	1인

46 국회도서관, 1974, 『대한민국임시정부의정원문서』, 148쪽; 조철행, 1995, 「국민대표회(1921 ~1923) 연구-개조파·창조파의 민족해방운동론을 중심으로-」, 『사총』 44.
47 「국민대표회 기성회총회 소집」, 『독립신문』(1922. 5. 6).; 「국민대표회주비위원회선언」, 『독립신문』(1923. 5. 20).
48 「국민대표회 소집에 관한 중요사항 발표」, 『독립신문』(1923. 6. 3).

지역별	아령	합발포(하바로프스크), 오소리		1인
		쌍성자, 추풍		1인
		흑룡주		1인
		치타 이서		2인
	미주	미국		1인
		묵서가(멕시코)		1인
		포와(하와이)		1인
	특별구역	북경, 천진		1인
		상해, 남경		1인
		일본		1인
단체별	보통단체	직접독립운동을 목적한 단체	각 단체는 회원 1백 명 이상 1인, 1만 명 이상 2인. 단 2개 이상의 단체가 연합된 경우에는 연합체를 1개 단체로 認하고 개체는 대표 선출함을 불허함.	
		종교단체		
		노동단체		
		교육단체		
		청년단체		
	특수단체	무장단체는 5백 명 이하 1인, 5백 명 이상 2인으로 함.		
		독립운동에 실적이 현저하여 일반이 공인할 만한 단체는 1백 명 미만이라도 대표 1인을 허함.		
		각 단체의 자격+본회 선언 발포일(본년 5월 運日) 이전에 성립된 者, 독립운동에 노력이 有함으로 認할만한 者에 한함.		

〔출전〕 「국민대표회 소집에 관한 중요사항 발표」, 『독립신문』(1923. 6. 3).

열기는 한국인들이 있는 모든 곳에서 분출되었다. 1922년 5월 25일 국민대표회 남만촉성회가 1회 회의를 열고 양기탁을 회장으로 선출했다.[49] 8월 2일에는 2회 회의를 개최하고 대표선거 구역 및 인원을 정했다. 남만촉성회는 통군부, 독립단, 군정서, 광복군총영에서 220원을 모아 비용으로

49 「국민대표회 남만촉성회 소식」, 『독립신문』(1922. 7. 15).

사용하기로 했다.[50] 남만촉성회는 통고문을 만들어 남만 거주 한인에게 의연기부를 요청했다.[51] 미국 다뉴바에서도 국민대표회 기성회를 조직하고 상해에 체류하는 천세헌을 대표로 위임했다.[52] 미국 하와이에서는 국민대표회에 출석할 대표로 이상호를 선출해 직접 상해로 파견했다.[53]

국민대표회 주비회는 1922년 9월 1일 국민대표회 준비위원회 공장정(公章程)을 제정하고 위원을 선정하고 위원회 선언서를 배부하였다.[54] 회의는 9월 1일에 예정되어 있었으나 경비와 대표 도착 지연 등으로 계속 연기되고 있었다.[55] 그사이 『혁신공보』(革新公報)가 국민대표회 주비회가 한형권 자금을 받아 사용한다는 풍설, 장물을 나눠 먹는다(分食)는 주장, 주비위원 이탁 탈퇴설 등을 보도하자, 주비회 위원장 남형우는 이를 부인해야 했다.[56] 1922년 12월이 되자 대표 54명이 상해에 결집했고, 이들과 주비회 연석 간담회가 개최되기 시작했다.[57] 『독립신문』은 국민대표회의가 소위 기관 법통 문제, 즉 임시정부 법통 문제에 온통 매몰(埋頭沒身)되어서는 안 된다며, "강토나 있으면 삼국(三國)이 정립(鼎立)하든지 육국(六國)이 병립(竝立)하든지 오히려 괘치(掛置)할 가치나 있으려니와 촌토(寸土)와 분권(分權)이 아유(我有)가 아닌 금일에 기관이니 법통이니 논쟁함으로 유일능사(唯一能事)로 삼아 식자(識者)의 일소(一笑)에 공(供)함은

---

50 「국민대표회의 남만촉성회 소식」, 『독립신문』(1922. 9. 11).
51 「국민대표회의 촉성회 통고문」, 『독립신문』(1922. 9. 30).
52 「국민대표회기성회 통고서(따뉴바)」, 『독립신문』(1922. 7. 15); 「국민대표회의 제1인 천세헌 씨」, 『독립신문』(1922. 8. 1).
53 「국민대표회에 출석할 하와이대표 선출」, 『독립신문』(1922. 8. 12); 「국민대표회의 하와이대표 내착」, 『독립신문』(1922. 8. 22).
54 「準備委員會公章程」, 「한인독립운동자의 국민대표회에 대한 준비회의 상황에 관해 1922년 5월 16일 자로 재상해 총영사가 외무대신에게 보고한 요지」, 국회도서관, 1976, 위의 책.
55 「국민대표회의 개회기 변경설」, 『독립신문』(1922. 8. 22); 「국민대표회 소식」, 『독립신문』(1922. 10. 21).
56 「국민대표회주비회 당국자 談」, 『독립신문』(1922. 10. 30).
57 「국민대표회 소식」, 『독립신문』(1922. 12. 23).

치우(癡愚)의 심(甚)함이 아닌가"라며 국민대표회의가 임시정부의 법통 문제를 중심으로 두지 말라고 했다.[58]

1922년 12월 27일 삼일당(三一堂)에서 예비회의가 개최되었다.[59] 1923년 1월 3일 개막식에는 총 62명의 대표가 참석했다.[60] 임시회의에서 자격 심사와 회의 규정 등을 논의했고, 1월 17일 국민대표회의 규정, 자격 심사 규정 등이 공표되었다.[61] 국민대표회의는 1923년 1월 3일부터 1월 19일까지 임시회의 15회, 1923년 1월 31일 정식 개회 이후 2월 2일부터 6월 7일까지 정식 본회의를 59회 개최했다.

1월 31일 오후 2시 개막식에서 국민대표회의 주비회 위원장 남형우가 회의 소집 동기와 취지를 설명했고, 이후 의장 김동삼의 주관으로 국기에 대한 경례, 윤해의 독립선언서 낭독, 삼일독립가 합창, 각지에서 도착한 축전 낭독이 있었다. 이후 김동삼의 개막사가 있었고, 신숙, 강석훈, 안창호, 김마리아의 연설, 일동 촬영 후 만세 삼창으로 4시 반에 폐회했다.[62]

잘 알려진 것처럼 국민대표회의는 표면적으로는 개조파와 창조파의 갈등·대립이 중요했지만, 내면적으로는 고려공산당 이르쿠츠크파와 상해파의 대립이 더 큰 중심축을 형성했다. 국민대표회 주비회를 이끌었던 안창호 세력(개조파), 북경군사통일회(창조파)에 상해파(개조파), 이르쿠츠크파(창조파)가 동상이몽으로 국민대표회의에 참가했으며, 여기에 양남, 양서, 간도, 연해주 등 강한 지역색이 덧붙여지면서 국민대표회의는 파란의 대장정을 시작했다.[63] 다양한 조직, 집단, 세력이 다양한 입장을 취했기

---

58 「국민대표회의 목표」, 『독립신문』(1922. 12. 23).
59 「不逞鮮人ノ國民代表會ニ對スル準備會ノ狀況ノ件」, 『조선민족운동사(미정고)』 2, 266~269쪽; 조철행, 2011, 위의 논문, 158쪽.
60 「국민대표회 개회」, 『독립신문』(1923. 1. 10).
61 「국민대표회 경과」, 『독립신문』(1923. 1. 17); 「국민대표회의 규정」, 『독립신문』(1923. 1. 24); 「국민대표회의 대표 자격심사규정」, 『독립신문』(1923. 1. 24).
62 「국민대표회의 개막식」, 『독립신문』(1923. 2. 7).

때문에 회의가 진행되는 와중에서 창조파와 개조파, 상해파와 이르쿠츠크파의 계선과 숫자가 명확히 고정된 것은 아니었다. 조철행의 연구를 바탕으로 파악된 창조파와 개조파 등의 범위는 다음과 같다.

〔표 2-6〕 개조파·창조파·상해파·이르쿠츠크파의 범위

	일시	개조파	창조파	〔합계〕	상해파	이르쿠츠크파	중립
(1)	1923. 4. 2. 고려중앙국	70	40	110	〔35〕	〔18〕	
(2)	1923. 7. 4. 고려중앙국	39	60	99	〔29〕	〔25〕	
(3)	1923.10. 7. 김정하	57	55	112+몇 사람	37	17	몇 사람
(4)	1923.12.12. 정재달(전우)	69	48	124	37	17~18	7

〔출전〕 (1) 「고려국회의록 8」(1923. 4. 2); (2) 「고려국회의록 12」(1923. 7. 4); (3) 김정하, 「고려인공산주의자대회, 국민대표회 문제토의, 대방침은 결정되었다」, 「선봉」(1923. 10. 7); (4) 「전우보고」(1923. 12. 12); 조철행, 2011, 「국민대표회 전후 민족운동 최고기관 조직론 연구」, 고려대학교 박사학위논문, 150~151쪽.

이 보고는 모두 고려공산당 관련자들의 보고인데, 앞의 2건은 고려중앙국 회의에 보고된 수치이며, 김정하의 보고는 이르쿠츠크파의 입장에서, 정재달(전우)의 보고는 국내파의 입장에서 진행된 보고였다.

국민대표회 참가 대표는 총 125명이었는데, 위의 표에 나타나는 참가 대표는 99~124명 수준이다. 그중 개조파는 39~70명, 창조파는 40~60

---

63 일제는 국민대표회 구성을 (1) 系統派(개조파): 西道派(평안황해. 안창호, 이탁, 선우혁), 西南派(전라경상. 김철, 김갑, 배천택), 상해공산당파(김정하, 현정건, 왕삼덕), (2) 建設派(창조파): 노령파(윤해, 원세훈), 북경파(신숙, 박건병), 서북간도각파(이민창, 노무녕), (3) 중립파로 구분했다. 「국민대표회의 경과에 관해 1923년 2월 27일 자로 조선총독부 경무국장이 외무대신에 통보한 요지」, 국회도서관, 1976, 위의 책, 308~309쪽.

명 수준이었다. 5월 15~16일 개조파가 국민대표회의를 탈퇴하기 이전에는 개조파가 다수를 점했으며, 이후에는 창조파 단독으로 회의를 진행했다. 상해파는 29~35명, 이르쿠츠크파는 17~25명 수준이었다. 전반적인 상황과 추세에 비춰 볼 때 (2)의 보고가 다른 3건의 보고와는 큰 편차를 보이고 있음을 알 수 있다. (2)를 제외한다면, 개조파는 57~70명, 창조파는 40~55명, 상해파는 35~37명, 이르쿠츠크파는 17~18명 수준에서 세력이 형성되었음을 알 수 있다. 표면상 대표 숫자로는 상해파·개조파가 국민대표회의의 다수를 점하는 상황이었다.

그렇지만 1923년 1월 대표들이 도착하던 주비회 단계의 상황은 이와는 전혀 달랐다. 임시회의에서 집행부를 선출하고 의제를 설정하고 회의의 방향을 결정하는 단계까지는 이르쿠츠크파의 영향력이 중요하게 작용했다. 대회 프레임을 이르쿠츠크파·창조파가 설정했던 것이다.

1923년 1월 3~19일 개최된 15차례 임시회의에는 총 62명의 대표가 참가했다. 참가한 대표의 3/4가 창조파였으며, 시베리아에서 온 30명의 대표가 일치단결하여 집행부를 장악했다.[64] 창조파의 첫 번째 공략 대상은 안창호였다. 간부 선임에서 안창호는 임시의장에 선임되었지만, 대표자격심사위원회는 그가 이승만의 위임통치 청원과 관련되었다는 이유를 내세워 안창호의 대표 및 임시의장 자격을 공격했다. 국민대표회의 발기인이자 주비회의 핵심인물이었으며, 개조파 중핵이자 임시정부 주역이었던 안창호는 임시회의 개막부터 공박을 당했고, 사실상 국민대표회의 주도권을 상실하게 되었다. 안창호의 자격이 국민대표회의 첫 번째 논쟁 사안이 된 것은 국민대표회의의 경과와 결말을 가늠케 하는 것이었다. 1월 14일 제4차 회의에서 안창호와 북미국민회가 독립운동자와 독립운동단체로 인정받았지만, 그가 받은 내상과 모욕감은 씻을 수 없는 것이었다.

64　한국정신문화연구원, 1999, 『지운김철수』, 58쪽; 조철행, 2011, 위의 논문, 159쪽.

(2) 창조파와 개조파, 상해파와 이르쿠츠크파의 대립

1923년 1월 18일 의장 김동삼, 부의장 윤해·안창호, 비서장 배천택, 비서 김우희·오창환·박완 등 정식 임원이 선정되었다. 1월 31일 개막식이 거행되었고, 2월 2일부터 정식 회의가 개최되었다. 의사일정은 모두 13건이 상정되었는데, 핵심은 시국 문제로 표현된 임시정부 개조, 신조직 건설, 신독립당 조직 등의 안건이었다.[65]

3월 9일 회의에서 개조파의 핵심 주장인 임시정부 개조 방안이 제출되었다. 상해파 윤자영 등 18명이 제출한 제의안이었다.

1. 본 국민대표회의는 우리 독립운동으로써 세계 피압박 민족의 해방운동과 동일한 전선을 작(作)하기로 함.
2. 본 국민대표회의는 우리의 독립운동을 혈전(血戰)에 주중(注重)하여 조직적으로 진행할 일.
3. 본 국민대표회의는 대한민국임시정부의 조직·헌법·제도 및 기타 일체를 실제 운동에 적합하도록 개조하기로 결의함.[66]

국민대표회의가 종료된 후 김규식·윤해는 개조파의 핵심 주장을 다음과 같이 정리했다.

---

65 의사일정은 다음과 같다. 1. 선서 및 선언, 2. 보고: 국민대표회주비회 경과 사정 보고(서면), 각 지방 급 단체의 사정 보고(서면), 3. 시국 문제, 4. 독립운동의 대방침: 군사 재정 외교, 5. 생계문제, 6. 교육문제, 7. 노동문제, 8. 국호급 연호, 9. 헌법, 10. 과거 문제(위임통치 청원 사건, 자유시사변, 40만 원 사건, 호림밀산 사건, 관전동의부 사건, 기타 사건), 11. 기관 조직, 12. 신사건, 13. 선포.
66 「국민대표회의 기사」, 『독립신문』(1923. 4. 4); 오창환, 「국민대표회의의 경과 사정」(1923. 7), 6~7쪽;「윤자영이 이동휘·한명세에게, 상해로부터의 보고」(1923. 3. 10), 러시아국립사회정치사문서보관소(РГАСПИ), ф.495, оп.135, д.73, л.49~507); 조철행, 2011, 위의 논문, 193쪽.

1. 본 대회는 해방운동 사업을 조직적 및 통일적으로 수행하기 위한 방법을 고안하고자 소집되었다. 해방운동의 통일은 5년의 역사를 지니고 있으면서 그 존재에 관해서는 이미 아시아에서도 그리고 서양에서도 모두 알고 있는 <u>임시정부를 개조하는 방법으로 실현될 수 있는</u> 것으로 여겨지고 있다.
2. 임시정부가 특별한 행동으로 자신의 진가를 보여 주지 못했으며, 많은 결점을 지니고 있음에도 불구하고, 그것은 임시정부에서 근무하는 개별적 인사들의 결함에 따른 것일 뿐, 전체 정부기관 그 자체를 비난해서는 안 된다. <u>본 정부 내에서 다양한 직위를 점유하고 있는 인사들이 면직되고 새로운 인사들이 선출된다면, 이 정부는 실로 의미를 갖추게 될 것이다. 그러나 어떠한 경우에도 기관 그 자체는 폐지되지 않을 것이다.</u>
3. 만약 현재의 구성으로 임시정부를 인정하지 않고 새로운 기관을 설립할 경우, 임시정부를 따르던 대중들은 의심의 여지없이 새로운 기관을 인정하지 않을 것이다. 이런 사실은 모든 사람을 통일시키는 것이 아니라, 오히려 그 반대로 분파적 투쟁을 첨예하게 만들 것이다.
4. 새로운 기관 설립은 두 개의 지도 중심, 즉 구 중심과 신 중심의 동시적 존재라는 결과를 지니게 될 것이다. 이것은 재차 내부 투쟁을 강화시킬 것이며, 그로 인하여 종국적으로는 혁명 세력을 분산시켜 버릴 것이다.[67]

개조파 주장의 핵심은 임시정부의 결점이 기관 자체의 문제라기보다

---

67 김규식·윤해, 「국민대표회에서의 '개조파'와 '창조파' 분열의 원인과 그 결과」(1923. 11 24), 러시아국립사회정치사문서보관소(РГАСПИ), Ф.495, Оп.135, Д.73, Лл.233~234. 『대한민국임시정부자료집』 별책5(국민대표회의 I 러시아문서관자료).

는 중심인물의 문제이므로, 인물 교체가 필요하다는 것이었다.[68] 개조파는 상해파 고려공산당(문시환, 윤자영, 김철수, 서영완 등), 양서파(兩西派, 평안·황해, 홍사단 계열로 안창호, 이탁, 선우혁 등), 양남파(兩南派, 경상·전라, 서간도 단체로 김동삼, 김철, 배천택 등), 임시의정원 의원들로 구성되었다.[69] 이들은 1923년 2월 28일부터 임시정부와 교섭하며 타협 방안을 모색했다. 그 가운데 임시의정원이 각 도의원을 보선하며, 내각을 충실하게 하는 대신 의정원에서 대통령 이승만의 불신임안을 제출·가결한다. 내각회의도 이를 찬성하면 이승만을 자발적으로 퇴직시키고, 의정원·정부를 국민대표회에 일임해서 임시정부 문제를 해결하며, 이를 위해 이유필·조상섭·오영선 등을 대표로 국민대표회에 출석시킨다는 방안이었다.[70]

개조파는 국민대표회의가 결의한 정책을 임시의정원에 제출해 이를 통과시키고, 임시정부·의정원이 직권을 국민대표회의에 위탁해 국민대표가 대국 방침을 새로 정하게 하고, 국민대표회의 결의는 반드시 의정원의 결의와 동일 보조를 취해서 양방이 타협 결의를 하자는 정견을 수립했다.[71]

창조파는 3월 12일 김우희(이충모의 가명) 명의로 신기관 건설 제의안을 제출했다.

1. 금후에 독립운동은 전 민족의 유일한 혈전주의(血戰主義)로 주중(注重) 진행할 일

---

68 일제의 정보보고는 1922년 6월 개조파가 정부를 위원제로 변경하며, 대통령 안창호, 내무 손정도, 남형우, 이유필, 외무 신익희, 현순, 재무 한형권, 신숙, 교통부 김철 외 1인, 국무원비서 이규홍, 조완구 등을 계획하고 있다고 보고했다. 「상해 국민대표회 개최 준비와 기타에 관해 1922년 6월 13일 자로 재상해 총영사가 외무대신에게 보고한 요지」, 국회도서관, 1976, 위의 책, 294쪽.
69 조철행, 2011, 위의 논문, 183~192쪽.
70 「國民代表會 系統派와 假政府間의 協商에 關한 件」(1923. 3. 13), 『不逞團關係雜件 鮮人ノ部 上海假政府』 4; 조철행, 2011, 위의 논문, 192쪽.
71 조철행, 2011, 위의 논문, 192쪽.

2. 과거 5년간 조직된 각 기관급 각 단체는 그(其) 명칭의 고하(高下)와 시설의 광협(廣狹)을 물론하고 일체 폐지하야 본 회의에서 우리 운동에 적합한 헌법으로 통일적 기치하에 일신 개선(一新 改選)할 일[72]

김규식·윤해가 정리한 창조파의 주장은 다음과 같았다.

1. 우리는 선전 수행의 시기를 벗어나서 적극적인 투쟁의 수행을 준비해야 하는 순간에 근접해 있다. 혁명 세력의 통일은 조직들 그리고 국민대표회의에 의하여 고안된 원칙을 수행함에 있어서 단결하고 활발한 관계를 수립하는 방법으로 달성될 수 있을 뿐, 지도 중심으로서 편파적인 인식을 지니고 있으면서 그 어떤 것이든 신뢰를 상실한 기관을 개조하는 방식으로는 될 수 없다고 생각한다.
2. 과거의 실수와 부족은 상해 임시정부를 세운 의정원에 의하여 규정된 형식 및 틀과 연관되어 있는 임정 요원들의 형편없는 사업의 결과가 아니다. 그것은 조직 업무 및 전반적으로 조직 내 혁명 대중과의 연계장치가 조악하게 구성된 결과이다. <u>상해 임시정부와 같이 비관적인 조직의 비현실적인 행정적 관청의 개조만으로는 어떠한 경우에도 혁명사업을 지도할 수 있는 유일하게 필요하고 실질적인 그런 유능한 기관을 확보할 수 없다.</u>
3. 격렬한 혁명적 봉기의 시점에 발생한 임시정부는 일본의 독특한 민족적 제국의 권력에 대항하는 일부 대중의 구체적 슬로건이었다. 임시정부가 실질적인 사업을 수행하려 했을 때도, 임시정부 자신은 사업을 지도할 수 있는 준비가 되어 있지 않았으며, 열의도 없고 능력마저 없다는 사실을 드러냈을 뿐이었다. 바로 그것 때문에 임시정부

72　오창환,「국민대표회의의 경과사정」(1923. 7).

를 향한 대중의 열기가 급속도로 냉각되었으며, 결국 대중을 상대로 한 영향력을 모두 상실했다.
4. 대회가 모든 혁명 집단의 한결같은 소망이자 그들 열망의 대변자였으며, 대회의 결정이 모두를 위해 필수적인 것이었다. 그렇다면 상해 임시정부 자신도 혁명조직이라고 인식하고 있는 만큼, 대회에 복종해야만 했다. 그렇지 않을 경우, 대회가 심지어 개조주의자의 심정으로 임시정부를 개조한다 해도, 임시정부는 대회에 대응해 반대의 입장을 취하고 있는 자신의 의정원과 함께 죽지 않고 남아 있을 것이다. 그래서는 재차 이전처럼 목적을 달성할 수 없을 것이며, 목적은 '개조주의자'들에 의해 파괴되었을 것이다. 또한 임정이라는 기관의 개조는 임시정부보다 의심할 바 없이 더 큰 공적을 지니고 있는 수많은 다른 기관들의 요구를 우선적으로 동반하게 될 것이다.[73]

창조파의 핵심 논리는 임시정부가 대중과 연계되지 않은 비혁명적 기관인 반면, 국민대표회의는 대중적 토대 위에 전체 한국 인민을 대표하는 기관이므로 이를 통해 새로운 혁명 세력의 통일조직을 만들어야 한다는 것이었다.

창조파는 이르쿠츠크파(장건상, 이진, 이청천 등), 국민의회(오창환, 원세훈, 윤해 등), 북경군사통일회(강구우, 신숙, 박건병 등) 등으로 구성되었다. 창조파의 논리는 임시정부나 국민의회나 하나의 독립운동단체이며, 국민대표회의는 국내외 전체 독립운동단체·지역 대표가 모여 임시정부·의정원보다 높은 최고권위를 지녔으므로 혈전주의 방침 아래 새로운 조직을

---

[73] 김규식·윤해, 「국민대표회에서의 '개조파'와 '창조파' 분열의 원인과 그 결과」(1923. 11 24), 러시아국립사회정치사문서보관소(РГАСПИ), Ф.495, Оп.135, Д.73, Лл.233~234. 『대한민국임시정부자료집』 별책5(국민대표회의 I 러시아문서관자료).

만들자는 것이었다.

창조파는 "기성국가의 형식으로 허문가구(虛文假具)로써 정부노름"한 데서 분열이 생겼다며, 상해 임시정부를 개조하려고 하면 통일보다는 국민대표회의의 자체 분열을 초래할 것이니, 상해 임시정부와 노령 국민의회를 전부 취소한 후 "전 국민을 대표하야 최고권위를 장(杖)"한 국민대표회의에서 새로운 조직을 산출해야 한다고 주장했다.[74]

창조파의 노선에 결정적인 영향을 끼친 것이 코민테른 고려국의 훈령(1923. 2. 15)이었는데, 상해 임정은 대중적 지지 기반이 없고 민족운동의 중앙, 지도자 역할을 할 수 없으므로, 공산주의자들이 하나의 프락치야로 통일해서 민족주의단체들과 함께 민족혁명당 집행위원회를 조직하라는 것이었다.[75] 이 결정을 듣고 상해에 도착(1921. 2. 25)한 고려국 위원 김만겸은 상해파 윤자영에게 협력을 요청했지만, 거부당했다. 이 결과, 상해파·이르쿠츠크파 고려공산당의 행동 통일은 불가능하게 되었다.

김만겸은 민족당위원회 형태, 위원제 정부의 성격을 추진했고, 3월 12일 국민대표회의에서 김우희(이충모)의 신기관 조직 제안이 있었다.[76] 그 핵심은 (1) 외교노선이 아닌 혈전주의, 즉 무장투쟁노선을 채택할 것, (2) 임시정부, 국민의회 등을 일체 폐지할 것, (3) 운동에 적합한 헌법으로 통일적 조직을 만들 것 등이다. 즉, 임시정부 해산 후 헌법적 조직, 곧 새로운 정부, 위원제 정부를 구성하자는 내용이었다.

고려국은 4월 1일 새로운 서신을 통해 '공산주의자들이 통일 프락치야를 조직하고 모든 혁명단체로 민족혁명당을 조직해야 한다. 복종하지 않

---

74 오창환, 「국민대표회의의 경과 사정」(1923. 7), 8~10쪽.
75 국제공산당 원동부 고려국 부장, 위원 이동휘, 한명세, 「국제공산당 집행위원회 고려국이 상해 국민대표회의의 공산당 프락치야에게 보내는 훈령」(1923. 2. 15), 69~71쪽; 국제공산당 원동부 고려중앙국 위원 이동휘, 「국제공산당 집행부에게」(1923. 11. 17); 「고려국회의록」23 (1923. 12. 15); 리영일, 1993, 「이동휘 성재선생」, 『한국학연구』 5 별집, 인하대학교.
76 조철행, 2011, 위의 논문, 212~213쪽.

는 공산주의자들을 운동대오에서 제외시킨다'라고 밝혔다. 이후 4월 11일 여운형 등은 "내외 각 독립운동단체를 통합하여 일대 독립당을 조직하기로 결의함"이라는 제의안을 제출했다.[77] 여운형이 제출한 '이유서'에 따르면 "독립운동의 통일은 곧 각 독립운동단체를 통합하여 하나의 기관(一機關)을 만드는 데 있다"는 것이었다.[78] 이로써 국민대표회의에 (1) 임시정부 개조안, (2) 신조직 건설안, (3) 신독립당 조직안 등이 제출되었다.

이를 전후해 개조파와 임시정부의 타협이 시도되었다. 4월 6일 개조파의 안창호는 상해파의 김철수와 합의했는데, 안창호는 임정을 국민대표회의에 참석시키고 김철수는 상해파의 임정 개조안을 취소하기로 합의했다. 이 결과, 4월 8일 회의에서 "대한민국임시정부와 임시의정원은 노동문제를 종료하기 전에 무조건으로 국민대표회의에 들어오게 하고 국민대표회의는 새로 창정하는 헌법에 의하여 중앙기관을 조성하기로 결의함"이라는 제의를 통과시켰다. 임시정부가 국민대표회의에 참여해서 신기관을 조직하면, 계통은 '자연적 계통'이 되고 창조도 '자연적 창조'가 될 수 있다는 논리였다.[79] 4월 11일 일단 국민대표회의는 군사, 재정, 외교, 생계, 교육, 노동문제 등 6개 분과를 먼저 논의한 후 시국 문제를 논의하기로 잠정 보류했다. 이후 한달가량 개조파와 임시정부는 타협을 시도했다.

개조파는 4월 23일경 의정원에 대해 다음과 같은 3가지를 요구했다.

(1) 헌법 제57조를 "본 임시헌법의 개정 또는 조직제도의 변경 및 중대사업의 처리는 국민대표회의에서 이를 행한다. 단 국민대표회의는 각

---

[77] 「국민대표회의기사」, 『독립신문』(1923. 5. 2, 1923. 6. 13); 오창환, 「국민대표회의의 경과 사정」(1923. 7), 10, 14쪽.
[78] 「이유서」, 「국민대표회 경과에 관해 1923년 4월 23일 자로 조선총독부 경무국이 외무대신에게 통보한 요지」, 국회도서관, 1976, 위의 책, 311쪽.
[79] 오창환, 「국민대표회의의 경과 사정」(1923. 7), 9쪽.

지방 독립운동단체에서 직접 선출한 대표의 회의이며 임시의정원의 결의로써 이를 인정한 자"로 개정할 일.
(2) 의정원에서 대통령 이승만을 탄핵하는 일.
(3) 현재 개최되고 있는 국민대표회의를 헌법 제57조에 적합한 국민대표회로 인정하며 헌법개정 정부조직 제도 기타 일체 변경할 권리를 전임하는 일.[80]

그 결과, 5월 4일 임시의정원에서 국민대표회의 대표이자 의원인 문시환·배흥길이 국민대표회의로 하여금 대한민국임시헌법을 개정케 하며 기타 중대 사건을 처리하게 하자는 긴급제의를 의정원 회의에 제출했고, 이 긴급제의가 대다수의 찬성으로 통과되었다. 그렇지만 곧 임시정부의 반발이 일어나, 5월 7일 의정원 의원 김용철 등 7인이 긴급제의의 무효를 선언했다. 의장 윤기섭은 긴급제의안을 정부에 전달하지 않았고, 노백린 총리도 이를 대표회의에 이첩하지 않음으로써 개조파의 임시정부와 타협안은 무위로 돌아갔다.[81]

임시의정원의 정원은 51명이었으나 1922년 이후 30여 명 이상의 결원이 생겨 약 20여 명 수준으로 유지되고 있었다.[82] 국내, 중국, 만주·간도, 노령, 미주, 일본 등은 물론 각종 독립운동단체·조직, 무장투장단체의 대표가 망라해 125명이 결집한 국민대표회의와 상해에서 선출된 불과 20여 명으로 명맥을 유지하는 임시의정원 사이에서 힘의 우열은 분명한 듯

---

80 「국민대표회의 상황 및 부수문제에 관해 1923년 5월 1일 자로 조선총독부 경무국장이 외무차관에게 통보한 요지」, 국회도서관, 1976, 위의 책, 311~312쪽.
81 「임시의정원 통과된 긴급제의」, 『독립신문』(1923. 6. 13).
82 일제의 정보보고에 따르면 1923년 임시의정원의 출석 의원은 항시 24~25명 수준이었으며, 법정 출석인원 30명 미만이었기에 어떤 결의도 불가능한 상황이었다. 「국민대표회의 상황 및 부수 문제에 관해 1923년 5월 1일 자로 조선총독부 경무국장이 외무차관에게 통보한 요지」, 국회도서관, 1976, 위의 책, 311쪽.

보였으나, 임시의정원·임시정부를 강제로 굴복시킬 수는 없었다. 이후 개조파 의원들은 "대국수습(大局收拾)과 각방통일(各方統一)의 망(望)이 전무(全無)"하다며 의정원에 사면청원서를 제출하고 출석하지 않았다.

그사이 노동문제를 마지막으로 6분과안이 상정 결의되었고, 5월 3일부터 임정 개조, 신기관 조직을 둘러싼 시국 문제가 본격적으로 논의되기 시작했다. 5월 12일 회의에서 시국 문제를 더는 토론하지 말자는 긴급제안이 제출되었고, 5월 15일부터 개조파 대표들이 국민대표회의를 탈퇴하기 시작했다. 서간도 및 한족회 대표 김동삼·배천택·이진산 등이 소환명령서를 받고 퇴석했고, 5월 16일에는 상해파의 윤자영·문시환·선우혁·백남준·김상덕·조상섭 등 10인이 탈퇴했다. 5월 18일 탈퇴한 개조파 41명은 '회의 부인 통고문'을 제출했다.[83] 원래 국민대표회의를 주도했던 안창호·여운형·안정근·남형우 등은 일반 한국인이 기대하는 임시정부를 몰락시키면 장차 한국 독립운동에 막대한 악영향이 초래될 것이라 우려했다.[84]

(3) 창조파의 '한'(韓) 정부, 국민위원회의 설립

이후 국민대표회의 잔류대표(창조파)와 임시정부의 타협 시도가 이어졌다. 임시정부 국무총리 노백린의 제의(1923. 5. 19)로 탈퇴한 개조파, 잔류한 창조파, 임시정부 간 협의가 진행되었다. 5월 24일 임정의 노백린, 국민대표회의의 윤해, 신숙, 김우희(창조파) 간 회의가 개최되었고, 노백린은 임정 측 의견 5개조를 구두로 제의했다.

83　오창환, 「국민대표회의의 경과 사정」(1923. 7).
84　「한인독립운동단체 통일운동에 관해 1924년 3월 15일 자로 재상해 총영사가 외무대신에게 보고한 요지」, 국회도서관, 1976, 위의 책, 321쪽.

- 노백린 제의 임시정부 의견 5개조 (1923. 5. 24)
1. 국민대표회의는 대한민국임시정부에 서한을 송치함으로써 대한민국 임시정부와 합동일치를 요구하는 의견을 표시할 것.
2. 대한민국임시정부는 국민대표회의에 답복(答覆)을 송치함으로써 국민대표회의의 공결(公決)과 합치하는 의사를 표시하는 동시에 답복서(答覆書)와 동성질(同性質)의 포고문을 발포할 일.
3. 위의 서한 급 답복은 현시(現時) 사정에 작량(酌量)하야 임시정부의 권위와 국민대표회의의 국민적 대회합인 성질 급 권위에 모순되지 않는 범위 내에서 피차 작성하야 양방이 합동 열람한 후 서명 교환할 일.
4. 국민대표회의는 대한민국임시정부로서 파송할 위원 3인이 출석하야 제반의사에 대하여 발언권이 유(有)케 할 일.
5. 국민대표회의에서 별정(別定)한 헌법은 대한민국임시정부에서 임시의정원에 교부한 후(국민대표회의에서 自行 선포하는 外에) 임시정부에서 선포할 일.[85]

사실 이 내용은 2월 28일 전후 개조파가 구상한 임정 개조론과 거의 일맥상통하는 것이었다. 이에 대해 국민대표회의는 노백린에게 서한(1923. 5. 24)을 보내 동의했으나, 5월 25일 임시정부 국무원회의는 노백린-국민대표회의의 합의를 개인 행위로 간주함으로써 임시정부와 국민대표회의 잔류대표(창조파)의 협의도 무산되었다. 마지막으로 국민대표회의 잔류대표(창조파), 임시정부, 탈퇴대표(개조파) 등이 각 3인씩 대표를 선출해 협의하자는 삼방(三方)연합회의도 임시정부의 반대로 무산되었다.

결국 1923년 6월 2일 국민대표회의는 국호를 한(韓), 연호는 기원을 쓰기로 결정했다. 새로운 '정부'를 설립한다는 의미였다.[86] 이날 퇴석대표

---

[85] 오창환, 「국민대표회의의 경과 사정」(1923. 7).

45인의 2차 통고문이 도착했다. 6월 5일 헌법기초위원의 보고가 있었고, 6월 6일에는 윤해가 헌법회의안을 제출했다.

- 윤해가 제안한 헌법회의안(1923. 6. 6)
  (1) 임시의정원과 국민대표회의의 비공식연석회의에서 헌법회의를 조직하되 양방에서 선거한 인수와 인명대로 선거할 일.
  (2) 헌법회의에는 헌법 개법(改法) 제도 개정(改定)의 일체 의결권을 위임할 일.
  (3) 헌법회의 위원이 선거되는 동시에 임시의정원은 자행 해산하고 국민대표회의도 폐회할 일.[87]

헌법회의는 임시의정원과 국민대표회의의 비공식연석회의로 조직하며, 헌법 개정·제도 개정 등 모든 권한을 행사하며, 임시의정원과 국민대표회의 양자를 해체하는 것을 의미했다. 그러나 임시정부와 개조파의 반대로 수용되지 않았다. 개조파에 속한 상해파 인사들도 국민대표회의를 탈퇴했다.

6월 6일 헌법 토론이 진행된 후, 6월 7일 헌법이 통과되었다. 마지막 회의에는 46명이 참가했고, 우탁 등 중립파 6명과 장기영 등이 탈퇴를 성명해 총 39명으로 회의를 진행했다.[88] 125명으로 시작한 회의가 마침내 대

---

86   일제의 정보보고는 창조파가 노령에 신정부를 수립하려고 하며 각료는 대통령 문창범, 국무총리 오하묵, 내무차장 유선장, 외무총장 윤해, 교통총장 원세훈, 군무총장 김규면, 군무차장 김세혁, 재무차장 신숙, 노동차장 이민창 등을 구상하고 있다고 전했다. 「국민대표회 경과에 관해 1923년 6월 8일 자로 조선총독부경무국장이 외무차관에게 통보한 요지」, 국회도서관, 1976, 위의 책, 318쪽.
87   오창환, 「국민대표회의의 경과 사정」(1923. 7).
88   마지막 회의의 창조파 39인은 다음과 같다. 강구우, 강수희, 김세혁, 김우희, 김종, 김진규, 노무녕, 박건, 박건병, 박경철, 박종근, 방국춘, 방원성, 백낙현, 서병호, 신숙, 신일헌, 안무, 여인빈, 오창환, 원세훈, 유선장, 유신, 윤해, 이치용, 이한신, 임병극, 장봉익, 정경섭, 정남

부분의 대표가 떠난 후 잔류한 창조파 39명의 결정으로 귀착된 것이다.

여기서 국민위원회 국민위원 33인, 국무위원 5인, 고문 등이 선출되었다. 이날 윤해는 국민대표회의 의장으로 폐회사를 했다. 새로 조직된 국민위원회는 "천하의 정권시(政權視) 하기를 요구하지 않는 동시에 오인도 정권시 하지 않는 바이다. 이는 다만 독립운동 중앙간부, 즉 혁명 중앙간부일 뿐"이라고 했다.[89] 이날 임시정부 내무총장 김구는 내무부령 제1호로 국민대표회 해산령을 내렸고 임시정부의 포고문이 있었다.[90]

반포된 한국임시헌법 18조는 다음과 같다.

「한국임시헌법」

제1장 총칙

    제1조   한국국민은 독립운동을 위하여 생명과 재산을 공헌함.

    제2조   한국의 일체권력은 독립운동자에게 재함.

    제3조   한국국민은 국민대표회의에서 공결된 일체사항을 절대 존수함.

    제4조   한국의 최고권은 내외 각 지방급 독립운동단체의 대표로 회합한 국민대표회의에 재함. 단 국민대표회의가 폐회한 기간에는 국민위원회가 차를 대행함.

    제5조   국민위원회는 독립운동의 총책임을 부(負)함.

    제6조   일체의 반독립운동자는 엄중해 제재함.

      윤, 정학수, 최대갑, 최준형, 최충신, 태용서, 한승우, 허동규, 홍진우, 황욱, 「창조파의 최종막」, 『독립신문』(1923. 6. 13); 조철행, 2011, 위의 논문, 153쪽.

[89] 오창환, 「국민대표회의의 경과 사정」(1923. 7); 조철행, 2011, 위의 논문, 174쪽.

[90] 「내무부령 제1호 국민대표회의 해산령」(1923. 6. 6), 국회도서관, 1976, 위의 책, 320쪽.

제2장 기관조직

  제1절 중앙

    제8조 국민위원회는 국민대표회의에서 선출하되 인원수는 30인 이상 50인 이내로 함. 단 국민위원의 결원이 유한 시는 동 위원회에서 자행 보선함.

    제9조 국민위원회는 헌법 또는 국민대표회의의 공결 범위 내에서 일체 권력을 행사함.

    제10조 국민위원회는 일체 정무를 집행하기 위하여 해(該) 위원 중으로 국무위원회를 선출함.

    제11조 국무위원의 인수(人數)와 행정부의 분배는 국무의 번간(繁簡)을 수하여 국민위원회에서 정함.

    제12조 국민위원회에서는 국무를 고문키 위하여 고문을 선거하고 고문원을 별치함.

    제13조 국민위원회에서는 3년을 1기로 하여 국민대표회의를 소집함. 단 필요로 인하는 시는 차한에 부재함.

    제14조 국무위원회는 일체 행정사무를 국민위원회에 수시보고하며 중대한 사항은 반드시 국민위원회의 인준을 요함. 단 긴급 필요로 인하는 사항에 재하여는 추후 인준을 요함도 득함.

  제2절 지방

    제15조 지방제도는 국토의 일부 혹 전부를 광복할 시까지 국무위원회에서 편의에 의하여 지정함. 단 국외에 재하여는 각 지방교민의 의사에 의거함.

    제16조 각 지방기관은 중앙에 직할함.

부칙

    제17조 본 헌법의 증감 또는 변경은 국민대표회의 출석원 3의 2

>
> 이상의 가결로 함. 단 긴급필요로 인하는 시는 국민위원회
> 가 차를 대행하되 차기 국민대표회의에 추인을 요함.
> 제18조 본 헌법은 반포일로부터 시행함.[91]

윤해는 국민위원회가 정권이 아니라 혁명 중앙간부라고 주장했지만, 헌법은 새로운 정부를 산출한 것임을 분명히 하고 있다. 임시의정원을 대신해서 국민위원회가 의회 기능을, 임시정부를 대신해서 국무위원회가 행정 기능을 담당하도록 되어 있다. 국민위원회가 최고기관으로 국무위원회의 행정사무를 수시 보고하고 중요사항을 반드시 인준하도록 되어 있다.

국민위원회는 3년에 1차례씩 국민대표회의를 개최한다고 되어 있으나 사실상 불가능하다는 것을 알 수 있다. 국민위원회가 그 기능과 기한을 대체하도록 되어 있으며, 헌법 변경은 국민대표회의 출석 대표 2/3의 가결로 진행할 수 있게 되었다.

이 헌법은 반포일부터 시행한다고 되어 있으나, 이 헌법으로 수립된 국민위원회·국무위원회가 상해에서 활동하는 것은 사실상 불가능했다. 임시정부와 개조파의 무대가 상해였던 반면, 창조파의 무대는 소비에트러시아였다. 창조파의 핵심이 이르쿠츠크파·국민의회파였으며, 국민대표회의 자금의 출처가 소비에트러시아 외무인민위원부였다는 점을 떠올린다면 이후의 경로는 예상 가능했다. 이미 국민대표회의에서 탈퇴한 개조파 등은 "일 민족에 양 개의 국가를 형성하는 가공(可恐)의 화근"을 우려하고 있었다.[92] 민족통일·운동합일(合一)을 지향했던 국민대표회의 파행적 결말은

---

91 「국민대표회의, 선포문 헌법 기관조직 부 결의안」(1923. 6. 7), 러시아국립사회정치사문서보관소(РГАСПИ), ф.495, оп.135, д.72, л.109~135; 조철행, 2011, 위의 논문, 219~220쪽. 「국민대표회의 선포문(國民代表會議 宣佈文), 헌법(憲法), 기관조직(機關組織), 부결의안(附決議案)」(1923. 6. 7)은 국민회 북미지방총회에도 보내졌다. 도산안창호선생기념사업회, 도산학회 편, 2005, 『미주국민회자료집』 21(대한민국임시정부 및 기타 단체·중국발간자료), 경인문화사, 265~292쪽.

새로운 정부 구성으로 귀결되었고, 그 결과는 임시정부와 국민위원회 양측에 치명적이었다. 3·1운동에 정당성을 둔 임시정부는 그나마 회복 가능성이 있었지만, 사분오열된 국민대표회의에 정당성을 둔 국민위원회의 앞날은 예측 불가였다. 창조파는 일본군이 철수한 시베리아로 독립운동의 중심을 이동해야 한다고 판단하고 있었다.[93]

국민위원회 위원 33명에는 국민대표회의 대표 14명이 포함되었고, 나머지 19명은 새로 추가되었다.[94] 이들 가운데 김홍일·김철 등 13명이 사면했고, 박용만은 훗날 면직·제명되었다.

국무위원회는 5개 행정부서를 설치했는데, 내무 신숙, 외무 김규식, 재무 윤덕보, 군무 국무위원회에서 임시 겸임(臨行兼行), 경제 김응섭 등이 위원으로 선출되었다. 고문원을 설치해 23명을 선임했다.

이들 가운데 주목되는 것은 비중이나 명망에서 가장 유력한 김규식이었다. 김규식은 국민대표대회 대표가 아니었으나, 국민위원이자 국무위원으로 선출된 것이다.

김규식은 1922년 6월 상해로 귀환한 이후 침묵을 지켰으나, 국민대표대회 창조파 가운데 김규식 계열 인물들이 적극 참여했다. 대표적인 인물이 국민위원회 위원으로 함께 선임된 서병호, 서왈보 등이다. 서병호는 김규식의 동서이며, 서왈보는 1910년대 중반 김규식과 몽고에서 함께 군사기지 개척에 동행한 인물이다. 김규식의 부인 김순애 역시 상해애국부인회

---

92 「대표회의 파열진상」, 『독립신문』(1923. 6. 13); 임경석, 2013, 「국민대표회의 폐막 이후 창조파의 동향」, 『동방학지』 16, 191쪽.
93 일제 정보보고는 창조파가 블라디보스토크 부근에 일대 운동기관을 설치하는 동시에 군인구락부로 사관학교를 수립하게 할 계획으로 매년 50만 원의 예산으로 1~2백 명의 희생자를 낼 각오로 파괴 행위를 벌일 예정이며, 김규식, 신채호, 김두봉, 남공선 등도 상해에서 철수해 노령 연해주 방면으로 향한다는 소문이 있다고 보고하고 있다. 「국민대표회 경과에 관해 1923년 5월 24일 자로 조선총독부경무국장이 외무대신에게 통보한 요지」, 국회도서관, 1976, 위의 책, 316쪽.
94 조철행, 2011, 위의 논문, 223쪽.

〔표 2-7〕 국민위원회 위원 33명

이름	생몰	본적	소속	비고
강구우(姜九禹)	1885~	함북	군사통일회, 고려공산당(이)	
김규면(金圭冕)	1881~1969	함북 경흥	고려공산당(상), 신민단	사면
김규식(金奎植)	1881~1950	경기 양주	고려공산당(이), 중한호조사	
김세준(金世俊)	1897~1961	강원 철원	군사통일회, 북경교민단	
김응섭(金應燮)	1878~1961	경북 안동	고려공산당(이)	
김창숙(金昌淑)	1879~1962	경북 성주	임시의정원, 북경교민단	사면
김혁(金革)	1875~1939	경기 용인	북로군정서	사면
김형권(金亨權)			봉명학교 교장	
김호익(金虎翼)			광정단	
김홍일(金弘一)	1987~1980	평북 용천	서간도 군비단	사면
도인권(都寅權)	1880~1969	평남 용강	임시의정원, 상해교민단	사면
박건병(朴健秉)	1892~1932	강원 철원	군사통일회	
박용만(朴容萬)	1881~1928	강원 철원	군사통일회	제명
서병호(徐丙浩)	1885~1972(1973)	황해 장연	임시의정원, 신한청년당	
서왈보(徐曰甫)	1886~1928(1926)	함남 원산	군사통일회, 의열단	
신숙(申肅)	1885~1967	경기 가평	군사통일회	
신일헌(申日憲)	1890~		군인구락부	
신팔균(申八均)	1882~1924	충북 진천	대한통의부, 고려공산당(이)	사면
오창환(吳昌煥)	1889~	함북 단천	대한국민의회, 고려공산당(이)	
원세훈(元世勳)	1887~1959	함남 정평	대한국민의회, 고려공산당(이)	
유시언(柳時彦)	1895~1945	경북 안동	고려공산당(이)	
윤덕보(尹德甫)	1881~	함남 홍원	광정단	사면
윤해(尹海)	1888~	함남 영흥	대한국민의회	
이상호(李相皓)				
이청천(李靑天)	1888~1957	서울 종로	고려혁명당, 고려혁명군정의회	

2 국민대표회의의 경과: 창조파 정부 수립이라는 결말

임표(林彪)	1884~1928	함남 북청	고려혁명군	사면
장기영(張基永)	1889~	경기 서울	대한국민의회, 고려공산당(상)	사면
지장회(池章會)	1884~	함북 경성	의군단	
채영(蔡永)	1882~1926	서울	군인구락부, 고려혁명군정의회	사면
최기학(崔基鶴)	1897~	함북 종성	대한의용군사회	사면
최준형(崔峻衡)	1883~	함북	군인구락부, 고려혁명군정의회	사면
한창걸(韓昌杰)	1892~1938		고려공산당(이), 고려혁명군	사면
한형권(韓馨權)	1886~1954	함북 경흥	한인사회당	

〔출전〕 조철행, 2011, 「국민대표회 전후 민족운동 최고기관 조직론 연구」, 고려대학교 박사학위논문, 222쪽.

대표로 국민대표회의에 참석했는데, 상해애국부인회의 입장인 개조론에 반대해 창조파의 입장을 공개 표명(1923. 4. 9)했다.[95] 당일 저녁 상해애국부인회는 임시회의를 소집하고, 회장 김순애가 애국부인회의 입장에 반대되는 창조파의 입장을 피력했다며 김순애를 사면시키고 오의순을 대신 선정해 개조파의 입장을 주장하게 했다. 김순애는 이에 반발하며 대표사면통지서와 함께 장문의 의견서를 제출했다.[96] 김규식은 표면상 침묵을 지켰지만, 이면으로 이르쿠츠크파-창조파와 기맥을 통하며 국민대표회의의 진행 경과를 지켜보고 있었음이 분명했다.

일제 정보보고에 따르면 1923년 6월 22일부터 8월 20일까지 국민위원회 비상회의가 개최되었다.[97] 한편 6월 7일 선출된 국무위원 4인 중 윤

---

95 김순애는 1923년 4월 9일 회의에서 "나는 또 정부 노름하는 데는 반대하도다. 실체 업는 허명(虛名)에 사(辭)하나 하는 일은 과거의 전철을 다시 보는 것이라. 나는 창조하고 하려 한다"고 발언했다. 오창환, 「국민대표회의의 경과 사정」(1923. 7).
96 오창환, 「국민대표회의의 경과 사정」(1923. 7).
97 「國民委員會 議事錄에 關한 件」(1924. 11. 14), 機密 제277호, 在間島總領事 鈴木要太郎-外務大臣 幣原喜重郎, 『不逞團關係雜件 鮮人ノ部 在西伯利亞』15.

덕보, 김응섭 2인은 먼 곳에 있어 한자리에서 회의하기 불가능했기에 6월 21일 국민위원회 비상회의에서 임시위원 1인, 즉 이청천을 선출했다. 신숙·김규식과 이청천은 8월 31일경 노령 블라디보스토크 신한촌에 도착했고 국무위원회가 성립되었다.[98]

불과 1년 전 김규식의 고려공산당 활동을 중단시켰던 코민테른은 이번에는 김규식이 가장 중요한 인물이라고 평가했다. 코민테른의 보이틴스키는 고려중앙국에 보낸 서신(1923. 8. 7)에서 "조선에서 민족혁명당의 선전과 국민위원회의 조직 형태에 대해 협의하기 위해 민족주의자들 가운데 영향력을 가진 김규식을 초청할 것"을 제안했다.[99] 김규식은 1923년 8월경 창조파이자 국민위원인 윤해, 원세훈, 신숙, 도인권 등 30여 명과 선편으로 블라디보스토크로 향했다.[100] 신숙의 기록에 따르면 오창환을 공산러시아(赤露)에 파견해 "조선혁명에 관하여는 사회혁명보다 먼저 민족혁명을 촉성"해야 한다는 견지에서 직접 의견을 교환하여 큰 차이가 없으면 적극 원조하겠다는 회답을 받은 후 출발하게 되었다. 일행은 "희망을 품고" 8월 20일 노르웨이 상선을 타고 상해를 출발해 8월 30일 블라디보스토크에 도착했다.[101] 이제 김규식은 그의 인생에서 가장 극적인 전환기를 블라디보스토크에서 맞이하게 된다.

---

98 「國民委員會 議事錄에 關한 件」(1924. 11. 14), 機密 제277호, 在間島總領事 鈴木要太郎―外務大臣 幣原喜重郎,『不逞團關係雜件 鮮人ノ部 在西伯利亞』15.
99 보이틴스키,「고려중앙국에게」(1923. 8. 7), 러시아국립사회정치사문서보관소(РГАСПИ), ф.495, оп.135, д.73, л.132~134; 조철행, 2011, 위의 논문, 231쪽.
100 「창조파대표 歸海」,『독립신문』(1923. 9. 1); 조철행, 2011, 위의 논문, 226쪽.
101 신숙, 1963, 위의 책, 80~81쪽.

3   블라디보스토크에서의 몇 개월: 국민위원 김규식

(1) 정부가 아닌 혁명정당 '국민위원회'

김규식이 국민위원회에 가담한 것은 직접적으로는 1922년 모스크바 극동민족대회 당시 한국대표단 외교교섭단에 참가해 활동했던 경험의 연장선상이었을 것이다. 다만 임시정부, 안창호 등 개조파, 상해파 고려공산당, 이르쿠츠크파 고려공산당 일부 등이 모두 반대하는 새로운 '정부'에 스스럼없이 김규식이 참가한 것은 쉽게 이해하기 곤란하다. 파리강화회의의 경험, 대미 외교에서 느낀 좌절감, 대소 외교의 가능성을 타진한 후 국민대표회의라는 새로운 시세의 추향(趨向)에 올라탔으나, 급변하는 정세 속에서 유연한 대응이 어려웠으리라고 짐작할 뿐이다. 코민테른 서한이 지적하듯이 33명의 국민위원 가운데 김규식은 가장 명망 높은 민족주의자였고, 국민위원의 얼굴이 되었다. 실제로 창조파를 주도한 김만겸·한명세 등 이르쿠츠크파는 전면에 나서지 않았고, 블라디보스토크에서의 몇 개월 동안 김규식이 코민테른과 직접 협상을 벌였다.

구소련이 붕괴하고, 러시아문서보관소가 개방되기 전까지 자세한 내막은 알려지지 않았다. 이제부터 김규식이 블라디보스토크에서 당면한 일

들을 되짚어 볼 차례다. 일제 정보보고에 따르면 블라디보스토크에 도착한 국민위원회는 1923년 9월 8일 국민위원과 각 사령장 연석회의를 통해 고려국과의 교섭위원으로 김규식, 신숙, 이청천, 윤해, 원세훈을 선정했다.[102] 고려국은 9월 21일 회의를 개최하고 국민위원회와 단일 민족혁명당 수립 문제를 협의했다. 향후 교섭은 책임일꾼 협의회에서 재검토하기로 결정했다. 이날 회의에는 고려국 위원 파인버그(Joseph Fineberg), 전우(정재달), 이동휘, 국제공산청년동맹 집행위원회 대표 치토비치, 김만겸, 이성, 최성우, 오성묵, 한용헌, 김하석, 박창익 등이 참석했다. 핵심은 국민위원회가 정부조직인가 민족혁명당인가 하는 문제였다.[103] 이미 코민테른 고려국은 1923년 7월 4일 제12차 회의에서 국민위원회를 정당 형태의 민족통일전선기관으로 변경하고, 구조 변경을 조건으로 국민위원회와 긴밀한 연계를 수립한다는 방침을 정한 바 있었다.[104]

9월 24일 김규식과 이청천은 비망록을 보내 이 문제를 설명했다. 「국민위원회 국무위원회가 공산주의 인터내셔널 원동부 고려국 의장에게 제출한 비망록, 블라디보스토크, 1923년 9월 24일」이라는 제목의 5쪽 분량의 영어 비망록은 국민위원회가 정부가 아니라 당조직의 원칙에 따라 만들어진 것으로, "한국 독립운동의 감독기구(directing machinery)로서 사실상(de facto) 및 법적(de jure) 권력과 권위에 대해 어떤 의문도 제기될 수 없다"는 사실을 주장하는 데 중점이 놓여 있었다.[105]

---

102 「國民委員會 議事錄에 關한 件」(1924. 11. 14), 機密 제277호, 在間島總領事 鈴木要太郎-外務大臣 幣原喜重郎, 『不逞團關係雜件 鮮人ノ部 在西伯利亞』 15; 조철행, 2011, 위의 논문, 232쪽.
103 「꼬르뷰로 회의록」 17(1923. 9. 21).
104 「꼬르뷰로 회의록」 12(1923. 7. 4); 임경석, 2013, 위의 논문, 190쪽.
105 「국민위원회 국무위원회가 공산주의 인터내셔널 원동부 고려국 의장에게 제출한 비망록, 블라디보스토크, 1923년 9월 24일」(Memorandum presented to the Chairman of the Korean Bureau of the Far Eastern Division of the Communist International by the Executive Committee of the Korean National Council. Vladivostok, September 24, 1923). 러시아국립사회정치사문서보관소(РГАСПИ), ф.495 оп.135 д.72 л.82-84. 이재훈 선생 제공.

첫째로 김규식과 이청천이 국민위원회 대표자로 나선 점이 주목된다. 김규식은 국민대표회의 대표가 아니었지만 이르쿠츠크파 후보당원이었고, 1922년 모스크바 외교의 주역으로, 파리강화회의 외교·대미 외교·대소 외교를 경험한 외교의 대표자이자 명망 높은 민족주의자의 대표로 내세워진 것이다. 이청천은 이르쿠츠크파 고려혁명군대의 대표로 국민대표회의에 참가해 대표자격 심사위원·군사분과 위원으로 활동했고, 회의 내내 군인구락부 대표로 창조파의 입장을 대변했다. 김규식은 외교노선의 대표자, 이청천은 무장투쟁노선의 대표자로 내세워진 것임을 알 수 있다. 두 사람의 일생은 민족주의자로서 특징지워지지만, 이 시기 이 둘은 창조파의 신정부 대표이자 이르쿠츠크파 고려공산당원의 대표 자격을 부여받은 것이다.

둘째, 이들은 국민위원회와 국무위원회의 영어 표기에서 가급적 정부 같은 뉘앙스를 회피하는 용어를 사용하려고 했다. 국민위원회는 영어로 국민위원회(National Council) 혹은 인민위원회(People's Committee)라고 표현하고 있다. 인민위원회는 소비에트러시아의 행정부서인 인민위원부 혹은 인민적 총의를 모은 소비에트식 위원회라는 느낌이 드는 표현이다. 아무래도 상해 임시정부 같은 부르주아적 정부보다는 소비에트에 가까운 방식의 위원회로 받아들여 달라는 뜻이었을 것이다. 국무위원회는 집행위원회(Executive Committee of the Korean National Council)로 표기하고 있으므로, 정부의 행정부라기보다는 실행을 담당하는 위원회로 해석해 달라는 뜻이었다.

셋째, 국민위원회가 지닌 정통성의 근거로 국민대표회의 다수파의 결의를 내세우고 있다. 이들은 국민대표회의에서 개조파 대표 42명이 탈퇴했지만, 이는 전체 대표의 1/3에 불과한 소수였으며, 잔류한 60명이 57개 국내외 지역·단체를 대표해서, 무단 불참자를 제외한 다수의 결정으로 국민위원회를 조직했다고 주장했다. 그런데 우리가 살펴본 것처럼 1923년 6월 7일 헌법 통과 당시 참석자는 46명이었고, 최후까지 잔류한 대표는 불과

39명에 불과했다. 6월 2일 퇴석대표 45인이 2차 통고문을 국민대표회의에 보냈고, 6월 7일 회의에서 7명이 추가로 탈퇴했으므로 최소한 분명히 탈퇴 의사를 표명한 대표는 52명 이상이었다. 여기에 통고문에 서명하지 않은 탈퇴·결석·귀환자까지 고려한다면 적어도 탈퇴자는 20명 이상 축소하고, 최종 잔류자는 20명 이상 과장한 것이다.

넷째, 국민위원회는 정부 수립의 토대가 되었다고 의심받은 헌법에 대해 국민대표회의 폐회식에서 윤해가 펼친 주장을 반복했다. 즉 "헌법은 기성국가의 만년대전(萬年大典)과 여(如)한 형식적 몽상(夢想)을 이(離)하여 오직 일반 독립운동자의 준수할 공약을 규정하였을 뿐이오, 기관은 정부이니 국회이니 하여 기성국가의 삼권 분립을 모방하지 안이하고 다만 실제 운동에 적합한 혁명간부를 조성하였을 뿐"이라는 입장을 견지했다. 즉, 헌법은 정부·국회를 조직하는 것이 아니라 혁명간부 조성을 위한 당적 조직이라고 주장한 것이다.[106]

다섯째, 국민위원회는 국내외 지역·단체를 대표한 국민대표회의에서 조직된 것이며, "한국 독립운동의 감독기구로서의 사실상(de facto) 및 법적(de jure) 권력과 권위"를 갖는다고 주장했다. 국민위원회와 코민테른 고려국 간 협의를 거쳐 민족주의자와 공산주의자가 공동전선을 형성할 수 있다고 했다.

여섯째, 국민위원회가 정부조직은 아니지만, 명칭 변경은 절대로 불가하다고 못 박고 있다. 이는 국민대표회의가 조직한 것이기에, 이를 변경하는 것은 국민대표회의의 권위를 무시하는 것이며, 국민위원회는 명칭 변경의 권한이 없다는 것이다. 향후 국민위원회 총회 혹은 국민대표회의에서 명칭 변경 논의가 가능하다고 주장했다.

사실상 국민위원회는 코민테른 고려국에 자신을 한국 독립운동의 중

---

106 조철행, 2011, 위의 논문, 233쪽.

심기관으로 인정해 달라, 우리는 정부조직은 아니지만 명칭 변경은 불가능하다고 요청한 것이다. 그러나 국민위원회가 블라디보스토크에 도착한 이래 이들의 운명은 스스로의 결정에 달린 것이 아니라 코민테른의 방침과 결정에 종속된 것이었다. 코민테른은 고려공산당의 내부 통일 문제, 국민위원회의 대표성 문제, 일본과의 관계 등을 종합적으로 고려하고 있었다. 그러나 이 중 어느 하나도 분명하게 국민위원회에 우호적인 판정을 내릴 조건은 형성되어 있지 않았다.

(2) 국민위원회의 혁명정당 강령 초안

1923년 10월 10일 고려국 대표(파인버그·김만겸·이동휘)와 국민위원 대표(김규식·윤해·신숙·이청천·원세훈)가 블라디보스토크의 신한촌에서 회의를 개최했고, 혁명적 민족당 조직 문제와 당의 강령·조직에 대해 협의했다. 당의 강령, 조직 방식에 대한 초안을 협의한 결과 한국독립당의 강령, 당의 사업강목, 당의 조직 절차를 결정하고 양측을 대표해 파인버그와 김규식이 이에 서명했다.[107] 국민위원회 측은 이미 10월 1일 한국독립당의 「강령 초안」을 만들어 놓은 상태였다. 10월 1일 자 「강령 초안」은 고려국과의 협의를 거쳐 10월 10일 전문, 강령, 당의 조직 등 3가지 내용으로 정리되었다.

「강령 초안」은 김규식의 독자적인 초안이라기보다는 블라디보스토크에 도착한 국민위원 및 국무위원들의 전체 의사를 대변한 협의·합의의 결

---

[107] 「국제공산당 고려부와 한국국민위원 대표들의 회의한 의사록」(1923. 10. 10), 러시아국립사회정치사문서보관소(РГАСПИ), ф.495, оп.154, д.190, л.102. 임경석, 2013, 위의 논문, 192쪽; 조철행, 2011, 위의 논문, 234쪽.

과로 볼 수 있다. 김규식은 자신의 의견을 피력하고 영어로 번역하는 일을 맡아 파인버그와 협상을 담당했을 것이다.[108] 10월 1일 자 「강령 초안」 중 「전문」과 「당의 조직」은 10월 10일 자 합의에 그대로 반영되었다.

먼저 「전문」은 다음과 같았다.

한국의 부요(富饒)한 일부에서 일제 통치에 회유되는 경향이 나타나고 일제의 정책이 이 경향을 촉성하여 민족운동을 복멸(覆滅)하려는 것으로 일반 민족적 운동에 계급적 차별을 생기게 하였기 때문에 우리 민족 운동이 통일된 혁명적 전선으로 유일(有一)한 혁명적 중추로 유일(唯一)한 민족적 혁명당의 형체를 조직해야 한다.

10월 1일 자 국민위원회의 「강령 초안」은 고려국과의 협의를 거쳐 10월 10일 「강령」, 「당의 쁘로그람」으로 분할·수정되었다. 이를 비교하면 부록의 「韓國獨立黨의 政綱 及 쁘로그람」의 성립 과정과 같다.[109]

김규식과 파인버그는 국민위원회의 「강령 초안」(1923. 10. 1)과 파인버그의 초안(1923, 일자 미상)을 토대로 협의했고, 10월 10일 합의에 도달했다.[110]

먼저 큰 틀에서 보면 국민위원회의 「강령 초안」이 10월 10일 「강령」과 「당의 쁘로그람」으로 구분된 것을 알 수 있다. 국민위원회의 「강령 초안」이 분할되고 수정되었지만 큰 틀에서는 코민테른 고려국의 승인을 받을 수

---

108 파인버그(Joseph Fineberg)는 코민테른의 저명한 영어 번역가로 레닌, 트로츠키 등의 저작을 영어로 번역했다. 폴란드 출생이며, 런던 체류 중 영국사회당의 유태계 조직에 몸담았다. 러시아혁명 이후 1918년 러시아에 들어가 코민테른 창립총회에 참석했고, 러시아의 볼셰비키 영국공산주의그룹에 참가했다. https://en.wikipedia.org/wiki/Joseph_Fineberg(2022. 1. 10. 검색).
109 이 책에 수록된 부록 1(「한국독립당의 정강 급 쁘로그람」의 성립 과정) 참조.
110 초안의 변화 과정과 의미에 대해서는 임경석, 2013, 위의 논문, 192~196쪽을 참조.

있도록 마련된 것이었다. 그러나 구조적 측면에서 볼 때 국민위원회가 정부적 조직·성격·기능을 포기하고 한국독립당이라는 정당적 조직·성격·기능으로 전환한 것이 결정적으로 중요한 변화였음을 알 수 있다. 정부의 헌법 대신 당의 강령을 채택하고, 당의 프로그램을 채택하는 수준으로 변화했기 때문이다.

한국독립당이라는 명칭은 파인버그의 초안(1923. 일자 미상)에 처음 등장하는 것인데,[111] 10월 1일 국민위원회의 「강령 초안」이나 10월 10일 합의된 「강령」에는 '한국독립당'이라는 당명이 특정되어 있지는 않다. 다만 양측이 모두 당적 전환에는 동의한 것으로 생각할 수 있다. 10월 11일 국민위원회 측은 이 당명을 채택했다.

세부적으로 살펴볼 때 「강령 초안」 중 4개 항목은 「강령」으로, 5개 항목은 「당의 쁘로그람」으로 분할되었으며 1개 항목(세금 폐지)은 어디에도 포함되지 않았다. 「강령 초안」에 없던 내용으로는 「강령」에 1개 항목, 「당의 쁘로그람」에 1개 항목이 추가되었다.

「강령」의 첫 번째 강조점은 일제로부터의 해방과 자립적 공화국 설립이었다. 사회주의·공산주의, 프롤레타리아헤게모니 등은 전혀 언급되지 않았다. 두 번째는 일제와 결탁한 자치론·보호통치론이 아니라 정치경제적 완전 해방이 목적임을 강조하고 있다. 세 번째는 독립 쟁취의 방법이 평화적 운동, 타협적 수단, 외교적 교섭이 아니라 한국 군중의 강력, 즉 한국 민중의 조직화된 무장력에 있음을 강조하고 있다. 네 번째 강조점은 노동자 농민의 조직화, 다섯 번째 강조점은 일본 및 국제노동운동과의 연대였다. 전반적으로 강령은 독립운동 정당으로서, 노동자·농민에 기초한 독립

---

111 Образование Корейской партии независимость(한국독립당의 형성), c.4, 러시아국립사회정치사문서보관소(РГАСПИ), ф.495, оп.135, д.80, лл.5~8; 임경석, 2013, 위의 논문, 193쪽.

운동, 한국 민중의 조직화된 무장력에 기초한 운동, 국제연대에 기초한 독립운동을 강조하고 있는 것이다. 국민위원회 「강령 초안」에 포함되지 않았던 것은 3번째 항목으로 독립 쟁취의 방법이 한국 민중의 조직화된 무장력에 있다는 부분이다. 평화적 운동, 타협적 수단, 외교적 교섭이 아니라 '완실(完實)한 준비와 상당한 조직이 유(有)한' 한국 군중의 강력으로 일제를 타도하고 독립을 쟁취한다고 한 것이다.[112] 상해 임시정부의 외교독립노선을 비판하고 무장투쟁노선을 내세운 것이다.

「당의 쁘로그람」은 「강령 초안」의 내용을 수정한 것이다. 가장 중요한 변화는 토지문제의 처리 방향인데, 「강령 초안」에 제시된 토지국유화 원칙이 「당의 쁘로그람」에서는 삭제되었다. 다만 경자유전(耕者有田) 수준의 토지개혁을 내세웠다. 그 외에 「강령 초안」의 세금 폐지 항목은 사라진 반면, 「당의 쁘로그람」에 식산은행 폐지 항목은 신설되는 정도의 조정이 이뤄졌다.

마지막으로 「당의 조직」·「당의 방략」 부분은 「강령 초안」을 그대로 인용해 다음과 같이 규정되었다.

▫ 당의 조직
1. 한국이 절대독립을 주장하며 당강(黨綱) 및 주의를 승인하며 당의 규율에 복종하며 의무금을 납부하며 소관 지방단체에 복역할 서의(誓意)가 유(有)한 한국남녀는 본당에 입당함을 득함.
2. 당원은 내외지를 무론하고 각자 주거하는 지방기관에 결합함.
3. 각 지방기관은 각 해 지방당원으로 선거된 지방위원회의 지배를 수(受)함. 지방단체의 조직체는 비밀의 필요를 수(隨)하여 변통 또는 통

---

[112] 임경석은 해당 조항이 개별 분산적 테러 행위에 대한 반대의 뜻을 품고 있다고 해석했다. 임경석, 2013, 위의 논문, 196쪽.

과한 방법을 취함을 득함.
4. 당의 전체 사무는 당대표회의에서 선출한 중앙간부가 총괄함. 주의. 당 대표회가 성립되어 상당한 중앙간부를 선출할 시까지는 국민대표회의에서 선출된 국민위원회가 당의 임시중앙간부를 행사함.
5. 당의 최고권력은 각 지방단체의 대표로 조직된 당대표회의에 재함. 당대표회의는 당의 주의 강령 및 사업방침을 결정하며 중앙간부의 당권 지배의 방향을 소정(所定)함.

□ 당의 방략

민족운동에 관한 신문·잡지·소책자 및 기타 서적을 간행하여 인민에게 밀포(密布)할 일, 강연과 기타 회합을 행할 일, 시(時)로 중대한 문제에 대하여 시위운동과 동맹파업을 조직실행할 일.

형편이 필요할 시는 폭력적 동작을 취하되 오직 산발한 부정규군(不正規軍)의 무조직한 행동과 기타의 폭력적 동작의 실행은 반드시 통일적과 계통적 조직하에 편치(編置)하며 다만 본당 중앙간부의 동의와 관할하에서만 동작할 일.

장래 혁명군의 기초를 세우기 위하여 중앙간부를 당원으로 하여금 군사교육 학득(學得)하도록 시행하며 또 형편이 적당할 시에는 비밀적 지방부대의 조직에 착수할 일.[113]

「당의 조직」에서 드러나는 특징은 한국독립당 당원이 지방기관·단체와 결합되는 방식을 취하고 있다는 점이다. 국민대표회의에 각 지방, 각 조직·단체가 참가해서 국민위원회가 성립된 것을 고려한다면, 국민위원회를

---

113 「한국독립당의 정강 급 쁘로그람」, 러시아국립사회정치사문서보관소(РГАСПИ), ф.495, оп.154, д.190, л.103~104; 조철행, 2011, 위의 논문, 236~237쪽.

한국독립당으로 변경해도 조직적 속성은 계속 유지하고자 했음을 알 수 있다. 한국독립당은 당원-지방위원회-당대표회의라는 조직의 위계서열을 구상했는데, 당대표회의 성립 이전 국민위원회가 당의 임시중앙간부를 담당한다고 함으로써 사실상 국민위원회를 한국독립당 중앙위원회로 변경한 것임을 알 수 있다.

「당의 방략」에서 주목할 점은 무력 사용에서 부정규군의 무조직한 행동 등을 억제하고 한국독립당의 통일적·계통적 관리하에 이뤄져야 한다고 규정한 점이다. 아마도 이 부분은 한형권 자금의 상당액(5만 금 루블 이상)이 의열단·신의단·십인단 등 테러단에 지원되었던 사정과 관련이 있을 것이다. 국민대표회의와 국민위원부가 큰 성과를 내지 못한 상태에서 한형권을 통해 흘러 들어간 모스크바의 자금이 테러단의 명성을 높이는 테러 활동에 사용되었기 때문이다.

일제 정보보고에 따르면 1923년 10월 11일 국민위원과 각 사령장(各司令長) 연석회의는 한국독립당 강령, 당의 사업강목, 당의 조직 절차를 통과해 발표했다. 각 사령장이란 국민대표회의에 참가했던 군인구락부, 고려혁명군 등의 무장부대를 의미하는 것으로 보인다. 이와 동시에 우선 국내, 중국에서 한국독립당 조직을 시도하기로 해 포고문을 발표했다.[114] 이는 국민위원회가 성부석 소식이 아니라 한국 독립을 복적으로 하는 한국독립당이라는 점을 강조한 데 있다. 전격적인 대전환이었다. 1923년 6월 벌어졌던 국호 한, 국민위원회, 국무위원회 등의 정부적 조직체 결성과 창조론의 일관된 방향으로부터 또 한 차례 변신한 것이었다. 이러한 전환의 동력과 결정권은 창조파 국민위원·국무위원이 아닌 코민테른 고려국에 있었다.

---

114 「국민위원회 의사록에 관한 건」(1924. 11. 14), 機密 제277호, 在間島總領事 鈴木要太郎-外務大臣 幣原喜重郎, 『不逞團關係雜件 鮮人ノ部 在西伯利亞』 15.

〔표 2-8〕 국민위원회의 한국·간도·블라디보스토크 파견 예정 인사 명단(1923. 11. 12)

파견 지역	파견원
내지(한국)로 갈 사람	*임병극, 이치룡, 김연희, 김우희, *황욱
간도로 갈 사람	허동규, 안무, *정남윤, *박건, 안기옥, *홍진우, 강수희, *박경철
블라디보스토크에 머물 사람	김규식, 신숙, 이청천, 윤해, 원세훈, 도인권, 최준형, *김경천

〔비고〕 * 표시는 니콜스크-우수리스크 인근 지역에 현재 체류 중인 사람들. 나머지는 블라디보스토크에 체류 중인 사람들.
〔출전〕 Kimm Kiusic to Fineberg (1923. 11. 12), 러시아국립사회정치사문서보관소(РГАСПИ), ф.495, оп.135, д.72, лл.145об. 조철행 선생 제공.

김규식은 국민위원회 대표로서 코민테른 고려부의 파인버그를 협상 상대로 하여 1923년 10월부터 1923년 12월까지 긴밀하게 연락했다. 임경석에 따르면 김규식은 세 달 동안 총 9통의 편지를 작성했다.[115] 가장 중요한 안건은 국민위원회 총회를 개최해 코민테른 고려부와 협상하여 채택된 10월 10일 자 합의안을 승인받는 작업이었다.

김규식의 10월 22일 자 편지에 따르면, 국민위원회 총회는 12월 1일경 블라디보스토크에서 개최되어 2주간 지속될 예정이었다. 참석자는 총 15~20명으로 예상되었는데, 6명은 북경·상해에서, 4명은 북간도·서간도에서 초청한다는 계획이었다.[116] 그렇지만 경비 문제가 걸림돌로 작용했다.

김규식의 11월 12일 자 편지를 살펴보면 아직까지 국민위원회 총회는 결정되지 않았다. 반면, 한국, 간도에 파견하고 블라디보스토크에 체류할 인원 명단은 정리되어 있다.[117]

---

115 임경석, 2013, 위의 논문, 197쪽. 김규식의 편지 중 몇 통을 조철행, 이재훈 선생의 도움으로 입수했다.
116 Kimm Kiusic to Fineberg(1923. 10. 22), p.2, 러시아국립사회정치사문서보관소(РГАСПИ), ф.495, оп.135, д.72, лл.142~143об; 임경석, 2013, 위의 논문, 197쪽.
117 Kimm Kiusic to Fineberg(1923. 11. 12), 러시아국립사회정치사문서보관소(РГАСПИ), ф.495, оп.135, д.72, лл.145об. 조철행 선생 제공.

〔표 2-9〕 국민위원회의 한국·간도·블라디보스토크 파견 예정 인사(1923. 11. 12) 약력

성명	국민대표회 참가 자격	국민위원회 직책	파견 예정지
강수희	대한광복단, 창조파 39인	국민위원	간도
김경천	군인구락부		블라디보스토크
*김규식	불참 (이르쿠츠크파)	국민위원, 국무위원	블라디보스토크
김연희	미상		한국
김우희	이르쿠츠크파, 창조파 39인	후보국민위원	한국
*도인권	임시의정원, 상해교민단	국민위원(사면-참석-사면)	블라디보스토크
박건	창조파 39인		간도
박경철	수청군대, 이르쿠츠크파, 창조파 39인	후보국민위원	간도
*신숙	북경군사통일회, 국민대표회주비회, 창조파 39인	국민위원, 국무위원	블라디보스토크
안기옥	오설노동회		간도
안무	군인구락부, 창조파 39인	국민위원	간도
*원세훈	북경군사통일회, 이르쿠츠크파, 국민대표회 주비회, 창조파 39인	국민위원	블라디보스토크
*윤해	대한국민의회, 국민대표회 의장, 창조파 39인	국민위원	블라디보스토크
*이청천	이르쿠츠크파, 고려혁명군대, 군인구락부, 창조파 39인	국민위원, 국무위원	블라디보스토크
이치룡	북간도국민회		한국
임병극	고려혁명군사령부, 창조파 39인	국민위원	한국
정남윤	대한국구단, 창조파 39인		간도
*최준형	고려혁명군정의회, 군인구락부, 창조파 39인	국민위원(사면-참석-사면)	블라디보스토크
허동규	이르쿠츠크파, 창조파 39인	국민위원	간도
홍진우	군인구락부, 창조파 39인		간도
황욱	이르쿠츠크파, 창조파 39인	국민위원	한국

〔비고〕 성명 앞의 * 표시는 1923년 2월 개최된 국민위원회 총회(제1회 대회)에 참석한 국민위원. 창조파 39인은 국민대표회의 마지막 회의(1923. 6. 7)에 참석한 인물.
〔출전〕 Kimm Kiusic to Fineberg (1923. 11. 12), 러시아국립사회정치사문서보관소(РГАСПИ), ф.495, о

3 블라디보스토크에서의 몇 개월: 국민위원 김규식 175

п.135, д.72, лл.145об. 조철행, 2011, 「국민대표회 전후 민족운동 최고기관 조직론 연구」, 고려대학교 박사학위논문 참조.

국내 파견 5명, 간도 파견 8명, 블라디보스토크 체류 8명 등 총 21명으로 블라디보스토크에 체류하기로 된 인사들이 국민위원회 핵심인사라고 봐도 무방할 것이다. 여기에 제시된 총 21명이 이 시점에 블라디보스토크 및 니콜스크-우스리스크에 체류 중인 국민위원회와 관련된 전체 인사였을 것이다.

일제 정보보고에 따르면 김규식이 편지를 보낸 이후 국민위원회는 한국독립당 조직 착수를 위해 11월 14일 평안남도에 연락원 1인, 12월 4일 북간도 방면에 위원 1인, 12월 10일 국내에 위원 2인, 12월 20일 북간도에 위원 4인, 12월 28일 함경북도에 위원 3명, 1924년 1월 5일 중국에서 오는 국민위원 영접을 위해 중동선 철도에 위원 1인을 파견했다.[118] 위의 명단 중 누가 파견되었는지는 추가 확인이 필요하지만, 계획이 실행에 옮겨진 것은 사실로 보인다.

김규식은 파인버그에게 보낸 편지(1923. 11. 12)에서 자금 지원을 요청하고 있다. 국민위원회 총회 개최를 위한 자금 지원 요청이었다. 파인버그도 상급자인 보이틴스키에게 재정 지원을 요청하고 있다.[119] 자금 부족과 대표들의 미도착으로 최초 예정되었던 1923년 12월 1일 국민위원회 총회 개최는 계속 연기되었다.

---

118 「國民委員會 議事錄에 關한 件」(1924. 11. 14), 機密 제277호, 在間島總領事 鈴木要太郞-外務大臣 幣原喜重郞, 『不逞團關係雜件 鮮人ノ部 在西伯利亞』 15.
119 J. Fineberg to Voitinsky(1923. 10. 18), pp.3~4, 러시아국립사회정치사문서보관소(РГАСПИ), ф.495, оп.154, д.202, л.93~94об; 임경석, 2013, 위의 논문, 198쪽.

(3) 국민위원회에 대한 반대파의 공격

그사이 더 중요한 문제가 발생했다. 국민위원회에 대한 강력한 반대 목소리가 러시아 내에서 증폭되기 시작했던 것이다. 현상적으로는 블라디보스토크에서 김규식을 대표로 한 국민위원회와 코민테른 원동부 고려국이 협상하는 것처럼 보였지만, 실질적인 힘은 고려공산당·러시아공산당에 참가한 한인 공산주의자들의 판단과 그를 존중하는 코민테른의 결정에 달려 있었다. 조철행의 연구에 따르면 모두 4개 세력이 국민위원회에 적극적 반대 의사를 표명했다.[120]

먼저 상해파 이동휘는 코민테른을 상대로 가장 강력한 반대 입장을 개진했다. 이동휘는 1923년 11월 27일 코민테른 집행위원회에 제출한 보고서에서 국민대표회의가 개조파·창조파·중립파로 분열되어 어느 하나의 파도 승인할 수 없으며, 코민테른 원동부의 보이틴스키와 한명세는 분파적 행동을 통해 국민위원회를 지지했다고 주장했다. 이동휘는 고려국 연합중앙위원을 모두 해임하고, 고려공산당의 지도하에 새로운 민족혁명의 중앙기관 설립 시까지 창조파와 그들이 조직한 국민위원회를 절대로 옹호·승인하지 말라고 요구했다. 나아가 고려공산당의 조직 후 인민혁명당을 조직해야 한다고 주장했다. 이동휘는 국민위원회가 "민중과 전혀 관련이 없을 뿐 아니라 실력도 없이 단지 몇몇 사람의 구두로 선전되어진 불합리·불완전한 것이므로 조금(寸毫)도 용인할 필요가 없다. 국민위원회가 민중 기반이 없이 소수인이 조직한 불법단체"라고 주장했다. 상해 임시정부 역시 "몇몇 사람의 희롱조의 글(弄文) 또는 구두로 세간에 알려져 있다. 실력도 없고 단지 허명만 있다"라며 연락할 필요가 없다고 주장했다.[121] 나아가 이

---

120 이하 설명은 조철행, 2011, 위의 논문, 253~259쪽과 임경석, 2013, 위의 논문에 근거한 것이다.

동휘는 1923년 12월 30일 코민테른 집행위원회에 대해 고려국을 탈퇴한 이유가 위원들이 분열되었고, 분파적 그룹인 국민위원회를 지지했기 때문이라고 보고했다.[122]

둘째, 전 이르쿠츠크파 고려공산당 중앙위원 이성·김철훈 등 순이시파(純伊市派), 즉 순수 이르쿠츠크파가 반대했다. 이들은 연해주한인사회에서 영향력이 큰 『선봉』을 통해 반국민위원회 캠페인을 전개했다.[123] 이들은 국민대표회가 해외혁명자대회가 되기를 희망했지만, 임정을 자기 세력으로 만들려는 사당(私黨) 투쟁으로 결렬되었다며, 창조파가 주도한 국민위원회를 부정했다. 이들은 코민테른 원동부 고려국의 파인버그·한명세의 노선에 반대의사를 표명했다.[124] 이르쿠츠크파 일부는 창조파에 동의하지 않음으로써 분열되었다. 국민위원회를 반대하는 이르쿠츠크파 일부는 심지어 상해파와 연대했으며, 함께 고려국 폐지를 촉구하는 연합성명서(1923. 12. 31)를 발표하기까지 했다.[125]

또한 이르쿠츠크파의 김응섭은 국민위원이자 국무위원으로 선임된 바 있는데, 고려국에 일본인 가타야마 센(片山潛)이 포함되었다는 이유로 고려공산당을 탈퇴한다고 선언했다.[126] 이들은 국민대표회의가 혁명단체의

121　國際共産黨 遠東部 高麗中央局 委員 李東輝, 「國際共産黨 執行部へ」(1923. 11. 17), 러시아국립사회정치문서보관소(РГАСПИ), ф.495, оп.135, д.71, л.28~33; 조철행, 2011, 위의 논문, 253~254쪽.
122　국제공산당 원동부 고려중앙국 위원 이동휘, 「제3국제공산당전권위원 片山潛동지전」(1923. 12. 13), 러시아국립사회정치문서보관소(РГАСПИ), ф.495, оп.135, д.73, л.290~295; 조철행, 2011, 위의 논문, 254쪽.
123　임경석, 2013, 위의 논문, 203쪽.
124　「국민대표회의 종국에 대한 민중의 비판과 금후의 방침(1)」, 『선봉』(1923. 10. 7); 이영선, 「러시아공산당 연해현위원회에 보고: 조선혁명운동에 대한 우리의 노선」(1923. 11. 1), 러시아국립사회정치문서보관소(РГАСПИ), ф.495, оп.135, д.75, л.109~131; 조철행, 2011, 위의 논문, 255쪽.
125　「在露 공산당원회 임시집행부원 이동휘·전우·이성, 성명서」(1923. 12. 31), 日本外務省 編, 1991, 『外務省警察史 － 朝鮮民族運動史(未定稿)』 6, 고려서림 영인; 임경석, 2013, 위의 논문, 203쪽.

회합이 아니라 대한국민의회의 부활이며, 국민위원회에 참가한 공산주의자들은 고려국의 지시를 이행하지 않을 가짜 공산주의자라고 비판했다.[127]

셋째, 러시아공산당 연해현위원회 고려부가 반대했다. 고려부 서기 이영선은 국민위원회가 1923년 8월 블라디보스토크로 건너오는 데 필요한 비자의 발행, 여비 2,500엔의 지불, 도착 후 환영만찬을 개최하는 등 처음에는 국민위원회를 환영하는 입장이었다.[128] 그런데 1923년 9월 26일, 9월 30일 개최된 고려인공산주의자대회에서 국민대표회의에 참가했던 김정하가 보고를 한 후 상황이 급변했다. 김정하는 국민대표회의에서 개조파와 창조파의 분열 원인이 혁명 방침의 차이에서 비롯된 분열이 아니라 "몇 개인의 이전부터 깨끗하지 못한 당파싸움" 때문이었다고 했다. 이에 근거해 고려인공산주의자대회는 국민대표회의가 공산주의자들의 통일된 프락치야 건설 실패, 민족주의자들의 지방식 당파로 실패했다며 새로운 고려민족혁명당 건설이 필요하다고 주장했다.[129] 이영선은 연해주 한인사회에서 영향력을 마음대로 확장하려는 고려국 위원 한명세를 저지하고 연해현위원회 고려부의 주도권을 지키기 위해서 반국민위원회 대열에 참가했다.[130]

블라디보스토크에서 간행되는 연해현위원회(전 동맹공산당 해삼현 간부) 기관지 『선봉』에 국민위원회를 부정하는 기사가 게재되자, 코민테른 고려국과 국민위원회 측은 경악했다. 김규식이 파인버그에게 보낸 편지

126 이영선, 「러시아공산당 연해현위원회에 보고: 조선혁명운동에 대한 우리의 노선」(1923. 11. 1), 러시아국립사회정치사문서보관소(РГАСПИ), ф.495, оп.135, д.75, л.109~131; 조철행, 2011, 위의 논문, 256~257쪽.
127 조철행, 2011, 위의 논문, 257쪽.
128 임경석에 따르면 국민위원회의 블라디보스토크행 여비는 오창환이 마련해 온 것이었는데(임경석, 2013, 위의 논문, 186쪽), 블라디보스토크에서 이 자금을 제공한 것이 이영선이었다. 한명세, 「친애하는 보이틴스키 동지에게」(1923. 12. 5), 러시아국립사회정치사문서보관소(РГАСПИ), ф.495, оп.154, д.188, лл.17~37; 조철행, 2011, 위의 논문, 255~256쪽.
129 「지난달 26일, 30일 양일 동안 고려인공산주의자대회 국민대표회문제 토의, 대방침은 결정되었다」, 『선봉』(1923. 10. 7).
130 임경석, 2013, 위의 논문, 203쪽.

(1923. 11. 27)에 따르면 국민위원회 측은 『선봉』 제22호(1923. 10. 7) 배포 중단을 파인버그에게 요청(1923. 10. 10)했다.[131] 이 신문은 신문사에 보관되어 있다가, 10월 18일 니콜스크-우수리스크에 다량 배포되면서, 부수가 적으니 독자들이 돌려 보라는 특별 논평까지 붙였다.[132] 김규식은 공산주의 및 민족주의자의 한국운동을 분열시키는 목적을 지닌 『선봉』을 정간시켜야 한다고 주장하기까지 했다. 김규식은 국민위원회의 한글판형을 이영선이 말도 하지 않고 가져갔다고 비판하고 있는데, 국민위원회가 한글판형을 지참하고 간 것으로 미루어 국민위원회의 블라디보스토크행은 일시적인 방문이 아니라 완전한 근거지 이전을 목적으로 했음을 보여 준다.

이 문제는 고려국 회의에서 중요 의제가 되었다. 1923년 10월 12일 고려국은 『선봉』 사설이 "고려국의 민족 문제 노선과 반대로 기술하였기 때문에 기사 게재를 허용한 편집자를 당 규율에 따라 처벌"하기로 결정했고, 『선봉』 편집국을 파인버그, 이성, 전우(정재달)로 개편하고, 논박기사를 게재하기로 결정했다.[133] 그러나 여기에 이동휘가 반발하면서 사태는 수습되기보다는 확전 양상을 보이게 되었다.[134]

넷째, 고려공산당 내지부 대표로 국민대표회의에 참가했던 정재달(전우)이 비판했다. 정재달은 창조파가 주도한 국민위원회가 노령을 근거지로 삼아 지방열·당파적 분규의 핵심이 되었던 국민의회의 부활이라고 비판했다. 그는 국외를 중심으로 한 민족혁명당 조직운동을 폐기하고 국내 신흥

---

131 해당 기사는 다음과 같다. 「국민대표회의 종국에 대한 민중의 비판과 금후의 방침(1)」, 「지난달 26일, 30일 양일 동안 고려인공산주의자대회 국민대표회 문제 토의, 대방침은 결정되었다」, 『선봉』(1923. 10. 7).
132 Kimm Kiusic to Fineberg(1923. 11. 27), 러시아국립사회정치사문서보관소(РГАСПИ), ф.495, оп.135, д.72, лл.147об. 조철행 선생 제공.
133 「꼬류뷰로 회의록」 20(1923. 10. 12); 조철행, 2011, 위의 논문, 251쪽. 당시 『선봉』 편집자는 이성(이재복)이었다.
134 이동휘, 「파인베르크 동지에게 보내는 서신」(1923. 10. 27), 러시아국립사회정치사문서보관소(РГАСПИ), ф.495, оп.135, д.73, л.194; 조철행, 2011, 위의 논문, 252쪽.

계급, 즉 노농계급을 중심으로 추진하자고 제안했다. 정재달은 민족 문제를 내지부에 위임하고, 코민테른이 직접 내지부를 지배할 것을 제안했다. 정재달은 국내 중심의 새로운 민족혁명당 조직을 주장함으로써 국민위원회를 부정하며, "금번 국민위원회의 회합이 끝난 즉시 전부를 국내 및 중국으로 추방(放逐)할 것"을 주장했다.[135]

이르쿠츠크파 한명세의 판단에 따르면, 반(反)국민위원회 세력은 10명으로, 이들은 국민위원회를 대한국민의회 그룹의 부활로 간주해 인정하지 않고 있으며, 새로운 국민대표회의를 개최해야 한다는 입장을 가지고 있었다.[136]

(4) 국민위원회 총회와 종막

그사이 국민위원회 총회는 1924년 1월 15일로 연기되었고, 또다시 한 달 뒤로 연기되었다. 총회 정족수를 채울 수 있는 국민위원들의 도착을 기다려야 했기 때문이다. 김규식이 파인버그에게 보낸 편지(1923. 12. 19)에 따르면, 국민위원회는 파인버그를 통해 북경·상해·그 외 지역에서 총회에 참가할 국민위원에게 보내는 여행경비 수표와 공식 초청장을 발송했다. 개별 인물에 대한 러시아 정부의 승인도 이뤄진 상태였다.[137] 김규식의 요청을 받은 파인버그는 북경 소비에트러시아공사관으로 초청장과 여비를 발

---

135 고려공산당 내지부 대표 田友, 「보고」(1923. 12. 12), 러시아국립사회정치사문서보관소(РГАСПИ), ф.495, оп.135, д.73, л.238~279; 조철행, 2011, 위의 논문, 258쪽.
136 고려중앙국 위원 한명세, 「코민테른집행위원회 동양국에 보내는 보고」(1923. 12. 12), 러시아국립사회정치사문서보관소(РГАСПИ), ф.495, оп.154, д.188 л.38~65; 조철행, 2011, 위의 논문, 259쪽.
137 Kimm Kiusic to Fineberg(1923. 12. 19), 러시아국립사회정치사문서보관소(РГАСПИ), ф.495, оп.135, д.72, лл.146. 조철행 선생 제공.

송해 주었다.[138] 또한 파인버그는 코민테른으로부터 국민위원회 총회 개최 자금 3,000루블을 주선해 주었다.[139]

두 차례나 연기된 국민위원회 총회는 1924년 2월 19일 오후 8시 블라디보스토크 신한촌에서 개최되었다. 40명의 국민위원 중 강구우, 김규식, 김세준, 도인권, 류시언, 이청천, 박건병, 신숙, 신일헌, 오창환, 윤해, 원세훈, 최준형, 한형권 등 14명만이 참석했다. 일제의 정보보고에 따르면 총회는 제1회 회의로 명시되었고, 김규식이 의장을 맡았다. 회의 순서는 다음과 같았다.

1. 축전 낭독
2. 보고
   (1) 국민위원회 비상회의의 경과 사정(윤해)
   (2) 국무위원의 경과 사정(신숙)
3. 임시 헌법개정안(윤해 외 3인 제안)
4. 국무위원회 직무 규정 제정안(윤해 외 3인 제안)
5. 한국독립당 조직안(국무위원회 제안)
6. 사업 방침
   (1) 군사 (2) 외교 (3) 경제 및 재정 (4) 내외시설 (5) 교육
7. 국민대표회의로부터 위탁된 사건
8. 사면 청원 처리 및 보선
9. 기타 사건
10. 선포

---

138 J. Fineberg to Voitinsky(1924.1. 8), p.1, 러시아국립사회정치사문서보관소(РГАСПИ), ф.495, оп.135, д.96, л.1; 임경석, 2013, 위의 논문, 198쪽.
139 임경석, 2013, 위의 논문, 198쪽. 국민위원회 총회(제1회 회의) 예산총액은 大洋 4,474원 50전이었다.

회의 시작과 함께 고려국 파인버그가 1924년 2월 18일 자로 국민위원회에 보낸 공함(公函)이 공개되었다. "당지〔블라디보스토크〕에서 국민위원회 회의를 개최할 필요가 없다는 것"인데, 회의를 계속할지 여부를 두고 논의한 바, 다수의 국민위원이 원로(遠路)로부터 집합해 회의를 시작했기 때문에 멈추지 말고 회의를 계속 진행하고 조속히 종료한 후 중국령 방면으로 나간다고 결의했다.[140] 신숙에 따르면 1924년 코민테른이 권력을 경주했던 독일혁명이 실패하고, 코민테른을 총지배하던 레닌이 사망(1924. 1. 21)하자 소비에트의 정치 상황에 격변이 발생했다. 국민위원회의 상대역이던 파인버그도 소환하는 지경이 되었다. 코민테른은 임시집행위원회를 개최하고 외국 혁명운동의 지원보다 내부 수습에 몰두하게 되었다. 2월 15일경 코민테른은 한국혁명에 관해서는 아직 정해진 방침이 없으니 후일을 기다려 다시 만나고 국민위원회 인사는 다 국경 밖으로 나가 달라는 최후 통고를 했다.[141]

이런 상황 속에서 이미 모든 것은 끝난 것이나 다를 바 없었다. 국민위원회는 4일에 걸쳐 신속하게 10개의 의사일정을 하나씩 처리해 나갔다.

첫날 윤해, 원세훈, 도인권, 박건병 4인이 제출한 한국임시헌법 개정안이 상정되었다. 개정안의 핵심은 '국무위원회'를 '집행간부'로, '행정부'를 '사무'로, '국무'를 '사무'로 바꾸는 등 정부적 성격을 집행위원회 성격으로 변경하는 것이었다.

이튿날인 2월 20일에는 윤해, 원세훈, 도인권, 박건병 4인이 제안한 국민위원회 집무규정안을 수정·통과시켰다. 국민위원회 집무규정(「부록 2」)[142]의 핵심은 국무위원회를 집행위원회로 변경하고 6개 집행위원을 설

---

140 「국민위원회 의사록에 관한 건」(1924. 11. 14), 機密 제277호, 在間島總領事 鈴木要太郎-外務大臣 幣原喜重郎, 『不逞團關係雜件 鮮人ノ部 在西伯利亞』 15.
141 신숙, 1963, 위의 책, 82쪽.
142 이 책에 수록된 부록 2(국민위원회 집무규정) 참조.

치한 데 있었다. 그럼에도 내무·외무·군무 등의 집행위원은 정부조직에 해당하는 것이지 당조직에 해당하는 것은 아니었다. 이런 기괴한 모습은 국민위원회가 자신이 지닌 정통성의 근거로 국민대표회의를 내세우는 한 국민대표회의에서 '창조'된 정부의 형태를 유지해야만 했고, 다른 한편으로는 코민테른과 협의한 결과 당조직의 형태를 취해야만 하는 딜레마를 반영한 것이었다.

제3일 차 회의(1924. 2. 22)는 국무위원회가 제안한 한국독립당 조직안에 관한 당규와 당이 현재 착수해야 할 사업 방침을 수정·통과시켰다. 한국독립당조직안 당규는 생략되어 있고, 당의 현시 착수해야 할 사업 방침은 다음과 같이 제시되었다.[143] 내용상 1923년 10월 10일 파인버그·김규식이 합의한 「당의 쁘로그람」의 우선순위를 변경하고, 살을 붙여 부연 설명하고, 별도로 되어 있던 「당의 방략」을 여기에 통합한 것이다.

ㅁ 당의 현시 착수해야 할 사업 방침

(一) 시의에 의해 폭력적 동작을 잡고 산만한 부정규군(不正規軍)의 무조직한 행동과 기타 폭력적 동작의 실행은 반드시 통일적 규율과 조직 하에서 실행해야 하고 본당 중앙간부의 동의와 관할하에서 동작되어야 할 것.

(二) 장래 독립군의 기초적 확립을 위해 중앙간부는 당원으로 하여금 군사교육을 학득(學得)시키도록 시설하고 또는 경우에 따라 비밀적 지방부대 조직에 착수할 것.

(三) 민중운동에 관한 신문잡지, 소책자 및 기타 서물(書物)을 간행하여 인민에게 밀포(密布)하고 강연과 기타 회합을 행하고, 현시(現時) 중대

---

143 「국민위원회 의사록에 관한 건」(1924. 11. 14), 機密 제277호, 在間島總領事 鈴木要太郎-外務大臣 幣原喜重郎, 『不逞團關係雜件 鮮人ノ部 在西伯利亞』15.

한 문제에 대한 시위운동과 파업(罷工) 등 일을 조직 실행할 것.

(四) 사회와 문화의 기초를 확립하고 또 그 운동을 혁명화하기 위해서

1. 언론출판, 정치적 경제적 결사의 자유에 대한 일본의 압박에 저항하고,
2. 일본의 동화적 교육을 제거한 상당한 교육기관, 즉 초등학교부터 분과대학(分科大學)까지 시설하는 것에 힘써 도모하고,
3. 사회상 정치상 일반에 일본어문 사용을 배척하고 한국어문을 사용할 것.

(五) 국민 생계를 발전시키고 노력자의 행복을 유지하고 또 그 운동을 혁명화하기 위해서

1. 동양척식회사 및 기타 약취한 한국의 전일(前日) 국유지를 한국 인민에게 반환할 것 또는 해당 회사 및 기타의 한국 토지를 독점하고 제반 영위와 한국 농민을 조직적 계획으로 구축(驅逐)하는 것을 저항 제거할 것.
2. 소작료 경감과 농작물에 급여(給與)하는 소작료를 화폐로 할 것, 소작권을 영구히 하고 토지 분배에 대한 농민의 감독과 노력자에게 폐해인 지세 혹은 과세를 폐지할 것. 토지 개량 경비는 지주에게 부담케 하는 등 노농군중의 운동으로서 조직적 계획하에 실행할 것.
3. 8시간 노동제, 1주 1차의 휴업, 최저한도의 임금제(賃銀制), 종족 또는 성별이 없는 동일노동에 대한 임금 균일제, 도시노동자 및 고농(雇農)에 대한 보호적 법률, 유년 노동의 금지와 모성(母性) 보호 등 노력군중의 이익이 되는 제도를 실시할 것.[144]

---

[144] 「국민위원회 의사록에 관한 건」(1924. 11. 14), 機密 제277호, 在間島總領事 鈴木要太郞－外務大臣 幣原喜重郎, 『不逞團關係雜件 鮮人ノ部 在西伯利亞』 15.

이어서 사업 방침으로 군사, 외교, 경제 및 재정, 내외시설, 교육 방침 등과 예산안을 2월 23일까지 통과시켰다.

마지막 날인 제4일 차 회의(1924. 2. 23)에 사면 청원을 처리하고 보선이 이뤄졌다. 흥미로운 것은 국민위원으로 총회에 참가했던 인사들 가운데 도인권, 신숙, 신일헌, 최준형 등 4명이 사면 청원을 했다는 점이다. 이 가운데 신숙의 사면 청원만 봉환되었다. 국민위원회 총회 마지막 날 분위기를 미루어 짐작할 수 있는 대목이었다. 일이 진행되어 온 관성으로 마지막까지 도달했지만, 국민위원회는 이제 난파선과 다를 바 없었다.

국민위원회에서 선임된 국무위원회는 이제 집행위원회로 명칭이 바뀌었고, 김규식, 신숙, 이청천, 김응섭, 윤해, 강구우, 한형권, 오창환, 김세준 등 9명이 집행위원으로 선임되었다. 회의 참석자 명단에 포함되지 않았던 북경군사통일회의 박용만은 비서장에, 원세훈, 박건병은 비서에 임명되었다. 모두 북경군사통일회 관련자들인데, 국민위원회가 이제 블라디보스토크에서 쫓겨나면 갈 수 있는 대상지가 북경이란 의미였을 것이다. 일제 정보당국도 블라디보스토크에서 돌아온 후 국민위원회의 중심지가 북경이라고 판단하고 있었다.[145]

또한 1924년 2월 23일 자로 '국민위원회' 명칭의 인장(印章)을 폐기하고 '한국국민위원회'라는 명칭을 사용하기로 했다. 국민위원회의 명칭이 한국국민위원회로 변경된 것이다.[146]

이후 한국국민위원회는 『국민위원회 공보』 제1호(1924. 7. 10)를 발행했다. 공보는 북경에서 신숙·강구우 등이 제작해 1924년 8월 24일 각 방면으로 배달했다.[147] 이를 통해 국민위원회는 그간의 경과와 한국독립당 조

---

145 「국민위원회공보 제1호 송부의 건」(1924. 8. 29) 機密 제395호, 芳澤謙吉 中國특명전권공사-幣原喜重郞 외무대신, 『不逞團關係雜件 鮮人ノ部 上海假政府』 5.
146 「國民委員會公報 第一號 送付의 件」(1924. 8. 29) 機密 제395호, 芳澤謙吉 中國특명전권공사-幣原喜重郞 외무대신, 『不逞團關係雜件 鮮人ノ部 上海假政府』 5.

〔표 2-10〕 국민위원회 총회(제1회 대회) 참가자 및 사면·보선·선임자

구분		명단
국민위원회 총회(제1회 대회) 참가 국민위원		강구우, 김규식, 김세준, 도인권, 류시언, 박건병, 신숙, 신일헌, 오창환, 윤해, 원세훈, 이청천, 최준형, 한형권
사면 청원	국민위원	김규면, 김창숙, 김혁, 김홍일, 도인권, 신일헌, 윤덕보, 임표, 장기영, 채영, 최기학, 최준형, 한창걸. (신숙)*
	고문	박은식, 이동녕, 이동휘
보선된 국민위원		강수희, 김진규, 남공선, 박병극, 안무, 유찬희, 이민창, 장붕익, 장정일, 허동규,
후보국민위원		강백규, 김우희, 나창헌, 박경종, 박경철, 방원성, 백낙현, 정인교, 조권식, 황학수
비서장, 비서		비서장 박용만 비서 원세훈, 박건병
집행간부(집행위원)		김규식, 신숙, 이청천, 김응섭, 윤해, 강구우, 한형권, 오창환, 김세준

〔비고〕 * 신숙의 국민위원 사면 청원은 봉환되었다.
〔출전〕 「國民委員會 議事錄에 關한 件」(1924. 11. 14), 機密 제277호, 在間島總領事 鈴木要太郞―外務大臣 幣原喜重郎, 『不逞團關係雜件 鮮人ノ部 在西伯利亞』 15.

직안을 공표했다. 그러나 이미 국민위원회는 해산한 것과 다를 바 없는 상태였고, 한국독립당 조직안은 공허한 것이었다. 1921년부터 준비되기 시작해 1923년 개최된 국민대표회의는 최초 여망과는 달리 국민위원회라는 비정상적 조직으로 귀결되었고, 그 마지막 모습은 세인의 비난과 조롱을 받은 방대한 한국독립당 조직계획안이었다.[148] 오랜 논의와 우여곡절 끝에 공들여 만든 이 조직안은 1920년대 초반을 휩쓴 국민대표회의의 한 극단적 결말이었던 셈이다.

---

147 「國民委員會公報 第一號 送付의 件」(1924. 8. 29) 機密 제395호. 芳澤謙吉 中國특명전권공사―幣原喜重郎 외무대신, 『不逞團關係雜件 鮮人ノ部 上海假政府』 5.
148 이 책에 수록된 부록 3(한국독립당 조직안) 참조.

이와 함께 1924년 6월 10일 자 포고 제1호, 제2호가 발표되었다.

○ 포고 제1호

한국국민대표회의에 있어서 독립운동의 총책임과 혁명당적 중앙간부의 사명을 받아 본 국민위원회는 우리 광복대업의 실제 운동을 조직적으로 계획 실행하기로 임해 아직까지 국토 한 치의 땅도 회복하는 일을 할 수 없어 금일의 시세에서는 운동의 실제 방략을 광범하게 2천만 민중 전체에 시행시키기보다는 사기 건전한 각오의 절실한 독립운동 군중으로 이 계획을 실행시킨 다음에 전체에 보급하는 일이 유일한 도정(道程)으로, 또 지방시설에 대하여서는 국내는 정권이 적수(敵手)에 있고 국외는 각국의 주권을 갖고 있는 이상 사실로 보나 법리상으로 보나 당적 조직에 몸담는 것 말고는 달리 도리가 없다.

그러므로 본 국민위원회 내외의 형세를 참작하여 임시헌법 제2조의 정신과 제15조의 규정에 의거하여 본년 2월 22일 제1회 회의의 결의를 다음의 발표한 다음 '한국독립당'을 조직하는 일과 이에 관계된 당규를 본월 7일부로 선부(宣付)로써 발표하는 외에 다시금 이에 다음을 포고한다. 우리 민족에 있어서 독립을 철저하게 주장하고 있는 내외동포는 남녀를 막론하고 이 유일한 한국독립당에 결합하여 이에 의하여 우리 운동계의 일치를 역도(力圖)하고 독립의 대업을 조일성취(早日成就)할 것을 바야흐로 바란다.

4257년 6월 10일

국민위원회 집행위원 김규식 신숙 이청천 김응섭 윤해 강구우 한형권 오창환 김세준[149]

---

149 「(3) 포고 제1호」, 「국민위원회 공보 입수에 관해 1924년 9월 5일 자로 재상해 총영사가 외무대신에게 보고한 요지」, 국회도서관, 1976, 위의 책, 516~517쪽.

포고 제1호는 국민위원회를 한국독립당으로 개편·변경하는 사정과 정당성을 주장한 것이다. 형식은 마치 국민위원회가 한국독립당을 새로 조직하는 듯 꾸며졌지만, 내용상으로는 국민위원회를 한국독립당으로 변경한 것이다. 포고 제2호(1924. 6. 10)는 국민위원회·한국독립당의 명의를 도용해 의연금을 걷는 행위에 대해 경고한 것이다.

(5) 박용만 제명 미스터리

『국민위원회 공보』 제1호에서 드러난 가장 충격적인 사안은 국민위원 박용만의 제명과 비서장 해임(1924. 6. 15)이었다.

> ○ 결정서
> 국민위원 박용만은 적의 양해 아래에 국내에 출입한 사실이 본인 구두공술(口供)에 따라 명백한 바, 독립운동의 총책임을 지는 데에 국민위원 또는 비서장의 중직을 띤 신분으로 이처럼 불철저하게 궤적을 벗어난 행동을 감히 행하는 것은 만약 개인의 일시적 수단으로 이용하는 계획에 내거나 하는 것도 도저히 이를 용서(谷恃)할 수 없는 것으로 힘에 따라 제일 먼저 해당 비서장의 직임을 해임(遞免)해 국민위원회에서 제명하는 것을 결정한다.
>
> 4257년 6월 15일
> 국민위원회 집행위원 김규식 신숙 이청천 김응섭 윤해 강구우 한형권 오창환 김세준[150]

---

150 「국민위원회공보 제1호 송부의 건」(1924. 8. 29), 機密 제395호, 芳澤謙吉 中國특명전권공사-幣原喜重郎 외무대신, 『不逞團關係雜件 鮮人ノ部 上海假政府』 5; 「(5) 결정서」, 「국민위원회 공보 입수에 관해 1924년 9월 5일 자로 재상해 총영사가 외무대신에게 보고한 요지」.

박용만은 국민위원회 총회가 개최되기 직전 총독부의 양해하에 경성을 방문했다.[151] 이는 본인 스스로 시인한 것이다. 경과는 명확하지 않고 일제 정보보고도 혼란스럽다. 1923년 11월 21일 자 북경 주재 공사(芳澤謙吉)의 정보보고에 따르면 박용만은 조선총독부 기토(木藤克己) 통역관을 통해 상해-나가사키를 경유해 서울(京城)에 미행(微行)하겠다는 의사를 조선총독부에 피력하였고, 총독부의 양해를 얻어 기토 통역관과 함께 1923년 12월 20일 아침 북경을 떠나 상해로 갔다.[152] 1주일 뒤인 11월 28일 북경 주재 공사의 보고에 따르면 박용만이 창조파의 최고간부, 즉 국민위원에 취임하기 위해 블라디보스토크로 향할 예정이며, 카라한으로부터 중국인 우성(于醒, 박용만의 호 우성又醒의 오기)이란 이름으로 입국허가증을 받았고, 12월 5일까지 국경을 통과할 예정이라고 쓰고 있다.[153]

이후 조선총독부 통역 기토의 정보보고(1924. 1. 25)에 따르면 1924년 1월 15일 현재 박용만은 하얼빈에 체류 중이었다.[154] 이 사이에 박용만이 서울을 방문했을 것으로 보이지만 정확한 날짜를 특정하기는 어렵다. 그러나 서울을 방문한 것만은 분명한 사실이었다.

1924년 2월 23일 하얼빈총영사(山內四郎)는 박용만이 상해-나가사키-서울을 거쳐 1924년 1월 13일 하얼빈에 도착했다고 보고하고 있다.[155] 박용만은 1월 15일 오후 3시 하얼빈을 떠나 블라디보스토크로 출발했는

국회도서관, 1976, 위의 책, 517~518쪽.
151 최영호, 2010, 「박용만: 문무를 겸비한 비운의 민족주의자」, 『한국사시민강좌』 47, 123쪽.
152 「〔不逞鮮人 朴의 浦潮行에 관한 件〕」(1923. 11. 21), 17430 暗 제1168호, 芳澤(北京公使)-伊集院(外務大臣), 『不逞團關係雜件 鮮人ノ部 在支那各地』 3.
153 「〔박용만의 동정〕」(1923. 11. 28), 16457 暗 제1100호, 芳澤(北京公使)-伊集院(外務大臣), 『不逞團關係雜件 鮮人ノ部 在支那各地』 3.
154 「박용만과 그 동지의 동정 및 창조파의 행동에 관한 건」(1924. 1. 25), 北第 號, 木藤克己(통역관)-丸山鶴吉(경무국장), 『不逞團關係雜件 鮮人ノ部 在支那各地』 3.
155 「박용만의 행동에 관한 건 보고」(1924. 2. 23) 機密제28호 山內四郎(하얼빈총영사)-松井慶四郎(외무대신), 『不逞團關係雜件 鮮人ノ部 在支那各地』 3.

데, 2월 18일 오후 7시 몰래 하얼빈에 돌아와 러시아인이 경영하는 호텔에 투숙하고 2월 20일 오후 9시 남행열차를 타고 북경으로 돌아갔다. 하얼빈 체류 중 박용만은 절대 누구하고도 만남을 회피하고 하등의 언동도 하지 않아서, 이번 여행이 모 측의 양해를 얻은 것으로 들어 알고 있다고 보고하고 있다. 충격적인 것은 박용만이 국민위원회 회의·블라디보스토크 거주 한인·일본공산당 당원 등에 대한 내밀한 정보를 하얼빈총영사에게 전달하고 있는 장면이다. 박용만이 진술한 국민위원회의 상황이다.

> 본년(1924) 1월 28일부터 블라디보스토크정부의 양해를 얻어 국민위원회를 주최해 2월 5일 동 회의를 속행했지만 고려공산당 상해파 계통 및 이르쿠츠크(伊市) 계통의 반대운동이 일어나 일시 중지를 선언했으며 그 회의는 하등의 회의를 하지 못하고 해산했다.[156]

박용만은 블라디보스토크 도착 직후 신변의 위협을 받아 체재 중 외출도 하지 못했으며 당초 계획한 일도 무위로 돌아갔다는 것이다. 하얼빈총영사의 보고를 종합해 본다면 박용만은 조선총독부의 양해하에 1923년 말 ~1924년 초 사이에 서울을 방문한 것이 사실이며, 국민대표회의 총회(제1회 회의)가 개최되던 시점에 블라디보스토크에 체류하고 있던 것도 사실로 보인다.[157]

1924년 4월 조선총독부가 입수한 「유력 조선인의 수기: 연경야화(燕京夜話)」는 박용만이 쓴 것으로 추정되는데, 이에 따르면 그의 블라디보스토

---

156 「박용만의 행동에 관한 건 3」(1924. 3. 10) 亞三機密合 제159호 松平(外務次官)-井上(內務次官), 赤池(警視總監); 「박용만의 행동에 관한 건 보고」(1924. 2. 23) 機密제28호 山內四郞(하얼빈총영사)-松井慶四郞(외무대신), 『不逞團關係雜件 鮮人ノ部 在支那各地』 3.
157 최영호는 박용만이 국민대표회의 총회에 참석했다고 썼지만, 국민대표회의 참석자 명단에 박용만의 이름은 나타나지 않는다. 최영호, 2010, 위의 논문, 123~124쪽.

크 일정은 다음과 같았다. 박용만은 1923년 12월 20일 이래 베이징-상해-나가사키-서울을 경유해 1924년 1월 12일 하얼빈에 도착했다. 1월 13일 국민위원회와 접촉했고, 국민위원회는 1월 14일 블라디보스토크의 포그라니치나야(Пограчиная) 거리로 가서 공산당 대표 기세르리요노프와 회견할 것을 요청했다. 회견 이후 박용만은 1월 21일 블라디보스토크에 도착해 영접을 받았다. 박용만은 국민위원회, 국제공산당 고려부 주임, 한명세 등을 만났는데, 국민위원회 측은 국제공산당이 국민위원회를 조선혁명당의 중앙기관으로 인정했다고 한 반면, 국제공산당 측은 공산주의 제도 수립이 먼저라고 요구했다. 의견이 엇갈리자 박용만은 2월 17일 블라디보스토크를 출발해, 2월 18일 하얼빈을 거쳐 베이징으로 돌아왔다.[158] 결국 블라디보스토크에 갔으나 국민위원회 제1회 회의(1921. 2. 19~2. 23)에는 참석하지 못하고 돌아왔던 것이다.

박용만이 서울, 블라디보스토크 왕래의 경과와 견문한 사정을 하얼빈 총영사 등에게 전달한 것도 사실로 판단된다. 그가 왜 이런 행동을 했는지는 미상이다. 박용만의 서울 방문을 둘러싼 의문과 의혹의 결과 북경군사통일회는 사실상 종막을 고했고, 박용만 자신도 수년 뒤 비극적 암살을 당하게 되었다.

국민위원회를 열성적으로 추진했던 창조파 인사들은 2월 하순부터 3월 상순에 걸쳐 블라디보스토크를 떠나 길림을 경유해 북경으로 돌아갔다.[159] 김규식도 3월 길림을 경유해 가족들이 있는 상해로 귀환했다.[160]

---

158 김도훈, 2010, 『박용만』, 역사공간, 153~155쪽.
159 일제의 정보보고에 따르면 1924년 8월 현재 북경에 체류하고 있는 국민위원회 집행위원은 신숙, 강구우, 김세준, 국민위원은 남공선, 이민창, 원세훈, 박건병, 집행위원회 비서 중 북경과 관련 있는 자는 장정일, 정인교 등이었다. 「國民委員會公報 第一號 送付の 件」(1924. 8. 29), 機密 제395호, 芳澤謙吉 中國特命전권공사-幣原喜重郎 외무대신, 『不逞團關係雜件 鮮人ノ部 上海假政府』 5.
160 「창조파 한인독립운동자의 동정 등에 관해 1924년 4월 18일 자로 조선총독부 경무국장이 외

1924년 5월 일본 상해총영사는 평소 러시아를 신뢰한다는 언동(言動)을 공연히 발표했던 김규식이 한인 독립운동자 동지에게 면목이 없다며 비관하고 있다는 정보를 전하고 있다. 김규식은 프랑스 조계 패륵로(貝勒路) 길평리(吉平里) 20호 조잡한 집의 방에 세들어 월세 16불을 내고 있으며, 천진 방면에서 취직처를 알아보고 있다는 것이다. 김규식의 심경은 다음과 같이 기록되어 있다.

> 러시아(露西亞)가 극동제국의 혁명을 결행할 의도를 가지고 있음은 분명하나 이를 결행하는데 필요 적당한 주뇌자(主腦者)가 결여되고 있다. 블라디보스토크에서의 극동혁명국(極東革命局)의 수령은 '브이스첸스키'(보이틴스키)이나 그는 하등의 정견(定見)이 없어서 여러 번 그 방침을 변경하므로 용이하게 그를 신뢰할 수 없으나 러시아(露國)는 일본공산당에 많은 신뢰를 가지고 동아제국 혁명의 성과는 오로지 일본공산당에 기대해야 한다고 말하고 있었다.
> 목하로서는 일·러 양국 공산당 간에 갈등이 없는 것은 아니나 대세는 양호한 상태에 있어 일본공산당이 제일로 착수하지 않으면 안 될 것은 군벌과 관료의 파괴이다. 고로 일본공산당은 이 방침을 향해 전력을 집중하고 있다. 러시아(露國)공산당은 일본공산당을 통해서 일본에서의 노농계에 공산주의의 종자를 심고 있다.[161]

김규식의 이름이 다시 세상에 알려진 것은 교육계로 복귀하면서부터

무차관에게 통보한 요지」, 국회도서관, 1976, 위의 책, 500쪽; 「국민위원회 공보 입수에 관해 1924년 9월 5일 자로 재상해 총영사가 외무대신에게 보고한 요지」, 국회도서관, 1976, 위의 책, 511~512쪽.
161 「블라디보스톡으로부터 귀래한 창조파 한인에 관해 1924년 5월 3일 자로 재상해총영사가 외무대신에 보고한 요지」, 국회도서관, 1976, 위의 책, 501~502쪽.

였다. 『동아일보』와 『신한민보』 등에 따르면 김규식은 1924년 6월 초순 상해 인성학교 안에 예비 강습소를 설치했다.[162] 1923년 블라디보스토크로 건너가기 전 중한국민호조사 상해총사가 시도한 인성학교 내 중국어학교, 김규식 중심의 남화학원의 연장선이었다. 다른 한편, 1924년 9월 일제의 정보보고는 김규식이 상해 프랑스 조계 동방대학(東方大學)에 영어교사로 취직했다고 쓰고 있다.[163]

이렇게 김규식의 블라디보스토크 여정은 끝을 맺었다. 그의 일생 중 가장 치열하게 극단으로 달려간 시기였다. 독립운동 세력의 통일을 지향했던 김규식은 임정의 분열, 국민대표회의 실패, 국민위원회의 우극(愚劇)에 도달한 후에야 멈춰섰다.[164] 파리-워싱턴-하와이-시드니-상해-고륜-이르쿠츠크-모스크바-블라디보스토크로 이어진 1919년부터 1924년까지 김규식의 대여정은 파란 속에 끝을 맺었다.

162 「상해에 예비강습, 김규식 박사 등 발기로 인성교안에 강습 설치」, 『동아일보』(1924. 6. 6).
163 「국민위원회 공보 입수에 관해 1924년 9월 5일 자로 재상해 총영사가 외무대신에게 보고한 요지」, 국회도서관, 1976, 위의 책, 511~512쪽.
164 임경석은 "국민대표회의를 결렬시킨 바탕 위에서는 그 어떤 민족통일전선 운동도 성공할 수 없었다. 독립운동 대열의 분열을 통해서는 결코 민족통일전선을 구축할 수 없었던 것이다"라고 평했다. 임경석, 2013, 위의 논문, 207쪽.

생업에 돌아가 일상을 돌보다

3

(1923~1932)

1   상해 남화학원·고등보수학원·삼일공학의 교육자
(1923~1925)

  국민대표회의가 실패로 귀결된 이후 한국 독립운동은 큰 침체를 벗어나기 어려웠다. 파리강화회의가 제1차 세계대전 종전 이후 새로운 세계질서의 재편과 영구평화, 민족자결주의에 대한 기대에서 비롯되었다고 한다면, 국민대표회의는 임시정부의 외교노선 실패에 근거한 새로운 방향 모색이었다. 전자가 미국과 파리강화회의에 대한 기대와 재미한인들의 재정적 후원에 기초한 것이라면 후자는 러시아에 대한 희망과 러시아의 재정적 후원에 기초한 것이었다. 국민대표회의가 실패한 후 이승만의 『태평양잡지』(1924. 10)는 이승만이 원치 않는 대통령을 맡은 것은 상해 모 씨, 즉 안창호의 권고를 이기지 못한 것이며, 그 증거가 구미위원부에 있다고 주장했다. 그러자 『신한민보』는 이렇게 반박했다. "국민대표회의 실패는 한성정부 파괴자의 실패보다 그 죄가 경하다. 피로 세운 한성정부가 국민대표회의 때문에 파괴된 것이 아니고 대통령 문제 때문에 파괴된 것이며 한성정부가 파괴되었기 때문에 국민대표회가 생김이다."[1]

  1924년 상해로 돌아온 김규식은 임시정부로 돌아가지 않았고, 독립운

---

1   「海外月旦」, 『신한민보』(1924. 12. 4).

동에 참가하지도 않았다. 거리를 둔 것이다. 김규식의 이름이 다시 세상에 알려진 것은 교육계로 복귀하면서부터였다.

김규식의 교육 활동은 1923년 블라디보스토크로 건너가기 전 중한국민호조사 상해총사가 시도한 인성학교 내 중국어학교의 연장선에 놓여 있었다. 1923~1925년간 김규식은 남화한인학원, 고등보수학원, 삼일공학 등의 다양한 이름으로 불린 상해 프랑스 조계 내 한인 유학생 예비학교(중등과정)를 설립해 운영 중이었다.

상해에서 김규식의 교육 활동은 서병호와 함께 1923년 창설한 남화학원(南華學院)에서 비롯된 것으로 보인다. 동제사 시절 김규식은 유학생들의 중국 대학 진학을 위한 예비학교 겸 기숙사를 운영한 바 있었다. 이런 경험과 교육자로서의 배경이 김규식의 학교 설립과 운영으로 이어졌을 것이다. 남화학원은 중국에 유학차 건너온 한국 학생들을 위해 설립한 것으로, 1923년 현재 남경에 100여 명, 상해에 90여 명, 기타 소주, 항주, 북경, 천진, 광동 등에 약 400여 명의 한국 학생들이 체류 중이었다. 이들은 영어와 중국어 불통으로 학업에 문제가 많았기에 김규식, 서병호 두 사람이 중국인 이적(李迪) 문학사, 구미 유학 후 상해 각 대학과 전문학교 강사로 활동하는 몇 사람과 함께 학교를 공동 창립한 것이다. 중학예과 2개년, 고등예과 4개년, 특별상과 2개년, 대학 각 과 4개년 등으로 경영할 계획으로 1923년 가을부터 중학예과 1, 2년, 고등과 1, 2년, 상과 1년을 설치할 예정이었다. 중국어 외에는 모두 영어를 사용한다고 했다.[2]

남화학원은 1923년 9월 14일 개학했는데, 9월 17일부터 강의가 시작되어 학생 150명 중 한국인 학생 40여 명이 등록했다. 중학생 학비는 학비, 식비, 기숙사비를 포함해 1년 148원이었다.[3] 상해 일본총영사의 보고

---

2 「김규식 박사 경영의 남화학원 개학원 오는 9월 11일부터, 교수용어는 전부 영어」, 『동아일보』(1923. 8. 21); 「남화학원의 창설」, 『독립신문』(1923. 9. 1).

에 따르면 상해로 건너온 학생이 1923년 가을 이래 60명으로 증가하고 있었으며, 국내『동아일보』광고와는 달리 고향에서 학비를 송금받는데 그 돈으로 무위도식 방랑 생활을 하는 자가 많은 상황이라고 보고했다. 일본 정보당국은 이들이 사회주의의 영향을 받고 독립운동에 참가할 것을 우려하고 있었다.[4] 남화학원 학생자치회도 조직(회장 최충신崔忠信)되었다.[5] 최충신은 1924년 2월 상해유학생회 회장에 선임되었다.[6]

김규식의 남화학원 개교로 인해 국내외에서 한국인 학생의 상해 유학이 증가하자, 상해총영사는 1923년 2월 현재 상해 재류 한국 유학생 현황을 조사해 보고했다. 이에 따르면 동제학교(同濟學校) 11명(안호상), 혜령영문교(惠靈英文校) 7명, 중국청년회야학부(中國靑年會夜學部) 2명(장붕, 김철), 청심여학교(淸心女學校) 2명, French School 2명, Hanbury School 4명(김원경), 호강대학(滬江大學) 5명(주요한, 주요섭), 남화학원(南華學院) 46명, 중서여숙(中西女塾) 3명, 중령학당(中領學堂) 1명(안우생), 동방예술(東方藝術) 4명, 명강중학(明强中學) 3명, 미술학교(美術學校) 2명, 영생학교(靈生學校) 2명 등으로 조사되었다.[7] 총 98명의 한국인 유학생 중 46명이 남화학원에 재학 중이라는 결과가 나왔다. 압도적으로 많은 비중을 점하고 있는 것이다. 김규식의 아들 김진동도 김필립(金弼立)이란 이름으로 남화학원에 등록되어 있었다.[8]

그런데 1924년 3월 남화학원이 해산했다는 기사가『매일신보』에 게재

---

3 「남화학원 9월 17일부터 개학되여 동포의 학생이 40여 명」,『동아일보』(1923. 10. 6).
4 「上海在住 鮮人留學生 狀況에 관한 件」(1924. 2. 19), 矢田七太郞(上海總領事),『不逞團關係雜件 鮮人ノ部 在上海地方』5.
5 「상해남화학원생 학생자치회를 조직하야 호상부조」,『동아일보』(1923. 10. 29).
6 「상해유학생회 임원을 새로 개선」,『동아일보』(1924. 2. 11).
7 「上海在住 鮮人留學生 狀況에 관한 件」(1924. 2. 19), 矢田七太郞(上海總領事),『不逞團關係雜件 鮮人ノ部 在上海地方』5.
8 장붕·김철은 중국청년회(YMCA) 야학부, 김원경은 Hanbury School, 안호상은 동제학원, 안원생은 중령학당, 서병호의 아들 서재현은 동제대학에 재학 중이었다.

되었다. 기사에 따르면, "1923년 여름부터 내외 각 신문에는 남화학원에 대해 김규식을 원장으로 하고 설비가 완전하며 학비가 적다는 대대적인 과대광고가 실렸다. 다수의 한국 청년이 상해로 건너갔으나, 학원 내용이 완비되지 못하고 학비도 몇 개월분을 미리 선납해야 해서 학업을 단념하고 돌아온 청년들도 많았다. 그 후 김규식은 원장을 그만두고 서병호 교사가 중국인 교사와 함께 경영하다 최근 한국인 학생 50명을 전부 퇴학시켰는데, 이유는 학비를 내지 않는다는 것이며 미납금이 1천4백여 원에 달했을 뿐 아니라 오만불손하여 예의를 지키기 않고 교사의 명령을 듣지 않는 까닭"이라고 했다.[9]

결국 남화학원은 1923~1924년간 존재했으며, 1924년경 이후 고등보수학원(高等補修學院)으로 이름을 변경한 것으로 보인다. 1925년 5월 상해 일본총영사관의 보고에 따르면 "김규식이 설치해 경영하는 보수학원(남화학원 개칭)은 김규식, 여운형, 신국권, 현정건, 최창식, 김종상(김종상을 제외한 나머지는 모두 공산주의자) 6명이 영어, 중국어, 경제, 이 3개 과의 교편을 잡고 있고, 학생은 한국인 약 50명가량이지만 유지가 상당히 곤란해서, 학원을 공립중학교(잠칭 정부 경영의 뜻)로 승격하려는 운동을 진행하고 있으며, 유지경비는 약 5만 원으로 계상하고 자금은 한국 내 유지자로부터 기부받기를 희망하고 있다. 기부자명부를 작성하고(주로 한국 내 거주 여운홍 자제) 원생으로부터 1천 원의 약정을 받았다"고 한다.[10]

『동아일보』와 『신한민보』 등에 따르면 김규식은 1924년 6월 초순 상해 인성학교 안에 예비강습소를 설치했다.[11] 고등보수학원으로 불린 이 학

9 「남화학원 해산, 학비를 선납치 안이하고 태도가 오만무례하다고」, 『매일신보』(1924. 3. 13).
10 「不逞鮮人 金奎植 設置의 補習學院 昇格運動의 件」(1925. 5. 29), 矢田七太郎(上海總領事), 『不逞團關係雜件 鮮人ノ部 在上海地方』 5.
11 「상해에 예비강습, 김규식 박사 등 발기로 인성교안에 강습 설치」, 『동아일보』(1924. 6. 6); 「상해에 예비강습소 설립 김규식 박사의 발기로써 인성학교 안에 각과를 교수」, 『신한민보』

교는 김규식이 학교장을 맡은 상해 인성학교 내에 설치된 강습소로 중국에 유학 온 한국 학생들을 위한 예비학교였다.[12] 약 30명의 학생들이 다니는 이 학교는 인성학교와 함께 대표적인 한인 교육기관이었다.[13] 1924년 6월 초 개학하고 교수를 시작했는데, 영어(김규식, 여운형, 현정건), 수학 및 산학(최창식, 서병호), 중국어〔김문숙(김순애)〕, 국어 및 국사(김두봉 외 수명)로 교사진이 짜여 있었다.[14] 김규식의 친족과 친구들(여운형 등)로 운영되는 곳이었다. 학교의 기본 목적은 유학생들이 신속한 기한 내에 상해에 있는 여러 대학에 입학할 수 있도록 영어, 산술, 수학, 중국어를 가르치는 데 있었다.[15] 1925년 베이징 주재 프랑스공사관 문서에 따르면 김규식이 운영하는 학교는 1924년 봄에 설립된 한국 유학생 학교이며 상급학교와 대학교 진학을 준비하는 곳으로 소개되어 있다. 학교는 아미랄 베일로(Rue Amiral Bayle, 貝勒路) 길평리 주택단지 21호에 자리 잡았고 약 30명의 학생이 다니고 있었으며, 교장은 김규식으로 표기되어 있다.[16]

『동아일보』는 고등보수학원이 1924년 가을에 개학한 후 많이 발전해서, 정식 중학으로 조직을 변경하기로 하였는데, 완전한 중학이 설립되면 해외 한인들이 교육을 위해 경성에 유학시키는 것보다 편리하겠다는 여론을 싣고, 고등보수학원은 삼일중학으로 이름을 변경하기로 하고 기부금도 1천여 원을 받아 가을부터 개학할 예정이라고 했다.[17] 국내에서는 삼일

  (1924. 7. 10);「김규식 박사 경영 上海高等補修學完, 중국류학생에게 큰도움이 될 예정」, 『동아일보』(1924. 9. 7).
12 「예비학교 설립, 우리 유학생을 위하야」, 『시대일보』(1924. 6. 9).
13 「상해 한인사회의 일반정보에 관한 건(1925. 7. 21. 상해, 공무국 경무처 정보문서)」, 국사편찬위원회, 1991, 『한국독립운동사』 자료20(임정편Ⅳ).
14 「상해인성학교 내에 예비강습, 김규식 박사 등 발긔로 인성교안에 강습소 설치」, 『동아일보』(1924. 6. 6);『신한민보』(1924. 7. 10).
15 「중국유학의 새 길, 김규식 박사의 제씨 경영으로 류학생의 준비지식을 가르친다」, 『동아일보』(1924. 8. 4).
16 국사편찬위원회, 2015, 『(프랑스외무부 문서보관소 소장) 한국독립운동사료 1 중국 베이징 주재 프랑스 공사관 문서(Légation de France à Pékin)』 1, 31~32쪽.

중학 혹은 삼일공학(三一公學)으로 알려졌는데, 김규식이 상해 한인 유학생을 위해 설립한 삼일공학의 지원자가 3백 명이어서 1925년 9월 5일 예정대로 개교할 것이며, 교사(校舍)와 학우회도 설립되었다고 보도했다.[18] 임시정부에서도 삼일공학에 일정 부분 지원했다. 임시정부 재무부 보고(1930. 11. 18)에 따르면 대한민국 7년(1925)에 타자압대(打字押貸), 즉 타자비 20원을 지원한 것으로 되어 있다.[19] 삼일공학은 박은식의 장례식(1925. 11. 4)에서 인성학교 학생들과 함께 봉송행렬에 참가했으며,[20] 단군건국기념식(1925. 11. 18)을 상해 민단 및 청년동맹회와 함께 거행하기도 했다.[21]

김규식은 1925년 『동아일보』에 3회에 걸쳐서 「반성과 단결의 필요」라는 기고문을 게재했는데, 핵심은 자신이 상해에서 운영하는 삼일공학에 대한 지지와 선전이었다. 김규식은 한국의 운동이 인물 본위나 개인 본위가 아니라 사업 본위로 나아가야 하며, 이승만·이동휘·안창호는 위대한 대표적 독립운동의 영수이지만, 주객이 전도되어 사업보다 개인 본위가 되었다고 비판했다.[22] 김규식은 자신이 파리에서 미국으로 왔을 때 한미교육회 혹은 한중미교육회 등 교육기관을 조직해 구미 유학생의 경로를 인도하려 했는데, 경비 부족으로 성공하지 못했다며, 자신이 상해에서 하려는 교육기관을 설명했다. 미국 유니온오일 석유회사나 기업가 등의 원조를 받기를 희망한다고 했다. 한국 학생들이 외국에 유학하려고 해도 4~5년 중학과정을 졸업한들 영어가 부족하고, 중국에 와서 중국어 관계로 4~5년을 허

17 「상해에 삼일중학, 가을부터 개학」, 『동아일보』(1925. 6. 4).
18 「유망한 삼일공학, 입학 지원자 다수」, 『동아일보』(1925. 8. 9); 「삼일공학 충실, 내용이 점점 충실」, 『동아일보』(1925. 10. 11).
19 「결산안 제출의 건」(1930. 11. 18, 재무장 김구), 『대한민국임시정부자료집』 6(임시의정원V).
20 『동아일보』(1925. 11. 13).
21 『동아일보』(1925. 11. 27).
22 김규식, 「반성과 단결의 필요」(1), 『동아일보』(1925. 2. 8).

비하는데, 보통 5~6년 이상 걸릴 것을 2~3년간에 속성으로 보수(補修)시키려고 하는 것이 자신의 교육기관으로 국내 학교와 중국 학교 간 연락기관이자 구미 유학생의 소개기관이 될 것이라고 자임했다.[23] 김규식이 자신의 주소를 『동아일보』에 밝힐 정도로 삼일공학을 공개적으로 운영하려고 했다.[24]

　이 학교의 명칭이 계속 변경된 것은 재정적 어려움과 중국 교육제도에서 이 학교가 차지하는 공식적 위치의 불투명함 때문이었을 것이다. 조상섭이 안창호에게 보낸 편지(1925. 1. 5)에 따르면 "보수학원(補修學院)은 장수(長壽)할 희망이 업고 남화학원(南華學院)은 발셔 절명(絶命)하엿사오니"라고 하였는데,[25] 이런 전후 사정을 반영한 것으로 보인다. 김규식은 1925년 1월 7일 상해 삼일당에서 개최된 한인유학생회 강연회에서「한국과 동아의 관계」라는 제목으로 연설했다.[26] 『신한민보』는 1925년 현재 김규식은 중국 상해에서 교육에 종사하며 유학 온 학생들을 인도하고 편리를 제공한다고 보도했다.[27] 그런데 김규식이 전력을 기울였던 남화학원-고등보수학원-삼일공학은 1925년 중반 위기에 처했다. 김규식은 1925년 중국 언론 기고문 때문에 공동조계 영국 경찰과 일본 영사경찰로부터 체포영장이 발부되었고, 피신해야 했다.

　이런 연유인지 모르겠지만, 1926년 2월경까지 약 50명의 학생이 있던 삼일공학은 이후 교사와 학생 간 상호 내홍 등이 계속 일어나는 데다 학생

23　김규식,「반성과 단결의 필요」(1)~(3), 『동아일보』(1925. 2. 8~2.10).
24　김규식의 주소는 프랑스 조계 환용로 달풍리 1호 자택, 프랑스 조계 패륵로 길평리 21호 상해고등보수학원으로 명시되었다. 김규식,「반성과 단결의 필요」(3), 『동아일보』(1925. 2. 10).
25　「조상섭이 안창호에게 보낸 편지」(1925. 1. 5), 『대한민국임시정부자료집』 42(서한집 I).
26　「유학생회 강연, 상해 삼일당에서 김규식 박사도 강연」, 『동아일보』(1925. 2. 17);「원동소식-류학생강연회」, 『신한민보』(1925. 3. 19).
27　「김규식 박사난 교육에 열성」, 『신한민보』(1925. 7. 23).

1　상해 남화학원·고등보수학원·삼일공학의 교육자

들이 월사금을 내지 않아서 재정 궁핍으로 1926년 5월경에는 근근이 20여 명이 남아 폐교할지 모른다는 우려가 생겼다.[28] 삼일공학이 언제 폐지되었는지는 알 수 없다.

---

28 「上海情報」(1926. 5. 24), 朝鮮總督府 警務局長, 『不逞團關係雜件 鮮人ノ部 在上海地方』 6.

2   상해 혜령영문교·복단대학 교수, 5·30운동, 북벌 참가
(1922~1928)

(1) 혜령영문교·복단대학 교수

김규식은 1950년 자필 이력서에서 자신의 교육 경력을 이렇게 적었다.

> 교육 활동.
> 위에서 이미 언급한 것처럼 1905~1913년간 한국에 있는 동안 교육 활동에 종사한 것 외에, 중국에서 일부 간격은 있었지만 약 20년간 다양한 지위로 교육 업무에 종사했다. 상해 윌리엄스대학(Williams College in Shanghai)(1922~1927) 학장, 교수, 후에 총장, 상해 복단대학(Fuh Tan University) 교수(1923~1924), 천진 북양대학(Peiyang University, Tientsin) 영어교수(1929~1933), 남경 중앙정치학교(Central Political Institute) 영어강사(1933~1935), 성도(成都) 및 아미산(峨眉山)의 국립사천대학(the National Sxechwan University, Chengtu) 외국어문학부 교수 및 후에 학부장.[29]

---

29 「김규식 자필 이력서」(영문, 1950), 4~5쪽.

김규식은 상해 시절 윌리엄스대학(1922~1927), 복단대학(1923~1924)에서 교수로 근무한 것으로 기록하고 있다. 그런데 김규식이 1922년부터 1927년간 학장·교수·총장을 지냈다는 윌리엄스대학이 어디인지는 미상이다. 상해의 인가받은 고등교육기관 중에 윌리엄스대학은 확인되지 않는다. 5년 동안 교수·학장·총장직을 유지했다면 일반인들에게도 잘 알려져 있을 터인데, 김규식과 관련해서 윌리엄스대학이라는 학교명이 알려지지 않았다. 미 의회도서관 신문 검색사이트인 크로니클링어메리카(Chronicling America)에 따르면 상해에 윌리엄스대학이 존재했던 사실은 확인된다.[30]

그렇다면 윌리엄스대학은 어떤 학교를 의미하는 것인가. 첫 번째는 김규식이 1923년부터 운영했던 남화학원·고등보수학원·삼일공학을 영어로 윌리엄스대학이라고 표기했을 가능성이다. 개학 당시 남화학원은 중학예과, 고등예과, 특별상과, 대학 각 과 등을 설치한다는 계획이었으니, 학교명을 영문으로 대학이라 표기했을 가능성이 있다.[31] 또한 김규식은 이 대학의 학장(Dean)과 교수(professor), 총장(president)을 지냈다고 썼는데, 해당 학교 근무 시기(1922~1927)가 남화학원·고등보수학원·삼일공학의 존립 시기와 일치한다. 그런데 남화학원이 윌리엄스대학이었다면 김규식은 이를 자신이 주도한 한국인 교육기관이라고 명시했을 것이다. 김규식의 이력서에 남화학원이나 임시정부 관련성은 전혀 언급되지 않았으므로, 가능성은 낮다.

두 번째는 중국 위키피디아인 바이두(百度)에서 김규식이 1920년대

---

30 "Det unge Kina," *Decorah-posten og ved arenen*, April 6, 1923. 이 신문은 아이오와에서 간행되던 노르웨이어 신문이었다. 이 기사에는 상해 윌리엄스대학 학장인 Dr. William Liu가 미국을 여행 중이라고 보도하고 있다.
31 「김규식 박사 경영의 남화학원 개학원 오는 9월 11일부터, 교수용어는 전부 영어」, 『동아일보』(1923. 8. 21); 「남화학원의 창설」, 『독립신문』(1923. 9. 1).

상해 시절 근무한 것으로 기록하고 있는 상해 혜령영문전과학교(惠灵英文专科学校)를 의미할 가능성이다. 이 학교는 1924년 상해 일본총영사관이 상해 서문가(上海 西門街)에 위치한다고 기록한 "혜령영문교"(惠靈英文校)이다. 혜령영문교를 영어로 읽을 때 Wheeling English College이므로 윌리엄스대학(Williams College)과 거의 유사한 발음임을 알 수 있다. 혜령(惠靈)이라는 교명은 은혜로운 성령을 의미하므로 기독교 계통 학교였을 것으로 추정된다. 김규식이 사천성 성도(成都) 사천대학 교수 시절 교류했던 미술가 오성지(吳成之, 1882~1962)를 다룬 중국 콰이동백과(快懂百科)에는 김규식이 1925년 상해에서 사립 혜령영문전과학교를 설립했으며, 상해 복단대학과 천진 북양대학에서 교수로 활동했다고 기록했다.[32] 다른 기록에는 이 시기 김규식이 상해대학(上海大學)에서 김중문(金仲文)이라는 이름으로 특별강좌 교수를 지냈는데, 당시 상해 혜령영어전문 경제학 교수(上海惠灵英专经济学教授)를 겸하는 것으로 나타나 있다.[33] 즉, 공통적으로 김규식이 1920년대 상해 혜령영어전문 교수였다는 사실을 기록하고 있는 것이다.

상해대학은 1922~1927년간 유지되었던 국민당과 공산당의 합작으로 만들어진 대학으로, 중국국민당과 중국공산당의 최고지도자들이 교사, 학장 등으로 일했다. 황포군관학교가 군사엘리트를 양성하는 곳이라면, 상해대학은 인문학의 최고대학이었다. 중국공산당의 영향력이 강했던 상해대학은 상해지역 5·30운동, 북벌전쟁, 상해노동자 3차 무장봉기의 핵심 역량이 되었고, 1927년 4.12사건 이후 남경국민당 정부에 의해 "적색의 대본영"으로 규정되어 폐쇄되었다. 김규식이 상해대학에서 김중문이라는 이름

[32] "韩国临时政府副主席曾客居五通桥," 바이두 吳成之 항목 중. https://www.baike.com/wikiid/1204489146295956494?view_id=3nt76ps4avc00(2022. 10. 3. 검색).
[33] https://zh.wikipedia.org/wiki/上海大学(中华民国)(2022. 10. 2. 검색); (院史)上海大学(1922~1927)·校史·院史人物录(三).

으로 근무했다는 사실은 전혀 알려지지 않은 일이다.

중국 측 기록을 종합하면, 김규식이 1920년대 초중반 상해에서 사립 혜령영문교 교수로 일한 것은 사실로 보인다. 다만 이 학교를 김규식이 설립했는지 여부는 미상이다. 그러나 김규식이 상해 혜령영어전문에서 일했다는 사실은 한국 측이나 일본 측 기록에 전혀 흔적이 남아 있지 않다. 또한 김규식도 혜령영어전문이라는 학교명을 기록하지 않았다. 1924년 상해 주재 일본총영사관이 상해 재류 한국인 유학생 현황을 조사할 때 혜령영문교는 남화학원과 함께 조사되었다. 이 조사의 기본 목적은 김규식이 주도하는 남화학원의 현황을 파악하기 위한 것이었다.[34]

그렇다면 김규식은 1950년 자신의 이력을 정리하면서 1923년 설립해 운영하던 남화학원·삼일공학과 상해대학 교수 경력은 제외한 반면 혜령영어전문학교와 복단대학 교수를 주요 경력으로 적시한 것이다. 특히 혜령영어전문학교를 윌리엄스대학으로 표기하며 교수·학장·총장을 역임했다고 함으로써 주요 경력으로 부각시킨 것이다.

남화학원은 정규학교가 아니라 한국인과 중국인을 대상으로 한 일종의 보습학교였으며, 좋지 않은 결말로 끝났기 때문에 제외했을 것이다. 또한 상해대학은 중국국민당에 의해 좌익 학교로 폐쇄되었기 때문에, 중국국민당이 운영하는 국립대학에 재직하게 된 김규식이 자신의 이력에서 상해대학 경력을 제외한 것으로 보인다. 즉, 남화학원은 정규 교육기관이 아니었다는 이유로, 상해대학은 폐쇄된 좌익계 학교였다는 이유로 이력서에서 제외한 것으로 판단된다. 대신 중국 대학이던 혜령영문교와 복단대학이 상해 시기 주요 교육 경력으로 내세워진 것으로 추정된다. 1945년 OSS 중국지부와 OSS 워싱턴본부의 보고서에도 김규식이 파리강화회의에서 돌아온

---

34 「上海在住 鮮人留學生 狀況에 관한 件」(1924. 2. 19), 矢田七太郎(上海總領事), 『不逞團關係雜件 鮮人ノ部 在上海地方』 5.

후 상해 윌리엄스대학(Williams College)에서 3년간 영어를 가르쳤다고 쓰고 있다.[35] 여러 가지 상황을 종합할 때 1950년 김규식의 이력서에 등장하는 상해 윌리엄스대학은 상해 혜령영문교일 가능성이 가장 높다.

1920년대 김규식이 복단대학에서 근무한 사실은 여러 자료로 확인된다. 이정식에 따르면 김규식은 상해 프랑스 조계에 살면서 복단대학과 다른 대학들에서 영문학 강의를 했다. 그러나 김규식은 일본총영사관 경찰의 추적 때문에 조계지가 아닌 상해 시내에 있는 대학의 경우 출퇴근길이 위험천만해서 대학을 그만두는 경우가 있었다. 프랑스 조계의 경우 조계 당국이 한국인 망명자들을 정치범으로 취급해 호의적이었고, 일본 경찰과 프랑스 경찰이 동행해서 오는 경우에도 프랑스 경찰에서 미리 통지하여 피신할 수 있었다고 한다. 김규식은 김중문(金仲文), 여일민(余一民), 왕개석(王介石) 등으로 변성명을 했다고 한다.[36] 김규식의 딸 김우애는 여일민이 김(金)씨 성을 분리해서 여(余)일(一)로 만든 변성명이었다고 증언했다.[37] 둘째로 김규식의 건강 때문이었다. 지병인 위병과 뇌수술의 후유증으로 졸도하는 등의 건강 상태가 지속적인 대학교수 생활에 장애가 되었다.[38]

다른 한편으로 1924년 9월 일제 정보보고는 김규식이 상해 프랑스 조계 동방대학(東方大學) 영어교사로 취직했다고 쓰고 있으며,[39] 위에서 살펴본 것처럼 김규식은 상해대학, 혜령영문교 등 상해의 여러 대학에서 영

---

35 「한국인들과 독립운동」(1942. 2. 21), 『대한민국임시정부자료집』 26; 국사편찬위원회, 1993, 『한국독립운동사』 자료22(임정편VII), 238~242쪽; 「한국 독립운동과 주요 지도자 개관」(1945. 3. 6), 『대한민국임시정부자료집』 26; 국사편찬위원회, 1993, 『한국독립운동사』 자료22(임정편VII), 335~340쪽; 국사편찬위원회, 1994, 『한국독립운동사』 자료25(임정편X), 519~523쪽.
36 張時華 編, 『건국훈화』, 30쪽; 이정식, 1974, 위의 책, 95쪽.
37 국사편찬위원회 소장 조종무 기증자료, 구술 폴린장(OH_06_027_폴린장_11).
38 이정식, 1974, 위의 책, 94~95쪽.
39 「국민위원회 공보 입수에 관해 1924년 9월 5일 자로 재상해 총영사가 외무대신에게 보고한 요지」, 국회도서관, 1976, 위의 책, 511~512쪽.

어를 가르쳤다.

(2) 일본 경찰과 영국 경찰의 체포 시도

상해 시절 일제는 김규식을 체포하려고 여러 차례 시도했다. 또한 공동조계 영국 경찰도 김규식을 체포하려고 했다. 1925년 7월 상해 공동조계 경찰은 김규식에 대한 체포장을 발부받았고, 1925년 8월 27일 프랑스 조계 경찰과 협력하에 김규식의 자택을 수색했다.

 이 사건과 관련한 기록이 미국 국립문서기록관리청에 상해 공동조계 공무국(工務局) 경무처(Shanghai Municipal Police, Special Branch) 관련 문서 속에 남아 있다.[40] 김규식은 상해학생연합회(The Shanghai Student Union, 上海學聯)가 간행하는 『유니온』(The Union) 창간호(1925. 7. 5)에 「"붉은" 칠하기와 중국 내 외국 언론」(The "Red" Paint and The Foreign Press in China)이라는 제하의 기고문을 실었다. 이 글은 1925년 5월 30일 상해에서 발생한 학생시위와 그 원인을 제공한 상해 공동조계 공무국 직속 영국 경찰의 비인간적 행태를 비판하는 동시에 이 사건을 좌익의 활동으로 호도하려는 상해 영국계 언론의 보도를 비판한 것이었다. 기고문으로 보건대 1925년 5월 30일 일본 면직물에 반대하는 상해 대학생들의 시위가 벌

---

40 RG 263. the Shanghai Municipal Police (SMP) files, Box 106. I.O. 4834. 2차 대전 이후 상해를 점령한 미군 손에 들어온 이 공동조계 경찰문서는 맥아더 사령부의 정보참모부장 윌로비의 손을 거쳐 미국으로 넘어갔다. 아카이브박스 119개 분량, 마이크로필름 69롤로 만들어진 이 상해 공동조계 경찰문서[the Shanghai Municipal Police (SMP) files]는 1894~1949년간 문서를 포괄하고 있으며, 그 가운데에도 1916~1929년간 "I.O." 파일이 중요하다. 여기에 김규식이 투고했다는 신문기사의 원본도 포함되어 있다. Guide to the Scholarly Resources Microfilm Edition of the SHANGHAI MUNICIPAL POLICE FILES 1894-1949, With an introduction by Dr. Marcia R. Ristaino, Scholarly Resources Inc. Wilmington, Delaware.

어졌고, 여기에는 다수의 대학생들이 참가했다. 그런데 영국 언론들이 이 대학생들의 배후에 볼셰비즘의 영향이 있다고 대대적으로 "붉은 색" 칠을 한 사실을 반박한 것이다. 정당한 대학생 시위를 공산주의 폭동음모로 몰아 갔다고 비판한 것이다.

『유니온』에 따르면 최근 중국 전역에서 벌어지고 있는 격변은 처음에는 일본인들의 부당한 노동 탄압과 학살에서 시작되었고 이후 상해 영국 당국의 무차별 진압으로 중국인들의 분노가 악화된 것이었다. 상해 방적공들은 일본 자본가들로부터 노동조직 결성권을 부정당했고, 잔혹한 방식으로 살해당했다. 부정을 목격한 중국 학생들이 공동조계에서 연설회의 방법으로 대중에게 사실을 알리려고 했다. 영국 조계 경찰당국은 무차별 총격과 학살이라는 테러적 잔혹 수단으로 연사는 물론 무고한 행인까지 죽였다. 5월 30일의 비극이었고, 이후 더 많은 죽음이 양산되었다.[41] 이것이 유명한 1925년 중국 상해 5·30운동이었다. 이 사건은 중국 학생운동과 민중운동을 고양시켰고, 영일 제국주의 침략에 미온적인 북양정부를 타도하는 북벌의 도화선이 되었다.

1925년 2월 일본계 방적공장에서 중국인 여공을 학대했고, 이를 계기로 노동자 파업이 일어났다. 5월 15일 상해 일본계 직물공장 노동쟁의 중 중국인 노동자가 일본군 수비대의 총격으로 사망하고 10여 명이 부상당했다. 이후 남경로(南京路)의 경찰서에 모인 대규모 시위대는 체포된 학생의 석방과 조계 반환을 요구했으나, 영국 경찰이 출동해 총격 끝에 13명이 사망하고, 15명이 부상당하고 53명이 체포되는 참극이 벌어졌다. 분노한 중국인들은 상해총공회(上海總工會)를 조직(1925. 6. 1)하고 파업했으며, 학생의 수업 거부, 상인의 동맹파업이 이어졌다. 이후로도 중국 전역에서 항

---

41 "An Appeal to the World: The Shanghai Union of Labor, Commerce & Education," *The Union*, Vol. I. No.I, July 5, 1925.

의가 이어졌고, 이에 대한 제국주의 국가들의 간섭과 무력 진압이 이뤄졌다.[42]

김규식의 기고문에 따르면 문치대학(文治大學), 상해대학(上海大學), 남방대학(南方大學), 동제대학(同濟大學), 남양대학(南洋大學), 남동대학(南東大學), 대동대학(大同大學), 대하대학(大夏大學), 복단대학(復旦大學), 성약한대학(聖約翰大學), 상해침회대학(上海浸會大學), 남경대학(南京大學), 연경대학(燕京大學) 등 중등 이상의 많은 대학이 영국 당국에 의해 볼셰비키의 영향을 받는다는 비난을 들었다. 중국공산당이 파업·시위의 배후에 있었지만, 분노의 가장 큰 이유는 자본가·제국주의에 의해 침략받고 학대받는 중국인들의 현실이었다.

김규식은 다음과 같이 주장했다. 공동조계 공부국 영국 경찰이 중국 학생과 무고한 행인들에게 잔혹한 폭력을 행사했다, 중국인들은 상해 남경로 대학살 4일 차에 신천지 지역에서 총격 사건을 벌였지만, 진상은 알 수 없다, 6월 12일 영국인들은 한구(漢口)에서 중국인 8명을 학살했으며, 분노한 중국 군중은 구강(九江)에서 영국영사관과 일본영사관을 습격했으나 심각한 피해를 주지 않았다. 타이완은행이 불탄 것은 내부 소행이었으며, 상해 조계 공부국 전기기사 맥킨지(MacKenzie)의 살해 사건도 다른 원인 탓으로 보인다.[43]

김규식의 기고문은 1925년 5월 30일 상해 방적노동자들의 사망과 이후 상해 대학생들의 공동조계 연설 이후 공동조계 영국 경찰에 의해 저질러진 학생과 행인에 대한 총격 사망을 비판한 것이다. 이 기사는 즉각 영국 측과 일본 측으로부터 주목을 받았고, 김규식 체포에 관한 국제적 공조가

---

42 전인갑, 2002, 『20세기 전반기 상해사회의 지역주의와 노동자』, 서울대학교출판부; 정문상, 2004, 『중국의 국민혁명과 상해학생운동』, 혜안.

43 Kiusic Kimm, "The "Red" Paint and The Foreign Press in China," *The Union*, Vol. I, No.I, July 5, 1925.

이뤄지기 시작했다.

1925년 7월 13일 상해 공무국 경찰처(Police Force, Municipal Council)의 기븐스(Givens)는 검사실에 김규식의 7월 5일 자 『유니온』 기고문을 동봉하며 일본 신민인 김규식에 대해 어떤 혐의로 기소가 가능할지를 문의했다.⁴⁴ 이에 대해 7월 15일 상해 공무국 검사실(Prosecuting Solicitor's Office, Municipal Council)의 메이틀런드(S. T. Maitland)는 김규식이 "「붉은 칠하기와 중국 내 외국 언론」의 저자로 평화를 해칠 수 있는 문장을 기술하는 등의 행동을 했기 때문에" 출판법 제11조 (B) 위반으로 기소하자는 의견을 냈다.⁴⁵ 7월 17일 상해 공무국 경찰처(I.O. Station)는 김규식을 탐문 조사한 내용을 보고했다. 이에 따르면 김규식 박사는 프랑스 조계 환용로(環龍路) 달풍리(達豊里) 1호 자택(No. 76 Route Vallon, Passage No.1)에 거주하고 있으며, 종종 신천지 근처에 사는 한국인 '현'(Hyen)[여운형으로 추정]을 방문하며, 키는 5피트 3인치, 43세이지만 어려 보이고, 검은 머리에 면도를 깨끗하게 하고, 소박한 옷차림을 하고 영어를 완벽히 구사하며 러시아어·불어·독일어도 어느 정도 인지하는 복단(復旦)대학 교수라고 보고했다.

김규식에 대해 출판법 제11조 (B) 위반으로 기소하자는 상해 공무국 검사실의 의견에 따라서 체포영장이 발부된 것으로 보인다. 이와 관련해서 일본외무성 기록에 남은 프랑스 조계 헌병대의 보고를 참조할 수 있다. 9월 2일 자 「불조계헌병대월보」(佛租界憲兵隊月報)에 이렇게 기록되어 있다.

닥터 김규식은 조선인 고등학교 관리자로서 공동조계 경찰에 따르면,

---

44 "Memorandum," Police Force, Municipal Council, Shanghai July 13, 1925. RG 263. the Shanghai Municipal Police (SMP) files, Box 106. I.O. 4834.
45 "Memorandum" Prosecuting Solicitor's Office, Municipal Council, Shanghai, 15/7/25. RG 263. the Shanghai Municipal Police (SMP) files, Box 106. I.O. 4834.

그는 9월 1일 무기 폭약 수송 혐의로 3개월 징역과 2백 달러의 벌금을 언도받은 영국인 크리스티(Christie) 대령과 밀접한 관계를 가지고 있다. 김규식은 학생을 위해 무기를 공급할 것을 계획했고 이에 관해 크리스티 대령과 관계가 있다.

7월 5일 김규식은 학생연합회 기관지 『연합』(聯合, Union)에 글을 지어서 중국에서 외국신문 특히 영국의 세력하에 있는 신문들에 대해 통렬한 공격을 가하였다.

공동조계 경찰은 즉각 김규식에 대해 영장 발급을 요구해 그를 체포하기 위해 노력했음에도 효과가 없자 8월 27일 최후의 계획으로 프랑스 경찰의 원조를 얻어 김규식의 가택을 임검(臨檢)했으나 당시 김규식은 부재 중이었고, 식사를 하기 위해 귀가하리라 추정했으나 마침내 돌아오지 않았다.[46]

상해 공동조계 영국 경찰은 김규식에 대해 2가지 혐의를 제기했다. 첫째, 무기·폭약을 중국 학생 측에 제공해 실형을 선고받은 영국인 크리스티 대령과의 연계 혐의였다. 크리스티 대령은 아마도 중국 학생들이 벌인 총격 사건, 구강(九江) 영국·일본영사관 습격, 타이완은행 방화 등과 관련해 무기·폭약을 제공한 혐의를 받은 인물로 추정된다. 그런데 김규식이 이 사람과 구체적으로 어떻게 연관되었는지 근거가 제시되어 있지 않다. 김규식의 언론 기고문을 통해 학생들에게 무기를 제공한 혐의를 김규식에게 씌우려 한 것으로 보인다.

둘째는 『유니온』에 선동적 기고문을 게재한 혐의였다. 이에 대해서는

---

46 「上海在留 鮮人의 狀況에 관한 件」(1925. 11. 11), 木村銳市(亞細亞局長), 『不逞團關係雜件 鮮人ノ部 在上海地方』 5. 프랑스어본은 「上海在留 鮮人의 狀況」, 『不逞團關係雜件 鮮人ノ部 在上海地方』 5.

구체적으로 출판법 위반이라는 혐의가 특정되었다. 앞서 살펴본 것처럼 7월 중순 김규식에 대한 체포영장이 발부되었고, 상해 공동조계 공무국 영국 경찰 측에서는 김규식을 출판법 위반으로 검거하려고 했으나 실패했고, 8월 27일 자택을 습격했으나 체포하지 못한 것이다. 김순애의 회고처럼 프랑스 경찰 측이 영국과 일본 측 체포영장 집행 사실을 김규식에게 미리 알려 주었을 가능성이 높다.

그런데 영국 경찰만이 김규식을 잡으려 한 것이 아니었다. 같은 시점에 상해 일본영사관 경찰은 '사기 협박' 피의자로 김규식에 대한 체포장을 발부(1925. 7. 20)했다.[47] 일본영사관 경찰이 김규식에 대해 제기한 '사기 협박'은 러시아 석유회사와의 거래에 관한 내용으로 보인다. 해당 문서철 뒤에 재중국 소련 석유무역부(the Oil Office of the Trade representative of the U.S.S.R. in China)의 관리자(Dosser)가 모스크바 석유신디케이트(Nephtesyndicate, нефтьсиндикáт) 이사회에 보낸 1924년 9월 5일 자 보고서 발췌번역본이 첨부되어 있다.

> 상해에 도착한 직후, 우선 자이드(Zaid) 동지가 시작한 김규식 씨와의 협상을 계속했습니다. 김규식 씨는 예비협정에 자신을 "중국 미국석유회사"(United Petroleum Corporation of China)의 대표로 표현해 서명한 사람입니다. 오해를 회피하기 위해, 그런 회사는 중국 내에 존재하지 않는다는 점을 지적합니다. 과거에 김규식은 한국 공산주의운동의 지도자였으며 코민테른 제2회 대회에 참석했습니다. 현재 그는 배신자이며 자신의 길을 "사업"으로 전환하려고 노력하지만 성공하지 못했습니다.
> 미국 석유 판매를 포함해 상업 회사를 조직하려던 그의 몇몇 시도는 알려져 있습니다. 제안된 회사를 가동할 자금을 획득할 수 없었으며, 자

---

47 「逮捕狀(金奎植)」(1925. 7. 20), 在上海 總領事 矢田七太郎.

금 획득 방법은 명백히 꽤 정직한 것이 아니었습니다. 정보원은 그를 사기꾼이자 협잡꾼이라고 비난합니다. 이번에 김규식 씨는 러시아 지인들에게 투기하고 있으며, 명백히 자신을 신뢰하는 중국인을 속이려 하고 있습니다. 동일한 정보원의 정보에 따르면, 그를 신뢰해 자금을 공급하는 중국인이 진짜로 존재한다는 것입니다.

이 상황으로 말미암아 본인은 김규식 씨와의 즉각적 관계 파열을 억누르고 있습니다. 나아가 그의 배후에 진짜 있는 사람이 누구인지를 확인해서 직접 협상을 시도해보는 것이 유용하리라는 의견입니다.[48]

즉, 김규식에 대한 체포영장은 영국 측 체포영장(출판법 위반), 일본 측 체포영장(사기 협박) 등 두 가지가 발부되었던 것이다. 아마도 일본 측은 영국 측에서 중국 대학생을 선동하는 위험한 '공산주의자' 김규식을 체포하려는 적극성을 보이는 상황에서, 김규식을 러시아와 관계된 사업적 파렴치한·사기꾼으로 몰아서 체포하려고 한 것으로 볼 수 있다. 위의 재중국 소련 석유무역부 관리자의 편지는 김규식이 중국인 자본가를 배경으로 소련 석유 수입과 관련된 사업적 거래를 시도했음을 보여 주고 있다. 첨부된 러시아어 문서는 중국에서 석유사업이 가장 이윤이 높은 사업 분야이며, 자이드가 서명한 협정은 석유 거래 가격, 조건, 용량 등의 문제로 근본적으로 재검토되었다며 김규식과의 협상이 끝났음을 알리고 있다.

김규식은 1924~1925년간 다양한 방법으로 서양 자본가들의 돈을 끌어들여 교육사업이나 다른 사업을 시도하려고 했음이 분명하다. 1925년 『동아일보』에 기고한 「반성과 단결의 필요(2)」에서 미국 석유회사 등 자본

---

48 Translation of extract from a report No.1000 sent by Dosser, Manager of the Oil Office of the Trade Representative of the U.S.S.R. in China, to the Board of the "Nephtesyndicate" (Oil Syndicate), Moscow, 10 Myansnitskaya, dated September 5, 1924.

가의 한국에 대한 교육·문화·병원 사업 지원 사례를 지적한 바 있다. 유니온오일 석유회사는 스탠다드오일에 비견되는 거대 석유회사인데 한국과 중국 선교사 수십 명의 경비를 제공하며, 병원·학교 등에 매년 수십만 원씩 보조한다. 신성학교는 휴 오닐 일가의 후원을 받았고, 시카고의 맥코맥, 언더우드 형제, 세브란스 등도 개인 사업 규모가 크며, 한국에서 활동하는 미국 남북감리교회·남장로회, 호주교회 등이 작지 않다. 맥코맥 부인은 재미한인에 대한 출자도 많이 한다. 종교·문화상 연속기관을 만들면 수백만 원 내지 수천만 원의 보조를 받기 어려운 일이 아니며, 그러기 위해서는 내외에 신용 있는 인사로 기관을 조직해야 한다고 쓰고 있다.[49]

이와 관련하여 이정식은 독립운동이 침체된 사이 김규식이 무역 등 사업에도 생각을 두어 본 일이 몇 차례 있었으나 매번 실패하여 단념하지 않을 수 없었다고 설명했다. 또한 그의 동서이자 신한청년당 동료인 서병호가 1925년경 천진에 가서 어떤 서양인이 경영하는 상사에 근무하고 있었다고 한다.[50] 이정식은 서병호를 따라 김규식이 천진에 갔을 가능성을 언급했다.

여하튼 1924~1925년 시기에 김규식은 상해에서 한인 유학생을 위한 고등보수학원·삼일공학을 운영하는 한편, 상해대학·복단대학·혜령영문교 등 여러 대학에서 영문학을 가르치면서 사업을 구상하는 등 다양한 방향을 모색하고 있었던 것이다.

김규식은 「자필 이력서」(영문)에 기록한 것처럼 1927~1928년경까지 상해에 체류한 것으로 보인다. 일제 정보보고(조선총독부 경무국장, 1926. 6. 3)는 미국에서 돌아온 안창호가 1926년 5월 3일 임시의정원에서 국무령에 선임되자, 이후 운동자금은 여운형·김규식을 매개로 러시아에서 지

---

49 김규식, 「반성과 단결의 필요(2)」, 『동아일보』(1925. 2. 9).
50 이정식, 1974, 위의 책, 96쪽.

급받고, 장래 러시아와 제휴해 공산주의 표방하에 독립운동을 획책하고 국내 사상단체는 물론 각지의 각종 단체를 망라할 것을 기도할 것이라고 분석했다. 김규식은 이 내각의 외무총장 물망에 올랐다.[51] 그러나 안창호는 5월 24일 국무령에 취임하지 않는다고 통보했고, 국무령 선임은 무효가 되었다. 임시의정원은 7월 7일 홍진을 국무령으로 선임했다. 임시정부는 난관에 난관을 더하고 있었다.

김규식는 송병조, 이유필 등과 함께 1926년 7월 16일 삼일당에서 연설회를 개최하여 미국에서 돌아온 안창호의 연설을 들었고, 김규식의 부인 김순애는 7월 8일 임시정부경제후원회에 위원으로 참가했다.[52] 1926년 9월 15일 상해 일본총영사관 앞에서 폭탄이 터진 사건과 관련한 일본총영사관 보고서에는 김규식의 이름이 재류선인회 회장, 즉 상해 조선인회 회장으로 등장한다.[53]

김규식은 1927년 2월 남경에서 설립된 동방피압박민족연합회 회장으로 추대되었다. 한국인 유자명(柳子明), 이광제(李光濟), 안재환(安載煥), 중국인 목광록(睦光錄), 왕조후(王條屋), 인도인 간타싱, 비신싱 등이 회합해 동방민족들이 제국주의자의 침략에서 탈피하고 완전 독립을 쟁취하기 위해 연합전선을 형성한다는 목적을 내세웠다. 연합회는 『동방민족』이라는 기관지를 중국어·영어·한국어로 발간하며, 각국에 비밀지부를 설치하기로 했다는데 실체는 명확하지 않다.[54]

---

51 「在上海 鮮人에 관한 佛國官憲側의 情報에 관한 件 1」(1926. 10. 14), 幣原喜重郎(外務大臣), 『不逞團關係雜件 鮮人ノ部 在上海地方』 6. 국무총리 미정, 내무총장 박응하 또는 정재관, 교통총장 최창식, 외무총장 김규식, 학무총장 신채호, 군무총장 김좌진, 재무총장 미정, 법무총장 김구, 경무국장 이근하 등으로 예상되었다.
52 「最近에 있어서 在滬 不逞鮮人의 動靜에 관한 件」(1926. 7. 20), 矢田七太郎(上海總領事), 『不逞團關係雜件 鮮人ノ部 在上海地方』 6.
53 「在上海 鮮人에 관한 佛國官憲側의 情報에 관한 件 2」(1926. 10. 26), 幣原喜重郎(外務大臣), 『不逞團關係雜件 鮮人ノ部 在上海地方』 6.
54 애국동지원호회 편, 1956, 『한국독립운동사』, 362쪽; 이정식, 1974, 위의 책, 97쪽.

상해에서 김규식의 마지막 행적은 1927년 한국유일독립당(韓國唯一獨立黨) 상해촉성회(上海促成會) 창립(1927. 4. 11)에 참가한 것이다. 1926년 이래 북경에서 민족유일당 운동이 활발히 전개되어 대독립당조직촉성회(大獨立黨組織促成會)가 조직되자 상해에서도 이에 발맞춘 민족유일당 운동이 벌어졌다. 1927년 4월 10일 홍진·홍남표 명의로 전 민족적 독립당 결성선언문(全民族的獨立黨結成宣言文)을 발표한 후 4월 11일 상해 삼일당에서 창립총회를 개최했는데, 약 40여 명이 참가했다. 이 회의는 한국유일당 조직을 촉성하고, 한민족의 독립적 역량을 집중하는 데 노력할 것 등의 강령, 명칭, 위원을 결정했다. 김규식은 25명의 집행위원 중 한 명으로 선출되었다.[55] 1927년 9월에 이르러 북경촉성회가 상해에서 각지 촉성회(북경, 상해, 광동, 무한, 남경) 연석회 개최를 제안했다. 이에 따라 상해촉성회는 집행위원을 25명에서 15명으로 줄이고, 연석회의 출석대표로 이동녕, 홍진, 김두봉, 홍남표, 조소앙을 선출했다. 11월 7일부터 준비회, 11월 9일부터 본회의를 개최했으며, 북경 조성환(曺成煥), 광동 정유린(鄭有麟), 무창 백덕림(白德林), 남경 김영호(金永浩)·김일주(金一柱)가 출석했다. 이들은 만주에서 유일당 촉성을 종용하기 위해 대표 2인(상해 1, 북경 1)을 파견하기로 결의했다. 이에 따라 만주 반석현에서 1928년 1월 초 재만 각단체통일회의가 개최되었다. 일제는 국내 신간회와 함께 상해촉성회를 주목하고 있었다.[56]

---

55 홍진(洪鎭), 이동녕(李東寧), △이규홍(李圭洪), 조상섭(趙尚燮), 조완구(趙琬九), 홍남표(洪南杓), 조봉암(曺奉岩), 정백(鄭柏), 황훈(黃勳), 조경선(康景善), 이민달(李敏達), 나창헌(羅昌憲), 최석순(崔錫淳), 최창식(崔昌植), △김철(金徹), △김갑(金甲), △오영선(吳永善), △김두봉(金枓奉), 안태근(安泰根), △김구(金九), △윤기섭(尹琦燮), 송병조(宋秉祚), 김규식(金圭植), 현정건(玄鼎健)〔△ 표시는 반대 결석했지만 선출된 자〕. 「한국유일독립당 상해촉성회 창립과 활동」(1927. 4. 11), 『대한민국임시정부자료집』 33 (한국독립당1).
56 慶尙北道警察部, 1934, 『高等警察要史』, 105~106쪽; 『대한민국임시정부자료집』 33 (한국독립당1).

(3) 국민당 북벌 참가(1927)

김규식이 언제 상해를 떠났는지는 명확하지 않다. 김규식 본인의 이력서에도 상해 윌리엄스대학(1922~1927)에 재직한 후 천진 북양대학(1929~1933) 재직이라고 기록했을 뿐, 1928년에 어디에 있었는지는 정확히 나타나지 않는다. 1927년 4월까지 상해에 체류했으며, 1929년부터 천진 북양대학에서 가르친 것이 확인되지만, 그 사이 기록은 정확히 나타나지 않는 것이다.

그런데 이와 관련해 서병호는 김규식이 중국 혁명가들과 연락이 되어 중국 어떤 군대와 관계가 되어 군인으로 잠시 근무하다가 화북에서 활동하는 중국 군대 관계로 천진으로 옮겨갔다고 증언한 바 있다.57 김순애는 김규식이 중국 군대에 들어간 적이 없다고 이정식에게 증언했지만, 김규식의 「자필 이력서」(영문)는 이렇게 기록하고 있다.

> 1927년 무창(武昌)과 한구(漢口)에서 북벌에 참가했으며, 훗날 劉○○(Liu Chen-wha) 군대의 일원이 되어 북통주(北通州)(북경 인근)까지 나아갔다.58

여기서 김규식이 언급한 류첸화는 류진화(劉鎭華, 1883~1955)라는 군벌이다. 하남 출생으로 보정법정전문학당(保定法政專門學堂) 출신이다. 소속과 진퇴가 복잡하고 정체를 알 수 없는 민군·토비 출신 소군벌의 대표적인 유형이다. 신해혁명에 참가했다가 제2차 혁명 때 반원(反袁) 활동

---

57 이정식, 1974, 위의 책, 96쪽.
58 원문은 다음과 같다. "In 1927 joined the Northern Expedition at Wuchang and Hankow and later became a member of General Liu (劉○○) Chen-wha's forces and got as far as Tungchow(near Peking, 北通州)."

을 밀고해 원세개의 신임을 얻었고, 원세개 사후에는 안휘파에 몸담았다. 1918년 단기서(段祺瑞)의 지시에 따라 섬서독군 진수번(陳樹藩)을 도와 섬서민군을 진압하기 위해 파견되어 섬서성장에 임명되었다. 1920년 안직전쟁(安直戰爭)에서 안휘파가 패하자 직예파(直隸派)에 협력하였다. 1922년 제1차 봉직전쟁(奉直戰爭) 때 섬서독군 풍옥상(馮玉祥)이 하남에 출동하자 섬서독군 겸 성장(陝西督軍兼省長)이 되었다. 1925년 호경익(胡景翼)과 하남지방을 쟁탈하기 위한 전쟁에서 패한 후 염석산(閻錫山)에 의지하였다. 그해 가을 오패부(吳佩孚)에 의해 토적섬감총사령(討敵陝甘總司令)에 임명되었다. 류진화의 병력은 7만 명으로 "산서에 쳐들어가서 한자리 차지하고 부자가 되자"는 구호로 끌어모은 오합지졸이었다. 1926년 4월 16일부터 11월까지 서안성을 포위했고, 8개월간 서안 인구의 1/4인 5만 명을 혈전과 기근, 동사 등으로 죽였다. 그러나 류진화부대는 풍옥상의 국민연합군에 의해 격파되었다. 풍옥상은 1926년 5월 국민당에 가입한 뒤 북벌군을 이끌고 1926년 10월 산서로 진군해, 서안 포위를 해제시키고 남방 국민혁명군의 북벌에 적극 호응했다. 패배한 류진화는 1927년 풍옥상에 투항하여 제8방면군에 편성되었다.[59]

김규식이 1927년 무창과 한구에서 북벌에 참가했으며,[60] 류진화군대에 참가해 북경 근처까지 진격했다는 것은 류진화가 서안 봉쇄 후 풍옥상군에게 격파되고 투항한 이후의 일을 얘기하는 것으로 보인다. 김규식이

---

59 진지양(陳志讓) 지음, 박준수 옮김, 1993, 『군신정권(軍紳政權): 근대중국 군벌의 실상』, 고려원, 245쪽. 이후 류진화는 1930년 중원대전에 패한 후 일본, 독일로 출국하였다가 장개석(蔣介石)에 의하여 예협진변구수정독판(豫陝晉邊區綏靖督辦)에 임명되었다. 1933년 5월 안휘성주석, 예악완변구초비총사령(豫鄂皖邊區剿匪總司令)으로 공산당 토벌에 종사했으며 정신이상으로 1937년 정계에서 물러났다. https://prabook.com/web/chen-hua.liu/1346792.

60 1926년 광주를 출발한 북벌군은 9월 7일 한구(漢口)를, 10월 10일에는 무창(武昌)을 점령했다. 나현수, 1989, 「제1차 국공합작과 북벌」, 서울대학교 동양사학연구실 편, 『강좌 중국사 VII』, 지식산업사.

북벌에 참여해서 어떤 역할을 맡았는지는 명확하지 않다. 다만 1928년 미주 『신한민보』는 김규식이 풍옥상의 군대에 몸을 담았다는 기사를 게재하고 있다.

> 김규식 유동열 양씨가 풍옥상군대에 참가설
> 상해 방면에서 다년간 활동하던 류동열 씨, 김규식 씨와 김영호 씨 등은 풍옥상군대에 참가하여 김규식은 정치고문으로 중임을 맡았으며 김영호는 풍옥상의 특명을 받아 만주동삼성 각지에 근거를 둔 조선독립단을 규합하여 장작림의 반대 운동을 일으키고자 계획 중이라 하였다.[61]

> 풍옥상 혁명전선에 한인 다수가 참가하여 후원
> 중국 전선의 전선과 함께 풍옥상은 부하 장부성에게 명하여 류동열, 김규식, 김영호 등 제씨로 하여금 다수의 조선인 장교를 채용하여 혁명군의 전선에 참가시켜 동삼성 등지에 대도회와 마적과 주선 운동 결사를 선동하여 장작림의 배후를 교란시킬 것을 조건으로 하고 북군을 책동 중으로 류동열 일파와 중국인의 선전원을 만주 각지에 파견하였는바 이미 상해 남경에서 동운동에 참가한 조선인 장교는 삼십여 명에 달한다더라.[62]

중국과 미국 간 연락의 시간차를 고려한다면, 1928년 5월 이 보도는 1928년 초반 이전 상황을 반영하는 것이라고 생각된다. 여기에 등장하는 류동열, 김영호는 김규식과 긴밀한 관계를 맺은 사람들이었다.

먼저 유동열의 경우 1910년대 중반 김규식·서왈보와 함께 몽고에서

---

61 「김규식 유동열 양씨가 풍옥상 군대에 참가설」, 『신한민보』(1928. 5. 24).
62 「풍옥상 혁명전선에 한인 다수가 참가하여 후원」, 『신한민보』(1928. 5. 31).

사관학교 건립을 시도한 바 있으며, 유동열·서왈보는 국망 직전 청도회담에서 이동휘 등과 함께 강경한 무장투쟁을 주장했다. 서왈보의 행적을 살펴보면 1927~1928년 김규식·유동열의 동선을 미루어 짐작할 수 있다. 서왈보는 본명 유용풍(劉用豊)으로, 북경에서 북경고려유학생회를 이끈 인물이다.[63] 중국 군벌 단기서(段琪瑞)가 창설한 남원항공학교(南苑航空學校)를 1923년 제3기로 졸업했으며, 박용만의 보합단(普合團)·군사통일회의에 참가했고, 국민대표회의 창조파로 활동했다. 박용만의 주선으로 오패부의 군대에 가담했고, 이후 남원항공학교 인연으로 단기서 소속으로 직예파로 활동했다. 1924년 9월 제2차 동북전쟁(奉直戰爭)에 직예파(直隸派)로 참가했으며, 풍옥상(馮玉祥) 밑에서 서북변방독판서 참정공병대좌와 서북항공대 교육주임과 부대장을 맡았다. 1926년 장가구에서 비행기 추락사고로 사망했다.[64] 즉, 서왈보는 북벌에 참가하면서 북양 군벌에 맞서는 남경정부의 직예파 소속으로 활동하며 풍옥상·단기서·오패부 밑에서 비행사로 활동한 것이다.

함께 이름이 거론된 김영호(金永浩, 본명 이준연李埈然)는 1927년 남경대표로 상해 민족유일당촉성회에 참가한 바 있는데, 1932년 10월 중순 김규식과 함께 북경에서 상해로 내려와 소속단체인 요동의용군(遼東義勇軍) 대표로 자처하면서, 동북의용군후원회에 경제적 원조를 요청한 바 있다.[65] 김규식과 김영호가 주장한 '요동의용군'이라는 것은 위의 『신한민보』에 등장하는 만주동삼성에 근거를 둔 '조선독립단', 장작림의 배후를 공격하는 혁명군, 북(벌)군 등을 의미하는 것으로 볼 수 있다.

---

63 조규태, 2008, 「1920년대 북경지역 한인유학생의 민족운동」, 『한국독립운동사연구』 30, 214~215쪽.
64 김용진, 2020, 「비행사 출신 徐曰甫의 생애와 무장독립운동」, 『한국민족운동사연구』 104.
65 「폭탄 사건 후에 있어서의 김구 일파의 기타 동정 보고」(1932. 11. 10), 국회도서관, 1976, 위의 책, 752쪽.

이러한 상황을 미루어 볼 때 1927~1928년 초반 김규식은 유동열, 김영호 등과 함께 풍옥상의 북벌군에 가담해 정치고문으로 활동했을 개연성이 높다. 위의 『신한민보』 기사로 미루어 보면 북벌군에서 이들의 역할을 가늠할 수 있다. 재만 한인들에게 명망이 높은 김규식은 정치고문으로, 군사지휘관으로 영향력이 강한 류동열은 선전원으로 만주로 파견해 장작림 군대의 배후를 교란하고, 김영호는 만주 동삼성 조선독립단을 규합해 역시 장작림 반대 운동을 펼치며, 상해·남경 등에서 조선인 장교 30여 명을 북벌군에 동참시켰다는 내용인 것이다. 북벌에 기대를 거는 한국 독립운동 진영의 움직임을 반영한 것이다.

1925년 이래 다수의 한국인 장병이 북벌에 참가하였다. 이에 북벌군 총사령 장개석은 1926년 가을 "한국 장병들이 성심성의로 크게 분전하여 한 걸음도 물러서지 않고 다대한 희생자를 낸 용감한 행동은 실로 의지가 강하였기 때문이며 우리 군대가 백전백승을 할 수 있는 까닭"이라며 한국인 장병들을 분발시키는 연설을 했다. 장개석은 동정(東征)전투(제1차 1925. 2~1925. 3, 제2차 1925. 9~1925. 11), 류양(劉楊, 劉震寰·楊希閔)의 반란을 평정하는 전투(1925.5), 무한(武漢)을 공격하는 전투 등을 한국인 장병이 활약한 전투로 지목했다.[66] 황포군관학교 졸업 후 북벌군에 종사한 한국인 장병들이 다수의 전투에서 혁명군 선두에 서서 전공을 세웠는데, 이들은 주로 좌파에 속하는 공산당 당원이나 의열단 단원이었다.[67] 대

---

66 外交史料館所藏 『不逞團關係雜件 鮮人ノ部 在支那各地』 4, 大正15年(1926年)10月11日, 在廣東總領事森田寬藏, 外務大臣男爵幣原喜重郞殿, 「蔣介石カ戰地ニ於テ部下ノ朝鮮軍人ニ爲シタル演說ニ關スル件」. 최봉춘, 2011, 「廣東地域 朝鮮留學生들의 배움터와 革命運動 - 1920年代에 限하여 -」, 광주학생독립운동 82주년 기념 국제학술회의: 동아시아의 근대적 각성과 학생독립민권운동(2011. 12. 2. 전남대학교 학생독립운동연구단), 42쪽.

67 「廣東ニ於ケル不逞鮮人及臺灣人ノ行動ノ件」, 『外務省警察史』 제53卷: 支那ノ部(南支), 東京·不二出版, 1997, 53~55쪽. 「昭和3年2月22日附 在廣東森田總領事 發信 田中外務大臣宛 報告要旨」; 최봉춘, 2011, 위의 논문, 42~43쪽.

표적인 인물이 1926년 황포군관학교 제4기로 졸업한 후 북벌에 참가한 김원봉이다. 당시 국내외 신문에는 북벌에 참가한 한국인 장교들에 관한 기사들이 실렸다. 『독립신문』은 북벌에 참가했다 1926년 10월 3일 남창(南昌)에서 전사한 김준섭(金俊燮)의 기사를 실었다.[68] 김준섭은 남방정부 북벌군의 기관창대(機關槍隊) 교관으로, 조실부모 후 무당을 따라 유리걸식했다. 이후 적위군에 참가해 모스크바군관학교 기관창과를 졸업하고, 북벌에 참가했다 사망한 것으로 알려졌다. 『조선일보』는 1927년 초 무창 혁명정부가 한구를 함락하는 데 황포군관학교 한국인 출신 80여 명의 공훈이 적지 않으며, 무창 점령 당시 한국인 장교의 지휘로 승리를 얻었다. 황포군관학교에는 한국인 180여 명이 재학하며, 장개석이 신임하는 장교 가운데 러시아 모스크바군대학교를 졸업한 한국 동포가 4명이 있다고 보도했다.[69] 김준섭은 바로 모스크바군관학교 출신 한인 장교 중 한 명이었을 것이다.[70] 1926년 11월 22일 현재 광동 주재 일본총영사관의 조사에 따르면 광동지역 재류 조선인 405명 가운데 북벌 참가자 91명, 러시아 파견자 2명 등이 존재했다.[71] 황포군관학교 제3기 한국인 졸업생도 북벌전쟁에서 7명이 전사했다.[72] 남창 점령(1926. 11. 8) 과정에서 한국인 희생자가 많이 속출하여 한국인 희생자 추도회가 대대적으로 열리기도 했다.[73]

이처럼 중국 북벌군에 참가한 한국인 장교와 병사들이 적지 않은 상황

---

68 「북벌군에 종군하든 김준섭씨의 전몰」, 『독립신문』(1926. 11. 30).
69 「〔장강 일대 동란 진상 (전4회)〕 (1) 曉夢깨인 중국혁명란, 활약하는 조선풍운아」, 『조선일보』(1927. 1. 20).
70 황포군관학교 政治部 少校教官 李鏞(李鏞/李秋山), 同校 러시아砲 教練官 梁道夫, 러시아文 교관 吳聲輪, 北伐軍 기관총 교관 金俊燮, 海陸豊東江黨校 교관 金秉鉉 등이 여기에 해당했다. 최봉춘, 2011, 위의 논문, 34쪽.
71 『不逞團關係雜件 鮮人ノ部 在支那各地』 4, 大正15年(1926年)11月22日, 在廣東總領事森田寬藏, 外務大臣男爵幣原喜重郎殿, 「在廣東鮮人統計ニ關スル件」; 최봉춘, 2011, 위의 논문, 44쪽.
72 최봉춘, 2011, 위의 논문, 45쪽.
73 김정계, 2021, 『중국공산당 100년사 1921~2021』, 역락, 59쪽.

속에서 김규식도 1927년 이후 이에 동참한 것이다. 중국 혁명운동 동참은 김규식의 중국 망명 동기와 밀접한 연관이 있었다. 김규식은 1911년 중국 신해혁명의 영향을 받아 중국에 망명했으며, 1913년에는 제2차 혁명운동인 토원운동(討袁運動), 즉 원세개 토벌운동에 참가해서 렝추 장군(冷橘)의 군대에 동참해, 방부(邦阜)까지 진출한 바 있다.[74] 그리고 1927~1928년 북벌에 참가한 것이다. 김규식은 다양한 기회를 얻어 중국 혁명운동에 직접 참여하려고 시도했으며, 이런 사실을 자신의 이력서에 적을 정도로 긍지로 여겼다.

　　직예파 군벌 풍옥상(馮玉祥)은 1926년 국민당에 입당해 북벌에 참가했으며, 1928년 산서성 군벌 염석산(閻錫山)과 함께 장작림(張作霖)의 봉천군(奉天軍)을 쫓아내고 북경을 점령한 바 있다. 이 시기 풍옥상은 소련과 연대해서 활동하여 소련 군사고문 등이 파견되어 도움을 주고 있었다. 당시는 중국국민당과 중국공산당의 제1차 국공합작이 진행되다 파열되던 상황이었다. 중국은 1927년 7월 국민당의 좌우분열 이후 1928년 장개석 등이 이끄는 국민혁명군 4개 집단군(풍옥상, 염석산, 이종인 등)이 북벌을 재개하여 6월 북경에 입성해 전국통일을 선포하고, 장작림 폭사 사건(1928. 5) 이후 동북지역의 장학량(張學良) 정권이 남경정부로 들어오기 직전이었다.[75] 바로 이 시기에 김규식은 유동열, 김영호와 함께 풍옥상의 부대에 참가해 북벌에 동참한 것이다.

74　「김규식 자필 이력서」(영문, 1950), 4쪽.
75　배경한, 1994, 「북벌 시기 장개석과 반제문제 -제남사건(1928. 5)의 해결 교섭 과정과 반일운동에의 대응을 중심으로-」, 『역사와경계』 25·26; 김세호, 2014, 「북벌 직후 '신흥중국'에 대한 한국 언론의 일 시각 -조선일보 특파원 이관용의 취재(1928.10~1929.2)를 중심으로-」, 『중국근현대사연구』 61, 82~83쪽.

3 천진에서의 일상(1928~1933)

이상을 고려할 때 김규식이 천진으로 거처를 옮긴 것은 확실히 1928년 하반기경이었을 것이다. 서병호의 증언처럼 북벌 당시 군대를 따라 화북으로 이동하며 천진으로 옮겼을 가능성이 높다. 또한 천진은 김규식이 중국 망명 이후 외국계 회사에서 일하던 시기에 익숙했던 곳이다. 김순애는 천진에서 넷째를 얻었다고 했으므로, 이는 자필 이력서에 1929년부터 천진 북양대학 교수를 했다고 한 김규식의 기록과 일치한다.

    이 시기 김규식의 가정 상황에 대해 김순애의 조카이자, 김규식의 친구 김필순의 셋째 아들로 훗날 상해의 영화황제가 된 김염(金焰, 김덕린)의 회고가 남아 있다. 김순애는 김염의 둘째 고모로 상해·천진 시절 김염을 거두어 돌봤다. 김염은 1923년 김규식이 상해 복단대학 영어과 교수로 일할 때 그 집에 더부살이하며 중학교에 들어갔다. 김염에 따르면 김규식의 생활은 불안정하고 어려웠으며, 시시때때로 지방으로 이동했다. 김염은 1924년 동방대학 부속 중학교로 전학했고, 여름방학에 제남(齊南) 제미중학교로 전학했다. 김염은 1925년 천진(天津)의 김규식 댁에 다시 들어가 남개(南介)중학교 3학년으로 전입했고, 가을에 고1이 되었다고 자필 이력서에 기술했다.[76]

김염은 상해 복단대학 시절 김규식의 보수가 아주 보잘것없어서 김순애가 한국에서 유학 온 학생들을 상대로 하숙을 치면서 생활을 꾸려 갔다고 기억했다.[77] 김순애 역시 김규식의 대학교수 월급이 은화 200원이었는데, 자신이 와이셔츠 공장을 차려서 월 200원을 벌어 생계에 도움을 주었다고 회고한 바 있다.[78] 김염은 김규식의 첫째 아들이자 고종사촌이던 김진동과의 불화를 기록했다. 성격이 까탈스럽고, 자신을 몸종처럼 대하며, 집안일뿐 아니라 자기 일도 맡기고 잔소리하며 사사건건 꼬투리를 잡았다는 것이다.[79] 상해 시절 큰고모네(서병호-김구례)는 1층을, 작은고모네(김규식-김순애)는 2층을 썼는데, 김염은 상해에 온 지 9개월 만에 산동의과대학을 다니고 있던 큰형 김영(김덕봉)이 있던 제남으로 옮겼다. 그러나 형의 생활이 어려워 다시 천진 북양대학 교수로 있는 김규식 집으로 옮길 수밖에 없었다는 것이다.[80]

천진에서 김진동과 같은 방을 쓰던 김염은 사사건건 동갑내기 김진동과 부딪쳤을 뿐 아니라, 영화를 좋아해 김규식으로부터 심하게 야단을 맞았다. 아버지 김필순을 생각해서 제대로 된 직업을 갖고 학업에 열중해야 한다는 김규식의 꾸중이었다. 그렇지만 영화에 매료된 김염은 영화배우의 꿈을 안고 1927년 천진을 떠나 상해로 향했다. 즉, 김염이 작성한 이력서에 따르면 1923~1925년간 상해의 김규식 집에 살았고, 1925~1927년간 천진의 김규식 집에 살았다는 것이다.

김염은 1925년 김규식이 천진으로 옮겼다고 썼으나, 우리가 살펴본 바와 같이 김규식은 1927년 중반까지 상해에 머물렀으며, 북벌에 참가한

---

76 「김염의 자필 이력서」, 박규원, 2003, 『상하이 올드데이스』, 민음사, 411쪽.
77 박규원, 2003, 위의 책, 150~151쪽.
78 이정식, 1974, 위의 책, 95~96쪽.
79 박규원, 2003, 위의 책, 151쪽.
80 박규원, 2003, 위의 책, 152~157쪽.

후 1928년 하반기 천진으로 옮겨 1929년부터 북양대학 교수로 재직한 것으로 보인다.

김규식은 천진에서 비교적 안정적인 생활을 했다. 김염은 천진에서도 김규식의 생활이 좋지 않아 여전히 조선인 학생들을 상대로 하숙을 치고 있었다고 기억했지만, 김순애의 기억으로 천진 시절은 형편이 넉넉한 편이었다. 북양대학 구내 사택에서 살았으며, 여기에는 일본 경찰도 따라다니지 않았고, 현지 풍습에 따라 남녀 하인이나 식모도 있어서 상당히 안정된 생활을 할 수 있었다는 것이다.[81]

천진에서의 생활은 김규식 생애 가운데 가장 안정적이고 가정적인 시절이었다. 김규식의 중국 시절이 다른 독립운동가들과 달랐던 가장 큰 특징 중 하나는 최선의 노력을 다한 열정적인 독립운동이 좌절된 이후, 김규식은 물러나 생계를 유지할 수 있는 생활 수단이 있었다는 점이다. 미국 유학생 출신으로 완벽한 영어를 구사하는 미국 대학 명예박사 김규식은 생활 세계에서 다른 독립운동가들이 가질 수 없는 신축 자재한 생계 수단을 가지고 있었다. 언제든지 물러난 후 최소한의 생활을 돌볼 수 있는 능력이 있었으며, 중국 땅에서 기회를 얻을 수 있었다. 누구에게 의지하거나 도움을 받지 않고 독립생계를 유지할 수 있는 능력과 위치를 가지고 있었다는 사실이 김규식의 중국 시절 삶과 노선에 큰 영향을 미쳤을 것이다.

김규식은 첫째 부인 조은애와의 사이에서 1910년 장남 진동(鎭東)을 얻었다. 이정식에 따르면, 김규식은 둘째 부인 김순애와의 사이에서 1923년 장녀 한애(韓愛), 1924년 차녀 만애(晩愛), 1926년 삼녀 우애(尤愛), 1928년 차남 진세(鎭世)를 얻었다. 장녀 한애는 1930년 7살에 사망했고, 차녀 만애는 1927년 3살로 사망했다. 김규식에게는 장남 진동, 삼녀 우애, 차남 진세가 남아 해방 후 함께 귀국했다.[82]

---

81 이정식, 1974, 위의 책, 97쪽.

그런데 이정식의 위와 같은 설명은 김규식의 족보상 기록과 차이가 있다. 1958년 간행된 『청풍세보』(淸風世譜) 제1권에는 장남 진동(1910. 4. 1.생), 차남 진세(1926. 12. 21.생)로 기록되어 있다.[83] 1989년 간행된 『청풍김씨세보』(淸風金氏世譜) 권4에는 장남 진동(1910. 4. 1.생), 차남 진세(1926. 12. 6. 丙寅생), 딸 우애(1928. 戊辰생)로 기록되어 있다.[84] 그렇지만 족보는 진세와 우애의 출생 순서를 잘못 기록했다. 김규식의 호적(1988. 12. 7. 서울 중구청 발행)에 따르면 딸 우애가 1926년생이며, 차남 진세가 1928년생이다. 우애(1926. 1. 19. 생)는 중화민국 상해 법계(法界) 패능가(貝能街) 150호에서 출생해 부친 김규식이 서기 1946년 10월 16일 신고한 것으로, 진세(1928. 8. 6. 생)는 중화민국 상해 법계 패능로(貝能路) 150호에서 출생해 같은 날 신고한 것으로 되어 있다.[85]

즉, 우애가 1926년생이고, 진세가 1928년생인 것이다. 1974년 이정식이 김규식 평전을 출간할 당시 김진동은 일본에서 언론계에 종사했다. 김우애는 미국으로 건너가 화학을 연구했으며 장성언(張聖彦)과 결혼해 예일대학 연구소에 근무하고 있었다.[86] 장성언은 연희전문 출신으로 일본 교

---

82 에드워드 와그너 지음, 이훈상·손숙경 옮김, 2007, 『조선왕조 사회의 성취와 귀속』, 일조각, 302~329쪽; 『淸風金氏世譜』, 1920년간 卷1, 20쪽; 1958년간 卷4, 36쪽; 박규원, 2003, 위의 책; 「조종무 기증자료: 구술 폴린장」, 국사편찬위원회 2006년도 구술자료수집사업; 이정식, 1974, 위의 책, 96~97쪽.
83 淸風金氏譜所 編, 1958, 『淸風世譜』第四卷. 국립중앙도서관 소장본(古第 91705~91716호 12책), (複古 2518-10-193, 1~12).
84 淸風金氏世譜編纂委員會, 1989, 『淸風金氏世譜』卷之三, 回想社. 국립중앙도서관 소장본 (999.11 김882ㅅㅍ 1-13).
85 상해 법계는 상해 프랑스 조계를 의미하며, 패능로는 패륵로(貝勒路, Rue Amiral Bayle)를 오기한 것으로 보인다. 「김규식 호적등본」(1988. 12. 7. 서울특별시 중구청장 발행).
86 이정식은 장성은(張聖殷)으로 잘못 기록했다(이정식, 1974, 위의 책, 97쪽). 족보상 김우애의 남편 이름은 장성언(張聖彦)이며, 주한 미국 선교사들과 친밀했던 장낙도(張樂道) 목사의 셋째 아들이다(『왜정시대인물사료』, 국사편찬위원회 한국사데이터베이스). 연희전문을 졸업한 후 일본 교토에서 유학했으며, 윤동주가 일본 경찰에 체포될 당시 함께 반일 활동 혐의로 체포되었으나 기소되지는 않았다. 해방 후 도미해 예일대학교 영문학 교수를 지냈고, 국내

토 유학 시절 1943년 윤동주·송몽규·고희욱 등과 함께 체포되었으나 기소되지 않은 4명 중 한 명이었다.[87] 시인 윤동주와 그의 외사촌 송몽규는 1945년 옥사했다.

    김규식의 자식들 가운데 가장 큰 고통을 당한 것은 큰아들 김진동이었다. 김규식-조은애의 큰아들로 서울에서 출생한 김진동은 부친이 1913년 혼자 중국으로 망명한 후 어머니와 서울에 남겨졌다. 이후 김규식의 중국 생활과 사정이 정착되고, 가족을 부를 수 있게 될 때까지 기다려야 했다. 김진동은 어머니 조은애와 김규식의 조카 김진성을 따라 1917년 중국 장가구로 향했다. 김진성(金鎭成)은 김규식의 형 김규찬의 아들로 세브란스 의학교를 졸업한 의사였다. 김진성이 보호자 겸 동행자로 조은애·김진동 모자를 삼촌 김규식에게 인도한 것이다. 그러나 조은애는 1917년 5월 8일(양력 1917. 6. 26) 장가구에서 사망해 현지 교회묘지에 묻혔다. 이후 김진동은 몽고 고륜의 이태준에게 맡겨졌는데, 이태준은 김규식의 사촌여동생 김은식과 결혼한 사이였다. 김진동은 부모 없이 고모네에 맡겨져 불안한 유소년기를 보냈고, 1919년 김규식이 김순애와 재혼한 후에는 김순애 밑에서 성장했다.

    김순애는 1919년 1월 19일 남경에서 김규식과 결혼했는데, 김규식이 파리로 떠난 후 상해에서 국내로 잠입해 정세 파악과 독립운동자금을 모금한 후 오빠 김필순이 있는 흑룡강성 치치하얼로 피신해 있었다. 김필순은 1916년 이래 치치하얼에서 병원을 개업하며 셋째 여동생 김필례·최형욱 부부와 함께 지내고 있었다. 파리로 향하는 김규식은 치치하얼의 김순애 및 김필순과 연락을 주고받았다. 이후 김순애가 고륜(庫倫)에 남겨진

    에서 영문법 사전 등을 간행한 바 있다. 「미 예일대 약리학과 교수 김우애 박사」, 『조선일보』(1976. 8. 31); 「조종무 기증자료: 구술 폴린장」, 국사편찬위원회 2006년도 구술자료수집사업. 폴린 장은 김우애의 결혼 후 이름이다.
87 송우혜, 2004, 『윤동주평전』, 푸른역사, 415~441쪽.

김진동을 데리고 상해로 돌아왔을 것이다. 상해에서 김진동과 지내던 김순애는 치치하얼의 김필순이 1919년 7월 7일(음력 윤년, 양력 9월 1일) 급사하자,[88] 김진동을 대동하고 치치하얼로 갔다. 김순애는 매일같이 일본 경찰의 미행, 일본영사관의 감금·심문 등을 당했고, 신변이 위험하다는 중국 관헌의 주의를 듣고, 앞머리를 자르고 가난한 중국 여자로 변장하고서 심야에 마차로 탈출해 대련을 거쳐 상해로 돌아왔는데, 김진동은 치치하얼에 남겨진 상태였다.[89] 열 살도 안 된 어린아이가 부모 없이 외딴곳에 맡겨지는 감당하기 힘든 상황이 반복 지속된 것이다. 서울, 장가구, 천진, 고륜, 상해, 치치하얼, 상해로 이어지는 그의 유소년기에 친모는 사망하고, 고모부(이태준)는 살해되고, 외삼촌(김필순)이 급사하고, 부친은 늘 부재했으며, 계모도 생사가 목전이어서 그는 의지가지없이 계모의 친가에 맡겨져야 했다.

김규식이 김순애와 재혼했을 때 김진동은 아홉 살이었다. 그러나 그의 생애 거의 대부분에 아버지로서 김규식의 따스함은 존재하지 않았다. 언제나 의지하고 신뢰할 수 있는 아버지의 역할을 김규식은 거의 할 수 없었고, 하지도 않았다. 김규식 자신의 삶도 아버지가 부재한 어린 시절을 거쳐 왔고, 당시 시대 상황에서 나랏일을 도모하는 지사·독립운동가로서 가정의 일상이나 자식의 주변을 살필 여력과 겨를이 없었다. 부모와 생이별하는 데에서 오는 불안함과 혼자 버려질 것에 대한 두려움이 김진동의 어린 시절과 주위를 감쌌을 것이다.

김규식은 부친 김용원이 유배에 처해지자 사실상 친족들로부터 버림

---

88 「兩志士의 長逝」, 『독립신문』(1919. 10. 7).
89 「金學務總長婦人抵滬」, 『독립신문』(1920. 1. 8). 이정식은 김순애가 흑룡강성 치치하얼의 김필순을 찾아가 현지 사범학교 교감으로 일하다가 일본영사관 경찰에 납치되었으나 중국에 입적했기에 얼마 후 석방되었고, 중국 관헌의 도움으로 탈출해 상해로 귀환했다고 썼다. 이정식, 1974, 위의 책, 54쪽.

을 받아 언더우드 고아원학교에서 자랐다. 언더우드는 영국식의 엄격한 초달과 복종형 교육으로 자식들과 고아원 학생들을 키웠다. 김규식은 부친과 첫 아내를 모두 결핵으로 잃었다. 김규식 자신도 병약한 몸이었으나, 중국 망명 이후 파리, 워싱턴, 모스크바로 독립운동과 외교 활동을 위해 전심전력을 다해야 했다. 1920년 워싱턴의 월터리드병원에서 뇌종양 수술을 받은 후 만성적인 지병을 동반자로 삼아야 했다.

김규식은 배운 대로 김진동을 엄격하게 훈육하고 욕설하고 때리기를 삼가지 않았다. 자신이 경험한 적 없으므로, 따뜻한 부자지간의 정을 김진동에게 베풀기 어려웠을 것이다. 그 결과, 김진동과 김규식 사이에는 그런 평범한 부자지간의 따뜻한 정이 자리하기는 어려웠다. 어린 김진동의 삶에 아버지는 거의 대부분 부재했다. 친어머니가 사망한 후 김진동은 계모의 손에서 10대를 보냈다. 그의 주변에 있는 모든 친척은 김순애의 형제·자매·친척들이었다. 김진동의 친가나 외가 친척은 존재하지 않았다. 김염이 세세하게 지적한 김진동의 성격상 결함은 이런 환경의 영향이 적지 않았을 것이다.

김진동은 상해에서 야구선수로 활약하며, 김규식의 아들답게 유창한 영어를 구사하는 청년으로 성장했다. 김진동은 독립운동가 임의탁(林義澤) 의사의 딸 임근배(林根培)와 결혼해 가정을 이루었다. 김규식은 며느리를 예뻐하고 아꼈다. 둘 사이에 총 6남매를 두었다. 해방되기 전 3남매(수산, 건필, 수옥)를 상해에서, 3남매(수진, 영국, 보영)는 서울에서 얻었다.[90] 김진동은 북경 연경대학(1931)·상해 복단대학(1933)을 졸업한 후 체육계, 언론계로 진출했다. 축구선수, 야구선수로 활약했던 김진동은 1932년 7월 상해에서 동방구락부(東方俱樂部)라는 스포츠클럽을 운영했으며, 1933년 이래 『상하이 이브닝 포스트 앤 머큐리』(Shanghai Evening Post

---

90 「김수옥(김진동의 둘째 딸) 인터뷰」(2018. 5. 8).

and Mercury), INS통신 등에서 근무했다.[91] 그러나 1930년대 후반 일본의 중국 대륙 침략이 본격화되자, 김진동의 삶은 시대의 진동을 따라 흔들렸다. 해방이 되는 시점에 그는 김규식의 비서가 되었지만, 다른 한편으로는 김규식의 정치적 부담인 존재가 되어 있었다.

김규식이 본격적인 독립운동에서 벗어나 가정을 돌보는 시점에 세계 대공황의 여파로 경제공황이 밀어닥치고 있었고, 일제의 만주 침략과 상해사변 등의 중국 침략이 본격화되는 한편 윤봉길·이봉창 의거 등 이에 맞서는 한국 독립운동의 대표적 의거들이 휘몰아치고 있었다.

---

91 「외국정부 고문이 된 김진동씨」, 『경향신문』(1966. 2. 21).

또 한 번의 도미 외교 시도

4

(1933)

1   윤봉길 의거 이후 상해 독립운동 진영의 재편(1932)

 1930년대 초반은 만보산사건(1931. 7), 만주 침략(1931. 9), 상해사변(1932. 1) 등 일제의 중국 침략이 본격화되는 시기였으며, 이에 맞서 한인애국단의 이봉창 의거(1932. 1. 8), 윤봉길 의거(1932. 4. 29) 등 한국 독립운동의 상징적 사건이 분출하였다. 김구의 한인애국단이 주도한 이 두 사건은 일제의 만주 침략에 대항하는 한국인들의 독립 의지와 투쟁열을 보여주기에 충분했으며, 한국인·한국 독립운동에 대한 중국 측 시각을 일신하는 계기가 되었다. 특히 윤봉길 의거로 일본군 수뇌부를 타격하자 이후 한국 독립운동에 대한 중국 측 후원과 지지가 고조되었고, 사건의 주역인 김구의 명성이 제고되었다. 또한 1930년대 초반 이래 진행되던 한중연대가 구체화되었고, 단체가 조직되기 시작했다.[1]

 반면 프랑스 조계에 있던 상해 임시정부는 일제에 의해 파괴되었으며, 안창호를 위시로 다수의 임시정부 인사들과 독립운동가들이 체포·투옥되었다. 또한 상해에서의 독립운동은 더는 안전하지 않은 상황이 지속되

---

1   1930년대 중국 내 한중연대 시도에 대해서는 한철호, 2002, 「1930년대 전반기 한중연대와 항일운동」, 『한국근현대사연구』 22를 참조.

다. 이런 상황에서 중국 측에서 윤봉길 유족 등에게 제공했다고 알려진 후원금을 둘러싸고 김구 세력과 반대세력 간 갈등이 고조되기 시작했다.

이러한 정황은 일제 정보자료에 등장하고 있다. 주요 후원금 제공기관은 상해에서 일본군과 맞서 용맹한 이름을 얻은 중국 제19로군, 남양화교연합회(南洋華僑聯合會), 동북의용군후원회(東北義勇軍後援會), 동북난민구제연합회(東北難民救濟聯合會) 등이며, 주요 인물은 중국 흑룡강성장을 지냈고 동북의용군후원회 간부인 주경란(朱慶瀾), 김구를 가흥으로 피신시킨 가흥상공회의소 총리·절강성 관료·민정장관을 지낸 저보성(褚輔成), 주제청(朱齊青) 등이었다.[2] 전달자는 중국 측과 연락을 담당하던 박남파(朴南坡, 박찬익), 왕웅(王雄, 김홍일), 왕해공(王海公, 신익희), 안공근(安恭根) 등이었다.

중국 측 지원자금이 흘러 들어오자 내내 경제적 곤란을 겪었던 임시정부 내부에서 흉흉한 소문이 나돌기 시작했다. 중국 제19로군에서 임시정부로 지원한 자금 7천 불을 김철·조소앙이 횡령하였다는 소문, 상해시상회(上海市商會)에서 안창호·윤봉길 가족 구휼금으로 제공한 5천 불을 김철·조소앙이 횡령했다는 소문, 김구가 중국 측으로부터 윤봉길 가족 구휼금 1만 불을 받았다는 소문 등이 만연했다.[3] 일제 정보자료에 따르면 김구가 중국 측으로부터 수령한 금액이 총 6만 불을 넘는다고 알려졌다.[4] 김철·조소앙은 상해시상회에, 김구·이유필은 각각 동북의용군후원회, 동북수재난민구호위원회에, 김구는 19로군에 다액의 자금 출연을 요청했다. 결국, 김구, 김철, 이유필 등이 모두 19로군, 동북의용군후원회, 상해시상회 등에

---

2 「폭탄사건 후에 있어서의 김구 일파의 기타 동정 보고」(1932. 11. 10), 국회도서관, 1976, 위의 책, 749쪽.
3 「在상해 한인독립운동자의 內訌」(1932. 7. 15);「폭탄사건 후에 있어서의 김구 일파의 기타 동정 보고」(1932. 11. 10), 국회도서관, 1976, 위의 책, 739, 744쪽.
4 『外務省警察史 支那ノ部 在上海總領事館 朝鮮民族運動 未定稿 第四(五冊ノ內)』, 254쪽.

서 수천 원의 출연금을 얻은 것으로 알려졌다.[5]

〔표 4-1〕 윤봉길 의거 이후 한국 독립운동 진영에 지원된 중국 측 자금 내역

연월일	금액	교부자	수령자	적요
1931년 말일	불상	주경란 (朱慶瀾)	박남파 (朴南坡)	안공근을 거쳐 김구에 교부하여 독립당의 비용에 충당하였다고 한다. 또 일설에는 이봉창의 일본 도항에 관계가 없느냐고 말하는 자도 있다.
1932년 5월 초순	5,000불	상해시상회 (商會)	김철 조소앙	안창호와 윤봉길의 가족 구휼금으로 수령하였다고 말하나 2명이 횡령 착복하였다는 설이 있다.
1932년 5월 중순	각 300불	주경란	김홍서 최동오 김원봉 신익희	
상동	2,000불	상동	박남파	안공근을 거쳐 김구에 교부
1932년 5월 하순	1,000불	상동	박남파	독립당단에 교부한다는 언질로 얻었으나 이유필과 박남파의 쟁탈전이 되어 아직 누구에도 교부돼 있지 않다.
1932년 미상	10,000불	19로군	왕웅(王雄)	안공근을 거쳐 김구에 교부하다. 독립당비와 윤봉길 가족 구휼비로 하였다고 말함.
1932년 미상	금액 미상, 폭탄 약간	주제청 (朱齊靑)	한국혁명당 왕해공	
1932년 6월 초순	5,000불	동북재민 (災民)구제회	상해한인 교민단	
1932년 10월 9일	5,000불	저보성 (褚輔成)	안공근	교부 승낙을 받았으나 아직 실제 접수가 없다.

〔출전〕 「폭탄사건 후에 있어서의 김구 일파의 기타 동정 보고」(1932. 11. 10), 국회도서관, 1976, 『한국민족운동사료(중국편)』, 749쪽.
〔비고〕 박남파는 박찬익(朴贊翊), 왕웅은 김홍일(金弘壹), 왕해공은 신익희(申翼熙)이다.

5 「폭탄사건 후에 있어서의 김구 일파의 기타 동정 보고」(1932. 11. 10), 국회도서관, 1976, 위의 책, 750쪽.

갈등은 1932년 5월 임시정부 판공처가 위치한 항주를 반대파가 습격한 소위 항주습격사건으로 폭발했다. 1932년 4월 29일 상해 홍구공원 의거 이후 김구는 항주로 피신하였고, 군무장 김철이 5월 10일 항주에 가서 임시정부 판공처를 설치하고 5월 15~16일 국무회의를 개최했다. 이동녕, 조소앙, 조완구, 김철 등 5명이 출석했고, 김철이 재무장, 김구가 군무장으로 임명되었다. 이보다 앞서 홍구공원 사건 직후 19로군이 임시정부에 증정한 자금을 김철 등이 횡령했다는 풍설이 돌고 있었다. 이에 분개한 김구 측이 남경의 박찬익을 통해 민단계 이유필과 일을 도모했다. 이 결과 5월 29일 상해 교민단 의경대장 박창세, 노종균, 안경근, 문일민 등이 항주 임시정부 판공처를 습격해 김철·조소앙·김석을 구타하고 돈을 빼앗는 사건이 발생했다.[6]

일제 정보자료에 따르면 이는 첫째, 임정에 지원된 중국 측 자금을 둘러싼 김구계와 김철·조소앙계의 갈등, 둘째 안창호 모욕 기사에 대한 이유필 등 홍사단 계열의 반발을 반영하는 것이었다. 일제는 김철·조소앙의 중국 측 자금 처리에 김구 계열이 분개하여 홍사단계인 이유필 등과 도모하여 일을 벌였다고 파악했다. 즉, 일제는 김구의 사주를 받은 이유필계의 소행이라고 판단했으며, 임시정부가 김구파, 김철파, 이유필파 등 3파로 분열되어 있다고 보았다. 김철파는 중국 측 자금 지원과 연관된 항주 판공처 습격사건을 김구의 사주에 의한 것으로 생각했고, 이유필 등 민단 간부진은 김구가 이봉창·윤봉길 의거로 물질상 풍족해졌으나 두 사건으로 거주지 위협을 받고 상해를 떠나 분산·유리된 한인들을 돌보지 않는다고 원망하고 있었다.[7]

---

6 「폭탄사건 후에 있어서의 김구 일파의 기타 동정 보고」(1932. 11. 10), 국회도서관, 1976, 위의 책, 744쪽.
7 「폭탄사건 후에 있어서의 김구 일파의 기타 동정 보고」(1932. 11. 10), 국회도서관, 1976, 위의 책, 750쪽.

임시정부는 6월 상순 가흥에서 2차례 국무위원회를 개최한 결과, 한국독립당 이사회를 개최하기로 결정했다. 한국독립당은 6월 하순 항주에서 4일간 이사회를 개최했고, 이유필, 엄항섭, 김두봉, 엄항섭, 송병조, 박찬익, 김구, 김철, 이동녕, 조소앙, 김석 등 43명이 참석했다. 회의는 박창세, 김동우를 불러 항주 판공처 습격사건을 조사하고, 박찬익, 엄항섭, 김두봉에게 진상조사를 맡겼다. 그러나 정확한 조사결과는 곧 공표되지 않았다. 사건은 김구의 뜻을 받은 엄항섭의 사주에 의한 것이며, 김구와 김철 간 갈등이 심화되었다는 관측이 있었다.[8]

　　다음으로 사건 배경에는 안창호를 모욕한 상해발 신문기사가 김철 계열에서 나왔다고 생각한 홍사단계의 분노가 자리했다. 안창호에 대한 모욕은 뿌리 깊은 것이어서, 그의 체포 이전 한인청년당의 기관지 『성종』(醒鐘) 창간호는 안창호를 야유하는 만화를 게재했다가 홍사단계의 반발을 사서 집필자인 청년당 이사장 김석(金晳)이 사과한 바 있었다. 안창호 체포 후 1932년 5월 21일 『시사신보』(時事新報, 중국어)는 "안창호는 이미 비혁명적 경지로 전락한 자이며 그가 미국에서 돌아온 후 그가 통솔하는 단체에는 많은 친일적 주구배가 혼입해 있었다. 4월 29일 폭탄 사건 당일과 같은 때도 안창호는 이 사실을 모르고 만연 배회하고 있었기 때문에 체포된 것이다"라는 모욕적 기사를 실었다.[9] 투고자는 김석이었으며, 홍사단계는 기사 출처가 조소앙, 김철 등이라고 판단했다.[10] 김석(이명 김광초金光初)은 김철의 조카로, 상해한인독립운동청년동맹의 후신으로 조직(1932. 1. 30)된 상해한인청년당의 이사장이었다. 상해한인청년당은 한국독립당의 부문

---

8 「폭탄사건 후에 있어서의 김구 일파의 기타 동정 보고」(1932. 11. 10), 국회도서관, 1976, 위의 책, 744~745쪽.
9 「재상해 한인독립운동자의 내홍」(1932. 7. 15), 국회도서관, 1976, 위의 책, 739~740쪽.
10 한상도, 2008, 『대한민국임시정부II-장정시기』(한국독립운동의 역사24), 독립기념관 한국독립운동사연구소, 32~34쪽; 「폭탄사건 후에 있어서의 김구 일파의 기타 동정 보고」(1932. 11. 10), 국회도서관, 1976, 위의 책, 745쪽.

조직이자, '테러' 청년으로 구성되었다. 유상근, 이덕수, 유진만 등을 국내외에 특파하였지만, 다른 한편으로 간부 이규서(李圭瑞)·연충렬(延忠烈)은 일제 밀정 혐의로 남경에서 1933년 1월경 김구 계열에 의해 암살되었으며, 김석은 1933년 11월 상해에서 체포되어 국내로 압송되었다.[11]

사건이 발생하고 8개월이 지난 1933년 1월에야 한국독립당의 조사결과가 공표되었다. 1933년 1월 15일 개최된 한독당 당대회는 『시사신보』 지상에서 안창호의 명예를 훼손한 것과 관련해 안경근·김동우·박창세·문일민 대 조소앙·김철 등의 갈등, 즉 항주 판공처 습격사건 조사결과를 발표하며, 조소앙·김철 두 사람에게 책임이 없다고 천명하는 정도로 사건을 마무리했다.[12] 안창호 모욕 기사에 조소앙·김철의 책임이 없다는 것인지, 항주 판공처 습격사건의 원인인 7천 불 횡령설이나 습격 주동자의 책임이

---

11 독립운동사편찬위원회, 1975, 『독립운동사』 4(임시정부사), 618쪽; 「상해한인청년당 창립(1932. 1. 30)」, 『대한민국임시정부자료집』 33(한국독립당1). 프랑스 외무부 자료에는 김석이 김철의 조카 혹은 아들로 기록되어 있다. 「김석 변호사의 석방청원서」(1933. 12. 7)에 따르면 김철이 1929년 중국 국적을 획득할 때 부친 김철(金澈, 본명 김영탁金永鐸, 39세), 모 최혜순(30세), 장남 김석(18세), 차남 김덕근(16세), 장녀 김미경(1세) 등이 한 가족으로 신고되었다. 그러나 이 기록을 믿는다면 최혜순이 12살에 김석을 낳은 것이므로 사실에 부합하지 않는다. 김석은 김철의 조카로 보는 게 타당하다. 프랑스 외무부 다른 자료들에는 김철의 조카로 기록되어 있다. 김석은 1910년생으로 도쿄 메이지중학교에 다니다 1925년 숙부 김철을 만나러 상해에 와서 2년간 공립학교를 다닌 후 1927~1928년경 일본으로 돌아갔고, 1929년 다시 상해로 돌아왔다. 1930년부터 중국 내 애국단체에 가담했고, 홍구공원 사건 이후 수천 달러를 모았다. 이후 김구파의 박창세·이수봉이 김철·김석의 자택을 습격해 7천 달러와 고가의 물품을 압수했다. 이후 김철·김석은 정치적 활동을 펼치지 못했다. 김석은 김철과 함께 일본 상해영사경찰의 공작망에 걸려 1932년 11월 30일 체포되었으나, 체포 장소가 프랑스 조계여서 프랑스-일본 간 외교 문제가 되었다. 「김석 활동에 대한 조사 보고」(1933. 11. 23); 「김석 변호사의 석방청원서」(1933. 12. 7), 국사편찬위원회, 2015 『프랑스외무부문서보관소 소장) 한국 독립운동 사료3』, 1234~1235, 1251~1252쪽; 「한인독립운동자 김철과 김석 체포계획의 건」(1932. 12. 1); 「김철과 일본경찰관과의 교환 인도에 관해 1932년 12월 2일 재상해 총영사가 외무대신에 전보한 요지」; 「김철 김석 체포조치에 대한 일본경찰의 과오에 관해 1932년 12월 8일 재상해 총영사가 외무대신에 전보한 요지」, 국회도서관, 1976, 위의 책, 754~759쪽.
12 「在滬 한국독립당대회 개최」(1933. 2. 2), 국회도서관, 1976, 위의 책, 768~769쪽.

없다는 것인지는 정확히 설명되지 않았다.

    이 사건 이후 임시정부는 국무위원 모두가 사임을 청원해 사실상 활동 중단 상태에 들어갔다. 사태를 수습하기 위해 1932년 11월 28일 차리석 부의장 주재로 임시의정원 정기회의를 개최했고, 이동녕, 김구, 이유필, 조성환, 윤기섭, 차리석, 신익희, 최동오, 송병조 9명을 국무위원으로 새로 선출했다. 1933년 3월 6일 임시의정원 회의에서 김구·이동녕의 사면 청원은 반려되었지만, 김구는 연속 2개월 이상 직무를 비웠기 때문에 군무장·법무장에서 해임되었다. 또한 사면을 청한 국무위원 조완구, 조소앙, 김철도 사면 처리되었다. 그 대신 차리석이 내무장, 신익희가 외무장, 윤기섭이 군무장, 최동오가 법무장, 송병조가 국무회의 주석에 선임되었다. 이 시점에 김구는 임시정부와 한국독립당을 사실상 떠났고, 1935년 5월 복귀할 때까지 돌아오지 않았다.[13] 김구는 낙양군관학교 한인특설반과 김구특무대 양성에 진력했다. 1935년 김구가 임시정부에 복귀하게 된 계기는 임시정부를 대체해 유일당 건설을 모토로 내세운 민족혁명당 결성이 본격화되어서였다.

    1930년대 김규식의 활동은 정중동의 그것이었다. 1920년대가 제1차 세계대전 이후 파리강화회의·워싱턴군축회의 등 대서방 외교 활동과 모스크바 극동민족대회 등 대러시아 외교 활동이 중심을 이루었다면, 1930년대는 세계대공황이 정세를 움직였다. 미국의 경제공황 이후 세계는 금융공황과 경제대공황으로 접어들었고, 세계경제의 블록화와 제국주의의 식민지 재분할 경쟁이 심화되었다. 동북아시아에서는 일제의 침략전쟁이 본격

---

13 소육린(邵毓麟)은 이렇게 썼다. "한국임시정부가 항저우로 피난 가 있을 당시 군무장 김철 일파가 김구더러 '중국이 한국에 원조한 경비를 횡령한 사건에 대한 책임을 져야 한다'라고 지적한 바 있다. 이에 김구는 분함을 참지 못하고 정부에서 탈퇴했고, 이로 말미암아 한국임시정부는 거의 와해될 위기에 봉착했다. 얼마 되지 않아 김철이 병사하고 김구가 중국국민당의 지지를 받아 다시 한국임시정부에 복귀했다." 소육린(邵毓麟) 지음, 이용빈 외 옮김, 2017, 『사우위린 대사의 한국 외교회고록』, 한울, 75~76쪽.

화되었다. 일제는 만주사변을 통해 만주를 침략하고 괴뢰 만주국을 수립하기에 이르렀다. 반식민지였던 중국의 동북3성이 일본 식민지로 전락한 것이다. 중국 내 반일여론과 반제국주의운동이 본격화되기 시작했고, 중국과 한국의 반일국제연대의 가능성이 점차 심화되고 있었다. 1932년 도쿄에서 이봉창 의거, 상해 홍구공원에서 윤봉길 의거 등이 이어지면서 한국 독립운동 및 한인에 대한 중국인의 긍정적 평가와 원조가 본격화되기 시작한 시점이었다.

김규식에 관한 소식은 간헐적이고 파편적으로 남아 있다. 1931년 1~2월간 김규식이 남양군도 보르네오섬에 한국인들의 이민 계획을 추진했다는 기록이 남아 있다. 국내의 『동아일보』는 상해특파원발로 천진 북양대학 교수인 김규식이 보르네오총독과 한국인 이민에 대한 교섭을 진행 중이라고 보도했다.[14] 이에 따르면 김규식은 양기탁과 협의해서 한국인의 보르네오 이민을 추진한 것으로 되어 있다. 세계에서 3번째로 큰 섬인 보르네오섬은 말레이제도 북방에 있는 미개척지로 수백만을 수용할 수 있었던 영국 식민지였다. 김규식이 보르네오총독과 교섭한 결과 한인을 환영한다는 뜻의 회답을 받았고, 이후 양기탁과 협의해 만주 동포 십만을 이주시킬 계획으로 만주 여러 단체와 협의 중이라는 것이다. 이주민에 대해서는 여행증명도 필요 없으며, 황무지로 사탕, 커피, 연초, 규나(規那, 키니네 원료) 등이 주산물이며, 소수의 중국 이민 외에 해안 도서 종족이 거주하며 백인은 적고, 이슬람 세력이 중심이라고 했다. 양기탁은 이민 책임자로 시찰단을 파견해 수전농업을 할 계획이라며, 이미 보르네오총독과 여러 차례 교섭해서 환영을 받았고, 지역에 관한 간행물도 받았으며, 시찰단 파견을 요청받았다고 했다. 보르네오총독은 도항비와 개간자금을 이주민이 마

---

14 「남양「뽀르네오」島에 동포 대이주 계획 김규식 박사 등 획책,「뽀」도 총독과 교섭 진행중」, 『동아일보』(1931. 1. 29).

련해 와야 한다고 전했다.[15] 일제의 다른 기록에는 1932년 2월 보르네오섬 이민 계획은 만주에서 온 양기탁이 김규식과 안창호 등이 합작해서 추진한 것이었지만, 실패한 것으로 되어 있다.[16]

1932년 1월 상해에서 간행되는 한인신문『상해한문』(上海韓聞)은 천진 북양대학 교수로 있던 김규식이 지병인 뇌병(腦病)으로 별세했다고 보도(1932. 1. 4)했다가 곧바로 와전이라고 정정(1932. 1. 11)했다.[17] 1932년 말에는 김규식이 중국국민정부의 외교사절로 만주 문제를 항의하기 위해 국제연맹에 파견될 것이라는 추측성 보도가 이어졌다.『동아일보』는 남경 특파원발로 만주 문제에 대한 국제연맹 임시총회를 앞두고 중국국민정부 외교부와 민간이 연합해 구미사회를 상대로 한 세계여론을 일으키기 위해 민간 외교사절을 파견하기로 했는데, 각 대학 유명 교수와 언론인 수십 명을 미국에 보내기로 했으며, 김규식이 수석 전권대표가 되어 20여 명의 수행원을 대동하기로 했다고 보도했다.[18] 동일한 내용이 미주『신한민보』에도 게재되었다.[19]

김규식은 임시정부를 떠났는데도 지속적으로 임시정부와 관련해 이름이 거론되었다. 1933년 3월 6일 임정 25회 임시회의는 김규식을 신임 국무위원에 선임하였고, 6월 21일 임시정부 외무장 신익희가 사면하자 김규식을 외무장에 선임했다.[20] 이 시점에 김규식은 미국을 방문 중이었는데, 1933년 3월 26일 미국 샌프란시스코 한인예배당에서 행한 연설에서 "임시

---

15 「이주 대환영 水田農 유리 시찰단의 파견을 요망 책임자 양기탁씨 담」,『동아일보』(1931. 1. 29).
16 「上海新公園義擧後의 臨時政府 近況」(昭和九年(一九三四) 二月六日附 在上海石射總領事發信 廣田外務大臣宛 報告要旨), 국사편찬위원회, 1983,『한국독립운동사』자료2(임정편II).
17 『上海韓聞』제1호(1932. 1. 4), 제2호(1932. 1. 11).
18 「중국의 민간외교사절 수석에 김규식 박사 구미 각지를 류세하고저 20명 수원 데리고 출발」,『동아일보』(1932. 11. 5).
19 「중국 민간외교의 사절」,『신한민보』(1932. 12. 8).
20 독립운동사편찬위원회, 1975, 위의 책, 622~624쪽.

정부를 두고 보아도 맨처음에 대통령제로 하였다가 집정관총재로 곤치며 또다시 국무원제로 하였다가 지금은 위원제로 한답니다. 연구 많은 사람들이 연해 고쳐 놓는 그 이름들을 총명한 사람이 아니면 다 기억할 수도 없습니다"라고 했다.[21] 김규식의 연설은 임시정부를 비판하고 한국대일전선통일동맹의 정당성을 강조하기 위한 것이었는데, 김규식의 이런 태도로 미루어 임시정부 측에서 국무위원·외무장 선임에 대해 김규식의 사전·사후 동의를 받은 것 같지는 않다.

---

21 「한 중 양 민족의 중대사명 받은 김규식 박사를 열정으로 환영 중국인이 한인들을 더욱 친선」, 『신한민보』(1933. 3. 30).

2   한국대일전선통일동맹·중한민중대동맹의 결성(1932)

(1) 한국 측 통일전선 한국대일전선통일동맹의 창립(1932. 11)

김규식은 1932년 중반 이후 급격히 변화하는 중국 관내지역의 정세에 조응해서 움직이기 시작했다. 이봉창·윤봉길 의거의 주역 김구는 상해를 떠났고, 일제의 만주 침략 이후 만주에서 관내로 이동한 한국 독립운동 세력은 상해 등에서 세력을 재정비하기 시작했다. 이후 역사적 흐름을 정리하자면 김구 중심의 한국독립당 세력과 김원봉 중심의 민족혁명당 세력으로 대표되는 2가지 세력이 부상했다. 이 과정에서 김규식은 민족혁명당 계열에 동참해 중경 임시정부 시대까지 일관하였다.

　김규식이 상해에 온 시점과 동기에 대해서는 일제 측의 여러 정보가 있었다. 1932년 10월 중순 김규식이 북경에서 김영호(金永浩, 본명 이준연 李埈然)와 함께 상해로 와서 소속단체인 요동의용군(遼東義勇軍) 대표를 자처하며, 동북의용군후원회에 경제적 원조를 요청했다는 설,[22] 김규식이

---

[22] 「폭탄사건 후에 있어서의 김구 일파의 기타 동정 보고」(1932. 11. 10), 국회도서관, 1976, 위의 책, 752쪽.

1932년 11월 초순경 최동오와 함께 상해에 와서 한국독립당 이사이던 이유필과 회견해 한국대일전선통일동맹을 조직했다는 이유필의 진술[23] 등이 있다.

1934년 한국대일전선통일동맹의 「창맹(創盟) 이래 경과 개략(槪略)」이라는 기록에 따르면 김규식은 1932년 10월 초순경 상해로 내려와 일을 도모했다. 일의 진행 경과로 미루어 10월 이전에 한국 독립운동 진영의 통일을 논의하자는 사전 연락과 협의가 있었을 것이다. 누가 천진의 김규식을 움직였는지 분명치 않지만, 김규식은 최동오와 함께 상해에 와서 중한연합군 조직을 노력하며 이유필과 회견한 것으로 되어 있다.[24]

1932년 10월 12일 각 단체 대표의 간담회가 개최되었다. 한국독립당 대표 3인(이유필·송병조·김두봉), 한국혁명당 대표 2인(윤기섭·신익희), 조선의열단 대표 2인(한일래·박건웅), 광복단 대표 1인(김규식) 등 8인이 상해에서 간담회를 열고, 단체연합 형식에 대한 토의를 거쳐 각단체연합주비위원회를 결성하고 김규식·김두봉·박건웅·신익희·최동오 5인을 위원으로 선정하였다. 이어 10월 23일 각단체연합주비위원회 5인은 연합체의 명칭을 '한국대일전선통일동맹'으로, 성격은 협의기관으로, 대표는 9인으로 정해 각 단체에 제출하기로 결정했다. 이틀 뒤인 10월 25일 한국대일전선통일동맹 성립대표대회가 개최되었다. 한국독립당 대표 2인(이유필·김두봉), 조선혁명당 대표 2인(최동오·유동열), 한국혁명당 대표 2인(윤기섭·신익희), 조선의열단 대표 2인(박건웅·한일래), 광복단 대표 1인(김규식) 등 9인이 상해에서 한국대일전선통일동맹을 성립한 후, 규약기초위원 3인, 대회선언기초위원 2인을 선정했다. 대회에서 규약을 통과시켰고, 이에 따

---

23 「한국대일전선통일동맹」, 국사편찬위원회, 1983, 『한국독립운동사』 자료3(임정편 III), 473~475쪽.
24 「한국대일전선통일동맹」(1933. 6. 12), 국회도서관, 1976, 위의 책, 774쪽.

라 집행위원 9인을 선거했다. 10월 27일 집행위원회가 개최되었다. 제1회 집행위원회에서 상무위원 5인을 호선했으며, 11월 5일 비서부, 조직부, 선전부, 군사위원회, 경제위원회, 외교위원회를 선임해 회무를 분담했다.

이후 각 단체가 해체·가맹·지부 수속을 밟았다. 1932년 12월 6일 김규식의 소속단체인 북평 광복동지회가 일체 공작을 동맹에 맡기고 자동 해체했다. 또한 미주 대한독립당(이전 미주한인연합회) 가맹(1933. 4. 12), 대한인국민회총회 임시 가맹(1933. 4. 1), 뉴욕 대한인교민단 가맹(1933. 6), 하와이대한인국민회 가맹(1933. 7. 22), 하와이대한인동지회 가맹(1933. 10. 30), 16. 대한인국민회총회 정식 가맹(1934. 1. 16) 등이 있었다. 1933년 6월 25일 뉴욕 국민회 지회, 국민회 지부, 대한인교민단, 로동상조회, 학생회 5단체 연합으로 뉴욕지부가 설립되었다.[25] 미주 가맹단체는 모두 1933년 김규식의 도미 활동의 결과였다.

이상과 같이 한국대일전선통일동맹은 1932년 10~11월 급속한 속도로 결성에 이른 것이다.[26] 천진의 김규식, 상해 한국독립당의 이유필 세력, 북경 의열단 세력, 만주 조선혁명당 세력이 결합해서 만들어진 것이다. 김규식은 광복단 대표로 되어 있는데, 일제 측 다른 자료에는 한족동맹회(韓族同盟會, 북경) 대표로 되어 있다. 광복단, 한족동맹회, 광복동지회 등으로 나타나는 혼란스러운 조직명은 단체·조직 가맹을 위해 급조된 상황을 반영했을 것이다.

그런데 김규식은 1933년 미국에 가서 안창호의 노력으로 대일전선통일동맹회가 조직되었다고 여러 차례 밝힌 바 있으며,[27] 일제 정보당국도

---

25 「창맹 이래 경과 개략」, 『신한민보』(1934. 4. 5, 1934. 4. 12).
26 한국대일전선통일동맹, 중한민중대동맹에 대해서는 한상도의 연구를 참조했다. 한상도, 1995, 「1930년대 좌우익 진영의 협동전선운동」, 김희곤·한상도·한시준·유병용, 『대한민국임시정부의 좌우합작운동』 한울; 한상도, 1994, 『한국 독립운동과 중국군관학교』, 문학과지성사; 한상도, 2008, 『한국 독립운동의 역사 24: 대한민국임시정부II−장정시기−』, 독립기념관 한국독립운동사연구소.

안창호가 1931년 11월 중순 광동에서 온 한인 왕억(王億), 본명 권국빈(權國彬, 25세가량)과 모의해 중국 측과 연락해서 대일전선통일동맹 계획안이라는 "과격 운동"을 기도했다고 파악한 바 있다.[28] 즉, 김규식과 일제 정보당국은 한국대일전선통일동맹의 출발이 안창호의 대일전선통일동맹으로부터 비롯된 것으로 파악하고 있었던 것이다. 홍구공원 사건 이후 안창호가 체포됨으로써 "대일전선통일동맹 계획안"이 구체적으로 추진되지 못하다가, 1932년 10월에 접어들어 구체적인 조직 형태를 갖게 된 것으로 볼 수 있다. 안창호는 1920년대에는 국민대표회의, 1930년대에는 민족유일당 형태로 임시정부를 대체할 수 있는 독립운동 정당 건설을 추진했으며, 그 결과 김구, 이동녕, 조소앙, 이유필, 김철 등과 함께 1930년 1월 한국독립당을 창당했다. 한국독립당은 비밀리에 운영되었기 때문에 일제 정보자료에는 한국국민당(1930. 8),[29] 조선혁명당(1931. 5)[30] 등으로 묘사된 바 있다. 즉, 한국대일전선통일동맹은 1930년대 안창호의 중국 관내 독립운동 진영 통일을 위한 노력의 귀결로 파악할 수 있다.

때문에 상해 시기 한국독립당을 계승해 조직된 중경 시기 한국독립당은 한국대일전선통일동맹 결성을 한국독립당이 주도한 독립운동 세력 통일 노력의 일환으로 설명했다. 한국독립당 기관지 『한민』은 1931년 9·18사변 이후 한국독립당의 독립운동 통일 노력이 대일전선통일동맹 결성으로 이어졌고, 1932년 1월 상해사변 뒤 중국과 호조운동을 펼치다 4월 윤봉

27 「김규식 박사의 연설, 3월 12일 라성환영회 석상에서」, 『신한민보』(1933. 3. 23).
28 「안창호에 대한 구인장 발부 촉탁에 관해 1932년 5월 25일 재상해 총영사가 조선총독부 경무국장에게 전보한 요지」, 국회도서관, 1976, 위의 책, 725쪽: 「홍구공원 폭탄 사건 범인의 연루혐의 한인의 심문 전말」(1932. 6. 4), 국회도서관, 1976, 위의 책, 729쪽: 「안창호 등의 재류금지 보고」(1932. 6. 4), 국회도서관, 1976, 위의 책, 732쪽.
29 「안창호일파의 한국국민당조직 그후의 행동에 관한 건」(1930. 8. 12), 국회도서관, 1976, 위의 책, 645쪽.
30 「조선혁명의 근황에 관한 건」, 「조선혁명당선언」(1931. 5. 6), 국회도서관, 1976, 위의 책, 668~672쪽.

길 의거로 중단되었으며, 이후 1932년 가을부터 겨울 사이 한국대일전선통일동맹이 결성되었다고 설명하고 있다.[31]

일제 측 정보자료에 나타난 것처럼 김규식 등은 동북의용군후원회의 경제적 원조를 받으려 했는데, 중국 측은 한국 혁명단체에 운동자금을 지급할 의사가 있으나 한국 측에는 다수의 단체와 인물이 있으니 쌍방의 편의를 위해 통일연합이 필요했다는 것이다. 전반적으로 한국대일전선통일동맹은 한국독립당의 반김구 계열, 북경 의열단 계열을 중심으로 결성된 것으로 볼 수 있다.

반면 김원봉의 의열단 계열에서는 이를 자신의 공작 활동으로 파악했다. 김원봉이 작성한 보고서(1932. 12. 20)는 한국대일전선통일동맹의 결성을 의열단의 활동으로 묘사하고 있다. 의열단은 이진선(李振善, 박건웅), 위사원(韋思源, 한일래) 2명을 상해에 파견해 한국독립당, 조선혁명당, 한국혁명당, 광복동지회 등 단체 대표와 1932년 11월 6일 정식으로 대표대회를 갖고 한국대일전선통일동맹을 결성했다고 보고했다. 단 이들 단체의 실력이 박약하고 내부가 불순해서 한국 혁명 세력의 통일기관으로 인정하기 불가능하기에 장래 통일전선의 매개를 촉성하는 의의 정도를 갖는다고 평가했다.[32] 같은 맥락에서 중국국민당정부의 소육린(邵毓麟)은 회고록에서 사상과 정치적 이해관계가 얽혀 있던 김원봉이 김구의 임시정부와 번번히 충돌하였고, "나아가 그는 '한국대일전선통일동맹'을 조직하여 사사건건 대한민국임시정부의 시책을 반대하고 비판하여 대한민국임시정부를 곤경에 처하게 하였다"라고 썼다.[33]

---

31 조완구, 「한국독립당 창립 경과」, 『韓民』 제1권, 제3·4기, 『대한민국임시정부자료집』 94(별책 4). 조완구는 의열단이 돌연 공산주의자들에게 장악되어서 다른 단체들이 한국대일전선통일동맹에 의열단의 참가를 꺼렸지만, 책임자가 민족적 입장에서 광복운동에 종사할 것을 맹세해서 가맹이 되었다고 썼다.

32 「한국의열단 공작보고서-국내활동」, 陳國斌→미상(1932. 12. 20), 추헌수, 1973, 『자료한국독립운동』 3, 연세대학교출판부, 26쪽.

종합하면 한국대일전선통일동맹이 만들어진 것은 2가지 동력과 이유 때문이었다. 첫째, 만주사변·윤봉길 의거 이후 고조된 항일 정세에 부응해서 한국 독립운동 진영을 통일하려는 시도의 산물이었다. 둘째, 변화된 정세 속에서 중국의 반일열, 중국의 한국 독립운동 후원, 재정 지원 열기를 조직적으로 흡수하기 위한 것이었다. 즉, 한국 독립운동 측의 통일 필요성 및 중국 측의 한국 독립운동 지원 창구 일원화 요구가 결합된 것이었다.

한국대일전선통일동맹은 창립선언문(1932. 11. 11)을 통해서 "오직 유일한 나갈 길은 일본제국주의 통치를 전복하고 우리의 독립 자유를 획득하기 위한 투쟁을 적극 전개함에 있을 뿐이다. 당면에 있어서 제일 긴급하고 중요한 것은 전선통일의 문제다"라고 쓰고 있다. 반일혁명 세력을 통일하기 위해, 통일동맹은 중령(中領) 제혁명집단의 총집합을 내세웠으며, 범위는 중국뿐 아니라 미주, 러시아령까지 총괄하며, 힘 있는 우군들과 각종 상태의 필요한 연결을 취하며, 진실한 민중의 기초와 아울러 직접 군사적 행동을 전개하려고 한다고 했다. 『신한민보』에 실린 선언에는 "1. 한국대일전선통일동맹에 총집합하자. 1. 일본제국주의를 타도하자. 1. 민중을 조직하자. 1. 혁명적 민중은 통일전선을 지지하자. 1. 필요한 우군과의 연결을 절실히 하자. 1. 군사행동을 적극 전개하자. 1. 한국 독립 만세" 등의 구호가 나타난다.[34]

통일동맹의 규약과 강령은 김규식이 도미하면서 휴대해 미주에서 먼저 알려졌다. 규약에 강령이 포함되어 있는데 모두 3개 항목으로 되어 있다.

---

33 邵毓麟, 『使韓回憶錄』; 소육린(邵毓麟), 2017, 위의 책, 78~79쪽.
34 「선언(한국대일전선통일동맹 성립대회)」, 『신한민보』(1933. 1. 12). 지금까지 알려진 것은 일제 정보당국의 번역문이었다. 「한국대일전선통일동맹 창립선언문(1932. 11. 10)」, 朝鮮總督府 警務局 保安課, 1935, 『高等警察報』 제5호, 78쪽; 독립운동사편찬위원회, 1975, 위의 책, 729~730쪽.

1. 오등(吾等)은 혁명의 방법으로써 한국의 독립을 완성코자 한다.
2. 오등은 혁명역량의 집중과 지도의 통일로써 대일전선의 확대 강화를 기(期)한다.
3. 오등은 필요한 우군(親友의 軍土)과 연결을 기한다.[35]

규약에는 매년 1회 전체대표대회 개최, 9~15명으로 구성된 집행위원회 설치, 의무금 납부, 집행위원회 산하 부서(비서부, 조직부, 선전부, 군사위원회, 경제위원회, 외교위원회) 설치 등을 명시하고 있다.[36]

1933년 방미 당시 김규식은 통일동맹의 기본 사업을 다음과 같이 설명했다. 기본 목적은 한국 혁명 세력을 대집중해서 한국의 독립을 완성하는 것이며, 기본 사업의 대강은 (1) 민중운동을 기본하여 전 민족을 조직적 단결하에 결속할 것이며, (2) 군사운동에서 동삼성 열하 일대를 근거로 하여 중국의용군과 합작하여 왜적과 혈전할 것이며, (3) 교양운동에 있어서는 정치적 영수를 양성하기 위하여 또 특별한 기술인재를 양성하기 위하여 혁명학교를 창설할 것이며, (4) 선전사업에 있어서는 기관지를 발간하여 우리 운동을 지도 격려하며 또 한편으로는 일본 군대 내에 혁명운동을 일으킬 것이며, (5) 외교에 있어서는 중국과 깊이 결탁하는 동시에 반일하는 어떤 나라와든지 연락을 취하는 것이었다.[37] 즉, 대일전선통일동맹의 사업은 민중운동, 군사운동, 교양운동, 선전사업, 외교 등의 5가지로 구분된다고 설명한 것이다.

중경 시기 대일전선통일동맹의 이름으로 규약(簡章)이 발표된 바 있

---

35 김원봉의 보고에는 4개 항목으로 되어 있다. (1) 우리들은 혁명적 방법으로 한국의 독립을 완성한다, (2) 우리들은 혁명역량을 집중해서 통일지도하며 대일전선을 확대한다, (3) 우리들은 신뢰하는 우군과 함께 절실한 연락을 취한다, (4) 우리들은 일체 활동을 모두 민중 이익을 기준으로 한다. 추헌수, 1973, 위의 책, 26쪽.
36 「한국대일전선통일동맹 규약」, 『신한민보』(1933. 4. 6).
37 「김규식 박사 뉴욕 활동」, 『신한민보』(1933. 7. 13).

다. 여기에도 기본 목적(宗旨)은 (1) 동아시아 시국이 대변동하는 비상 시기를 맞아 국내외 각 방면의 혁명역량을 총집합하여 통일적 조직을 완성함으로써 전투력의 충실을 도모한다, (2) 한국 혁명자의 통일적 단결을 촉성하는 동시에 중국혁명 동지와 절실히 연락해서 대일공동작전계획을 수립하고 연합전투 공작을 실행한다, 라고 되어 있다. 즉, 한국 독립운동의 통일조직 건설, 한중 공동투쟁·연합전투가 목적이라고 쓴 것이다. 중한민중동맹의 기본 목적을 설명한 것이다. 여기서 통일동맹의 임무는 7가지로 설명되었다.

1. 각지에 전임요원을 선별 파견해 각 방면 혁명동지를 맞아 통일을 준비·기획(籌劃)한다.
2. 한국과 중국 동북 각지에 선전대를 밀파해서 대중의 혁명정신을 환기하며 통일조직과 중한 양 민족 합작의 필요성을 고취한다.
3. 전단, 소책자 등을 간행해서 선전의 보급을 도모한다.
4. 중국 혁명영도자를 맞아 중한 양 민족의 합작 방침을 협정하고 또 중국민중에게 선전해 대일연합전선을 실현한다.
5. 각지 혁명전사를 소집해 통일적 대오를 편성하며 대일 작전을 준비한다.
6. 통일적 조직이 미완성 전에 당면 혁명공작은 본 동맹이 계속 진행한다.
7. 본 동맹의 경비 및 운동비는 맹원의 부담 및 유지인사의 의연으로 그를 충당한다.[38]

---

38 「대일전선통일동맹규약」(발표처 중경, 발표자 대일전선통일동맹), 추헌수, 1973, 위의 책, 398~399쪽.

한편 김원봉의 보고에 나타난 집행위원, 상무위원은 다음과 같다.

- 집행위원: 김백연(김두봉), 김중문(김규식), 이진선(박건웅), 위사원(한일래), 이춘산(이유필), 최동오, 왕해공(신익희), 유춘교(유동열), 성현원
- 상무위원: 김중문, 김백연, 이진선, 왕해공, 최동오

한국대일전선통일동맹은 1934년 3월 1일 남경에서 제2차 대표대회를 개최했고, 1935년 2월 25일 제3차 대표대회를 개최했다. 제3차 대표대회 결의를 통해 1935년 6월 20일 각 혁명단체대표대회가 개최되었다. 조선혁명당, 의열단, 한국독립당, 신한독립당 각 3명의 대표, 대한독립당 2명의 대표, 대한인교민단, 미주국민회, 하와이국민회, 하와이혁명동지회 각 4명의 대표가 참석한 대회는 민족혁명당 창당으로 이어졌고, 한국대일전선통일동맹은 해산을 선언(1935. 7)했다.[39]

(2) 중한연대를 위한 중한민중대동맹의 결성(1932. 11)

이러한 전후 사정 속에서 한국대일전선통일동맹이 결성되면서 자연스럽게 한중연대를 위한 조직체의 결성이 논의되기에 이르렀다. 일제 측 정보자료들은 한중연대, 군사연대 등의 가능성에 주목하고 있었다. 일제에 체포된 이유필(한국독립당 이사)은 김규식이 상해로 내려와 자신에게 상해에 한교연합회(韓僑聯合會)를 조직하고 중국 측 화교연합회(華僑聯合會)와 연합해 중국연합회(中國聯合會)를 조직하자고 제안했다고 했다. 김규식이 1920년대 초반 추진했던 중한호조사와 같은 맥락에서 조직사업을 추진했음을 알

---

39 도산안창호선생기념사업회·도산학회, 2005, 『미주국민회자료집』 21, 303~304쪽.

수 있다. 이유필은 새로운 한교연합회를 조직하는 것보다는 각지 기성단체를 통일해 한중연합을 도모하자는 의견을 냈으며 그 결과 한국대일전선통일동맹이 조직되었다고 설명했다.

한국대일전선통일동맹 측 설명에 따르면 통일동맹 결성 이후 첫째로 한국 각 혁명단체의 가맹 촉성, 전선통일 공작, 임시의정원 의원 및 임시정부 각원들을 통해 임시정부의 일체 공작을 통일동맹과 일치한 보조를 취하게 했으며, 둘째로 중화민중자위동맹(中華民衆自衛同盟)을 상대방으로 한중한민중대동맹(中韓民衆大同盟)을 성립하여 한중 연합군 및 기타 합작사업을 진행했고, 셋째로 1933년 봄 통일동맹 대표 김규식을 미국과 하와이에 파견하여 통일동맹 가입 및 지부 설립을 시도하고 선전 활동과 중한동맹에 대한 특연금을 모집하게 했다.[40]

김규식은 1933년 3월 12일 미국 로스앤젤레스 연설회에서 중한민중대동맹의 결성 과정을 직접 밝힌 바 있다. 김규식의 연설 내용을 정리하면 다음과 같다.

> 9.18사변 이후 중국 측에서 안창호에게 사람을 보내 한중 합작운동을 요청했다. 당시 안창호는 북평 동북구국회에 가다가 사정으로 가지 못했다. 이후 대표 2인을 상해로 보내 안창호 외 몇 사람과 논의한 결과 한중민중대동맹회가 기초되었다. 그때 김규식도 중국인 측에서 청하여 참가했다. 이후 해외 화교회에서 동삼성을 회복하려면 한국의 독립단체들과 합작해야 한다는 의견이 생겼다. 이봉창·윤봉길 의거 이후 남양 군도 화교들이 1,500톤의 쌀을 모아서 양 의사 가족 구제에 쓰게 했다. 화교들은 한중 양 민족이 독립군을 조직해야 돈을 주겠다, 중한 양 민족의 합작이 필요하다고 한다. 상해사변 때 각지 화교회에서 중국 제19로

---

40 「창맹 이래 경과 개략」, 『신한민보』(1934. 4. 5, 1934. 4. 12).

군을 위해 9백만 원을 보냈지만, 19로군에게는 겨우 30만 원만 실제로 돌아갔다. 가짜 대표들이 많기 때문이었다. 이후 해외 화교들은 한국 측과 합작해야 돈을 보낸다고 한다. 이때 한국 측에 안창호 등이 노력해 만든 대일전선통일동맹회가 있고, 중국 측에서는 민중자위대동맹회가 있었다. 대일전선통일동맹회는 안창호 등이 조직한 한국독립당, 만주의 조선혁명당, 남경의 조선의열단, 북평의 광복동지회, 상해 한국독립당에서 분리된 한국혁명당 5개 단체가 통일된 것이다. 민중자위대동맹회는 러시아에 조영한을 파견하는 등 노력을 기울였다. 한국 독립운동 역사상 5개 단체가 통일된 것은 처음이다. 대일전선통일동맹은 중국 민중자위동맹회와 합해 중한민중대동맹을 조직했다.[41]

김규식의 발언에 따르면 (1) 만주사변 이후 중국 측 요청으로 안창호를 중심으로 한 한중연대가 시도되었고 자신도 여기에 참가했다, (2) 한국 5개 단체가 통일해 대일전선통일동맹회[한국대일전선통일동맹]가 결성되었다, (3) 중국 측 민중자위동맹회와 합해서 중한민중대동맹을 조직했다는 것이다.

일제의 정보기록에 따르면 동북의용군후원회 간부인 주경란(朱慶瀾)·저보성(褚輔成)의 반대파가 한국 측 연합조직과 합작을 시도한 결과, 한중 양측의 절충을 거쳐, 1932년 11월 2일 한국독립당 등 5개 단체와 중국 항일단체 대표자가 회동한 결과 중한민중토일동맹(中韓民衆討日同盟)이 결성되었다.[42] 중한민중토일동맹은 중한민중대동맹의 착오임이 분명하다.[43]

---

41 「김규식 박사의 연설, 3월 12일 라성환영회 석상에서」, 『신한민보』(1933. 3. 23).
42 「폭탄사건 후에 있어서의 김구 일파의 기타 동정 보고」(1932. 11. 10), 국회도서관, 1976, 위의 책, 742~752쪽.
43 「폭탄사건 후에 있어서의 김구 일파의 기타 동정 보고」(1932. 11. 10), 국회도서관, 1976, 위의 책, 742~752쪽.

반면 의열단 측 자료에는 중한민중대동맹이 의열단의 활동으로 묘사되어 있다. 김원봉이 진국빈(陳國斌)이라는 중국 이름으로 작성한 「한국의열단 공작보고서-국내활동」(1932. 12. 20)에 따르면 중한민중대동맹의 결성 경과는 다음과 같았다.[44] 상해 방면의 항일단체인 중화민중자위대동맹(中華民衆自衛大同盟)이 반일이라는 공동목표하에서 한국대일전선통일동맹과 합작을 희망하였기에 11월 14일 쌍방 대표가 상해에서 '중한민중대동맹'을 조직하였다. 조직의 목적은 중국의 실지(失地)를 수복함과 함께 한국 독립을 완성함으로써 진정한 자유 평등의 인류사회를 실현하는 것으로 제시되었다. 정책은 중한대일연합군(中韓對日聯合軍)을 조직하며 일제 반일 세력을 연합하며 민중의 반일운동을 확대하는 것이었다. 즉, 한중(중한) 합작의 항일연합군 조직, 반일 세력 연합, 반일운동 확대가 조직의 목적이었던 것이다.

그렇다면 한국대일전선통일동맹과 합작한 중화민중자위대동맹의 실체는 무엇이었는가? 일제 정보자료는 "중국 측 항일 제단체 간에도 동북의용군후원회 간부 주경란(朱慶瀾)·저보성(褚輔成) 일파의 전횡을 미워하는 자가 적지 않아 차라리 차제에 각 단체를 일괄하여 연합조직을 만들어 내어 한국 측 연합조직과 합작하는 것이 더 낫다고 간주하는 자가 많다"라고 지적한 바 있다.[45] 동북의용군후원회는 동북의용군의 경제적 후원을 표방하고 조직된 것으로 의용군에 대한 의연금 모집 단체였다. 상해 저보성(褚輔成)의 주택에 사무소를 두고 모금원 20명가량을 두어 1931년 11월 현재 약 30만 원을 모금한 바 있다.[46]

---

44 「한국의열단 공작보고서-국내활동」 陳國斌→미상 (1932. 12. 20) 추헌수, 1973 위의 책, 26~27쪽. 호춘혜 교수에 따르면 이 자료는 대만의 장총통당안(蔣總統檔案)에서 나온 것이다. 胡春惠 지음, 신승하 옮김, 1987, 『중국 안의 한국 독립운동』, 단국대학교출판부, 51쪽. 각주 61.
45 「폭탄사건 후에 있어서의 김구 일파의 기타 동정 보고」(1932. 11. 10), 국회도서관, 1976, 위의 책, 742~752쪽.

이와 관련해 아나키스트 유기석의 회고가 있다. 유기석은 만주 침략·상해사변 이후 북경에서 동북 출신 주경윤(朱慶潤)과 염보항(閻寶航) 등이 '동북민중항일구국회'를 조직하고, 요서·열하 등 지방 군대세력과 관외에서 관내로 퇴각한 일부 동북의용군을 재편성하여 각각 '동북민중항일구국군'을 조직해, 부대 번호로는 40여 로(路)가 넘는 구국군 사령관과 별동대 지휘관을 임명했다. 부대는 수십만을 헤아린다고 했지만, 실제로는 5만 명 미만이었고, 유기석도 별동대 지휘관 중 하나였다는 것이다.[47] 유기석의 회고록에 등장하는 동북민중항일구국회는 동북의용군후원회, 주경윤(朱慶潤)은 주경란(朱慶瀾)을 의미하는 것으로 보인다. 전반적으로 주경란 중심의 동북의용군후원회에 맞서기 위해 만들어진 것이 좌파의 중화민중자위대동맹이었던 것으로 보인다.

김규식은 1933년 3월 12일 미국 로스앤젤레스 연설에서 중화민중자위대동맹에 대해 "자위동맹회에서는 선언서를 각국 글로 만들며 각국에 대표를 보내는 중 특히 아라사(러시아)로는 조영한 씨가 가서 중로(中露) 국교까지 회복케 되었습니다. 물론 제네바에 가 있는 양국 대사들이 했지만 국교 회복 동기를 자위동맹회 대표가 일으키였습니다"라고 했다.[48] 즉,

---

46 「폭탄사건 후에 있어서의 김구 일파의 기타 동정 보고」(1932. 11. 10), 국회도서관, 1976, 위의 책, 746쪽. 저보성은 가흥 사람으로 일본 동양대학(東洋大學) 고등경정과를 졸업한 후 가흥부상회(嘉興府商會)를 운영한 상인이자, 절강성 자의국(諮議局) 의원, 절강군정부 참사, 중의원 의원 등으로 활동한 자산가였다. 1931년 현재 상해법정학원 원장이었으며, 원래 친일가였으나 21개조 이후 반일의 급선봉이 되었다고 한다.

47 국가보훈처, 2010, 『삼십년 방랑기 유기석회고록: 해외의 한국 독립운동사료(XXXV)』, 476쪽. 유기석(柳基錫. 1905~1980)은 유수인(柳樹人)·유서(柳絮)로 알려진 저술인이자 아나키스트였다. 재중국조선무정부공산주의자연맹과 남화한인연맹 등 아나키즘 운동단체를 조직했으며, 1940년대 제3전구에서 한교전지공작대를 지도한 바 있다. 최기영, 2015, 「1920~1930년대 유기석의 독립운동과 아나키즘」, 『중국 관내 한국 독립운동가의 삶과 투쟁』, 일조각; 홍석표, 2013, 「류수인(柳樹人)과 루쉰(魯迅)-〈광인일기〉 번역과 사상적 연대」, 『중국문학』 77.

48 「한인독립군 일인이 왜병 10명 일당한다고 대일전선통일동맹회를 조직 후 활동, 김규식 박사의 연설」, 『신한민보』(1933. 3. 23).

중화민중자위대동맹의 가장 중요한 활동 중 하나가 자신을 미국에 파견하고, 조영한을 러시아에 파견하는 외교 선전 활동이었다고 지적한 것이다.

한편, 김원봉은 한국대일전선통일동맹과 중한민중대동맹의 결성을 의열단의 공작 활동 성과로 보고하고 있다. 즉, 한국대일전선통일동맹은 한국 혁명단체 간 통일전선, 중한민중대동맹은 한중 연합전선의 결실로 주장한 것이다.

나아가 김원봉은 중화오족구국동맹회(中華五族救國同盟會) 조직(1932. 11. 30)을 통해 중국 내 소수민족 연합전선을 결성했다고 주장했다. 김원봉이 작성한 「중화오족구국동맹회(中華五族救國同盟會) 조직, 경과 및 내용」에 따르면 일제가 한국과 만주를 강점한 이후 몽고를 선동해 중국에서 이탈시키려 하기에 이 문제가 중한 양 민족의 앞길에 큰 영향이 있다. 현재 열하 몽고 등에 거주하는 한인은 이미 2만여 명이며, 동삼성에서 쫓겨난 한교(韓僑)가 점차 모여들고 있기에 의열단이 열하 몽고 등지에서 최단기간 내에 한국 혁명군의 기본 대오 건립에 착수하려고 한다. 몽고 주변에서 몽고인과 연락하지 않으면 순리에 따라 활동하기 불가능하기에 유기석(柳基錫), 김세웅(金世雄)을 파견하고 황진양(黃震陽), 나언도왕작(那彦圖王爵), 덕색뢰탁포(德色賴托布), 몽고 수령과 함께 상의해서 11월 30일 북평에서 '중화오족구국대동맹'을 조직했다는 것이다.[49]

중화오족구국동맹회(中華五族救國同盟會)의 강령은 "우리 민족이 당면한 구적(仇敵)인 일본제국주의를 제거하고, 고유 이권을 회복하며, 국제 지위를 촉진하며 생산사업을 평등 및 발전시킨다"는 것이었다. 조직으로는 집행위원 25인, 후보위원 6인, 감찰위원 5인, 후보위원 2인의 명단이 제시되어 있다.[50] 명칭은 중화오족자위대동맹으로 제시되어 있지만, 실제

---

49 「한국의열단 공작보고서-국내활동」, 陳國斌→미상(1932. 12. 20), 추헌수, 1973, 위의 책, 27쪽.

로는 중국인, 한국인, 몽고인, 화교 일부의 명단이 결합된 것으로 볼 수 있다. 다른 자료에서는 이러한 중화오족자위대동맹의 실체가 확인되지 않으며, 조선의용대에서 파견했다는 유기석의 회고록에도 북평, 열하, 몽고 등에서의 활동 내용은 기록되어 있지 않다.

또한 1932년 초반 상해에서 이와 유사한 한중 합작기구 조직이 만들어진 바 있다. 1932년 3월 20일 상해 프랑스 조계에서 김구, 김철, 조소앙 등이 중국 광동파인 호용청(胡用淸) 등과 함께 중한민족항일대동맹(中韓民族抗日大同盟)을 조직했다.[51] 일제의 다른 정보자료에는 중국항일대동맹으로 되어 있다.[52] 중한민족항일대동맹은 1932년 일본영사관의 안창호 체포와 관련해 상해변호사협회에 편지를 보내 안창호가 정치범이므로 석방해야 한다며 도와줄 것을 요청한 바 있다.[53] 이 조직은 1940년대까지도 명맥이 유지되었다.[54]

1932년 11월 14일 조직된 중한민중대동맹은 한국대일전선통일동맹이 중화민중자위대동맹과 합작한 결과 만들어진 것으로 한중연대·합작사

---

50 집행위원 25인은 나언도(那彦圖, 몽고인), 황진양(黃震陽, 중국인), 김국빈(金國賓, 동지), 김세웅(동지), 김보침(金寶忱, 중국인), 장현묵(張玄黙, 동지), 전리민(錢利民, 중국인), 온송강(溫松康, 중국인), 이수부(李壽符, 몽고왕 德色賴托布의 대표), 임설송(林雪松, 화교), 나제민(羅濟民, 중국인), 오수천(吳受天, 중국인) 등, 후보위원 6인은 고동초(高東初, 중국인), 이효시(李曉時, 중국인), 유기석(동지), 손시정(孫是政, 동지), 이흥(李興, 중국인) 등, 감찰위원 5인은 연복(連福), 주윤산(周潤山, 중국인), 달진정(達珍亭, 몽고인), 예석승(芮石丞), 장자안(張子安, 중국인), 후보위원 2인은 유경명(劉鏡明, 중국인), 속대민(續大民)이었다. 「한국의열단 공작보고서-국내활동」, 陳國斌→미상(1932. 12. 20), 추헌수, 1973, 위의 책, 27~28쪽.
51 「폭탄 사건 후에 있어서의 김구 일파의 기타 동정 보고」(1932. 11. 10), 국회도서관, 1976, 위의 책, 748쪽.
52 「재상해 민족파 한인의 근황에 관한 건」(1932. 12. 8), 국회도서관, 1976, 위의 책, 764쪽. 한국 측은 김철, 조소앙이 상무위원으로, 중국인으로는 오징간(伍澄干), 서천방(徐天放), 주공모(周公謨) 등의 이름이 있다.
53 「안창호 인도문제에 대한 민간의 반향」, 『申報』(1932. 5. 7); 도산안창호선생전집편찬위원회, 2000, 『도산안창호전집』 6, 872쪽.
54 「稽翥靑이 조소앙에게 보낸 편지」(1942. 11. 9), 『대한민국임시정부자료집』 16(외무부).

업의 결실이었다. 김규식은 위의 로스앤젤레스 연설(1933. 3. 12)에서 중한민중대동맹의 성립과 관련해서 다음과 같이 설명했다. '(1) 9.18사변 이후 북평 동북구국회에서 대표 2인을 상해로 파견해 안창호와 자신이 참가해 한중민중대동맹회의 기초를 마련했다. (2) 한국 측에서는 안창호의 노력으로 5개 단체가 결합한 대일전선통일동맹회가 조직되었고, 중국 측에서는 민중자위대동맹회가 조직되었다. (3) 한국대일전선통일동맹회와 중국민중자위대동맹회가 연합한 것이 중한민중대동맹회'라는 것이다. 반면 김원봉 측에서는 한국대일전선통일동맹, 중한민중대동맹, 중한오족자위대동맹을 모두 조선의용대의 성과로 자부했다.

창립 직후 중한민중대동맹의 간부진은 다음과 같았다.

- 중국인: 엽승명(葉承明), 이차산(李次山), 오산(吳山), 하영정(河永貞), 정초오(丁超五), 화교 대표 1인
- 한국인: 김중문(金仲文, 김규식), 이진선(李振善, 박건웅), 유춘교(柳春郊, 유동열), 이춘산(李春山, 이유필), 왕해공(王海公, 신익희).[55]

중한민중대동맹의 한국 측 간부는 모두 한국대일전선통일동맹 간부들로, 김규식(광복단), 박건웅(의열단), 유동열(조선혁명당), 이유필(한국독립당), 신익희(한국혁명당) 등으로 구성되어 있다. 한국대일전선통일동맹에 참가한 5개 단체의 대표가 한 명씩 포함된 것이다.

중국 측 간부들을 살펴보면 중한민중동맹의 성격을 더 잘 파악할 수

---

[55] 「한국의열단 공작보고서-국내활동」, 陳國斌→미상(1932. 12. 20), 추헌수, 1973 위의 책, 27쪽. 김규식의 『원동정세』에 들어 있는 「중한민족연맹 선언문」(중국어 원문에서 번역)에는 집행위원의 영문명이 츔엥예(엽승명), 츈쿄류(유춘교, 유동열), 쳔샨리[이진선(박건웅)], 산우(오산), 체우팅(정초오), 츈산리(이춘산, 이유필), 체샨리(이차산), 규식김(김규식), 웅청호(하영정), 하이콩왕(왕해공, 신익희)으로 제시되어 있다. 독립운동사편찬위원회, 1984, 『독립운동사자료집』 8(임시정부사자료집), 939~945쪽.

있다. 가장 먼저 눈에 띄는 인물은 오산(吳山)이다. 일본제국대학 법학사 출신으로, 광동을 기반으로 정치 활동을 했다. 1920년부터 1930년대까지 중한호조사를 이끈 중심인물로 호법(護法)운동에 참가하고 광동군정부(廣東軍政府) 대원수부 비서와 사법부 차장을 지낸 바 있는 손문 측근이었다. 김규식과 함께 중한호조사를 이끈 경험이 있었다. 오산은 중한호조총사의 이사장으로서 중한호조사의 성립과 활동에 핵심 역할을 맡았다. 이 시기 오산은 동북의용군후원회 간부를 맡고 있었으며, 전국철로협회 총간사로 상해에서 활동하는 배일운동의 주동자였다.[56]

이차산(李次山)은 1920~1930년대 상해 변호사로 항일운동에 참가한 인물이다. 1919년 이래 언론인으로 활동하며 진독수(陳獨秀)의 초기 공산주의운동을 후원했으며, 1924년 국민당에 가입했다. 1932년 상해사변 이후 19로군을 지원했으며, 상해변호사협회와 함께 동북 난민을 구원하기 위해 3만 4,800위안 이상을 모금했다. 1932년 11월 14일 상해에서 개최된 전국변호사협회(全國律師公會) 임시집행위원회에 참가해 동북의용군후원회에 자금 지원을 결의하기도 했다. 1933년 1월 국민당정부에 의해 공산주의 동조 혐의로 체포되어 변호사 자격을 박탈당했다.[57]

정초오(丁超五)는 복건성 출신 국민당 당원으로 국공합작을 지지했다. 국민당 전국대표대회 중앙위원, 화동대학 총장, 남양 화교사업에 참가한 바 있다. 9·18사변 이후 허익공(許翼公), 오산 등과 상해에서 중한민중대동맹을 조직하고 사람을 미국, 소련에 파견해 "국민외교"를 실행했다.[58]

엽승명(葉承明), 하영정(河永貞)의 기록을 찾을 수는 없지만, 중한민

---

56 「폭탄 사건 후에 있어서의 김구 일파의 기타 동정 보고」(1932. 11. 10), 국회도서관, 1976, 위의 책, 751쪽.
57 "李次山" https://baike.baidu.com/item/%E6%9D%8E%E6%AC%A1%E5%B1%B1/12756091(2022. 8. 19. 검색).
58 "丁超五" https://baike.baidu.com/item/%E4%B8%81%E8%B6%85%E4%BA%94(2022. 8. 19. 검색).

중대동맹에 참가한 중국 측 인사들은 진보적·좌파적 입장에서 국민당의 타협적 대일투쟁을 비판하며 동북 난민 구제, 동북의용군 후원 등에 적극 참여했음을 알 수 있다. 특히 정초오가 상해에서 중한민중대동맹을 조직한 후 "국민 외교"를 실행했다는 설명에서 1933년 김규식의 미국 파견, 조영한의 러시아 파견의 배경을 알 수 있다.

중한민중대동맹 간부진에 대해서는 일제 정보자료를 참고할 수 있다. 이에 따르면 총무부, 군무부, 외교부, 재무부, 조직선전부, 특무부, 조사부의 7부가 설치되었으며, 한국 측 간부는 군무부장 유동열(柳春郊), 조직선전부장 박건웅(朴健雄), 특무부 부부장 이유필(李春山), 특무부 부원 이수봉(李秀峰) 등이었다. 중국 측 간부와 강령, 목적, 활동 상황 등은 미상으로 되어 있다.[59]

이와 유사하게 「조선 치안 상황(국외) 상해 북경 천진 방면」에는 총무군무부장 유동열, 외교부장 김규식, 재무조직선전부장 박건웅, 조사특무부장 이유필로 명시되어 있다.[60] 총무·군무(유동열), 외교(김규식), 재무·조직선전(박건웅), 조사·특무(이유필) 등 7개 부서, 5명의 한인 간부가 명시되어 있으며, 김규식이 외교부장으로 되어 있다. 일제는 중한민중대동맹이 한국대일전선통일동맹과 중화민중대동맹을 합체한 것인데 역원은 모두 한국인으로 구체적 활동이 없다고 비고란에 적었다. 이런 상황을 종합하면 중한민중대동맹에 중국인 이름이 나타난다고 해도 실질적인 활동은 한국대일전선통일동맹의 핵심간부들이 겸임하고 있었다고 봐도 무방할 것이다.

국내의 『동아일보』와 미주의 『신한민보』는 조선독립당이 남경에서 대표대회를 소집했는데, 남중 방면에서 연합군 대표로 유동열 등이, 화북대

---

59 「폭탄 사건 후에 있어서의 김구 일파의 기타 동정 보고」(1932. 11. 10), 국회도서관, 1976, 위의 책, 742~752쪽.
60 국사편찬위원회, 1983, 『한국독립운동사』 자료3(임정편 III), 563쪽; 한상도, 1994, 위의 책, 239쪽.

표로 김규식 등이 참가했다고 보도하고 있다. 이 기사에 따르면 독립당 측에서 중국항일구국회와 완전한 연락을 취해 중한항일대동맹이 결성되었다. 국내외에 중한민중대동맹의 존재가 알려진 것이다.[61]

중한민중대동맹은 선언(1932. 11. 11)을 통해 "중국은 황제 즉위 시부터 한국은 단군 개국 시부터 균히 반만 년의 역사가 있어 동문동귀(同文同歸)하며 동종동포로서 근원을 궁구하고 근본을 탐색하면서 중한 양국은 원시 한집이라 골육 형제와 다름이 없다"며 한중의 역사적, 문화적, 형제적 관계로 시작하고 있다. "중한 양국에 일본의 압박을 받은 민중을 결합하여 신밀히 조직한 후 다방 설계하여서 일본의 신구 만악의 군벌 정벌을 소제하고 조선과 동삼성과 및 일본 국내의 피압박 인민을 구출코자 함"이라고 했다. "우리 동맹인은 일본제국이 박멸된 후에는 온전히 극평화, 극안전, 불살인, 부전쟁의 선량한 판법을 적용하여서 세계의 영원한 평화를 실현시키며 인류 식, 의, 주, 행, 성, 락 6대단에 진선진미하고 안원한 대행복을 점차 도달"할 것이라고 선언했다.[62]

중한민중대동맹은 김규식을 미주에 파견해 조직, 선전, 모금 활동을 펼쳤으며, 만주에서 중국의용군과 연결해 항일투쟁을 벌이던 이청천 통솔하의 한독(재만) 군대와 양세봉 통솔하의 조선혁명당 군대의 위로금으로 각기 군대표, 당대표를 통하여 각 500원씩 합 1,000원을 송금한 바 있다.[63] 중한민중대동맹은 한국대일전선통일동맹의 일부 운영자금을 제공했는데, 1934년 제2차 대표대회(1934. 3. 1) 보고에 따르면 총수입 682원 27전 가

---

61 「조선○○당대표대회 남경에서 비밀개최, 유동열 김규식 등 참석」, 『동아일보』(1932. 11. 22);「조선독립당 대표대회」, 『신한민보』(1932. 12. 22).
62 「중한민중대동맹선언」(1932. 11. 11), 『신한민보』(1934. 4. 12). 중한민중대동맹선언은 김규식의 『원동정세』에 포함되어 있다. 중국어를 영어로 번역해 수록했으며, 다시 한글 번역한 것이 『독립운동사자료집』 8(임시정부사자료집), 940~946쪽에 수록되어 있다. 『원동정세』에는 선언일자가 1932년 11월 10일로 되어 있다.
63 「창맹 이래 경과 개략」, 『신한민보』(1934. 4. 5, 1934. 4. 12).

운데 300원을 중한민중대동맹이 지원한 것으로 되어 있다.[64]

1932년 결성된 중한민중대동맹이 언제 명확하게 해체·해산했는지는 분명하지 않다. 민족혁명당 결성으로 한국대일전선통일동맹이 해산(1935)되었음에도 중한민중대동맹이라는 명칭과 명목은 김원봉·민족혁명당·조선의용대가 임시정부·임시의정원·광복군에 합류하는 1940년대 초반까지 유지된 것으로 보인다. 중한민중대동맹이 실제보다 훨씬 부각된 곳은 중국이 아니라 하와이와 미주에서였다. 1933년 김규식이 한국대일전선통일동맹 위원 겸 중한민중대동맹 외교부장의 자격으로 방미했을 때 한길수 등이 중한민중대동맹 하와이지부 설립을 주장했으나, 김규식의 반대로 실패했다. 이후 한길수 등은 1938년 12월에 독자적으로 중한민중동맹단을 조직했다고 알려져 있다.[65]

---

64 국사편찬위원회, 1983, 『한국독립운동사』 자료3(임정편 III), 477쪽. 수입 내역은 각 가맹단체 납입금 280원, ○○○(국민회로 추정) 의무금 1백 원, 중한동맹 3백 원, 은행이자 2원 27전으로 되어 있다.
65 김원용, 1959, 『재미한인50년사』, 캘리포니아 리들리, 218~219쪽; 고정휴, 2005, 「하와이 중한민중동맹단(1938~1945) 연구」, 『한국근현대사연구』 34.

3 김규식의 도미와 재미한인사회의 실정(1933)

(1)『원동정세』의 정세관

김규식은 1933년 세 번째이자 마지막 도미 여정에 올랐다. 1897년 유학을 목적으로 도미해 1904년까지 체류했고, 1919년 파리강화회의 이후 1920년까지 외교 목적으로 체류했으며, 1933년에는 한국대일전선통일동맹과 중한민중대동맹의 선전, 조직, 모금 활동을 위해 도미했다.

일제 자료에는 김규식이 동북의용군후원회로부터 5천 원의 여비를 받아 북미로 선전을 위해 여행할 예정이라고 보고하고 있다.[66] 이미 1932년 하반기부터 김규식이 중국국민정부를 대표하는 민간 외교사절단을 이끌고 미국으로 건너가 선전 활동을 할 것이라는 추측성 보도들이 이어진 바 있다. 또한 중한민중대동맹이나 중화민중자위대동맹에서 미국, 러시아에 민간 외교대표를 파견해 만주 침략·상해사변의 침략성을 호소하는 선전·외교 활동을 펼치는 상황에서 김규식이 도미 길에 오른 것이다. 이런 상황을

---

[66] 「폭탄 사건 후에 있어서의 김구 일파의 기타 동정 보고」(1932. 11. 10), 국회도서관, 1976, 위의 책, 742~752쪽.

고려할 때 김규식의 도미 여비는 중국 측에서 제공했을 것이다.

일제는 김규식의 도미가 한국대일전선통일동맹 및 중한연합군(중한민중대동맹) 조직 선전 및 재미한교, 화교 등의 물질적 원조를 구하며, 미국 관민의 동정을 얻는 것이 목적이라고 분석했다. 이를 위해 김규식이 대일전선통일동맹의 규약, 선전자료를 휴대하고 1933년 1월 하순경 도미 길에 올랐다고 보고했다.[67]

김규식은 1919년 파리강화회의로 가는 배 안에서 파리강화회의에 제출할 비망록 초안을 작성한 것처럼, 1933년 미국으로 향하는 길에 비망록을 만들었다. 영어 원본은 한국연구원에 소장되어 있으며, 『원동정세』(The Far Eastern Situation)라고 번역된 한국어 판본이 『독립운동사자료집』 8(임시정부사자료집)에 수록되어 있다.[68] 비밀비망록(Confidential Memorandum)이라는 부제가 붙어 있으며, "중국과 한국 인민들이 탈취당한 영토와 권리와 자유의 회복을 재주장하는 진술"로 설명되어 있다. 발행자는 중한민중동맹(Sino-Korean Peoples' League)이며 발행연도는 1933년이다. 표지를 포함해 본문 38쪽, 부록 15쪽, 합계 53쪽 분량이며, 출판지는 명시되지 않았다. 영문 타자기로 작성한 후 등사 인쇄한 것으로, 지질이나 인쇄 상태는 최상급은 아니지만, 아직까지 종이가 산화되지 않았으니 나쁘지 않은 품질임을 알 수 있다.

김규식은 이미 3·1운동 시기에도 「극동정세」(The Far Eastern Situation)라는 동일한 제목의 글을 『한국공론』에 발표한 바 있다.[69] 김규식으로

---

67 「한국대일전선통일동맹 규약 및 중앙집행위원회 조직조례」(1933. 4), 『신한민보』(1933. 4. 6); 국사편찬위원회, 1983, 『한국독립운동사』 자료3(임정편 III), 473~475쪽.
68 Kiusic Kimm, Far Eastern Situation, Sino-Korean Peoples League, 1933. 한국연구원 소장; 김규식, 『원동정세』(The Far Eastern Situation), 독립운동사편찬위원회, 1975, 『독립운동사자료집』 8(임시정부사자료집), 893~946쪽.
69 Kiusic Kimm, "The Far Eastern Situation," *Korea Review*, Nov. 1920; 우사김규식연구회 편, 2016, 위의 책.

THE FAR EASTERN SITUATION

CONFIDENTIAL MEMORANDUM

Presented by

KIUSIC KIMM

Representative
of the
SINO-KOREAN PEOPLES' LEAGUE

- 1933 -

SHANNON McCUNE
COLLECTION
OF
WESTERN WORKS ON KOREA
THE ASIA FOUNDATION

『원동정세』(1933). 한국연구원 소장.

서는 익숙한 제목인 셈이다.

한국연구원 소장본의 원 소장자는 섀넌 맥큔(Shannon Boyd-Bailey McCune, 1913~1991)으로, 주한 미국 선교사 조지 맥큔(尹山溫, George Shannon McCune, 1873~1941)의 아들로 태어나 한국지리 전공으로 이름을 떨친 학자이다.[70] 섀넌 맥큔은 태평양전쟁기 OSS·미국 국무부에서 한국 담당자로 활약했을 뿐 아니라 UC버클리대학에서 한국사로 박사를 받은 후 하버드대학에서 최초로 한국학 연구의 문호를 연 조지 맥큔(George McAfee McCune)의 동생이기도 하다.[71] 섀넌 맥큔은 1935년 오하이오주 우스터대학(College of Wooster)에서 문학사, 1937년 시라큐스대학에서 문학석사, 1939년 클라크대학에서 지리학박사 학위를 받았다. 이 팸플릿이 간행된 1933년에는 우스터대학 재학 중이었으므로, 김규식에게 직접 받았을 가능성은 낮다. 이후 한국 관련 자료를 수집하는 과정에서 입수했거나, 형 조지 맥큔으로부터 받았을 가능성이 높다. 태평양전쟁 발발 이후 경제전쟁청(BEW, Board of Economic Warfare)에서 근무했으며, 이후 인도·스리랑카·중국 등에서 정보장교로 복무한 바 있다.

이 팸플릿 중간에는 사회과학도서관(Social Science Research Library) 소장인이 찍혀 있으며, 표지에는 "Shannon McCune Collection of Western Works on Korea. The Asia Foundation"이라는 스티커가 붙어 있다. 한국연구원의 출발인 아시아재단에서 "한국 관련 서구 문헌 섀넌 맥큔 컬렉션"을 구매하거나 수집한 것으로 판단된다. 팸플릿의 상태와 주요 내용으로 보아 1933년 김규식이 제작해 미국에 들고 간 것이 확실하다.

---

70 Norton Ginsburg, 1994, "Shannon McCune 1913~1993" *Annals of the Association of American Geographers*, 84-3, p.493.
71 안종철, 2005, 「미국 제도권 한국학의 탄생과 미국의 대한인식: 조지 M. 맥큔을 중심으로」, 『세계 속의 한국사』, 태학사; 김서연, 2018, 「조지 맥아피 맥큔(George McAfee McCune)의 생애와 한국 연구」, 『한국사연구』 18.

팸플릿 형태로 만들어진 이 책자는 중한민중동맹 대표 김규식이 미국을 방문하는 길에 사용하기 위해 작성한 것이다. 등사판으로 여러 부를 제작했을 것으로 추정된다. 그런데 미국으로 건너간 김규식은 1919년 파리 강화회의 때와는 달리 대한민국임시정부나 신한청년당 등 한국 독립운동의 대표가 아니라 중한민중동맹이라는 한중 연대조직의 대표로 애매한 위상을 가지고 있었다. 또한 미주에서 김규식은 미 국무부나 외교관·정치인 등과는 전혀 접촉하지 않았고, 해당 비망록을 미 국무부 등에 전달한 것으로 보이지 않는다. 미 국무부 한국 관련 문서철 등에서 해당 비망록과 관련된 문서기록이 발견되지 않는 상황이 이를 반증한다. 김규식은 여러 차례 서부와 중동부 대학에서 강연을 했으나 이 비망록을 거론하거나 직접 활용한 흔적이 나타나지 않는다.

그렇다면 김규식은 왜 이 영문 비망록을 만들었는가 하는 의문이 생긴다. 가장 합리적 설명은 그가 파리강화회의와 같은 공식 외교교섭을 시도하고자 했기 때문일 것이다. 만주사변과 상해사변 이후 리튼조사단이 파견되며 중국 내에서도 국제연맹에 대표단을 파견하는 것 등이 외교적 급선무였기 때문에 미국에 파견되는 김규식도 중한민중동맹을 대표하는 공식적 외교문건의 작성과 소지가 필요했을 가능성이 높다. 기회와 자리가 마련된다면 이 자료를 활용하겠다는 의도를 가지고 영문 비망록을 준비했을 것이다. 그렇지만 미국에서의 주요 활동과 접촉 범위는 한인단체와 재미한인, 중국화교단체와 재미화교 등에 집중되어 있었기 때문에 해당 팸플릿을 적극 활용할 기회와 통로가 없었던 것으로 보인다. 김규식이 여러 대학에서 강연을 했으나 해당 팸플릿을 대학 당국이나 도서관 등에 제출한 흔적은 보이지 않는다.[72]

---

72 이정식에 따르면 이 비망록은 캘리포니아대학과 한국연구원에 각 1부씩 보존되어 있었다(이정식, 1974, 위의 책, 100쪽). 그런데 캘리포니아대학 로스앤젤레스, 버클리 등의 도서관을

『원동정세』(The Far Eastern Situation)의 목차는 다음과 같다.

□ 비망록(Memorandum)

[1] 극동 – 지리적 관계 1

[2] "근대화된" 일본의 성장 3

[3] 극동 문제의 성장 5

[4] 아시아의 발칸, 한국 6

[5] 일본은 어떻게 한국에 보호조약을 강요했는가 9

[6] 한국의 '자애로운 지배자'로서의 일본 12

　(1. 한국의 행정, 2. 교육 실태, 3. 토지와 농업, 4. 임업, 5. 어업,

　6. 광업, 7. 상공업, 결론)

[7] 일본의 야망 – 세계제국의 꿈 23

[8] 만주와 동부 내몽고의 장래 24

[9] 극동의 "평화 유지" 25

[10] "제2차 세계대전" 27

[11] 가능한 해결책 29

[12] 미국과 극동의 관계 33

[13] 중국과 한국의 인민 35

[14] 중한민중동맹 38

□ 지도

제1. 극동　　　　　　　　　　　　　　　　　ii

검색했으나 도서관과 아카이브 어디에서도 실물이 확인되지 않는다. 때문에 현재 한국연구원에 존재하는 것이 유일한 원본으로 판단된다. 한국연구원에는 타이핑으로 제작한 사본 1부도 함께 보관되어 있다. 한국연구원 도서대출카드에 1970. 7. 27. 이홍열, 이정식의 이름이 적혀 있다.

제2. 일본이 정복한 지역들　　　　　　　　　　　　　　　iii

□ 부록
　　1. 1905년 개정 영일 동맹조약에서 발췌한 조항들
　　2. 1905년 러일 포츠머스강화조약에서 발췌한 조항들
　　3. 미국과 한국 관계에 관한 발췌문
　　4. 중한민중동맹 선언문(중국어 원문에서 번역)
　〔비고〕〔번호〕는 원문의 로마자를 아라비아숫자로 변경한 것이다.

　　이 비망록의 목차는 다섯 부분으로 논리를 전개하고 있다. 지리·역사적 배경, 한국 문제, 중국 문제, 해결 방안 및 전망으로 구성되어 있으며, 해결 방안은 제2차 세계대전·미일 개전의 가능성이 부재한 상황에서 한중 연대 및 공동투쟁의 중요성을 강조하고 있는 것이다.
　　먼저 〔1〕~〔3〕은 배경 설명 부분이다. 극동 문제의 지리적, 역사적 배경을 설명하고, 한국과 중국의 지리적 위치, 한일 간 역사적 관계와 일본의 근대화 등을 설명한 것이다. 〔1〕에서 중국, 러시아, 일본, 한국이 극동의 구성 국가들인데, 중국·러시아·일본이 한국을 디딤돌로 삼아 아시아 지배권의 거점인 만주를 경략하는 숙명이라고 쓰고 있다. 〔2〕에서 일본이 개항 이후 군국주의로 변신해 한국, 만주 점령, 중국 완전 예속, 태평양 정복, 세계 지배를 향해 나아간다고 설명하고 있다. 〔3〕에서 중일전쟁 이후 3국 간섭, 러일전쟁, 미국의 문호개방 정책 등을 거쳐 극동 문제가 세계 문제가 되었다고 쓰고 있다.
　　〔4〕~〔6〕은 한국 문제를 다룬 부분으로 일본의 한국 침략의 역사적 경위, 일본의 한국 지배 실상 등을 상세하게 진술하고 있다. 〔4〕에서 한국은 유럽의 벨기에, 아시아의 발칸 역할을 하는 화약고로 임진왜란, 중일전쟁, 러일전쟁 등을 통해 일본의 세계정복 계획의 중심축이 되었다고 썼다. 한

국은 극동 문제 열쇠로 세계대전의 도화선이 되거나 아니면 중국과 연대해 일본 제국주의 몰락을 촉진해서 세계참극을 예방할 수 있다고 했다. 〔5〕는 일본의 '보호조약' 강요 과정을 설명했다. 〔6〕은 일본의 한국 통치 실상을 (1) 한국의 행정, (2) 교육 실태, (3) 토지와 농업, (4) 임업, (5) 어업, (6) 광업, (7) 상공업, 결론 등으로 구분해 설명하고 있다. 가장 많은 분량을 여기에 할애해 일본 통치의 실상을 폭로하는 데 집중하고 있다. 일본이 한국을 개발하고 발전시켰다고 주장하지만, 한민족은 단지 일본의 노예에 불과한 상태가 되었으며, 극소수의 친일 협력자를 제외하고는 일본 통치를 환영하지 않는다고 쓰고 있다.

〔7〕~〔9〕는 중국 문제를 다룬 부분으로, 일본이 만주를 침략해서 괴뢰 만주국을 설립한 후 세계제국의 꿈을 실현하기 위해 동부 내몽고를 침략할 것이라고 설명하고 있다. 〔7〕에서 일본은 세계제국의 야욕을 가지고 있다며, 이를 몇 단계로 설명했다. 1단계가 가장 중요한 한국 병합, 2단계가 만주 점거, 중국 장악으로 현재 진행 중이며, 3단계는 천연자원으로 전군 증강·개편, 4단계는 소련 전복, 5단계는 미국의 태평양 우위 저지 등이라고 분석하고 있다. 이를 통해 일본이 세계제국을 희망하고 있다고 전망했다. 〔8〕에서 만주는 일본에 점령당했고, 한국인들은 한국에서 쫓겨나 중국 북부 및 내몽고로 분산되며 이 지역들은 일본에 잠식될 것이라고 했다. 〔9〕에서 일본이 주장하는 극동의 '평화 유지'는 존재하지 않으며, 실제로는 일제의 이해 관철을 위해 철권을 휘두르고 있다고 비판했다.

〔10〕~〔12〕는 문제 해결 방식과 가능성을 설명한 부분이다. 〔10〕에서 극동 평화가 유지되지 못한다면 제2차 세계대전이 일어날 것인가를 분석하고 있다. 극동에서는 일본에 의한 침략과 팽창이 벌어지고 항상적 위기가 벌어지고 있지만, 그럼에도 제2차 세계대전의 가능성을 매우 낮게 평가하고 있다는 점이 흥미롭다. 극동의 평화가 유지될 수 없다고 해서 세계대전이 발발하지는 않을 것이라는 전망을 내놓고 있는 것이다. 1922년 모스

크바 극동민족대회에서 소련의 지노비예프는 향후 5년 내에 제2차 세계대전이 일어날 것이라고 공언했지만 그런 일은 일어나지 않았다고 비판하며, 국제연맹과 미국을 포함한 열강은 세계적 위기를 회피하기 위해 외교적 노력을 경주하며 소련도 제2차 5개년 계획 완수를 위해 극동에 연관되지 않기 위해 노력하고 있으므로 "제2차 세계대전이 방지"되고 있다고 분석하고 있는 것이다.

〔11〕은 예상 가능한 해결책으로 미일 개전을 상정해 볼 수 있는데, 일본이 미국을 침범하지 않는 한 대일 선전포고에 대한 의회와 국민의 찬성을 획득할 개연성이 없다고 분석했다. 미국이 일본과 전쟁을 할 경우에도 얻을 수 있는 이권은 한반도에 대한 위임통치권과 만주에 대한 일본의 권리·이권의 계승 정도이니 이것으로는 미국의 개전 결정을 이끌어 낼 수 없다고 보았다. 미국은 극동에 절대적 이해관계가 없으니 개전할 이유가 없다고 본 것이다. 결국 일본 침략의 저지는 타국의 도움에 기댈 게 아니라 중국 자신의 문제이며, 중국 스스로 해결해야 할 문제라는 것이다. 중국인들이 한국인들의 도움으로 실제 전투를 하는 것이 가능한 유일한 해결책이라는 것이다. 여기에 미국의 정신적·물질적 지원이 있어야 한다는 것이다. 이것이 사실상 이 팸플릿의 핵심 주장이다. 한국·중국에서 봉기하고, 장기적 유격전을 전개하고, 일본 상품 불매운동을 펼치고, 일본 내 혁명운동을 불러일으켜야 한다는 해법을 제시하고 있다. 〔12〕는 미국이 극동에 절대적 이해관계가 없다는 주장은 옛말이며, 중국은 미국의 수십억 달러 잉여상품의 시장이 되었다고 분석하고 있다.

〔13〕~〔14〕는 현 상황에서 한국과 중국이 연대해서 극동 문제를 해결할 필요성과 당위성을 설명한 부분이다. 결국 제2차 세계대전이나 미일 개전은 해결책이 아니며 중국 자신이 문제를 해결할 수밖에 없는 상황을 전제로 가능한 해답을 찾는 것이다. 〔13〕에서 중국과 한국은 민족적 관계가 긴밀하며 동질적이며, 순망치한의 운명공동체이기 때문에, 해결책 역시 중

국인과 한국인이 일본의 질곡에서 해방되기 위해 공동투쟁하고 결속하는 것이라고 주장했다. [14]에서 위와 같은 이유로 한국과 중국이 연대하는 중한민중동맹을 결성했으며, 주요 지도부는 중화민중자위대동맹(中華民衆自衛大同盟)과 한국대일전선통일동맹의 구성원들이라고 밝히고 있다.

이상과 같은 극동 문제의 상황 진단, 미국 등 서방 국가의 대응, 해결 방안 등은 미국에 도착한 후 김규식이 환영회 등에서 여러 차례 강조한 내용이다. 특히 김규식은 6월 10일 저녁 재미유학생총회 동부지방대회 연회에서 강연하면서 중일 양국의 전쟁으로 세계전쟁은 회피했으나 중국이 전쟁의 모든 책임을 지게 되었으니 세계열강이 중국을 도와야 한다, 한중 양국은 순망치한의 역사적 관계이므로 양국 민중은 굳은 동맹으로 혈전을 벌여야 한다고 연설했다.[73] 『원동정세』의 정세 분석과 한중 양국 연대투쟁에 대한 김규식의 핵심 논지를 이렇게 정리할 수 있겠다.

이후 부록에는 3건의 조약문 초록과 중한민중동맹 선언서를 첨부하고 있다.[74]

전반적으로 이 비망록은 미국과 소련 양측에 대해 객관적인 자세를 유지하면서 일정한 거리를 두고 있다. 먼저 일본의 제국주의적 만행 때문에 한국에서 "공산주의적 및 과격한 볼세비키 경향으로 쏠리게 되는 것은 조금도 놀라운 일이 아니다. 한민족은 태양 밑의 어느 것이건 일본의 제국주의와 자본주의보다는 낫다고 생각하고 있는 것이다"라고 분석하고 있지만, 공산주의나 소련에 대해서는 냉정하거나 냉담한 평가를 하고 있다. 또한 미국이 일본의 침략에 맞서는 중국을 지원해야 한다고 주장하고 있지만, 미국이 전쟁에 개입하거나 미일 개전을 할 가능성을 매우 낮게 평가하

---

73 「제8회 동부년회, 성황리에 종막, 긴장한 토의회」, 『신한민보』(1933. 6. 15); 「김규식 박사 뉴욕 활동」, 『신한민보』(1933. 7. 13).
74 독립운동사편찬위원회, 1975, 『독립운동사자료집』 8(임시정부사자료집), 893~946쪽.

고 있다는 점에서는 또한 냉정한 거리를 유지하고 있다.

가장 주목할 부분은 이 비망록에 1919년 3·1운동, 1930년 광주학생운동, 1932년 윤봉길·이봉창 의거는 언급되었지만, 임시정부의 존재나 활동, 파리강화회의에 대해서는 전혀 언급하지 않았다는 사실이다. 이는 김규식이 임시정부를 떠났고, 사실상 임시정부의 존재와 역할을 부정하는 시대 조류와 함께했기 때문일 것이다. 또한 이 시기 재미한인사회에서도 임시정부에 대한 비판적 여론이 고조된 상황이었다.

(2) 대공황기 재미한인사회의 실정

김규식은 1933년 3월 10일 로스앤젤레스 산페드로항에 도착했다. 미국 노동부 이민국의 출입국기록(승선자명부)에 따르면 김규식은 1933년 2월 16일 상해에서 위치타호(S. S. Wichita)에 탑승해 3월 10일 로스앤젤레스항에 도착한 것으로 되어 있다. 서류에 따르면 이름 김규식(Kimm Kiusic), 연령 52세, 남성, 기혼, 직업 교수, 영어 및 다른 유럽언어 읽고 쓰기 가능, 국적 중국, 인종 한국인, 출생지 한국 서울, 이민 비자 번호 1435호, 발행지 상해, 발행일 1933년 2월 9일, 마지막 영구주소 중국 천진으로 되어 있다. 아래에 중국 여권 제1435, 1934년 1월 4일까지 유효(Chinese PP #1435, valid to 1/4/36)라고 적혀 있다.[75] 상해에서 로스앤젤레스까지 22일이 걸린 셈이다. 태평양 횡단 정기 우편선보다는 시간이 조금 더 걸렸다.

김규식은 3월 9일 국민회 라성(로스앤젤레스)지방회에 전보를 보내 3월 10일 오전 8시 로스앤젤레스항에 상륙한다고 알렸다. 국민회 라성지

---

[75] List or Manifest of Alien Passenger for the United States, S.S. Wichita, Passengers sailing from Shanghai, China, Feb 16th, 1933. http://www.ancestry.com

방회는 환영위원을 즉각 항구에 보내 김규식을 영접했다. 『신한민보』에는 김규식이 미주 각지와 남양군도를 순회 유세하기 위해 미국 군함을 타고 미국에 왔다고 보도하고 있다.[76] 그런데 김규식이 타고 온 배 위치타호(S. S. Wichita)는 군함이 아니라 민간 화물선이었다. 위치타호는 2차 대전기 침몰(1942. 9. 19)된 선박이며,[77] 동일한 이름의 미 군함 위치타호(USS Wichita)가 존재하기는 하지만, 이 군함은 1935년 진수되었기 때문에 1933년 시점에는 존재하지 않았다.[78] 3·1운동기 파리강화회의 한국대표로 이름을 떨쳤던 김규식이 12년 만에 미국 군함을 타고 로스앤젤레스에 도착했다는 소식은 재미한인들에게 흥분을 느끼게 하는 일이었다.

그러나 김규식이 미국에 도착하는 시점에 재미한인의 경제, 사회 상황은 최악에 최악을 거듭하고 있었다. 가장 중요한 문제는 대공황의 여파였다. 재미한인의 거의 대부분이 실직과 궁핍의 공포를 벗어날 수 없었다.

1929년 10일 월스트리트 주식시장의 대폭락으로 시작된 대공황으로 2개월 만에 다우존스 주가지수는 381에서 198로 대폭락했고, 1930년 4월 294로 회복되었지만, 점차 하락해서 1932년에는 41까지 폭락했다. 미국은 1929~1932년간 산업생산 −46%, 도매가격 −32%, 대외교역 −70%, 실업 +607%로, 전대미문의 경제상황 악화를 겪고 있었다. 실업률은 급상승해 미국인 4명 중 1명꼴의 실직 상태를 자아냈다. 1932년 6월 전국에서 모인 2만 명가량의 제1차 세계대전 참전용사들이 1945년까지 참전수당 지급이 연기되자 이를 지급하라며 시위를 벌였다. 참전군인 시위행렬은 "보너스출정군"(Bonus Expeditionary Force)으로 불렸는데, 7월 28일 육

76 「김규식 박사 도미」, 『신한민보』(1933. 3. 16).
77 "Ships hit by U-boats: Wichita American Motor merchant" https://uboat.net/allies/merchants/ship/2187.html(2022. 8. 20 검색).
78 "USS Wichita (CA-45)" https://en.wikipedia.org/wiki/USS_Wichita_(CA-45) (2022. 8. 20. 검색).

군참모총장 맥아더는 미 육군과 탱크를 동원해 이들을 무력 해산시켰다. 1930년대 중반 심각한 가뭄이 미국 농업지대를 덮쳤고, 연방보조금에도 불구하고 약 10%의 농장이 문을 닫았다. 존 스타인벡(John Steinbeck)이 묘사한 "분노의 포도"(Grapes of Wrath) 시대였다.

미국 내 아시아계 소수민족으로, 국적마저 불투명한 한인들의 경제 사정 역시 마찬가지였다. 경제공황이 모든 사회 활동을 움츠리게 했다. 가장 중요한 한인단체였던 대한인국민회는 미주와 하와이 양측에서 모두 곤란을 면하기 어려웠다. 하와이국민회는 이승만과의 오랜 법정 송사 끝에 승리해 교민단에서 국민회라는 명칭을 회복했지만, 한인사회 분열과 경제공황의 여파에서 벗어나기 어려웠다. 이승만은 하와이에서 사실상 추방되었고, 국제연맹 외교를 이유로 내세워 스위스 제네바로 향했다. 하와이한인 사회는 이승만을 배척해 국외로 추방할 만큼 극심한 분열과 후유증을 겪고 있었다.

북미국민회 역시 3·1운동기에 폭발했던 독립운동 열기가 외교독립노선 실패와 상해 임시정부의 분열, 연이은 국민대표회의 실패 등으로 침체에 침체를 벗어나기 어려웠다. 한인사회는 독립운동이나 사회운동에 냉담해졌고, 여기에 대공황의 경제적 타격이 겹치자 침묵과 무관심의 벽은 두터워졌다. 북미한인사회는 국내외 성세에 간혈석이고 수농적으로 대응했다. 1929년 광주학생운동 이후 이를 지지하는 한인공동회가 1930년 초반 설립되어 후원, 선전 활동을 벌였으나 대공황의 전면화와 함께 곧 동력이 소진되었다.

1931년 일제의 만주 침략이 한인들에게 단체 재건과 통일의 기운을 불러일으켰다. 동력은 국민회 바깥에서 김정진(김호)이 주도하는 중가주한인공동회 명의로 시작되었다. 임시정부 후원과 역량 통일을 목적으로 재미한교연합회를 조직하자는 제안(1931. 10. 17)이 있었고, 여기에 국민회 회장 백일규 등이 부응해서 미주한인연합회(1931. 11. 19)가 조직되었다.

국민회가 독자적 운영이 불가능한 상황에서 리들리 3김씨를 대표하는 사업가 김정진의 제안으로 미주한인연합회가 만들어진 것은 이 시대 재미한인의 실상을 보여 주는 상징적인 사건이었다.

방선주에 따르면 1931년 12월 9일 국민회 대표 백일규·홍언, 나성공동회대표 송헌주·한재명, 중가주공동회대표 김정진·이살음, 멕시코 자성단대표대리 장수영이 모여 "임시정부를 중심하여 집중하자"라는 표어로 연합을 모색하며,「미주한인연합회선언서」를 내놓았고,[79] 여기에 나성동지회까지 참여했다.[80] 재미한인사회의 중심이자 통일기관이었던 대한인국민회는 군소당파의 하나가 되고 말았다.[81]

미주한인연합회는 1932년 3월 28일 특별대표회를 샌프란시스코에서 개최하고, 의연금을 모아 임시정부에 내기로 결의했다.[82] 미주한인연합회는 대표회 의장 이살음, 집행부 사무장 송헌주, 재무 백일규 김정진, 서기 한재명, 선전부장 임정구로 구성되었다. 임시정부 내무부장 조완구는 미주한인연합회 집행부에 1933년부터 미국, 멕시코, 쿠바 동포의 인구세 징수를 허가한다고 알렸다.[83] 여러모로 국민회의 쇠락과 새로운 한인연합회의 성장으로 해석할 수 있는 순간이었다. 연합회는 설립 후 1년간 인구세로 677달러를 거둬 675달러를 임정에 송금했다.[84] 1930년 대한인국민회총회가 인구세 451달러 76센트를 거둬 이 중 2백 달러를 임시정부에 상납한 것에 비춰 보면 3배의 성과를 거둔 것이었다.[85]

79 「4단체가 한인련합회에 출석」,『신한민보』(1931. 12. 10);「련합회선언서 및 규측」,『신한민보』(1931. 12. 17).
80 「미주한인련합회 대표회 인구세를 1차 수봉」,『신한민보』(1932. 2. 16).
81 방선주, 1990,「1930년대의 재미한인독립운동」,『한민족독립운동사』8(3·1 운동 이후의 민족운동 1).
82 「미주한인연합회 통고」,『신한민보』(1932. 4. 7).
83 「임정공보, 내무제 제2호 대한민국14년 1월 22일 내무장 조완구」,『신한민보』(1932. 4. 7).
84 「미주한인연합회 제2차 통상대표회 공포서」,『신한민보』(1933. 2. 23).
85 「대한인국민회총회 연종보고」,『신한민보』(1931. 1. 22).

그러나 미주한인연합회는 지속성을 지니기 어려웠다. 가장 큰 이유는 오랜 역사를 지닌 국민회가 적극성을 띠기 어려웠고, 연합회 자체가 단일 조직이 아니라 말 그대로 연합의 성격이었기 때문이다. 국민회 총회장이자 『신한민보』 주필로 1인 다역을 하며 시종일관 국민회의 일에 봉사하던 백일규는 국민회와 『신한민보』를 유지하기 힘든 현실에서 현실적 타개책으로 연합회 참가를 결정했지만,[86] 국민회 최고기관인 대의회의 결의를 거치지 않았기 때문에 유력 국민회원들의 반발과 적지 않은 불신을 받았다. 미주한인연합회의 가장 중요한 구성원인 국민회 내부의 반발이 심했던 것이다.

두 번째 이유는 경제공황으로 인한 한인 경제력의 위축 때문이었다. 『신한민보』는 미주한인연합회가 김규식이 주장하는 한국대일전선통일동맹에 가담하지 못한 이유는 표면에 나타나지 않는 경제 문제 때문이라고 분석했다. 국민회가 연합회에서 탈퇴하고 김규식이 주장한 한국대일전선통일동맹에 가담하게 된 이유도 연합회와 대일전선통일동맹 양측에 분담금을 낼 경제력이 없었기 때문으로 보았다.[87]

세 번째로 가장 결정적인 이유는 1933년 김규식이 미주에 도착한 후 연합회 핵심간부들이 연합회를 해체하고 김규식이 주도하는 한국대일전선통일동맹과 중한민중대동맹에 참가를 결정했기 때문이다. 이들은 3·1운동기 전후부터 김규식의 열렬한 지지·후원자들이었다. 이살음은 파리강화회의 전후 김규식을 지원하기 위해 활동한 노동사회개진당 당수였으며, 송헌주는 김규식의 로녹대학 후배이자 구미위원부 재무였다. 역설적으로 김규식의 도미 활동이 1930년대 초반 국민회를 포함해 미주한인 통일운동기관

---

86   『신한민보』는 "국민회 총회장이란 사람이(왜놈이 알면 코우슴하겠지만) 말갈데 소갈데 다 다니며 많으나 적으나 회무 인구세 수봉사무 및 신문사 일을 혼자 하면서도 여역인을 두지 못한 것은 돈이 없는 까닭이다"라고 썼다. 「대일전선통일동맹과 국민회와의 관계」, 『신한민보』(1933. 6. 1).
87   「대일전선통일동맹과 국민회와의 관계」, 『신한민보』(1933. 6. 1).

노동사회개진당.
(2열 오른쪽부터) 정한경(아이를 안고 있는 사람), 백일규, 이살음(1919년경). Henry De Young.

이던 연합회의 해체를 가져온 한 원인이 된 것이다.

　　김규식은 중국에서 한국대일전선통일동맹과 중한민중대동맹이라는 한국 독립운동 진영의 통일전선과 한중연대의 이름을 표방하고 미주에 건너왔으나, 현실에서는 재미한인사회의 자발적이고 내생적인 연합운동을 굴절시키는 결과를 초래했다. 시대의 흐름이자 미주와 중국 간 시간 지체, 상황·조건의 차이가 초래한 결과였다. 3·1운동기 기대를 한몸에 모았던 임시정부는 쇠락했으며, 구미위원부 위원장이었던 김규식은 임시정부를 떠나 새로운 조직의 특사로 미국에 도착한 것이다. 기대와 현실이 엇갈릴 수밖에 없는 구조와 상황이었다.

　　1933년 3월 김규식이 로스앤젤레스에 상륙할 시점의 재미한인의 사정이 이와 같았던 것이다.

4 김규식의 미주 여정과 주요 활동: 분열을 품은 통일

(1) 캘리포니아에서의 일정: 중한동맹 지부 결성 실패와 대한독립당 조직 (1933. 3. 10~1933. 5. 16)

1933년 3월 10일 로스앤젤레스에 상륙한 이후 김규식의 미주 여정은 크게 3부분으로 나뉘었다. 첫째는 캘리포니아를 중심으로 한 서부 여정이었고, 둘째는 중부를 거쳐 동부로 가는 여정이었으며, 마지막은 하와이 여정이었다. 가장 활발했으며 언론에 많이 보도된 일정은 역시 캘리포니아 한인사회와의 접촉이었다. 한인들은 김규식의 도착과 활동에 적극적이고 열렬한 환호를 보냈으나, 한국대일전선통일동맹과 중한민중대동맹을 통한 연합·단결·통일을 주장하는 김규식의 의도와는 달리 재미한인사회는 분열을 피할 수 없는 역설적인 상황에 봉착했다. 김규식이 동부를 거쳐 하와이에 도착했을 때는 그에 대한 환영과 기대의 열기가 식었고, 마침내 하와이에서 상해로 출국했을 시점에는 출국 사실이 『신한민보』 등 한인 언론에 보도되지 않을 정도로 대중의 관심은 냉각되었다.

김규식은 3월 12일 일요일 오전 10시 국민회 임원 등 27명을 흥사단소에서 만나 환영회를 가졌다. 2시간 동안 도미 형편과 극동 사정을 설명했다. 그날 오후 4시 동포 2백 명이 참가한 국민회 주최 환영회를 남감리교 교회 예배당에서 개최했다. 환영회 석상 연설에서 김규식은 자신의 도미가 9·18사변 이후 변화된 정세 속에서 한국 독립운동 진영의 통일과 한중 합작을 위해 조직된 한국대일전선통일동맹과 중한민중대동맹의 선전, 조직, 모금 활동임을 피력했다.[88]

김규식은 과거 3·1운동 당시에 미주와 하와이에서 20만 달러를 모금했는데, 이는 경제 활동 인구 각 사람이 평균 50달러를 낸 것이라며, 지금은 경제공황으로 사정이 안 되지만 20만 달러의 20분의 1, 즉 1만 달러만 모금해도 화교들과 중국 내 자본가들에게 큰 감동이 될 것이라고 역설했다. 김규식은 자신의 도미 목적이 재미한인 기성단체들의 가맹 교섭, 물질원조, 화교 교섭, 미국에 대한 선전·원조라고 했다.

김규식은 3월 16일 1백 명이 참석한 국민회 청년부 창립기념일에 참가해서, 재미한인 청년들이 비행술을 배워서 "원수 왜놈을 공격하라"고 연설했다.[89] 3월 19일 오후 8시 김규식은 홍사단소에서 여자애국단 라성지부가 개최한 환영회에 참가했다.[90]

김규식은 3월 24일 오후 로스앤젤레스를 떠나 샌프란시스코로 향했다. 윤병희 부부, 송메리(송헌주 부인), 윤길버트 등과 자동차로 동행해 25일 오전에 도착했다. 김규식은 백일규와 동반해 중국총영사관과 총상업회 총무를 방문했고, 한인들과 오찬과 만찬을 함께했다. 김규식은 3월 26일 저녁 상항(샌프란시스코) 한인예배당 환영회에서 연설했다.

먼저 김규식은 이봉창·윤봉길 의거 이후 중국인들이 한국인을 존경하게 되었다며 중국인의 한인에 대한 태도 변화를 설명했다. 훈춘사건에 대

---

88 「한인독립군 일인이 왜병 10명 일당한다고 대일전선통일동맹회를 조직 후 활동」, 『신한민보』(1933. 3. 23).
89 「국민회 청년부 창립 기념」, 『신한민보』(1933. 3. 16).
90 「애국단 지부에서 김 박사 환영」, 『신한민보』(1933. 3. 23).

해 일본의 사주로 장작림 군대가 출동했지만, 한국독립군은 공동의 적인 일본이 아닌 중국군과의 교전을 회피하고 무기를 땅에 파묻었으며, 유동열이 중국 군인 수령들과 회의를 하고 있다고 설명했다. 이어서 김규식은 한인 명장으로 김국빈과 유동열을 소개했다. 김국빈은 봉천군 제19려대 군법처장이 되어서 토비와 마적을 토벌하는 데 많은 활동과 공헌이 있었고, 부하가 근 3만 명이 있으나, 대일전 출동은 3천 명이라고 밝혔다. 유동열은 당취오의 군대와 면회·합작했을 뿐 아니라 풍옥상과도 회견하려고 하고 있다고 했다.

이어서 김규식은 한국대일전선통일동맹과 중한민중대동맹을 선전하면서 3·1운동 이후 13년 동안 "상해에 국민대표회도 있었고 북경에 군사통일회도 있었고 길림에 한족통일회도 있었고 또 무슨회 무슨회"가 있었지만 "이와 같은 각오로 통일동맹이 되기는 처음"이라며 최의산(최동오)이 한국독립당으로 큰 활약을 펼쳐서 대일전선통일동맹이 조직되었다고 자평했다. 김규식은 한국대일전선통일동맹은 "정치운동할 사람은 정치운동을, 군사운동할 사람은 군사행동을, 직접행동은 무엇이든지 대일전선에 관한 운동을 하되 이전과 같이 국부적 일시적으로 하지 말고 적극적 계속적으로 하자는 것"이며, "우리의 힘이 부족한 고로 중국 사람들과 동맹해 가지고 더욱 계속적 유력적으로 하자는 것"이라고 역설했다.[91] 김규식 연설에 등장한 김국빈은 동북항일구국회에 참가해 동북민중항일구국군 독립 제1지대를 맡은 의열단의 '동지' 김국빈(金國賓, 전 봉천군 초비사령부剿匪司令部 군법처장직 9년)을 의미했다.[92]

김규식은 3월 27일 오후 샌프란시스코에서 로스앤젤레스로 귀환했

---

91 「한중 양 민족의 중대사명 받은 김규식 박사를 열정으로 환영 중국인이 한인들을 더욱 친선」, 『신한민보』(1933. 3. 30).
92 「한국의열단 공작보고서-국외활동」, 陳國斌→미상(1932. 12. 20), 추헌수, 1973, 위의 책, 25~26쪽.

다.⁹³ 김규식은 로녹대학 후배인 송헌주 부부의 집에서 유숙하고 있었다. 김규식의 미국 도착 이후 재미한인사회에서는 한국대일전선통일동맹과 중한민중대동맹에 가입하기 위한 시도들이 이어졌다.

먼저 대한인국민회는 1933년 4월 2일 상항예배당 도서실에서 특별임원회를 개최했다. 상항지방총회장 이초도 출석했다. 이들은 3월 26일 환영회에서 김규식의 연설을 들었으며, 총회장 백일규의 간단한 구두보고 후에 중한민중동맹에 참가하기로 의결했다.⁹⁴ 그러나 과거 중대 문제에 대한 "경거망동으로 그 결과가 좋지 못한 것을 전감"으로 중한민중동맹 참가에 대한 각 지방회의 정식 동의를 얻기로 했다. 이에 따라 4월 6일 대한인국민회 총회장 백일규는 지방 회장들에게 참가 여부에 대한 의견을 조회하는 공문을 발송했다.⁹⁵ 때문에 대한인국민회의 중한민중동맹 참가는 임시가맹이었다.

국민회 라성지방회는 중한민중동맹 참가를 열렬히 찬성했으며, 시카고에서는 김경·강영승·한장호 등이 자발적으로 중국 유력자를 방문하고 중한민중동맹의 토대를 쌓았다. 국민회 시카고지방회는 4월 19일 월례회를 개최하고 중국인 교섭위원 김경·강영승·전경무 등이 화교 측과 교섭하여 만족한 결과를 보고했고, 김규식이 시카고에 도착한 후 구체적 교섭을 추가로 진행하기로 했다.⁹⁶ 샌프란시스코와 오클랜드도 중한민중동맹 참가에 찬성하는 의견이었다.⁹⁷

라성과 중가주에서는 미주한인연합회의 토대가 된 공동회가 조직되어 있었는데, 이들이 김규식의 활동을 앞장서서 후원했다. 라성공동회는 4월

---

93 「김규식 박사의 일행 회정」, 『신한민보』(1933. 3. 30).
94 「중한민중동맹에 참가를 정식으로 가결―시카고 모모유지 신사동맹의 토대를 세워 나성지방회 벌써부터 참가를 일치 찬성」, 『신한민보』(1933. 4. 6).
95 「국민회총회」, 『신한민보』(1933. 4. 6).
96 「대한인국민회총회」, 『신한민보』(1933. 4. 27).
97 『신한민보』(1933. 4. 6).

9일 하오 3시 약 백 명이 참석한 가운데 김규식 박사 환영회를 개최했다. 현장에서 기부한 현금과 약정액이 약 5~6백 달러에 달했다. 송헌주가 1백 달러, 송헌주 부인(송메리)이 50달러, 윤병희 부부가 20달러를 냈다.[98]

이 결과, 대한인국민회는 중한민중동맹에 참가하려고 1930년대 미주한인사회 통일운동의 일환으로 조직된 미주한인연합회에서 탈퇴하기로 결정했다. 국민회는 자신들이 왜 미주한인연합회를 탈퇴하고 중한민중동맹에 참가하기로 결정했는지 구구절절 설명하는 기사를 『신한민보』에 게재해야 했다.[99] 국민회는 미주한인연합회에 참가한 상태로 중한민중동맹에 참가하면 3중 관계가 되므로 탈퇴한 것이고, 국민회 회원들은 김규식의 중대 사명을 지지해야 하며, 인구세는 계속 임시정부에 납상할 것이라고 밝혔다. 그러나 같은 날 『신한민보』의 기사는 상해사변 직후 진행된 일을 보면 재미한인들이 국민회에 모든 일을 맡겼음에도 다양한 모임이 생겨나 청연까지 했으나, 실제 안창호 재판비 등에 쓰이지 않았으며, 의정원에서 면직되어 쫓겨난 이승만은 대통령 행세를 하고, 정부에서 중단한 구미위원부는 인구세를 받고 있다며 "라성 남자사회는 요만큼 복잡하다"고 비꼬고 있다.[100]

김규식은 로스앤젤레스 등에서 중국 화교와의 접촉면을 확대하고 있었다. 김규식은 4월 2일 라성 중국인 국민당 민중대회에서 연설했으며, 4월 9일 라성 중화회관에서 연설했다.[101] 로스앤젤레스 중국영사 강역생은 김규식의 제자로 인근 중국인 사회에 김규식을 소개하는 역할을 했다. 김규식은 국민당대회에서 영어를 위주로 사용하며 가끔 만다린어로 연설했다.

---

98 「김규식 박사는 미인클럽급대학에서 선전-공동회에서 송헌주 씨 내외분은 150원」, 『신한민보』(1933. 4. 13).
99 「연합회에서 탈퇴와 중한민중동맹」, 『신한민보』(1933. 3. 30).
100 「라성사회종횡관」, 『신한민보』(1933. 3. 30).
101 「김규식 박사의 활동」, 『신한민보』(1933. 4. 6).

김규식의 연설은 라성 중국인주보에 게재되었다.[102]

　　김규식은 4월 6일 로스앤젤레스 조찬클럽모임(breakfast club)에서 약 5백 명의 유력자 앞에서 「북중국의 현 상황」이라는 제목으로 영어 연설을 했고, 이는 라디오로도 중계되었다. 다음 날 아침 『로스앤젤레스 타임스』(Los Angeles Times) 등은 이에 대한 호평 기사를 다수 게재했다.[103] 김규식은 4월 11일 리들리 동포들을 심방했으며, 4월 12일 오후 로스앤젤레스로 돌아와 한인장로교회 청년부에서 연설했다.[104] 4월 14일 오전 11시 로스앤젤레스 근교의 포모나대학(Pomona College) 역사과·정치과 연합 주최로 김규식 초청 강연이 있었으며, 4월 17일 오후 2시 45분 남가주대학(USC) 정치과 주최로 연설회가 개최되었다.[105] 김규식은 4월 25일 아침에도 포모나대학에서, 오후에는 시내 대학 클럽에서 연설했다.

　　그런데 김규식의 미주 도착 이후 여론의 주목을 받은 것은 한국대일전선통일동맹이 아니라 중한민중동맹이었다. 한국 독립운동 진영의 통일전선보다는 아무래도 만주사변·상해사변·윤봉길 의거 이후 한중연대·연합·통일전선이 보다 더 시의적절하고 한중 양 민족의 이목을 끌었기 때문일 것이다. 때문에 국민회 총회도 한국대일전선통일동맹이 아니라 중한민중동맹 참가를 결정한 것이었다. 중한민중동맹에 가맹하면 자연적으로 한국 측 가맹단체인 한국대일전선통일동맹에 가맹한다는 인식이 있었던 것으로 볼 수 있겠다. 1933년 4월 6일 『신한민보』에 한국대일전선통일동맹 규약, 중앙집행위원회 조직 조례가 공표되었다.[106] 반면 중한민중동맹의

---

102 「김규식 박사의 활동」, 『신한민보』(1933. 4. 20).
103 「북중국 방송 대담-김규식 박사가 상황을 이야기하게 될 것이다」, *Los Angeles Times*(1933. 4. 5), 『대한민국임시정부자료집』 41(일본·미국보도기사); 「김규식 박사는 미인클럽급대학에서 선전-공동회에서 송헌주 씨 내외분은 150원」, 『신한민보』(1933. 4. 13).
104 『신한민보』(1933. 4. 13).
105 『신한민보』(1933. 4. 13).
106 「한국대일전선통일동맹 규약」, 「한국대일전선통일동맹 중앙집행위원회 조직 조례」, 『신한민

선언(1932. 11. 11)은 1년이 지난 1934년 4월에야『신한민보』에 공표되었다.[107]

또한 김규식 자신도 미주에서 중한민중동맹 미국지부를 조직하려고 노력했는데 주로 로스앤젤레스 등 캘리포니아에 거주하고 있는 화교를 상대로 한 것이었다. 김규식은 샌프란시스코에서 개최되는 중국인 국민당대회에 참석할 예정이었으나 로스앤젤레스 일정이 분망해서 참석할 수 없었다.[108] 김규식은 5월 17일까지 로스앤젤레스에 머물렀는데, 가장 큰 이유는 중한민중동맹 지부 혹은 미주 총지부를 조직하기 위해 중국 측과 협의하는 데 시일이 소요되었기 때문이다.『신한민보』도 김규식의 도미 목적이 한중 민중의 연합 공작을 성취해 "공통적 원수 왜놈의 제국주의를 타도하고 우리의 독립 자유를 회복"해야 한다며 적극적으로 김규식의 활동을 선전·지원했다.[109]

김규식은 국민회 총회장 백일규, 남감리교회 임정구 목사 3인 연명으로 샌프란시스코 중국인 각 단체에 편지를 보내 중한민중동맹 지부 혹은 재미국 총부를 조직하자는 제안을 했다. 이 결과, 5월 14일 하오 8시 샌프란시스코 중국인청년회관(화인청년회관) 집회실에서 회의가 개최되었다. 김규식은 5월 13일 주요 단체의 중요인물들을 방문했다. 이날 참석한 단체와 대표들은 다음과 같다.

> 중한민중동맹 대표 김중문(김규식) 박사, 대한인국민회 대표 백일규, 미주한인연합회 대표 홍언, 한인남미이미(남감리교)교회 대표 임정구, 중화총회관 대표 담광중, 중화총상회 대표 조금걸, 중국국민당 주미총지

보』(1933. 4. 6).
107 「중한민중대동맹선언」,『신한민보』(1934. 4. 12).
108 「김규식 박사의 활동」,『신한민보』(1933. 4. 20).
109 「한중 민족합작이 이때」,『신한민보』(1933. 4. 13).

부 대표 황사경, 강주총회관 대표 진건전, 녕양총회관 대표 허창진, 호국양화총회관 대표 황우지, 양화학교 대표 주국량, 련의해외교통부 3번지지부 대표 락조렬, 려미(旅美)화교반일구국선전회 대표 량식진, 천주교 성마리학교 대표 조화승 등.[110]

한국 측 4개 단체 4명, 중국 측 10개 단체 10명 등 재미중국인들이 중심이 된 조직이었다. 중국화교사회와 오랫동안 연계를 맺고 우호적인 관계를 맺은 홍언이 중요한 연락창구 역할을 했을 것으로 보인다.[111] 김규식이 개회 취지로 공동의 원수 일본제국주의를 타도하기 위해 중한 민중 합작이 필요하며 형제처럼 서로 돕고 구원하자고 역설했다. 임시회장으로 국민당 대표 황사경이 선출되었고, 임시서기는 중화총회관 대표 담광중이 선임되었다. 회의는 지부 조직의 준비위원 7인을 선정하고 3개의 조건을 결의했다.

1. 중한민중동맹 상항지부 주비안을 성립할 사.
2. 주비위원 7인(화인 4명, 한인 3명)을 두어 책임을 지고 중한민중대동맹의 상항지부 성립을 주비할 것.
3. 주비위원으로 등조움, 황사경, 진건전, 담광중, 백일규, 홍언, 임정구 등 7인을 공선하고 백일규, 황사경 양군이 회의 소집의 책임을 지기로 함.[112]

---

110 「김박사의 주최로 중한동맹 주비위원 선정, 임원회에서 특연모집 결의 상항서 3백원」, 『신한민보』(1933. 5. 18).
111 홍언에 대해서는 방선주, 1989, 「홍언과 국민회」, 『재미한인의 독립운동』, 한림대학교출판부를 참조.
112 「김박사의 주최로 중한동맹주비위원 선정, 임원회에서 특연 모집 결의 상항서 3백 원」, 『신한민보』(1933. 5. 18).

5월 15일 저녁 9시에 만찬회 겸 제1차 주비위원회가 개최되었는데, 김규식 외 6명의 주비위원이 참석해 지부 조직을 논의했다. 중국 측 대표인 담광중은 단체대표로는 중한민중대동맹 상항지부에 참가하기가 어려우니 개인 자격으로 참가하는 게 어떻겠냐고 제안했는데, 결국 아무 성과를 거두지 못하고 11시 반에 산회했다. 중국 화교들은 김규식에게 성대한 환영회를 개최하고, 만찬을 제공하고 연설을 들었지만, 그것이 전부였다. 중국 화교들은 김규식이 원하던 중한민중동맹 가입이나 자금 제공에는 응하지 않았다.

중국 화교들은 중한연대의 뜻과 방향에는 동의했으나, 중한민중대동맹의 실체를 확인할 수 없는 상황 속에서 화교 조직·단체가 중한민중대동맹에 가입하거나 지부 설치에 선뜻 응하기 어려웠을 것이다. 즉, 김규식이 로스앤젤레스·샌프란시스코에서 약 2개월간 체류하면서 가장 중점을 두었던 중국 화교와의 연대, 중한민중동맹 미국지부 조직 혹은 가맹은 무산되었다. 중국 화교가 가맹한다면 조직과 세력의 확대는 물론 풍부한 자금 지원을 예상할 수 있는 것이었다.

다만 국민회총회에서는 5월 12일부터 17일까지 샌프란시스코에서 약 3백 달러의 특연금을 거둬 김규식을 격려했다. 불과 몇 명의 동포가 거주하는 샌프란시스코에서는 최선의 노력을 기울인 것이다. 김규식은 양주은 부부에게 특별히 감사를 표했다.[113] 김규식은 5월 14일 샌프란시스코 건너편 오클랜드교회에서 어머니날 행사에 참가해 연설하고 일대 한인 교포들과 야유회를 즐겼다.[114]

그러나 전반적으로 캘리포니아 일대의 상황은 좋은 모양새로 일이 흘러가지 않았다. 가장 중요한 실책은 미주한인연합회의 중심축 중 하나였던

---

113 『신한민보』(1933. 5. 18).
114 「옥글랜드에 어머니날」, 『신한민보』(1933. 5. 18).

라성공동회와 중가주공동회가 4월 16일 돌연 대한독립당으로 변경된 데에서 비롯되었다. 이들은 중가주에서 미주한인연합회를 개회한 후 라성공동회와 중가주공동회를 변경하여 대한독립당을 조직했다.[115] 이들은 한국대일전선통일동맹에 참가하려면 공동회로는 참가 자격이 불완전하다는 이유로 대한독립당을 조직한 것이다. 미주한인연합회 특별대표회에 출석한 사람은 중가주공동회 대표인 김정진(김호)·이살음, 라성공동회 대표 송헌주, 라성동지회 대표 이순기·김형순, 묵경자성단 대표대리 홍언 등이었다. 의장은 이살음, 서기는 홍언이 맡았다. 이살음·송헌주는 3·1운동기부터 김규식의 적극적인 지지·후원자였고, 김정진(김호)·김형순·김원용은 리들리 3김씨(Reedley Kim Brothers)로 재미한인사회에서 가장 성공한 백만장자였으며 1930년대 중반 재미한인사회의 통일과 국민회 부흥을 이끌어 1940년대 재미한족연합회 집행부를 이끈 사람들이다.[116] 홍언은 평생을 국민회에 헌신한 사람이었다. 이순기는 열렬한 이승만의 추종자로 올림픽 다이빙 금메달리스트가 된 새미 리(Sammy Lee)의 부친이다. 이 시점까지 이순기, 김형순, 김정진은 모두 동지회 회원이었다. 즉, 대한독립당의 주역은 이살음·송헌주였으며, 그 외에 김정진·김형순 등 성공한 사업가, 홍언 등 국민회 적극 회원, 이순기 등 동지회 회원 등이 참가한 것이다.

대한독립당은 규약으로 제1조 "우리 단결은 대한독립당이리 함", 제2조 "우리는 혁명의 방법으로써 한국 독립을 완성하기로 목적함"이라 정했다. 그런데 문제는 한국대일전선통일동맹에 참가하기 위해 라성·중가주공동회가 돌연 정당으로 탈바꿈한 것이고, 이는 사실상 미주한인 연합조직인 미주한인연합회를 해체하는 결과를 초래했다. 이에 대해 국민회는 이 사실

---

115 「공동회가 독립당으로」, 『신한민보』(1933. 4. 20).
116 정병준, 2005, 「김호의 항일독립운동과 정치활동」, 『한국민족운동사연구』 43; 정병준, 2004, 「1940년대 재미한인 독립운동의 노선과 성격」, 『한국민족운동사연구』 38.

을 몰랐으며, 이미 국민회는 미주한인연합회를 탈퇴했으므로 대표가 출석할 필요가 없다고 했다.[117] 공동회, 연합회를 모두 해체하고 대한독립당을 급조함으로써 재미한인 내에서 대한독립당과 김규식에 대한 반발과 의구심이 일었다.

독립당 회장은 송헌주, 서기는 송창균이었는데, 4월 30일 오후 회의를 소집하고 공동회가 독립당으로 변화한 이유, 한국대일전선통일동맹에 가맹 청원을 한 후의 경과를 보고하려 하였으나 회원들이 출석하지 않아 무산되었다. 5월 14일에는 시외 공원에 회원들을 초청하고 무료 음식을 공급해 성황을 이루었으나, 독립당이 구체적으로 결성되는 데는 성공할 수 없었다. 참가한 재미한인들은 "우리가 그때 (김규식 박사를) 연조한 것은 원동의 대운동을 후원하기 위함이오, 또 다시 딴 단체를 조직하는 것을 원치 않는다"며 주인인 회원도 모르게 조직부터 한 독립당은 더욱 원치 않는다고 거부했다.[118] 결국 대한독립당은 회장(송헌주), 서기(송창균)만 남고 말았다.

(2) 중부·동부에서의 일정: 중한민중동맹·한국대일전선통일동맹 뉴욕지부의 결성(1933. 5. 17~1933. 7. 7)

김규식은 5월 17일 저녁 6시 시애틀행 열차를 타고 로스앤젤레스를 떠났다. 김규식은 5월 19일 저녁 6시 몬태나주 뷰트(Butte)에 도착해 동포들을 만난 후 시카고, 디트로이트, 클리블랜드, 뉴욕, 워싱턴 등지를 방문한 후 다시 로스앤젤레스·샌프란시스코로 돌아올 예정이었다.[119]

---

117 「공동회가 독립당으로」, 『신한민보』(1933. 4. 20).
118 「대한독립당의 소식」, 『신한민보』(1933. 5. 18).

김규식은 약 2개월 동안 로스앤젤레스와 샌프란시스코를 중심으로 중한민중동맹의 미국 총지부 조직, 한인단체의 가맹, 한인·중국인·미국인을 상대로 한 선전·강연, 모금 활동 등을 활발하게 펼쳤다. 대한인국민회가 중한민중동맹·한국대일전선통일동맹에 임시가맹했고, 라성공동회·중가주공동회는 대한독립당을 조직한 후 중한민중동맹에 가맹했다. 그러나 원하던 화교조직과의 연대를 통한 미국 총지부 결성은 이루지 못했다. 게다가 미주한인연합회를 해체하고 대한독립당이 조직됨으로써 재미한인사회에서 김규식의 행보에 대한 비판적 목소리가 제고되기 시작했다. 김규식이 로스앤젤레스를 떠나자 그에 대한 비판적 목소리가 『신한민보』 지상에 본격적으로 등장했다.

국민회 지도자였던 최진하는 「김박사의 사명」이라는 기사를 2회에 걸쳐서 장황하게 써 내려갔다. 재미한인사회의 지도급 인물이던 최진하는 김규식의 도미 사명이 백인들에게 선전하는 사명, 중국인들과 교섭하는 사명, 재미동포에 대한 사명이라고 분석했다. 최진하는 김규식의 재미동포에 대한 사명 중 한국대일전선통일동맹에 다수의 참가자를 얻는 것이 "유일한 사명"이었는데, 중가주·남가주 공동회가 독립당으로 이름을 바꿔 한국대일전선통일동맹에 참가했고, 대한인국민회도 동맹에 참가하기 위해 미주한인연합회를 탈퇴했으며, 국민회는 각 지방회의 동의를 얻어 4월 30일 특별임원회를 열고 가맹을 결정했다고 정리했다.[120] 최진하는 왜 국민회가 연합회를 탈퇴하고, 공동회가 독립당으로 이름을 바꿔 중한민중동맹에 참가하였느냐며 현존하는 단체를 유지해야지 새로운 단체 조직을 위한 탈퇴와 조직 변경은 현명하지 않은 일이라고 비판했다. 나아가 최진하는 과거 독립사업과 단체사업이 여러 가지 있었지만 "철저한 자각과 완전한 기초

---

119 「김박사 발정과 노정」, 『신한민보』(1933. 5. 18).
120 최진하, 「김박사의 사명」, 『신한민보』(1933. 5. 18).

없이 거변이 일을 시작한 까닭에 성공은 없이 실패만 보았도다"라며 철저한 자각 없이 가맹하면 "이 역시 조만간 실패를 당할 것이며 통일에 참가였는지 의문이 없지 않다"고 비판적 시각을 드러냈다.[121]

이어서 최진하는 3·1운동기에 많은 생명과 많은 금전을 없게 했으며, 10년의 오랜 역사가 있는 임시정부가 있으나 "외인(外人)이 알수록 우리의 수치를 면치 못할 것이며 우리의 얼굴을 들 수 없는 형편밖에 무엇이 있겠는지" 모르겠다며, 윤봉길 의거로 독립운동 지도자들이 체포되고 피신했으며, 독립운동의 모든 서류가 일제에 압수당했으니, "우리 외교는 무엇이었는지 알 수 없도다"라고 했다. 임시정부가 진정한 외교를 했으면 프랑스 조계 영사가 독립운동자들을 일제에 넘기지 않았을 것이기 때문이라는 것이다. 때문에 김규식의 현재 미국인·중국 화교 교섭은 효과가 적을 것이라고 전망했다.

통일동맹을 위해 2종류의 자금을 내야 하는데 첫째는 특연이고, 둘째는 의무금이나, 재미동포의 상황으로는 어렵다는 것이다. 최진하는 독신생활자, 가정 가진 자, 학생 등 3부류가 있는데, "독신자는 의지할 곳 없는 연로자로 노동 생활로 생명을 보전하는데 노동할 기회조차 없다, 가정 가진 동포는 처자와 가족 생활책이 만무하니 독신자에 비해 더욱 곤경을 당하고 있다. 학생은 공부하며 생계를 유지하기도 어렵고 공부하지 않으면 추방당한다"라며 비참한 재미한인의 상황을 정리했다. 상황이 여차하니 국민회, 동지회, 독립당, 공동회 등 단체도 유지하기 어려운 실정이라며, 독립운동을 위해 통일동맹하려면 재미동포들의 단결과 통일이 우선이고 급선무라고 쓰고 있다.[122]

또 다른 필자는 대일전선통일동맹을 위해 미주연합회의 중심이던 공

---

121 최진하, 「김박사의 사명」, 『신한민보』(1933. 5. 18).
122 최진하, 「김박사의 사명(두 번째)」, 『신한민보』(1933. 6. 1).

동회는 독립당을 새로 만들고, 미주연합회를 비난·반대하던 시카고국민회는 열성적으로 김규식의 대일전선통일동맹을 지지하는 역설적 상황을 지적하며, 대한독립을 위해 노력하는 국민회와 동지회가 협력해야 할 것이며, 하와이『국민보』는 지난 3년간 한 호도 빼지 않고 이승만을 욕하며 놈자까지 사용한다며 주필 김현구를 비판했다. 나아가 이 필자는 "한국대일전선통일동맹에 가맹하실 개인이나 단체는 예전과 같이 지금은 열정적으로 찬성하다가 가맹 몇 달이 지난 후에 뚱딴지 같은 허무맹랑한 말은 하지 말기를 바"란다고 했다.¹²³ 중국 내 한국 독립운동을 열성적이고 지속적으로 지지해 온 재미한인들은 독립운동의 후원자, 지원자가 될 뿐 주체가 될 수 없는 존재론적 한계와 오랜 경험에서 비롯된 냉소적 전망을 보여 줬던 것이다.

결국 대공황으로 인한 경제 사정의 악화, 3·1운동기 이래 지속된 지지와 자금 지원에도 불구하고 독립운동 진영의 지리멸렬함 등을 보며 재미한인사회에서는 김규식의 도미 활동에 대해 냉담한 분위기가 존재했던 것이다. 즉, 김규식이 또 다른 단체 이름을 내세워 "수천 달러 모금을 하기 위해 도미"했다는 냉소적인 시각이었다.

그럼에도 국민회총회는 5월 11일 총회 임원회에서 특연을 거두기로 의결했다. 총회장 백일규는 5월 18일 "경제공황이 심한 이때에 금전을 거두기가 힘들 것을 모르는 바 아니"지만 미주 특연 성적이 있어야 김규식이 하와이에 가서 청연을 하는 데 도움이 된다며 7~8월을 기한으로 하는 특연을 각 지방회에 알렸다.¹²⁴ 라성국민회는 6월 18일 흥사단소에서 대회를 열고 중한민중동맹을 위한 특연을 했다.¹²⁵

---

123 「김박사의 말씀을 듣고」,『신한민보』(1933. 6. 1).
124 「국민회총회」,『신한민보』(1933. 5. 25).
125 「나성지방회 광고」,『신한민보』(1933. 6. 15).

대한인국민회는 1933년 5월 1일 한국대일전선통일동맹 상해총부에 임시가맹한다는 공문을 발송했다. 임시가맹을 한 이유는 정식 가맹에는 국민회 헌장에 따라 최고기관인 대의원회의 결의를 거쳐야 하며, 의무금과 특연에 대한 연구·토의·결의에 시간이 필요하기 때문이며, 미주한인연합회를 탈퇴하고 한국대일전선통일동맹에 가입한 것은 국민회의 재정상황 때문이라는 장문의 기사가 『신한민보』에 실렸다. 연합회의 적은 경비도 지출하지 못하는 국민회가 어떻게 대일전선동맹의 의무금이나 중한민중동맹의 특연금을 낼 수 있을지 "의문은 의문이다"라며, 때문에 임시가맹하고 영구적 가맹 문제는 일반회원의 결정에 따른다고 했다.[126] 캘리포니아를 떠난 이후 김규식에 대한 재미한인들의 열성적 지지는 점차 냉각되기 시작했다.

김규식은 5월 19일 오후 몬태나주 뷰트에 도착해 한주선·홍월슨 등의 환영을 받았다. 한주선은 김규식의 제자였다. 5월 20일 오후 1시 한주선 자택에서 동포들이 모여 김규식의 연설을 들었고, 중한민중동맹을 위해 2백여 달러의 특연을 모았다. 농사철인 데다 한인들은 40~50마일씩 떨어져 살고 있었다. 김규식은 이날 저녁 8시 50명의 중국 화교들 앞에서 연설하며 한중연대를 호소했다.[127]

김규식은 5월 23일 아침 시카고에 도착했다. 이날 저녁 김경이 운영하는 서양음식점에서 비공식 만찬이 열렸다. 24일 저녁 8시 반 한인교회에서 김규식 환영회가 개최되었다. 국민회 시카고지방회장 한장호, 김경의 환영사, 임초의 답례, 윤기성의 독창에 이어 김규식의 연설이 있었다. 일동은 기립해 김규식 박사의 사명을 축원하는 목례를 했다. 환영회 석상에서 총

---

126 「대일전선통일동맹과 국민회와의 관계」, 『신한민보』(1933. 6. 1).
127 「몬타나 동포가 김박사 환영하고 二百원 모집, 쉬카고 환영석상에 김경 씨 二百元 기부, 제1회 연조총계가 4백 불이 근근하여」, 『신한민보』(1933. 6. 1); 「김박사의 일정」, 『신한민보』(1933. 6. 8).

389달러의 특연을 거두었다. 김경이 200달러를 냈고, 강정근·한장호가 각 25달러를 냈다.[128] 25일 저녁에는 한장호가 운영하는 양식당에서 20여 명이, 26일 저녁에는 임초 자택에서 저녁을 함께했다. 5월 27일에는 이병두의 자택에서 점심을 했고, 저녁에는 정태은의 참수이회사 한인들을 심방했다. 김규식은 다수의 한인 교포들을 방문했다.[129]

5월 26일 저녁 김규식은 중화회관에서 중국 화교를 상대로 연설했다. 시카고 중국인 연합회인 중화회 주최로 열린 전 중국인 민중대회에는 천여 명의 청중이 모였고, 김규식은 약 2시간 대열변을 토했다. 김규식 환영회와 연설 논지는 중국인 2대 일간지에 대서 특필되었다. 5월 28일 오후 김규식은 시카고 세계박람회에 온 중국 명사들의 초청을 받았으며, 환영을 받았다.[130]

5월 29일 김규식은 김경·황창하와 함께 앤아버(Ann Arbor)로 떠났고, 이들은 디트로이트까지 동행 후 시카고로 귀환할 예정이었다.[131] 앤아버에 도착한 김규식은 미시간대학 한국인 학생회와 중국인 학생회가 공동으로 주최한 중일 문제에 대한 강연회에서 연설했다. 3백여 명이 참석한 강연회에서 김규식은 동양의 정세를 연설했다. 김규식은 미시간대학 교수들과 오찬, 오후 티타임 등에 참석해 중일 문제를 토의했고, 5월 31일 오후 디트로이트로 출발할 예정이었다.[132]

디트로이트에는 김규식의 사촌여동생 김메리가 조오홍과 약혼한 상태로 거주하고 있었다. 6월 1일 디트로이트 동포들은 조오홍을 앤아버로 보내 김규식을 모셔 왔다. 김규식은 정순만의 아들 정양필 자택에서 하룻밤

---

128 「쉬카고에 김박사 활동」, 『신한민보』(1933. 6. 1).
129 「김박사의 일정」, 『신한민보』(1933. 6. 8).
130 「쉬카고 중인의 환영회」, 『신한민보』(1933. 6. 8).
131 「김규식 박사의 씨추로이 전왕」, 『신한민보』(1933. 6. 8).
132 「김박사 앤아바 방문」, 『신한민보』(1933. 6. 8).

김규식, 사촌매제 조오흥(디트로이트, 1933). 김메리 소장.

을 보낸 후 시내 스태틀러호텔(Statler Hotel)에 머물렀다.

6월 2일 오후 2시 감리교회 예배당에서 동포 환영회가 개최되었다. 안재창이 사회를 보았고, 김규식은 독립운동의 과거와 현재를 2시간에 걸쳐 강연했다. 10여 명이 특연을 모아 180달러를 모금했다.[133] 3일에는 디트로이트 영자신문에 김규식의 사진과 활동을 알리는 기사가 게재되었다. 6월 4일 오후 8시 중국타운 안령당에서 중국인 100여 명이 모여 김규식의 연설을 들었다. 연설 후 김규식은 중국인·한국인 18명이 참가한 만찬에 참석했다.[134]

김규식은 6월 5일 미시간정거장에서 클리브랜드로 향하는 기차를 따고 디트로이트를 떠났다. 6월 5일 저녁 9시 클리브랜드에 도착한 김규식은 한중 교포 6인의 영접을 받은 후 곧바로 중화거일후원회(中華拒日後援會) 사무소에 가서 만찬을 했다. 6월 6일 김규식은 호텔에서 신문기자와 인터뷰한 후 주영한과 오찬을 했다. 하오 7시 중화공소 만찬 후 9시경 화교 각 단체 연합회집에서 영어로 강연했다. 김규식은 중화민중동맹회, 중한민중동맹회, 한국대일전선통일동맹의 임무를 연설했고, 모임은 11시 폐회했다. 클리브랜드에서는 67달러의 특연을 모았다. 6월 7일 아침 9시 김규식은 내쉬대학 학생회에서 연설한 후 10시 반 클리브랜드 프레스(Cleveland Press) 외국부 주임기자와 인터뷰하고, 중국 화교와 오찬·만찬 후 8시 30분 뉴욕으로 출발했다.[135]

김규식의 미국 동부 여행은 뉴욕이 마지막 기착지였다. 김규식은 6월 8일 뉴욕에 도착한 후 6월 말경까지 뉴욕에 머문 것으로 보인다. 그만큼

---

[133] 특연은 조대홍 부부 30불, 전덕기·조오홍 각 25불, 민병기·안재창·최응호 각 20불, 정화숙 여사 10불, 김대위·박향수 각 5불, 총 180불이었다.
[134] 「디트로이트와 클리벌랜드 동포들의 열정, 중한교포의 김 박사 환영과 근3백 원 특연」, 『신한민보』(1933. 6. 15).
[135] 「클리벌랜드 한중 교포의 환영」, 『신한민보』(1933. 6. 15).

LEAKAGE IN FUNDS FOR CHINA ALLEGED

Peiyang University Official Says Little of Subscribed Money Reached Army.

DENOUNCES THE JAPANESE

Tells Here of Resistance Plans— Miss Bille, Peiping Teacher, Predicts Defeat of Japan.

Of a $10,000,000 fund subscribed by Chinese and Koreans living in the United States, only $360,000 reached its intended source, the Cantonese Nineteenth Route Army, famous for its resistance to the Japanese at Shanghai, according to Dr. Kiusic Kimm, secretary of Pei-

김규식 발언이 실린 『뉴욕타임스』 (1933. 6. 18).

뉴욕 활동이 중요했으며, 체류 기간 만큼 성과가 컸음을 알 수 있다.

6월 8일 아침 뉴욕에 도착한 김규식은 6월 10일 저녁 재미유학생총회 동부지방대회가 주최하는 연회에서 강연했다. 내외 빈객 50여 명이 참석한 자리에서 김규식은 중일 양국의 전쟁으로 세계전쟁은 회피했으나 중국이 전쟁의 모든 책임을 지게 되었으니 세계열강이 중국을 도와야 한다, 한중 양국은 순망치한의 역사적 관계이므로 양국 민중은 굳은 동맹으로 혈전을 벌여야 한다고 연설했다.[136] 재미유학생총회 제8회 동부연회는 6월 10~11일간 뉴욕 한인예배당에서 개최되었으며, 6월 10일 저녁에는 인터내셔널하우스에서 개최되었다. 장덕수가 사회를 보고 안익태가 독주를 했다.

6월 17일 오후 3시 김규식은 중화공소 주최 강연회에서 3백여 화교가 참석한 가운데 강연했고, 이후 50여 명이 참석한 한중 연합만찬회에 참석했다. 김규식의 이날 연설은 다음 날 『뉴욕타임스』(New York Times)에 보도되었다. 기사에서 김규식은 박사이자 천진 북양대학 비서(secretary of Peiyang University, Tientsin)로 소개되었는데, 상해에서 일본군에 대항한 유명한 광동의 19로군을 위해 미국 내 중국인과 한국인이 약 1천만 달러를 모금했으나 그중 36만 달러만 19로군에게 전달되었다고 밝혔다.[137] 이 발

---

[136] 「제8회 동부년회, 성황리에 종막, 긴장한 토의회」, 『신한민보』(1933. 6. 15); 「김규식 박사 뉴욕 활동」, 『신한민보』(1933. 7. 13).

[137] 광동 군대인 제19로군은 상해사변 당시 일본군에 맞서 한 달간 처절하게 방어전을 폈다. 3만 명 중 1만 명이 사망했다고 알려져 있었다. 그런데 1932년 2월 하응흠은 "지난달 군비는 겨

언으로 청중의 항의성 웅성거림을 야기했는데, 이들 다수는 중국방위성금에 기부했기 때문이다. 김규식은 중한민중동맹이 자금 모집 기구들을 조정함으로써 장래에 유사한 손실을 방지하는 조치를 취할 것이라고 위로했지만, 이 거대 자금이 어떻게 되었는지 세부사항을 밝히지는 않았다. 이어 김규식은 중한민중동맹이 일본에 대한 4대 중점 공격 계획을 가지고 있다고 밝히며, 한국 내 군사훈련학교 확장, 중국 내 게릴라전 강화, 일본 상품에 대한 더 엄중한 보이코트, 한국·일본·화북에서의 테러 활동 등이라고 했다.[138]

6월 18일 김규식은 중국국민당 뉴욕지부 주최 다과회에 참석했고, 저녁 7시 한인예배당에서는 교민단, 국민회, 동지회, 흥사단, 학생회, 노동상조회가 김규식 연합환영회를 개최했다. 김규식은 한국대일전선통일동맹의 연혁을 설명하며 이전의 국민대표회, 유일당촉성주비회, 만주 국민부, 조선혁명당, 상해 한국독립당 등을 언급했다. 만주사변 이후 조선혁명당에서 최동오를 파견해 중한합작을 도모함으로써 1932년 11월 10일 대일전선통일동맹을 결성했으며, 참가단체는 만주 조선혁명당, 상해 한국독립당, 남경 한국혁명당, 의열단, 북평 광복동지회 등 5개 단체였다고 설명했다. 이후 통일동맹과 중국 자위대동맹이 합해 중한민중대동맹을 결성했으며, 자신의 도미 사명은 미주한인단체가 통일동맹에 가입하는 것과 중한민중대동맹 지부를 설치하는 것이라고 밝혔다.[139] 김규식의 연설 후 뉴욕동지회

우 320만 원이 입금되었다"고 했다. 1931년 10월부터 1932년 5월까지 군정부에서 군비 8개월분 600여 만 원을 보내지 못했다고 했다. 때문에 주로 해내외 중국인들의 지원금에 의해 19로군이 유지되었다. 김규식의 발언은 이를 뭉뚱그려 지적한 것으로 보인다. 구첩(邱捷), 2005, 「윤봉길의 장거와 19로군의 송호항일」, 상해대한민국임시정부 옛청사관리처 편, 김승일 옮김, 『중국항일전쟁과 한국 독립운동』, 시대의창, 345~346쪽.

138 "Leakage in Funds for China Alleged, Peiyang University Official Says Little of Subscribed Money Reached Army. Denounces the Japanese," *The New York Times*, June 18, 1933.
139 「김규식 박사 뉴욕 활동」, 『신한민보』(1933. 7. 13).

회장(최동진)의 임시가입, 뉴욕교민단장(이진일)의 가입, 국민회 뉴욕지회장(조극)의 가입 결의가 이어졌다. 이들 3개 단체(동지회, 국민회, 교민단)는 연합으로 한국대일전선통일동맹 지부를 뉴욕에 설치하기로 결의하는 동시에 중한민중대동맹 뉴욕지부 설치를 위해 위원 3명을 선정했다. 이날 기부금은 광주학생사건 여재금(餘在金) 250달러를 합해 합 4백 달러에 달했다.[140]

이러한 적극적인 지지와 후원 속에 뉴욕에서는 한중 합작으로 중한민중동맹 지부가 결성되었다. 6월 24일 오후 2시 뉴욕 화교공립소학교에서 중한민중대동맹 뉴욕지부 설치에 대한 담화회가 개최되었다. 사회는 중화공소 주석 오건초가 담당했으며, 19명이 출석했다. 참가한 단체 및 대표자는 다음과 같았다.

- 중국 측: 중화공소 오건초 진수단, 련성공소 최자진, 리씨총공소 리공립, 민기일보 뉴욕본부 사도일평, 국민당 동미지부 조왜영, 안양공상회 리셔채, 녕양회관 리탁산, 금란공소 진성흡, 화교학교 오셔훈, 화인초생회 이배, 소륜별서 달무조, 화상총회 리양태, 오청산공소 오보초, 치공당 려광.
- 한국 측: 대한인동지회 고소암·장설산(장덕수), 대한인뉴욕교민단 리진일, 중화민중자위대동맹 급 중한민중대동맹 김중문(김규식) 박사.

김규식의 간곡한 권유사가 있었고, 국민당 대표 조왜영이 중한민중대동맹 뉴욕지부를 설치하자고 제안했고, 만장일치로 가결되었다. 중국인 측 정대표 8인, 대표후보 8인을 합쳐 16인, 한인 정대표 3인, 대표후보 3인,

---

140 「김규식 박사의 소식」, 『신한민보』(1933. 7. 6); 「한국대일전선 동맹회」, 『신한민보』(1933. 7. 27).

합쳐서 6인으로 간부진이 결정되었다.

- 중국 정대표: 리양대, 조왜영, 오건초, 진수당, 사도일평, 리탁산, 채자전, 완쾌정. 대표후보: 리배, 오영광, 리걸민, 진정백, 려굉, 황화요, 진성순, 류금생.
- 한인 측 대표: 고소암, 리진일, 리철원. 대표후보: 남궁염, 조극, 장설산.[141]

한국대일전선통일동맹 뉴욕지부는 6월 26일 하오 뉴욕 한인예배당에서 뉴욕한인교민단, 동지회 뉴욕지부, 국민회 뉴욕지회(대표 유고 불참) 대표가 참석해 통일동맹 뉴욕지부 규약을 통과시키고, 집행위원 5인을 선정했다. 고소암(재무), 리진일, 리철원, 조극, 장설산(서기) 등이 집행위원이었다. 이날 결의사항으로 통일동맹에 가입한 각 단체의 의무금은 매인(每人)이 1년에 1달러를 납부하며, 인구세 1달러를 징수하여 임시정부에 납부하기로 결정했다. 경제위원을 선정해 경제위원장 고소암, 위원 정경희, 리명도, 김일선이 선임되었다.[142]

중한민중대동맹 뉴욕지부도 6월 27일 오후 8시 뉴욕 화교공립소학교에서 정대표회의를 개최하고 각부 임원을 선거했다.

- 상무위원: 오건초·사도일평·리진일
- 총무부: 조정영·고소암
- 경제부: 리양대·리진일
- 선전부: 리철원·채자전·려굉·완쾌정

---

141 「김규식 박사 뉴욕 활동」, 『신한민보』(1933. 7. 13).
142 「김규식 박사 뉴욕 활동」, 『신한민보』(1933. 7. 13).

- 민중부: 진정박·장설산.[143]

김규식의 도미 활동 가운데에서 가장 성공을 거둔 일이 바로 뉴욕에서 지부를 결성한 것이었다. 그리고 이것이 도미 활동의 정점이었다.

김규식이 미국으로 건너왔다는 소식은 쿠바와 멕시코에도 전해졌다. 쿠바 마탄사스지방회는 6월 4일 제142회 통상회를 개최하고 한국대일전선통일동맹을 위한 30달러의 특연을 반드시 내기로 결의했고, 메리다지방회도 제281회 통상회를 개최하고 김규식 박사를 적극 지지하며, 8월경 특연을 거두기로 결의했다.[144] 멕시코 오부리곤지방회도 한국대일전선통일동맹을 위해 멕시코 화폐로 29원 50전의 특연을 거두었다.[145]

김규식은 6월 말에서 7월 초에 시카고로 돌아간 것으로 보인다. 김규식은 7월 2일 시카고 인근 에반스톤감리교회에서 연설했으며, 7월 3일에는 시카고 서북대학(North Western University)에서 연설했다.[146] 7월 4일 김규식은 시카고 국민회의 야유회에 참석했다. 김경·한장호·강영대 등 음식점을 하는 3인이 음식을 제공했고, 김규식은 정한경과 함께 즐거운 한때를 보냈다.[147]

(3) 하와이에서의 활동: 이용직·한길수와의 연결

김규식은 7월 8일 하오 로스앤젤레스 산페드로항에서 출범하는 말로

---

143 「김규식 박사 뉴욕 활동」,『신한민보』(1933. 7. 13).
144 「대한인국민회 지방회」,『신한민보』(1933. 6. 22).
145 「오부리곤지방동맹 후원」,『신한민보』(1933. 7. 13).
146 「김규식 박사의 소식」,『신한민보』(1933. 7. 6).
147 「쉬카고 국민회 야유회」,『신한민보』(1933. 7. 20).

김규식 환영 시카고 한인 야유회.
(1열 왼쪽부터) 3번째 전경무, 4번째 한장호, 6번째 김규식. (2열 왼쪽) 7번째 Mary Dunn(전경무 부인). (3열 왼쪽) 4번째 정한경, 5번째 김경, 7번째 한승곤(1933). 안형주 소장.

(S.S. Malolo) 선편으로 하와이에 건너갔다.[148] 미국 이민국 승선자명부에 따르면 김규식(Kimm Kiusic), 52세, 남성, 기혼, 교수, 영어 문해 가능, 국적 중국, 인종 한국, 한국 동래 출생, 여권 비자번호 251호, 1933년 2월 9일 상해 발급, 최종 거주지 중국 천진으로 기록되어 있다.[149] 1933년 3월 로스앤젤레스에 도착할 때와 같이 성대하고 떠들썩한 환송회 소식은 없었다.

하와이에 도착한 김규식의 소식은 전혀 『신한민보』 지상에 나타나지 않았다. 오히려 그의 방미를 조롱하는 기사가 게재되었다. 김규식의 캘리포니아 방문이 재미한인사회의 통일보다는 새로운 분열의 단초를 제공한 데 대한 불만의 표출이었다. 「김박사의 사명과 하와이 칠천 동포」라는 기사는 미주에서 3~4개 단체가 한국대일전선동맹에 참가한 것이 유감이며, 하와이에서도 마찬가지 일이 벌어진다면 가석한 일이라고 비판했다. 또한 중국과 합하는 '중한동맹'은 사실상 불가능한 일이기에 한인 자치기관을 강화해야 한다고 비판했다. 이 글의 필자는 하와이 동포들이 미주보다 김규식을 배로 환영하고, 김박사는 "개선가를 부르며 험악한 일본 바다에 무사히 가시기를" 바란다고 썼다. 미주 여론이 싸늘해진 것을 알 수 있다.[150] 하와이국민회가 발행하던 『국민보』는 물론 동지회 기관지 『태평양주보』도 1933년분은 남아 있지 않다. 김규식의 하와이 내 행적을 알려주는 하와이 신문이 존재하지 않는 것이다.[151] 다만 하와이에서 간행된 영자지 『호

---

148 「김규식 박사 하와이로」, 『신한민보』(1933. 7. 20).
149 "List or Manifest of Alien Passengers for the United States," S. S. Malolo v. 106, Passengers sailing from Los Angeles harbor, July 8, 1933. http://www.ancestry.com/
150 「김박사의 사명과 하와이 칠천동포」, 『신한민보』(1933. 7. 20).
151 하와이국민회 기관지 『국민보』는 1913~1914년분의 일부, 1936~1963년분이 거의 완본으로 남아 있으나, 김규식이 방문한 1933년분은 발견되지 않고 있다. 일본외무성 『不逞團關係雜件』에 여러 호수의 『국민보』 번역문이 남아 있다. 동지회 기관지의 경우 『태평양잡지』는 1913~1930년분이, 『태평양주보』는 1930~1970년분이 남아 있다. 그러나 1933~1937년분은 결락되어 있다. 최영호·윤인진·신민우·라경수, 2005, 『태평양잡지·태평양주보 색인』, 국사편찬위원회.

한길수 문서에 포함된 김규식과 중한민중동맹 설명. Stan Haan 소장.

놀룰루 스타불레틴』(Honolulu Star Bulletin)과 『호놀룰루 애드버타이저』 (Honolulu Advertiser)에 간단히 김규식의 동정이 소개되어 있다.[152]

그런데 김규식의 하와이 일정에는 태평양전쟁기 미국의 대한정책과 인식, 재미한인 독립운동에 지대한 영향을 끼치게 되는 한길수와의 만남이 자리하고 있었다. 일본군의 진주만 공격을 미리 예견한 것으로 알려지며 일약 미국 언론의 총아가 된 바로 그 한길수였다. 한길수 문서철에 포함된 김규식의 편지에 하와이 행적의 일부가 남아 있다. 김규식은 이용직 목사와 한길수의 주선으로 1933년 7월 호놀룰루 포트 섀프터(Fort Shafter)의 미군 정보당국과 회견했다. 이용직과 한길수는 두 사람의 이름을 합성한 W. K. Lyhan(William Lee Yongchik & Kenneth Haan)이라는 이름을 사용하며 반일적인 리포트를 작성해 미군 정보당국에 제공하고 있었다. 김규식은 하와이를 떠나기 전 중한민중동맹 대표 명의로, 자신이 부재하는 상황에서 하와이의 이용직과 한길수, 즉 리한이 미국에서 중한민중동맹을 대신할 것이라는 일종의 신임장을 부여(1933. 7. 21)할 정도로 두 사람을 신뢰했다.[153] 한길수 문서철에 들어 있는 이 신임장은 김규식이 작성한 것이 분명하다. 또한 하와이에서 미 육군 정보당국과 인터뷰한 것은 1933년 도미 활동 중 미국 정보당국과 접촉한 유일하고 중요한 사례였다.

1933년 3월 김규식의 미주 도착을 전후해 하와이의 이용직과 한길수는 맹렬하게 반일선전 활동에 주력하고 있었다. 국제적으로는 일제의 만주

---

152 하와이 영자신문 내 한인 관련 기사에 대해서는 다음을 참조. *Index to the Honolulu Advertiser and Honolulu Star-Bulletin 1929 to 1967 (in fice volumes)*, Volume Ⅲ: Honolulu Dept of Public Works to Pianists, Office of Library Services in cooperation with the friends of the Library of Hawaii, Department of Education, State of Hawaii, 1968; *Koreans in Honolulu Newspapers, 1903–1945*, Compiled by Brandon Palmer.
153 「김규식 외무장이 하와이 한인에게 보낸 서한」(1933. 7. 21), 『대한민국임시정부자료집』 43(서한집Ⅱ). 이 편지의 출처는 독립기념관 한길수 문서철로, 중한민중동맹단 대표 김규식이 작성한 신임장(1933. 7. 21)이다.

침략·상해사변 및 윤봉길·이봉창 의거, 하와이 내부에서는 이승만의 동지회 대 국민회의 격렬한 충돌·재판 소용돌이의 여파가 이런 움직임을 만들어 냈다. 국민회 계열 반(反)이승만 세력은 일본의 만주 침략에 이은 미일전쟁 가능성을 하와이에서 대대적으로 선전하고자 했다. 그 속에서 한국인들은 일본인과 다른 정체성을 가진 민족이며, 미국의 대일전에 활용할 수 있는 중요한 인적 자원이라고 주장했다. 한편으로 이는 대일 유화적이며 반(反)국민회·반(反)임시정부적인 태도를 취해 온 이승만에 반대하는 반(反)이승만·국민회 계열 노선이기도 했다.

그 중심에 다름 아닌 이용직 목사가 위치하고 있었다. 방선주의 평가에 따르면 한길수는 1930년대 초반 이용직 목사를 만남으로써 반일선전문건의 활용, 미군 정보기관과의 협력 등 주요 활동 방식을 체득할 수 있었다. 즉, 한길수를 만들어 낸 배후인물이 이용직이었다. 이용직은 3·1운동 시기 파크대학(Park College) 재학 중이었고, 이미 독립운동의 선전·활동가로 활약했으며, 이승만이 설립한 하와이 한인기독교회 담임목사 출신이었다. 무명소졸이었던 한길수는 1930년대 초반 하와이에서 이용직과 만나게 됨으로써 독립운동의 선전선동가로 입신하게 되었다. 방선주의 탁월한 선행연구에 기초해서 이용직과 한길수의 행적을 정리하면 다음과 같다.[154]

이용직은 평양 출신(1894. 2. 28. 생)으로 숭실중학을 졸업(1911)한 후, 1914년까지 평남 순천에서 교직에 몸담았고, 한때 숭실전문을 다니다가 1914년 도미했다. 숭실전문 교장 맥큔 선교사의 모교인 미주리주 파크대학(Park College) 고등부를 거쳐, 1917년 대학부에 입학해 3학년까지 다녔다. 이후 조지워싱턴대학(George Washington University)으

---

[154] 방선주, 1990, 「1930년대의 재미한인독립운동」, 『한민족독립운동사』 8(3·1 운동이후의 민족운동 1); 방선주, 1998, 「한길수와 이승만」, 연세대학교 국제대학원 부설 현대한국학연구소 제2차 국제학술회의, 『이승만의 독립운동과 대한민국 건국』; 방선주, 2018, 『방선주 저작집』 1(재미한인의 독립운동), 선인 재수록.

로 옮겨 1921년 졸업하고, 1922년 석사학위를 받았다.[155] 3·1운동기 이승만의 구미위원부에서 일하기 위해 조지워싱턴대학으로 전학한 이용직은 1921~1922년 태평양회의 당시 이승만·서재필의 외교 활동을 조력하며 구미위원부를 전담했다. 방선주에 따르면 당시 미 정보당국에서 일본어를 영어로 번역할 수 있는 한국인 찾기에 나섰을 때 이용직은 백낙준과 함께 소수의 '가장 신용할 수 있는 인물'(absolutely reliable)로 분류된 바 있었다.[156] 이용직은 유니언신학교를 졸업(1929)한 후 이승만이 교주인 호놀룰루 한인기독교회 담임목사로 부임(1929. 12. 10)했다. 1930년 하와이 한인사회에서는 교민단과 국민회의 갈등이 최고조에 달해서 한인기독교회 풍파, 교민총관 점령으로 인한 분쟁과 재판이 이어졌다. 이용직은 한인기독교회에서 이승만 세력을 몰아내고 김현구·김원용 등과 합작했으나, 교회의 분규·폭동 끝에 1931년 1월 9일 파면되었다.[157] 오랜 재판 끝에 1931년 국민회가 승리했고 1933년 교민단이란 이름 대신 원래의 하와이대한인국민회가 복설되었다.

만주사변(1931. 9. 18)이 발발하자, 교민단 내에 사설(私設) 선전부(Korean National Information Bureau)가 설치(1931. 10. 11)되었는데, 선전부장 정두옥, 각 부 비서에 김현구, 이용직, 김원용, 교섭위원 한길수, 재무 차신호 등이 선임되었다.[158] 이들은 모두 반(反)이승만·반(反)동지회로

---

155 방선주, 1998, 위의 논문.
156 RG 165, Military Intelligence Division Correspondence, 1917-41, Box no. 547. MID 1766-BB-7. 10. Subject: Korean Informants (February 26, 1921), Director, MID to ACofS, Military Intelligence, Third Corps Area, Ft. Howard, Md.; 방선주, 1998, 위의 논문.
157 RG 165, Military Intelligence Division Correspondence, 1917-41, Box no. 553. MID 1766-S-133 중 이용직 목사의 14매 법정 선서진술서(affidavit, 1931. 7. 24) 참조; 방선주, 1998, 위의 논문.
158 정두옥, 1991, 「재미한족독립운동실기」, 『한국학연구』 3 별집, 인하대학교 한국학연구소, 81~82쪽.

국민회 계열이었다. 선전부가 설치되자마자 이들은 선전 활동을 맹렬하게 전개했다. 이들은 1931년 10월 28일 후버 대통령에게 일본군의 만주 침략에 항의하는 청원서를 보냈는데, 이용직·손덕인·홍한식 등 호놀룰루 한인 6명이 대표자로 서명했다.[159] 이들은 극동 문제를 평화적으로 해결하는 열쇠는 한국을 강한 독립국으로 만드는 것이라고 주장했다. 또한 1931년 11월 3일 일본의 만주 침략에 항의하는 청원서를 국제연맹에 발송했는데, 선전부장 정두옥, 구미위원 한길수, 한국위원 승룡환, 원동위원 김현구의 명의로 발표되었다.[160] 정두옥에 따르면 선전부의 활동은 (1) 영국, 미국, 중국에 청원서를 보내는 선전운동, (2) 임시정부 승인 요청, (3) 비밀탐정서류 보고 등이 중심이었고, 향후 10년 내에 태평양에서 미일 개전을 예언하는 것이었다.[161]

나아가 1933년 3월 초 한길수는 자신의 이름으로 하와이 육군 정보당국에 「하와이 일본인 여론조사」(A Survey of Public Opinion Among the Japanese in the Territory of Hawaii)라는 보고서를 제출하며, 곧 미국 신문에 게재하겠다고 알렸다. 이는 미 정보당국에 큰 소동을 일으켰다. 정보는 하와이국민회 회장 이정근과 국민회 선전부 부장 정두옥 공동명의로 된 것이었다. 육군 정보당국은 해당 보고서의 내용에 대한 사실 확인이 필요하다며 공표 불가 의견을 냈다. 표지를 포함해 총 10쪽 분량인 보고서의 핵심을 방선주는 다음과 같이 요약했다.[162]

---

159 "Koreans Here in Protest to Hoover on Manchuria," *Honolulu Star Bulletin*, October 29, 1931. 서명자는 손덕인(하와이국민회장), 김점순(Chun Soon Kim 하와이부인구제회장), Arthur Song(Federation of Young Koreans), 이용직(한인중앙교회 목사), 홍한식(감리교회 목사), 조광원(감독교회 목사) 등이다. 이들은 10월 25일 국민회 주최로 카피올라니공원에서 한인공동회를 개최하고 결의안을 채택했다.
160 "Koreans Here Voice Protest to the League," *Honolulu Star Bulletin*, November 3, 1931.
161 정두옥, 1991, 위의 글, 83쪽.
162 보고서 목차는 다음과 같다. (1) 서문, (2) 미국과의 전쟁은 피할 수 없음, (3) 일본계 미국

1. 하와이 일본인들은 일미전쟁이 불가피하다고 생각하며 일본의 필승을 믿고 있다.
2. 하와이 일본인은 남자 50%, 여자 80%가 일본제국에 충성하고 있다.
3. 일본 해군은 선전포고 없이 기습으로 하와이와 필리핀의 미국기지에 대타격을 가하려 하고 있다.
4. 하와이에는 특공대를 포함한 3종의 일본 지하조직이 있다. 제1그룹은 일본계 청년들과 외국인 가운데 친일 선전을 조직적으로 지속한다. 제2그룹은 통신, 무기, 탄약을 준비하고 있다. 제3그룹은 해당 지역과 중요도에 따라 현역으로 참가할 감독과 임무 할당이 있다.
5. 한인은 일본인이 아니다.[163]

특히 하와이에 3종의 일본 지하조직이 있다는 정보에 미 정보당국이 긴장해서, 하와이 당국은 FBI 하와이 주재 요원의 파견을 요청했고, 담당 요원 맥팔랜드(J. P. MacFarland)는 조사 끝에 한길수가 이용직 목사의 지도와 감수를 받아 해당 문건을 만들었음을 알아냈다.[164] 맥팔랜드는 조사 과정에서 일본인 첩보조직이 179개의 일본어 학교 및 687명의 선생, 불교 승려, 일본어 신문기자들 속에 숨어 있는 것으로 단정하고, 특히 일본어 신문인 『니푸지지』(Nippu Jiji, 日布時事)가 첩자들의 소굴이라고 판단함으로써 이용직·한길수의 주장에 동조했다.[165]

시민의 충성심, (4) 그들의 목적과 조직, (5) 실제 공격에 선행하는 계획, (6) 실제 공격의 요약, (7) 결론.

163 RG 165, Military Intelligence Division Correspondence, 1917-41, Box no. 553. MID 1766-S-146철 제2번 문서 "Necessity for Agent of Bureau of Investigation in Hawaii" March 14, 1933; 방선주, 1998, 위의 논문.

164 RG 165, Military Intelligence Division Correspondence, 1917-41, Box no. 553. MID 1766-S-146철 제5문서 "A Survey of Public Opinion Among the Japanese in the Territory of Hawaii" FBI Honolulu Field Report by J. P. MacFarland, May 6, 1933. p.22; 방선주, 1998, 위의 논문.

나아가 맥팔랜드는 한길수의 주장이 언론에 공개되면 심각한 사회불안을 초래할 것을 우려해 한길수에게 정보의 출처를 추궁했다. 한길수는 최초에는 첩보원들로부터 수집한 것이라 주장하다가, 보고서와 유사한 주장을 담은 책자를 한길수, 이용직 등이 도서관에서 대출한 증거를 대자 헥터 바이워터(Hector Bywater)의 『대(大)태평양전쟁』(The Great Pacific War, 1925)[166]과 정한경의 『미국의 동양정책』(The Oriental Policy of the United States, 1919), 「다나카 장군이 일본 천황에게 상주한 비밀비망록」(Secret Memorial of General Tanaka to the Emperor of Japan, 상해, China Critic 발행)을 토대로 미일전쟁을 예상하고, 주먹구구식 조사와 상상으로 보고서를 작성했다고 자백했다.[167] 한길수는 자신의 보고서가 미일전쟁이 개시될 경우 법적으로 일본인의 범주에 들어가는 한인을 보호하기 위하여 취한 행동이었다고 주장했다.[168] 태평양전쟁기 한길수가 한 가장 중요한 역할 중 하나가 재미한인의 법적 지위가 일본인과 다르다고 하는 점을 미국 정관계 요로에 청원하고 언론에 홍보함으로써 한인들이 일본인 취급을 받지 않도록 미국정부의 승인을 얻어낸 것이라는 점을 생각한다면, 그런 활동과 인식의 뿌리가 오래된 것임을 알 수 있다.

---

165 RG 165, Military Intelligence Division Correspondence, 1917-41, Box no. 553. MID 1766-S-146철 FBI문서 중 1933년 4월 24일의 보고서(3장) 참조.
166 헥터 바이워터(Hector Charles Bywater)는 『『런던데일리텔레그래프』』(London Daily Telegraph)의 해군통신원으로 일했던 소설가로, 1925년 발표된 『The Great Pacific War: a history of the American-Japanese campaign of 1931-33』은 일본이 미국을 기습 공격해 태평양전쟁이 발발하게 되며, 일본의 공격으로 파나마운하가 거의 완전히 파괴된다는 내용을 담고 있다. 미일전쟁의 중요 국면들과 양상들을 정확하게 예견한 것으로 유명하다.
167 맥팔랜드는 사설탐정인 아더 맥더피(Arthur Mc Duffie)를 통해 신뢰할 수 있는 한국인 정보원을 투입했다. 해당 한국인 정보원은 한국인들과 접촉한 결과 해당 문건이 한길수와 이용직 목사가 빌린 책에서 나온 것이지만, 한국인들은 해당 도서명을 알지 못한다고 보고했다.
168 RG 165, Military Intelligence Division Correspondence, 1917-41, Box no. 553. MID 1766-S-146철 제5문서 "A Survey of Public Opinion Among the Japanese in the Territory of Hawaii," FBI Honolulu Field Report by J. P. MacFarland, May 6, 1933. p.23; 방선주, 1998, 위의 논문.

이제 조사의 초점은 한길수와 배후세력으로 이동하였고, 미 정보당국은 제네바에 가 있던 이승만에게까지 이정근과 정두옥의 신원을 문의했고, 이승만은 이원순을 통해 두 사람은 인망 없는 무식자들이고 뒤의 조종자가 김현구와 김원용이라고 대답하였다.[169] FBI의 조사결과 한길수와 정두옥의 배후인물은 이용직 목사이며, 이용직이 13~15명으로 구성된 동생회(同生會)라는 단체를 조직하여 매일같이 그의 집에 정두옥·한길수 등이 모였다는 사실이 밝혀졌다. 방선주는 "동생회라는 것은 저마다 동생이 되어 딴 회원을 형님으로 모시고 겸손하게 남의 발을 씻어 주는 우애로 단결하고 민족을 위하여 나아가겠다는 것"으로 판단했지만, FBI는 동생회의 숨은 뜻이 동산회(同産會), 즉 공산회(共産會)로 공산주의를 지향하는 것일지도 모른다고 추정하기도 했다. FBI의 최종결과 보고서는 1933년 5월 6일 제출되었는데, 김규식이 한창 미 대륙을 순회 중인 상황이었다. 방선주는 FBI 조사 과정에서 이용직·한길수의 보고서가 공개 불가로 판정받았지만, 이들은 미국 정보당국이 자신들의 반일보고서 작성 활동을 언론에 공개하지 않는 한 반대하지 않으며, 은밀히 지지한다는 태도를 읽었고, 이 결과 이용직(William Lee Yongchik)과 한길수(Kenneth Haan)는 영문 이름과 성에서 한 글자씩을 따서 조합한 W. K. Lyhan이라는 별명으로 반일보고서를 계속 양산하게 된 것이라고 분석했다.

1933년 4월 20일 이용직·한길수는 리한(W. K. Lyhan)이라는 별명으로 42쪽에 달하는 「한국의 호소」(Korea's Appeal)를 미 육군부 장관에게 송부했다.[170] 핵심 요지는 미일전쟁이 불가피하니 한국인을 이용해야 한다는 내용이며, 글의 말미에 중한민중동맹 창설자 김규식의 미국 방문에 맞

---

169 RG 165, Military Intelligence Division Correspondence, 1917-41, Box no. 553. MID 1766-S-146철 제7번 문서.
170 이용직과 한길수는 이 비망록에 W. K. Lyhan으로 서명하고, 그 아래에 원래 우리 이름은 이용직(William Yonchick Lee)과 한길수(Kilsoo Kenneth Haan)라고 부기해 넣었다.

추어 하와이 한인이 중국정부에 보내는 청원서(1931. 12. 11. 손덕인·정두옥·김현구·홍한식·조광원·이용직·김유택·김점순·승룡환), 하와이 국민당 지부 제8차 연례대표대회가 국민당정부에 보내는 결의문(1932. 1. 11)을 인쇄하여 첨부했다.[171] 즉, 이용직·한길수가 1933년 3월 이래 미일 개전과 한국의 반일 움직임을 미 정보당국에 선전하며, 반일운동과 첩보 활동에 한국인들을 활용하라고 호소하고 있던 차에, 김규식이 미국을 방문하게 된 것이다. 그 결과, 김규식이 1933년 7월 미 육군 정보당국과 인터뷰할 수 있었다. 한길수는 김규식이 준 신임장(1933. 7. 21) 아래 당시 사정을 이렇게 적어 놓았다.

> 1933년 4월 20일 자 요청과 제안에 기초해서, 한국 지하정보조직(Korean Underground Intelligence)을 운영하고 있는 중한민중동맹의 대표인 김규식 박사가 하와이에 와서 1933년 7월 호놀룰루 포트 섀프터(Fort Shafter)에서 개최된 김 박사와 미 육군정보국 하와이사령부 간의 비밀회담에 출석하고 참여했다. W. K. Lyhan은 내게 주어진 한국 지하 암호명이다.[172]

김규식이 하와이에 도착하자, 1933년 7월 이용직과 한길수는 자신들과 접촉이 있던 하와이 미 육군 정보당국, 즉 포트 섀프터(Fort Shafter)의 G-2로 안내해 정보장교와의 인터뷰를 주선한 것이다. 김규식은 3·1운동 기부터 활약상이 있던 이용직을 신뢰하고 있었으며, 이용직이 생산한 반일

---

171 RG 165, Military Intelligence Division Correspondence, 1917-41, MID 2657-H-392철 제2번 문서. "Korea's Appeal" April 20, 1933, W. K. Lyhan to George Dern, Secretary of War. National Archives Microfilm Publications M1216, Roll 7; 방선주, 1990, 위의 논문.
172 「중한민중동맹 대표 김규식이 리한에게 준 신임장」(1933. 7. 21), 『대한민국임시정부자료집』 43(서한집II), 353쪽.

보고서가 미군 정보당국과 FBI 등지에 영향력을 행사한다는 사실과 과장이 뒤섞인 이들의 주장을 믿었을 가능성이 매우 높다.

이용직 목사는 어떤 이유에서인지 1934년 말~1935년 초 급거 귀국했고, 이후 하와이에서 한길수가 여전히 리한(Lyhan)이라는 명의로 반일보고서를 양산했다. 미국 정보문서에 의하면 한길수는 한중민중동맹 하와이지부 명의를 김규식의 하와이 방문 이후 사용했지만 조직 착수는 1938년 후의 일이었다고 한다.[173] 귀국한 이용직은 일제 당국에 4차례 체포되었고, 마지막으로 1945년 8월 초에 체포되어 8월 16일 석방됐다. 이용직은 1947년 4월 미소공위 미국대표들과 회견하면서 "당시 많은 미국인은 친일적이었으며 전쟁이 올 줄을 꿈에도 생각 못했었는데 우리는 알고 있었다"라고 자랑한 바 있었다.[174]

김규식은 중국 상해로 돌아간 뒤 리한(Lyhan), 즉 이용직·한길수에게 편지를 보냈다. 김규식의 편지(1933. 9. 20)에 따르면 이용직·한길수가 보낸 1933년 8월 2일 자 및 8월 9일 자 편지를 받았으며 하와이에서 가져온 800달러의 자금을 중한민중동맹에 보냈다고 기록하고 있다.[175] 이 편지에서 김규식은 "왜놈이 나를 납치하는 데 1만 원을 내걸었기 때문에, 자신은

---

173 FBI 위의 문서 p.21 등 참조. 이상 방선주, 1990, 위의 논문.
174 "Meeting Between 'Representatives of Korean People's Civil Mobilization Union' and Members of Joint Commission. Minuets of Meeting, April 4, 1947. RG 338, USAFIK, Unit 11071, Box 4. 이 회의의 회장인 이용직은 회원 21명을 인솔하고 덕수궁에서 웨커링 준장과 회견했다. 같이 동행한 인사는 김동근, 김용완, 박리완, 김종환, 이민구, 강환학, 정환선, 김경린, 이정관, 안규환, 이병민, 문태섭, 김우정, 김승섭, 윤봉리, 진구술, 정인과, 전수조, 황학수, 조득승, 등이었다. 방선주, 1998, 위의 논문.
175 「김규식 외무장이 리한에게 보낸 서한」(1933. 9. 20), 『대한민국임시정부자료집』 43(서한집 II). 김규식은 하와이에서 800달러를 받았고, 상해로 가져왔을 때는 700달러로 줄어 있었는데, 이를 중국 화폐 2,000달러로 교환해 그중 15%를 한국대일전선통일동맹에, 1,000달러는 한국독립군(이청천)과 조선혁명군(양세봉)에게 500달러씩 주기로 했다고 밝혔다. 신숙도 김규식이 남경 한국독립군의 신숙·김상덕, 한국독립군·조선혁명군에 각각 500원씩을 전달했다고 기억했다. 신숙, 1963, 위의 책, 123쪽.

남부에 머물며 또 다른 정부 학교(중앙정치학교)에서 가르치기로 결정했으며, 일주일에 7시간씩 가르친다"고 했다. 중앙정치학교 이름을 썼다 지우며 학교명이 알려지지 않기를 원한다고 부기했다. 김규식은 서병호(P. H. Soh)의 상해 주소를 사용하고 있었으며, 편지 마지막에 자신의 호인 우사(尤史)를 적었다. 또한 김규식은 한중서(韓中書)라는 가명으로 리한에게 보낸 편지(1934. 6. 11)에서 임정에 한길수를 주하(駐夏) 외교특파원, 즉 하와이 주재 외교특파원으로 임명해 줄 것을 요청한 사실을 밝히고 있다.[176] 한길수는 이후 자신이 중한민중동맹의 미주대표라고 자임하며 1940년대까지 활발한 활동을 벌였다.

한길수가 직접 정리한 김규식·중한민중동맹과 자신의 관계는 이러했다.

김규식 박사는 2명의 중국인, 즉 정초오(Chiao-wu Ting), 왕해공(Hai-Kung Wang)〔신익희〕의 도움을 받아 1932년 2월 중한민중대동맹을 조직했는데, 한국 지하정보망을 가동하기 위한 목적이었다. 1933년 7월 하와이 오하우섬 호놀룰루의 포트 섀프터(Fort Shafter)의 미 육군 정보참모부(US Army G-2)에서 최초의 비밀회담을 가졌다. 김 박사는 1881년 한국 서울에서 출생했다. 7세에 그는 고아가 되었다. 그는 미국 버지니아에 보내져 로녹대학에 갔다. 1903년 5월 졸업했다. 1923년 명예법학박사학위를 받았다. 1919년 대한민국임시정부에 의해 파리평화회의 대표단장으로 선임되었다. 1945년 말, 한국에 귀국해서 남한 주둔 미군정을 조력했다. 1946년 미군정은 그를 미군정 11인 자문단의 의장으로 지명했다. 1950년 한국전쟁 중, 그는 체포되어 북한으로 보내졌다. 1951년 10월, AP통신은 그가 투옥 중 사망했다고 보도했다. 우리 요원

---

[176] 「김규식(한중서) 외무장이 리한에게 보낸 서한」(1934. 6. 11), 『대한민국임시정부자료집』 43(서한집II).

들이 AP 보도를 확인했다.[177]

이 글은 김규식 사망 후에 작성된 것인데, 한길수는 자신의 공식 지위의 근거로 김규식의 중한민중동맹과 그의 하와이 방문을 적시했지만, 정작 중한동맹의 성립일자나 왕해공이 신익희라는 사실조차 정확히 알지 못하고 있음을 알 수 있다. 그러나 미주에서 그 말의 진위를 확인해 줄 사람은 아무도 없었고, 그가 1933년 김규식과 하와이 정보당국의 회동을 주선하고 이용직과 함께 리한이라는 별명으로 중한민중동맹의 하와이 대표로 선임된 것은 분명한 사실이었다. 이용직은 하와이를 떠났고 유일하게 남은 한길수가 모든 공적과 이력을 자신의 것으로 만든 것이다. 돋보이려고 과장한 셈이다.

한편 한길수의 아들 스탠 한(Stan Haan)이 소장하고 있는 한길수 문서에는 김규식이 리한, 즉 이용직·한길수에게 준 1933년 7월 21일 자 신임장과 중한민중동맹에서 리한에게 공식 발급한 1935년 2월 15일 자 신임장이 포함되어 있다.[178]

첫 번째 신임장은 하와이 호놀룰루에서 1933년 7월 21일 중한민중동맹 대표 김규식 개인의 명의로 발급된 것이다. 중한민중대동맹이라고 한문·영문으로 표기한 레터헤드에 작성되었다.[179] 신임장의 내용은 다음과 같다.

---

177 「["Kiusic Kimm" In Feb. 1932 He founded the 중한민중대동맹 Sino-Korean Peoples' League, Shanghai, China]」, Stan Haan 소장, 한길수 문서.
178 이 문서들은 이인수 피디가 한길수의 아들 스탠 한으로부터 제공받은 것이다. 「최초공개! 한길수 X-파일(KBS 수요기획)」 1·2부(2002. 3. 13, 2002. 3. 20). 한길수 문서는 캘리포니아대학 버클리캠퍼스(UC Berkeley), 스탠퍼드대학(Stanford University), 와이오밍대학(University of Wyoming) 등에 남아 있다. 정병준, 2002, 「해방 전후 미주한인 독립운동 관련자료 연구」, 한국정신문화연구원 편, 『해방 전후사 사료 연구I』, 선인.
179 김규식이 한중서라는 가명으로 리한에게 보낸 서한(1934. 6. 11)에 따르면 주소, 이름 등이 인쇄된 레터헤드 편지지가 없기 때문에 영문 신임장을 보낼 수 없으므로, 필요할 때마다 언제든 영문 번역사본을 만들라고 권고하고 있으므로, 1933년 7월 21일 자 김규식의 자필서명이 들어간 신임장은 "공식 영문 신임장"은 아니었던 것으로 보인다.

중한민중대동맹, 중국 상해.

하와이준주 호놀룰루
1933. 7. 21.
관련자 귀하

이는 중한민중동맹의 비밀회원인 리한(W. K. Lyhahn)이 본인의 동양 귀환 이후 미국 내에서 본인을 개인적으로 대표할 것임을 증명하는 바입니다.
본 동맹과 관련해 중국과 한국인의 운동에 관한 어떤 종류의 정보라도 위의 리한이 다룰 수 있을 것입니다.

김규식(영문 서명)
중한민중동맹 대표

〔비고〕 "W.K. Lyhan"- 암호명 (한길수 자필 부기)

김규식이 영문으로 Kiusic Kimm이라고 서명한 이 문서는 진본임에 의문의 여지가 없다. 하와이를 떠나기 며칠 전에 작성한 이 신임장은 리한, 즉 이용직·한길수 양자에게 발급된 것이며, 한길수는 이후 중한민중동맹과 자신의 역사적 연원, 관계를 증명하는 최초의 문서로 이를 활용했다. 한길수는 이미 1934년 3월 8일 루스벨트 대통령의 부인 엘리노어 루스벨트(Eleanor Roosevelt)에게 편지를 보내며 자신이 3년간 중한민중동맹의 비밀요원 리한(W. K. Lyhan)으로 활동하고 있다면서, 자신이 6개월 전 작성했다는 「하와이의 일본인 문제」(The Japanese Problem in Hawaii)를 송부했다.[180]

두 번째 신임장은 김규식 개인이 아니라 중한민중대동맹 중앙집행위

中韓民衆大同盟
SINO-KOREAN PEOPLES' LEAGUE
Shanghai, China

Honolulu, T. H.
July 21, 1933.

To Whom It May Concern:

    This is to certify that Mr. W.K. Lyhan, a confidential member of the Chinese and Korean Peoples' League will personally represent me in America during my return to the Orient.

    Any matters or information in regard to the Chinese and Korean peoples' movement in connection with our League will be handled by the said W. K. Lyhan.

Kiusic Kimm
Representative of the
Sino- Korean Peoples' League.

Note:
"W.K. Lyhan" - Code Name

김규식이 리한에게 준 신임장(1933. 7. 21). Stan Haan 소장.

中韓民衆大同盟
SINO-KOREAN PEOPLES' LEAGUE
Shanghai, China.

TO ALL WHOMSOEVER IT MAY CONCERN:

SALUTEM:

BE IT KNOWN BY THESE PRESENTS that the bearer of this Credential, W. K. Lyhahn, is the accredited agent of the Sino-Korean Peoples' League, to reside in Honolulu in the Territory of Hawaii of the United States of America in the interest of the aforesaid league, and it is furthermore certified hereby that the said W. K. Lyhahn is authorized to communicate with interested parties and/or quarters regarding the aims and objects and present activities of the aforesaid Sino-Korean Peoples' League and to solicit any such sympathy, understanding and co-operation of such parties and/or quarters as may promote the welfare of the peoples of the east and west of the Pacific Ocean and ensure equity and permanent peace in the Far East and in the whole world. In particular the aforesaid W. K. Lyhahn is to act in a liaison capacity until a duly and fully authorised and representative Sino-Korean Mission with a specific purpose should arrive in America.

IN WITNESS WHEREOF the undersigned Standing Committee of the Central Executive Committee of the Sino-Korean Peoples' League have hereunto affixed their signatures and seals this Fifteenth Day of February of the Year Nineteen Hundred and Thirty-five.

In behalf of the SINO-KOREAN PEOPLES' LEAGUE,
STANDING COMMITTEE OF THE CENTRAL EXECUTIVE COMMITTEE,

Signed and Sealed:
Chiao-wu Ting
Kiusic Kimm
Hai-kung Wang

중한민중대동맹이 리한에게 준 신임장(1935. 2. 15). Stan Haan 소장.

원회 상임위원회 정초오·김중문(김규식)·왕해공(신익희)이 공식적으로 리한에게 발급한 신임장이다. 발급 시점은 1935년 2월 15일이다.

중한민중대동맹, 중국 상해.

관련자 귀하

근계.

이하의 사실을 공지하는 바입니다. 이 신임장의 소지자인 리한(W. K. Lyhahn), 중한민중대동맹이 신임하는 요원으로 미국 하와이준주의 호놀룰루에 거주해 상기 동맹의 이해를 대변하며, 나아가 리한은 관심 있는 당사자 및/혹은 부분과 상기 중한민중대동맹의 목표와 목적 및 현재 활동과 관련해 통신하며, 태평양 동서부 인민의 복리를 증진시킬 수 있는 그러한 당사자 및/혹은 부분과 여하한 동정, 이해, 협력을 구하며, 극동과 전 세계의 공정과 영구평화를 보장하도록 인가받았음을 이에 확인하는 바입니다. 특히 상기 리한은 적절하고 완전히 인가받은 중한사절단의 대표가 특별한 목적을 지니고 미국에 도착할 때까지 연락원의 자격으로 활동할 것입니다.

이에 아래 서명한 중한민중대동맹 중앙집행위원회 상임위원회는 1935년 2월 15일 이 문서에 자신들의 서명과 도장을 날인함으로써 이를 증명합니다.

　　Chiao-wu Ting (영문서명, 丁超五), Kiusic Kimm(영문서명, 金仲文),

---

180 「한길수(Kilsoo Haan)가 루스벨트 부인에게 보낸 편지」, 『대한민국임시정부자료집』 43(서한집II), 358쪽. 이 비망록은 이용직·한길수가 작성해서 FBI가 공개 금지 처분을 한 「하와이 일본인 여론조사」(A Survey of Public Opinion Among the Japanese in the Territory of Hawaii)의 아류였을 것이다.

Hai-kung Wang(영문서명, 王海公)
중한민중대동맹 중앙집행위원회 (관인 날인).[181]

중한민중대동맹 중앙집행위원회 관인 위에 붙은 한길수 사진은 나중에 한길수가 임의로 붙인 것으로 보인다. 정초오, 김중문(김규식), 왕해공(신익희)이 서명·날인한 이 신임장은 이용직·한길수를 합성한 리한에게 송부된 것이지만, 1935년 2월 15일 시점에 이미 이용직은 한국으로 귀국한 상황이었다. 이용직은 1934년 8월 국무회의에서 주포(駐布, 하와이) 외무행서 외무위원으로 임명(1934. 6. 25)되었고,[182] 1934년 10월 15일 대조선독립단과 대한인국민회 합동을 위한 합석회의에서 위원으로 출석한 바 있다.[183]

어찌 된 일인지 이용직은 1934년 말 혹은 1935년 초 급거 귀국했다. 방선주는 상해에 거주하던 이용직의 동생 이용로가 암살된 후 노부모 문제, 유가족 문제로 급거 귀국한 것으로 서술했지만, 이용직은 이미 1935년 1월 귀국한 상태였으며, 동생 이용로는 상해 조선인 민(부)회장으로 1935년 3월 25일 아나키스트들에게 암살되었다.[184] 이용직의 급거 귀국 이유는 재미한인사회에 전혀 알려지지 않은 미스터리이다. 본인의 회고에 따르면 다시 출국하려 했으나 일본이 허가하지 않아 평양에서 안경점을 운영하며 4차례나 투옥당했다고 하므로, 유학생으로 입국했던 신분상 문제 때문에 이민당국의 추방조치를 당한 것은 아니었을 것이다. 이용직은 이미 1935

---

181 「중한민중대동맹이 W. K. Lyhahn을 연락원으로 임명한다는 신임장」(1935. 2. 15), Stan Haan 소장, 한길수 문서.
182 「임시정부공보」 제58호(1934. 9. 15), 『신한민보』(1934. 10. 18).
183 「대조선독립단과 대한인국민회와의 합동을 축하」, 『신한민보』(1934. 11. 1).
184 「香港 조선인 민회장을 권총으로 사살, 피살인은 평양 출생 이용로, 조선○○단 2명이(상해)」, 『동아일보』(1935. 3. 26); 「상해부민회장 이용로 살해범을 체포, 장단출생 이규호 외1명 아나系의 테로단」, 『동아일보』(1935. 4. 13).

년 1월 7일 경성 본정경찰서에 검속되어 취조를 받고 있는 상황이었다.[185]

때문에 중한민중동맹이 리한에게 신임장을 발부했을 때 하와이에는 한길수만이 남아 있는 상태였다. 한길수는 이 신임장에 자신의 사진을 붙여 자신이 공식적으로 중한민중동맹의 신임장을 받은 사람이라고 주장한 것이다. 아마도 김규식은 정체불명의 불안정한 한길수보다는 미주에서 대학을 졸업한 후 구미위원부, 이승만의 한인기독교회 등에서 공식적으로 활동했던 이용직을 좀 더 신뢰했을 것이다. 그러나 1935년 이후 이용직은 하와이를 떠났고, 김규식·중한민중동맹의 신임장은 한길수 개인의 증명서로 활용되는 형국이 만들어진 것이다.

여하튼 김규식은 1933년 7월 하와이 방문 시 이용직과 한길수의 도움을 받았으며, 리한 두 사람을 중한민중동맹의 하와이 혹은 미주 대표로 인정한다는 신임장을 발부(1933. 7. 21)했고, 중한민중동맹 중앙집행위원회 상임위원회 명의로 정초오·김규식·신익희가 공식 서명·날인한 정식 신임장을 리한에게 발부(1935. 2. 15)했음을 알 수 있다. 또한 김규식은 1934년 2월 리한에게 장개석의 최측근인 등걸(藤杰) 장군에게 보내는 소개장을 보낸 바 있다. 등걸은 그해 6~7월 미국을 방문할 예정이었는데, 장개석의 비밀조직 삼민주의역행사(三民主義力行社)의 지도자로 김원봉의 황포군관학교 4기 동기생이었다. 삼민주의역행사는 김원봉의 건의와 장개석의 지시로 의열단-민족혁명당-조선의용대의 중국 측 지원창구가 되었다. 장개석의 지시로 1932년 남경 탕산(湯山)에 조선혁명간부학교를 설립하고 총 124명의 한국 청년들에게 군사이론과 군사훈련을 가르쳤고, 이들을 모체로 1938년 10월 조선의용대가 무한에서 창설되어 중국국민당 군사위원회 정치부의 지휘를 받았다. 이들은 광복군에 앞서 중국국민당의 후원을 받아 성립된 한국인 무장부대였다.[186]

---

[185] 「布哇에서 들어온 이용직씨 석방. 혐의가 업서서」, 『조선중앙일보』(1935. 1. 10).

그렇지만 이미 1935년 김규식은 한길수가 자신이 준 신임장을 다른 목적에 사용해서는 안 된다는 편지(1935. 6. 1)를 보낼 정도로 한길수의 행동과 동기에 의문을 가지게 되었다.[187] 이용직이 귀국한 사실을 김규식이 인지했을 가능성, 한길수의 인물 됨됨이가 미심쩍다는 판단 등이 작용했을 가능성이 높다. 한길수가 중한민중동맹(Sino-Korean Peoles League)이라는 조직명과 무궁화·중한민중동맹 간부 명단이 찍힌 레터헤드 용지를 사용하며, 리한이 아닌 한길수 본명으로 하와이 미군 정보당국에 편지를 보낸 것은 1939년 3월 30일 이후였던 것으로 보인다.[188]

다시 김규식의 하와이 일정으로 돌아오자. 『호놀룰루스타불레틴』(Honolulu Star Bulletin)·『호놀룰루애드버타이저』(Honolulu Advertiser) 등 하와이 미국 언론은 김규식의 하와이 일정을 간략하게 보도했다.[189] 김규식은 1933년 7월 13일 호놀룰루에 도착했다. 김규식은 곧바로 미국 언론들과 인터뷰를 가졌는데, 『호놀룰루애드버타이저』는 김규식 인터뷰를 인용해 일본이 중국 내에 중국왕조, 즉 청황실을 계승한 만주국을 건설할 것이라는 점을 강조했다.[190] 김규식은 천진 북양대학 교수 겸 영문서기이자, 1932년 11월 조직된 중한민중동맹 대표로 소개되었다. 김규식은 도착

186 한상도, 1994, 위의 책; 김영범, 1997, 『한국 근대민족운동과 의열단』, 창작과비평사.
187 「김규식 외무장이 한길수에게 보낸 서한」(1935. 6. 1), 『대한민국임시정부자료집』 43(서한집 II).
188 RG 165, Military Intelligence Division Correspondence, 1917-41, MID 2657-H-392. 제17번 문서. Kilsoo K. Haan to Harry H. Woodring, Secretary of War. March 30, 1939. National Archives Microfilm Publications M1216, Roll 7.
189 『호놀룰루스타불레틴』(Honolulu Star Bulletin)·『호놀룰루애드버타이저』(Honolulu Advertiser)의 한국 관련 기사는 브랜던 팔머(Brandon Palmer)가 작성한 색인집의 도움을 받았다. *Koreans in Honolulu Newspapers, 1903–1945*, Compiled by Brandon Palmer, 2013. ScholarSpace. https://scholarspace.manoa.hawaii.edu. 색인집에서 찾은 김규식 관련 기사는 이화여대 도서관 임보람 사서의 도움으로 입수했다.
190 "Kiusic Kimm States that Japan would restore Chinese dynasty in China," *Honolulu Advertiser*, July 14, 1933.

한 당일 저녁 6시 오리엔탈찹수이(Oriental Chop Sui) 식당에서 중국인들이 주최한 만찬에 참석했다. 한국인 측에서는 한길수, 이정근, 김원용, 이원순, 이용직 목사 등이 동참했으며, 중국영사인 무이(King Chau Mui, 梅景周), 리(K. S. Li) 및 저명한 중국인들이 참석했다.[191] 한길수·이용직은 김규식이 하와이에 도착한 첫날부터 그와 접촉한 것이다.

김규식은 7월 14일 와히아와(Wahiawa) 한미협회본부에서 25명의 한인 지도자와 저녁 만찬을 가졌는데, 국민회, 동지회, 한미협회 3개 단체가 연합으로 주최한 자리였다. 민찬호 목사 부부, 박동완 목사, 최순주 부부, 최창덕, 승룡환, 이용직 목사, 김현구, 손덕인, 한길수 등이 참가했다.[192] 7월 15일 토요일 YWCA의 풀러홀(Fuller Hall)에서 200명의 국민회 회원과 오찬을 가졌다.

김규식은 7월 16일 일요일 오후 미션메모리얼홀(Mission Memorial Hall)에서 한인연합회 회장 임성우 주최로 열린 환영회에서 약 1천 명의 한국인이 참가한 가운데 연설했다.[193] 안현경이 환영사를, 이용직 목사가 김규식의 약력을 보고했다. 환영 합창은 국민회, 동지회, 한미협회 회원들이 혼성으로 불렀다. 김규식은 1930년대 초반 이승만과 국민회의 격렬한 대립과 송사가 극에 달해 하와이한인사회가 활력을 잃었던 시점에 하와이에 도착한 것인데, 그를 환영하기 위해 상호 대결적이던 국민회와 동지회가 함께 환영 자리를 마련한 것이다. 1930년대 1천 명의 한인이 참가할 정도로 성황을 이룬 행사는 김규식 환영회가 유일무이한 것으로 생각되는데, 그만큼 분열과 파쟁에 대한 염증과 진정한 한국 독립운동에 대한 갈증이 재미한인사회 지도부와 일반 한인들 속에 만연한 상태였음을 반영한다. 이

---

191 "Dr. Kimm is Guest of Chinese Group," *Honolulu Star Bulletin*, July 19, 1933.
192 "Dr. Kimm Is Guest of Honor at Banquet," *Honolulu Star Bulletin*, July 15, 1933.
193 "1000 Koreans Hear Dr. Kimm, Soul of Korea Is Not Dead, Educator and Statesman Tells Gathering," *Honolulu Star Bulletin*, July 15, 1933.

날 저녁 김규식은 와이키키라우이차이(Waikiki Lau Yee Chai, 留餘齋) 중국식당에서 중국 친구들과 만찬을 가졌다.¹⁹⁴ 이외에도 김규식은 최선주가 주최한 만찬, 감리교인 주최 만찬 등에 참가했다.¹⁹⁵

김규식은 7월 17일 범태평양클럽(Pan-Pacific club) 오찬, 호놀룰루 예술학원(Honolulu Academy of Arts) 등에서 연설했는데, 한국인 청년들이 주된 청중이었다.¹⁹⁶ 7월 20일 저녁 김규식은 와히아와 감리교에서 한인 600명이 참가한 가운데 연설했다. 김규식은 "연합하면 일어서고, 분열하면 넘어진다"(United we stand, divided we fall, 合則立 分則倒), "뭉치면 살고 흩어지면 죽는다"(United we live, divided we die)라고 연설했다.¹⁹⁷ 김규식은 7월 21일 저녁 7시 30분 누아누YMCA 강당에 모인 500명의 한인 청년들에게 45분간 영어로 연설했는데 이용직 목사가 행사를 주관했다.¹⁹⁸ 김규식은 영어로 "여러분은 미국 시민으로서, 여러분이 태어난 국가에 충성을 다해야 하지만, 동시에 여러분 부모의 모국의 빛나는 전통과 문화를 잊지 말아야 한다"라고 연설했다. 김규식은 재즈댄스, 야단법석, 여성 흡연, 음주 파티 같은 얄팍한 문화를 모방하지 말라며, 이런 것들은 인류 문화와 문명에 어떤 기여도 할 수 없다고 충고했다. 대신 페어플레이, 훌륭한 스포츠맨십, 국가 통일과 협력에 대한 열망 등 미국의 정신을 본받으라고 했다. "함께 일하고, 함께 계획하고, 함께 봉사하는 것을 배우라"는 것이었다.¹⁹⁹ 이것이 김규식의 마지막 공식 연설 행사였다. 하와이

---

194 "1000 Koreans Hear Dr. Kimm, Soul of Korea Is Not Dead, Educator and Statesman Tells Gathering," *Honolulu Star Bulletin*, July 15, 1933.
195 "Dr. Kimm Is Guest Of Honor At Banquet," "Dr. Kimm Honored by Chinese," "Dr. Kimm banquet by Sun Choo Choi," "Dr. Kim Banquet by Methodists," *Honolulu Star Bulletin*, July 15, 19, and 24, 1933.
196 "Dr. Kimm speaks to young Koreans," *Honolulu Star Bulletin*, July 20 and 22, 1933.
197 "Dr. Kimm Speaks at Wahiawa Methodist," *Honolulu Star Bulletin*, July 24, 1933.
198 "Dr. Kimm to speak to Young Koreans," *Honolulu Star Bulletin*, July 20, 1933.
199 "Kimm Talks to Koreans, Urges Youths to Serve Land of Birth But Not to Lose Culture

체류 시기 김규식은 임시정부가 아닌 중한민중동맹의 지도자로 소개되었으며, 한중연대를 기초로 새로운 독립운동의 방향을 제시하는 인물로 부각되었다.

김규식은 1933년 7월 24일 호놀룰루에서 시티오브엘우드호(S. S. City of Elwood)를 타고 상해로 향했다. 하와이에는 불과 11일 체류했다. 하와이 체류가 짧아진 가장 큰 이유는 중국 귀환 중 일본을 경유하지 않고 상해로 향하는 배편의 출발일자에 일정을 맞추려 했기 때문일 것이다. 출발 당시 미국 이민국 승선자명부에 따르면 김규식은 1933년 3월 10일 로스앤젤레스 산페드로항으로 입국했으며, 직업은 홍보담당자(publicist)로 기록되어 있다.[200] 김규식이 타고 떠난 시티오브엘우드호는 화물선으로 생각되는데, 호놀룰루에서 필리핀 마닐라를 경유해 상해로 가는 배였다. 김규식은 8월 중순경 상해에 도착했을 것이다.

이로써 5개월에 걸친 김규식의 미국 방문은 종결되었다. 가장 중요한 목표였던 한국대일전선통일동맹 지부 및 가맹 독려, 중한민중동맹 미주지부의 조직, 선전·모금 활동 등은 체면치레를 할 정도의 상황에서 종료되었다.

자금 모금 측면에서 김규식은 3개월간 미국 본토·하와이 방문을 통해 약 2,800여 달러의 현금과 약정액을 모금했다. 미국 본토에서 1,969~2,069달러를 모금했으며, 하와이에서 800달러를 모금했다. 여기에는 현금과 약정액이 모두 포함되어 있어서 실제로 모금한 특연금은 얼마였는지 알 수 없다. 김규식이 미주로 건너올 때 계획했던 최소 모금 금액 1만 달러와는 상당한 격차가 있는 것이었지만, 대공황이 최고조에 달하는 시기에 미주한인사회에서 2,800~2,900여 달러를 모금한 것은 적지 않은 성과였다.

---

of Korea," *Honolulu Star Bulletin*, July 22, 1933.
200 List of Manifest of Outward-Bound Passengers (Aliens and Citizen) for Immigration Officials at Port of Departure, S.S. City of Elwood, Passengers sailing from Honolulu 7-24-33 Bound for Port of Shanghai via Manila P.I. http://www.ancestry.com.

〔표 4-2〕 김규식이 1933년 미주에서 모금한 금액

지역		일시	금액(약정 포함)
미국 본토	로스앤젤레스	1933. 4. 9.	500~600달러
	샌프란시스코	1933. 5. 12~5. 17.	300달러
	뷰트	1933. 5. 20.	200달러
	시카고	1933. 5. 24.	389달러
	디트로이트	1933. 6. 2.	180달러
	뉴욕	1933. 6. 18.	400달러
	소계		1,969~2,069달러
미국 하와이		1933. 7.	800달러
합계			2,769~2,869달러

하와이에서 모금한 자금에 대해서는 김규식 자신의 편지에 명시되어 있으므로 그 금액과 용처를 정확히 알 수 있지만, 본토에서 수합된 자금의 경우에는 특연금액도 미상이고 전체금액과 사용처도 미상이다.

김규식이 모금한 금액은 일제 정보에 5천 달러(『사상정세시찰보고서 2』), 7천 달러(상해 주재 일본총영사 보고, 1934. 2. 9), 8천 달러(이정식, 99쪽) 등으로 다양하게 보고되었다.[201] 김규식은 하와이 700달러를 중국화폐 2,000달러로 교환했다고 했으므로, 1미국달러 대 2.867중국달러의 교환비율이었다. 김규식의 모금액 2,769 내지 2,869미국달러를 중국달러로 환산하면 7,938 내지 8,225중국달러였다. 모금액이 5천에서 8천 달러에 이른다는 일제 정보기록은 김규식의 도미 모금액의 대략을 중국 화폐를 기준으로 파악한 것으로 생각된다.

201 신경환, 2010, 「1930년대 초 김규식의 국제정세 인식과 대내외 대응」, 『역사교육논총』 45, 333쪽.

조직적 측면에서 로스앤젤레스 등의 라성·중가주공동회는 미주한인연합회를 깨고 대한독립당을 만들어 중한민중동맹에 가맹했고, 국민회는 미주한인연합회를 탈퇴하고 한국대일전선통일동맹·중한민중동맹에 임시 가입했다. 뉴욕에서는 중한민중동맹 뉴욕지부와 한국대일전선통일동맹 뉴욕지부가 만들어졌다. 이것이 최대의 성과였다. 그러나 재미한인사회에서는 기성 연합조직인 한인연합회가 깨지고, 새로운 정당이 등장하고, 국민회가 한인연합회를 탈퇴하는 상황에 비판적인 목소리가 높아졌다. 뉴욕에서 만들어진 중한민중동맹과 한국대일전선통일동맹의 뉴욕지부가 그 후로 어떠한 활동을 했는지는 명확하게 드러난 바 없다. 김규식은 1935년 민족혁명당이 결성되기까지 미주 대한독립당을 중국 내 자신의 활동기반으로 내세웠다.

나아가 김규식이 임시정부로 복귀한 후, 김규식이 거쳐 간 지역에 재무부 주미행서가 설치되었고, 김규식을 후원한 인물들이 재무위원으로 선임되었다. 1934년 4월 재무행서가 미주에 설치되었는데 제1·제2행서 하와이 재무위원 이정건(이후 김윤배)·이원순, 제3행서 샌프란시스코 재무위원 백일규, 제4행서 로스앤젤레스 재무위원 송헌주, 제5행서 뉴욕 재무위원 장덕수(이후 고소암), 제6행서 시카고 재무위원 김경 등이 선임되었다.[202] 1934년 중반 뉴욕에는 비서 이진일·정경희·조극·이희경 등이 추가되었다. 모두 김규식의 방미 과정에서 그를 적극 지지한 인물들이었으며, 가장 많은 사람이 선임된 지역은 뉴욕으로, 중한민중동맹·한국대일전선통일동맹 뉴욕지부가 설치된 곳이었다. 하와이의 이용직은 주포(駐布, 하와이) 외무행서 외무위원에 선임되었다.[203]

그 후로 재미한인사회에는 간헐적으로 대일전선동맹의 소식이 전해졌

---

202 「임시정부공보」, 『신한민보』(1934. 5. 31); 「임시정부공보」, 『신한민보』(1934. 10. 18).
203 「임시정부공보」, 『신한민보』(1934. 10. 18).

다. 1933년 10월에는 국민회총회가 대일전선동맹에 정식 가맹되었는 공문이 상해에서 도착했다.[204] 몬태나 뷰트의 한인들은 1933년 11월 김규식에게 약속한 특연금 156달러를 대일전선동맹 본부에 송금했고,[205] 국민회 새크라멘토지방회는 1934년 3·1절 기념식을 행하고 수합한 1백 달러 60센트의 절반을 대일전선동맹에 보내기로 했다.[206]

---

204 「대일전선동맹의 소식」, 『신한민보』(1933. 10. 12).
205 「대일전선동맹 기부금, 몬타나주 비읏에 계신 동포들이」, 『신한민보』(1933. 11. 2).
206 「각처 3.1절 기념식에 운동비를 많이 수합. 365일에 매일 1전씩 모아서」, 『신한민보』(1934. 3. 8).

실의와 온축의 10년

: 임시정부·민족혁명당 합류와 탈퇴, 사천대학 교수 시절

5

(1933~1942)

1 김규식의 임시정부 재합류(1933~1935)

1933년 미국 방문에서 돌아온 이후 김규식의 행보는 크게 세 갈래로 정리할 수 있다. 첫째는 임시정부로의 재합류였다. 1924년 임시정부를 떠나 국민대표회의 창조파로 새로운 정부 수립에 앞장선 이래 10여 년 만이었다. 그러나 김규식의 임정 복귀는 1933~1935년의 짧은 기간에 그쳤다. 김규식의 본격적인 임정 참여는 태평양전쟁이 발발한 이후 1943년 성도 사천대학에서 임정이 있는 중경으로 이주한 후에 시작되었다.

둘째, 김규식은 1935년 민족유일당 운동의 결과 조직된 민족혁명당에 참여했다. 한국대일전선통일동맹이 창립될 당시 김원봉의 의열단이 참가했으며, 김규식은 1930년대 이래 김원봉 계열과 함께했다. 그런데 1935년 민족혁명당 창립 직후 김규식은 당을 떠났고, 1943년이 되어서야 조선민족혁명당 당수로 복귀했다. 명목은 당수였으나 실권은 김원봉에게 있었다. 지향은 유사했으나 실천 방식이 상이한 양자의 결합은 해방 후 귀국하고 나서야 정리되었다.

셋째, 김규식은 1935년 사천성 성도의 국립사천대학 교수가 되어 1943년까지 재직했다. 사실상 1935년 이후 1945년까지 김규식의 활동 가운데 가장 중심적인 활동이자 생계 수단이었다. 김규식은 1943년 1월 사천에서 중경으로 이주해 "교편을 던지고", "나의 여생을 가져 나라에 받치고 임시정부에 충성을 다하기로 결심"했다.[1]

1933년 3월 6일 임시정부는 김규식을 국무위원에 선임한 후 6월 21일 외무장(外務長)에 임명했다. 이는 조완구·조소앙·김철이 국무위원을 사임하고, 김구·이동녕이 군무장·법무장에서 해임된 사정을 반영하는 것이었다. 윤봉길 의거 이후 임시정부에 지원된 중국 측 후원금을 둘러싼 분규의 여파였다. 김규식은 조욱(曺煜, 조성환), 송병조(宋秉祚), 이승만(李承晚), 윤기섭(尹琦燮), 신익희(申翼熙), 최동오(崔東旿), 차리석(車利錫), 이유필(李裕弼)과 함께 국무위원에 선임되었다.[2] 이승만은 이 시점에 스위스 제네바를 방문해 만주사변과 관련한 국제연맹의 조사 활동과 관련된 '외교'를 시도하고 있었다.

같은 시기 김규식은 미국을 방문해 중한민중동맹단과 한국대일전선통일동맹에 대한 선전과 모금 활동을 벌이고 있었다. 김규식은 미주에서 한중연대를 강조하고, 중한민중동맹과 한국대일전선통일동맹의 중요성을 강조했을 뿐 임시정부를 강조하지는 않았다. 사실상 중한민중동맹이나 한국대일전선통일동맹이 새로운 독립운동의 중심인 것으로 홍보했다. 김규식의 도미 활동은 기대했던 큰 성과를 거두지 못했으나, 곤란한 임시정부가 기대하고 의지할 수 있는 재미한인사회와의 직접적 통로를 확보한 측면에서는 성공적이었다. 중국으로 귀환한 김규식은 임시정부 국무위원으로 활동하기 시작했다. 김구·이동녕이 임시정부를 떠난 이후 임시정부는 송병조가 주석을 맡아 근근이 유지되고 있는 실정이었다. 윤봉길 의거(1932. 4. 29) 이후 임시정부는 상해를 떠나 항주로 이동했으며, 1935년 11월 진강(鎭江)으로 옮길 때까지 항주에 머물렀다. 진강은 양자강을 통해 국민정

---

1 「최근 중경에 온 김규식의 담화」, 『신한민보』(1943. 1. 21).
2 「대한민국임시정부공보」 제55호(1933. 6. 30), 『대한민국임시정부자료집』 1.

부의 수도인 남경과 연결되는 가까운 곳으로 이는 중국국민정부와 관계 진척을 의미했다.

김규식은 1933년 12월 30일 임시의정원 회의에서 재차 국무위원으로 당선되었다. 전임 국무위원 조욱(조성환), 송병조, 김규식, 이승만, 윤기섭, 신익희, 최동오, 차리석이 만기 해임되고, 신임으로 송병조, 윤기섭, 조소앙, 양기탁, 김규식, 최동오, 김철, 성주식, 조욱(조성환)이 당선되었다.[3] 국무위원 중 이승만, 신익희, 차리석 3인이 빠지고, 대신 조소앙, 양기탁, 김철, 성주식 4인이 새로 선임되었다.

1934년 1월 20일 제1회 국무회의에서 김규식은 외무장에 선임되었는데, 항주에서 열린 국무회의에 출석하지는 않았다. 김규식은 1933년 8월경 천진을 떠나 중국국민당정부가 있는 남경에서 중앙정치학교 교수로 일하고 있었다. 일본 남경총영사의 정보보고에 따르면 김규식은 중국국민당 중앙위원 백운제(白雲梯)의 소개로 중앙정치학교에서 한재강(韓再剛)이라는 가명으로 훈육부 주임으로 일하고 있었다.[4] 김규식에 따르면 1주일에 7시간씩 가르치는 정도였다.[5] 백운제는 몽고 출신으로 1924년 국민당 제1차 전국대표대회에서 중앙집행교체위원으로 선출되었다. 내몽고국민당을 결성해, 집행위원회 위원장이 되었다. 1927년 장개석 쿠데타 이후 내몽고에 개입하는 코민테른의 간섭에 불만을 품고 반소비에트, 반공산주의 노선을 취했다. 1931년 당중앙위원회 위원이 되었고, 1934년 몽고지방자치정무위원회(蒙古地方自治政務委員會委員) 위원장을 역임했다.[6] 백운제와 김

---

3 「대한민국임시정부공보」제56호(1934. 1. 20), 국회도서관, 1976, 위의 책, 803~805쪽.
4 「김구 기타 한인 독립운동자의 동정에 관해 1934년 6월 4일 자로 재남경 총영사가 외무대신에 보고한 요지」, 국회도서관, 1976, 위의 책; 백범김구선생전집편찬위원회, 1999, 『백범김구전집』4, 대한매일신보사, 810쪽. 이 보고는 김규식의 처는 사망, 1남은 상해, 장녀는 북평에서 시집갔고, 여아 2인은 남경 여학교 재학 중이라는 내용을 전하고 있다. 사실과 다르며, 정보의 신뢰도가 낮다.
5 「김규식이 리한에게 보낸 서한」(1933. 9. 20), 『대한민국임시정부자료집』43(서한집II).

규식이 어떻게 연결되었는지는 미상이다. 김규식은 남경에서 항주로 내려오지 못한 상황이었다.

이날 국무위원들은 연서로「취직서사」(就職誓辭)를 발표했다. 임정이 "민족운동의 전선을 정리 통일하지 못"하는 상황을 자인하면서 "통일적 대집단의 신조직을 목표로 온갖 노력을 계속"할 것이며, "민족 문제를 해결하는 유일한 경로가 오직 군사행동"이므로 군사적 태세를 갖추려 하는 데 가장 중요한 것이 재정 문제로 "내채(內債) 혹은 외채(外債) 혹은 기타 징발 등 모든 재정책"을 써봤으나 소용이 없기에 올해부터는 "각인 납세의 원칙"을 강화할 것이라는 내용이었다.[7]

임시정부는 1927년 이래 세입·세출이 모두 급감했고, 특히 민족유일당 운동(1926~1929년)이 실패로 돌아간 뒤인 1930년 재정적 위기가 심화되었다. 임시정부의 연도별 세입액은 1927년 1,445원, 1928년 975원, 1929년 1,265원, 1930년 547원이었다.[8] 1927~1929년간 임정 살림의 60~70%를 점했던 애국금이 1930년도에는 0원이 되었다.[9] 민족유일당 운동의 실패에 대한 낙심에 세계대공황의 여파가 가중된 결과였다.

1934년 임시정부 국무위원「취직서사」(就職誓辭)는 임시정부의 가장 중요한 문제가 재정난을 해결하는 것이며, 이를 통해서야 군사행동이나 민족운동의 전선통일이 가능하겠다는 뜻을 밝힌 것이다. 1933년 도미 과정에서 재미한인사회와 조직적 인맥을 구축한 김규식은 1934년 임시정부 국무위원으로 재정에 관한 직접적인 도움을 제공하려고 노력했다. 1933년 김규식의 도미 활동의 중심도 최소 2만 달러 정도의 자금을 재미한인들로

---

6 https://zh.wikipedia.org/wiki/白雲梯(2022. 10. 6. 검색).
7 「국무회의 기사」(1934. 1. 20), 국회도서관, 1976, 위의 책, 803~805쪽.
8 국사편찬위원회, 1983,『한국독립운동사』자료1(임정편I), 394~395쪽; 윤대원, 2006, 위의 책, 303쪽.
9 윤대원, 2006, 위의 책, 302쪽.

부터 염출하는 것이었다.

1934년 4월 2일 개최된 국무회의는 외무부행서(外務部行署) 규정과 재무부행서(財務部行署) 규정을 통과시켰다. 김규식은 국무회의에 참석했다. 외부행서와 재무행서는 모두 미주에 설치하도록 했으며, 재무행서의 경우 제1·제2행서는 하와이, 제3행서는 샌프란시스코, 제4행서는 로스앤젤레스, 제5행서는 뉴욕에 두기로 했다. 이승만을 주미외무행서 외무위원, 이정건(李正健)을 재무부 주미 제1행서 재무위원, 이원순(李元淳)을 주미 제2행서 재무위원, 백일규를 주미 제3행서 재무위원, 송헌주를 주미 제4행서 재무위원, 장덕수를 주미 제5행서 재무위원으로 선임했다.[10] 즉, 미주에 외교와 재무를 담당할 위원들을 선임해서 재정을 수합하고 대미 외교를 분담케 한다는 것이었다. 외무장 김규식이 제시한 임시정부 위기의 해법인 셈이었다.

이승만은 외무장의 관할하에 있는 주미 외교위원으로 미주외교를 담당하도록 선임되었으며,[11] 하와이(이정건·이원순), 샌프란시스코(백일규), 로스앤젤레스(송헌주), 뉴욕(장덕수)에 재무위원을 두도록 했다. 1934년 6월에는 이용직을 주포와(하와이) 외무행서(駐布哇外務行署) 외무위원으로, 8월에는 김경을 신설한 재무부 주미 제6행서(시카고) 재무위원으로 선임하고, 뉴욕(주미 제5행서)에는 이진일(李進一), 정경회(鄭京會), 조극(趙極), 이회영(李會榮)을 비서로 선임했다. 재무위원으로 선임된 인물들은 모두 1933년 김규식의 미주 방문 당시 그를 열심히 지지·후원하던 사람들이었으며, 하와이 외무위원 이용직과 뉴욕 비서로 선임된 인물들도 모두 김규식을 지지하는 인물들이었다.

---

10 「대한민국임시정부공보」 제57호(1934. 4. 15).
11 「주미외무행서 외무위원 이승만의 선임상」(1934. 4. 18); 「주미외무행서 외무위원 선임에 관한 공함」(외무장 김규식-이승만), 臨政發第8號(1934. 4. 20), 『대한민국임시정부자료집』 16.

여기에 이승만이 포함되었는데, 그는 1933년 이래 임시정부와의 관계를 회복하는 중이었다. 1925년 임시정부 대통령에서 탄핵·면직되고 구미위원부 해체령이 내려진 이래 이승만은 임시정부를 적대적으로 대했으나, 1930년 하와이에서 연이은 풍파와 재판 끝에 사실상 추방된 이승만으로서는 임시정부와의 관계 회복이 절실했다. 또한 끝없는 분열과 명성 추락을 거듭하던 임시정부로서도 미주와 관계를 회복하는 데 이승만이 필요했다. 임시정부와 이승만 양측 모두 이전의 적대적 감정과 관계를 극복하고 연대를 모색해야 할 사정과 시대를 맞이하고 있었던 것이다.

이날 국무회의는 「국내외(國內外) 각단체(各團體) 급(及) 민중전체(民衆全體)에 고(告)함」이라는 성명을 발표했다. 핵심은 임시정부를 새로운 조직으로 대체하자는 내용이었다. 성명은 "합동을 제창하면서 분리를 제조함은 우리 운동사에 숨어 있는 모순"이라며 "흉악한 강적의 칼머리에 우리끼리 자상천답(自相踐踏)하여 진용(陣容)과 행경(行經)을 서로 이루지 못한 우리 착오"가 히말라야산보다 더 크다고 탄식했다. 대동단결체가 될 새로운 조직의 윤곽에 대해서 다음과 같은 점을 갖춰야 한다고 지적하고 있다.

(1) 임시의정원의 직권을 대행하기에 충족한 권위와 역량이 있을 것.
(2) 민족독립의 모든 운동선에 있는 대소 단체와 무장부대와 지방 역량을 집중 통제할 만한 중심 세력을 확립할 것.
(3) 조직 기능이 진보적이며, 구체적 이론화 민중화되어서 이전 문제점들을 탈피하는 신선한 내용을 가지고 적을 상대할 수 있는 정개적(整個的) 전투력을 가진 기구가 될 것.
(4) 민족적 주권을 국토에 확립하는 즉시 민주적 기초에 세운 경제 교육 및 정치의 균등화로써 신국가를 건설할 만한 모든 계획에 공동한 인식을 가진 정개적(整個的) 당(黨)으로서의 실력을 집중할 것.[12]

즉, 임시정부를 일종의 혁명적 정당으로 전환해야 한다는 것이었다. 이는 관내에서 진행되고 있던 민족혁명당 결성을 둘러싼 임시정부 내부의 갈등과 파장을 예고하는 것이었다.

김규식은 1934년 8월 23~24일 개최된 국무회의에 출석했고, 재무부 포고(1934. 9. 15)를 통해 재무부행서의 설치와 재무위원 선임이 인구세와 애국금 납입 편의를 위한 것이라고 밝혔다.[13] 1934년 11월 2일 국무회의는 양기탁의 군무장 사면청원을 승인했고, 사망한 김철이 겸직했던 임시정부 비서장에 차리석을 임명했다. 1935년 1월 28일 국무회의는 주미 제4행서 재무위원 송헌주의 사면청원을 수리하고, 3월 20일 김정진(김호)을 제4행서 재무위원으로 선임했다. 그렇지만 임정의 재정상황은 전혀 개선되지 않았다. 1933년 하반기 임정의 총수입은 663원이었고, 1934년 1~10월까지 지출이 2,300원이었는데 대부분 빌린 돈이었다.[14] 임시정부는 인구세를 내던 상해 교민과 재미한인들의 후원을 받는 데 실패했으며, 이런 상황은 임시정부의 구조적 위기이자 외부의 도전에 취약한 조건을 만들고 있었다.

1935년 4월 8일 자로 발표된 「포고문」(佈告文)에 이름을 올린 것이 이 시기 김규식의 마지막 임시정부 활동이었다.[15] 이 포고문은 "임시정부의 기세가 크게 떨치지 못하는 것을 구실로" 국가 구성의 3요소인 인민, 주권, 국토 가운데 국토가 적의 점령하에 있다는 이유로 "정부 폐지설을 무엄히 주창"하여 "여기에 끌리는 무리가 생기어 한 형세를 이루"었다고 비판했다. 나아가 "현 임시정부를 옹호하고 지지하여 우리가 국토를 완전히 광복

---

12 「국내외 각단체 및 민중전체에 고함」(1934. 4. 15), 『대한민국임시정부자료집』 8.
13 「대한민국임시정부공보」 제58호(1934. 9. 15), 국회도서관, 1976, 위의 책, 843쪽; 『대한민국임시정부자료집』 8.
14 국사편찬위원회, 1983, 『한국독립운동사』 자료1(임정편I), 63~64쪽; 한상도, 2008, 『대한민국임시정부II-장정시기』, 독립기념관 한국독립운동사연구소, 21쪽.
15 「대한민국임시정부공보」 제59호(1935. 4. 8), 연세대학교 현대한국학연구소, 『우남이승만문서(동문편)』 8, 253~254쪽; 『대한민국임시정부자료집』 8.

하고 국내에 들어가 정식 정부를 이루는 날까지 나아가 국통(國統)을 계승(繼承)시키는 것으로서 우리의 유일한 천직으로 삼는 것이 마땅하도다"라고 선언했다. "국통을 계승한다"는 선언에서 이 시기 임시정부의 절박한 태도와 마음가짐을 엿볼 수 있다. 민족혁명당 창당에 합류한 김규식은 유동열, 양기탁, 최동오, 조소앙 등과 함께 1935년 8월 사면청원서를 제출했고, 임시의정원 상임위원회는 1935년 9월 1일 사면청원을 받아들여 이들을 해임했다.[16]

---

16 「대한민국임시정부공보」 제60호(1935. 11. 25), 『대한민국임시정부자료집』 8.

2   1930년대 중국국민당정부의 후원과 임시정부·민족혁명당의 양립

1932년 윤봉길 의거 이후 중국국민당정부는 한국 독립운동에 대한 지원을 본격화하기 시작했다. 지원은 두 갈래로 이뤄졌는데, 재정적 지원과 군사적 지원이었다. 국민당의 CC파는 김구(임시정부)와 한국광복군을 지원했으며, 중국군과 남의사는 김원봉(민족혁명당)과 조선의용대를 지지했다.[17] 국민당정부와 국민당은 김구 계열을, 중국군과 남의사는 김원봉 계열을 지원했던 것이다. 김구는 윤봉길·이봉창 의거로 이름이 높았으며, 김원봉은 의열단 의거로 이름을 얻었다. 두 사람은 모두 중국국민당정부 및 군대와 일정한 연계가 있었던 것이다.

먼저 중국국민당군대는 황포군관학교 출신인 김원봉 계열을 지원했다. 김원봉은 황포군관학교 제4기로 졸업(1927)했으며, 중국국민당과 군대 내에 동기·동창생들이 포진해 있었다. 1920년대 의열단 단장으로 이미 명성을 얻었던 김원봉에 대해 중국국민당군의 핵심 조직인 삼민주의역행사(三民主義力行社)가 중심이 되어 지원했다.[18]

---

17 「조선민족혁명당의 재조직과 중국정부 측 태도」(1943. 3. 17), J. C. 빈센트(Vincent), 『대한민국임시정부자료집』 26.

삼민주의역행사는 1932년 2월 황포군관학교 제1~제6기 출신 장교 20여 명이 중심이 되어 조직한 것으로 국민당군 전체를 통제하는 핵심 군사기관이 되었다. 역행사 사장(社長)은 장개석이고, 서기는 김원봉의 황포군관학교 동기인 등걸(騰傑)이었다. 비밀조직이었던 삼민주의역행사는 남의사(藍衣社), 여지사(勵志社), 중국부흥사(中華復興社) 등으로도 불렸다. 통칭 남의사로 불린 역행사는 국민당 내에서 이탈리아 파시스트들을 모델로 한 파시스트적 초국가주의 비밀그룹으로 평가받는다.

역행사는 김원봉·의열단의 군사적 능력과 애국심을 높이 평가했고, 역행사의 핵심인 황포군관학교 출신 장교들은 장개석의 심복이자 김원봉의 동창생이었다.[19] 1932년 이래 삼민주의역행사는 의열단과 민족혁명당을 지원했다. 김원봉은 1932년 10월부터 1935년 9월까지 남경 탕산(湯山)에서 조선혁명군사정치간부학교를 운영해 총 3기에 걸쳐 130여 명에 달하는 청년투사를 양성했다. 이들의 정식 명칭은 '중국국민정부 군사위원회 간부훈련반 제6대'였다.[20] 삼민주의역행사는 경상비, 임시사업비, 활동자금, 무기·탄약, 장비·인력을 제공했다. 이후 역행사는 의열단에 매월 3천 원을 지원하였다.[21]

김규식은 미국에서 귀환한 후인 1933년 9월 16일 남경 교외 강녕진(江寧鎭) 탕산간부학교 강당에서 개최된 제2기생 입교식에 참가했다. 일제 정보보고에 따르면 김규식은 의열단 중앙집행위원이자 북양대학 교수로 한중연합의 필요성과 면학을 독려하는 축사를 했다.[22] 고문 강택(康澤)

---

18 양지선, 2016,「한국 독립운동 세력과 CC파·역행사의 공동 첩보활동」,『동양학』62; 菊池一隆, 2019,「中國特務「藍衣社」の組織と「反共抗日」一九二〇、三〇年代を中心に」,『人間文化』第34号.
19 염인호, 1993, 위의 책, 149~150쪽; 滕傑,「三民主義力行社援助韓國獨立運動之經過」.
20 염인호, 2009,『조선의용대·조선의용군』(한국독립운동의 역사 53), 독립기념관 한국독립운동사연구소, 85쪽.
21 염인호, 1993, 위의 책, 151쪽.

과 중국 군사위원회 소속 육군중장 등이 배석했다. 조선혁명군사정치간부학교 졸업생들은 민족혁명당의 인적 기반이 되었으며, 조선의용대의 핵심세력으로 성장하였고, 일부는 광복군의 주요 세력이 되었다.[23] 조선의용대의 일부는 화북지역으로 북상해 화북조선독립동맹과 조선의용군에 가담했고, 이들은 해방 후 북한 연안파의 핵심이 되었다.

한편, 1935년 민족혁명당이 창당된 후 1937년 말 조선민족혁명당·조선민족해방동맹·조선혁명자연맹으로 좌파의 통일전선인 조선민족전선연맹이 결성되었다. 중국 군부·남의사의 지원은 군사적 측면과 재정적 측면으로 진행되었다. 먼저 군사적 지원으로 1937년 12월 1일 강서성 성자현 소재 중국중앙군관학교 특별훈련반 제6기에 김원봉 계열 청년 83명이 입교했다. 이 특별훈련반은 삼민주의역행사가 설치한 것이었고, 훈련반 주임은 남의사 상무간사의 한 명이자 김원봉의 황포군관학교 동기생이던 강택이었다. 대부분 남의사 출신이 입교하였고, 졸업한 후 반공 별동총대의 중심역량이 되었다.[24]

재정적 지원과 관련해 일제 정보기관은 장개석의 특무기관인 남경 국제문제연구소 소장 왕봉생(王芃生)이 CC단의 수령 진과부(陳果夫)와 함께 김원봉이 주도하는 조선민족전선연맹에 매달 3천 원씩의 자금을 지원했다고 파악했다.[25] 1936년 일본 정보기관은 중국국민당 선전부가 매달 2,500원의 재정을 보조하거나, 남의사가 2,500원의 재정을 원조하고, 각지 유지가 월 평균 1,000원을 원조하는 등 총 3,500원을 조선민족전선연맹에 지원했다고 보고했다.[26] 그런데 조선민족전선연맹보다 민족혁명당을 지원한 금

22 朝鮮總督府警務局, 「軍官學校事件ノ眞相」, 한홍구·이재화 편, 1988, 『한국민족해방운동사자료총서』 3, 경원문화사, 187~188쪽; 염인호, 2009, 위의 책, 88~89쪽.
23 염인호, 2009, 위의 책, 100~101쪽; 한상도, 2008, 위의 책, 100~101쪽.
24 염인호, 2009, 위의 책, 100~101쪽.
25 金正明, 1967, 『朝鮮獨立運動』 2, 原書房, 615쪽; 염인호, 2009, 위의 책, 29쪽.
26 金正明, 1967, 위의 책, 576쪽; 『사상정세시찰보고집』 3, 7쪽; 강만길, 2018, 『조선민족혁명

액이 훨씬 많았다. 중국국민당정부의 문서에 따르면 1937년 2월 1개월 동안 생활비와 민족혁명당 운영비 등 총 14만여 원을 지급했으며, 군사활동이나 정보수집 활동비는 별도로 지불한 것으로 보인다.[27]

이런 군사훈련 제공과 재정 후원으로 1938년 10월 10일 호북성(湖北省) 무한(武漢, 武昌·漢口)에서 조선의용대가 창설되었다. 조선의용대는 국제반파시스트 세력인 친한 중국인(羅靑), 일본공산주의자(靑山和夫) 등과 협조해서 중국군사위원회 정치부를 거쳐 장개석의 승인을 받은 것이었다. 총대원 97명으로 출발한 정치선전 공작 중심의 조선의용대는 조선민족전선연맹의 군사조직이자 중국 남의사의 전적인 후원을 받았다.[28]

한편 중국국민당을 장악하고 있던 일명 CC단은 김구·임시정부를 지원했다. CC단은 수령 진과부(陳果夫)·진립부(陳立夫) 형제의 이니셜을 딴 별명(Central Club Clique)이었는데, 장개석이 신임하는 국민당 내 극우반공 세력이었다. 진과부·진립부는 장개석의 멘토이자 의형제였던 진기미(陳其美)의 조카로, 국민당 내 반공, 반일, 전통주의적 입장을 대변했다. 진씨 형제는 국민당을 좌우지했는데, 진과부는 중국국민당 중앙조직부 부장이었다. 진씨 형제는 1926~1936년간 국민당 중앙조직부를 장악하고 있었다. 당시 장개석의 천하·진립부의 국민당(蔣家天下陳家黨)이라는 평이 있을 정도였다. 진씨 형제는 중국국민정부 군사위원회 조사통계국(國民政府 軍事委員會 調査統計局)에 영향력을 행사했고, 조사통계국의 대립(戴笠)은 암살의 대명사가 되었다. CC단은 의열단의 진보적 성향을 경계했고, 이는 김구의 입장과 일치했다.[29] 중국국민당에서는 진립부·소쟁(蕭錚)·공

당과 통일전선』, 창비, 129~130쪽.
27 「由政府所領款額」(1937년 2월분), 『國民黨史委員會文書 總統府檔案』, 3~143쪽; 강만길, 2018, 위의 책, 131~132쪽.
28 염인호, 2001, 『조선의용군의 독립운동』, 나남, 66~78쪽.
29 염인호, 1993, 위의 책, 150~151쪽.

패성(貢沛誠) 등이 김구에 대한 지원을 담당했다. 1938년 8월 장사에서 발생한 남목청 사건, 즉 조선혁명당 이운환이 김구·현익철 등을 저격한 사건 이후에는 진과부가 지원을 철회한 대신 국민당 중앙당 비서장 오철성(吳鐵城)과 조직부장 주가화(朱家樺)가 김구·임시정부에 대한 지원을 담당하게 되었다.[30]

소쟁이 진과부에게 들은 바에 따르면 상해사변(1932. 1) 이전 진립부는 중국국민당 중앙조직부에 근무하던 한국독립당원 박찬익(朴贊翊, 중국명 복정일濮精一)에게 의견을 구한 바 있었고, 이후 윤봉길 의거가 있자 김구에 대한 보호와 지원을 본격화하였다.[31] 소쟁이 항주로 피신한 김구를 만난 후 진과부·장개석과의 면담이 추진되었다. 김구는 장개석에게 동북지역 한인들로 기마별동대를 조직해 한국 경내로 진입시키기 위해 기병학교를 설립케 해달라고 제안했으나, 중국 측은 현실성이 낮다고 판단했다.

1933년 3월 남경 육군군관학교에서 장개석은 김구·안공근·엄항섭·박찬익을 면담했다. 면담에 동석했던 진과부는 이후 김구에게 매달 생활보조비 및 활동비 명목으로 5천 원을 지원했다. 한국독립당과 임정에 대한 업무는 소쟁이 담당하며, 진과부를 거쳐서 장개석의 최종 결재를 받게 되었다. 김구에게 지원되는 경비는 진립부가 관리하는 특별비 및 국민당 중앙당부 특별비 예산에서 지급되었으며, 박찬익·안공근을 통해 전달되었다.

장개석과의 면담 이후 양측은 중국중앙육군군관학교 낙양분교에 한인특별반을 개설해 한국인 간부를 육성하기로 했는데, 낙양분교 교장 축소주(祝紹周)는 진과부와 중국육군소학교 동기생이었다.[32] 1934년 2월 총 92명의 인원이 입교했다. 재만 한국독립군 총사령 이청천이 총교도관, 오광선·

30 한상도, 2008, 위의 책, 71쪽.
31 蕭錚, 「中國協助韓國光復之回憶」, 『傳記文學』 第44卷 第5期, 第45卷 第1·3·4·6期; 「한국의 광복을 위한 중국정부의 지원에 대한 회상」, 『대한민국임시정부자료집』 25.
32 추헌수, 1973, 위의 책, 269쪽; 한상도, 2008, 위의 책, 71쪽.

이범석·조경한 등이 교관 등으로 부임했다. 학생들은 만주사변 이후 관내로 이동한 이청천의 한국독립군 출신, 김구 계열, 김원봉 계열, 국내 출신 등으로 구성되었다. 한편 김구는 1934년 4월 초 조선혁명군사정치간부학교를 방문해 연설했고 이를 계기로 조선혁명군사정치간부학교 졸업생 20여 명이 낙양분교 한인특별반에 입교했다.[33]

낙양분교 한인특별반 운영 문제에서 김구가 재정적 우위를 확보한 반면, 이청천은 총교도관으로 입교생 통솔의 중심 역할을 했다. 자금과 운영의 2원적 체제 때문에 양자의 주도권 다툼이 일어났다. 김구는 1934년 8월 말부터 9월 초 2회에 걸쳐 낙양분교 재학생 중 자파 25명을 퇴교시켜 남경으로 데려갔다. 나머지 62명은 1935년 4월 졸업했는데, 김구 계열 10명, 이청천 계열 30명, 김원봉 계열 15명, 기타 7명이었다. 이청천 계열은 신한독립당 산하 청년군사간부특훈반으로, 김원봉 계열은 민족혁명당조직으로, 김구 계열은 한국특무대독립군을 거쳐 광복군으로 이어졌다.[34] 김구는 1934년 12월 낙양분교 입교생을 모체로 한국특무대독립군을 조직하였고, 1935년 2월에는 학생훈련소를 운영했다. 이후 한국특무대독립군과 학생훈련소 대원들은 김구가 주도한 한국국민당의 전위조직인 한국국민당청년단을 결성해 김구의 핵심 기반이 되었다.[35] 또한 이들은 1935년 하반기 민족혁명당 결성에 따른 임시정부 해체론에 맞섰고, 김구가 임시정부에 복귀할 때 김구의 지지 기반이자 특무 세력이 되었다.

1932년 이래 중국국민당으로부터 흘러나온 재정적 지원과 군사적 훈련 제공은 한국 독립운동 진영에 새로운 활력을 불러일으키는 기회였다. 이는 김구·임시정부·한국광복군과 김원봉·조선민족혁명당·조선의용대라

---

33 엄인호, 1993, 위의 책, 169~170쪽.
34 한상도, 2008, 위의 책, 77~78쪽.
35 高等法院檢事局思想部, 1939, 『思想彙報』 20, 207쪽; 한상도, 2008, 위의 책, 78~83쪽.

는 2개의 중심 세력을 형성하는 데 도움을 주었으며, 동시에 국민당 지역 내 보수적·우파적 흐름과 진보적·좌파적 흐름의 대결을 불러일으켰다. 중국국민당의 지원과 후원은 한국 독립운동 활성화의 기회인 동시에 역설적으로 각축하는 두 세력의 분립·대결의 원천이 되었다.

중국 군부의 핵심이자 장개석의 최측근인 삼민주의역행사(남의사)는 김원봉의 의열단에 매월 3천 원의 자금을 지원했으며, 1932~1935년간 조선혁명군사정치간부학교를 통해 총 130여 명의 정예 '혁명군사정치간부'를 양성케 했다. 한편 중국국민당 중앙조직부장이자 CC파의 수장으로 장개석의 심복이었던 진립부는 김구에게 매월 5천 원의 자금을 지원했고, 1933~1935년간 낙양분교 한인특별반에 92명을 입교시켜 62명을 졸업시켰다.

이와 같이 두 갈래로 나눠진 중국국민당정부의 한국 독립운동 지원은 김원봉과 김구, 민족혁명당과 임시정부(한국독립당), 조선의용대와 한국광복군의 대결적 구도를 발생시키는 외적 요인이 되었다. 이후 조선의용대 일부가 연안으로 북상해 중국공산당 품에 안기자, 격분한 중국정부는 조선의용대와 민족혁명당에 대한 지원을 중단했다. 잔류한 조선민족혁명당과 조선의용대는 중국정부의 명령과 시대의 요구에 따라 임시정부·광복군에 합류할 수밖에 없었다. 중국정부의 한국 독립운동 지원은 김구·임시정부로 일원화되었고, 이후에는 일원화된 중국정부의 지원금을 둘러싸고 분배의 공정성을 제기하는 갈등이 벌어졌다.

3 민족혁명당의 결성, 김규식의 참여와 사직(1935)

(1) 대일전선통일동맹의 해체와 민족혁명당 결성

김규식이 1930년대 가장 활발하게 참여한 표면 조직인 한국대일전선통일동맹은 민족혁명당으로 전환되었다. 한국대일전선통일동맹은 1934년 3월 1일 남경에서 제2차 대표대회를 개최했다. 한국독립당(김철, 김두봉, 송병조), 신한독립당(홍진, 윤기섭, 신익희), 조선혁명당(최동오), 조선의열단(김빈, 박건웅, 미상), 미주국민회총회 대표대리(김규식), 하와이국민회 대표대리(미상) 등 12인이 출석했다.[36] 1934년 4월 12일 한국대일전선통일동맹 중앙집행위원회는 '가장 완전한 대동단결체' 조직을 위한 회의를 제안했다. 이러한 독립운동 조직·단체의 통일 제안은 1917년의 대동단결선언, 1920년대의 국민대표회의, 민족유일당 운동의 기시감이 있는 것이다. 중앙집행위원회 상무위원은 송병조, 김두봉, 김규식, 최동오, 윤기섭, 윤세주 등이었다.[37]

36 「한국대일전선통일동맹 제2차 대표대회」(1934. 3. 1), 『신한민보』(1934. 4. 5, 1934. 4. 12), 독립운동사편찬위원회, 1975, 위의 책, 729~730쪽.

제2차 대표대회는 대동단결체 조직을 위해서 한국임시정부도 폐지할 것을 주문했다.[38] 윤봉길 의거 이후 중국 측 후원과 지지가 고조되는 상황 속에서 사건의 주역이었던 김구 등이 임시정부를 떠나자, 임시정부는 사실상 무정부 상태가 되어 존립이 위태로운 상황이 되었다. 근근이 유지되던 임시정부는 1920년대를 휩쓴 국민대표회의-민족유일당 운동에 이어 1930년대 중반 또다시 대동단결체 조직을 위해 해체를 요구받는 상황이 되었다. 기존의 독립운동단체를 유지한 채 통합할 것인가 아니면 해체할 것인가의 차이가 있었을 뿐, 전선통일을 위한 대동단결체 조직은 독립운동 진영의 공통된 요구였다. 당시 중국 관내에서는 김구의 한인애국단과 김원봉의 의열단을 제외하고는 독자적 투쟁을 전개하는 조직이 없을 정도로 운동이 침체된 상태였다.[39] 임시정부 국무위원 11명 가운데 7명(양기탁, 조소앙, 김규식, 유동열, 최동오, 윤기섭, 성주식)은 대일전선통일동맹에 가담했고, 4명(차리석, 김철, 송병조, 조성환)은 참가하지 않은 상태였다.

단일당 결성과 임시정부 해체 문제는 곧 한국독립당 내부에서 의견 대립을 가져왔다. 1935년 2월 한국독립당 제7차 대표대회에는 17명이 참가했는데, 단일당 가입을 둘러싸고 찬성파(김두봉, 이광제, 강창제, 유진동, 구익균), 반대파(송병조, 조소앙, 박창세, 김붕준, 조완구, 차리석), 중간파(양기탁, 김사준, 박경순, 이창세, 문일민, 김홍서)로 의견이 갈렸다.[40] 논란 끝에 한국독립당은 임시정부를 지지하며 당을 해체할 수는 없으니, 단일당

37 「한국대일전선통일동맹 중앙집행위원회 통고문」(1934. 4. 12), 독립운동사편찬위원회, 1975, 위의 책, 730~731쪽.
38 金正明, 「1934年の上海を中心とする朝鮮人の不穩策動狀況」, 金正明, 1967, 『朝鮮獨立運動』 2 原書房, 514쪽; 신주백, 2009, 『1930년대 중국 관내지역 정당통일운동』(한국독립운동의 역사 48), 독립기념관 한국독립운동사연구소, 48~49쪽.
39 신주백, 2009, 위의 책, 50쪽.
40 사회문제자료연구회, 「한국독립당제7차대회회록(1935.2.15~2.17)」, 『사상정세시찰보고집』 2, 32쪽; 신주백, 2009, 위의 책, 56쪽.

에 참가하지 않겠다고 결정했다.[41]

한국대일전선통일동맹 제3차 대표대회는 1935년 2월 25일 개최되었다. 한국독립당을 제외하면 애초에 계획했던 단일정당 결성이 어렵다고 판단한 결과, 각 혁명단체 대표대회를 연기해 1935년 6월 개회하기로 결정했다. 이어 상무위원을 개선해 조직부(김학규), 선전부(석정), 비서부(김두봉), 군사위원회(이청천), 경리위원회(최동오), 외교위원회(김규식) 등을 선임했다.[42]

한독당 당원이자 통일동맹 상무위원인 김두봉이 나서서 단일당 결성의 필요성을 주장하며 한국독립당 간부들을 설득했다. 한국독립당은 1935년 5월 임시대표대회를 열고 단일당 참가를 결정했다. 최석순 외 3명을 대표로, 김두봉, 박창세, 이광제를 보조대표로 선거했다. 송병조, 조완구, 차리석 등의 반대파는 당을 탈퇴해서 임시정부 사수파에 참가했고, 나머지는 통합에 찬성함으로써 상해 시기 한국독립당은 해체되었다. 이청천이 이끌던 신한독립당은 신당 창당에 적극적이었는데, 일제 정보에 따르면 낙양분교 한인특설반 운영 당시 김구와 갈등을 빚은 연장선에서 김구파의 전횡에 대항하고자 신당 창당에 적극 호응하였다.[43]

1935년 6월 20일 열린 각 혁명단체 대표대회는 조선혁명당, 의열단, 한국독립당, 신한독립당 각 3명의 대표, 대한독립당 2명의 대표, 대한인교민단, 미주국민회, 하와이국민회, 하와이혁명동지회 각 4명의 대표가 참석했다. 이 대회에서 신당 창립 대표위원 8명과 신당 규칙 제정위원 3명을 선출했다. 신당 창립 대표위원에는 한국독립당(박창세, 조소앙), 신한

---

41 朝鮮總督府,「朝鮮の獨立を目的とする'韓國民族革命黨'組織の經過」,『思想彙報』5, 89쪽; 신주백, 2009, 위의 책, 57쪽.
42 「한국대일전선통일동맹 제3차 대표대회」(1935. 2. 25),『신한민보』(1935. 4. 4).
43 朝鮮總督府 高等法院 檢事局 思想部,『思想彙報』7(1936. 6), 157~158쪽; 염인호, 1993, 위의 책, 188쪽.

독립당(윤기섭, 홍진), 조선의열단(김원봉, 윤세주), 재미대한독립당(김규식, 신익희), 신당 규칙 제정위원에는 김규식, 김원봉, 조소앙이 선임되었다.⁴⁴ 신당인 민족혁명당이 창당된 후 한국대일전선통일동맹은 해산을 선언(1935. 7)했다.⁴⁵

1935년 7월 3일 신당 창당이 완성되었는데, 명칭에 대해 의열단 등은 조선민족혁명당, 한국독립당 등은 한국민족혁명당을 주장했다. 의견 차이를 조정한 결과 중국 측에 대해서는 한국민족혁명당으로, 국내 민중에 대해서는 조선민족혁명당으로, 해외에 대해서는 Korean Revolutionary Association으로, 당내에서는 민족혁명당으로 부르기로 합의했다.⁴⁶ 1937년 당대회를 통해 당명을 조선민족혁명당으로 변경하였다.

민족혁명당은 중앙집행위원·후보위원, 중앙검사위원·후보위원 등을 선출했다. 김규식은 민족혁명당 중앙집행위원이자 국민부 부장으로 선출되었다. 중앙집행위원 15인은 의열단 3명〔김원봉, 윤세주, 진의로(이영준)〕, 한국독립당 4명〔김두봉, 조용은(조소앙), 신공제(이광제), 최석순〕, 대한독립당 1명〔김중문(김규식)〕, 신한독립당 5명〔윤기섭, 지대형(이청천), 김활석(김상덕), 이영형(이관일), 왕해공(신익희)〕, 조선혁명당 2명(김학규, 최동오)이었고, 중앙집행위원회 후보위원은 신한독립당 2명(성주식, 정람전), 한국독립당 2명〔강화조(강창제), 박창세〕이었다. 중앙검사위원은 한국독립당 2명〔양기탁, 천병일(한일래)〕, 신한독립당 1명(홍진)이었고, 중앙검사위원회 후보위원은 신한독립당 1명(김창환)이었다.

민족혁명당 중앙집행위원회는 한국독립당과 신한독립당이 다수를 차지했으나, 실제 조직 운영 과정에서는 김원봉과 의열단이 주도권을 장악했

---

44 「各革命團體代表大會」(1935. 6. 20), 朝鮮總督府 警務局 保安課, 1935, 『高等警察報』 5, 82쪽.
45 도산안창호선생기념사업회·도산학회, 2005, 『미주국민회자료집』 21, 303~304쪽.
46 강만길·심지연, 2000, 『우사 김규식-생애와 사상1: 항일 독립투쟁과 좌우합작』, 한울, 107쪽.

다. 김원봉이 중국의 재정적 지원과 군사훈련을 받은 의열단원, 군관 청년들을 보유하고 있었기 때문이다. 의열단, 한국독립당, 신한독립당, 조선혁명당, 대한독립당은 당원, 자금, 비품 등을 모두 민족혁명당에 넘겼다.

〔표 5-1〕 1935년 각 정당이 민족혁명당에 제출한 당원·월 수입 내역

	군관 청년	당원	비품	월 수입	월 수입 내역
의열단	100명	200여 명		3,000원	중국국민당 중앙당부 매월 지급
한국독립당		70여 명	인쇄기 기타 비품	600원	매월 광동지부 300원, 진강지부 150원, 항주지부 150원
신한독립당	50여 명	600여 명 (북만 국경)		500원	중국국민당 중앙당부 매월 300원, 李杜 100원, 개인 기부 100원
조선혁명당		1,000여 명 (남만 국경)	400여 정 (장총, 단총, 기관총)	없음	
대한독립당		200여 명	미상	미상	

〔출전〕 朝鮮總督府 警務局, 「滿洲事變を契機とする國外民族運動の戰線統一問題」, 『高等警察報』 5, 84쪽; 신주백, 2009, 『1930년대 중국관내지역 정당통일운동』, 한국독립운동사연구소, 73~74쪽.

위에서 알 수 있듯이 의열단은 당원 2백 명, 군관 청년 1백 명, 중국국민당이 제공하는 월 3천 원의 자금을 제공했는데, 그 외 한국독립당은 당원 70명, 인쇄기, 월 6백 원의 자금을, 신한독립당은 군관 청년 50명, 월 5백 원의 자금을 제공했을 뿐이다.[47] 신한독립당의 당원 6백여 명은 북만 국경에, 조선혁명당의 당원 1천여 명은 남만 국경에, 대한독립당 당원 2백여 명은 북미에 존재하고 있으므로 현실적인 힘이 되기 어려웠다. 신한독립당의 이청천은 만주 군벌 출신 국민정부 장학량으로부터 자금을 지원받고 있

47 강만길, 2000, 위의 책, 108쪽; 신주백, 2009, 위의 책, 69쪽.

었다.[48] 결과적으로 중국국민당으로부터 발원한 재정과 군사훈련의 결과 김원봉과 의열단 계열이 민족혁명당을 주도할 수 있었다.

중앙집행위원회에는 서기부(김원봉), 조직부(김두봉), 선전부(최동오), 조사부(진의로), 훈련부(윤기섭), 군사부(이청천), 국민부(김규식) 등 7개 부를 두었으나 위원장을 공석으로 두었고, 실질적으로 서기부장 김원봉이 총괄하는 체제가 되었다.[49] 이전에 설치되었던 외교위원회, 경리위원회가 사라진 대신 비서부가 서기부로 바뀌었고, 조사부와 훈련부가 신설된 것을 알 수 있다. 전반적으로 당적 체제가 강화되면서 군관 청년을 포섭하고 있던 의열단과 신한독립당의 입지가 강화되었다. 의열단의 서기부·조사부 장악으로 당내 실권이 커졌음을 알 수 있다.

반면 한국독립당의 중심인물이자 창당 주역으로 신당 창립 대표위원, 신당 규칙 제정위원이었던 조소앙은 중요 직책에 선임되지 못한 채 국민부 부원에 그쳤다. 의열단 2명(김원봉, 진의로), 신한독립당 2명(윤기섭, 이청천)이 부장에 선임된 반면, 한독당은 1명(김두봉)이 선임되어 대한독립당 1명(김규식), 조선혁명당 1명(최동오)과 같은 위치에 서게 된 것이다. 정확한 사정은 알 수 없으나 진의로(이영준)와 같은 무명에게도 부장 자리에서 밀린 조소앙은 불만을 품을 수밖에 없는 상황이었다.

이 결과, 1935년 9월 25일 조소앙·박창세·박경순·문일민·김은준·이창기 등 한국독립당 계열 6명은 민족혁명당을 탈당하고 한국독립당을 재건하겠다고 선언했다. '재건 한국독립당'은 개인 독재와 계급 독재를 반대하는 전 국민적 민주국가 건설을 주장하며 이념 차이에서 비롯된 노선 갈등을 이유로 제시했지만, 실제로는 민족혁명당 주도권에서 소외된 조소앙

---

48 염인호, 1993, 위의 책, 200쪽; 『사상정세시찰보고집』 5, 6쪽; 강만길, 2018, 위의 책, 131쪽.
49 다른 기록에는 조사부 부장이 진의로가 아니라 이광제로 되어 있다. 「조선민족혁명당 창당 당시 임원」(1935. 7. 12) 朝鮮總督府 高等法院 檢事局 思想部, 『思想彙報』 7(1936. 6), 45~47쪽; 『대한민국임시정부자료집』 37.

계열의 반발이었다. 이에 대해 민족혁명당은 조소앙 등 6명을 '항주반당분자'(杭州反黨分子)로 규정하고 사리(私利)에 따른 색깔론으로 민족혁명당을 모욕했다며 이들을 제명했다.[50] 민족혁명당은 조소앙이 '기회주의가 천품(天稟)인 배신자'라고 비난했다.[51]

조소앙 등 재건 한독당 세력은 임시정부 복귀를 선언한 김구 및 송병조 등 임시정부 사수파와 합류하기 시작했다. 김구는 민족혁명당 창당이 가시화되자 1935년 5월 19일 「임시의정원 제공(諸公)에게 고함」, 7월 8일 「임시정부에 대하야」 등의 글을 발표하며, 임시정부를 옹호했다. 이어 김구는 11월 한국국민당을 창당해 임시정부의 여당이자 지지 기반을 만들었다.

임시정부 국무위원 주석이자 한독당 이사장이었던 송병조는 한독당 잔류파인 광동지부 김붕준·양우조 등과 연락하는 한편 조소앙 일파의 민족혁명당 탈퇴를 부추겼고, 이시영·조완구·이동녕을 통해 김구와 제휴를 시도했다.[52] 이런 과정을 통해 김구는 임시정부 사수파인 송병조, 차리석 및 이동녕, 엄항섭과 함께 임시정부 옹호 세력의 구심이 되었다.

(2) 김규식의 민족혁명당 "사직"

정확한 이유는 알 수 없지만, 민족혁명당이 결성되고, 한국대일전선통일동맹이 해산되는 시점에 김규식은 민족혁명당과 임시정부를 모두 떠나기로 결정한 것으로 보인다. 몇 가지 생각할 수 있는 지점이 있다.

---

50 신주백, 2009, 위의 책, 95~99쪽.
51 衛黨生, 「黨逆 조소앙의 정체를 폭로한다」, 『민족혁명당 당보』 제2호(1935. 10. 18); 『대한민국임시정부자료집』 37.
52 『思想情勢視察報告集』 2, 48쪽; 金正明, 1967, 『朝鮮獨立運動』 2, 原書房, 531~532쪽; 윤대원, 2022, 『제국의 암살자들: 김구 암살 공작의 전말』, 태학사, 294~296쪽.

먼저 김규식은 한국대일전선통일동맹과 중한민중동맹를 대표하는 인물이었다. 한국 독립운동단체의 통일전선과 중한연대의 핵심 역할을 했으나, 민족혁명당이라는 단일정당이 창당되면서 그 중심적 역할을 상실했다. 민족혁명당은 중앙집행위원회 위원장이 없는 상황 속에서 김원봉이 실질적 주도권을 행사하는 당조직으로 변화했다. 김규식은 민족혁명당에서 중앙집행위원과 국민부장이라는 유명무실한 직책을 맡았다. 국민부는 국내과와 해외과로 나뉘었는데, 국내과는 문서·인장을 보관하고 국내 민중단체를 운용·조직하는 일을, 해외과는 해외단체를 운영·조직·지도하며 교민 자치기관을 설치하는 일을 맡았다. 국민부의 위상과 역할 자체가 유명무실한 형식적 부서임을 알 수 있다. 여기에 조소앙과 신익희가 부원으로 배치된 것이다. 결과적으로 조소앙뿐 아니라 김규식 역시 민족혁명당 내에서 군소 지도자 중 한 명으로 위치가 설정된 셈이었다.

다음으로 민족혁명당이 창당되면서 김규식의 개인적 지지 기반이었던 대한독립당이 해산된 점도 중요한 타격이 되었을 것이다. 대한독립당은 명칭이 정당이었을 뿐, 사실상 김규식의 미국 내 지지자·후원자 그룹이었다. 김규식은 1933년 도미 활동의 결과 미주에서 대한독립당, 한국대일전선통일동맹 뉴욕지부, 중한민중동맹 뉴욕지부 등을 조직했는데, 이런 노력의 결과물들이 사실상 해체된 것이다. 통합된 민족혁명당 국민부장이라는 직함은 미주 지지자들에게도 면목이 서지 않는 것이었다. 김규식의 장점인 외교관으로서의 명망성과 미주 내 대표성이 상실되었다. 외교위원회가 사라진 점도 같은 맥락에서 이해할 수 있다. 의열단이나 신한혁명당 등이 해체를 선언했지만 실질적으로는 당내 주요 세력이자 파벌로 실재할 수 있었던 반면, 김규식의 지지 기반인 재미 대한독립당은 민족혁명당 결성과 동시에 완전히 사라질 수밖에 없었다.

1930년대 후반 이후 재미한인사회에서 등장하는 조선의용대 미주후원회, 민족혁명당 미주지부 등은 김규식 개인 혹은 대한독립당, 한국대일전선통일동맹과는 무관한 인물들이 주도했다. 김규식은 하와이에서 이용직에게 신임을 부여했으나, 그가 귀국한 후 한길수를 중심으로 중한민중동맹단이 김규식의 명의와 권위를 내세워 적극적으로 활동하게 되었다.

다음으로 김규식과 민족혁명당 사이의 이념 차이가 존재했을지 여부를 살펴보자. 민족혁명당이 조직되는 과정에서 일부 사회주의자들은 민족혁명당이 사회주의 이념을 포기했다며 민족혁명당 합류를 거부했으며, 중국공산당에 가담한 공산주의자들도 민족혁명당에 참가하지 않았다. 반면 일부 민족주의자들은 보수적 입장에서 반공을 내세우며 민족혁명당의 급진적 사회주의 노선을 비판하기도 했다. 민족혁명당 강령에는 (1) 일제 박멸, 민족 자주독립 완성, (2) 봉건 세력과 반혁명 세력 숙청, 민주집권제 정권 수립, (3) 소수가 다수를 착취(剝削)하는 경제제도 소멸, 생활상 평등제도 확립, (9) 토지 국유, 농민 분급, (10) 대규모 생산기관 및 독점 기업 국영, (11) 국민 경제 활동은 국가 계획하 통제 등을 내세우고 있는데, 대체적으로 민족주체·민중 중심의 진보적 노선으로 평가할 수 있다.[53] 분명한 점은 민족혁명당의 이념과 노선이 중국국민당정부가 허용할 수 있는 범위 내의 진보적 주장이자 중국 관내 한국 독립운동 세력이 용인·공감·수용할 수 있는 범위의 주장이었다는 사실이다. 이런 측면에서 김규식과 김원봉·민족혁명당 사이에 이념적으로 큰 간극이 있었다고 볼 수는 없다.

이념적 갈등보다는 중국 군부로부터 비롯된 재정자금과 군사훈련을 통해 양성한 군관 청년들로 당을 장악·운영하며, 김규식의 활동 공간을 국한시키고 실질적으로는 허수아비 취급을 한 데 대한 불만과 갈등이 있었을 개연성이 높다. 즉, 한국대일전선통일동맹의 최고지도자이자 단일당 창당의 대표 격이었던 김규식이 민족혁명당이 조직되자 사실상 용도 폐기된 상태에 놓이게 된 셈이었다. 지도급 인물들과 민족통일·정당통일을 논의해

---

53 염인호, 1993, 위의 책, 188~191쪽.

창당에 이르렀으나, 이후 조직과 자금을 통해 수직적으로 당을 지배하려는 김원봉·의열단 계열에 대한 실망이 자리하고 있었던 것이다. 이념적 지향이나 방향은 큰 차이가 없었으나, 창당 과정과 당 운영 과정에서 관계가 파열된 것으로 해석된다. 김원봉과 함께 일을 도모했던 김규식, 조소앙, 이청천, 유동열, 윤기섭 등이 1940년대 이후 모두 김원봉과 거리를 두게 되는 불행한 출발점이었다.

종합하면 김규식은 한국대일전선통일동맹과 중한민중동맹이라는 표면단체, 통일전선의 대표적 지도자로서의 위상을 가졌는데, 통일전선운동의 결과 탄생한 민족혁명당에서 일개 부장으로 격하되었고, 그것도 김원봉의 지휘를 받는 모양새를 취하게 됨으로써 대실망하거나 낙담했을 가능성이 높다. 이런 구조의 민족혁명당은 최초 목적과는 달리 분열을 품은 통일로 출발했던 셈이다. 최초의 민족혁명당 중앙집행위원들과 각부 부장들 가운데 이청천, 최동오, 유동열, 이광제, 박창세, 양기탁, 현익철, 김학규, 강창제 등 남만주에서 내려온 조선혁명당 출신 인사들도 1937년 민족혁명당과 결별했다. 이들은 임시정부에 합류해 임시정부의 여당인 한국독립당으로 통합되었으나, 진정한 단일대오를 이룰 수 없었다. 낙양분교 한인특별반과 민족혁명당을 거치면서 형성된 내적 균열은 해방 후 서서히 드러나기 시작했다. 통일을 향한 시도가 분열을 가져왔고, 다른 통합은 내적 파열을 안은 채 출발하는 일이 반복된 것이다.

민족혁명당 제7회 중앙집행위원회(1935. 10. 21)는 "김중문(金仲文) 동지의 사고에 따른 중앙상무위원회 겸 훈련부장 사직원을 수리"한다며 김규식의 사직을 처리했다. 즉, 김규식은 '사고'에 따라서 중앙상무위원 및 훈련부장을 사직한 것으로 처리된 것이다. 김규식의 사고는 남경 민족혁명당을 떠나서 성도 사천대학 교수로 이주한 사실을 의미한다. 민족혁명당 창당 당시 김규식은 국민부 부장으로 되어 있으나,[54] 이 시점에는 훈련부장으로 명시되어 있다. 같은 기록에 따르면 제명된 조소앙이 국민부장을 맡았던 것으로 되어 있다. 민족혁명당이 창당된 1935년 7월부터 10월 사이에 김규식은 국민부 부장에서 훈련부 부장으로, 조소앙은 국민부 부원에서 국민부 부장으로 이동한 것으로 추정된다.[55] 김규식을 대신해 중앙상무위원회에 윤기섭, 훈련부장에 석정(石正, 윤세주尹世胄), 국민부장에 김학규가 선임되었다.

한편 임시의정원 상임위원회는 1935년 9월 1일 민족혁명당에 참가하기 위해 사직청원을 한 국무위원 유동열, 양기탁, 김규식, 최동오, 조소앙을 해임했다.[56] 1935년 11월 2일 임시의정원 정기회의는 국무위원 보결선거를 실시해 이동녕, 이시영, 김구, 조완구, 조성환 5인을 선출했고, 임시의정원 상임위원으로 조소앙, 김붕준, 양묵 3인을 선출했다. 11월 3일 국무회의는 주석 이동녕, 내무장 조완구, 외무장 김구, 군무장 조성환, 법무장 이시영을 새로 뽑고 재무장 송병조, 비서장 차리석을 연임시켰다. 이로써 임시정부는 송병조 등 임시정부 사수파, 민족혁명당에서 탈당한 조소앙 등 옛 한독당 계열 그리고 김구 계열 등을 규합하여 재건되었으며, 명백히 김구의 주도하에 움직이기 시작했다.

김구의 임시정부 귀환은 2가지를 의미했다. 첫째, 민족혁명당으로 대표되는 유일당 운동이 임시정부 해소론·해체론으로 이어지는 것을 차단한다는 의미였다. 둘째, 중국국민당으로부터 지원되는 재정자금이 임시정부로 들어오는 통로가 마련되었다는 의미였다. 재정 결핍과 주요인물들의 탈퇴로 해체 위기에 놓여졌던 임시정부가 김구·이동녕 주도하에 재편되는 순간이었다. 1935년 임시정부의 세입은 1,547원, 1936년 2,893원, 1937년

---

54 朝鮮總督府 警務局, 「滿洲事變を契機とする國外民族運動の戰線統一問題」, 『高等警察報』 5, 83~84쪽; 사회문제자료연구회, 『사상정세시찰보고집』 2, 35~36쪽; 신주백, 2009, 위의 책, 75쪽.
55 『민족혁명당 당보』 제2호(1935. 10. 18).
56 『대한민국임시정부공보』 제60호(1935. 11. 25).

2,961원으로 늘어나기 시작했는데, 아직 중국정부로부터 예상했던 '특종수입' 50만 원은 들어오지 않았으나, 재미한인들의 인구세 납부가 늘어나기 시작했다.[57]

　　김규식은 1930년대 초반 전력을 다했던 한국대일전선통일동맹이 민족혁명당으로 귀결되는 과정에서 중국 관내 좌파 통일전선의 지도자, 한중연대의 지도자, 재미한인의 대표자로서 면목을 잃게 되었다. 재정적 후원과 조직적 기반이 없는 김규식의 현실적 한계일 수밖에 없었다. 중국정부로부터 흘러나온 재정적 후원과 군사적 지원은 김원봉·의열단과 김구·한인애국단의 두 갈래 흐름을 만들어 냈고, 두 세력은 중국 관내 한국 독립운동 세력을 정치 조직인 민족혁명당과 임시정부(한국독립당), 군사조직인 조선의용대와 한국광복군으로 분립했다. 그 속에서 명망가이자 외교가였던 김규식의 입지는 축소될 수밖에 없는 구조였다. 자신에게 맞지 않는 자리에 계속 앉아 있을 수는 없었기에, 김규식은 1935년 하반기 홀연히 민족혁명당과 임시정부 모두를 떠났다. 그의 선택은 사천성 성도에 있는 국립사천대학 교수였다.

57　한상도, 2008, 위의 책, 148쪽.

4 온축의 사천대학 교수 시절(1935~1942)

(1) 영문학 교수 생활과 저술

1935년 이후 김규식은 임시정부는 물론 민족혁명당에서 물러나 사천대학 교수가 되었다. 당시의 사정을 김규식은 1950년 3월 5일 자 이력서에 이렇게 적고 있다.

> 교육경력: (전략) 1935~1942년 성도 및 아미산 국립사천대학 외국어문학과 교수 및 학과장
> 저작:『엘리자베스 시대 연극 입문』(An Introduction to Elizabethan Drama, 국립사천대학 출판부, 1938),『실용영어』(Practical English) 2책(成都 英語週刊社, 1945),『실용영문작문법』(Hints on English Composition Writing, 重慶 中華書局, 1944),『완용사』(Wan Yuing Tze, 성도 영어주간사, 1943),『양자유경』(The Lure of the Yangtze, 워싱턴디씨에서 출판 준비 중, 1945).[58]

---

58 「김규식 자필 이력서」(영문, 1950).

김규식은 1935~1942년간 사천대학 외국어문학과 교수 및 학과장을 지냈다고 기록한 것이다. 김규식이 저작으로 꼽은 책들은 모두 사천대학 재직 시절에 출간되었거나 준비한 것들이다. 영어, 영문학, 영작문, 영시 등을 다룬 것으로 당시 김규식의 영문학 교수 생활을 반영한다. 『엘리자베스 시대 연극 입문』(An Introduction to Elizabethan Drama)은 1938년(혹은 1940년) 사천대학 출판부에서 출간되었으므로,[59] 김규식이 사천대학에 부임한 직후 교재로 사용한 것으로 생각된다.[60] 현재 이 책은 남아 있지 않다. 16세기 후반부터 17세기 초반의 엘리자베스 시대는 연극이 예술의 중심을 이루고 영국의 문호 셰익스피어가 활발하게 활동한 시기였으므로, 영어영문학 전공 교수로서 제일 먼저 다룰 수 있는 주제였을 것이다.

　『실용영문작문법』(Hints on English Composition Writing)은 1944년 중경 중화서국(中華書局)에서 초판 간행되었다. 346쪽에 달하는 방대한 분량인데, 중국 학생들이 현명한 영어를 구사하게 하려고 만든 교재였다. 중국 학생들의 형편에 맞춰 중등 정도의 영어 실력이 있는 대학생을 상대로 해서 만든 책이었다. 이정식에 따르면 (1) 작문에 대한 총론, (2) 단어의 사용법, (3) 문장, (4) 단락, (5) 작문 전체의 구성으로 나뉘어 각 항마다 좋은 문장과 잘못된 문장, 옳은 용어와 틀린 단어들을 예거하고 있다.[61] 이정식 역시 이 책에서 많은 도움을 받았다고 기술하고 있다. 이 책은 중국정부가 대만으로 피난한 후에도 수십 차례 재판이 간행되었다고 한다.[62]

　『실용영어』(Practical English)는 300쪽 2책으로 구성된 것으로 1945년

59　김규식은 1950년 자필 이력서에서 이 책을 1938년에 출간했다고 했으나, 『양자유경』의 초고본(1945. 10. 10)에서는 이 책을 1940년 성도 사천대학에서 출간했다고 적고 있다. 김규식 지음, 김상수 옮김, 안수산나·양정명 삽화, 1992, 『양자유경: 전승을 기념하여』, 보진재.
60　이정식, 1974, 위의 책, 111쪽.
61　이정식, 1974, 위의 책, 112~113쪽.
62　장회견은 민국 38년(1949) 상해 판본을 소개하고 있다. 張會見, 2016, 「우사 김규식의 교육 생애와 한국어학 연구」, 『규장각』 49, 575쪽.

성도 영어주간사(英語週刊社)에서 간행되었다. 직접 책을 살펴본 이정식에 따르면 중국정부가 각 대학 4학년 학생들에게 실용영어 과목을 필수과목으로 제정하였고 김규식이 이 과목을 맡게 되었기 때문에 책을 쓴 것이었다. 사천대학 시절이었을 것이다. 서문에서 김규식은 모든 영어가 실용적이기 때문에 특별히 실용적이지 않은 영어가 없으나, 자신이 필요하다고 생각되는 내용을 종합했다고 했다. (1) 편지 작성법, (2) 상용 영어, (3) 신문에 사용되는 영어, (4) 정치 법률 영어, (5) 외교 영어로 구분해 각 방면에서 통용되는 특수 단어와 영어의 특수 사용법들을 설명하고, 예문을 들었다. 처음부터 끝까지 영어로 되어 있다.[63]

영역(英譯) 『완용사』(婉容詞, Wan Yuing Tze)는 1943년 성도 영어주간사에서 발행되었는데, 중국 현대시인 오방길(吳芳吉)(1896~1932)의 1918년 작 서사시 「완용사」를 영어로 번역한 것이다. 24쪽 분량이며, 중국어 아래에 영문 번역을 달아 놓았다. 완용(婉容)은 여주인공 이름이다. 완용의 남편은 유럽과 미국에 수년간 유학해 박사학위를 얻었으나, 미국에서 만난 여자와 결혼하고 부인 완용에게 이혼을 강요했다. 독수공방으로 시어머니와 시동생을 모시던 완용은 미국에서 돌아온 남편의 친구로부터 남편이 미국 여자와 살고 있다는 얘기를 듣고 남편이 떠난 강가에 나가 투신자살했다.[64] 중국 콰이동백과(快懂百科)에 따르면 오방길은 1918년 사천성 서영현(敘永縣) 영녕중학(永寧中學)의 국어교사로 1년간 일했는데, 서영현성 동쪽 교외 진무산(眞武山) 산허리에 '완용묘'(婉容墓)가 있었다. 오방길은 교사 생활을 하는 중 종종 완용묘에 공물을 바치면서, 『완용사』(婉容詞)의 최초 아이디어를 얻었고, 이를 현실 생활과 결합하여 반복해 숙성시킨 끝에 『완용사』(婉容詞)를 만들었다.[65]

---

63 이정식, 1974, 위의 책, 113쪽.
64 이정식, 1974, 위의 책, 111~112쪽.

비극적인 완용 이야기는 많은 독자를 감동시켰으며, 당대 구미 유학생들이 향처를 버리고 신식 부인을 마다하지 않던 세태에 비춰 볼 때 현실감이 있었을 것이다. 구미 유학생이라는 당대 최고 엘리트가 새로운 서구의 가치관과 자유연애 풍속을 따라 본부인을 서슴없이 버리는 세태 속에서, 수절하며 향리와 가족을 지키던 본부인은 자살에 이른다는 설정은 작위적이지만 중국은 물론 동아시아 근대 유학생들과 그 가족이 당면한 비극적 근대성의 단면을 직관적으로 보여 줬기 때문일 것이다. 서구 근대와 지식을 쫓아 유학을 떠났으나, 정작 서구적 근대를 경험한 이후 동양의 전통적 가치관, 가족관계, 결혼관계를 서슴없이 저버리게 되는 상황 속에서 본부인이 자살하게 되는 비극성은 서양의 침략에 놓인 동양의 정신적, 윤리적, 도덕적 붕괴로 비춰진 것이다.

김규식의 마지막 저작은 『양자유경』(揚子幽景, The Lure of the Yangtze)으로 1945년 10월 10일에 완성되었다.[66] 일본이 항복한 이후 전승을 기념하기 위해서 쓴 것이다. 승리의 기쁨을 느끼며 고국으로 돌아갈 날을 기다리며 뜨겁던 1945년 여름 중경에서 언더우드타자기로 작성한 장편 서사시이다. 말 그대로 양자강의 유혹적인 경치를 그리고 있는데, 아미산, 양자강 삼협, 중경, 장사, 상해, 항주, 소주, 진강, 양주, 성도 등의 역사, 문화, 자연경관, 민속풍습을 찬양한 것이다. 중국 대지에서 보낸 자신의 망명과 독립운동 시절을 기념한 것이다. 시는 서문과 후기를 제외하고 총 5장으로 구성되어 있으며, 상해-남경-한구-중경-아미산(峨眉山)

65　https://www.baike.com "吳芳吉"(2022. 10. 14. 검색).
66　김규식, 「저자의 말」, 1992, 『양자유경』, 보진재. 일자는 1945년 10월 10일로 적혀 있지만, 글 가운데 핏치 박사(Dr. George A. Fitch), 버치 중위(Lt. Leonard Bertsch) 등의 원고 검토에 감사한다는 구절이 적혀 있다. 버치는 1946년 중반 이래 주한미군 사령관 하지의 정치고문으로 좌우합작운동과 입법의원을 막후에서 지원했다. 핏치 박사는 윤봉길 의거 이후 김구를 피신시키는 등 한국 독립운동을 원조했으며, 1947년 7월에 서울을 방문했다. 따라서 「저자의 말」의 실제 작성일자는 1947년 말 이후였을 것이다.

으로 향하는 곳곳의 명승과 절경을 그리고 있다. 김규식의 성격을 반영해 이 시집에 총 88개의 각주를 붙이고 있는데, 1장 4개, 2장 26개, 3장 17개, 4장 13개, 5장 28개 등이다. 각주는 인물, 지명, 건물, 사건, 고사, 한시 원문 등을 설명하는 내용으로 구성되어 있으며, 한자 원문도 표기하고 있다. 김우애는 아버지 김규식이 1945년 해방 이후 한여름 중경에서 참고문헌도 없이 이 원고를 작성하던 일을 기억했다. 김규식이 1935~1942년간 근무했던 사천대학에 자신이 가지고 있던 장서를 모두 기증했기 때문이다.

김규식은 이 시집을 워싱턴디씨에서 출판하려고 준비했다. 김규식은 미국 출간을 위해 중국 외교관으로 1949년 당시 주미대사였던 고유균(Wellington Koo, 顧維鈞)으로부터 발문을 얻어 놓은 상태였다. 한미문화협회 회장이던 김창순(金昌純) 박사가 출판 준비를 맡고 있었다. 시집 맨 앞에 중국의 유명화가 양정명(梁鼎銘)이 대협곡과 아미산 풍경을 묘사한 그림 2점이 들어가 있으며, 그 외 삽화 15점이 시집 곳곳에 삽입되어 있는데, 김우애에 따르면 김구의 첫째 며느리이자 안중근의 조카인 안미생(安美生)이 14점을 그렸다.[67] 안미생의 삽화는 수묵화로 선이 부드럽고 온화한 느낌이 가득하다. 그림마다 장소나 화제(畫題)를 영어로 설명하고 있다. 김우애는 대학 졸업년이던 1949년 봄 워싱턴디씨로 가서 김창순이 준비 중이던 『양자유경』의 출간을 돕기 위해 며칠 동안 원고 사본을 타이핑했다. 그해 6월 김창순 박사는 출간을 단념하고 원고 원본과 김우애가 타이핑한 사본을 보내 왔다. 김우애는 김규식이 출판을 단념한 것으로 짐작했다.

---

[67] 김우애(Pauline Wuai Kimm Chang), 「원고 보관자의 말」(1992. 4), 1992, 『양자유경』, 보진재, 101~108쪽. 상해를 소개하는 두 번째 삽화 1점(The Bund, Shanghai)은 그림이 아니라 사진이다. 김규식의 손녀 김수옥은 원본 그림을 김유혁 교수가 가지고 있으나, 당사자가 그림을 찾을 수 없다고 하는 상황이라고 했다. 「김수옥 인터뷰」(2022. 10. 21. 의친왕기념학술대회).

『양자유경』이 세상에 알려진 것은 1974년 이정식이 『김규식의 생애』에 일부를 소개하면서였다. 이정식은 김순애로부터 삽화가 들어 있지 않은 초고 사본을 받아 활용했다.[68] 시집 원본은 김우애가 보관하고 있다가 1985년 중국 방문 시 사본 한 부를 사천대학에 증정했고, 1992년, 2000년, 2020년 3차례 한국에서 번역·출간되었다.[69] 『양자유경』의 출간 준비용 원본을 그대로 활용해 번역하고 양정명·안미생의 그림이 선명하게 인쇄된 것은 김우애가 살아 있던 1992년 간행판이며, 가장 세심하게 번역 작업을 한 것은 2020년 간행판이다.

화가 양정명(梁鼎銘, 1898~1959)은 본명 양협신(梁協燊)으로 중국 근대 예술에 있어서 거장 중 한 사람으로 꼽힌다. 중국화와 서양화 모두에 능해 둘을 융합하고, 문학과 서예에 능통해 회화의 영역이 넓었다. 청년기 중국혁명에 가담했고, 1926년 황포군관학교에서 화보 편집을 담당했다. 1929년 장개석의 도움을 받아 프랑스, 벨기에, 독일, 이탈리아 등의 예술을 돌아봤다. 1930년 귀국 후 장개석은 양정명을 위해 남경 영곡사(南京靈谷寺)에 전서실(戰書室)을 만들어 혁명역사 그림을 그리게 했다. 『남경보』(南京報) 중국화(國畵) 편집, 『상해문화보』(上海文畵報) 편집장, 군사위원회 설계위원 등을 맡았다. 항일전쟁과 관련해 많은 그림을 그렸다.[70] 사천성 오통교(五通橋)에 있던 화가 오성지(吳成之)의 감귤밭에서 김규식을 만나 교류했다. 양정명의 형제들인 양중명(梁中銘)·양우명(梁又銘) 등도 오성지와 교분을 나누었다. 양정명이 그린 두 폭의 그림과 그 화제(畵題)는 다음과 같다.[71]

---

68 이정식, 위의 책, 119~124쪽.
69 김규식, 1992, 『양자유경』, 보진재; 김규식 지음, 우사연구회·황건 고쳐옮김, 2000, 『양자유경: 전승을 기념하여』, 한울; 우사연구회 엮음, 황건 고쳐옮김, 2020, 『양자유경: 전승을 기념하여 우사김규식 박사의 영문장시』(우사 김규식 생애와 사상 4), 삼진.
70 https://zh.wikipedia.org "梁鼎銘"(2022. 10. 14. 검색).
71 화제(畵題)는 양진석 선생(전 서울대학교 규장각)이 한자로 정서하고 한글로 설명해 준 것을

또 다른 대협곡 풍경

벽에서 일어난 웅장한 바람 노젓는 소리를 그치고
비 갠 뒤 무지개 폭포 위를 날으니 아득히 높은 것을 알겠네
원숭이 울어대고 흐르는 물은 현(絃)의 울음소리 재촉하니
아마도 그 모습 몰래 파도 일으키려 하네

우사 선생께 삼가 드림
양정명

梁鼎銘 畵(Another View of the Gorges by Liang Tingming)

壁起雄風止櫂歌
霽虹飛瀑識嵯峨
猿鳴流水絃聲促
象有潛作欲動派

尤史先生法正
鼎銘

양자강을 거슬러 올라가며 김규식과 함께 느낀 양자강의 절경을 그림으로 그리고 화제로 삼은 것임을 알 수 있다. 양정명은 배를 빌려 김규식과 오성지를 태우고 양자강 강변을 오르내린 바 있다. 첫 번째 그림은 폭포 옆 급류가 지나는 협곡을 작은 봉선(小蓬船)으로 헤쳐 나가는데, 사공 6명이

조금 수정했다. 양진석 선생의 도움에 감사드린다.

양정명, 「또 다른 대협곡 풍경」(1945), 『양자유경』.

앞에서 노를 젓고, 뒤에 키잡이 1명이 있으며, 차양이 처진 선실에 앉은 인물 1명이 있다. 김규식, 양정명, 오성지가 이 배 안에 앉아서 양자강의 대협곡·폭포·급류를 헤치고 나가는 중인 것이다. 사공들의 입성으로나 장소로 보건대 한여름 양자강 협곡의 풍광일 것이다.

또 하나의 아미산 풍경

길 가는 중에 소나무 안개 끼어 눈앞에 짙고
아미산 높게 솟아 흰 구름에 봉해지고
절벽엔 온갖 것 울창하여 그림을 빽빽하게 그린 듯
가을바람 한 줄기 기운 온 모습 바꿨네

우사 선생께 삼가 드림
양정명

梁鼎銘 畵(Another Scenery Sketch of Mount Omei by Liang Tingming)

半路煙松入眼濃
峨眉高聳白雲封
懸崖蔚萬揮毫密
一氣秋風盡改容

尤史先生敬正
鼎銘

두 번째 그림에는 운무 위로 솟은 3개의 봉우리를 묘사하고 있는데,

양정명, 「또 하나의 아미산 풍경」(1945). 『양자유경』

구름 너머 멀리 솟은 가장 높은 봉우리에 집이 있으며, 두 번째 봉우리 옆 길로 한 사람이 지나고 있다. 이 사람은 세 번째 가장 높은 봉우리의 집을 향하는 중으로 보인다. 산봉우리를 향한 길이 있지만, 구름 아래로 도대체 얼마나 깊은 골짜기를 오르내려야 하는지 가늠할 수 없을 정도로 비현실적 이며 속세를 떠난 선경이다. 이런 구름 위로 솟은 아미산 봉우리를 향해 걸어가는 이 사람이 바로 김규식일 것이다. 이미 첫 번째 봉우리를 지나 두 번째 봉우리 정상에 올라가고 있으니, 이 사람도 반쯤 선경에 들어서 있다. 세 번째 봉우리에 오르면 선인이 될 듯한 풍모이다. 구름이 아니라 바다 속을 헤치고 가는 느낌으로 다가온다. 가을 아미산의 풍광을 그렸을 뿐만 아니라, 속세를 벗어나 구름 속을 헤치고 깊은 계곡을 오르내리며 높은 봉우리를 향하는 사람의 이상주의적이고 고고한 정신을 묘사하고 있다.

첫 번째 그림은 한여름 협곡과 폭포를 헤치고 나아가는 작은 배를, 두 번째 그림은 늦가을 운무를 헤치고 큰 봉우리를 향해 가는 사람을 묘사하고 있다. 모두 자연의 절경이 부여한 도전을 극복하고 앞으로 나아가는 인간 정신을 묘사하고 있으니, 양자강의 유혹적 경치를 묘사했을 뿐만 아니라 김규식의 의지적 삶을 예찬하는 것으로 해석해도 무방할 것이다. 양정명이 김규식에게 헌사한 그림의 뜻이 이 속에 있을 것이다.

안미생은 김구의 큰아들 김인(金仁)의 아내인데, 미술에 소질이 많고 영어에 능통했다. 김우애가 1년 다닌 국립중앙대학교 선배였다. 김인은 해방 직전 1945년 중경에서 폐결핵으로 병사했다. 안미생은 김구·김규식과 함께 1945년 11월 귀국했으며, 1947년 중국 상해를 거쳐 미국으로 향했다. 안미생은 1949년 김구의 암살 이후 김구 일가와 연락이 끊겼으며, 김인·안미생의 외동딸 김효자는 김구의 주치의 박병래(朴秉來) 의사 집에서 자라 서울대 미대 조소과를 졸업한 후 1965년 안미생을 찾아 도미했다. 안미생(Susanna Susie Ahn, 1919~2008)은 도미 후 몽고메리 현(Montgomery K. Hyun)과의 사이에서 아들(Thomas C. Ahn)을 낳았으나 결혼하지는 않았다.[72] 뉴욕주 서퍽군(Suffolk County) 롱아일랜드 북쪽에 위치한 노스포트(Northport)에서 『페니세이버』(The Pennysaver)와 『노스포트옵서버』(The Northport Observer) 등의 상업화가로 활동했으며, 『커시드랄아트오브노스포트』(Cathedral Art of Northport)에서도 일했다.[73] 안미생은 2008년 11월 사망해 뉴욕주 서퍽군 이스트노쓰포트(East Northport)의 세인트필립네리 묘지(Saint Philip Neri Cemetery)에 묻혔다.[74] 안미생은 2022년 3.1절에 독립유공자로 건국포장을 수여받았다.[75]

김규식의 차남 김진세에 따르면 김규식이 남경 중앙정치학원에 갈 때 중국국민당정부가 신분을 보장하기로 했다. 그런데 일제의 중국 침략이 본격화되면서 일본 형사나 밀정의 활동이 활발해지고 한국 독립운동자 보호에 대한 일본의 항의가 거세졌다. 이에 중앙정치학원 측에서 안전한 성도 사천대학을 알선해 주었다는 것이다.[76] 김진세는 남경 시절 부모를 따라

---

[72] 몽고메리 현의 한국 이름은 현만규(玄晩圭, 1922~2016)이다. 평북 안주에서 출생했으며, 평양공립고보(1935~1939)·경성고등상업학교(1940~1942)를 졸업했다. 해방 후 미군정 통역으로 일하다 1947년 8월 도미 유학생 33명에 포함되어 도미했다. 1949년 스와스모어대학(Swarthmore College)에서 정치학 학사, 1952년 컬럼비아대학에서 공법 및 행정학 석사, 1956년 조지타운대학에서 법학 학위를 받았다. 한국전쟁기 「미국의소리」 방송에서 아나운서로 일했다. 1960년 미국시민권을 얻었고, 워싱턴디씨 변호사가 되었다. 법률회사에서 일하다 이후 미국연방통상위원회(FTC)에서 일했다. 1973년 FTC 행정법 판사로 임용되었고, 1987~1990년간 수석판사로 일했다. 부인 아리엘(Ariel Hollinshead Hyun)은 조지타운대학 의학센터 의학과 명예교수를 역임했다. "MONTGOMERY HYUN Obituary," *The Washington Post*, August 7, 2016; "MONTGOMERY HYUN Obituary," *New York Times*, August 7, 2016; "Ariel Hollinshead Hyun, PhD, a Pioneer in Cancer Vaccines, Dies at Age 90," *The ASCO Post*, October 10, 2019.
[73] "Obituary of Susanna Ahn" https://nolanfh.com/tribute/details/712/Susanna-Ahn/obituary.html (2021. 12. 20. 검색).
[74] https://www.findagrave.com/memorial/189814494/susanna-ahn(2021. 12. 20. 검색); 김창희, 「안중근 조카, 여독립운동가 안미생 흔적 75년 만에 찾았다 [기고] 수지 안 묘소, 미국 뉴욕에서 확인, 한국 떠난 이유 등은 여전히 의문」, 『프레시안』(2022. 2. 7).
[75] 김인-안미생의 외손녀 Janet Fisher(김효자의 딸) 부부는 2024년 6월 서울을 방문해 안미생의 훈장증을 수령했고, 이를 백범김구기념관에 기증했다. 「김구 맏며느리 안미생 지사, 백범김구기념관에 건국포장 기증」, 『연합뉴스』(2024. 6. 25).

교회를 다닐 때도 일본 형사·밀정들의 활동이 활발해져 부득이 교회도 다니지 못하게 되는 등 행동 제약이 따랐다고 했다. 남경 시절 김규식은 자신의 이름을 여일민(余一民)이라고 했는데, 여(余)와 일(一)을 합하면 김(金)이 된다.

(2) 화상마 찻집, 죽근탄 감귤원의 김우사

한편 최근 사천대학에서 간행된 글에 따르면 김규식은 김우사(金尤史)라는 이름으로 1935~1945년 10년간 사천대학 외국어문학과 교수 및 학과장(川大外文系教授兼系主任)을 지낸 것으로 되어 있다.[77] 사천대학 당안관(檔案館) 자료에 기초한 이 글은 사천대학 시절 김규식의 여러 면모를 설명하고 있다. 1935년 9월 사천대학 총장 임홍준(任鴻雋)은 교수 채용을 위해 북경, 상해 등 여러 곳을 방문했고, 당시 남경 중앙정치학교에서 가르치고 있던 김규식이 채용에 응해 성도의 사천대학에 도착했다. "반백의 노인은 평범한 외모에 다소 걱정스러워 하는 기질 외에는 평소에 친절"했다. 김규식은 사천대학 학생들에게 강의할 때 1919년 임시정부 외무총장이 되어 파리강화회의에 참가해 「독립공고서」(獨立控告書)를 제출했다는 것을 여러 번 언급했다. 일제의 주권 침략과 민족 탄압, 식민 통치의 폐지, 독립 회복을 요구한 「독립공고서」를 참가한 강대국들에게 여러 차례 보내며 지원을 요청했지만, 성공하지 못했다고 항상 분개하며, 일제에 대한 증오와

---

[76] 「김진세증언」(1970. 5. 11), 이정식, 1974, 위의 책, 109~110쪽.
[77] 刘乔, 「抗战激流中的川大外教金尤史」, 四川大学档案馆(2018. 5. 11). https://archives.scu.edu.cn/info/1015/1597.htm; 刘乔, 「抗战激流中的川大外教金尤史」, 『四川大学新闻网』(2019. 4. 1). 2018년 사천대학 당안관 포스팅에는 (1) 김우사(김규식)의 이름이 등록된 사천대학 교직원 명부(名冊, 1943) 사진, (2) 김규식의 재미교포 상대 영어 방송연설 원고 (1943. 8. 5) 사진이 포함되어 있다.

조국의 회복에 대한 절망감 등을 표현했다.

김규식은 사천대학에서 「고등영어문법과 수사학」, 「실용영어」 등의 영어학 과목과 「16세기 영국문학」, 「셰익스피어 희극」 등 영문학 과목을 담당했다.[78] 김진세는 김규식이 학생들에게 인기가 상당했고, 중국어 구사에도 문제가 없었다고 했다. 농담도 잘하고 영문학에 조예가 깊어 학생들에게 인기를 샀다는 것이다. 성도 시절 김규식은 김우사(金尤史)로 알려졌다.[79]

1937년 중일전쟁이 시작되자, 사천대학 교직원과 학생들은 항일운동에 동참했고, 외국어문학과 교수와 학생들도 동참했다. 사천대학 항적후원회(四川大學抗敵後援會)가 조직되었고, 김규식은 전시상식편역위원회(戰時常識編譯委員會) 위원으로 다양한 활동에 참가했다.

교수와 학생들은 슬로건을 걸고, 전단지를 배포하고, 거리에서 연설하고, 항일군을 위한 기부금 모금에 동참했다. 외국어문학과 교수와 학생들은 진보적 출판물을 창간했는데, 이부가(李扶伽) 등이 창간한 『문예월간』(文藝月刊), 오스트리아 출신 독일어 교수인 바이스(魏璐詩, Ruth F. Weiss)가 창간한 영문잡지 『성도신문』(成都新聞)은 중국 학생들의 항일운동 참여를 소개했는데, 외국어문학과는 학과장 김우사(김규식)의 지도하에 항일전쟁에서 활약하는 학과였다.[80]

1938년 10월 국민당정부는 중경으로 수도를 옮겼고, 1939년 7월 29

---

78 陈光复·朴根亨, 2005, 「抗战时期川大外文系主任金尤史教授」, 四川大學档案馆; 張會見, 2016, 위의 논문, 573쪽.
79 「김진세증언」(1970. 5. 11), 이정식, 1974, 위의 책, 110쪽.
80 https://www.baike.com/wikiid "魏璐诗"(2022. 10. 14. 검색). 바이스(1908~2006)는 유태계 여성으로 1937년 중일전쟁 발발 후 중국 성도에 와서 화서대학(華西大學), 중앙대학(中央大學) 의학원(醫學院) 영어교수로 일하며 성도 『신문쾌보』(新闻快报)의 편집을 맡았다. 1943년 중경에 가서 교회총회, 주중 캐나다대사관, 중경 연합국신문 선전처 등에서 일했다. 1955년 중국 국적을 취득해 중국인민정치협상회의 제6기, 제7기 전국위원회 위원을 역임했다.

일 일본군의 폭격으로 성도 사천대학은 큰 피해를 입었다. 공습을 피해 사천대학은 학교를 산악지역인 아미산(峨眉山)으로 옮겼다.[81] 1939년 김규식은 가족을 학교로 데려왔다. 김규식은 아미산에서 멀지 않은 낙산(樂山)으로 옮겨온 무한대학(武漢大學)으로 가서 겸임교수로 일하면서, 외부와 소통하며 연락을 취했다. 김규식은 중경 임시정부와 접촉하며 임시정부 국무위원, 선전부장, 교육부장을 지냈고, 임시정부 부주석에 당선되었다. 1943년 2월 24일 김규식은 조선민족혁명당 주석이 되었다.

1943년 3월 사천대학교는 아미산에서 성도로 돌아왔고, 김규식도 성도와 중경을 자주 오가거나 연락원을 통해 항일운동을 지도했다. 김규식은 임시정부 선전부장으로 다수의 진보적 잡지에 글을 기고했는데, 대표적인 것이 「카이로회담과 한국」(開羅會議與韓國)으로 한국의 독립국가 수립을 강조한 것이다. 또한 재미한국인들을 상대로 방송에서 연설하였다. 사천대학은 김규식이 자타칭 반(半)중국인(半個中國人)이었으며, 사실상 영원한 사천성인이라고 평가했다.[82]

사천대학 시절 김규식은 사천성 서남부에 위치한 오통교(五通橋)에 사는 화가 오성지(吳成之)와 교류했다.[83] 오통교는 소금 생산으로 유명하고 경제 활동이 번성한 곳으로, 항일전쟁 당시 아름다운 풍광과 쾌적한 환경이 어우러져 외진 곳에 위치한 작은 물의 도시였다. 사천대학 외국어과 교수인 김우사(金尤史)는 김 박사로 불렸으며, 학교 일이 끝나면 종종 오통교에 잠시 머물렀다. 여름과 겨울 휴가 때는 오래 머물렀다. 주로 태화천

---

81 사천대학 출신 인사(호회진胡淮珍)는 아미산으로 학교를 옮겼던 시절을 회고하는 글에서 김우사(金尤史)를 해외에서 공부한 저명 교수로 기억했다. 胡淮珍 口述, 谭红 采访整理, 「四川大学校史馆供图, 「1939年 川大师生"借读"峨眉山(下)」, 『成都日报』(2021. 8. 23).
82 刘乔, 「抗战激流中的川大外教金尤史」, 『四川大学新闻网』(2019. 4. 1).
83 이하 내용은 「韩国临时政府副主席曾客居五通桥」 https://www.baike.com "吳成之" (2022. 10. 13. 검색)를 참조. 오성지와 김규식의 관계는 장회견의 글을 통해 알게 되었다. 장회견, 2016, 위의 논문, 576쪽.

(太和泉)이라는 곳에 머물렀다. 오통교에서 김규식이 자주 찾는 곳은 화상마 찻집(話桑麻 茶館)과 죽근탄 감귤원(竹根灘 柑子园)이었다. "화상마"(話桑麻)는 당나라 시인 맹호연(孟浩然)의 한시 「옛사람의 집을 지나며」(過故人莊)의 한 구절인 "창문 열어 채마밭을 바라보고, 술잔을 잡고 농사일을 얘기한다"(開軒面場圃 把酒話桑麻)라는 대목을 인용한 것이다.[84] 찻집은 8~9개의 다탁(茶卓)이 놓인 기다란 건물로 은행나무와 수양버들에 둘러싸여 있었다. 찻집에서는 보리산(菩提山)과 청룡산(青龍山)의 푸르름을 볼 수 있고, 소금을 운반하는 배, 작은 차양선(小蓬船), 푸른 파도와 싸우는 어선을 볼 수 있었다. 많은 문인·묵객(文人墨客)이 이곳에 모였는데, 매일 아침 식사 후 화상마 찻집에 와서 차를 마셨다. 지방 향신(鄉紳), 문사, 사회 지도급 인사, 사천으로 온 타지방 유명인 등이 모였다. 화상마는 다양한 정보의 장이자 수준 높은 문우(文友)의 살롱이었다. 김우사뿐만 아니라, 소금 제조업의 대부호 왕명헌(王明軒), 장중명(張仲銘, 통칭 장2여단장), 화가 오성지, 양정명, 양중명(梁中銘), 양우명(梁又銘), 한국인 김지천(金之川) 등이 여기에 합류했다.

　　죽근탄 감귤원은 삼합수(三合水)의 기와집 주변에 1백 그루 이상의 감귤나무가 심어진 데에서 이름이 유래했다. 기와집 주인은 1930~1940년대 사천 남부의 유명 화가인 오성지(吳成之, 1882~1962, 자 國楨)로 중국 전통회화와 점토조각상에 능숙했다. 오성지는 배움이 깊고 견식이 넓어, 꽃을 기르고 새를 키우기를 좋아했으며, 친구를 사귀는 것을 좋아했다. 관산월(關山月), 장율광(張聿光), 장대천(張大千), 장선자(張善子), 풍자개(豊子愷), 장채근(張采芹), 오일봉(吳一峰), 양정명 형제 등 사천성 남부를 지나쳐 간 화가들이 그와 교류했으며, 지역의 젊은 화가인 이경구(李瓊久), 하경성(何康成) 등과도 종종 교류했다.[85]

84　상마(桑麻)는 뽕나무와 삼인데, 넓은 의미로 농사일을 의미한다.

1940년대 어느 날 김우사와 오성지는 화상마 찻집에서 처음 만났다. 김우사는 "오랜만에 선생님의 그림을 봤습니다. 오늘 만난 것은 진정 운명입니다. 다른 날 댁으로 방문하겠습니다"라고 했고, 며칠 뒤 김우사는 선물을 들고 감귤원으로 찾아왔다. 서로 인사를 나눈 후, 오성지가 그린 〈백조조봉〉(白鳥朝鳳)이란 그림을 보며 이야기를 시작했다. 대화는 그림에서 시로, 시에서 중국 고대문학과 역사에 이르렀다. 두 사람은 늦게까지 대화했다. 김우사는 중국 그림과 서예를 매우 좋아했기에, 오성지는 자신의 작업실을 보여 주고, 그림 두 점을 선물로 주었다. 이후 김우사는 시간이 날 때 감귤원에 와서 오랜 친구처럼 오성지와 이야기를 나눴다. 아내와 함께 올 때도 있었고, 사천대학 동료인 김지천 교수와 함께 올 때도 있었다.[86] 김우사는 오성지와 함께 감귤원에서 꽃을 감상하고, 물고기를 보고, 잡담을 하고, 감귤 맛을 보고, 오성지가 그림 그리는 것을 지켜봤다. 더운 저녁에는 화가 양정명이 작은 봉선(小蓬船)을 빌려 오성지와 김우사를 초대해 이 배를 타고 망해하(茫溪河), 용사강(涌斯江)을 오가며 시원한 바람을 즐기고 강변 풍경을 감상하며 이야기를 나눴다. 시골의 정취와 풍속을 얘기하느라 끝이 없었으며, 배는 수많은 집의 불이 켜진 후에야 돌아왔다.

　　김규식은 중국 고전문학에 능숙하고 유창한 중국어를 구사하는 데다 오성지와 거의 나이대가 같아서 의사소통, 지식, 언어에 장벽이 없었다. 공통 관심사는 서예, 그림, 예술, 문화, 고전에 그치지 않고 항일전쟁과 김규식의 개인사에까지 이르렀다. 오성지는 김규식의 내력과 파리강화회의 특

85　중국 사천성 낙산시(樂山市) 오통교구(五通橋區) 인민정부는 화가 이경구와 오성지에 관한 글, 화가 하경성에 대한 글을 소개하고 있다. 「李瓊久与画家吳成之逸事」 乐山市五通桥区人民政府 (2020. 5. 21. 검색); 「何康成」 (2020. 5. 21. 검색); http://www.wtq.gov.cn/wtqq/mrwtq/202005/a22af7c80d62479cb2ab5db1ff9d61dc.shtml (2022. 10. 22. 검색); http://www.wtq.gov.cn/wtqq/mrwtq/202005/f729f4c3d9ce41709e867416af1b503e.shtml (2022. 10. 22. 검색).

86　사천대학에 함께 근무한 한국인 김지천(金之川)이 누구인지는 알 수 없다.

사, 1925년 이래 상해 혜령영문교 설립, 상해 복단대학·천진 북양대학 교수 역임, 1935년 사천대학에 오게 된 경과를 알게 되었다. 김규식은 감정이 격해지면, 두보(杜甫)의 유명한 시「춘망」(春望)의 "나라는 망해도 산천은 의연하고, 봄이 되니 성에는 초목이 우거졌구나"(国破山河在 , 城春草木深)라는 구절이나 남당(南唐)황제였던 이욱(李煜)이 나라가 망한 후 개봉에 유폐되어 지은「우미인」(虞美人)의 "작은 누대에 어젯밤 또 봄바람이 불었는데, 밝은 달 아래 고국을 생각하니 차마 견딜 수 없구나"(小樓昨夜又東風 故國不堪回首月明中)라는 구절을 읊었다. 또한 진왕을 암살하려 한 자객 형가(荊軻)의 용맹과 남송의 명장 악비(岳飛)의 진충보국(盡忠報國) 정신을 상찬했다. 전쟁이 끝나자 오성지는 감귤원에서 김규식을 포함해 돌아가는 친구들을 위해 연회를 베풀었다.

이상의 내용은 중국 인터넷(快懂百科)에 소개된 것이다. 김규식의 영시집『양자유경』이 어떻게 해서 만들어지게 되었는지, 그 과정과 이유를 이해할 수 있다. 김규식은 사천대학 시절 오통교의 찻집과 감귤원에서 중국의 화가, 문인, 예술가 등과 교류했고, 배를 타고 양자강을 오르내리면서 절경을 감상하고 시와 예술을 얘기하고 항일전쟁을 논했다. 양정명이 빌린 작은 배는 수천 집의 불빛이 빛나는 저녁에 양자강을 거슬러 돌아왔다.『양자유경』의 시상이 여기에서 비롯되었을 것이다. 중국 친구들과 주고받은 시인·묵객의 대화가 마음 한편에 쌓이고 직접 목격한 양자강의 풍광·감상이 농밀하게 온축되었다가, 일본이 패망하고 고국으로 돌아가게 되는 순간 격정적으로 뿜어져 나왔을 것이다. 양정명이 두 폭의 삽화 그림을 선물한 것도 오통교 시절의 인연에서 비롯된 것이었다. 하지만 김규식의 유일한 시집이자 문학적 감수성과 아름다운 삽화가 들어간『양자유경』은 결국 김규식 생전에 출간되지 못했다.

사천대학 시절 김규식의 가족은 생활이 비교적 여유가 있었으며, 전쟁의 직접적 피해로부터 멀리 있었다.[87] 그러나 중일전쟁은 시시각각 격화일로로 치달았고, 중국국민당정부는 사천성 중경으로 이동했고, 한국임시정부도 1940년 그곳으로 이동했다. 바야흐로 임시정부의 중경 시대가 열리는 순간이었다. 시대의 추가 움직이자, 김규식도 다시 움직이기 시작했다.

---

87 「김진세증언」(1970. 5. 11), 이정식, 1974, 위의 책, 110쪽. 사천대학 교직원 명부(1943)에 따르면 김규식은 만 60세, 교육 경력 28.7년, 월급 500원을 받는 것으로 나타나 있다. 경력이 오래된 다른 교수들도 480원, 460원, 혹은 400원 미만을 받은 것에 비춰 볼 때 사천대학에서 김규식을 후대한 것을 알 수 있다. 刘乔, 「抗战激流中的川大外教金尤史」, 四川大学档案馆(2018. 5. 11). https://news.scu.edu.cn/info/1142/28464.htm(2022. 10. 3. 검색).

한국독립당과 민족혁명당의 대결

6

(1937~1942)

1 중일전쟁과 광복진선·민족전선의 분립(1937)

(1) 광복진선과 민족전선의 분립

1937년 7·7사변, 즉 노구교사건으로 중일전쟁이 발발했다. 일본과 중국의 군사력과 준비 정도에 현격한 차이가 있었으므로, 중국의 광활한 지역이 일본 점령하에 놓였다. 중국국민당정부는 공간을 활용해 일본군의 전력을 소진하게 한다는 지구전 전략을 세웠다. 날카롭게 중국의 주요 도시로 공격하는 일본군에 맞서 중국국민당군은 거점을 지키기보다는 후퇴해서 역량을 보존하고 공간을 확보하는 전략으로 맞섰다.

  1937년 11월 상해, 12월 남경이 일본군의 수중에 들게 되었고, 일본군에 의해 악명 높은 남경대학살과 강간이 자행되었다. 항일을 위한 중국 내 좌우, 국공 양 세력의 합작이 논의되었고, 항일을 위한 국제적 연대의 필요성이 제기되었다. 국민당은 공산당과의 합작을 정식으로 선언(1937. 9)했고, 정치범을 석방하는 한편 소련과 중소불가침조약을 체결하기에 이르렀다. 중국 공산군 주력은 국민혁명군 제8로군(사령관 주덕)으로 개칭되었는데, 우리가 잘 아는 팔로군이 바로 이것이다. 공산당이 합법적 지위를 얻게 되자 관내 한국 독립운동 진영 중 좌파들의 움직임도 활발해졌다.

김규식이 1935년 민족혁명당과 임시정부를 떠난 이후 중국 관내 독립운동 세력은 여전히 독립운동 세력의 통일이라는 화두와 과제를 놓고 분투 중이었다. 항일독립이라는 대전제의 당위성과 정당성에 의문을 제기하는 세력·인물은 없었으나, 그 방법과 주도권을 둘러싼 힘겨루기와 대립이 문제였다. 중국국민당정부로부터 발원한 한국 독립운동 세력에 대한 경제적 후원과 군사적 지원의 결과가 이러한 대립의 두 축을 만들었다. 한국인들의 독립 의지와 결합된 중국의 지원으로 민족혁명당과 조선의용대가 한 축을 형성했고, 임시정부(한국독립당)와 광복군이 다른 한 축을 형성했다. 1937년 중일전쟁 발발은 정치 세력이던 민족혁명당과 임시정부가 군사 조직인 조선의용대와 한국광복군이라는 무장력을 갖출 수 있는 직접적 배경이 되었다.

한편 중국국민당과 중국공산당은 대내적으로 생사를 건 인정투쟁을 진행하는 한편으로 대외적으로 일본제국주의와의 전쟁을 벌였다. 누가 중국 대륙을 차지할 것인가, 누가 중국 민중의 지지를 얻어 신중국의 패자가 될 것인가를 둘러싼 투쟁이었다. 중국국민당과 중국공산당은 내부투쟁과 항일전쟁이라는 두 개의 전선에서 싸우는 와중에서도 항일전쟁의 정당성을 확보하고 국제연대를 실현하는 한편, 장기적으로 종전 후 한반도에 대한 영향력 관철을 위한 지지 기반 마련을 위해 한인 정치조직·무장부대를 조직·후원했다. 항일전쟁이라는 현상적 국면에서 발원한 국제연대가 장기적 측면에서 대한정책의 일환으로 조율되는 시점이기도 했다. 중국의 대국주의적 관점과 접근이 두드러지게 나타나는 시점이었다.

1932년 상해사변, 윤봉길 의거 이후 중국 관내 한국 독립운동 진영은 기회와 위기를 함께 맞고 있었다. 한국 독립운동에 대한 중국 측 관심과 원조가 이어진 반면, 임시정부는 일제 영사경찰의 공격으로 주요 지도자가 체포되고 임시정부 청사가 파괴되었다. 또한 임시정부, 윤봉길·안창호 등에 대한 중국 측 원조를 둘러싼 불협화음으로 임시정부 내부가 흔들렸다.

외부적으로는 한국대일전선통일동맹으로 시작된 민족통일·유일당 운동은 1935년 민족혁명당으로 결실을 맺었다. 이 와중에서 한국독립당은 해체되었고, 임시정부는 사실상 무정부 상태로 붕괴 일보직전이었다.

나아가 민족유일당을 모토로 건설된 민족혁명당이 창당 직후 곧바로 분열에 휩싸였다. 민족혁명당 창당 직후 조직·부서 배치에 불만을 품은 조소앙 계열(한국독립당)이 이탈했다. 김규식도 민족혁명당을 떠나 사천대학 교수로 자리를 옮겼다. 이후 민족혁명당은 김원봉 계열(의열단)과 이청천 계열(신한독립당) 간에 주도권을 둘러싼 갈등이 이어진 끝에 1937년 4월 이청천 계열이 제명·이탈되었다. 이청천 계열은 1937년 5월 조선혁명당을 창당했다.

중일전쟁이 발발하자 중국 관내 지역에서는 한국 독립운동 세력의 통일·단결이 또다시 중요 과제이자 시대의 요청으로 부각되었다. 이는 한국 독립운동을 지원해 온 중국국민당정부의 요청이기도 했다. 중국국민당과 중국공산당 양 측에서 동일하게 제기된 국제연대의 핵심은 조중연대, 한중연대였다. 중국 정세의 변화 속에 국공합작, 좌우합작, 국제연대의 기운이 높아갔으며, 한국 독립운동 진영의 통일도 긴급하게 요구되었다. 1937년 8월 김구 세력을 중심으로 관내 우파 세력의 연합체인 한국광복운동단체연합회가 조직되었고, 12월 김원봉을 중심으로 관내 좌파 세력의 연합체인 조선민족전선연맹이 조직되었다. 우파의 광복진선과 좌파의 민족전선이라는 2개의 통일전선이 형성된 것이다.

임시정부 세력은 1937년 8월 중국 내 한국국민당(김구), 재건한국독립당(조소앙), 조선혁명당(이청천)과 재미한인단체인 대한인국민회, 하와이 대한인국민회, 동지회, 단합회, 한국애국부인회, 대한부인구제회 등 9개 단체가 연합해 8월 17일 한국광복운동단체연합회(약칭 광복진선)를 조직했다.[1] 1933년 김규식의 도미 활동 당시 한국대일전선통일동맹에 가담했던 재미한인단체들(대한독립당, 대한인국민회총회, 뉴욕 대한인교민단, 하

---

1 중일전쟁과 광복진선·민족전선의 분립

와이대한인국민회, 하와이대한인동지회) 중 대한인국민회(미주·하와이), 동지회가 광복진선에 참가했다. 1933년 김규식에게 동조했던 재미한인단체들은 1935년 민족혁명당 창당과 함께 한국대일전선통일동맹이 해체되자 낙담하거나 절망했을 터인데, 1937년에는 김구 세력의 광복진선에 합류한 것이다. 국민회와 동지회는 재미한인사회의 가장 대표적인 두 단체였으며, 오랫동안 임시정부를 지지한 세력이었다. 1933년 이래 한국대일전선통일동맹에 기대를 걸었던 재미한인들은 민족혁명당이 결성된 후 김규식, 조소앙, 이청천 등이 탈당하거나 제명되자 민족혁명당에 실망했으며, 김원봉 계열에 대한 반감을 갖게 되었다. 이러한 반감이 김구·임시정부에 대한 지지와 맞물린 것이었다. 또한 미주에서 김원봉 계열을 대표하는 한길수의 방약무인한 태도와 기성단체와의 충돌도 여기에 한 몫을 했다. 광복진선은 1940년 한국국민당·재건한국독립당·조선혁명당이 한국독립당이라는 명칭으로 통합할 때까지 임시정부의 외곽단체이자 통일전선으로 기능했다. 광복진선은 민족주의 세력의 연합으로 중국과 한중연대에 기초한 항일전쟁을 모색했다.

같은 시기 김원봉 세력 및 좌파 세력도 통일전선을 구축했다. 중일전쟁 발발 이후 남경에서 김원봉 계열 조선민족혁명당, 김성숙(김규광)·박건웅을 중심으로 상해에서 조직된 조선민족해방〔운동자〕동맹, 유자명·유림 등 무정부주의자들이 조직한 조선혁명자연맹 등이 결집한 것이다. 3개 단체 대표 15명이 논의한 결과, 조선민족전선통일촉진회가 결성되었으며, 이는 남경한족회가 조직한 재중국조선민족항일동맹과 합동해 조선독립운동자동맹이 되었다.[2] 이러한 좌파 통일전선 위에 조선민족혁명당, 조선민

---

1 「한국광복운동단체연합회 선언, 美布와 원동 각 단체의 총연합으로써 한국광복진선의 확대 강화를 선언」, 『韓民』호외(1937. 8. 7), 『대한민국임시정부자료집』 44(사진자료).
2 〔유〕자명, 「조선민족전선연맹 결성경과」, 『조선민족전선』 창간호(1938. 4. 10), 추헌수, 1972, 『자료한국독립운동』 2, 연세대학교출판부, 257~259쪽; 『사상정세시찰보고집』 9,

족해방동맹, 조선혁명자연맹 3개 단체가 연합해서 1937년 12월 조선민족전선연맹(약칭 민족전선)을 조직했다. 각 당의 대표는 조선민족혁명당 김원봉, 해방동맹 김규광(김성숙), 조선혁명자연맹 유자명 등이었다. 여기에 민족혁명당에서 탈퇴한 최창익 등 공산주의 세력이 조직한 조선청년전위동맹이 참가(1938. 9)해 민족전선은 모두 4개의 좌파단체로 구성되었다.[3]

    4개 단체의 정치·사상적 스펙트럼은 전반적으로 좌파적이면서 다양했다. 전위동맹(최창익)은 공산주의적 지향이 명백했고, 해방동맹(김성숙)은 민족혁명을 중시하는 민족적 공산주의자들의 지향을,[4] 조선민족혁명당(김원봉)은 좌파적 지향과 민족주의적 지향이 복합된 성격을, 조선혁명자연맹(유자명)은 반공·무정부주의적 지향을 지녔다. 조선민족혁명당은 자신이 여러 단체의 해산 위에 결성된 정당이라며 조선민족혁명당의 확대 개편을 주장했지만, 다른 단체들은 조선민족혁명당의 조직 방식과 형태를 실패로 규정하며, 각 단체를 유지한 상태에서 단체 연합·연대 방식의 통일전선을 선호했다. 더 이상 단일당·유일당 방식은 통용되기 어려웠다. 민족전선은 반만(反滿)항일투쟁 등 특무활동과 중국의용군과 연합할 것 등을 투쟁강령으로 정했다. 민족전선은 1938년 4월부터 김성숙·유자명 등의 편집, 한일래 발행으로 『조선민족전선』(중문)을 매월 2회, 『민족전선』(한글)을 월 1회씩 발간해 배포했다.[5]

    134~137쪽; 강만길, 2018, 위의 책, 249쪽.
3   鹿嶋節子, 1991, 「朝鮮民族戰線聯盟について」, 『朝鮮民族運動史研究』 7 朝鮮民族運動史研究會, 神戶.
4   조선민족해방동맹에 대해서는 김광재, 1996, 「재중 항일민족협동전선운동과 김성숙」, 『한국민족운동사연구』 13을 참조.
5   강만길, 2018, 위의 책, 263쪽.

(2) 기강7당회의·5당회의의 결렬

민족전선이 결성되는 시점에 광복진선과의 통일전선 결성 필요성이 제기된 바 있었으며, 한국 독립운동 진영 내부에서 양자의 통일을 요구하는 목소리가 높아졌고, 한국 독립운동을 후원하던 중국국민당정부의 통합 권유도 강해졌다. 역행사(남의사)의 등걸은 김원봉에게, CC단의 진과부는 김구에게 통일·단결을 권고했으며, 최종적으로 장개석이 나서 방각혜(方覺慧)에게 양측의 통일을 진행하도록 지시했다.[6] 이는 중국 측이 한국 독립운동에 대한 지원을 통일적으로 관리하겠다는 의미였으며, 김구·김원봉에 대한 직접적인 통일·단결 요구이자 중국국민당정부의 영향력을 보여 주는 것이었다.

유자명의 회고에 따르면 1938년 1월 중순 민족전선은 이사 2명(왕군실·손건)을 장사로 파견해 광복진선의 이동녕·김구·이청천·조소앙·현익철 등과 민족통일전선 건설에 관한 의견을 교환한 바 있다.[7] 민족전선과 광복진선은 1938년 10월경부터 통일전선 결성을 위한 노력을 기울였고, 광복진선은 1939년 5월 중경에서 통일전선 회의를 개최했다.[8] 또한 국공합작으로 항일전쟁을 치르고 있던 장개석은 1938년 11월과 1939년 1월에 각각 김구와 김원봉을 만나 양자의 대동단결을 촉구했다.[9]

이런 상황 속에서 중국 관내 좌우파 독립운동 진영의 대표 격인 김구와 김원봉은 1939년 1월부터 교섭을 시작해서 동년 5월 10일 연명으로

---

6 藤傑, 1980, 「三民主義力行社援助韓國獨立運動之經過」, 百益印刷事業有限公司, 12~14쪽; 양지선, 2016, 「한국 독립운동 세력과 CC파·역행사의 공동 첩보활동」, 『동양학』 62, 129쪽.
7 유자명, 「조선민족전선연맹 공작정형」, 추헌수, 1972, 위의 책, 259~60쪽; 강만길, 2018, 위의 책, 252쪽.
8 「綦江에서의 韓國7個黨 統一會議 經過報告書」(1939. 10. 5) (汪榮生→朱家驊), 국사편찬위원회, 1994, 『한국독립운동사』 자료26(임정편XI), 5쪽.
9 『독립운동사』 4, 688쪽; 양영석, 1989, 위의 논문, 556쪽.

「동지동포들에게 보내는 공개서한(公開信)」을 발표했다. 이 공개서한에서 두 사람은 총 10개의 '정치강령'에 합의했다.

1. 일본제국주의 통치 구축, 자주독립국가 건설.
2. 봉건 세력 등 반혁명 세력 숙청, 민주공화제 건립.
3. 국내 일제 공사(公私)재산 및 매국적(賣國賊)·친일파 재산 몰수.
4. 공업·운수·은행·산업 분야 대기업 국유.
5. 토지는 농민에게 분급, 토지 매매 금지, 일제 토지 및 친일 대지주 토지 국가 몰수 후 분배.
6. 노동시간 감소, 보험 실시
7. 부녀의 권리·지위는 남자와 평등.
8. 언론·출판·집회·결사·신앙의 자유.
9. 의무교육·직업교육은 국가 경비로 실시.
10. 자유·평등·호혜 원칙에 따라 인류 평화·행복을 촉진.[10]

이러한 10대 원칙은 한국독립당, 민족혁명당의 당의(黨義)·당강(黨綱)에서 표명된 공통 원칙이었으며, 1930년대 이후 독립운동 세력에게 보편적인 내용이었다. 자주독립국가 건설, 민주공화제 건립, 일제 재산 및 친일파 재산 몰수, 중요 기업 국유, 토지 농민 분배 및 매매 금지 등은 임시정부의 건국강령과 거의 동일한 내용이며, 토지 매매 금지를 제외하면 1948년 대한민국의 제헌헌법 기본 정신과도 큰 차이가 없다.[11]

10 『사상휘보』 20호(1939. 9), 243~251쪽; 정병준, 2009, 「해제」, 『대한민국임시정부자료집』 34(한국독립당 II); 강만길, 2018, 위의 책, 266~270쪽.
11 강만길은 김구·김원봉 공동선언의 토지강령을 토지국유화로 이해했다(강만길, 2018, 위의 책, 269쪽). 문안 자체는 토지를 농민에게 분배하고, 토지의 일체 매매행위를 금지한다고 했으므로 법적·제도적으로 토지사유제이다. 현실적으로는 토지국유제에 가까운 것으로 볼 수도 있다. 기강7당회의 등에서 광복진선이 토지국유제를 주장했으므로, 양자의 공동선언의

김구와 김원봉은 이 선언문에서 광복진선과 민족전선의 소속 단체들을 해소한 후 정치적 단일조직을 결성해야 하며, 무장대오도 1개의 민족적 총기관으로 통일해야 한다고 강조했다. 단일한 정치조직, 단일한 무장대오 건설을 주장한 것이다. 두 조직 모두 단체 가맹을 원칙으로 하는 연합전선이었는데, 기성조직을 인정한 위에서 단체 연맹하는 방식은 "재래의 무원칙적 파쟁과 상호 마찰을 근본적으로 해소할 수 있는 방법이 아니다"라고 한 것이다. 더 구체적으로는 한국국민당(한국독립당)과 조선민족혁명당의 통일, 광복군과 의용대의 통일을 의미하는 것이었다. 두 사람의 합동서한은 좌우파 모두로부터 적지 않은 반발을 샀고 단일당 구성에는 도달하지 못했지만, 이 경험은 결국 1940년대 광복군·임시의정원·국무위원 등을 통해 좌우합작을 이루는 토대가 되었다.

　　김구·김원봉 공동선언의 연장선에서 1939년 8월 27일 광복진선 내 3개 정당과 민족전선 내 4개 단체가 사천성 기강현성(綦江縣城)에서 7당통일회의를 개최하고 통합 문제를 논의했다. 광복진선에서는 한국국민당〔조완구·엄대위(엄항섭)〕, 한국독립당(홍진·조소앙), 조선혁명당(이청천·최동오)이 참가했고, 민족전선에서는 조선민족혁명당〔성주식·석정(윤세주)〕, 조선혁명자연맹(유자명·하유), 조선민족해방동맹〔김규광(김성숙)·박건웅〕, 조선청년전위동맹〔왕해공(신익희)·김해악〕이 참가했다. 회의는 각 정당·단체 해산 뒤 새로운 정당을 결성하자는 단일당 조직 방식과 기존 정당·단체를 유지하는 연맹 조직 방식을 둘러싸고 이견을 좁히지 못했다.

　　이와 관련해서는 중국국민당이 작성한 「기강(綦江)에서의 한국 7개당 통일회의 경과보고서」를 참조할 수 있다.[12] 1939년 5월 김구가 주도하는

지향이 토지국유화에 가까운 것이었다고 볼 수 있다.
12　「綦江韓國七黨統一會議經過報告」 中央研究院 近代史研究所, 1988, 『中國國民政府與韓國獨立運動史料』, 17~28쪽; 「綦江에서의 韓國7個黨 統一會議 經過報告書」(1939. 10. 5)(汪榮生→朱家驊), 국사편찬위원회, 1994, 위의 책, 5~8쪽; 강만길, 2018, 위의 책, 271~280쪽.

광복진선 내에서 통일 방식으로 당파를 해소한 뒤 신당을 결성하자는 주장과 단체를 유지하자는 연맹 방식 주장이 대립했으며, 김구는 단일당 방식을 강력히 주장해 이 방안이 채택되었다. 한편 김원봉[陳國斌]이 주도하는 민족전선에서도 단일당 방식(조선민족혁명당·조선혁명자연맹)과 연맹 방식(조선민족해방동맹·조선청년전위동맹)이 대립했다. 회의가 개최되었지만, 연맹 방식을 주장한 해방동맹·전위동맹 등 2개 '공산주의 단체'는 주의가 다르다는 이유로 단일당 방식을 비판하며 퇴석(退席)했고, 이로 인해 7당대표대회는 결렬되었다. 해방동맹과 전위동맹은 단일당 조직 운동에 대해 반대하고 연맹 조직의 강화를 주장했으며, 1939년 8월 합동정치위원회를 조직하고 단체본위 조직론을 고수하였다.[13] 이들은 1940년 12월 낙양에 결집해 민족혁명당을 탈퇴한 전위동맹의 한빈 등과 함께 조선민족해방투쟁동맹을 결성했으나,[14] 전위동맹 소속 조선의용대원들이 팔로군 지역으로 북상하자 곧 해체되었다. 전위동맹의 신익희·김인철, 해방동맹의 김성숙, 민족혁명당 탈당파 이정호는 중경으로 귀환했다.

이후 한국국민당, 한국독립당, 조선혁명당, 조선민족혁명당, 조선혁명자연맹 등 5개 정당으로 5당회의가 계속 진행되었다. 5당은 단일당 조직 방식을 논의했으나 역시 의견의 일치를 보지 못하고 결렬되었다.[15] 중국국민당 측 자료에 나타나는 5당회의의 쟁점은 다음과 같았다.

---

13 『特高月報』 1940년 8월 167쪽; 鐸木昌之, 위의 논문 74쪽; 김광재, 1999, 위의 논문, 236~237쪽.
14 내무주석 한빈, 외무주석 김성숙, 조직부장 김인철, 선전부장 이정호, 중앙위원 신익희, 김학무, 박건웅. 호북지부책임 진한중, 호남지부책임 김창만. 김광재, 2019, 위의 논문, 238~240쪽.
15 일제 정보자료에는 기강7당회의에서 탈퇴한 공산주의 2개 단체를 제외한 5개 단체가 1939년 9월경 단일조직에 성공해 전국연합진선협회를 만든 것으로 나타나 있다. 金正明, 1967, 『朝鮮獨立運動』 2, 原書房, 655쪽; 강만길, 2018, 위의 책, 270쪽. 한상도에 따르면 1939년 9월 22일 5당이 결성한 새 당으로 전국연합진선협회가 결성되었으나, 며칠 만에 민족혁명당이 탈퇴함으로써 해체되었다. 한상도, 2008, 위의 책, 297~298쪽.

〔표 6-1〕 1939년 기강5당회의 광복진선·민족전선의 논쟁점

주요 쟁점	진영별	광복진선	민족전선
당무 방면	당의	삼균주의(정치·경제·교육의 균등)	경제·정치 균등
	조직	상무위원제	위원장제
	당원 자격	평소 정치신조와 상관없이 본당의 당의·당강·당규에 복종하는 자는 모두 입당	어떤 주의·신앙에 상관없이 본당의 당의·당강·당규에 복종하는 자는 모두 입당
정무 방면	조직	임정이 최고권력기관, 군정·외교는 임정 담당, 의정원은 上議院(각당 대표)·下議院(각성 대표)으로 구성	'仇敵日本'을 '일본제국주의'로 고치는 것 이외에 광복진선의 어떠한 주장도 절대로 반대
	정책	장래 혁명 성공 후 토지 국유	
	구호	일본을 '仇敵日本'으로 지칭	

〔출전〕 「綦江韓國七黨統一會議經過報告書」(1939. 10. 5)(汪榮生→朱家驊), 中央硏究院近代史硏究所編印, 1987, 『民國政府與韓國獨立運動史料』, 臺北, 17~37쪽; 「綦江에서의 韓國7個黨 統一會議 經過報告書」(1939. 10. 5)(汪榮生→朱家驊), 국사편찬위원회, 1994, 『한국독립운동사』 자료26(임정편 XI), 5~8쪽.

먼저 당무(黨務)에 대해서는 큰 이견이 없었다. 양측 모두 단체 연합이 아닌 개인 가맹에 의한 정당 건설에 동의했으며, 이념으로 삼균주의 혹은 정치·경제 균등을 제시했다. 당원 자격에서 "평소 정치신조와 상관없이"와 "어떤 주의·신앙에 상관없이"가 대립되었고, 한국독립당의 박찬익은 민혁당 측이 "평소"를 삭제함으로써 공산주의자를 포함한 모든 당파가 다 신당에 참가하게 하려는 의도였다고 비판했으나, 큰 문제는 아니었다.

문제는 임시정부에 관해 논의한 정무(政務)의 의견 불일치였다. 광복진선 측은 임시정부가 최고권력기관이며, 군정·외교를 임시정부가 담당하고 의정원은 정당·지역을 대표한다고 주장하고, 혁명 성공, 즉 독립 후 토지 국유를, 일본은 '구적일본'(仇敵日本)으로 지칭하자고 제시했다. 이에 맞서 민족전선은 '구적일본'을 '일본제국주의'로 고치는 것 외에 광복진선의 모든 주장을 반대했다. 즉, 임시정부를 독립운동의 중심으로 인정하느

냐 여부가 핵심 쟁점이었으며, 토지국유제도 중요 쟁점이 되었다.

중국국민당 조사통계국(調査統計局)의 왕영생(汪榮生)은 회의 경과를 당조직부장 주가화(朱家驊)에게 보고했는데, 7당회의 실패 원인을 다음과 같이 정리했다. ① 한국 민족성 자체의 단결 정신 부족, ② 민족혁명을 영도할 위대한 영수와 인재가 적음, ③ 중심 사상의 결핍, ④ 각 당파 간 시기·불신이 깊음 등이었다. 김구는 도덕성·명망·분투정신은 강하지만 재능이 다소 부족하며, 김원봉은 김구에 비해 재능은 약간 앞서나 도덕성·명망은 부족하다는 게 왕영생의 인물평이었다.[16] 김구와 김원봉 중 누구도 민족혁명의 "영수"로 인정할 만한 역량을 갖추지 못했고, 사전에 전체 당원을 설복시키지 못한 결과 통일에 이르지 못했다는 평가였다.

왕영생이 청취한 민족전선과 광복진선의 평가는 더 구체적이었다. 민족전선의 왕현지(王現之)는 광복진선 내 임정 원로들이 김구에게 불복해서 통일회의가 고의적으로 파괴되었으며, 광복진선이 주장하는 토지국유제·상무위원제·임정 옹호·당원 자격·삼균주의 원칙은 환경과 이치에 맞지 않는다고 비판했다. 민족혁명당은 원래 김구를 영수로 추대하고 김원봉이 보조하여 통일신당을 결성하려 했으나 한국독립당의 조소앙, 조선혁명당의 이청천·최동오 등이 고의적으로 통일을 파괴했고, 임정 원로들이 반대해서 통일회의가 파괴되었다고 주장했다. 즉, 김구를 영수로, 김원봉을 보조로 한 통일신당을 결성하려 했는데, 민족혁명당에서 떨어져 나가 김원봉에게 반감을 품은 조소앙, 이청천, 최동오 등이 고의적으로 통합을 파괴하고 임정 원로들도 반대했다는 것이다. 왕현지는 임시정부의 존재, 연맹 방식 주장자의 파괴, 김구에 대한 불만, 광복진선의 절대조건 제시 등이 통일회의 결렬의 이유라고 주장했다.[17] 왕현지는 민족혁명당 측 이론가였던 것

---

16 「한국 당파 통일회의가 결렬된 후 각파가 말한 담화기록」(1939. 10. 19)(汪榮生→朱家驊), 국사편찬위원회, 1994, 위의 책, 8~12쪽.

으로 보이는데, 한국독립당과 조선혁명당이 신당 결성에서 연맹 방식을 주장하는 한편 임정 옹호를 주장했지만, 조선의용대는 중국정부 영도하에 있기에 임시정부에서 통할할 수 없다는 이유 등을 제시하며 이에 반대했다.

반면 광복진선의 박찬익(朴贊翊)은 민족혁명당이 원래 사회주의 단체로 최대 당원 170명은 전부 적색분자였으며, 쟁점은 당원 자격과 임정 지지 문제였다고 주장했다. 여기서 당원 자격은 공산주의자에 대한 자격 문제였을 것이다. 박찬익은 조선의용대를 임정에 귀속시켜 통솔케 하는 것이 반드시 필요하며, 대장은 김원봉에게 맡기며 지휘권을 뺏겠다는 뜻은 아니라고 했다. 그럼에도 민족혁명당이 굳세게 반대해서 회의가 중지되었다는 것이다. 박찬익은 통일 실패가 "김구 선생이 너무 사람이 좋다 보니 종종 야심가들에게 이용되는 것"에도 한 원인이 있다고 분석했다.[18]

기강7당회의와 관련해 김구의 회고는 민족운동 편으로 대세가 기울자 공산주의 조직 해산에 불만을 가진 해방동맹과 전위동맹의 퇴석으로 단일당 조직이 깨졌다는 것이다. 김구는 국민당 간부들이 연합으로 하는 통일은 좋으나 있던 당을 해산하고 공산주의자들과 단일당을 조직하는 데 반대했고, 자신이 기강에 가서 1개월 동안 단일당을 만들기로 노력해서 합의에 거의 도달했으나, 대세가 민족운동 편으로 기울자, 해방동맹과 전위동맹이 민족운동을 위해 공산주의 조직을 해산할 수 없다고 말하고 퇴석했다는 것이다.[19]

중앙조사통계국의 강택(康澤)·이초영(李超英)·서은증(徐恩曾)은 주가화(朱家驊)에게 보낸 보고서(1940. 1. 19)에서 5당회의가 무산된 이유

---

17 「陳國斌의 대표 王現之가 말한 담화내용」, 「한국 당과 통일회의가 결렬된 후 각파가 말한 담화기록」(1939. 10. 19)(汪榮生→朱家驊), 국사편찬위원회, 1994, 위의 책, 8~10쪽.
18 「金九의 대표 濮精一(朴贊翊)이 말한 담화내용」, 「韓國黨派 통일회의가 결렬된 후 각파가 말한 담화기록」(1939. 10. 19)(汪榮生→朱家驊), 국사편찬위원회, 1994, 위의 책, 10~11쪽.
19 김구 지음, 도진순 주해, 1997, 『백범일지』, 돌베개, 343~344쪽; 강만길, 2018, 위의 책, 277~278쪽.

로 사상 문제가 가장 크고, 다음이 조직 문제라고 지적했다. 광복진선 측은 이전 사상과 무관하게 반드시 통일의 신앙이 있어야 한다고 주장한 반면, 민족전선 측은 각 당이 사상의 자유를 가져야 한다고 주장했다는 것이다. 광복진선은 삼민주의에 가까운 반면 민족전선 4개 당은 사상이 좌경인데 2개 당은 공산주의, 1개 당은 무정부주의라고 평가했다. 조직 문제에서 광복진선은 상무위원제를 주장하고 민족전선은 영수제를 주장해서 합작이 될 수 없었다고 보았다. 이들은 이전에 한국통일운동에 대해 중국정부가 완전히 보조주의(輔助主義)를 택했는데, 이제는 적극주의적 태도를 견지해야 한다고 했다.[20] 주가화는 공산분자를 마땅히 제외하고 통일을 추진하며, 보조주의·부조(扶助)로 각 당이 임의대로 자유롭게 진행할 것이 아니라 적극적인 주동적 태도를 취해야 한다는 의견을 장개석에게 보고(1940. 1. 26)했다.[21] 즉, 중국국민당정부가 한국 독립운동 정당 통일을 적극적으로 주도해야 한다고 한 것이다.

　　결국 기강7당회의·5당회의 결렬 후, 광복진선 소속 3개 우파정당들은 1939년 10월부터 단일당 결성을 논의하기 시작했고, 1940년 5월 19일 한국독립당으로 통합되었다. 중경 시기 한국독립당은 임시정부의 여당으로 활동했다.

---

20 「康澤·李超英·徐恩曾이 朱家驊에게」(1940. 1. 19), 국사편찬위원회, 1994, 『한국독립운동사』 자료26(임정편XI), 17~18쪽.
21 「朱家驊가 蔣總裁에게」(1940. 1. 26), 국사편찬위원회, 1994, 위의 책, 19~20쪽.

2 조선의용대와 광복군의 분립

(1) 조선의용대의 창설과 북상

중일전쟁 발발로 항일전쟁이 본격화되자, 중국국민당은 더는 일본의 눈치를 보지 않고 한인 청년들에게 군사훈련을 제공하는 데 적극적 입장을 취하였다. 국민당 측은 1937년 9월 중앙육군군관학교 성자분교(星子分校) 제6기 특별훈련반에 한국인 학생들을 수용했다. 대부분 김원봉 계열이었던 청년 83명이 입학해서 6개월 동안 훈련을 받았다. 한국인들로 1개 특별중대가 구성되었으며, 김두봉, 한빈, 윤세주, 김홍일이 교관을 맡았다. 성자분교는 사천성·운남성·귀주성 3개 성의 역행사원들을 주로 훈련하던 곳이며, 역행사 상무간사 중 한 사람이던 강택(康澤)이 훈련반 주임을 맡았다.[22] 역행사(남의사)는 졸업생을 기간으로 별동총대(別動總隊)를 창설했는데, 그 핵심 임무는 초공(剿共), 즉 공산당 토벌이었다. 한인 학생들은

---

22 한국정신문화연구원 편, 1983, 『한국독립운동사자료집: 중국인사증언』, 박영사, 69~71쪽; 양지선, 2016, 「한국 독립운동 세력과 CC파·역행사의 공동 첩보활동」, 『동양학』 62, 132쪽; 염인호, 2009, 『조선의용대·조선의용군』, 한국독립운동사연구소, 7~9쪽.

1938년 5월 졸업 후 무한으로 이동했다가 일본군 침공을 피해 호북성 강릉으로 이동했다.

민족혁명당은 1938년 5월 호북성 강릉에서 제3차 임시 전당대표대회를 개최했는데, 여기서 당의 주력부대를 창설해 무장적 집단행동으로 동북·만주로 진출하며, 동북 북상이 불가능할 경우 국제군이나 중국군 내에 편입되어 활동할 것을 결의했다.[23] 일종의 타협책이 채택된 제3차 전당대회 결의안은 이상주의적인 청년 군관·공산주의자들의 노선과 현실주의적인 민족혁명당 주류의 노선 갈등이자 대립을 보여주는 것이었다.

제3차 전당대회에서 민족혁명당 내 2개의 대립 전선이 드러났다. 첫째는 청년 군관들과 간부진의 대립으로, 청년 군관들 대다수는 동북·만주 진출을 주장한 반면 김원봉 등 민족혁명당 핵심 간부진은 중국 관내에서 활동해야 한다고 주장했다. 한국인들이 밀집해 있으며, 국내로의 진공을 상상할 수 있는 동북·만주로의 진출은 청년들의 항일감정이나 구호로는 수긍할 수 있었으나, 실현 가능성은 거의 없었다. 동북·만주는 이미 일본 세력권에 편입된 상태로 중국국민당의 군사작전 지역이 아니었으며, 조선혁명당 등 주요 재만 독립운동 세력도 일본의 압박 속에 관내로 몸을 피한 상황이었고, 동북항일연군도 일제의 토벌로 거의 와해된 상태였다.[24]

둘째는 김원봉 등 민족혁명당 주류파와 최창익·허정숙·한빈 등 새로 가입한 공산주의자 사이의 노선 갈등이었다. 민족혁명당에 새로 합류한 최창익 등 조선공산당 출신들은 민족혁명당을 계급정당화하며, 공산당의 영향이 강한 화북·만주로 북상해 대일전을 벌일 것을 주장했다. 최창익 등

---

23 「결정서」, 추헌수, 1972, 위의 책, 75~77쪽; 염인호, 2009, 위의 책, 18~22쪽.
24 최창익 등의 동북노선은 중국공산당 정풍운동 기간 중 무정으로부터 협애한 민족주의, 교조주의, 종파주의, 당팔고(黨八股), 단순한 군사관점으로 비판받았으며, 1943년부터 동북이 공작 방침에서 제외·보류되었다. 또한 조선의용대 출신 김학철도 최창익의 "실현성이 극히 희박한, 허울 좋은 하늘타리 같은 구호"인 동북노선 때문에 대분열이 일어났다고 회고했다. 김광재, 1996, 위의 논문, 242~244쪽.

은 민족혁명당을 조선공산당 재건 운동의 도구로 삼고자 했다. 김원봉 등은 민족혁명당의 계급정당화 반대와 국민당 지구 내 항일전을 주장했다.[25] 즉, 민족혁명당은 1937년 민족주의 계열 이청천(조선혁명당)과의 갈등 끝에 당이 분열되었는데, 1938년에는 최창익 등 공산주의 계열과의 갈등 속에 또다시 분열을 맞게 된 것이다.

결국 성자분교 졸업생 35명을 포함해 최창익 노선을 추종하는 49명이 1938년 6월 10일 민족혁명당을 집단 탈당한 후 무한에서 조선청년전시복무단(朝鮮靑年戰時服務團)을 결성했다. 단장 최창익 외에 김학무(金學武), 왕해공(王海公, 신익희), 석성재(石成才), 김인철(金仁哲) 등이 참가했다.[26] 조선청년전시복무단은 1938년 9월 조선청년전위동맹으로 개칭했다. 전위동맹은 동북 진출을 위해 중국공산당의 협력을 얻으려 했으나 즉각 거절당했다. 당시 중국공산당은 중국국민당과 항일전 수행을 위해 본격적으로 합작하는 시기였으며, 1938년 2월 군사위원회 산하에 국공합작으로 정치부를 조직해 중공의 주은래(周恩來)가 부부장, 친공적 곽말약(郭沫若)이 간부로 참가한 상황이었다. 무한의 중국공산당 대표단(팔로군 판사처)은 경제적 지원을 요청하는 이들에게 민족혁명당 복귀를 권고하였다. 중국공산당은 이들에게 동북 북상보다는 현지에서 대일전에 참가할 것을 요구한 것이다. 김학무는 최창익의 동북노선을 비판했고, 민족혁명당을 탈퇴하고 독자 활동을 선언했던 전위동맹은 3~4개월 만에 민족전선에 합류했다. 이 시점에 전위동맹은 180명의 구성원을 보유한 큰 세력으로 성장했다.[27]

이처럼 청년 군관과 민족혁명당 간부 사이에 벌어진 화북·만주 북상을 둘러싼 갈등, 최창익 등 공산주의자들과 김원봉 등 민족혁명당 주류 세

---

25 염인호, 1993, 위의 책, 214~217쪽.
26 김광재, 1999, 「조선청년전위동맹의 결성과 변천」, 『한국민족운동사연구』 21, 227쪽.
27 『思想情勢視察報告集』(其の七), 156~157쪽; 김광재, 1999, 위의 논문, 229~230쪽.

력 간 노선 갈등은 이후 민족혁명당·조선의용대 분열의 핵심 요인으로 작용했다. 1937년 민족주의 이청천(조선혁명당) 계열의 탈당, 1938년 공산주의 최창익 계열의 탈당으로 연거푸 민족주의자와 공산주의자가 갈등을 빚는 상황이 되자, 1935년 임정을 대체하는 민족유일당으로 자처했던 민족혁명당의 기치는 빛이 바랬다. 다만 만주로의 북상이 좌절된 최창익 계열이 조선청년전위동맹이라는 이름으로 1938년 9월 민족전선에 하나의 단체로 가맹함으로써 상황을 미봉할 수 있었다.

이런 내부 정형에도 불구하고 중일전쟁이라는 대사변은 조선의용대 창설을 가능케 했다.[28] 조선의용대의 창설은 1938년 7월 무한에서 일본공산주의자였던 청산화부(青山和夫, 본명 흑전선치黑田善治)가 제안했고, 장개석이 승인함으로써 가능했다.[29] 청산화부의 제안은 (1) 조선의용군은 100명의 대원을 가진 군대로, 대장 1명, 3개 분대, 9개 소대로 구성하며, (2) 중국 군사위원회의 지휘·통제하에서 일본·조선·대만 반(反)파시스동맹(극동반파시스트동맹)의 지도를 받으며, (3) 부대 단독 행동은 못 하며 1개 소대나 반을 단위로 중국군에 참가해 활동하도록 하자는 것이었다. 청산화부의 배후에는 일본통으로 장개석의 특무기관 국제문제연구소 소장을 맡고 있던 왕봉생(王芃生)이라는 실력자가 있었다.

염인호에 따르면 청산화부와 왕봉생은 극동반파시스트동맹을 건설하는 동시에 산하에 국제의용군의 일환으로 조선의용군을 만들려고 했는데,

---

[28] 조선의용대에 대한 설명은 다음의 연구성과에 기초한 것이다. 鐸木昌之, 1986, 「조선독립동맹의 성립과 활동에 관하여」, 이정식·한홍구 엮음, 『항전별곡』, 거름; 한홍구, 1988, 「화북조선독립동맹의 조직과 활동」, 서울대학교 국사학과 석사학위논문; 김영범, 1988, 「조선의용대 연구」, 『한국독립운동사연구』 2; 한상도, 1989, 「김원봉의 조선혁명군사정치간부학교 운영(1932~35)과 그 입교생」, 『한국학보』 57; 염인호, 2001, 『조선의용군의 독립운동』, 나남출판; 염인호, 2009, 『조선의용대·조선의용군』, 한국독립운동사연구소; 강만길, 2018, 위의 책.

[29] 青山和夫, 「국제의용군 제1대 조직 계획 방안」, 楊昭全 等編, 1987, 『關內地區朝鮮人反日獨立運動資料彙編』, 遼寧人民出版社, 908쪽; 염인호, 2009, 위의 책, 24~28쪽.

김원봉 등은 조선의용군을 극동반파시스트동맹의 지휘하에 두는 데 반대했다. 양측의 협의 결과, 한중 대표로 구성된 지도위원회가 지도하는 국제의용군으로서 조선의용군을 창설하는 방안이 작성되었다.[30]

청산화부의 제안을 받은 장개석은 1938년 8월 군사위원회 정치부에 한국인 군대 창설의 가능성을 조사하라고 지시했고, 정치부 비서장 하충한(賀衷寒)은 1938년 9월 장개석에게 조직 착수를 보고했다. 보고에 따르면 무한에 있는 한국 혁명청년은 181명이고, 민족전선 아래 통일되어 있으며, 중앙군관학교와 군관학교 특별훈련반 졸업자로 구성된 건장하고 능력 있는 청년들이라고 평가했다. 하충한은 조선의용군이 아니라 조선의용대로 명칭을 정하고, 지도위원회를 조직하며, 진국빈(김원봉)을 대장(司令)으로 파견한다는 지침을 정했다.

1938년 10월 2일 한국과 중국 양측으로 구성된 조선의용대 지도위원회 제1차 회의가 개최되었는데, 여기서 조직 인선, 편제, 공작경비 등을 결정했다. 지도위원회는 중국 군사위원회 정치부에서 파견된 하충한 주임 외에 주함당(周咸堂), 반문치(潘文治), 교한치(矯漢治), 간백촌(簡伯村) 등 5명, 한국 측에서는 각당 대표로 진국빈(김원봉), 김규광(김성숙), 김학무, 유자명 등 4명이 참가했다. 문서에 첨부된 조직도에 따르면 국민정부 군사위원회 정치부 예하에 조선의용군 지도위원회(주임, 중국 정치부 대표 4명, 한국 당대표 4명)가 위치하고, 그 아래에 사령(司令)·정치조·총무조·참모실이 수평으로 존재하는 것으로 되어 있다. 지도위원회 옆에 조선민족전선연맹과 비서처가 표시되어 있다. 즉, 조선의용대는 중국 국민정부 군사위원회 정치부 예하에 두어졌으며, 중국 정치부 5인과 한국인 4인으로 구성된 지도위원회 산하에 조선의용대 사령·부대가 위치하는 수직적인 체제였다.[31]

---

30 염인호, 2009, 위의 책, 30~33쪽.

창설 초기 조선의용대의 간부 인선은 다음과 같았다.

- 지도위원회 주임: 하충한(賀衷寒).
- 지도위원회 위원: 주함당(周咸堂), 반문치(潘文治), 교한치(矯漢治), 간백촌(簡伯村) (이상 중국), 진국빈(김원봉), 김규광(김성숙), 김학무, 유자명(이상 한국).
- 비서처: 반문치(겸), 간탁견(簡卓堅), 유독(劉篤) (이상 중국), 한일래(韓一來) (한국).
- 사 령: 진국빈(겸)
- 참모실: 기요참모 신악(申岳), 보통참모 (명단 생략).
- 총무조: 지도원 교한치(겸), 조장 이집중(李集中), 석성재(石成才).
- 정치조: 지도원 간백촌(겸), 조장 김규광, 석정(石正).³²

창설 초기 조선의용대의 간부 인선 상황을 보면 지도부와 주요 조직을 모두 중국 군사위원회 출신들이 장악하고 있음을 알 수 있다. 지도위원회 주임, 비서처장, 총무조 지도원, 정치조 지도원 등이 모두 중국인이며, 사령과 참모실장, 총무조의 2조장, 정치조의 2조장이 한국인으로 되어 있다. 조선의용대의 대장과 대원들은 한국인으로 구성되어 있지만, 실질적인 의사결정 구조는 중국 군사위원회의 입김과 영향력이 관철되는 구조였다.

하충한은 남의사 간부이자 장개석의 직계로 김원봉과 밀접한 관련을 맺고 있는 인물 중 한 명이었다. 1932년 봄 김원봉이 남경에서 황포군관학교 동기인 남의사 서기 등걸을 찾아가 도움을 요청한 이래, 남의사는 김원

---

31 「朝鮮義勇隊指導委員會委員周咸堂等呈報朝鮮義勇軍組織成立之經過原案」(1938. 10. 3), 楊昭全, 1987, 위의 책, 914~915쪽: 염인호, 2009, 위의 책, 35쪽.
32 楊昭全, 1987, 위의 책, 915~916쪽.

〔표 6-2〕 조선의용대 편제(1938. 10. 3)

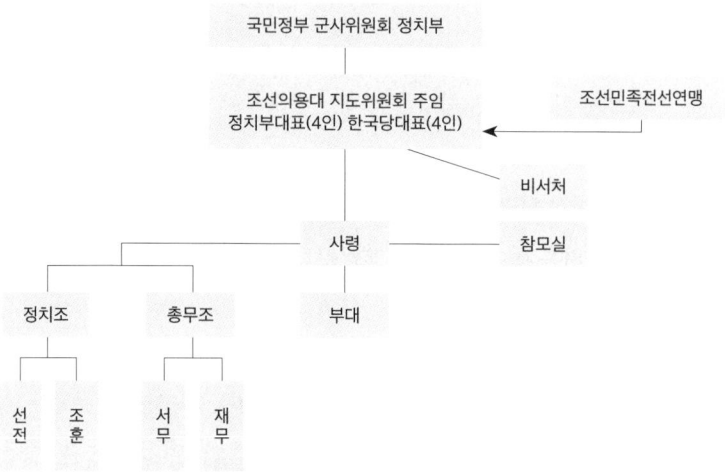

〔출전〕 「朝鮮義勇隊指導委員會委員周咸堂等呈報朝鮮義勇軍組織成立之經過原案」(1938. 10. 3), 楊昭全 等編, 1987, 『關內地區朝鮮人反日獨立運動資料彙編』, 遼寧人民出版社, 915쪽의 내용을 수정함.

봉과 의열단에 대한 지원을 담당했다.[33] 중국국민당은 남의사를 통해 조선 의용대를 자신의 통제하에 두고자 했다. 이는 행동준승 9개조를 통해 광복군을 중국 군사위원회의 지휘·통제하에 둔 것과 동일한 맥락이었다. 조선의용대는 1938년 10월 10일 무한에서 출범하였다. 군대의 규모 문제 때문에 조선의용'군'이 아닌 조선의용'대'로 출범했으며, 독립부대로 활동하지 못하고, 중국군에 분산·배치되어 일본군과 중국인을 상대로 정치선전에 주력하게 되었다. 민족혁명당 당원으로 구성된 제1구대(43명)의 구대장은 박효삼(朴孝三), 전위동맹원으로 구성된 제2구대(41명)의 구대장은 이익

---

33 干國勳, 1982, 「朝鮮義烈團員의 軍事敎育(1932~1960)-中國 國民黨政府의 韓國獨立運動」, 국방부 군사편찬연구소, 『군사사연구총서』 5, 138쪽; 干國勳, 1986, 『三民主義力行社與民族復興運動』 台北, 干笭笭, 55~56쪽; 양지선, 2016, 위의 논문, 128쪽.

404   6장 한국독립당과 민족혁명당의 대결

성(李益星)이었으며, 전체 대원수는 97명이었다.[34]

조선의용대의 활동은 무한 시기(1938. 10), 계림 시기(1938. 11~1940. 3), 중경 시기(1940. 3~1942. 5)로 나뉘는데, 가장 활발한 활동을 벌인 것은 계림 시기였다. 이 시기 조선의용대의 활동은 다음과 같다. 첫째, 항일집회를 개최하고 연극을 공연하는 한편, 둘째, 일본군 포로에 대한 위로연과 반전운동을 벌였으며, 셋째, 서양 기자들을 초대해 선전 활동을 펼쳤다. 넷째, 중국 측 항일집회에 참가해 한국인의 처지와 항일 의지를 선전했으며, 다섯째, 중국 측 항일문화 활동(벽보 제작, 중국 문화단체 가담 등)에 참가했으며, 여섯째, 한국인 포로에 대한 교육과 대원 확보를 연계했다. 일곱째, 기관지 『조선의용대통신』을 발간해서 선전 활동을 펼쳤다.[35] 조선의용대는 1939년 말 3개 지대로 확대 개편되었으며, 1940년 2월 말 현재 대원 수는 본부 94명, 제1지대 98명, 제2지대 75명, 제3지대 63명 등 총 330여 명에 이르렀다. 창립 당시와 비교하면 2개 구대가 3개 지대로 늘어나고, 대원 수는 3배 이상 확장된 것이다. 조선의용대는 중국 군사위원회의 지휘를 받는 동시에 민족전선의 군대라는 위상을 점하고 있었는데, 이는 한국광복군의 경우와 동일했다.

그러나 조선의용대 내부에는 동북·만주 진출 노선 대 관내 잔류 노선의 대립, 김원봉 등 온건 좌파와 최창익 등 공산주의자들 간 사상적 갈등이라는 두 가지 갈등 요소가 상존하고 있었다. 첫 번째 노선 대립이 청년 군관 대 민족혁명당 주류 간 세대 갈등이자 이상주의적 지향과 현실주의적 입장 간 간극이었다면, 두 번째 사상적 갈등은 이념적·사상적 차이인 동시

---

34 김영범, 1988, 「조선의용대연구」, 『한국독립운동사연구』 2, 483쪽. 염인호는 창설 당시 조선의용대의 성격을 첫째, 한중연대의 결과물, 둘째, 중국 군사위원회 지휘하의 부대인 동시에 민족전선의 군대, 셋째, 장개석 직계 남의사 계열이 내부적으로 통제한 부대, 넷째, 주임무는 전투가 아닌 정치선전 공작이었다고 정리했다. 염인호, 2009, 위의 책, 41~43쪽.
35 염인호, 2009, 위의 책, 73~92쪽.

에 조선의용대의 주도권을 둘러싼 권력투쟁이었다. 이런 대립·갈등은 결국 1938년 이후 조선의용대 주력의 화북 북상 및 중국공산당 합류라는 결말을 맞았다.

의열단 창립 이래 애국적 청년·학생들의 선망의 대상이자 의열투쟁의 선봉이며 가장 치열한 삶의 전형으로 알려진 김원봉과 민족혁명당은 소극적 노선을 추구하는 보수주의자로 청년 군관들의 비판 대상이자, 공산주의자들의 비난 표적이 된 것이다. 변화하는 시대와 상황 속에서 현실적 판단과 이성적 입장은 이상주의적 열망과 공산주의자들의 선전에 허물어졌다. 중국 관내에서 진보적이고 적극적 입장을 자처했던 김원봉과 민족혁명당은 급진적 민족주의 청년들과 공산주의자의 결합 속에 변명과 주저하는 태도의 보수주의자로 위치 지워졌다. 반공적인 중국국민당 군사위원회와 특무기관 남의사의 지원을 받는 상황 속에서 급진적·좌파적 지향을 견지한다는 김원봉의 입장은 중국공산당 및 팔로군과 결합해 동북노선을 주장하던 최창익 등 진짜 공산주의자들의 주장에 선명성을 잃었다. 반공적 중국국민당의 후원을 받으면서 진보적·좌파적 노선을 지향한다는 김원봉의 존재론적 한계였다.

조선의용대 주력은 두 차례에 걸쳐 팔로군 지구로 북상했다.[36] 먼저 1938년 10월 일본군이 무한을 점령한 직후 최창익 계열의 일부 전위동맹원들이 연안으로 북상했다. 조선의용대 본부와 김학무 등 전위동맹 간부들은 광서성 계림으로 이동한 반면, 최창익은 제2구대(구대장 이익성)와 함께 호북성 제5전구로 북상했으며, 이 과정에서 일부 대원들을 데리고 섬서성 연안으로 향했다. 1938년 하반기부터 1939년 상반기 최창익 일파 30여 명이 연안 항일군정대학(抗日軍政大學)에 입학했다. 이들은 1941년 1월 태항산 팔로군 정치부 소재지에서 화북조선청년연합회(華北朝鮮靑年聯合

---

36 염인호, 2001, 위의 책, 86~100쪽; 염인호, 2009, 위의 책, 103~122쪽.

會, 조청)를 결성하였다. 조청은 중국국민당 지구 내에 있던 조선의용대 주력의 팔로군 지구 이동을 추진하였다.

다음으로 1941년 3월 중순부터 5월 하순 사이 화북 국민당 지구에서 활동하던 조선의용대 주력 80여 명이 중국 군사위원회의 허가 없이 팔로군 지구로 이동하였다.[37] 그간 조선의용대의 조직과 활동은 중국국제지원의료단, 소련공군지원군의 중국 지원 작전과 함께 중국의 항일전쟁이 국제적 원조와 협력하에 반드시 승리한다는 신념을 불러일으킨 바 있다.[38] 1939년 조직된 대만의용대(臺灣義勇隊)는 조선의용대가 "중국을 지원하는 국제의용군의 선성(先聲)"으로 "대만의용대·인도의료대(印度醫療隊)·재화일본인민반전동맹(在華日本人民反戰同盟)에 이르는" 국제대오의 선두주자였다고 칭송했다.[39] 구체적으로 조선의용대는 일본군 정보 수집, 적 정세 자료의 번역, 일본 전쟁포로 관리와 훈련, 일본군 내 한인에 대한 선동과 탈출, 일본군 병사 심리작전, 중국군과 협조한 선전 활동 및 유격전쟁 참가를 진행했다.[40] 조선의용대는 중국군 6개 전구, 남북 13개 성에 배치되고, 대원 다수가 천진, 북경, 상해, 대만은 물론 동북지역에도 파견되어 활동했다.[41] 즉, 조선의용대는 중국국민당의 반파시스트 국제노선의 구체적 실현물이었으며, 조선의용대 주력은 최창익계의 동북노선에 반대하며

---

37 김학규에 따르면 1941년 3월 상순 제3지대가 중경에서 낙양으로 이동한 후, 도하증을 받은 후 전 대원이 황하를 도하해 중국 제40군단 지역으로 들어갔고, 한 달 내에 중공구역으로 넘어갔다. 낙양과 노하구에 있던 제1지대와 제2지대도 군사위원회 정치부의 명령 없이 6월 하순 황하를 도강해 중공지구로 들어갔다. 「金學奎·王俊誠이 朱家驊에게」(1941. 5), 「朝鮮義勇隊 渡河入中共經過」, 국사편찬위원회, 1994, 위의 책, 60쪽.
38 상해 대한민국임시정부 옛청사 관리처 편, 김승일 옮김, 2005, 『중국항일전쟁과 한국 독립운동』, 시대의창, 19~20쪽; 양지선, 2016, 위의 논문, 133쪽.
39 한상도, 2000, 「조선의용대의 국제연대 인식과 대만의용대」, 『한국 독립운동과 국제환경』, 한울아카데미, 75~76쪽.
40 石源華, 『韓國獨立運動與中國關係論集』 상, 30~31쪽; 양지선, 2016, 위의 논문, 139쪽.
41 염인호, 1994, 『조선의용군연구』, 국민대학교 박사학위논문, 41~42쪽; 양지선, 2016, 위의 논문, 139쪽.

2년 이상 중국국민당 지구에서 맹렬히 활동했다. 조선의용대의 후원자 등걸은 조선의용대가 "두려움 없는 공작정신"으로 "임무는 극도로 힘"들고 "대우는 매우 열악"했으나 "공작 성적은 매우 양호"했다고 평했다.⁴² 즉, 창설 이후 중국국민당의 국제연대를 대표하는 상징이 되었던 조선의용대의 주력이 1941년에 북상해 중국공산당을 빛내는 도구로 변한 것이다. 선행연구에 따르면 여러 가지 주객관적 상황의 변화와 대내외적 압력이 작용하여, 조선의용대 주력의 북상이 결정되었다.

첫째, 화북지구에 한국 민중 수가 급속히 증가하는 객관적 상황 속에서 조선의용대는 이들을 기초로 확군(擴軍)하겠다는 열망과 기대를 갖게 되었다. 조금이라도 일본군과 가까이에서 싸우겠다는 의용대원들의 투쟁의지가 함께 작용했다.

둘째, 조선의용대에 가담한 공산주의 계열 전위동맹이 민족주의 계열 청년들을 포섭해 마르크스-레닌주의를 교육하고 조선의용대 내부에서 북상항일의 공감대를 형성했다. 1938년에는 전체 대원의 공감과 주요 지도부의 공감을 얻지 못했던 북상항일 혹은 동북노선이 조선의용대 내부에서 설득력을 갖게 된 것이다.

셋째, 여기에는 중국국민당의 반공정책과 광복군 창설(1940. 9)에 따른 국민당정부와 조선의용대의 관계 변화 및 위기의식이 작용했다. 특히 1940년 9월 중국 군사위원회가 한국광복군을 창설하고 지원하게 되자, 조선의용대가 점하고 있던 한국 독립운동 무력으로서의 배타적 지위가 상실된 점이 중요했다. 또한 환남사변(晥南事變, 1941. 1)의 악영향이 컸다. 환남사변은 중국국민당 군사위원회의 명령과 중국공산당 중앙의 동의하

---

42 干國勳 증언, 「中國特別訓練班과 朝鮮義勇隊」, 한국정신문화연구원, 1983, 위의 책, 71~72쪽; 양지선, 2016, 위의 논문, 140쪽; 干國勳, 1918, 「協助韓國獨立運動之回憶」, 韓國學會 編, 『韓國學報』 第1期, 民國70年, 臺灣; 干國勳, 1984, 『藍衣社 復興社 力行社』, 臺北, 傳記文學出版社.

에 신사군 군부 및 예하 환남부대 9천여 명이 북상하던 중 중국국민당군대 8만여 명의 습격을 받아 7천여 명이 포로·사망자가 되거나 흩어진 사건이다. 환남사변은 1927년 장개석의 상해 반공쿠데타 재현의 전조로 받아들여졌으며, 국민당 지구에서 이와 유사한 반공운동이 만연했다. 이와 함께 국민당정부가 반공과 삼민주의 교육을 강요하자 조선의용대 대원들에게도 위기의식이 닥쳤다.

넷째, 이 과정에 중경 내 중국공산당 조직(대표 주은래)이 김원봉·조선의용대에 대해 공작 및 설득한 영향이 작용했다.[43] 중공은 중일전쟁 발발 이후 화북지구 내 조선인 이주자가 늘어나자, 이전과는 달리 조선의용대의 화북 진출을 적극 추진해 화북지구 조선인들에 대한 영향력을 강화하고자 했다.

이러한 주객관적 상황 변화는 곧바로 조선의용대의 위상 변화 및 위기의식을 빚어냈으며, 결국 조선의용대는 군사대오를 보존하는 동시에 화북으로 진출해 확군한다는 목표하에 팔로군 지구로 이동을 결정했다.[44] 여기에는 김원봉 등 조선의용대 지도부의 결심과 동의가 있었을 것이다.

조선의용대 제1지대, 제2지대, 제3지대 대원 80여 명은 1941년 봄 황하를 건너 화북에 진입하였으며, 동년 6월 팔로군 지구에 들어갔다. 조선의용대를 대표하는 박효삼과 "민족혁명당의 영혼이라고 이름난 석정"도 모두 팔로군 지구로 향했다.[45] 이들은 1938년 북상한 화북조선청년연합회 세력과 통합해 1941년 7월 조선의용대 화북지대를 결성했으며, 지대장 박효삼, 부지대장 이익성, 정치지도원 김학무가 지도부를 형성했다. 이 시

---

43 鐸木昌之, 1986, 위의 논문; 한홍구, 1988, 위의 논문; 김영범, 1988, 위의 논문; 염인호, 2001, 위의 책, 84~100쪽.
44 염인호, 2001, 위의 책, 84~100쪽.
45 「조선 각 정파의 활동근황 보고」(1941. 10. 29), 「徐恩曾이 朱家驊에게」(1941. 11. 1), 국사편찬위원회, 1994, 위의 책, 81쪽.

점에 화북조선청년연합회는 전위동맹 56명, 민족혁명당 27명, 민족혁명당 탈당(한빈파) 13명, 해방동맹 6명, 한국국민당 1명, 무당파 신래자(新來者) 44명으로 구성되었다.[46]

이제 조선의용대 화북지대는 민족전선의 군대가 아니라 화북조선청년연합회의 행동대로 위상이 변경되었다. 1942년 7월 화북조선청년연합회 제2차 대회에서 화북조선독립동맹이 결성되자, 조선의용대 화북지대는 조선의용군 화북지대로 개칭되었고, 독립동맹의 행동대오로 규정되었다.[47]

상황이 여기에 이르자, 중경에 있던 김원봉 중심의 조선의용대 본부, 민족혁명당, 민족전선은 자파의 핵심 역량을 잃었고, 동시에 중국국민당의 신망을 잃었다. 1940년 10월 민족혁명당 이탈파와 해방동맹, 전위동맹 구성원들이 조선민족해방투쟁동맹을 결성함으로써 민족전선은 사실상 해체된 상태였다.[48] 조선의용대는 중국국민당정부의 후원과 후의에 의해 성립될 수 있었으며, 중국국민당정부를 빛내는 국제의용군으로서의 위상을 지녔으나, 그 주력이 중국공산당 지역으로 북상함으로써 중국국민당에게 모욕적인 배반을 안겼다. 김원봉과 조선의용대, 민족혁명당의 중경 내 위상과 앞날은 예측불허의 곤경에 처했다.

(2) 한국광복군의 창설

1940년 9월 한국광복군이 창설되었다. 한국광복군 창설은 임시정부의 오

---

46 「朝盟報告草案」(1943), 『新民黨文件』 RG 242, 신노획문서(Captured Enemy Doc. North Korean Documents), Doc. no. 201238; 염인호, 2009, 위의 책, 127쪽.
47 염인호, 2001, 위의 책, 102~103쪽.
48 한시준, 1995, 「1940년대 전반기의 민족통일전선운동」, 『대한민국임시정부의 좌우합작운동』, 한울아카데미, 143쪽; 염인호, 2001, 위의 책, 102쪽.

랜 노력의 산물이자 조선민족혁명당·조선의용대와 대결한 결과이기도 했다.[49] 한국광복군 창설은 1938년 10월 이래 유일한 한인 무력으로 인정된 조선의용대에 대한 중국국민당정부의 지지와 신뢰가 붕괴된 반면, 김구·한국독립당에 대한 중국정부의 지원이 확대되는 과정의 산물이었다.

한국광복군 창설은 임시정부의 군사 계획 수립과 광복진선 청년조직인 한국청년전지공작대의 군사 활동의 결과로 가능하게 되었다. 먼저 중일전쟁 발발 직후 임시정부에서는 김구를 중심으로 군사적 대응책을 모색했다. 1937년 7월 15일 기강에서 개최된 임시정부 국무회의는 군사위원회를 설립해서 군사 활동을 추진했다. 군사위원회 위원으로 선임된 유동열, 이청천, 이복원, 현익철, 안공근, 김학규는 일본 육군사관학교와 신흥무관학교 등 군사학교를 졸업한 후 만주에서 조선혁명군, 한국독립군을 조직하고 투쟁했던 유명한 군인들이었다. 군사 활동의 방안으로 속성군관학교를 설립해서 초급장교 2백 명을 양성하고, 1개 연대를 편성한다는 계획을 수립하고, 필요 예산 37만 원을 상정했다.[50] 그러나 상해·남경이 차례로 일본군에 점령되고, 중국국민당정부가 피난길에 오르자 임시정부도 진강·장사·광주·유주·기강을 거쳐 1940년 중경에 정착할 때까지 긴 이동기에 접어들어야 했다.

1939년 10월 중경에서 한국광복진선의 청년조직으로 조직된 한국청년전지공작대가 활동을 개시했다. 30여 명의 대원으로 출발한 한국청년전지공작대는 대장 나월환(羅月煥), 부대장 김동수(金東洙), 군사조장 박기성(朴基成), 정훈조장 이하유(李何有), 예술조장 한유한(韓悠韓), 공작조

[49] 한국광복군에 대한 설명은 다음의 연구성과에 기초한 것이다. 박성수, 1967, 「한국광복군에 대하여: 소위 '준승9항'을 중심으로」, 『백산학보』 3; 장세윤, 1988, 「중일전쟁기 대한민국 임시정부의 대중국외교: 광복군 문제를 중심으로」, 『한국독립운동사연구』 2; 한시준, 1993, 『한국광복군 연구』, 일조각; 김광재, 2007, 『한국광복군』, 한국독립운동사연구소.
[50] 「대한민국임시정부공보」 제62호(1937. 7. 16), 『대한민국임시정부자료집』 1; 양지선, 2016, 위의 논문, 130~131쪽.

장 이해평(李海平, 李在賢)으로 구성되었다.⁵¹ 이들은 중국 군관학교 등에서 군사훈련을 받은 사람들로 무정부주의 활동에 참가한 사람들과 한국광복진선청년공작대(1939. 2) 출신들로 구성되었다. 민족주의자들과 무정부주의자들의 결합으로 이뤄진 한국청년전지공작대는 말 그대로 항일전쟁이 벌어지고 있는 전지(戰地)에서 중국과 함께 싸울 것을 목표로 한 조직이었다. 한국청년전지공작대는 1939년 12월 섬서성 서안으로 출동해 대적선전, 첩보 수집, 초모 공작 등을 수행했다.

이와 함께 임시정부는 1939년 7월 30일 군사특파단 파견을 결정했고, 11월 조성환(단장), 황학수, 나태섭, 이준식을 군사특파원으로 선임하였다. 군사특파단은 섬서성 서안에서 화북지역 한인교포를 상대로 초모공작을 펼쳤으며, 1940년 11월 서안에 광복군 총사령부가 설치될 때가 활동했다. 이를 근거로 서안에 군사근거지가 마련되었으며, 이후 광복군 총사령부가 서안에 설치되었다.⁵²

1935년 이래 김구를 중심으로 임시정부의 여당 역할을 했던 한국국민당은 광복진선에 속해 있던 나머지 2개 정당인 재건한국독립당, 조선혁명당과 통합해 1940년 5월 9일 한국독립당이 되었다. 기강7당회의·5당회의가 실패한 후 1939년 10월부터 진행된 통합 작업의 결과였다. 중경 시대 한국독립당은 임시정부의 여당이자 사실상 광복군의 주도 세력이 되었다.

김구는 한독당을 대표하여 1940년 초부터 중국국민당정부의 요인 주가화·서은증 등을 상대로 광복군 편성의 필요성을 설득하기 시작했다. 당시 장개석은 왕정위 괴뢰정권에 맞서 일본·대만·조선의 반파시스트 세력의 결집을 꾀하고 있었기에, 김구의 요청에 적극적이었다. 장개석은 광복군 창설을 인준했지만, 이미 김원봉의 조선의용대를 승인·지원하고 있는

---

51 김광재, 2007, 위의 책, 33~34쪽.
52 김광재, 2007, 위의 책, 42~43쪽.

상황이었으므로 곧바로 광복군이 창설되지는 않았다. 중국국민당 군사위원회는 나월환 등 한국청년전지공작대가 요청한 군사적 지원에 대해 조선의용대 측의 의견을 수용해서 한인 무력은 조선의용대로 통일하라는 입장을 취했다.[53] 조선의용대 책임자 김원봉은 군사위원회에 광복군의 정식 성립 허가를 내주지 말아야 한다고 했는데, 그 이유는 광복군은 한국독립당을 배경으로 한 것이지 각 당 연합체가 아니기 때문이라는 것이다. 이에 따라 중국정부가 한국 무장부대를 허가하려면 한국독립당·조선민족혁명당·조선민족해방투쟁동맹 등 3개 당파의 연합위원회를 조직한 뒤 그 무장부대를 연합위원회 직할하에 두어야 한다고 주장했다.[54]

이에 맞서 김구·광복진선 측은 1940년 1~2월 김원봉·민족혁명당·조선의용대를 공산주의로 비판하는 한편, 중국국민당 내 비호 세력을 좌파로 몰아 공격했다.[55] 이 결과, 1940년 4월 2일 서은증·왕영생·강택 등이 국민당 중앙조사통계국에서 한독당의 김구·유동열·엄대위(엄항섭), 민혁당의 이소민(李蘇民)·주세민(周世敏) 등과 함께 한국 독립운동 원조 담화회를 개최하고 광복진선과 민족혁명당은 병존하며, 황하 이남 장강 이북은 광복진선의 공작지구, 장강 이남은 민족혁명당의 공작지구로 구분한다는 조선혁명운동 판법(辦法)을 결정했다.[56] 즉, 1940년 4월에 이르러 중국국민당은 광복진선(한국독립당)과 민족혁명당의 병존, 한국청년전지공작대(광복군)와 조선의용대의 병립을 결정한 것이다. 중국국민당이 유일하게 인정

---

53 염인호, 2021, 「중일전쟁기 한국광복군 창설에 관한 일 연구-창설 배경 및 과정을 중심으로」, 『한국독립운동사연구』 76, 19~20쪽.
54 「候成의 담화」(1941. 6. 19), 국사편찬위원회, 1994, 위의 책, 68쪽. 후성(候成)은 군사위원회 판공청 군사처(제1처)장이었다.
55 염인호, 2021, 위의 논문, 20~27쪽.
56 「扶助朝鮮革命運動談話會記錄」(1940. 4. 2)(汪榮生→朱家驊) 국사편찬위원회, 1994, 위의 책, 23~25쪽; 中央研究院 近代史研究所, 1988, 위의 책, 81쪽; 염인호, 2021, 위의 논문, 30~31쪽.

했던 한인 무장부대였던 조선의용대의 위상이 저락하고, 김구의 지원을 받는 한국청년전지공작대에 대한 후대가 두드러지게 된 것이다. 이러한 전환은 중국국민당이 제1차 반공고조기(1939. 12~1940. 3)에 접어들면서, 국공합작 대신 중국공산당에 대한 본격적인 공격을 개시하는 시대 상황을 배경으로 한 것이었다. 중국국민당의 반공 활동은 환남사변(1941. 1)으로 폭발했으며, 이러한 시대 상황 속에서 공산주의자들의 영향이 적지 않던 조선의용대에 대한 부정적 인식이 고조된 반면 반공적 입장이 확실한 임정을 우대한 결과 광복군 창설이 이뤄지게 된 것이다. 또한 시대 상황의 변화에 따른 일련의 사태가 위기의식을 고조시켜, 조선의용대 주력이 화북으로 북상하게 된 것이다. 중국국민당의 지원과 지지를 둘러싼 김구-김원봉의 대립과 대결은 중일전쟁과 환남사변 사이의 시대 상황에 따라 출렁거렸던 것이다.

한국독립당과 민족혁명당, 광복군과 의용대 양자는 서로를 비판·비난했지만, 여러 차례 단일당 통합을 논의할 정도로 긴밀한 사이였고, 구성원들은 한솥밥을 먹던 사이였다. 양자는 중국국민당 지지를 호소하는 친국민당 세력이었고, 결국 중국국민당정부의 강력한 주선·권고로 군사력을 통합했다. 물론 양자의 사상, 조직, 연령, 교육 배경에는 차이가 있었다. 사상적 측면에서 한국독립당의 보수적·반공적 입장에 비해 민족혁명당이 진보적·좌파적 입장을 취한 것은 잘 알려져 있다. 한국독립당이 원로급 노년들이 중심축을 이룬 데 비해 민족혁명당은 혈기왕성한 청년들이 중심을 이루었다.

호춘혜는 1944년도 「한국양당중앙간부명책」(韓國兩黨中央幹部名冊)을 기준으로 한국독립당 16명, 민족혁명당 22명의 영수급의 교육 배경을 분석했다.[57] 양당의 지도자급을 분석했을 때 해외에서 교육받은 사람은 한

57　胡春惠 지음, 신승하 옮김, 1978, 『중국 안의 한국 독립운동』, 단국대학교출판부, 233쪽. 이

〔표 6-3〕 1944년 한국독립당·조선민족혁명당 영수급 교육 배경 비교

교육 배경	당별 교육 배경	한국독립당		조선민족혁명당	
학교 종류별	교육 배경	인원수	백분률	인원수	백분률
국내·국외 학교	국내 학교 졸업	9	56.3	6	27.3
	국외 학교 졸업	7	43.7	16	72.7
보통·군사학교	보통학교 졸업	11	68.7	18	81.8
	군사학교 졸업	5	31.3	4	18.2
대학·非대학	대학 졸업	2	12.5	12	54.5
	非대학 졸업	14	87.5	10	45.5

〔출전〕 胡春惠 지음, 신승하 옮김, 1978, 『중국 안의 한국 독립운동』, 단국대학교출판부, 233쪽을 수정.
〔비고〕 ① 이 표는 1944년 韓國兩黨中央幹部名冊으로 작성. 한독당의 송면수·양묵·김자동·최용덕 4명의 자료는 포함되지 않음(자료 없음).
② 양당의 영수로 정식 학력이 없는 사람은 전문학교에 포함시키고 있으며, 이 표에서는 전문학교를 非대학에 포함시켰음.

독당이 민혁당에 비해 29%가 낮았으며, 대학 이상 학력자의 경우 한독당 12.5%, 민혁당 54.5%로 양당의 차이는 42%에 달했다. 민혁당의 평균 학력이 훨씬 높았다. 이 점이 한국독립당 영수들의 임시정부 내 영도 지위에 영향을 주었을 뿐 아니라, 한국독립당 내부 자체에서도 당원들의 경시를 받는 요인이 되었다.[58] 양 당이 서로를 대하는 기본적 태도와 상호관계를 미루어 짐작할 수 있다.

그럼에도 양자 모두 중국국민당이 포섭할 수 있는 사상·이념·노선의

표에서는 2가지 고려할 점이 있는데, 첫째는 한국독립당 지도자급 4명(송면수·양묵·김자동·최용덕)은 자료가 없어서 포함되지 않은 점, 둘째는 표본 수가 적기 때문에 백분율로 양당을 비교하는 것은 과소평가나 과대평가의 위험성이 있다는 점이다. 그럼에도 일정한 경향성을 파악할 수는 있다.
58 호춘혜, 1978, 위의 책, 233~235쪽.

범위에 들어 있었으며, 상호 적대적이거나 빙탄불상용(氷炭不相容)의 관계는 아니었다. 사상·이념의 차이는 결정적이거나 돌이킬 수 없는 것이 아니었다. 문제는 상대방에 대한 태도와 자세, 인간적 존중과 신뢰의 차원이었다. 민혁당이 청년층의 진보적·급진적 시대 인식을 대표했다면 한독당은 수십 년 혁명 경험과 그에 근거한 노년층의 지사적 태도와 자기 확신을 반영했다. 청년층과 노년층이 각자 가지고 있던 부동(不動)의 자기 확신과 비타협적 태도가 충돌하고 파열한 것이다. 청년의 패기와 노년의 지혜가 서로를 포용하지는 못했던 것이다.

장개석은 1940년 4월 주가화에게 참모총장 하응흠과 광복군 지원 요청을 상의하라고 명령했고, 하응흠의 보고를 들은 후, 5월 하순 한국광복군 설립을 비준했다. 그러나 실제로 한국광복군 설립과 그에 대한 원조는 즉각 이뤄지지 않았다. 1940년 5월 23일 서은증 등 중국국민당 중앙조사통계국 간부들과 김구·엄항섭 간 회의에서 광복군 창설 문제가 논의되었다. 핵심은 광복군 병력 모집 방법과 광복군 내부 행정관리의 자주성 문제였다.[59] 이날 회의에서 중국국민당은 김구 측에게 자세한 광복군 창설 방안의 작성을 요구했다.

이에 따라 1940년 5월 한국독립당은 김구 명의로 한국광복군 편성에 관한 계획 대강(韓國光復軍編鍊計劃大綱)을 제출했다. 핵심 내용은 (1) 광복군을 편성하고, 항일전쟁에서 중한연합작전을 펼치며, (2) 1개 사단을 편성하며, (3) 한국광복군은 한국광복군 총사령부가 관할하며, 중국 군사최고영수는 중한연합군의 최고사령관으로 통솔하며, (4) 준비비용은 50만 원으로 한다는 것이었다. 이 계획안을 살펴본 왕영생(1940. 6. 4)은 현재 한국독립당원은 60명이며, 광복군을 중국의 동맹군으로 설정한 것도 '중한의 지위가 상이'하므로 한국광복군은 조선의용대와 같이 중국의 한 개

---

59   염인호, 2021, 위의 논문, 33~37쪽.

부대가 되어야 하며, 광복군의 세를 과시하기 위해 내부에 다수의 중국인을 파견하자는 방안을 제시했다.⁶⁰

중국국민당이 한국광복군 설립에 우호적이었으나 조선의용대와 동일한 원칙하에 대우하며, 직접적 지원을 꺼리고 통수권을 제한하려 하자 임시정부는 한국광복군창설위원회(위원장 김구)를 조직한 후, 1940년 8월 4일 광복군 총사령부 구성을 완료했다. 이후 1940년 9월 15일 대한민국임시정부 주석 겸 광복군창설위원회 위원장 김구 명의로「한국광복군선언문」을 발표해 광복군 창설을 공표했다. 이로써 한국광복군은 임시정부 산하에, 한국독립당이 아닌 정부의 군대로 설립된 것이다. 한국광복군총사령부 성립을 축하하는 예식(韓國光復軍成立典禮)이 1940년 9월 17일 중경에서 개최되었다. 한국광복군의 지휘부는 다음과 같이 편성되었다.

- 총사령: 이청천
- 참모장: 이범석
- 참모처장: 채원개
- 부관처장: 황학수
- 정훈처장: 조소앙
- 군법처장: 홍진
- 관리처장: 김붕준
- 군수처장: 차리석
- 군의처장: 유진동

부(附)특무대 및 로사령(路司令)
- 제1대 대장: 이준식
- 제2대 대장: 김학규
- 제3대 대장: 공진원
- 제4대 대장: 김동산

이상 4대 대원 60명, 도합 240명, 제1로 동북사령 박대호(朴大浩), 제1로 현재 인원 4,800명.⁶¹

60　中央硏究院 近代史硏究所, 1988, 위의 책, 81쪽; 염인호, 2021, 위의 논문, 37~40쪽; 김광재, 2007, 위의 책, 49~52쪽.
61　中央硏究院 近代史硏究所, 1988, 위의 책, 246~247쪽; 김광재, 2007 위의 책 60~61쪽.

처장으로 이름이 오른 황학수, 조소앙, 홍진, 김붕준, 차리석, 유진동은 임시정부 핵심인사로 광복군에서 실제 역할을 맡기보다는 임시정부와 광복군의 상호관계를 보여주는 상징적 지위를 점했을 것이다. 총사령부의 구체적인 명단은 일제 정보자료에 등장한다.

- 총사령: 이청천(李靑天) ・ 참모장: 이범석(李範錫)
- 고급참모: 채원개(蔡元凱)
- 참모: 이복원(李復源), 이웅(李雄), 김학규(金學奎)
- 부관: 나태섭(羅泰燮), 황학수(黃學秀), 조시원(趙時元), 조성환(曺成煥)
- 전령장교: 고일명(高一鳴), 유해준(兪海濬)
- 주계장교: 왕흥(王興), 김의한(金毅漢), 민영구(閔泳玖), 이상만(李象萬)
- 군의: 유진동(劉振東), 임의탁(林義鐸), 엄화근(嚴和根).[62]

중국 군사위원회는 중국국민당정부의 승인 없이 공표된 한국광복군에 매우 부정적인 입장을 취했다. 또한 중국 군사위원회는 조선의용대에 우호적인 입장을 취하고 있었고, 조선의용대 측 반발도 적지 않았으므로, 한국광복군 승인을 미루고 한국 독립운동 진영의 무장력을 통합시키려 시도했다. 그러나 이 와중에 조선의용대 주력이 1941년 봄 화북 중국공산당 지구로 북상한 후, 1941년 7월 조선의용대 화북지대를 결성함으로써 상황은 정리되었다. 남은 것은 한국광복군을 승인하고 중국 군사위원회의 지휘・통제하에 묶어 두는 작업이었다.

조선의용대 주력이 북상한 직후인 1941년 5~6월 광복군 측은 조선의

---

[62] 內務省 警報局 保安課, 『特高月報』 1월호, 95쪽; 김광재, 2007, 위의 책, 60~61쪽.

용대의 공산주의적 색채와 북상 과정에 대한 보고를 중국국민당·군사위원회에 전달했으며, 이 직후에 광복군에 대한 중국 측의 우호적 평가가 고조되었다. 1941년 5월 김학규·왕준성(王俊誠)은 주가화에게 「조선의용대가 황하를 건너 중공지구에 들어간 경과」(朝鮮義勇隊 渡河入中共經過)를 보고했다.[63] 조선의용대는 적색 청년 1백 명 정도이며, 원래 중국 군사위원회 정치부 소속이지만 "중공 천당(中共天堂)에 가는 것이 종래의 소원"이어서 "화북 적후공작"을 한다는 미명하에 1941년 3월 중순부터 5월 하순 사이 3개 지대가 중공지구로 건너갔으며, 중국 당국을 기만하기 위해 중경에는 김원봉이 조선의용대 본부를 가짜로 설치(虛設)하고, 낙양·노하구에는 노약자 및 병자 3~5인으로 사무소를 두어 연막 공성계(空城計)를 쓰고 있다고 했다.[64] 6월 3일 주가화는 김구에게 광복군에 대한 지원을 군령부(軍令部)·정치부·중앙조사통계국 등 4개 기관에서 협의해서 참모·정훈요원 파견을 할 것이라고 알렸다.[65] 문제는 광복군의 성격 및 지위에 관한 것이었다. 군사위원회 판공처 군사처장 후성(候成)은 광복군을 외국지원군, 즉 중국군 내 외국적의 지위로 설정하면 중국 국군과 동일하기에 아무 문제가 없지만, 한국임시정부 영도하의 동맹군적 성질을 광복군 측이 요구하고 있기 때문에 국제법상 여러 어려움이 있다고 밝혔다.[66] 김구도 장개석에게 한국광복군은 "장래 한국 국군의 기간부내로 내내적으로는 한국임시정부의 지도"를 받고 있으며, 소수의 이색분자만 제외하고 국내외 전 민중이 지지한다고 주장했다.[67]

---

63 「金學奎·王俊誠이 朱家驊에게」(1941. 5), 「朝鮮義勇隊 渡河入中共經過」, 국사편찬위원회, 1994, 위의 책, 59~60쪽.
64 「金學奎·王俊誠이 朱家驊에게」(1941. 5), 「備忘錄」, 국사편찬위원회, 1994, 위의 책, 61~63쪽.
65 「朱家驊가 金九에게」(1941. 6. 3), 국사편찬위원회, 1994, 위의 책, 65쪽.
66 「候成의 담화」(1941. 6. 19), 국사편찬위원회, 1994, 위의 책, 68쪽.
67 「金九가 蔣委員長에게」(1941. 7. 28), 국사편찬위원회, 1994, 위의 책, 72쪽.

1941년 11월 서은증은 주가화에게 민족혁명당의 몇 사람이 공산당(共黨)과 관련을 맺고, "천년에도 얻기 어려운 이 복국(復國)의 기회"에 섬서성 북쪽(陝北)으로 가 중공과 연계(聯繫)된 반면 김구가 영도하는 한독당은 전도에 희망이 있으며, "비교적 가장 타당"하기에 김구를 고무 격려하고 조선의용대 중 돌아올(歸依) 분자를 흡수하는 동시에 조선의용대를 철저히 개조하고, 사상이 난잡한 무리는 내버려두어야 한다고 보고했다.[68] 서은증은 조선의용대가 군사위원회 정치부에 예속되어 월 1만 6천 원의 경비를 지급했는데, 오히려 "중공의 품속에 들어가니 근본을 망각했을 뿐 아니라 또 매우 지혜롭지 못한 일"이라고 꼬집었다.

　결국 장개석은 1941년 10월 30일 중국 군사위원회에 한국광복군과 조선의용대를 동시에 군사위원회에 예속케 하고 참모총장이 직접 통일 장악하여 운용하라는 지시를 내렸다. 이에 따라 마련된 것이 한국광복군 행동준승 9개조(韓國光復軍行動9個準繩)였다. 중국 군사위원회는 1941년 11월 13일 자로 광복군 총사령 이청천에게 한국광복군을 군사위원회에서 통할 지휘한다고 통보하면서 행동준승 9개조와 한국광복군총사령부 잠행편제표를 보내왔다.[69]

　광복군총사령부 잠행편제표를 살펴보면 중국 측은 광복군을 중국 군사위원회가 직할하는 예하 부대로 상정하고 편제를 작성했음을 알 수 있다. 총사령부 예하에 참모처, 총무처, 정훈처를 두고 참모처에 3과, 정훈처에 2과, 총무처에 2과·1실·1반의 행정체계를 갖추고 있다. 한국광복군 측에서 제시한 총사령부 편제와는 전혀 다른 면모인 것이다.

　조선의용대의 초기 조직 구조와 비교해 보면 훨씬 큰 규모의 사령부

---

68 「徐恩曾이 朱家驊에게」(1941. 11. 1), 국사편찬위원회, 1994, 위의 책, 78~80쪽.
69 「軍事委員會 辦公廳에서 李靑天에게」(1941. 11. 13)(辦一參字 제18066호代電), 국사편찬위원회, 1994, 위의 책, 85~86쪽.

〔표 6-4〕 한국광복군총사령부 편제(1941. 11. 13)

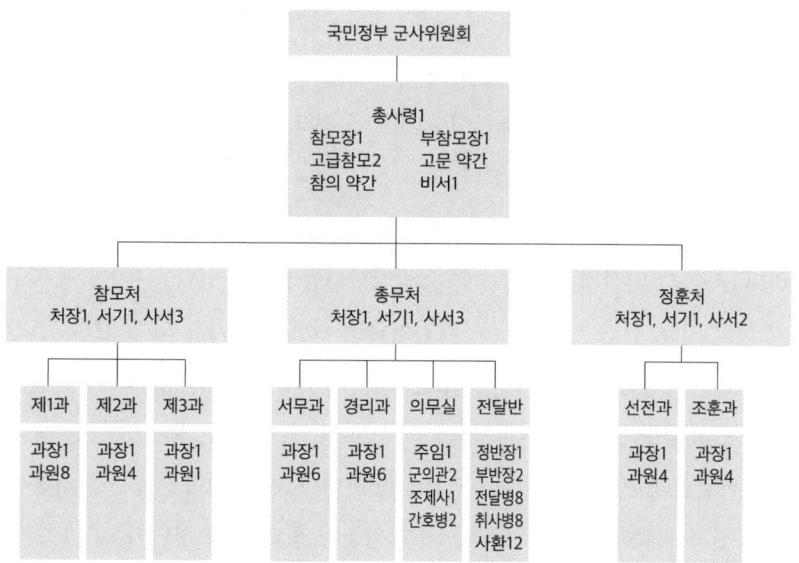

〔출전〕 「軍事委員會 辦公廳에서 李靑天에게」(1941. 11. 13), 「韓國光復軍總司令部潛行編制表」, 국사편찬위원회, 1994, 『한국독립운동사』 자료26(임정편XI), 83~85쪽의 표를 조직도로 편집함. 총인원은 97명.
〔비고〕 원문의 추가 설명
1. 본 편제표에 있는 관원은 혁명시기에 처해 있으므로 직별만 정했고 등급은 정하지 않는다.
2. 본표에 있는 참모와 정훈인원은 군사위원회에서 전부 파견한다.
3. 각처의 서기와 사서는 과별로 나누지 않고 각 과에서 公用한다.
4. 사환 12명은 총무처에서 각처로 나누어 보내 근무하게 한다.

조직으로 구성된 상태였음을 알 수 있다. 조선의용대는 비서처, 참모실, 정치조(宣傳股, 組訓股), 총무조(庶務股, 財務股) 등의 참모조직이 계통 없이 나열되었고, 실제로 이런 부서들이 제대로 작동하지 않았던 데 비해, 광복군 총사령부 조직편제는 훨씬 큰 규모의 사령부를 상정하고, 참모조직 체계도 짜임새 있게 제시된 상태였다.

그럼에도 가장 상세하고 직원이 많은 조직이 총무처인 데에서 알 수 있듯이, 광복군 총사령부 잠행편제는 군사조직보다는 행정조직에 가까운

형태였다. 또한 총사령 이청천을 제외하면 모든 간부는 중국 군사위원회에서 파견하기로 되어 있었다. 때문에 1941년 12월 김구는 주가화에게 총사령부 참모장으로 이진강(李振剛)과 동모(董某) 두 사람이 군령부의 추천을 받았다고 하는데, 요녕성 출신인 이진강이 한국 사정에 더 밝다며 그를 참모장에 임명해 달라고 요청했다.[70]

한편 행동준승 9개조의 핵심은 한국광복군을 중국 군사위원회가 지휘하며, 사실상 임시정부의 통수권을 박탈한다는 내용이었다. 나아가 광복군의 한국 영토 진입 시에도 군사위원회의 명령에 따른다고 되어 있다. 전반적으로 한국광복군이 임시정부의 군대가 아니라 중국국민당군대의 지원군이라고 규정한 것이다. 한국광복군의 지휘권, 활동지역, 통수권 등을 중국 군사위원회에 복속시킨 것이다. 1940년부터 지속된 광복군을 조선의용대와 동일하게 중국군 내 국제의용군·지원군의 형태로 할 것인가, 아니면 임시정부의 요구·주장처럼 임정 예하 군대로서 동맹군의 지위로 설정할 것인가 하는 논란이 이렇게 일단락된 것이다.

1941년 11월 19일 임시정부 국무회의는 이를 접수함으로써, 중국 군사위원회의 지휘를 받는 한국광복군이 중국 내에서 합법적 활동의 근거를 확보하게 되었다. 그러나 행동준승 9개조는 임시정부는 물론 한국 독립운동 진영의 격렬한 반발을 불러왔으며, 이는 한중 간은 물론 임시정부 내부의 중요한 갈등 요인이 되었다.

그럼에도 불구하고 중국국민당정부가 항일전쟁의 와중에 한국 독립운동의 대표적 정치조직인 임시정부를 후대하고 군사조직인 한국광복군을 창설하도록 지원한 것은 분명한 사실이었다. 외국 땅에서 외국정부의 허가를 얻은 한인 군사력 창설이 가능했던 것은 중국 측 후의가 있었기 때문이다. 중국국민당은 전후 대한정책의 일환이자 영향력 관철을 위한 중심축으

---

70 「金九가 朱家驊에게」(1941. 12. 11), 국사편찬위원회, 1994, 위의 책, 88쪽.

로 임시정부와 광복군을 후원했다. 중국의 이해관계와 한국 독립운동가들의 요구가 교차하는 지점에서 임시정부와 광복군의 위상이 결정되었던 것이다. 중국공산당도 항일전쟁과 국공 대결이라는 이중 압력 속에서 정치조직 화북조선독립동맹과 군사조직 조선의용군을 후원함으로써 전후 한국에 대한 영향력을 확보하려 했다. 태평양전쟁기는 독립전쟁을 향한 한국 독립운동 세력의 투쟁이 고조되고, 한중·한미 간 국제연대가 본격화되는 시기였을 뿐 아니라 전후 대한국 영향력 확보를 둘러싸고 중국국민당과 중국공산당이 한국 지지세력을 확보하고 쟁탈하려고 각축하는 시기였다.

3 한독당·민혁당 통합 실패와 군대·의회·정부의 통일(1942)

(1) 중국국민당정부의 광복군·의용대 통합 결정

조선의용대는 1941년 봄 주력의 대부분이 화북 팔로군 지역으로 북상하면서, 화북과 중경으로 세력이 양분되었다. 조선의용대의 80%가 화북으로 북상한 이후, 민족혁명당 잔류 인원은 41명에 불과했다.[71] 조선의용대를 후원해 온 중국국민당정부는 중경에 잔류한 조선의용대의 광복군 편입을 추진했다.

중국국민당정부의 강한 압박과 중재를 배경으로, 민족혁명당은 1941년 5월의 제7차 중앙집행위원회(제5기 제7차 중앙회의)에서 한독당과 합작 방법을 제출하고, 1941년 12월 10일 제6차 전당대표대회 선언을 통해 정식으로 임시정부 참가를 표명했다.[72] 「조선민족혁명당 제6차 전당대표대회 선언」에 따르면 민족혁명당은 원래 임시정부에 관여하지 않는다는

---

71 강만길, 2018, 위의 책, 282쪽.
72 「朝鮮民革黨 第6屆全黨代表大會宣言」(1941. 12. 10), 鉛印原本, 黨史會藏; 호춘혜, 1978, 위의 책, 239쪽; 추헌수, 1972, 위의 책, 204~211쪽.

'불관주의'(不關主義)의 태도를 취했다.⁷³ 그러나 중일전쟁 발발 이후 국제 정세의 변화로 임시정부에 대한 국제적 승인 가능성과 중국정부의 적극 원조가 기대되므로 민혁당이 임시정부에 참가를 결정하며, 임시정부를 지지하는 동시에 확충해서 조선민족 전체를 대표할 수 있는 기구로 만들겠다고 주장했다.⁷⁴

1941년 하반기 민족혁명당 등 민족전선 계열은 임시의정원에 들어감으로써 임시정부 참가를 시도했다. 1941년 10월 제33회 의회에서 대소동이 벌어졌다. 10월 15일 의정원 의장 김붕준이 민족전선 계열 김원봉·손두환 등과 상의해 이들을 의정원에 포함시키려 했으나 한독당 계열 의원들의 강한 반대에 봉착했고, 결국 중국군 헌병이 동원되는 등 대파란이 벌어졌다.⁷⁵ 다음 날인 10월 16일 의장 김붕준은 탄핵·제명 처분되었다.⁷⁶ 탄핵안은 엄항섭·박찬익·민병길·양묵·이상만 등 6인이 긴급 제의했는데, 사유는 외국 신문기자를 초청해 임정과 의정원의 결점을 알렸고 정부의 소관 행정업무인 의원선거에 비법적으로 개입했다는 것이었다. 박찬익·홍진·이시영으로 구성된 징계위원회의 보고 이후 출석의원 2/3의 가결로 김붕준을 '위법난동'으로 제명 처분했다. 이후 송병조가 의장에 선출되었다.

이처럼 민족혁명당 등 민족전선 계열의 임시의정원·임시정부 진출은

---

73 불관주의의 이유로 제시된 것은 (1) 국토가 광복되기 이전이므로, 임시정부가 인민이 없는 해외에서 그 정권을 실시하는 것이 불가능하며, (2) 각국이 혹시 임시정부를 원조하더라도 아직 미승인하며, (3) 현재 임시정부는 각 혁명단체에 의거한 것이 아니며 또한 국내 인민의 민주적 합법선거로 조직된 것이 아니라는 것이었다. 추헌수, 1972, 위의 책, 211쪽.
74 추헌수, 1972, 위의 책, 211쪽; 양영석, 1989, 위의 논문, 561쪽.
75 임정의 선거규정에 의하지 않은 '위법 선거'로 선출된 후 당선 무효로 처리된 의원은 모두 19명이었다. 강원도(이해명, 마일신, 김효숙), 경상도(조빈, 윤징우, 이소원, 이정호, 김상덕, 장희수), 전라도(송욱동, 이집중), 황해도(손두환, 김철남, 조중철), 충청도(김인철), 경기도(윤기섭), 함경도(강홍대, 왕통), 평안도(박건웅) 등이었다. 『대한민국임시정부의정원문서』, 693~698쪽; 양영석, 1989, 위의 논문, 558쪽.
76 독립운동사편찬위원회, 1975, 위의 책, 926쪽; 강만길, 2018, 위의 책, 282쪽; 염인호, 1993, 위의 책, 247~248쪽.

오랜 갈등과 반감을 품어 온 한국독립당 측 반대에 직면했다. 이후 민족혁명당은 임시정부 헌법 개정, 의정원 의원 선출 방법의 변경, 의원의 임기 규정, 중국 내 한교 및 광복운동분자로 공석 11명 의원의 보선 등을 요구했으나, 한독당의 반대로 무산되었다.[77]

이 직후인 1941년 10월 30일 장개석은 중국군사위원회 참모총장인 하응흠(何應欽)에게 한국광복군과 조선의용대를 모두 중국군사위원회에 예속시켜 통일 장악·운영하라고 지시했다.[78] 장개석의 지시는 결정적이었다. 이후 중국 측은 두 조직을 통일시키려 하였고 임시정부도 조선의용대의 광복군 편입을 추진했다.[79] 1941년 가을 중국국민정부 외교부장 곽태기(郭泰祺)는 김구와 김원봉을 불러 국민정부의 임정 승인 계획을 제시했다.[80]

1942년 2월 임시정부와 중국국민정부 간에 광복군·조선의용대 통합을 둘러싼 여러 차례의 의견 조율이 있었다. 1942년 2월 8일 이청천·이범석은 주가화에게 편지를 보내 광복군이 "전 한민족혁명의 역량"이고 "어느 한 당이나 한 파의 무력이 아니라"는 입장을 피력했다. "평소부터 이주의(異主意)의 정치투기분자" 김약산이 군사위원회 정치부 산하에 조선의용대를 조직해 2백여 명을 이끌었지만, 1941년 가을 전부 황하를 건너 팔로군에 들어간 상황이라며, 이제 한국의 각 당, 각 파는 임시정부 기치하에 완전 통일되었으나, 김약산만 새로운 견해를 제출해 다른 입장을 표시(標奇立異)해 통일을 파괴하려 한다고 비판했다.[81] 1942년 2월 9일 김구도 장

---

77 「당 입장에 관한 김약산의 담화내용」(미상→오철성)(1944. 2. 28), 추헌수, 1972, 위의 책, 231쪽.
78 한시준, 1993, 「한국광복군과 중국군사위원회와의 관계」, 『국사관논총』 47, 237~240쪽.
79 한시준, 1995, 「1940년대 전반기의 민족통일전선운동」, 『대한민국임시정부와 좌우합작운동』, 한울아카데미, 150~154쪽.
80 胡春惠, 1978, 위의 책, 239쪽.
81 「李靑天·李範錫이 朱家驊에게」(1942. 2. 8), 국사편찬위원회, 1994, 위의 책, 99쪽.

개석에게 편지를 보내 조선의용대가 북상한 후 소수 간부 10여 명은 광복군에 귀속시켜야 마땅하며, 중국 군사위원회가 광복군과 별도로 '한국의용군'을 새로 편성한다는 소식에 반대한다고 밝혔다.[82] 주가화도 장개석에게 김구의 편지를 전달하며, 조선의용대 다수 대원이 공산대열에 가담한 것이 사실이므로, 조선의용대 잔여 인원을 김구 등의 책임하에 광복군에 편입케 하는 것이 적절하겠다는 의견을 올렸다.[83] 1942년 2월 시점에 조선의용대 잔류 인원을 광복군에 편입시킨다는 방침이 사실상 결정된 상태였다.

중국국민당정부의 지지는 명확하게 한국독립당·임시정부·한국광복군으로 기울었고, 민족혁명당·조선의용대에는 별다른 선택의 여지가 없었다. 민족혁명당이 임시정부에 참가하고, 조선의용대가 한국광복군에 흡수·통합되는 것은 피할 수 없는 상황이 되었다. 민족혁명당은 1942년 3·1절 제33주년을 맞아 「중국 동포에게 고하는 서한」(告中國同胞書)을 발표하고, 의정원 임시의회를 열어 각 혁명단체가 임시정부에 참여하게 하여 임시정부를 조선혁명의 최고 통일기구로 되게 하자고 제안했다.[84]

(2) 한독당과 민혁당의 통합 시도

이 결과, 1942년 4~5월 5차례에 걸쳐 민족혁명당과 한국독립당의 통합 논의가 공식적으로 진행되었다. 이는 지금까지 전혀 알려지지 않은 일이다.[85] 민족혁명당 중앙집행위원회 명의로 된 1942년 5월 13일 자「민혁 한

---

82 「金九가 蔣介石에게」(1942. 2. 9), 국사편찬위원회, 1994, 위의 책, 102쪽.
83 「朱家驊가 蔣總裁에게」(1942. 2. 11), 국사편찬위원회, 1994, 위의 책, 103~104쪽.
84 추헌수, 1972, 위의 책, 110~112쪽; 양영석, 1989, 위의 논문, 557쪽.
85 이 사실을 처음 발굴한 것은 국가보훈처에 근무하던 윤종문 박사였다. 관련 문서는 하와이대학교 한국학연구소 맥큔 문서철에 소장되어 있다.

독 통일회의 경과 개황」(民革 韓獨 統一會議 經過 槪況)이라는 문서에 따르면 한국독립당과 조선민족혁명당은 1942년 4월 14~16일, 4월 25일, 4월 28일, 4월 29일, 5월 4일 등 다섯 차례에 걸쳐서 양당 통합을 위한 회의를 진행했다.[86] 한국독립당을 대표해 홍진·조소앙·차리석 3명이, 조선민족혁명당을 대표해 김원봉·성주식·최석순 3명이 참가했다. 한국독립당의 김구가 빠졌을 뿐, 명실상부하게 양당을 대표하는 지도급 인사들이 참가했다.

제1차 회의(1942. 4. 14~16)는 사흘간 진행되었는데, 의제는 한독당·민혁당 양당의 합당 문제, 정부 국무위원 보충·임시의정원 보선 문제, 군대통합 문제 등을 순차적으로 토의했고, 중요한 지점에 대해 합의했다. 그 결과는 다음과 같았다.

[표 6-5] 한독당-민혁당 통일회의 제1차 회의(1942. 4. 14~1942. 4. 16) 결과

구분 의제	쟁점 항목	한독당 주장·합의 내용	민혁당 주장 후 철회
합당	당명	한국독립당	조선민족독립당
	당의·당장·당헌·당규	기존 한국독립당 사용	
	당강	기존 한국독립당 사용, 제3항과 제5항에 민혁당에서 제시한 약간의 문구 조항 첨가.	'토지국유' 조항을 '대토지(만의) 국유'로, 통합군 명칭을 조선민족혁명군으로 함.
	합당선언문	공동 발표	
	중앙집행위원	15인(한독 8, 민혁 7)	
	중앙검사위원	5인(한독 3, 민혁 2)	
정부	국무위원	인원 충원	

86 「民革 韓獨 統一會議 經過 槪況」(1942. 5. 13). 민족혁명당 중앙위원회-K. S. Lee. 하와이대학교 한국학연구소, George MaAfee McCune Papers, McCune-Becker Collection, Box. 20, Folder 8. Center for Korean Studies, University of Hawai'i at Mānoa. 문서는 김원봉이 워싱턴디씨의 이경선에게 보내는 편지 형식이다.

의정원	의원	의원 보선	
군대	군사통일	조선의용대를 한국광복군에 합편하기로 함	
통일 진행	방식 및 순서	정치통일(합당·보선) 후 군사통일 단행	

〔출전〕「民革 韓獨 統一會議 經過 槪況」(1942. 5. 13). 민족혁명당 중앙위원회-K. S. Lee. 하와이대학교 한국학연구소, George MaAfee McCune Papers, McCune-Becker Collection, Box. 20, Folder 8. Center for Korean Studies, University of Hawai'i at Mānoa.

먼저 양당 합당 문제에서 한독당의 주장이 거의 그대로 반영되었음을 알 수 있다. 민혁당이 부분적으로 문제를 제기했지만, 대부분 철회해서 한독당의 의중대로 합의가 이뤄졌다. 당명은 한국독립당으로, 당의(黨義)·당장(黨章)·당헌(黨憲)·당규(黨規)도 한독당의 것을 그대로 사용하기로 했다. 당강에서 토지국유를 '대토지 국유'로, 통합군대의 명칭을 '조선민족혁명군'으로 하자는 민혁당의 주장이 있었다.[87] 민혁당은 당명을 조선민족독립당으로, 군대 명칭을 조선민족혁명군으로 주장했는데, 모두 조선민족혁명당을 연상시키는 명칭이었으므로 수용되기 어려웠을 것이다. 합당 후 간부 구성은 중앙집행위원 15인 중 한독당 8인, 민혁당 7인, 중앙검사위원 5인 중 한독당 3인, 민혁당 2인으로 비교적 균분하기로 했다. 제일 중요한 내용은 조선의용대를 한국광복군에 합편하기로 결정한 것인데, 이는 장개석의 지시이자 중국 군사위원회의 명령에 따른 것이었다.

전반적인 흐름에서 한독당의 일방적인 입장이 대부분 관철되고 있음을 알 수 있다. 한독당이 민혁당을 흡수해서 한독당을 확대·강화하며, 임

---

87 소육린(邵毓麟)에 따르면 김원봉은 한국광복군과 조선의용대의 합병 후에 '조선민족혁명군'을 새로 편제할 수 있도록 허용해 줄 것을 제의하였다고 한다. 아마도 한독당-민혁당 통합회의의 내용을 이렇게 기억한 것으로 보인다. 邵毓麟, 『使韓回憶錄』; 『대한민국임시정부자료집』 25(중국의 인식).

시정부 국무위원을 보강하고 임시의정원을 보선함으로써 임시정부를 한독당·민혁당의 합작으로 강화하며, 나아가 조선의용대를 한국광복군에 흡수해서 한국광복군을 강화하는 방안이었다. 즉, 한독당 중심으로 당·정·군을 모두 강화하는 방안이자, 중국 관내 가장 중요한 두 정치세력·군사세력의 합작이며, 정치·사상적으로는 좌우합작노선이었다고 할 수 있다. 즉, 민족유일당을 자처했던 조선민족혁명당이 당명뿐 아니라 당의·당장·당헌·당규·당강을 모두 상실하고 한독당에 흡수·통합되며, 임시정부를 인정하지 않던 민족혁명당이 국무위원과 임시의정원 참가를 결정했으며, 조선의용대도 한국광복군에 흡수·통합되는 방식의 합의안이었다. 즉, 중경에서 한독당이 점하는 위상이 민혁당을 압도하고 있음을 명백하게 보여 주었는데, 그 위력은 중국 군사위원회로부터 발원한 것이었다.

이런 전폭적인 양보와 합의에도 불구하고 결정적인 걸림돌이 남았는데, 합당, 정부 국무위원 보충, 의정원 보선 등 정치통일을 이룬 후에 군사통일을 단행하기로 합의한 점이었다. 이는 민족혁명당 측이 주장한 선(先)정치통일·후(後)군사통일 입장을 수용한 것이었는데, 중국 군사위원회의 실망을 자아냈을 것이다. 중국 군사위원회는 자신이 후원해 성장시킨 한인 군사 세력들의 신속한 통합과 전열 정비를 희망했는데, 조선의용대 측은 화북으로 북상한 세력과 유대를 맺으며 군사통일을 사실상 늦췄던 것이다. 정치통일을 빌미로 조선의용대의 군사적 독자성을 가급적 최후까지 유지하려는 민혁당의 태도를 중국 군사위원회가 용납하기는 어려웠을 것이다.

이 회의 직후인 1942년 4월 20일 임정 국무회의는 조선의용대의 광복군 합편을 결의했다. 즉, 군사통일을 먼저 하겠다고 결정한 것이다. 이후 한독당·민혁당의 통일회의는 급격한 전환을 맞았다. 원래 제1차 회의 결의안을 한독당·민혁당에서 승인을 받은 후 확정하려 했으나, 제2차 회의(1942. 4. 25)에서 한독당 대표들은 제1차 회의에서 합의한 당강 수정안 일부를 접수할 수 없다고 했다. 제3차 회의(1942. 4. 28)에서 민혁당이 다시 양보해 한독당 의견을 수용했으나, 한독당은 "군대 합편을 먼저 기하여 성사되면 그때 합당선언을 발표하자"는 새 조건을 내걸어서 산회했다.

제4차 회의(1942. 4. 29)에서 숨겨져 있던 가장 중요한 문제가 등장했다. 한독당 대표는 화북에 북상해 있는 민혁당원이자 조선의용대원의 신당 가입을 보류해야 한다고 요구한 것이다. 민혁당 대표가 부당하다고 반박하자, 한독당은 "신당 결성 후 심사하여 등기"하자는 수정안을 제출하고 민혁당이 이를 수용했다. 즉, 이 시점까지 민혁당은 조선의용군 화북지대를 자신의 당원이자 군사력이자 지지 기반으로 생각했던 것이다. 제5차 회의(1942. 5. 4)에서 한독당 대표는 화북에 재류한 민혁당원들의 '당적(黨籍) 보류'가 합당의 절대조건이라는 입장을 개진했고, 신당의 간부 구성 비율도 조정해서 중앙위원 한독당 15명, 민혁당 9명, 감찰위원 한독당 5명, 민혁당 3인이라는 수정안을 제출했다. 제1차 회의 합의안이던 중앙위원 한독당 8명, 민혁당 7명, 감찰위원 한독당 3명, 민혁당 2명의 비율에 비하면 민혁당의 간부 수가 상당히 감소된 것이다. 민혁당은 '당적 보류'를 수용할 수 없다고 거부함으로써 회의는 결렬되었고, 제1차 회의의 합의안은 백지화되었다.

이런 상황이 전개된 가장 큰 원인은 중국 군사위원회의 의중을 반영해 한독당 측이 완고한 태도를 취한 데 있었다. 특히 중국국민당의 정치·경제·군사적 지원으로 육성된 조선의용대가 중국공산당 지역으로 북상해 팔로군의 정치선전물로 활용되는 상황을 중국 군사위원회가 참을 수 없었던 것이다. 중국 군사위원회에서는 조선의용대 잔류 인원을 광복군 1개 지대로 편입시키며, 김원봉을 광복군 부사령에 임명하겠다는 방침을 정했고, 김구는 주가화에게 이런 방침에 동의(1942. 5. 1)한다고 알렸다.[88] 곧이어 1942년 5월 8일 장개석은 주가화에게 조선의용대를 광복군 1개 지대로 재

---

88 「金九가 朱家驊에게」(1942. 5. 11), 국사편찬위원회, 1994, 위의 책, 107쪽.

편하며, 김원봉을 광복군 부사령에 임명하는 건을 재가한다고 했다. 이는 하응흠 참모총장이 김원봉과 여러 차례 협상한 결과였다.[89] 주가화는 해당 사실을 김구에게 통보(1942. 5. 11)했다.[90]

중국 군사위원회는 1942년 5월 15일 김원봉을 광복군 부사령에 임명하는 동시에 조선의용대를 광복군 제1지대로 개편하라고 명령했다. 조선의용대와 광복군이 모두 중국 군사위원회의 통제하에 있었기 때문에 가능한 명령이었고, 양 군대의 합편은 정치협상이나 시일을 끌 문제가 아니라는 중국 군사위원회의 입장을 반영한 것이었다. 이에 따라 임시정부 국무회의는 5월 18일 김원봉을 광복군 부사령으로 선임하기로 결의했다.[91]

결국 조선의용대는 1942년 7월 광복군에 편입된다는 선언을 발표했고, 이로써 중국 관내의 한인 무장 세력은 모두 광복군으로 통합되었다. 김원봉은 1942년 12월 15일 광복군 부사령 겸 제1지대장으로 취임했다. 조선의용대가 광복군으로 편입된 가장 큰 동기는 주력부대가 팔로군 지역으로 북상한 조선의용대를 국민정부가 내버려둘 수 없었기 때문이며, 또한 조선민족혁명당 측도 국민정부의 지지와 재정적 원조 없이 독자적 당파로 존립하기 어려웠기 때문이다.[92] 조선의용대의 광복군 참여로 광복군은 무장 세력의 통일과 병력의 확대를 이루게 되었다. 특히 병력의 증강과 실전 경험이 있는 군사 인재들이 광복군에 합류하게 된 것이다.

---

89 「蔣總裁가 朱家驊에게」(1942. 5. 8), 국사편찬위원회, 1994, 위의 책, 107~108쪽.
90 「朱家驊가 金九에게」(1942. 5. 11), 국사편찬위원회, 1994, 위의 책, 108쪽.
91 「대한민국임시정부공보」 제75호(1942. 8. 20).
92 崔鳳春, 2005, 「조선의용대의 창설과 활동 補遺」, 『한국독립운동사연구』 25, 244~245쪽.

(3) 임시의정원과 임시정부의 확대 개편

1942년 7월 20일 중국국민당 중앙상무집행위원회 제206차 회의에서 한국 원조 문제가 논의되었고, 군사위원회 참모총장 하응흠, 국방최고위원회 비서장 왕총혜, 국민당 중앙조직부장 주가화, 국민당 중앙당부 비서장 오철성, 진과부 등 7명이 참석해 한국 원조 문제를 논의했다. 오철성은 이후 논의 결과를 장개석에게 보고했다. 장개석은 한국 지원 방안 제출을 지시했고, 하응흠, 주가화와 상의한 결과 「한국 독립운동을 원조하는 지도방안」(扶助朝鮮復國運動指導方案)을 결정했다. 그 방안은 (1) 적군 안에 들어가 한적 사병을 선동하고, (2) 한국 본부 및 해외 한교들과 연락하며, (3) 한적 유지 청년들을 모집해 훈련시키며, (4) 한국 본부와 일본군 내 독립운동 선전문을 산포한다 등의 내용이었다.[93] 이것이 중국국민당정부가 통합된 한국광복군에게 요구하는 임무이자 목표였던 것이다.

〔표 6-6〕 제34차 임시의정원 신규 당선 의원(1942. 10)

연번	이름	나이	선출구역	가입 기관·단체
1	김상덕(金商德)	49	경상도	민혁당
2	김약산(金若山)	45	경상도	민혁당
3	송욱동(宋旭東)	43	전라도	민혁당
4	신영삼(申榮三)	47	평안도	민혁당
5	왕통(王通)	30	함경도	민혁당
6	이인홍(李仁洪, 李集中)	49	전라도	민혁당
7	이정호(李貞浩)	31	경상도	(민혁당)

---

[93] 中國國民黨史 所藏, 「軍事委員會第6948號快郵代電」(1942. 12. 27); 石源華, 2009, 『韓國獨立運動與中國關係論集』 上, 33쪽; 양지선, 2016, 위의 논문, 134쪽.

8	이해명(李海鳴)	47	강원도	민혁당
9	최석순(崔錫淳, 崔友江)	51	평안도	민혁당
10	한지성(韓志成)	29	경상도	민혁당
11	강홍주(姜弘周)	45	함경도	한독당
12	김관오(金冠五)	38	강원도	한독당
13	김현구(金玄九)	56	황해도	한독당
14	민필호(閔弼鎬)	45	미령구(美領區)	한독당
15	심광식(沈光植)	31	충청도	한독당
16	이연호(李然浩)	51	경상도	(한독당)
17	조성환(曹成煥)	68	미령구(美領區)	한독당
18	김재호(金在浩, 胡建)	29	전라도	조선민족해방동맹
19	박건웅(朴健雄)	38	중령구(中領區)	조선민족해방동맹
20	유림(柳林)	50	경상도	(조선혁명자연맹)
21	유자명(柳子明)	49	충청도	조선혁명자연맹
22	김철남(金鐵男)	48	황해도	한독당통일동지회
23	손두환(孫斗煥)	48	황해도	한독당통일동지회

〔출전〕 『의정원문서』, 689~703, 755~756쪽; 양영석, 1989, 「1940년대 조선민족혁명당의 활동」, 『한국독립운동사 연구』 3, 559~560쪽을 재구성함.

　　조선의용대가 한국광복군에 통합됨으로써 관내 한국 독립운동 진영의 군사통일이 완성되었다. 다음 순서는 민혁당 등의 참가를 통한 임시의정원의 확대·개편, 즉 의회통일이었다. 1942년 8월 4일 제35차 국무회의는 임시의정원 의원 선거규정을 개정하여, 민족혁명당 등의 임정 참여 길을 열어 놓았다. 이에 따라 1942년 10월에 개최된 제34회 임시의정원 회의에서 민족혁명당의 임정 참여가 구체화되었다. 10월 24일 개원한 제34회 의정원 회의에서 김원봉·김상덕·최석순 등 10명의 민족혁명당원과 유자명(혁명자연맹)·유림(혁명자연맹)·김재호(해방동맹)·박건웅(해방동맹)·손두환(한독당통일동지회) 등이 의정원 의원에 선임되었다. 민혁당 10명, 한독당 7명, 해방동맹 2명, 혁명자연맹 2명, 한독당통일동지회 2명이 추가되었다. 민혁당 등 16명, 한독당 7명의 비율이었으며, 기존 23명이던 임시의정원 의원을 두 배로 대폭 확대한 것이다.[94] 총 46명의 의원 중 한독당 계열이 30명, 민혁당 계열이 16명을 차지함으로써 2:1의 비율이 되었다. 민족혁명당과 해방동맹·혁명자연맹 등이 참가함으로써 임시의정원은 좌우합작에 의한 통일의회를 구성했다.

군대의 통일, 의정원의 통일, 그다음 순서는 정부의 통일이었다. 제34회 임시의정원 마지막 회의(1942. 11. 18)에서 김규식·유동열·장건상·황학수 등이 신임 국무위원에 선임되었다. 김규식과 장건상은 민혁당 계열이었다. 김규식은 사천성에서 성도 대학 교수로 재직 중이었고, 장건상은 1937년 일제에 체포된 뒤 풀려나 1941년 중경으로 탈출해 온 상황이었다. 1942년 11월 김규식이 임시정부 국무위원에 선출된 것은 이 시점에 임시정부와 민족혁명당 모두 김규식의 복귀가 필요하다는 데 공감하고 동의한 결과였다. 김규식의 중경 복귀가 더 필요한 쪽은 민족혁명당이었을 것이다. 김구·이청천·유동열 등 임시정부와 한국독립당의 대표적 인물에 맞서 민족혁명당을 대표할 사람으로 김규식만 한 인물이 없었다. 또한 김규식은 3·1운동기 파리강화회의 대표로서 명성과 지위를 갖춘 임시정부의 대표적 인물이었기 때문에 김구 등 임시정부 핵심인사들도 수긍하고 인정하는 바 있었다. 이 시기 임시정부·한국독립당과 민족혁명당 양측은 미주 내 지

---

[94] 재미조선민족혁명당이 간행한 『우리通訊』(제1호)에 따르면 기존 의원 23명은 조소앙, 조완구, 이시영, 조시원, 엄항섭(경기도, 결1인), 홍진, 이상만, 안일청, 신환(충청도), 차리석, 유동열, 최동오, 이광제(평안도), 방순희, 이홍관, 이복원, 고운기(함경도), 문일민, 박찬익, 이청천, 양묵, 김학규(中領), 김구(美領, 결2인) 등이었다. 보선의원은 21명으로 민필호·조성환이 빠져 있다. 결원은 총 13명으로 아령(俄領) 6인, 미령 2인, 전라도 3인, 경기도 1인, 강원도 1인 등이었다. 이럴 경우 의정원 의원 정원은 57명이다. 임시의정원법에 규정된 의원 수 57명과 일치한다.

조선민족혁명당 제7차 전당대표대회, 정조(政組)대표대회(중경. 1943. 2. 24).
(1열 오른쪽부터) 김인철, 강창제, 성현원, 김약산, 김규식, 김붕준, 신영삼, 윤홍운. (2열) 김문, 김상덕, 이집중, 이해명, 신기언, 김철남, 송욱동, 최석순, 한석원. (3열) 조빈, 윤징우, 한지성, 문일민, 왕통, 조중철. Stan Haan 소장.

지 세력의 확대 및 후원 확보를 위해 치열한 경쟁을 벌이고 있었는데, 김규식은 재미한인들에게 영향력과 호소력을 지닌 대표적 인물이었다. 나아가 김규식은 중국국민당 및 중국 각계 지도자들과도 깊은 유대관계를 맺고 있었으며, 성도 사천대학 교수로 국민당이 확실히 신임할 수 있는 인물이었다.[95] 이런 여러 가지 측면의 대표성과 강점이 1942년 김규식을 중경 임시정부로 재소환하게 하는 배경과 원인이 되었을 것이다.

한편 김규식도 태평양전쟁 발발 이후 본격화되는 대일투쟁에 동참하고자 하는 열망과 결심을 굳혔다. 1942년 11월 임시의정원이 김규식을 국무위원으로 선임한 것은 임시정부와 민족혁명당은 물론 김규식과의 사전 협의 및 동의에 기초한 것임을 의미했다. 1942년 11월 김규식은 공식적으로 임시정부와의 관계를 복원했으며, 민족혁명당으로 복귀를 결심했다. 1935년 홀연히 임시정부와 민족혁명당을 떠난 지 7년 만의 일이었다. 임시정부 복귀는 김규식, 임시정부, 민족혁명당 3자의 이해와 요구가 맞아떨어지면서 실현된 것이다. 그러나 그만큼 임시정부와 민족혁명당 내에서 김규식의 위치와 활동 공간은 출발부터 제약될 수밖에 없었다. 한독당과 민혁당의 정치적 타협의 결과로 조성된 공간 속에서 김규식의 역할은 정치적 조정자와 완충지대로 규정되었다. 운신의 폭이 좁을 수밖에 없었으며, 독자적 목소리는 불가능한 환경이었다.

김규식은 1943년 1월 20일 국무회의에서 새로 신설된 4개 부서 중 하나인 선전부장에 선임되었다.[96] 한국 독립운동 및 임시정부를 대표하는 외

---

95 김규식은 1942년 10월 11일 중경에서 창립된 중한문화협회 이사로 선출된 바 있다. 중국 측 이사는 손과(孫科)·오철성(吳鐵城)·주가화(朱家驊)·반공전(潘公展), 한국 측 이사는 박찬익(濮精一)·김규식·신익희(王海公)·김성숙(金奎光)·김원봉(金若山)·엄대위(嚴大衛)·유자명(柳子明) 등이었다. 추헌수, 1972, 위의 책, 326~327쪽.
96 임정 부서별 직원 명단에는 김규식의 선전부 부장 재임 기간이 1942. 11. 18~1944. 4. 22로 되어 있다(『대한민국임시정부자료집』 45(총목차)]. 황학수는 생계부장에 선임(1942. 12. 16)되었고, 유동열은 교통부장(1943. 1. 20)에 선임되었다(『대한민국임시정부공보』 제77호

교가였던 김규식이 외교부장이 아닌 선전부장에 선임된 것은 앞으로 임시정부 내에서 그의 역할이 미국과 중국, 재미한인과 중국인들을 상대로 '선전'하는 활동으로 제약될 것이며, 임시정부의 핵심적 직위·역할과는 거리가 있게 될 것을 의미했다. 선전부는 이때 처음 만들어진 것으로 중경 시대 김규식의 임시정부 내 활동이 한국 독립의 정당성, 임시정부의 승인, 한국 독립운동의 활약상, 한국 독립운동에 대한 성원과 후원 등을 선전하는 데 초점이 두어진다는 의미였다. 그럼에도 중경 시대는 해방 후 김규식을 가능케 한 정치적 자산으로 작용할 터였다.

(1943. 4. 15)〕. 장건상은 1943년 4월 20일 학무부장에 선임되었는데, 직원 명단에는 1942. 11. 18~1944. 4. 22에 학무부장이었던 것으로 기재되어 있다〔『대한민국임시정부공보』 제78호(1943)〕.

중경 임시정부의 김규식

7

(1943~1945)

김규식은 사천대학을 떠나 1943년 1월 10일 부인 김순애와 함께 중경에 도착했다. 김규식은 "이제 교편을 던졌고 나의 여생을 가져 나라에 받치고 임시정부에 충성을 다하기로 결심"했다며 "일체의 과거사를 다 쓸어 버리고 임시정부에 들어와서 모든 동지들과 합작하기를 원"한다고 말했다.[1] 김규식의 중경 시대가 시작된 것이다. 중경 시절 김규식의 활동은 크게 세 가지 측면으로 전개되었다.

첫째, 임시정부에서의 활동이다. 김규식은 1942년 11월 임시정부 국무위원으로 선임되었으며, 1943년 1월 선전부장에 임명되었다. 1944년에는 임시정부 부주석이 되었다. 임시정부 국무위원, 선전부장, 부주석의 역할이 주어진 것이다. 3·1운동기 이래 김규식을 대표하던 '외교'는 조소앙 외무부장과 임시정부 핵심파가 맡았고, 김규식은 임시정부의 활동과 한국 독립의 당위성을 선전하는 선전부장을 담당했다. 중한문화협회 등 중국인 사회와 재미한인사회를 대상으로 연설·선전하는 것이었다. 1944년 이래 부주석으로의 활동은 주석을 보조하고 옆을 지키는 역할이었다. 특별하게

---

1   「최근 중경에 온 김규식의 담화」, 『신한민보』(1943. 1. 21).

부주석에게 부여된 임무나 역할은 없었다. 중경에는 미국, 영국, 프랑스 등 각국 대사관이 설치되어 있었고, 외교관이 상주했지만, 중경 시대 김규식은 영미 외교관들과 접촉하지 않았다. 임시정부 내에서 그의 임무나 역할이 아니었기 때문이며, 보이지 않는 제약이 있었을 것이다. 이것이 중경 임시정부 내 김규식의 활동 범위였다.

둘째, 조선민족혁명당 활동이다. 김규식은 1943년 민족혁명당 당대회에서 중앙집행위원회 주석으로 선출되었다. 민족혁명당은 당조직의 형태를 띠었지만, 당수나 위원장이 없는 조직 운영 방식을 택하고 있었다. 김규식은 명목상 민족혁명당을 대표하는 주석이었지만, 집행위원회 주석일 뿐 당내 실질적인 권한은 갖지 못했다. 민족혁명당은 김원봉의 정당이었다. 당의 실질적 운영과 실질적 당 대표는 조선의용대 대장이던 총서기 김원봉의 몫이었다. 김규식의 역할은 재미교포와 중국정부를 상대로 한 공식 서한과 성명에서 주석의 이름을 사용하는 데 지나지 않았다.

김규식은 민혁당 주석이었으며, 3·1운동기 이래 한국 독립운동을 대표하는 인물이었지만, 중경 시대 임시정부에서 가장 활발한 논의와 활동이 벌어진 임시의정원 의원에 선임될 수 없었다. 민족혁명당 총서기였던 김원봉이 임시정부에서 국무위원, 군무부장, 광복군 부사령, 임시의정원 의원 등의 역할을 한 것과 비교해 본다면 민혁당 내에서 김규식의 실제 권한은 매우 제한적이었다. 이는 중경 시대 김규식의 역할이 대외적으로 민혁당의 간판이자 명망가로 활용되는 상태였음을 의미했다.

바꿔 말하면 민혁당 내 김규식의 지지 기반·세력은 사실상 존재하지 않았다. 김규식 명목상 지위와 대외적 역할 사이의 현저한 괴리는 해방 후 김규식이 민혁당과 절연하는 중요한 계기가 되었을 것이다.

셋째, 한국독립당과 민족혁명당, 임시정부 내 여당과 야당 세력 간 중재자이자 조정자 역할이다. 1937년 이후 극한적 대립을 벌였던 한독당과 민혁당, 광복진선과 민족전선, 광복군과 조선의용대는 1942년 이후 광복군, 임시의정원, 임시정부로 통합되었지만, 그 대립의 여파는 지속되고 있었다. 중국국민당정부로부터 발원한 경제적·군사적 후원을 둘러싼 각축전이자, 중국 관내 독립운동의 주도권을 둘러싼 경쟁이었다. 중경 시대 임시의정원, 임시정부 국무위원, 중국정부의 지원금, 광복군 주도권을 둘러싼 한독당과 민혁당의 대립과 갈등은 끊이지 않는 사슬처럼 연속되었다. 중경 시대 임시정부는 대외적으로 민족통일정부, 좌우합작정부라는 이름을 얻었지만, 대내적으로는 분열과 갈등이 마그마처럼 들끓고 있었다. 태평양전쟁이 종막을 향해 달려가며, 연합국의 대한정책으로 신탁통치 계획이 공언되는 시점이었지만, 임시정부는 명목적 좌우합작·민족통일전선과 실질적 분열·불화 상태를 유지했던 것이다.

이런 정치 환경에서 김규식은 민혁당의 주석이자 대표로서 갈등의 완충지대이자 조정자 역할을 수행했다. 김규식은 민혁당과 한독당 사이에서 중재 혹은 가교 역할을 할 수 있는 독립운동의 원로였다. 김규식은 한독당을 상대로, 혹은 중국정부를 상대로 민혁당의 목소리를 전달하고, 그 반대의 목소리를 전달하는데 적격인 위치에 있었다. 적어도 민혁당 측에서 김규식의 효용은 이런 점에 주안점이 두어져 있었을 것이다.

중경 시대 이러한 중재자·조정자 역할을 통해 김규식은 임시정부의 핵심인물로 부각되었다. 나아가 중경 시절 김규식의 입지와 역할, 경향성은 해방 후 국내 정치 활동의 주춧돌이 되었다. 즉, 김규식은 김구·조소앙 등 임시정부 핵심은 물론 장건상·김성숙·박건웅 등 임시정부 내 중도좌파 세력들과도 원만한 관계를 유지했으며, 이것이 해방 후 그의 정치적 자산이 되었다. 또한 합리적 의견과 이해의 조정이라는 중경 시대 그의 정치적 역할은 해방 후 좌우합작운동·남북협상이라는 그의 정치공간을 조성하는 배경이 되었다.

1   김원봉·민족혁명당과 한길수·재미한인사회의 연계
(1941~1942)

(1) 김규식과 문제적 인물 한길수의 관계

중경에서 김규식이 당면한 첫 번째 일은 중한민중동맹단 미주대표를 자임하고 있는 한길수와의 관계 정리였다. 김규식의 중경 도착 첫 일성이 "항상 재미한인을 생각하고 잊지 아니한다"였다. 재미한인이 이왕부터 충성을 다하여 임시정부를 봉대하였고, 지금까지 변치 않고 임시정부를 봉대하니 "내가 재미한인을 느끼는 것"이라고 했다.[2] 김규식의 중경 시절 중요한 역할이 재미한인을 상대하는 창구였음을 알 수 있다.

특히 김구는 이승만을 지지하면서 이승만의 정치적 반대파 역할을 하는 한길수를 제압하기 위해 김규식의 도움을 얻고자 했다. 1943년 2월 15일 김구는 이승만에게 편지를 보내서, 김규식이 도착한 후 여러 차례 비밀 대화를 나누었다며, 다음과 같은 김규식의 발언을 전달했다.

제(김규식) 개인적인 생각으로는 한길수나 김약산 모두 그다지 중요하

---

2   「최근 중경에 온 김규식의 담화」, 『신한민보』(1943. 1. 21).

지 않습니다. 제 생각에는 저와 당신(김구) 그리고 이승만 박사 사이의 지속적이고 진실한 협조가 미국인과 중국인들에게 한국인들이 정말로 단합되어 있다는 점을 설득하는 데 있어서 필수적이라고 생각합니다. 따라서 우리 세 사람은 우리가 초당적인 관계라는 것과 오직 우리 정부와 조국의 이익을 위해 복무한다는 점을 증명하기 위해 최선을 다하여 모든 계파적인 차이를 묵인하여야 할 것입니다. 한길수는 더 이상 존재하지 않는 중한민중동맹단의 명의로 활동을 하고 있습니다. 동맹단은 상해에서 창설되었고 당시 저를 미국대표단으로 임명하였습니다. 저는 미국을 떠나기 직전 한길수를 본인의 부재 직무대행으로 임명하였습니다. 그 동맹단은 제가 중국으로 돌아온 후 해체되었고 더 이상 존재하지 않습니다. 한길수는 자신을 더 이상 존재하지 않는 조직의 대표라고 칭하고 있습니다. 김호에 관해서는, 그는 저의 예전 학생입니다. 저는 그 두 사람이 우리의 단합을 저해하는 추가적인 행위를 하지 않도록 설득할 수 있을 것이라 확신합니다.[3]

김규식이 김구에게 했다는 이 발언은 1943년 초 시점에 임시정부와 민족혁명당 내에서 김규식의 위치와 상황을 보여 주는 것이다. 첫째, 미주의 한길수나 중경의 김약산 모두 중요하지 않다. 둘째, 김규식, 김구, 이승만의 지속적이고 진실한 협력이 미국과 중국에 한국 독립운동 진영의 통일을 확신시키는 데 중요하다. 셋째, 중한민중동맹단은 상해에서 만들어진 조직으로 1933년 김규식의 도미 당시에는 존재했고, 하와이에서 한길수를 김규식 부재 시의 대행으로 임명했다. 넷째, 중한민중동맹은 이미 해체

---

3 「중국 중경의 김구가 워싱턴의 이승만에게 보낸 편지의 발췌」(1943. 2. 15), 국사편찬위원회, 『한국독립운동사』 자료25(임정편X), 272쪽; 「김구 주석이 이승만에게 보낸 서한」(1943. 2. 15), 『대한민국임시정부자료집』 43(서한집II).

했고, 존재하지 않으므로 한길수는 존재하지 않는 조직의 대표를 주장하는 것이다. 다섯째, 재미한족연합회 집행위원장 김호는 김규식의 옛날 학생이었다. 여섯째, 김규식은 한길수와 김호가 "우리의 단합을 저해"하는 추가 행위를 하지 않도록 설득할 수 있다는 얘기였다.

김규식은 재미한족연합회 집행부 위원장 김호가 자신의 학생이었다고 발언했는데, 김호(김정진)의 이력을 살펴보건대 아마도 1906년 이후 YMCA 영어과정을 다녔을 때의 사정인 것으로 보인다.[4] 김호는 미주에 건너온 후 1919년 파리강화회의 당시 김규식·조소앙을 지원하는 노동사회개진당의 주역으로 활동했고, 동지회 임원이자 이승만의 추종자로 활동하다가 방향을 전환한 인물로, 사업에서 성공한 기반으로 합리적이고 실용적인 지도력으로 1930년대 중반 국민회 재건에 힘쓴 바 있다.

상황을 짚어 보면, 이상의 이야기는 김규식과 김구가 서로 신뢰 속에 속내를 털어 놓고 한 개인적인 대화였을 것이다. 그러니 김구도 "비밀대화"였다고 했는데, 이런 사적 대화를 이승만에게 전달해야 할 정도로 김구가 이승만을 신뢰하고 있었으며, 다른 한편 한길수·김호와 이승만의 대결이 중경에서 문제시되었다는 점을 알 수 있다. 김구가 김규식의 발언을 이승만 측에 전달했지만, 김규식이 직접 나서 한길수를 공박하지는 않은 것으로 보인다.

재미한인을 향해서 김구가 직접 편지로 공세를 펼쳐야 할 정도로 한길수, 김호는 이승만과 중경 임시정부에 비우호적이거나 적대적인 상황이 되었음을 의미한다. 반대로 재미한인사회에서도 중경의 김구·임시정부나 김

---

4 김호는 1900~1904년 한성중학교(현 경기고), 학부 주임관 6등 교관, 1904년 이래 인천 내리교회 부설 영화학교(永化學校) 교사, 서울 상동교회 청년학원, 유길준의 기호학교, 융희학교에서 수학교사, 1908년 안창호가 세운 대성학교 교사를 지냈고, 청년학관, 즉 YMCA의 영어과정을 졸업했다. 김호가 김규식에게 배웠다면 YMCA 영어과정 시절이었을 것이다. 정병준, 2005, 「김호의 항일독립운동과 정치활동」, 『한국민족운동사연구』 43, 170쪽.

원봉·민족혁명당과 연락을 주고받으며 미주 내에서 자파 세력 확대와 정당성 확보에 노력했다. 미주의 목소리가 중경에서 메아리 효과로 확산하고, 중경에서의 사건이 미주에서 확대 재생산되는 통로가 되었던 것이다. 미주와 중경은 서로를 필요로 했으며, 상대방의 존재로 자신의 존재가치와 위상 제고를 꾀하고 있었다는 점에서 상호 분열적인 동시에 상호 공생적이었다.

중경에서 문제가 된 한길수는 수수께끼의 인물이라고 할 수 있는데, 경력과 이력에 불투명한 부분이 많이 존재하기 때문이다. 한길수 자신의 이력서와 관련 연구를 종합하면 그의 이력은 다음과 같다.[5]

한길수는 1900년 경기도 장단에서 출생했고, 1905년 부모와 함께 하와이에 이민을 왔다. 1910~1915년간 오아후섬 와이자후(Waijahu)의 오하우설탕회사(Oahu Sugar Co.)에서 사탕수수 노동자로 일했다. 1914~1916년 3년간 이승만이 교장으로 있던 호놀룰루 한인기숙학교에서 수학했으며, 1918년 호놀룰루 칼리히와에나학교(Kalihiwaena School)의 초등학교 8학년을 졸업했다. 1919년 호놀룰루의 하와이주 방위군에 입대해서 2년간 복무했고, 이후 구세군에 들어갔다. 1921~1922년 10개월 동안 캘리포니아주 샌프란시스코의 구세군훈련대학(the Salvation Army Training College)에서 수학한 후 1922~1926년간 구세군 상교도 하와이 여러 섬에서 근무했다. 한길수는 1926년 호놀룰루에서 스텔라 윤(Stella Yoon, 윤점

---

5   이하는 정병준, 2005, 『우남이승만연구』, 역사비평사를 참조. 한길수에 대해서는 다음을 참조. 김원용, 1959, 『재미한인50년사』, 캘리포니아 리들리; 곽림대, 1973, 『못잊어 화려강산: 재미독립투쟁반세기비사』, 대성문화사; 稻葉强, 1991, 「太平洋戰中の在米朝鮮人運動—特に 韓吉洙の活動を中心に」, 『朝鮮民族運動史硏究』. 7; Linda J. Min, "Kilsoo K. Haan versus Syngman Rhee: a competition for leadership in the Korean independence movement in the United States, 1938-1945," Graduate School of International Studies, Yonsei University, 1997; 방선주, 1998, 「이승만과 한길수」, 『이승만의 독립운동과 대한민국 건국』, 연세대학교 현대한국학연구소 제2차 국제학술회의; 「최초공개! 한길수 X-파일(KBS 수요기획)」1·2부(2002. 3. 13, 2002. 3. 20); 정병준, 2002, 위의 논문.

순)과 결혼했으며, 부인은 소학교 교사로 일했다. 1927~1932년간 한길수는 보험외판원, 부동산 등등의 사업을 전전했다.[6]

한길수가 한인사회에 이름을 알린 것은 1933년 중한민중동맹단과 관련을 맺으면서부터였다. 앞서 살펴본 것처럼 한길수는 이용직과 함께 리한이라는 가명으로 미국 정보당국에 다양한 반일 정보를 제공한 바 있으며, 1933년 7월 김규식이 하와이를 방문했을 때 포트 섀프터(Fort Shafter)에서 미 육군 정보참모부(G-2) 당국자와 김규식의 회담을 주선했다. 1933~1937년간 한길수는 미 육군 정보참모부(G-2), 해군정보국(ONI), 미 해군의 윌리스 브래들리(Willis W. Bradley) 대위와 협력했다고 주장했다. 나아가 한길수는 1935~1937년간 요시다(吉田) 혹은 케네스(Kenneth)란 이름으로 호놀룰루 주재 일본영사관에서 '위장 스파이'(counterspy)로 일하며 일본의 미국 침략 계획에 관한 고급정보를 염탐했다. 하와이 미군 정보당국으로부터는 한국 독립을 위해 일한다며 확실한 신임을 얻고 정보비 등을 수령했으며, 일본 측과는 확실한 구실이 없어 '동양은 동양인의 동양'이라는 주장을 가지고 교섭했다고 한다. 일본영사는 한길수를 십분 신뢰하지 못할지라도 '잃을 것이 없다' 하고 한길수를 받아들였다는 것이다.[7] 때문에 하와이 한인사회에서 한길수가 일본의 정탐으로 오해받았고, 그가 일본의 제5열이라는 풍문도 이 때문에 나돌았다. 또한 일본영사관의 의심을 사는 바람에 선상에서 살해될 위기에 처하기도 했

---

6 「후스후: 한길수씨(1)」, 『신한민보』(1968. 11. 29); 「후스후: 한길수씨(2)」, 『신한민보』(1968. 12. 13); 「후스후: 한길수씨(3)」, 『신한민보』(1968. 12. 27); 「한길수 이력서」, Haan, Kilsoo, 「1933-78 진주만자료(Pearl Harbor Materials, 1933-1978), Fred Cannings Collection, Archives of Contemporary History, University of Wyoming; 「한길수의 아들 Stan Haan 인터뷰」(2001), 채널세븐.
7 방선주에 따르면 한길수는 1936년 3차례에 걸쳐 일본영사관에서 110달러를 받았으나, 이미 일본영사관 잠입에 대해 미 국무장관 헐에게 보고편지(1936. 5. 22)를 쓸 정도로 공개적인 첩보 활동을 자임했다. 이런 측면에서 한길수는 이중첩자가 아니라 자원공작원이었다. 방선주, 2000, 「한길수와 이승만」, 『이승만연구』, 연세대학교출판부, 334, 341, 356쪽.

다는 것이다.

한길수가 한인사회에서 명성을 얻게 된 것은 1937년 10월 호놀룰루에서 개최된 하와이준주(準州)의 정식 주 승격 문제에 대한 연방의회 상하양원 합동조사위원회 공청회 석상에서였다. 한길수는 이 공청회에 등장해 호놀룰루 일본영사관이 일본인을 비롯한 동양인을 결집해 백인에 대항하려 한다며 반일 목소리를 드높였다.[8] 이후 한길수는 질레트(Guy Gillette) 상원의원의 후원을 받게 되었고, 그의 후원으로 본토로 건너가 중한민중동맹단 워싱턴 대표 자격으로 활동했다. 한길수는 정력적인 강연 여행을 다녔는데, 1941년 4월까지 2년간 3만 2,000마일, 35개 주 90개 도시 순회, 169회의 강연과 7회의 라디오 출연을 했다. 허풍쟁이였던 한길수는 이솝우화에 등장하는 늑대소년처럼 일본의 미국 침략을 계속 주장했다. 우연의 일치인지 몰라도 일본의 진주만 습격이 있었고, 한길수가 진주만 습격을 정확히 예언한 것으로 밝혀지자 그의 주가는 급상승했다.

이 기간 한길수는 1939년, 1941년, 1943년 다양한 미 의회 청문회에 출석했으며, 1939년 미 국무부의 요청으로 중한민중동맹단의 워싱턴 대표로 등록했다. 1940년 마쓰오 키노아키(松尾樹明)가 쓴 『3국동맹과 일미전쟁』(三国同盟と日米戦)을 빼내 국무부·백악관에 전달하고 번역·출판했으며, 동년 8월 외국인등록 시 한국인을 일본인이 아닌 한국인으로 등록하는 데 기여했다. 한길수는 1941년 12월 7일 일본군의 진주만 공격을 여러 차

---

[8] 현재까지 알려진 한길수 문서들은 다음과 같다. (1)「(한길수 문서)1937-1963년 하와이·미국 서부지역의 일본인 활동」(Letters and clippings relating to Japanese activities in Hawaii and the Western U.S., 1937-1963), the Manuscript Division of Bancroft Library, University of California at Berkeley. (2)「한국지하통신」(Korean underground report), 등사판 뉴스레터, Hoover Institute on War, Revolution and Peace, Stanford University. (3) Haan, Kilsoo「1933-1978 진주만자료」(Pearl Harbor Materials, 1933-1978), Fred Cannings Collection, Archives of Contemporary History, University of Wyoming. (4) IRR Case Files, Impersonal Files, Case ZA000565, Sino-Korean Peoples League, Box. 35, RG 319, National Archives.

레 경고했고, "예견"한 것으로 유명세를 얻었다. 1942년 전략첩보국(the Office of Strategic Service, OSS)의 요청으로 태평양 연안 군사지역의 일본인 상황에 관한 조사를 행했다. 한길수는 1945년 재미한인 진보진영의 신문인 『독립』(Korean Independence)의 기자로 샌프란시스코에서 개최된 제1회 유엔회담에 출석했다.

한길수는 미국 내에서 두 가지 지지 기반이 있었다. 첫 번째는 반일·반아시아적 백인 주류사회였다. 한길수는 1937년 이래 하와이와 미 본토에서 미국 내 일본인에 대한 의혹·반감을 품고 있던 백인들을 대변해 주는 악역을 속 시원하게 담당함으로써 언론의 총아가 되었다. 한길수는 하와이 준주의 정식 주 승격을 위한 청문회 석상에서 하와이 거류 일본인들이 미국이 아닌 일본제국을 위해 충성을 바치기 때문에 하와이의 정식 주 승격을 반대한다는 목소리를 높인 이래 언론과 미국인들의 주목을 끌었다. 한길수는 하와이와 미국 본토의 일본인들 중 상당수가 일본제국에 충성하는 반역자이자 제5열이며, 이들이 일본과 협력해서 일본의 미국 본토 공격에 협력할 가능성이 높다고 지속적·반복적으로 선전 활동을 벌였다. 한길수의 지지자들 가운데 미국 상원의원·하원의원은 물론 언론인, 국무부·백악관 관리들이 적지 않았다. 이 결과 한길수는 재미일본인들이 내륙 수용소에 감금되는 과정에 기여했으며, 재미일본인사회에서 한길수는 대표적 증오의 표적이 되어 왔다.

두 번째로 한길수는 재미한인사회 진보진영의 지지를 받았다. 한길수 자신은 전혀 진보적 인물이 아니었으나, 미주 내에서 반(反)이승만 운동의 대표적 인물이 되었으며, 임시정부·광복군 대신 민족혁명당·조선의용대를 후원·지지하는 진보진영과 손을 잡게 되었다. 중일전쟁 발발 이후 본격화된 재미한인 진보그룹은 외교노선 대신 실질적 무장투쟁노선을 주장하며 조선의용대 및 독립군 후원을 주장했다. 또한 일본으로 고철 수출을 반대하는 시위를 통해 재미화교사회의 동정을 이끌어 내며 한중연대를 과시하기도 했다. 이러한 목소리는 태평양전쟁 발발을 계기로 미국이 참전하게 되자 정점에 도달하였다. 이들은 조선의용대 미주후원회·민족혁명당 미주 총지부, 중한민중동맹, 『독립』신문 등 다양한 명칭과 공간을 통해 활동하기 시작했다.

즉, 한길수는 미국 백인 주류사회 내에 만연하던 반일 오리엔탈리즘 정서와 재미한인사회 내 진보적 흐름 속에서 자신의 존재가치와 입지를 다졌던 것이다. 한길수는 이승만이 운영하던 한인기독학원 출신의 "무명소졸"이었는데, 일본군의 진주만 공습을 예언한 것으로 홍보되면서 일약 언론의 총아로 부상했다. 한국전쟁 이전 가장 많이 알려진 한국인이 한길수라는 얘기가 나돌 정도로 한길수는 미국 언론과 정가에서 이름을 얻은 유명인사가 되었다. 방선주의 묘사처럼 한길수는 "길거리의 싸움꾼"이나 양치기 소년처럼 온갖 사실과 허구가 뒤섞인 정보를 미국 언론과 정가·군부에 뿌리면서 유력 정보통이자 전문가로 행세했다.

한길수의 공적 경력을 보증하는 출발점은 1933년 하와이를 방문한 김규식과의 만남이었다. 김규식은 이용직과 한길수을 합한 리한이라는 가명을 한국대일전선통일동맹 및 중한민중동맹 미주대표로 선임하고 공식관계를 맺었다. 김규식이 신뢰한 것은 3·1운동기 파크대학을 다니며 독립운동에 참가했던 이용직이지만, 그는 개인 사정으로 곧 귀국하게 되었고, 하와이에는 한길수만 남게 되었다. 활동적이고 열정적이지만 배움이 짧았고, 내세울 경력이 없으나 드러내기를 좋아했으며, 미국인들이 듣고 싶어 하는 이야기를 들려주기 위해 과장이 심했던 한길수는 이런 상황을 적극 이용했다. 하와이에서는 누구도 중국에서 김규식이 조직했다는 중한민중동맹의 실체를 파악하고 사실의 진위 여부를 파악할 수 없었기 때문이다.

한길수는 1968년 『신한민보』와의 인터뷰에서 "1921년경 김규식이 워싱턴에서 구미위원부 위원장으로 시무하다 상해로 향하는 길에 하와이에 들러서 중한동맹단을 조직하였는데 이 단체는 순전히 한국 독립을 위하여

1 김원봉·민족혁명당과 한길수·재미한인사회의 연계

지하운동을 목적하고 한국독립당(비밀단체)과 연락하여 일본과 기타 동양 사정을 정탐하는 기관"이었으며, 1932년에 한국독립당이 미주의 책임적 대표인물을 구할 때 한길수의 부친과 고세창 2인이 한길수를 김규식에게 소개하여 한길수가 중한동맹단 미주대표가 되었다고 주장했다.[9] 어느 하나 사실이 아니지만, 적어도 1933년 이용직과 함께 김규식의 대일전선통일동맹, 중한민중동맹과 연계를 맺은 것은 사실이므로, 항간의 말로 돋보이기 위해 사실을 과장한 것이었다.

대일전선통일동맹은 1935년 민족혁명당 창당으로 해소되었으며, 김규식이 민족혁명당을 떠나 성도 사천대학으로 옮긴 상황에서 중한민중동맹도 역시 사실상 해산된 상태였다. 때문에 한길수가 주장하는 중한민중동맹단 미주대표라는 것은 사실상 중국과는 아무런 관련이 없으며 존재하지도 않는 가공의 조직이었다. 그럼에도 한길수는 계속 중한민중동맹 미주대표를 자부했다.

그런데 중국의 민족혁명당·조선의용대가 한길수와 연계된 1941년 이후 미주와 중국의 상황은 급변에 급변을 거듭하게 되었다. 민족혁명당이 한길수와 연계된 것은 재미한인사회 내에서 지지 세력, 후원 세력, 국제적 연대를 과시하기 위한 방편적 수단이었지만, 민족혁명당의 이익과 중국과 미국 내 한국 독립운동 세력의 통일·단결에 기여하기보다는 분열과 갈등의 화수분이 되었다.

한길수는 워싱턴을 중심으로 반일선전과 중국 내 한인운동 세력, 특히 조선민족혁명당을 비롯한 좌파 세력에 대한 지지를 호소했다. 여론을 중시한 미 국무부와 군 정보당국은 대중매체의 큰 인기를 끌고 있던 한길수의 선전에 귀를 기울였다. 한길수는 진주만사건으로 미국 언론의 주목을 받았

---

9 「후스후: 한길수씨(1)」, 『신한민보』(1968. 11. 29); 「후스후: 한길수씨(2)」, 『신한민보』(1968. 12. 5); 「후스후: 한길수씨(3)」, 『신한민보』(1968. 12. 27).

고, 이승만과 대결하며 한인사회의 주목을 받았으나 1942년을 고비로 영향력과 위상이 하락했다.

한길수는 길거리 싸움꾼처럼 체계적 교육이나 사회경험을 쌓지 않은 채 우연하게 유명세를 얻은 경우에 해당했다. 한길수는 이승만과 대결하기 위해서, 또한 자신의 정당성을 주장하기 위해서 중국 내 민족혁명당·의용대와의 연결을 강조함으로써 반이승만 좌파적 인물로 위치 지워진 셈이다. 한길수는 신문과 잡지, 책자 등에서 얻은 정보를 과장·홍보하는 생존형·생계형 자칭 정보공작 전문가였을 뿐이다. 2차 대전 종전 이후 냉전이 본격화되자, 한길수는 예의 정보공작을 자처하며 이번에는 반미공작을 탐사하는 정보 활동을 벌였으며 자신이 한국전쟁을 예견했다고 허풍을 치면서, 미국 내 한국 지하 활동의 대표를 자처했다.

중경에 정착한 김규식은 중한민중동맹단 대표를 자임하는 한길수 문제를 해결하려 했으나, 이는 이미 그의 권한과 통제 범위를 벗어난 일이었다. 한길수는 미주와 중경에서 모두 통제할 수 없는 문제적 인물이 되었다.

(2) 김원봉과 한길수·민족혁명당 미주지부의 연계

한길수는 김규식 및 중한민중동맹과 관계가 끊어졌지만, 곧 김원봉의 민족혁명당·조선의용대와 공식적인 관계를 맺는 데 성공했다. 한길수는 늘상 자신이 중국은 물론 시베리아와 남미까지 정보원을 두고 있다는 과장을 서슴지 않았다. 그중 실체가 있는 것은 중국 내 한인 독립운동 세력과의 연계였다.

김원봉은 한길수의 미국 내 선전적 가치를 알아보고, 그를 민족혁명당으로 끌어들이기 위해 노력했다. 김원봉은 1941년 4월 5일 한길수를 조선의용대 주미전권대표로 임명한다는 위임장과 친필 편지를 동봉했다.

---

1 김원봉·민족혁명당과 한길수·재미한인사회의 연계

〔한〕길수동지

　동지께서 계속적으로 본대(本隊) 사업의 발전을 위하야 고심노력하시는 소식이 태평양 이 편에 자쥬 전파될 때마다 이곳 전체 동지는 무한한 흠모와 경의를 가지게되며 동시 무상의 안위와 고무를 밧게됩니다. 동지의 그곳 활동을 더욱 유력게 하기 위하야 본대 전권위임장을 보내오니 밧어신 후 곳 취직하심을 바랩니다. 특히 주의를 요할 바는 본대는 중국정부에 정식승인된 단체인 것만치 국제관계에 잇서서 중요한 일은 중국과 상의가 잇서야 하겟사오니 본대의 기본 종지(宗旨)와 역래 주장에 입각해서 일절교섭을 진행하시되 중요한 문제는 반드시 대본부(隊本部)에 청시(請示)를 해서 허가를 득한 후에 결정적 수속을 하시옵소셔. 직접으로 자쥬 경과를 통신해쥬심을 바래며 승리의 성과를 속히 재래(齋來)하기를 축(祝)하고 이만 끗침니다.

대장 김약산(金若山), 부대장(副隊長) 김인철(金仁哲),

부대장(副隊長) 김준(金俊)

1941년 4월 5일[10]

　1941년 4월 5일 자 편지는 조선의용대 대장 김원봉(金若山), 부대장(副隊長) 김인철(金仁哲)·김준(金俊) 세 사람 명의로 작성되었으며, 각자 도장을 날인했다. 동봉된 위임장에는 대장 김원봉의 직인과 조선의용대의 직인이 찍혀 있다.[11]

10　「김약산·김인철·김준이 한길수에게 보낸 편지」(1941. 4. 5), RG 494, Entry 11, Records of the Military Government of the Territory of Hawaii, Executive Section, Classified Correspondence and Related Records, Box 28. 이 위임장과 편지는 하와이준주 군사정부 문서철에 들어 있는 것으로 당시 워싱턴에 체류하고 있던 한길수에게 전달되었는지 여부가 불분명하다. 또한 한길수가 남긴 문서들 속에는 이 위임장 등 민혁당·의용대 문서들이 포함되어 있지 않다. 냉전기 매카시즘 시대에 한길수 본인이 폐기했거나 별도로 처리했을 개연성이 있다.

조선의용대가 한길수를 주미전권대표로 임명한 시점은 조선의용대 제1지대~제3지대 주력의 팔로군 지구 북상 방침이 결정된 이후이자, 제3지대가 황하를 건넌 직후였다. 때문에 한길수의 주미전권대표 임명은 조선의용대의 생존을 위해 미국 내 지탱점을 확보하기 위한 전술적 방침이었을 가능성이 높다. 주력지대의 북상 이후 조선의용대는 중경으로 본부를 옮겼으나, 독자적 존립이 어려운 위기 상황에 봉착했다. 이 결과, 1941년 5월의 민족혁명당 제7차 중앙집행위원회(제5기 제7차 중앙회의)는 한독당과의 합작을 논의하게 된 것이다.[12]

나아가 한길수는 1942년 조선민족전선연맹 미국전권대표, 1943년에는 조선민족혁명당 미주지부 워싱턴대표로 임명되었다. 즉, 한길수는 미주 내 조선의용대 주미전권대표(1941. 4), 조선민족전선연맹 미국전권대표(1943), 조선민족혁명당 미주지부 워싱턴대표(1943)라는 3개의 직함을 지니게 되었다. 중국 내 한인 좌파 독립운동 세력의 미주대표가 된 것이다.

김원봉은 1942년 11월 18일 친필 편지를 한길수에게 보냈다. 푸른색 만년필로 직접 쓴 12장 분량의 편지에 김원봉의 중경 내 상황과 입장 등이 잘 드러나 있다. 이 시기 그의 소회를 보여 주는 대표적인 친필 편지이다. 김원봉은 "사천성 중경 사서함 제233호 朝鮮義勇隊(The Korean Volunteer Corps)"라고 인쇄된 레터헤드 용지에 편지를 적었다.[13]

이 편지 곳곳에서 한국독립당, 임시정부, 광복군에 대한 적개심과 분

---

11 「조선의용대의 한길수 주미전권대표 위임장」(1941. 4. 1), RG 494. Entry 11, Records of the Military Government of the Territory of Hawaii, Executive Section, Classified Correspondence and Related Records, Box 28.
12 「朝鮮民革黨 第6屆全黨代表大會宣言」(1941. 12. 10), 鉛印原本, 黨史會藏; 호춘혜, 1978, 위의 책, 239쪽; 추헌수, 1972, 위의 책, 204~211쪽.
13 「김약산이 한길수에게 보낸 편지」(1942. 11. 18), RG 494. Entry 11, Records of the Military Government of the Territory of Hawaii, Executive Section, Classified Correspondence and Related Records, Box 28.

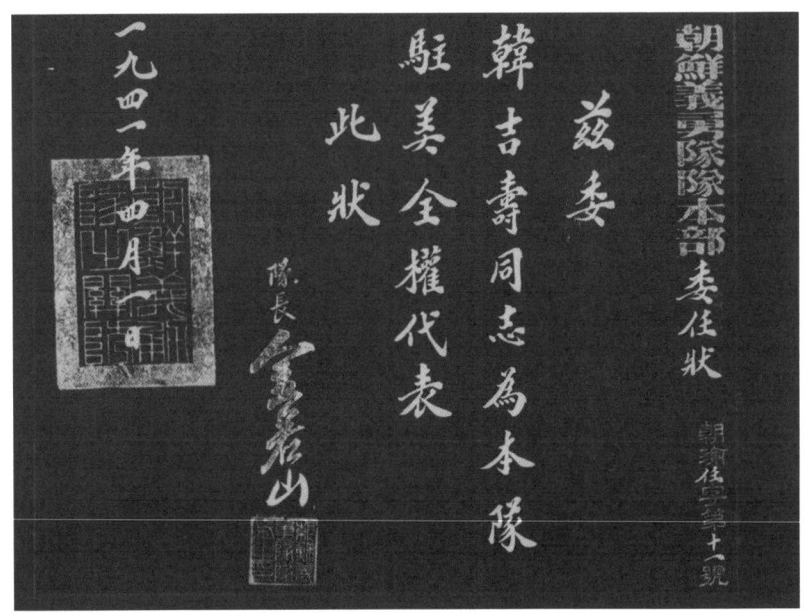

조선의용대의 한길수 주미전권대표 위임장(1941. 4. 1). NARA.

노가 흐르고 있다. 이 편지 이면에서 한독당과 민혁당, 광복군과 의용대, 김구와 김원봉의 대립·대결이 사상·노선 차이보다는 인간적·성격적·세대적 갈등을 품고 있는 것이었음을 엿볼 수 있다. 김원봉은 중국국민당정부 및 군사위원회의 결정에 따라 조선의용대를 광복군에 편입시키고, 김원봉 자신도 광복군 부사령으로 임명되는 한편 민족혁명당이 의정원에 참가했지만, 한독당, 임정, 광복군에 대한 비난과 비판에 주저함이 없었고, 자신만이 독립운동의 옳은 노선이고 반대파는 낡고 파벌적인 노선이라는 비난을 서슴지 않았다. 편지 내내 한독당을 저쪽 파벌(彼派)·저들(彼方), 민혁당을 우리들 파(我派)·우리들(我方)이라고 명명하고 있는 데에서 편지의 기저를 알 수 있다. 이런 편지가 태평양을 왕래하는 사이 중경과 워싱턴에서 한국 독립운동의 분열된 실상의 민낯이 그대로 드러났고, 미국과 열강은 이런 분열상과 통일 부재를 이유로 한국의 자치 능력 결여와 이에 따른

朝鮮義勇隊
THE KOREAN VOLUNTEER CORPS

COMMANDER
Y. S. Kim

(1)

P. O. BOX NO. 233
Chungking, Szechwan.

김약산(김원봉)이 한길수에게 보낸 편지(1942. 11. 18). NARA.

신탁통치를 주장할 수 있었던 것이다.

　김원봉 편지에서 가장 흥미로운 것은 한길수와 김원봉이 중경 주재 미국대사관 무관부의 로이를 통해 통신을 주고받았다는 사실이다. 한길수는 로이를 통해 편지, 서류, 사진 등을 보냈고, 김원봉은 매주 로이와 만나는 한편 중국 군사위원회 군사처장 후성(候〔成〕) 중장(광복군 직접 지휘자)과 만찬을 같이 했다고 썼다. 이런 자리에서 한길수의 활약 이야기를 하곤 했다는 것이다. 중경 미국대사관 무관부 부무관(副武官) 로이는 로이 맥네어(Roy P. McNair, Jr.)였다. 미 국무부 문서철에는 1943년 1월 14일 로이 맥네어가 대사관 직원과 함께 김약산을 만나 대담한 기록이 들어 있다.[14] 최소한 중경의 김원봉와 워싱턴의 한길수가 미 국무부 혹은 미군부의 도움을 받아 개인적 연락을 하고 있었다는 사실을 알 수 있는 것이다.

　김원봉 편지에는 크게 5가지 내용이 거론되어 있다. 사실 각각이 문제적 사안들이다.

　첫째는 의용대 개편을 비롯한 군사 문제이다. 조선의용대는 주력의 화북 북상 이후 광복군 제1지대로 편입되었는데, 김원봉은 이를 의용대 개편이라고 부르며, 이후 의용대가 더 발전되었다고 주장했다. 군중조직이 확대되어 화북, 만주, 조선 국내에 정치적 영향을 일으키고 조직적 역량을 건립하고 있다고 했다. 화북조선독립동맹과 조선의용군의 이야기를 과장한 것으로 보인다. 중국 군사당국이 저쪽 인물(彼派人)인 총사령 이청천보다 부사령 김약산을 더 중시하고, 제2지대보다 제1지대를 더 중시하고, 한독당만 지원하다가 민혁당도 동일하게 지원하고, "우리를 공산당이라고 유일(唯一)히 밀고공격(密告攻擊)하든 것"도 효과가 없게 되었다고 했다.

---

14 「한국 독립운동」(1943. 1. 15), 주중 미국대사(고스)-국무장관, RG 59, State Department, Decimal File 895.01/213 Subject : Government-Korea(Chosen), 『대한민국임시정부자료집』 26.

반면 광복군에 대해서는 악평을 서슴지 않았다. 원래 광복군은 제2지대로 개편되었으나, "정치지도의 불량"으로 대장인 나월환(원문 나월한羅月寒)이 암살당하고 간부 6명이 체포되어, 하수자 1명은 총살되고 5명은 무기징역을 받아 중국 감옥에 있으며, 신임 제2지대장은 전 광복군참모장 이범석인데, "혁명적 훈련이 없는 인간"이기에 대원들이 불신임하여, 제2지대는 지금까지 전투도 개시해 보지 못하고 1년 이상 서안에서 훈련받고 있다고 썼다. "유치완고(幼稚頑固)한 저들 인사(彼派人士)들"의 주장처럼 우리는 "협악(狹惡)한 반혁명적 파쟁자류(派爭者流)"가 아니라고 했다.

또한 조선의용대가 동북항일연군 내 조선부대와도 이미 긴밀하게 연결되었다고 주장했다. 김원봉은 1942년 7월 화북조선청년연합회(조청) 제2차 대회에서 이상조와 오민성을 조선 국내 및 동북 지하공작원으로 파견해 반일단체 및 동북 항일무장부대와 연계를 시도한 것을 조선의용대의 활동이라고 주장한 것으로 보인다.[15] 이는 김원봉의 조선의용대·민혁당 주류 노선에 반기를 들고 소위 '동북노선'을 주창했던 최창익이 화북지역에서 펼친 활동이었지만, 김원봉은 마치 조선의용대의 활동인 양 설명한 것이다. 북상한 조선의용대 화북지대는 1941년 12월 호가장 전투, 1942년 5월 반소탕전을 거치면서 1942년 7월 조선의용군으로 개편되었다. 중국공산당이 신임하던 포병사령관 무정이 조선의용군 대장에 취임했고, 화북조선청년연합회도 화북조선독립동맹이 되어 김두봉이 위원장에 취임했다. 이로써 1942년 하반기에 이르면 조선의용대 화북지대는 완전히 중국공산당 산하로 흡수된 상황이었다.[16] 김원봉은 1943년 3월 『신화일보』(新華日報) 등에 화북조선독립동맹을 취소하고 조선민족혁명당으로 조직을 개편하고, 조선의용군 명의를 취소하고 한국광복군 제1지대로 개명할 것 등을

---

15 염인호, 2001, 위의 책, 262~283쪽.
16 염인호, 1993, 위의 책, 250~251쪽.

"지시"했다고 알렸지만, 이는 언론플레이에 지나지 않았다.[17] 중경으로 내려오라는 김원봉의 지시에 화북 측은 혁명을 영도하고 싶으면 김원봉 당신이 연안으로 북상하라고 대답했다.[18]

둘째로 임시의정원 소식이었다. 1942년 제34차 의회(1942. 10. 25~ 1942. 11. 4)는 태평양전쟁 발발 후 약 1년이 경과하면서 임시정부가 추진한 여러 활동을 둘러싸고 다양한 의견과 논쟁이 전개되었으며, 외교 문제, 군사 문제, 건국강령·임시약헌 수개(修改) 문제 등이 논의되었다.[19] 그런데 김원봉이 전한 임시의정원 소식은 공식 기록에서는 전혀 찾아볼 수 없는 내용이다. 핵심은 한독당 계열 임시정부 국무위원이 임정의 미국 이전을 주장했다는 것이다. 즉, 임정 측이 중국국민당정부를 향해 임시정부 승인과 재정 지원을 요구했는데, "중국 당국은 삼민주의를 임정 측이 접수해야 임정을 승인하겠으며 금전도 1천만 원을 빌려주겠다"고 했다는 것이다. 임정 측이 중국의 제안을 접수할 수도 없고, 거부할 수도 없으니 정부를 미국으로 옮기는 것을 방책으로 생각했다는 것이다.

1942~1943년 중국국민당이 임시정부에 삼민주의를 강요했던 것은 사실로 보인다. 1942년 말 중경 주재 미국 대사관을 방문한 김원봉 측과 조소앙 측은 모두 중국 측이 삼민주의 수용을 강요하고 있다고 발언하고 있으며, 김원봉은 손과(孫科)가 삼민주의 수용을 조건으로 임정에 1천만 달러 제공을 약속했다고 발언하고 있다.[20] 그런데 김원봉이 미주한인들에

---

17 「김약산, 화북조선독립동맹의 개조 지시」(1943. 3. 24) 政情字第202號, 王明哲, 重慶市檔案館 소장, 『대한민국임시정부자료집』 37.
18 염인호, 1993, 위의 책, 267~268쪽.
19 정병준, 2009, 「1940년대 대한민국임시의정원의 건국 구상」, 『한국민족운동사연구』 61, 152쪽.
20 「한국 독립운동」(1942. 11. 18), 주중대사 고스-국무장관, 첨부 1. 「11월 18일 자 대화 비망록 사본」(김약산, Y. S. Km 중앙대학 교수, R. MacNair, Jr 부무관. O. Edmond Clubb 2등 서기관) 2. 「11월 23일 자 대화 비망록 사본」(조소앙 외무부장, 안원생, 엄항섭, O. Edmond Clubb). RG 59, State Department, Decimal File, 895.01/199 Subject : Government-Korea(Chosen). 김약산과 동반한 중앙대학 교수 Y. S. Kim은 김윤서(金允敍)로 추정된다.

게 중국의 삼민주의 강요를 비판하며, 임정의 독자성이나 중국 측 압력을 강조하려 한 것은 표리부동한 일이었다. 의용대 주력의 북상으로 위기에 처한 민족혁명당은 1941년 10월 장개석이 저술한 삼민주의를 한글로 번역해 그 인쇄 선전을 중국 당국에 요청했기 때문이다. 민혁당은 "동방의 약소민족이 독립의 자유를 쟁취하는 최고의 원칙"으로 민혁당에서 광범위하게 선전하고 국내외 민중들로 하여금 그 진의를 알고 신앙하게 하기 위해서 번역을 했다고 밝혔다.[21]

임정의 미주 이전 주장과 관련해 김원봉은 미국이 자유의 나라이니 중국처럼 어떤 특정 이념을 강요하지 않을 것이고, 전후 평화회의가 개최될 경우 워싱턴이 중심지가 될 터이니 미리 가서 준비하는 게 좋다는 취지로 얘기가 되었다고 했다. 재미한인들로 정부 각료를 인선하고, 중경에는 군사기구만을 두자고 했다는 것이다. 김원봉은 대중국 외교에서 실패한 후 한독당 측 감정이 격해져 정부의 미국 이전설을 주장했다고 한 것이다.

그런데 중국 측 문서에는 정반대의 이야기가 기록되어 있다. 제34차 의정원 회의에서 광복군 행동준승 문제를 논의하던 중 임정의 미국 이전 문제가 제기되었는데, 한독당이 아니라 반한독당 세력이 임정을 미주로 이전해 이승만으로 하여금 임시정부를 조직케 한다는 정보였다.[22] 이와 관련해 한독당의 엄항섭은 『신한민보』에 보낸 전문(1942. 11. 7)에서 김원봉이 미국으로 갈 준비를 하고 있다고 밝혔고,[23] 연합회는 즉각 왜 김약산이 미

1944년 2월 현재 37세, 평안남도 출신, 미국 캔사스대학 농업학과 졸업, 현 중앙대학 농과대학 교수였다. 「조선민족혁명당 간부 명단 및 매월 임시정부로부터 받는 금액」(1944. 2), 독립기념관 소장자료 1-003630-063, 『대한민국임시정부자료집』 37.
21 「中集委秘書處에서 朱家驊에게」(1941. 10. 11), 국사편찬위원회, 1994, 『한국독립운동사』 자료26(임정편XI), 76쪽.
22 「임정의 미국 이전에 관한 소식」(1942), 추헌수, 1971, 『자료한국독립운동』 1, 연세대학교출판부, 303쪽.
23 「엄항섭→신한민보」(1942. 11. 7), 도산안창호선생기념사업회·도산학회, 2005, 『미주국민회자료집』 21, 161, 199쪽.

국에 오는 것이냐며 김구에게 문의했다.²⁴ 사정이 이와 같지만, 김원봉은 정반대로 한독당 측이 임정의 미국 이전을 주장했다고 한길수에게 알린 것이다.

김원봉은 제34차 의정원 회의에 대한 자세한 소식은 「우리 소식(消息)」이란 간행물을 참조하라고 했는데, 아마도 「우리 통신」일 것이다. 민혁당 선전 활동을 위해 국제출판사에서 한글간행물 『吾人之通訊』(우리 통신)을 창간했다는 기록이 있다.²⁵ 『우리 통신』은 제34차 의회(1942. 10. 25~1942. 11. 4) 기사록으로 1942년 11월 중경 우리통신사에서 제1호~제15호까지 발행했으며, 1943년 5월 미국 로스앤젤레스에서 재간행한 것이 남아 있다. 미주 편집인은 민오(民吾)인데, 민혁당 지지자이자 스스로 공산주의자를 자처한 이경선 목사였다.

임시의정원 회의에서 김원봉·민혁당 측이 가장 중시한 것은 헌법개정안(憲法修改案), 대행선거(代行選擧) 폐지였다. 보결선거로 의정원에 들어온 민혁당 계열은 대행선거제를 폐지하고 직접선거제를 주장했다. 국토, 인민, 주권이 없는 임시정부는 상징적으로 각 도를 대표하는 인사를 정부 소재지, 즉 중경에서 선출해 의정원을 구성했다. 그런데 김원봉은 "근본적으로 대행할 권리를 그 도 전체 인민이 준 일이 없는데 혁명자로서 양심 없이 주제넘게 자칭 모도(某道) 대의사라는 것은 진실한 인간으로 할 수 없는 일"이라며 일종의 직접선거제를 주장했다. 이는 민혁당에게 유리한 방향으로 선거구, 선거제를 변경하자는 방안이었다. 기존 대행제를 사기수법

---

24 「United Korean Committee to K. Kingston」(1942.11.11), 도산안창호선생기념사업회, 2005, 위의 책, 161쪽.
25 「한글 간행물 『吾人之通訊－우리의 소식』 창간」(1943. 1. 22), 政情字第134號 『대한민국임시정부자료집』 37. 광복군 1지대원이던 왕통(王通)·이해명(李海鳴)·이인초(李寅初)·왕현민(王現民) 등이 창간 준비에 뛰어들어 탄자석(彈子石) 대불전(大佛段) 150호에 있는 광복군 제1지대의 활동은 거의 중단되고 성현원(成玄園)·한지성(韓志成)·이집중(李集中) 등 3인만 남았다고 되어 있다.

제도(冒充欺騙制)라고 부르며 특별선거구와 보통선거구로 나누고, 특구에는 100인에 1인을 선출, 보통선거구에서는 1,000인에 1인을 선출하자고 주장했다. 특구는 정부소재지와 군대이며, 보통구는 미주나 기타 주민 다수 거주 지방을 의미했다. 군대 특구는 정부소재지 특구와 달리 200인에 1인을, 미주는 8,000인 중 8인을 선출하고, 선거 방법은 1,000인이 집합해 직접투표 혹은 통신투표 혹은 간접투표 방식을 제시했다.

민혁당의 주장은 사실상 임시의정원을 민혁당에 유리하도록 개편하자는 것이며, 지금까지 진행되어 온 임시정부의 관행과 역사를 부정하는 것이었다. 국토, 인민, 주권이 없는 자칭 망명정부이자 임시정부는 독립정신에 의거해 창출된 독립운동가들의 조직이었지, 형식 논리적인 실체에 근거한 것은 아니었기 때문이다. 또한 현실적으로 1,000명의 집합투표, 통신투표 등은 실행 불가능한 방법이었다. 군대에 의정원 의석 수를 제공하자는 의견도 화북과 중경에 있는 조선의용대가 의정원 의원이 될 수 있게 만드는 방안이었을 뿐이다. 어떻게 해서든 임시의정원 내 한독당 중심의 편제를 깨뜨리고자 하는 시도였다. 민혁당 당원은 소장인사들로 대부분 광복군 제1지대에 참가해서 화북, 화중, 화남 각 전구에 머물며 중경에서는 선거권이 없었다. 이것이 민혁당이 개헌을 주장한 중요한 이유였다.[26] 의정원 회의는 민혁당의 의견을 반영해 헌법 개정위원(修改委員) 9인을 선출해 1943년 4월 의회에서 검토하기로 했다.

한편 김규식이 임시의정원 의원으로 선출되지 못한 점은 의문이다. 김원봉, 김상덕, 유림, 장건상, 이해명 등 민혁당 간부들이 의원이 되었으나, 김규식은 배제되었다. 미주에 영향력을 가지고 있던 김규식은 미주를 대표하는 미령(美領) 교민 몫으로 의정원 의원에 적합한 인물이었지만, 미주대표는 김구, 조성환, 유진동 등이었다.[27] 김규식은 임시정부의 핵심 기관인

26 호춘혜, 1978, 위의 책, 130쪽.

1 김원봉·민족혁명당과 한길수·재미한인사회의 연계　　　　　　　　　　463

의정원 의원에서 배제됨으로써 임시정부 국무위원, 임시정부 선전부장, 임시정부 부주석 등 명목상의 직위만을 갖게 된 것이다.

의정원 회의와 관련해 마지막으로 김원봉은 주미외교위원부 문제가 논의되었음을 지적했다. (1) 이승만이 한미협회 회장 크롬웰을 통해 미 국무장관에게 보낸 편지의 문제, (2) 이승만이 주장하던 비폭력혁명이 혁명정신에 위반된다는 임시정부에 질문한 결과 조소앙 외무부장이 상세히 조사해서 견책이라도 해야 한다고 답변한 사실을 적었다. 조소앙 외무부장은 의정원 34차 의회에서 크롬웰이 호의를 갖고 한 일의 결과로 미국 시민과 국무장관의 문제일 뿐, 임시정부에게는 하등의 문제가 없다고 했다. 다만 "이 박사가 대표로 되어 활동 범위의 지시는 정부에 있으나 자량(自量)할 때가 많"다고 이승만에게 책임을 넘겼다.[28]

셋째는 미주 문제였다. 김원봉은 다양한 요구를 제시했는데, 민혁당 미주총지부의 조직, 조선민족전선연맹의 지부 설치, 선전물 2종의 간행, 재미한인 2천 명 무장부대화 등을 요청했다. 먼저 김원봉은 미주에 조선민족혁명당 총지부를 조직해 줄 것을 요청했다. 중한민중동맹, 중국항전후원회, 기타 각종 단체 및 개인 등 추종 세력을 모두 민족혁명당원으로 편입하고, 중국항전후원회, 중한민중동맹, 한미협회, 학생회 등은 대중적 표면조직으로 존속시키라고 요구했다.[29]

다음으로 조선민족전선연맹 미주지부를 설치하고, 민혁당 지부, 학생회, 중국항전후원회, 한인부인회를 가입시키며, 한미문화협회와 중한민중동맹은 조선인만 대상이 아니므로 조선부회(朝鮮部會)를 따로 조직하여 조

---

27 「대한민국임시정부공보」 제80호(1944. 4. 15), 『대한민국임시정부자료집』 1.
28 국사편찬위원회, 1983, 『한국독립운동사』 자료1(임정편I), 138쪽.
29 김원봉은 한길수에게 편지를 보낸 후 중국국민당에 자신이 한길수에게 조선민족혁명당 미주지부 조직을 "지시"했음을 알렸다. 「조선민족혁명당 미주지부 조직 준비」(1943. 3. 25), 政情字第218號 王明哲 重慶市檔案館, 『대한민국임시정부자료집』 37.

선인만 연맹에 가입시키라고 했다.

또한 한길수의 정치적 발언, 정치적 문건은 반드시 조선민족전선연맹 혹은 민혁당 지부의 명의로 해달라고 요청했다. 나아가 미주 교포와 학생 청년을 대상으로 정치교양을 실시하기 위해 최소한 2종류의 간행물을 발행해 달라고 요청했다. 마지막으로 김원봉은 재미한인 8천 명 중 2천 명으로 무장부대를 편성하도록 힘써 줄 것을 요청했다. 김원봉의 제안을 종합하면 결국 재미한인들은 미주 내 민혁당을 지지하는 조직, 자금, 선전, 인적 자원을 제공하는 화수분 역할을 해야 한다는 것이었다.

그런데 한길수는 김원봉의 이러한 정치적 요구를 수행할 수 있는 인물이 아니었다. 한길수는 중한민중동맹단의 워싱턴대표로 활동했으나, 중한민중동맹에 조직적 영향력을 행사할 수 없었다. 언론에 노출되어 선전의 목소리가 컸으나, 재미한인사회 내 영향력은 매우 제한적이었다. 한길수에게는 하와이 내 반이승만 진영을 대표하여 워싱턴에서 반이승만 선전 활동에 종사하는 임무가 주어졌다고 해도 과언이 아니다.[30]

아이러니한 것은 김원봉으로부터 이런 요청을 받은 장본인 한길수는 민족혁명당 미주지부에 참가하지 않았다는 사실이다. 미주 본토에서는 변준호, 김강, 이경선 등 재미한인 진보진영이 김원봉의 요구에 따라 조선민족혁명당 미주지부를 조직하였다. 재미한인 진보진영의 출발은 1937년 중일전쟁 발발 이후 조직된 중국후원회(1937)였으며, 이어서 이들은 무장투쟁 후원을 주장하며 조선의용대후원회(1939), 조선민족혁명당미주후원회(1940)를 조직했고, 1942년 6월 30일 미주 본토에서 조선민족혁명당 미주지부를 결성했다.[31]

하와이에서는 1943년 7월 조선민족혁명당 하와이지부 위원장 민찬호

---

30 고정휴, 2005, 「하와이 중한민중동맹단(1938~1945) 연구」, 『한국근현대사연구』, 34, 172쪽.
31 김혜란, 「중일전쟁 이후 재미동포 해방운동의 회고(그2)」, 『독립』(1946. 9. 25).

명의로 지부 성립 성명서가 발표되었는데, 주도자들은 민찬호, 홍한식 등으로 원래 이승만의 추종자였으나 1920~1930년대 이후 그와 결별한 인물들이었다.[32] 김규식과 김원봉은 1942년 중반 재차 한길수를 통해 민족혁명당 하와이지부 결성을 촉구했고, 1943년 7월 4일 하와이 중한민중동맹단 월례회가 개최되었다. 단장·부단장 등 40여 명의 다수가 지부 결성에 동참했지만, 15명의 소수파는 중한민중동맹단 유지를 주장했고, 워싱턴의 한길수도 유지파에 속했다. 결국 다수파가 동맹단을 탈퇴해 1943년 7월 11일 민족혁명당 하와이지부를 결성했다.[33] 중한민중동맹단 해체와 민혁당 하와이지부 창설에 반대한 한길수는 이후 하와이와 미주 본토에서 영향력이 급속하게 약화되었다.

조선의용대 미주후원회가 간행하던 『의용보』는 조선민족혁명당 미주지부의 『민족전선』(1942. 10. 11)을 거쳐 1943년 10월 6일 『독립』이라는 주간신문의 창간으로 이어졌다. 『독립』 창간에는 총 73인의 발기인이 참가했다.[34] 사실상 이들이 재미한인사회 내 진보주의자들이었으며, 민족혁명당 미주 지지 세력의 최대 범위였다.

넷째로 러시아 한인 및 동북항일연군 소식이었다. 김원봉은 이경선이 여러 차례 문의한 러시아 내 한인 소식을 전했다. 러시아 한인부대는 "트로츠키파 혐의와 일본 정탐의 내부 침입으로 인해 1939년 해산"되었다고 썼으며, 중앙아시아로 이주된 한인이 15만 명으로, "과거 혁명지도자란 자

---

32 「조선민족혁명당 하와이지부 성명서」(1943. 7), 『국민보—태평양주보』(1943. 8. 4); 『대한민국임시정부자료집』 37. 민찬호, 박상하, 현순, 홍치범, 홍한식, 김이제, 손창희 등이 모두 그런 배경을 지니고 있었다. 「조선민족혁명당 하와이 총지부 임원 명단」(1944. 1. 26), 『국민보—태평양주보』(1944. 1. 26).
33 고정휴, 2005, 위의 논문, 190~191쪽.
34 김혜란, 「중일전쟁 이후 재미동포 해방운동의 회고(그4)」, 『독립』(1946. 10. 30). 김강, 곽림대, 이득환, 이창희, 박상엽, 백일규, 변준호, 신두식, 장기형, 전경준, 정덕근, 최능익, 황사용(이상 로스앤젤레스), 이경선, 최봉윤(이상 샌프란시스코), 조경천, 민찬호, 오창익, 정두옥, 차신호, 현순(이상 하와이) 등이 핵심 인물이었다.

들은 대부분 피포입옥(被捕入獄) 혹은 사형되고 유명한 인물은 하나도 업습니다. 이것은 우리의 놀랠만혼 큰 손실이며 민족적 약점입니다"라고 했다. 아마도 중경 주재 소련대사관으로부터 얻은 정보였을 것이다. 김원봉은 스탈린의 악명 높은 중앙아시아 강제이주와 코민테른 내 조선인 공산주의자들의 대량 처형이 "큰 손실이며 민족적 약점"이라고 쓴 것이다. 만주의 동북항일연군 중 조선부대는 2천 명뿐이며, 영수는 최영(崔瑩, 최현의 오자), 김일성(金日成) 두 장군이라고 적었다. 따라서 화북의 조선의용대 제3대 3백 명과 만주의 2천 명, 이것이 현실상의 항일무장력이라고 했다. 사실 1942년 말이면 동북항일연군은 관동군의 토벌에 의해 거의 대부분 사살·체포·투항·월경하는 상황이었으며, 러시아령으로 넘어간 조선인 병력은 1백 명 미만이었고, 조선의용대 대원의 규모도 1943년 12월 말 신입대원 85명을 포함해 175명에 불과했다.[35]

그럼에도 재미한인사회에서는 만주빨치산, 동북항일연군을 향한 기대와 희망이 넘쳐 났다. 재미한인사회 내 좌파진영에 속했던 이경선 목사는 1944년 군사운동이 필요하다며 조선의용대와 광복군을 합한 숫자가 천 명이며, 일본 점령지구 내 한인이 수십만 명이므로 군자금과 무기만 있으면 중국 관내에서 수만 명의 군인을 모집할 수 있다고 주장했다.

> 만주에는 김일성, 조상지 등의 영솔한 독립부대와 동북항일연군에 가입된 한인 청년군인들을 다 합하면 통칭 3만 명 이상을 말하나 무려 수만 명이 있는 것은 사실이오. 또한 연해주의 한인 적군은 통칭 3사단을 말하나 무려 수만 명 있는 것은 사실이다.[36]

---

35 염인호, 2001, 위의 책, 142~147쪽.
36 「시국대책: 이경선」, 『독립』(1944. 1. 27).

1 김원봉·민족혁명당과 한길수·재미한인사회의 연계

만주의 동북항일연군, 연해주의 한인 적군, 김일성 등을 강조함으로써 재미한인들이 수십만 원의 군사비를 모금해 원동에 보내야 한다고 주장했던 것이다. 동북항일연군과 연해주 한인사단 등은 모두 사실과 다른 과장이지만, 이 시기 재미한인들의 희망과 기대를 반영한 것이기도 했다.

다섯째, 김원봉의 편지 마지막에 중국어로 된 조선민족전선연맹의 강령이 첨부되어 있다. 민족혁명당이 한독당과 통합을 시도하면서 사실상 민족전선연맹의 존재가치는 상실되었지만, 김원봉은 재미한인사회를 상대로 민족전선연맹이 마치 활발하게 활동하고 있는 연합체인 것처럼 설명하고 홍보했던 것이다. 이미 1942년 10월 25일 중경에서 민족혁명당과 민족해방동맹은 연명으로 조선민족전선연맹이 해체되었음을 성명한 바 있다. 미주에 보낸 이 성명서에서 1941년 민혁당과 민족해방연맹이 임정에 충성을 맹세하고, 조선의용대도 광복군 산하에 재편됨으로써 민혁당과 민족해방연맹의 연합체인 조선민족전선연맹은 더 이상 존재하지 않는다고 선언했다. 따라서 존재하지 않는 민족전선연맹의 미국대표를 자처하는 한길수의 자의적 활동은 임시정부의 미국대표인 주미외교위원부를 반대하는 거짓 선전 활동이며, 민족운동을 경멸하는 파괴 활동이라고 규정했던 것이다.[37] 그런데 김원봉은 불과 20여 일 전에 있었던 이 성명(1942. 10. 25)을 부정하면서, 한길수에게 보낸 편지(1942. 11. 18)에서 조선민족전선연맹이 현존하는 것처럼 주장한 셈이다.

이상을 종합하면 김원봉이 한길수에게 보낸 편지에는 한독당·임정 주류에 대한 날 선 비난과 조선의용대와 민혁당계 의원에 대한 과장, 화북조선청년연합회 및 동북항일연군 등과의 연대 등이 과대 포장되어 있었다. 한 가지 특기할 만한 사실은 재미한인들에게 영향력이 큰 김규식의 이름이

---

37 「조선민족전선연맹에 관한 성명서(1942. 10. 25)」 독립기념관 소장자료 1-A00908-000. 『대한민국임시정부자료집』 37.

거론되지 않았으며, 이후로도 김규식은 민혁당과 미주지부의 관계에 전혀 개입하지 않았다는 점이다.

김구가 하와이의 한인들에게 편지를 보내 자금 지원과 정치적 지지를 호소한 것처럼 김원봉 역시 재미한인들에게 일종의 편지 외교를 시도했다. 이 또한 작지 않은 효과를 불러일으켰다. 김원봉은 1942년 6월 11일 미주 국민회의 지도자 중 한 사람인 최능익에게 다음과 같이 편지를 보냈다.

김약산 장군의 내전(1942. 6. 11)

최능익 씨

태평양전쟁으로 인하야 우리의 통신이 늦어지고(遲緩하고) 우리 활동에도 불소한 영향이 밋첫슴니다. 중국군사회의의 명령으로 조선의용대는 한국독립군과 연합하엿는데 우리 의용대는 한국독립군 제1로군으로 인준하고 전일 한국독립군이엿든 <u>제2로군은 중국군사회의에 인준치 안엇음니다</u>. 중국군사회의에셔 다만 본인이 부사령이 되엿다고 공포하고 아즉까지 총사령은 임명치 안엇슴니다. 한국임시정부는 이청천 씨로 총사령을 임명하엿으나 <u>한국독립군은 한국임시정부와는 아모 관계가 업는 고 임시정부가 임명하엿다는 총사령은 아모 효력이 업는 것이올시다</u>.[38]

즉, 조선의용대가 한국광복군과 통합해 제1지대가 되었고, 김원봉은 부사령으로 중국 군사위원회에서 인준을 받았다. 이전의 한국광복군은 제

---

38 이 편지는 현순 문서철에 내용이 필사되어 들어 있다. The Reverend Soon Hyun Collected Works, Korean American Digital Archive, shyun-14-003-041, USC. 최능익은 국민회 간부로 최능진의 형이다. 최능진은 미국 유학생 출신으로 미군정기 수사국장으로 일하다 조병옥 경무부장과 갈등을 벌였고, 제헌국회 선거에서 이승만에 맞서 서대문에 출마하려다 실패한 바 있다. 조병옥과 이승만의 공적이 된 최능진은 여순 사건 당시 혁명의용군 사건으로 구속되었으며, 한국전쟁기 평화통일을 시도하다 북한과 내통한 간첩 혐의로 처형되었다.

2지대가 되었으나, 중국 군사위원회가 인준하지 않았고, 총사령도 임명하지 않았다. 임시정부는 이청천을 한국광복군 총사령으로 임명했지만, 현재 한국광복군은 임시정부와 무관하다는 내용이었다. 거짓 진술로 상황을 호도하는 믿기 힘든 내용이자 비방이었다. 이런 논리라면 조선의용대는 민혁당 산하 한인 무장부대가 아니라 중국 군사위원회에 예속된 중국군이라고 부를 수도 있는 상황이었다. 이 편지는 하와이의 현순 목사가 필사해 기록해 놓은 것인데, 중경에서 김원봉이 보내는 이런 종류의 과장된 정보와 부정확한 소식이 재미한인사회에 전파되면서 파급력을 지니게 되었던 것이다.

김원봉은 조선의용대 주력의 화북지역 북상 이후 중국 군사위원회에 의해 조선의용군의 광복군 편입과 광복군 부사령관 임명을 명령받았지만, 재미한인사회에 대해서는 여전히 조선의용대와 광복군이 별개 조직임을 강조하는 주장을 하고 있었던 것이다.

김원봉이 한길수에게 보낸 편지를 보면, 임시정부·한독당·광복군은 물론 김구·이청천 등에 대한 반감과 노골적인 비난이 고스란히 드러나 있다. 태평양을 건너 한길수라는 개인에게 보내는 사적 서신이지만, 임시정부와 주요인사들을 대하는 태도와 자세에서 일말의 존중이나 예우는 존재하지 않았다. 광복군, 임시정부라는 한 울타리에 모이게 되었지만, 김원봉·민혁당은 이전의 민족유일당 운동·조선민족전선연맹의 관성에 따라 임시정부를 사실상 부인하거나 혹은 그 속에서 영도권을 장악하려는 의도를 숨기지 않았다. 물론 김원봉과 민혁당에 대한 김구·한독당 측 입장과 태도가 노골적으로 적대적이었을 것임은 두말할 필요가 없다. 서로에 대한 좌절감과 실망감이 노골적으로 드러난 것은 사상과 노선, 지향의 차이에서 비롯된 것이라기보다는 인간적인 상호관계와 신뢰, 상호존중의 문제에 가까웠다.

노골적인 적대감과 부정적 인식 속에 임시정부라는 외형적 틀이 유지된 가장 큰 동력은 중국정부의 개입과 재정적·군사적 후원 때문이었다. 중경 시대 민족통일전선 정부의 속내는 갈등·분열·경쟁의 도가니였다. 중국의 후원과 억제가 없었다면, 가냘픈 통합과 합작의 틀은 진즉 깨어졌을 것이다.

태평양전쟁기 중경과 미주사회는 긴밀하게 연계되었고, 서로에게 의지해 자신의 영향력과 세력을 확대·강화하고 있었다. 중경의 목소리가 미주에서 반사되고, 미주의 반향이 다시 중경으로 이어지는 공명 효과이자 메아리 효과였다. 김원봉과 민혁당은 한길수·민혁당 미주지부와 연계되었고, 반면에 김구·한독당은 이승만·재미 한족연합회와 연계되었다. 한국 독립운동과 임시정부 지지라는 대의로 통일된 듯 보였던 중경과 미주의 연계는 곧 날카로운 파열음을 내며 대충돌을 일으키게 되었다. 중경과 미주 각각의 사회 내에서뿐 아니라 중경과 미주 상호관계에서도 대파열이 발생했다.

1 김원봉·민족혁명당과 한길수·재미한인사회의 연계

2 신탁통치 문제의 대두와 한독당·민혁당의 갈등(1943)

(1) 한반도 신탁통치론의 대두와 국제공관·국제공영·국제감호설(1942~1943)

1942년 이래 미 국무부에서는 랭던(William R. Landgon) 등을 중심으로 한반도 신탁통치 계획이 논의·입안되고 있었다. 신탁통치 계획은 크게 2가지 측면에서 비롯된 것이다. 첫째, 한반도는 중국과 러시아라는 강대국의 이해가 교차하는 지역이고, 현상적으로는 중국의 강한 영향력이 임시정부를 통해 행사되고 있는데, 만약 극동에 전략적 이해를 갖고 있는 소련을 배제한다면 전후 극동의 안전과 한반도의 안정을 도모할 수 없게 될 것이라는 지정학적, 국제정치적 인식이었다. 그렇다면 중국을 억제하고, 러시아의 잠재적 이익을 도모하기 위해서는 미국의 개입이 필요하며, 중국·러시아·미국을 포함하는 국제적 합의에 의한 대한정책이 필요하다는 인식이 미국 정책기획자, 정책결정자들 사이에서 공감대를 이루고 있었다. 둘째, 한국 국내 사정에 있어서 한국인들의 자치 능력이 결여되었다는 인식을 반영한 것이었다. 한국은 오랫동안 일본 식민지였기 때문에 자치 능력이 결여되어 있으며, 중국과 미국 등 해외 한국 독립운동 조직들은 파벌로 분열되고, 한국인들을 대표한다는 대표성을 결여하고 있기 때문에 전후 상당 기간 국제적 관리, 보호가 필요하다는 논리였다. 즉, 한반도에 대한 강대국의 이해관계 교차, 한국인들의 자치 능력 결여라는 국제적 이유와 국내적 실정이 한반도 신탁통치 계획의 주요 논리이자 배경이었다.[39]

서울 주재 영사로 근무했던 랭던이 1942년 2월 작성한 한국 관련 비망록은 신탁통치 계획의 원형으로 손꼽히며 가장 유명한 것이다. 랭던은 대다수 한국인이 가난한 문맹이며, 정치적으로 경험이 없고, 경제적으로도 후진적인 상태이며, 40년간 일본의 지배를 받았기 때문에 오직 소수의 한국인만 자유를 기억할 수 있는 상태이므로 "최소한 한 세대 동안 한국은 열강의 보호, 지도, 원조를 받아야 근대 국가가 될 수 있다"라고 주장했다.[40] 이는 랭던만의 특수하고 독특한 주장이 아니라 미국 국무부는 물론 미국 정계 및 대중여론 주도층에 공감을 얻은 것이었으며, 당연히 루스벨트 대통령에게도 설득력 있는 주장으로 받아들여졌다.

1942년 하반기부터 이런 주장들은 언론을 통해서 흘러나오기 시작했다. 미 국무부와 루스벨트 대통령은 언론에 자신들의 외교정책 구상을 흘리면서, 여론의 동향을 살피는 한편 해당 정책을 구체화하고 현실화하는 발판으로 삼았다. 1942년 하반기후터 한반도 국제 관리 필요성 등이 언론에 흘러나오기 시작했고, 이는 중경에서 국제공관(國際共管), 국제공영(國際共營), 국제감호(國際監護), 위임통치(委任統治) 등으로 불리며 1943년 이래 임시정부의 가장 중요한 외교적 의제로 부상했다.[41]

---

39 정병준, 2014, 「카이로회담의 한국 문제 논의와 카이로선언 한국 조항의 작성 과정」, 『역사비평』 여름호; 정병준, 2023, 「영국의 카이로회담 인식과 카이로선언 한국 조항에 미친 영향」, 『역사비평』 겨울호.
40 Langdon Memorandum, 20 February 1942, RG 59, State Department, Decimal File, 895.01/79; James I. Matray, "An End to Indifference: America's Korean Policy During World War II," *Diplomatic History*, Spring 1978, Vol. 2, No. 2, p.182.
41 이에 대해서는 제임스 I. 매트레이 지음, 구대열 옮김, 1989, 『한반도의 분단과 미국: 미국

THE UNITED STATES IN A NEW WORLD

A series of reports on potential courses for democratic action. Prepared under the auspices of the Editors of Fortune

II: PACIFIC RELATIONS

Supplement to FORTUNE, August, 1942
Copyright, 1942, by TIME INC.

「신세계에서의 미국: 제2부 태평양 관계」, 『포춘』(1942. 8).

1942년 8월 미국 잡지 『포춘』(Fortune)은 2차 대전 이후 미국의 신세계 정책을 다룬 「신세계에서의 미국: 제2부 태평양 관계」(The United States in a New World II: Pacific Relations)라는 기사를 부록으로 게재했다. 표지 1쪽, 서문 1쪽, 본문 32쪽, 지도 1쪽을 포함해 총 35쪽에 달하는 방대한 특집이었다. 이는 미국이 전후 새로운 세계에서 취하게 될 정책의 잠재적 방향을 타진한 보고서로, 전후 문제를 연구하기 위해 『타임』(Time), 『라이프』(Life), 『포춘』(Fortune) 잡지의 편집인위원회(a committee of editors)가 준비한 두 번째 보고서였다. 첫 번째 보고서는 영국과의 관계를 다룬 것이다.[42]

	즉, 1942년 8월 『타임』, 『라이프』, 『포춘』지 편집진은 공동으로 「신세계에서의 미국: 제2부 태평양 관계」라는 특집기사를 작성해 『포춘』지에 게재했다.[43] 이들 3개 잡지는 모두 뉴욕의 타임사(Times Inc.)가 발행하던 대표적인 대중잡지였다. 『타임』지는 1923년부터 간행되기 시작한 미국 내 최초 주간잡지였으며, 『포춘』지는 1930년 창간된 경제 전문잡지였고, 『라이프』지는 1936년 창간된 화보잡지였다.[44]

	1942년 8월호 『포춘』의 별책 부록 기사는 전후 한국에 대한 국제적 관리 필요성을 미국사회 전반에 피력한 최초의 사례였으며, 이후 이는 신탁통치 문제로 구체화되기 시작했다. 『포춘』지의 기사는 전후 태평양지역에서 미국의 정책을 광범위하게 다루고 있다. 중국 등지에서 「태평양 관계」

의 대한정책, 1941-1950』, 을유문화사; 구대열, 1995, 『한국 국제관계사 연구 2: 해방과 분단』, 역사비평사; 노경채, 1996, 『한국독립당연구』, 신서원; 정용욱, 2003, 『해방 전후 미국의 대한정책』, 서울대학교출판부 등을 참조.

42	정용욱에 따르면 『포춘』지의 「신세계에서의 미국」 시리즈는 1차 대영정책(1942. 5), 2차 태평양관계(1942. 7), 3차 국내 경제(1942. 12), 4차 대유럽정책(1943. 4) 등으로 이어졌다. 정용욱, 2003, 위의 책, 42쪽.
43	"The United States in a New World II: Pacific Relations," Supplement to Fortune, August 1942.
44	"Time Inc." https://en.wikipedia.org/wiki/Time_Inc(2023. 4. 12. 검색).

라는 축약된 제목으로 알려진 이 보고서는 『타임』지 편집인들이 준비한 것이지만, 당시 미국 민간 여론주도층, 대중매체에서 상식적으로 판단·인식하고 있던 전후 미국의 태평양정책을 다루고 있다. 이 기사는 국가별, 지역별로 역사, 중요 현안, 해결되어야 할 문제, 관련 화보 등에 이르기까지 매우 상세하고 구체적인 정책을 다루고 있다. 일개 잡지의 분석 기사라고 보기 어려운 방대하고 세밀한 구성을 갖고 있다.[45] 정용욱에 따르면 이 시점에 미국의 대외정책에 영향을 미치는 여론 형성 집단, 실무 외교관, 정책결정 집단 모두가 한국 문제의 전후 해결 방안에 대해 일치된 견해를 가지고 있었으며, 아직 공식화되기 전이었지만 기회가 있을 때마다 정책담당자나 언론을 통해 이를 흘렸다. 미국의 고위 정책 결정 집단은 이런 구상을 여론 매체를 이용함으로써 자신의 의도대로 끌고 갔다.[46] 즉, 『포춘』의 「태평양 관계」라는 기사는 미 국무부가 대중매체를 활용해 미국의 전후 동아시아 정책을 홍보하기 위한 성격이 있었다.

여기에 한국 문제는 VII. 남은 문제들 중 하나로 1페이지 분량의 조그마한 독립 항목으로 다뤄졌다.

방대한 목차에서 알 수 있듯이 총 7장으로 구성된 이 기사가 강조하고 있는 지역은 동남아시아, 일본, 중국이며 한국은 남은 문제들 중 하나로 취급되었다. 한국은 태평양지역 전체 문제 중 사소한 비중으로 다뤄진 것임을 알 수 있다. 전체 본문 분량 32쪽 가운데 한국은 2단으로 구성된 1쪽 분량으로 다뤄졌는데, 이 정도 지면 할애는 미국 대중의 시각에서 차지하는

---

45 신복룡 교수에 따르면 태평양전쟁기 미국의 반식민주의적 여론에 영향을 미친 기구는 국무부 종속지역위원회, 전후 외교정책 자문위원회, 국무부 국제기구소위원회, 외교정책에 관한 국무부자문위원회 안보소위원회, 전쟁성 등이었으며, 학계와 재야에서는 하버드대학 교수 홀콤(Arthur N. Holcombe), 에머슨(R. Emerson), 윌키(Wendell Willkie) 등이 영향력을 행사했다. 신복룡, 1994, 「한국신탁통치의 연구-미국의 구도와 변질을 중심으로」, 『한국정치학회보』 27-2, 31쪽.

46 정용욱, 2003, 위의 책, 41~43쪽.

[표 7-1] 「신세계에서의 미국: 제2부 태평양 관계」, 『포춘』(1942. 8)

• 서문(우리의 전쟁-그리고 그들의 전쟁) I. 논의되고 있는 지역 • 깨어나고 있는 아시아 • 과거와 미래 • 동양과 서양 II. 태평양지역에 대한 미국의 제안 • 제국주의의 종말 • 유엔 III. 동남아시아 • 인도네시아 국가 • 질문과 응답 • 버마 • 인도차이나 • 이주와 소수민족 권리 • 필리핀의 지위 IV. 태평양 횡단 고속도로(태평양 횡단 방어선)	V. 일본 • 항복조건 • 일본만의 문제 • 일본의 "영혼"과 "정신" • 일본의 민족자결? • 패배와 일본의 개혁 • 정의와 일본의 개혁 • 개혁과 국제적 평등 • 일본의 미래 • 전후 일본이 생존할 수 있을 것인가? VI. 중국 • 산송장(rediviva) 중국 • 혹은 구식 중국과 동일? • 우리가 말하는 동반이란 무슨 의미인가? • 중국인의 경제적 관념 • 즉각적이고 긴급한 것들 • 우리가 말하는 평등이란 무슨 의미인가? VII. 남은 문제들 • 한국 • 인도 • 남태평양 • 연합으로 전쟁에서 승리하고 평화를 지킨다

한국 문제의 위상과 중요도를 반영한다고 할 수 있다.

이 보고서의 한국 관련 내용 중 가장 눈에 띄는 대목은 중경 임시정부와 한국인의 분열을 다룬 부분이다. 보고서는 중경 임시정부가 김구 지도하에 중경에 위치하고 있는데, 아직 중국정부가 승인하지 않았으며, 망명 한국인들은 파벌로 분열되었고, 한국을 적법하게 대표하는 데 대한 일반적 합의가 존재하지 않는다고 지적했다. 나아가 일본 통치의 종식은 그런 일이 벌어질 경우 매우 격렬할 가능성이 높으며, 이를 영도할 사람들은 망명 한국인들에게 국가를 넘겨주려 하지 않을 것으로 판단했다. 즉, 중경 임시정부를 거론하고 있지만, 대표성 결여, 파벌 분열, 중국의 미승인, 한국 내 독립운동가들과의 불일치 등을 지적하고 있는 것이다.

전후 한국의 미래와 관련해서, 소련과 중국의 이해관계가 필수불가결하다고 보았다. 나아가 중국이 현재 만주국의 성(省)인 간도지구를 한국에 양도해야만 하는데, 이 지역의 인구에서 한국인들이 중국인을 3대 1로 능가하기 때문이며 이런 양도는 양 국가 내 중국인과 한국인 소수민족의 권리에 관한 한중협정의 종결이 있어야 가능할 것이라고 분석했다.

경제적으로, 독립 한국은 필요한 수지균형을 맞출 수 있을지 모르며, 특히 한국 내 일본의 실질적 투자를 잘 수용할 경우 그럴 가능성이 있다고 분석했다. 논란이 된 한국에 대한 국제 관리 방안은 다음과 같이 묘사되었다.

> 정치적으로 30년이 넘는 일본 통치의 결과 행정 경험이 부족하며, 이행 기간 동안 태평양회의(Pacific Council)가 임명한 고등판무관(High Commissioner)이 이끄는 국제적으로 선출된 한국민간관리단(Korean civil service) 방식을 통해 한국에 국제적 원조를 제공하는 것이 바람직할 것이다.[47]

즉, 『포춘』 잡지의 논리를 정리하자면 (1) 전후 한국 문제 처리에서 중국과 소련의 이해관계를 고려해야 한다, (2) 중경 임시정부는 대표성이 인정되지 않는 데다, 분열되어서 중국정부가 승인하지 않으며, (3) 일본 패망 이후 한국 내 지도자들은 중경 임시정부에 우호적이지 않을 것이고, (4) 30년 이상 일본 통치로 행정 경험이 부족한 한국을 위해 전후 이행기 동안 유엔 산하기구인 태평양회의가 임명한 고등판무관이 이끄는 국제적 한국민간관리단을 통해 국제적 원조를 제공한다는 내용이다. 즉, 한반도에 대한 열강의 이해 교차, 해외 한국 독립운동 진영의 파벌 대립, 대표성 결여, 한국인의 자치 능력 결여 등이 결국 "이행기" 동안 국제적 개입의 필

---

47 원문은 다음과 같다. Politically, there is a lack of administrative experience, a result of over thirty years of Japanese rule, that might make it advisable to provide during a transition period, for international assistance to Korean through the medium of an internationally selected Korean civil service headed by a high commissioner appointed by the Pacific Council. "The United States in a New World II: Pacific Relations," Supplement to Fortune, August 1942. p.30.

요성을 초래했다는 것이다. 때문에 한국민간관리단(Korean civil service)으로 표현된 국제적 한국 민간 행정기구가 "이행기" 동안 개입해서 한국을 점차 독립시킬 필요가 있다는 것이다.

여기서 등장하는 태평양회의는 유엔(The United Nations) 산하기구인데 태평양에 직접적인 이해를 갖고 있는 모든 유엔 회원국으로서 종국적에는 일본도 포함하도록 『포춘』 편집진이 제안한 것이다. 태평양회의는 태평양 문제에 대한 유엔의 최종 법률적 권한을 갖게 될 것이며, 분쟁이 생길 경우 독자적인 중재절차에 회부된다고 했다.[48] 이 시점에 『포춘』 등의 편집장은 제섭(John K. Jesseup)이었다.[49] 1943년 중경의 엄항섭은 『포춘』의 핵심 주장이 "전후 한국은 태평양회의에서 관리하는 것이 적절하다"인 것으로 파악했다.[50]

아마 이 시점에 임시정부와 재미한인사회는 『포춘』의 해당 기사에 크게 주목하지 못했던 것으로 보인다. 이에 대한 직접적 반응은 없었다. 신탁통치안이 재미한인들의 주목을 받게 된 것은 1942년 12월 이후였다. 1942년 12월 23일 자 『뉴욕타임스』가 전후 한국의 위임통치 가능성이 있다는 보도를 했다.[51] 12월 16일 국제문제연구소(The Institute of World Affairs)가 개최한 회의에서 현재 일본 식민지인 한국은 자치할 수 없으므로 전후 열강에 의해 위임통치 지역(a mandated area)이 되어야 한다고 결정했다는 사실이 알려졌다. 『뉴욕타임스』 기사를 접한 재미한족연합회 공보부장 김용중은 한국은 자치할 능력이 있으므로, 위임통치를 거부한다면서 국제

---

48 "The United States in a New World II: Pacific Relations," Supplement to Fortune, August 1942. p.5.
49 https://prabook.com/web/john.jessup/1089091 "John Knox Jessup".
50 엄대위(엄항섭), 「전후 한국 문제에 관한 공개서한」, 『大公報』(1943. 6. 11). 『대한민국임시정부자료집』 40.
51 "Koreans Denounce Institute Finding, Insist They Are Capable of Self-Rule – Reject Mandate," *The New York Times*, December 23, 1942.

문제연구소 소장(Dr. Rufus B. von KeinSmid)에게 항의했다. 김용중은 한국이 자치할 능력이 없어 위임통치를 실시한다는 것은 1905년 을사조약 이후 일본이 사용했던 주장이라고 반박했다. 한국에 대한 태평양회의 관리 기사가 알려지자, 임시정부의 김구와 주미외교위원부 위원장 이승만은 이런 제안이 일본의 영향을 받은 것으로 전후 어떠한 형태의 위임통치에도 반대하며, 한국의 절대 독립을 요구한다고 반발했다.[52] 이를 통해 미국은 대한정책의 핵심인 신탁통치안을 망명 한국인들이 강경하게 반대하고 있음을 조기에 감지하게 되었다.

한편, 『포춘』의 「태평양 관계」 일부가 1942년 11월 중경에서 발행되는 『중앙일보·소탕보』(中央日報·掃蕩報) 연합판에 게재됨으로써 중경 임시정부 측에 신탁통치 계획이 알려졌다.[53] 중경의 반응은 조금 늦은 감이 있다. 임시정부 외무부장 조소앙은 1943년 2월 1일 자 중경 『대공보』(大公報)에 국제공동관리(國際共管)에 반대한다는 기사를 투고하며, 공식적으로 신탁통치 계획에 반대했다.[54] 조소앙은 전후 한국이 즉시 독립해야 하는 6가지 이유를 제시했는데, 가장 중요한 근거로는 국제적으로 윌슨의 민족자결주의, 러시아의 발트3국 독립, 1941년 대서양선언을, 국내적으로 1919년 3·1독립선언 등을 제시했다. 중경과 워싱턴의 한국인들은 국제공동관리로 알려진 신탁통치안을 1905년 일본의 보호통치(protectorate) 혹은 1차 대전기 위임통치(mandatory)의 일종이자 절대 독립·즉시 독립이

---

52 *The New York Times*, 23 December 1942; "Gauss to Hull", 29 December 1942, RG 59, State Department, Decimal File, 895.01/207; James I. Matray, "An End to Indifference: America's Korean Policy During World War II", *Diplomatic History*, vol. II, no. 2 (Spring 1978), p.185; 이완범, 2022, 「미국 루스벨트 행정부의 전후 한반도 신탁통치 구상 형성 -그 이상과 현실, 1939~1943-」, 『한국독립운동사연구』 78, 107쪽 재인용.
53 엄대위(엄항섭), 「전후 한국 문제에 관한 공개서한」, 『大公報』(1943. 6. 11). 『대한민국임시정부자료집』 40.
54 趙素昻, 「戰後韓國獨立問題, 不能贊同國際共管」, 『大公報(重慶)』(1943. 2. 1); 추헌수, 1971, 위의 책, 413~414쪽.

아닌 식민통치의 변형으로 파악하고 있었다.

임시정부의 외교적 대응이 늦은 것은 아마도 『포춘』의 전후 한반도 관리 방안으로 제시된 "태평양회의가 임명한 고등판무관이 이끄는 국제적으로 선출된 한국민간관리단 방식을 통해 한국에 국제적 원조를 제공"한다는 제안이 미국의 공식 대한정책이라기보다는 민간 싱크탱크의 구상이자, 이 계획의 실체가 정확하게 어떤 것인지 명확하지 않았기 때문으로 보인다. 즉, 『포춘』의 기사는 전후 한국이 즉시 독립하지 않고 국제기구가 파견한 관리단에 의해 국제적 관리를 받는다고 했지만, 그 구체적 형태가 위임통치·신탁통치 등인지 명확하지 않은 상태였고, 민간 싱크탱크가 모호한 용어와 개념으로 제시한 막연한 전후 구상으로 받아들여졌을 개연성이 있다. 때문에 조소앙은 이를 전후 한국에 대한 국제공관(國際共管), 즉 국제공동관리로 명명하며 일반론적 반대의견을 펼친 것이다.

또한 임시정부와 조소앙이 가지고 있는 관련 정보가 부족하거나 부정확했을 가능성도 있다. 조소앙이 중경판 『대공보』(大公報)에 투고한 내용에 따르면 (1) 1942년 4월 『행복』(幸福), 『생활』(生活), 『시대』(時代) 3개 잡지가 전후 태평양 문제를 다루면서 한국의 독립 문제 해결 방안으로 공관(共管)을 주장하였고, (2) 1942년 7월 『아세아』(亞細亞) 잡지에는 호주 기자가 제출한 전후 평화원칙 9개조가 발표되었는데, 역시 공관(共管)을 한국 독립 문제 해결의 주된 방안으로 언급했고, (3) 남가주대학(USC) 국제협회에서 열린 국제 문제 토론회에서 참석자들이 한국이 아직 독립할 자격을 갖추지 못하였다는 취지의 발언을 하였다고 지적했다.[55] 『행복』은 『포춘』, 『생활』은 『라이프』, 『시대』는 『타임』지를 의미하는 것이었는데, 해당 잡지들이 한국의 전후 국제관리 기사를 게재한 것이 1942년 8월 호였

---

[55] 韓國外務部長 趙素昻, 「戰後韓國獨立問題: 不能贊同國際共管」, 『大公報(重慶)』(1943. 2. 1); 『대한민국임시정부자료집』 16, 40.

으니, 1942년 4월부터 해당 기사가 게재되었다는 것은 사실이 아니다.

임시정부가 『포춘』의 기사를 민간 싱크탱크의 보도로 생각해서 보도되고 몇 개월이 지난 뒤에야 대응하며 원칙론적으로 반박했다면, 1943년 3~4월 미국-영국, 미국-중국의 워싱턴회의 결과를 반영한 언론보도는 임시정부에 즉각적 충격을 안겼다. 주요 연합국이 외교적 합의를 통해 전후 한반도 신탁통치에 합의했다는 충격적인 소식이었기 때문이다. 임시정부의 대응은 신속하고 강력했다.

1943년 4월 27일 『시카고선』(Chicago Sun)지는 런던특파원발로 1943년 3월 워싱턴회담에서 미국 루스벨트 대통령과 영국 이든(Anthony Eden) 외상이 전후 극동 문제를 논의하던 중 한국이 독립하기 전까지 잠시 국제감호(國際監護, International Guardianship)하에 두기로 결정했다고 보도했다. 이 뉴스는 중국 중앙통신을 통해 4월 29일 중경 각 신문에 보도되었다. 이 보도는 중국의 임시정부는 물론 워싱턴과 LA의 재미한인들을 경악케 했다. 중국 중앙통신이 전달한 『시카고선』 기사에 따르면 전후 미국, 영국, 중국, 러시아 4개국 이사회와 8개 강소국으로 이루어진 위원회로 세계의회, 즉 유엔이 설립될 것이며, 전후 유럽과 극동에 대한 정책의 합의가 이뤄졌다는 것이다. 극동정책의 주요 내용은 (1) 일본의 특정 군도(群島)에 대한 국제 신탁통치 수립, (2) 미국, 중국, 러시아(동의를 전제로)가 일본에 대한 감시국가가 됨, (3) 대만은 중국에 반환, (4) 한국은 독립시키기 전에 임시적으로 국제신탁하에 둠, (5) 만주는 중국에 반환 등이었다.[56] 『시카고 선』이 보도한 내용은 사실상 1943년 11월 카이로회담에서

---

56 「전후 체제에 대한 연합국의 계획이 드러나다」, 『Central News Agency』(1943. 4. 28). 「전후 한국의 독립II: 조소앙의 서신 답변에 대한 영국 외무성의 견해」(1943. 5. 12), 세이머(충칭), FO 371/35956 Post-War Independence of Korea, 1943, F2942/723/23 『대한민국임시정부자료집』 24. 동일한 기사가 『시카고 트리뷴』(Chicago Tribune)지에도 게재되었다. 嚴大衛(엄항섭), 「전후 한국 문제에 관한 공개서한」, 『大公報』(1943. 6. 11). 『대한민국임시정부자료집』 40.

미국, 영국, 중국이 합의하여 공표한 카이로선언의 핵심 내용과 동일했다.

이 보도가 있던 4월 29일 당일 임시정부는 즉각 국무위원회를 개최하고, 중국외교부에 사실 유무를 문의한 후 미국, 영국, 소련에 반박 전문을 보내고, 중국 측에는 정식 반대성명서 발표를 요구하자고 결정했다.[57] 임정의 대응은 외무부와 선전부가 맡았다.

5월 6일 조소앙 외무부장은 처칠 수상에 보내는 전문 사본을 중경 주재 영국대사관에 전달했다.[58] 임시정부가 신탁통치 계획에 항의하며 즉시 독립을 주장했지만 주중 영국대사는 눈 하나 깜짝하지 않았다. 영국대사는 "중국인들은 한국인들의 자치 능력에 대해 환상을 거의 가지고 있지 않으며", "전쟁 이후에 국제적 신탁통치가 필요하다면 중국이 참여하고 싶어 할 것"이라고 영국 외무성에 보고했다. 즉, 중경 임시정부 등 한국인들은 중국정부가 마치 임시정부를 승인하고 즉시 독립을 지지하는 것처럼 생각하지만, 실제로 중국정부는 전후 한반도에 대한 러시아의 영향력 차단을 위해서, 또한 임시정부 등 한국 독립운동 진영의 분열과 자치 능력 결여에 근거해서 신탁통치를 지지하고 있다고 보고한 것이다. 영국대사는 미국과 영국이 전후 한국 독립 문제에 대한 태도를 표명하기 전까지는 중국이 임시정부를 공식 승인하지 않을 것이며, 다른 한편으로 한국 독립운동 진영 내부의 불화가 불승인에 영향을 미치고 있다고 분석했다.

같은 날 외무부 차장 신익희는 중국외교부 오국정(吳國楨) 차장을 만나 영미의 국제공관설 사실 유무와 중국정부의 입장을 탐문했지만, 오국정은 답변을 거절했다.[59] 5월 7일 김원봉은 중국외교부 정보사(情報司)의 소

---

57 「國際監護設敾斥案」, 『대한민국임시정부공보』 제78호(1943).
58 「전후 체제에 대한 연합국의 계획이 드러나다」, 『센트럴뉴스에이전시』(Central News Agency)(1943. 4. 28); 「전후 한국의 독립II: 조소앙의 서신 답변에 대한 영국 외무성의 견해」(1943. 5. 12), 세이머(충칭), FO 371/35956 Post-War Independence of Korea, 1943, F2942/723/23, 『대한민국임시정부자료집』 24.
59 「韓外務委員王海公問我採國際共管韓國所持意見」, 『대한민국임시정부자료집』 25, 273쪽.

육린을 방문해 영국과 미국의 한국 국제공동관리 문제에 대한 중국의 입장을 문의했으나, 소육린 역시 자신이 답할 처지가 아니라며 거절했다.[60]

5월 9일 중경에서 중한문화협회 주최로 좌담회가 개최되었다. 한국 측에서는 임시정부 선전부장 김규식과 외무부장 조소앙, 중국 측에서는 왕곤륜(王崑崙), 정희맹(程希孟) 등 총 50여 명과 각국 기자들이 참석했다. 이들은 『시카고 선』이 보도한 '국제감호설'을 비판하며, 전후 한국이 마땅히 완전한 독립자유국이 되어야 한다고 주장했다.[61] 김규식과 조소앙은 "전후 한국이 어떤 형식으로든 국제공동관리하에 놓이는 것을 반대한다, 특히 가상의 태평양회의가 한국인을 대신해 한국의 민정기관을 조직하고 고급인원(고등판무관)을 한국에 파견하여 건국에 관한 사무를 주재하는 것에 반대한다"고 공개적으로 성명했다.[62]

5월 10일에는 재중국 자유한인대회가 개최되었다. 대회에는 한국독립당, 조선민족혁명당, 조선민족해방동맹, 조선무정부주의자총연맹, 한국애국부인회 등 중경의 한국 독립운동단체들이 모두 참가했다. 이들은 모두 1919년 성립된 임시정부를 중심으로 한국의 완전 독립이 이뤄져야 한다고 주장했다. "타국, 국제상 간섭, 보호 혹은 신탁통치에 대해 결연히 반대"하며 한국은 독자적인 국가 경영 방침, 생활 방침을 가진 민족이라고 주장했다. 한반도가 극동의 정치, 지리상으로 중요한 위치이므로 전후 지역 평화유지에 결정적으로 중요한 요인이라고도 지적했다. 사실상 연합국이 주장하는 자치 능력 결여나 부족을 비판하는 한편, 강대국의 이해가 교차하는 지역이므로 완전 독립이 필요하다고 주장한 것이다. 이날 한독당, 민혁

---

60 「김약산의 중국외교부 司長 邵毓麟 방문 건」(1943. 5. 9), 王明哲, 政情字第77號 『대한민국임시정부자료집』 25, 174쪽.
61 「중한문화협회 어제 좌담회 개최」, 『新華日報』(1943. 5. 10); 『대한민국임시정부자료집』 40.
62 엄대위, 「전후 한국 문제에 관한 공개서한」, 『大公報』(1943. 6. 11). 『대한민국임시정부자료집』 40.

자유한인대회의 김규식(중경, 1943. 5. 10).

당, 해방동맹, 무정부주의자연맹, 애국부인회, 청년회 등 자유한인대회 참석 단체들은 루스벨트 대통령에게 한국의 완전 독립을 요구하며 전후 한국에 대한 국제통제에 반대하는 편지를 보냈다.[63]

6월 1일 김규식은 중경판 『독립신문』 복간호에 「우리는 한국에 대한 국제공관에 반대한다」(我們反對國際共管韓國)라는 기사를 투고했다. 임시정부 선전부장 김규식은 영미 정치 영수들이 전후 한국에 대한 국제적인 공동관리를 결정한 데 반대하며, 두 가지 측면에서 그 이유를 설명했다. 첫째, 국제적으로 한국을 공동관리한다는 것은 한국 인민의 이익과 그 자유의사에 위반된다. 한국인들은 독립 쟁취를 위해 노력, 분투, 희생했고, 동맹국들과 함께 조선의용대, 한국광복군, 동북항일연합군으로 싸워 왔다. 둘째, 국제적으로 한국을 공동관리한다는 것은 대서양헌장과 동맹국들의

---

63 「한인 대중집회에서 미 대통령에게 보낸 편지」, 조지 앳치슨(중경)-국무장관(1943. 6. 11), RG 59, State Department, Decimal File. 895.01/269.

작전상 이익에도 위배된다. 일부 영미 정치가들은 한국인들이 국가 운영 자격과 행정 능력이 없고, 독립할 자격이 없다고 보는 편견을 갖고 있는데, 이는 한국은 독립할 자격이 없다고 선전한 일본의 흉계에 빠진 완전히 잘못된 견해라고 주장했다.[64] 김규식의 이러한 견해는 임시정부 내에서 공유되고 있던 보편적인 입장과 심정을 반영한 것이었다.

이처럼 1943년 초반 이래 중경에서는 신탁통치 반대 여론과 움직임이 본격화되었다. 1942년 8월 『포춘』의 민간 싱크탱크발 국제공관론에 대한 반박으로 출발한 중경의 신탁통치 반대 여론·움직임은 1943년 4월 『시카고선』의 워싱턴회의 결과 보고로 정점에 도달했다. 이번에는 민간발 시험구가 아니라 연합국발 국제회의 결과 보도였기 때문이다. 1943년 중반 이후 본격화된 임시정부의 신탁통치 반대 입장과 논리, 움직임은 1945년 말 모스크바3상회의 결정에 대한 임시정부의 즉각적 반대와 반탁운동의 전사(前史)이자 배경을 형성하는 것이었다. 즉, 1945년 말 임정 주도의 반탁운동은 현상적으로 『동아일보』의 오보와 임시정부의 정치적 야심이 결합된 현상적 대응의 측면이 있었지만, 근저에는 1943년 이래 중경 임정의 일관된 신탁통치 반대 논리, 반대 입장, 반대운동의 연장이자 역사적 관성에서 비롯된 것이었다. 다시 말해 1945년 말 임정의 즉각적이고 강력한 반탁운동은 1943년 중경 시절로 거슬러 올라가는 역사적 배경을 지니고 있던 것이다. 물론 1943년 중경 임정이 접한 워싱턴회의의 신탁통치 구상과 1945년 모스크바외상회담의 "한국 문제에 대한 결정"은 질적으로 전혀 다른 내용이었다는 점에서 등가적으로 비교할 수는 없는 문제였다.

---

64 김규식, 「우리는 한국에 대한 국제공관에 반대한다」(我們反對國際共管韓國), 『독립신문』(1942. 6. 1); 『대한민국임시정부자료집』 91(별책1).

(2) 1943년 카이로회담·카이로선언의 이중적 의미

전후 연합국의 한국 신탁통치 계획으로 중경 한국 독립운동 진영이 술렁이자, 5월 6일 장개석은 김구와 김원봉 등 한국 독립운동 지도자와 면담하기로 결정했다.[65] 다른 중국 측 자료에 따르면 이미 4월 27일 장개석이 김구와 김약산을 함께 정기적으로 접견하기로 결정한 것으로 되어 있다.[66] 김구와 김원봉을 동시에 접견한다는 통지가 있자, 김원봉은 고무된 반면, 김구 측은 두 사람이 함께 장개석을 만남으로써 김원봉의 정치적 지위가 제고되고, 향후 정치적 영도권을 두 사람이 분할하게 될까 걱정했다. 한편, 조선민족해방동맹의 김규광은 접견 대상에서 제외되었다며 큰 불만을 품고, 자신들은 민족적·민주적이며 절대로 계급적·공산주의적이지 않다고 주장했다.[67] 장개석이 한국 독립운동가 중 누구를 만날 것인지를 둘러싸고 중경 독립운동 진영 내에서 긴장과 불만이 제기된 것이다. 면담 대상과 일정을 정하는 데 2개월 이상이 소요되었다.

7월 25일 중국 군사위원회 2층 접견실에서 장개석과 한국임시정부 요인의 담화회가 개최되었다. 한국 측 참석자는 김구(주석), 조소앙(외무부장), 김규식(선전부장), 이청천(광복군 총사령), 김약산(광복군 부사령) 등이었고, 안원생(통역)과 오철성(비서장)이 배석했다. 회의의 핵심은 전후 한국의 신탁통치 문제였다. 임정 측은 영국과 미국이 전후 한국의 지위를

---

65 「장개석의 한국 각 당파 영수 접견」(1943. 5. 6), 外交部 情報司-胡世澤, 『대한민국임시정부자료집』 25.
66 보고자 왕명철(王明哲)은 한인사회에서 김약산이 김구보다 격이 낮은 인물로 평가되었는데, 장개석이 두 사람을 동시에 접견하기로 결정함으로써 김약산의 지위가 전보다 높아지게 되었다는 의견이 한인사회에 생겼다고 평가했다. 「장개석 위원장의 김구·김약산 접견 문제」, 政情字第195號, 王明哲, 『대한민국임시정부자료집』 25.
67 「장개석의 한국 각 당파 영수 접견」(1943. 5. 6), 外交部 情報司-胡世澤, 『대한민국임시정부자료집』 25.

국제 공동관리와 유사한 방안을 주장하고 있는데, 중국 측 견해는 무엇이냐고 문의하며, 임정의 독립 주장이 관철될 수 있도록 중국이 지지해 달라고 요청했다. 이에 대한 장개석의 답변은 다음과 같았다.

> 영국과 미국 방면에서 이런 논의가 있는 것은 분명합니다. 이 문제를 둘러싸고 앞으로 많은 논란이 있을 것으로 예상됩니다. 중국의 의지가 반영되기 위해서는 한국 혁명진영 내부의 단결통일과 더불어 실제 공작방면에서도 뭔가 내세울 만한 성과가 필요할 것입니다.[68]

이 시점에 중국을 포함한 연합국은 전후 한반도 신탁통치 실시에 원칙적으로 합의한 상황이었다. 1943년 3월 워싱턴회의에서 미국의 루스벨트 대통령과 영국의 이든 외상은 한반도 신탁통치 실시를 원칙적으로 합의했으며, 이 직후인 1943년 4월 미국을 방문한 중국외교부장 송자문 역시 전후 소련의 대한 영향력을 우려해 미국이 제안한 전후 한국 신탁통치 실시 계획에 전적으로 동의했다. 따라서 영국과 미국만이 신탁통치를 주장하고 있다는 장개석의 발언은 일면적이며 신탁통치에 동의한 중국 측 입장을 감춘 것이었다. 이미 1943년 3~4월에 미국, 영국, 중국의 외교 수뇌부들이 전후 한국 신탁통치 계획에 합의한 후, 1943년 11월 카이로회담에서 이를 명문화한 것이므로 전체적인 맥락에서 장개석의 발언은 상황과 진실의 일면만을 거론한 것이다.

장개석은 한국이 독립을 주장하기 위해서는 중국의 의지도 필요하지만, 첫째는 한국 독립운동 진영의 통일, 둘째로 실질적인 독립운동의 성과가 필요하다는 점을 강조했다. 즉, 앞으로 있게 될 전시회담에서 중국이 한

---

68 「장개석과 한국임시정부 요인의 담화회 기록」(1943. 7. 26), 백범김구선생전집편찬위원회 편, 1999, 『백범김구전집』 5; 『대한민국임시정부자료집』 22.

국 독립을 옹호하기 위해서는 한국 독립운동 진영의 통일과 내세울 만한 가시적 성과가 필요하다는 지적이었다.

잘 알려진 것처럼 1943년 11월 카이로회담에서 장개석은 한국의 독립을 주장했고, 루스벨트는 카이로회담 이전에 연합국들이 전후 한국에 대한 신탁통치 실시에 합의했다고 확신했는데, 장개석이 사전합의를 깨고 한국의 독립을 주장하자, 이를 전후 한국에 대한 중국의 영토적 야심과 팽창 욕망으로 해석했다.[69]

이 결과 "상기 3대 강국은 한국 인민의 노예 상태를 유념해, 적절한 시기에 한국이 자유와 독립 (상태가) 될 것을 결의한다"는 카이로선언의 한국 조항은 1943년 11월 26일 오후 미국, 영국, 중국의 합의에 따라 도출되었다.

카이로회담에서 중국은 '한국의 자유 독립' 조항을 주장했으며, 이는 중국의 전통적인 대한국 영향력 강조와 임시정부의 '외교'를 반영한 결과였다. 미국은 그것을 중국의 야심으로 판단했지만 해당 조항을 카이로선언에 삽입했다. 미국 입장에서 한국의 자유·독립과 신탁 실시는 상충하거나 대립되는 개념이 아니었기 때문이다. 미국은 제2차 세계대전을 수행하는 일반적·포괄적 원칙으로서 장래 한국의 독립에는 찬성했으나 대한정책의 기조는 다자간 국제 신탁통치 실시였다. 이는 카이로선언에 '적절한 시기'로 표현되었다.

영국은 카이로선언에 한국 조항을 삽입하는 것 자체에 반대했으나, 미국과 중국의 반대로 그 시도가 무산되자 가급적 모호하고 불명확한 용어를 사용하는 방향을 선택했다. 그 결과, 카이로선언의 한국 조항이 만들어졌다. 전체적인 기조에서 카이로선언의 한국 조항은 미국이 추구하던 일반론

---

[69] 이하는 정병준, 2014, 「카이로회담의 한국 문제 논의와 카이로선언 한국 조항의 작성 과정」, 『역사비평』 여름호, 340~342쪽에 따른 것임.

적인 대한정책 기조를 반영하는 한편, 한반도에 이해관계를 가진 특정 강대국의 일방적 결정을 제지하는 '합의에 의한 공동정책'을 추구한 결과물로 탄생했다.

그렇지만 카이로선언은 미국, 영국, 중국 3국이 도달한 외교적 타협의 산물이었으므로, 카이로선언의 해석은 각국 입장에 따라 전혀 다른 문맥을 가질 가능성을 내포하고 있었다.

미국 측 입장에서 카이로선언은 1943년 3월 영국·중국과 가진 워싱턴 회담 이래 추진해 온 다국적 신탁통치 구상이 카이로회담에서 연합국의 합의된 대한정책으로 정착된 것을 의미했다. 미국이 한반도 신탁통치를 구상하게 된 동기와 배경에 대해서는 다양한 견해가 존재하지만,[70] 신탁통치 구상이 미국 조야에서 광범위하게 제기된 한국인의 자치 능력 부족·결여, 중국의 패권주의적 정책에 대한 우려 속에서 파생된 것만은 분명했다. 1942년 2월 국무부의 랭던이 한국인의 자치정부 수립 불가능에 따른 열강의 보호·지도·원조 비망록을 작성한 이래, 1942~1944년간 언론과 민간 연구기관 등에서 다양한 한국 신탁통치 제안을 내놓았다. 미국 입장에서 신탁통치는 준비가 안 된 한국인에게 독립주권국가를 위한 '훈련 기간'을 제공하는 것으로, 매트레이의 표현에 따르자면 한국민이 주권과 안보를 보호받는 동시에 한반도에 지정학적·전략적 이해관계를 갖고 있는 중국과 소련의 분쟁 가능성을 줄이는 '이중의 이득'을 보장해 주는 것이었다.[71] 이런 측면에서 카이로선언은 한국에 다자간 국제 신탁통치를 거쳐 '장래의 자유와 독립 회복'을 약속하고, 중국을 '연합국 합의 체제'로 억제시키며, 소

---

70 매트레이는 루스벨트의 신탁통치 계획이 패권주의적·팽창적 정책의 산물이었다는 브루스 커밍스의 견해에 반대하며 본질적으로는 방어적 성격이었다고 주장했다. 루스벨트의 신탁통치안은 한반도 지배욕이 아니라 한국에 대한 장개석 정부의 야망과 스탈린의 경각심이 불러올 갈등을 배제하고 한국의 독립을 보장하려는 데 목적이 있었다는 것이다. 매트레이, 1989, 위의 책, 제1장, 309~310쪽.
71 매트레이, 1989, 위의 책, 37쪽.

련의 잠재이익을 보장하고, 미국이 주도권을 행사할 수 있는 방안이었다.

　중국 측에 카이로선언은 전통적인 대한 이해관계를 반영하는 한편, 소련의 일방적인 대한 영향력을 억제한 것이다. 중국은 1942년 이래 전후 한국 독립과 임시정부 승인을 대내외적으로 공언했지만, 이는 미국·영국의 우려와 만류 속에 중단되었다. 중국은 전후 한반도에 대한 영향력 회복과 임시정부의 요청에 근거해 '독립과 자유 회복'을 주장했지만, 중국의 대한정책은 기본적으로 미국의 대한정책에 속박되어 있는 상태였다. 다른 한편, 중국은 한만 국경의 빨치산과 소련령 내 한인 적군(赤軍) 등, 소련의 대한 영향력을 우려하는 가운데 미국이 주도하는 한국 신탁통치안에 찬성했다. 즉, 중국의 대한정책은 소련의 영향력을 우려하고 미국의 정책 결정을 추종하는 수준에서 부동했던 것이다. 중국은 카이로선언에 동의함으로써 대한정책에서 독자적 결정권을 상실했고, 임시정부도 즉시 독립을 승인할 수 없게 되었다.

　영국 측으로서는 무관심한 데다 이해관계도 없는 한반도 문제에 개입한 것을 의미했다. 1942~1943년간 영국정부는 영국 식민체제에 미칠 영향을 우려해 중국의 한국 독립 승인 가능성을 봉쇄하는 데 집중했으며, 카이로회담에서도 한국 독립 조항에 소극적·부정적 태도를 취했다. 영국은 카이로회담이란 호칭 자체를 회피할 정도로 중국을 강대국으로서나 파트너로 인정하려 하지 않았고, 같은 맥락에서 중국이 제기하는 한국 문제의 중요성을 인정하지 않았다. 이런 측면에서 카이로선언은 영국 입장에서 볼 때 최대한의 양보이며 별다른 이해관계가 없는 지역에 개입한 사례였다.[72]

　루스벨트는 테헤란회담(1943. 11. 27~12. 2)에서 스탈린을 만나 카이로회담 결과에 대한 스탈린의 양해와 전폭적 지지를 확인했다. 11월 30일 루스벨트는 스탈린에게 "한국인들은 독립정부를 운영하고 유지할 준비가

72　구대열, 1995, 『한국 국제관계사 연구 2: 해방과 분단』, 역사비평사, 161쪽.

되어 있지 않기 때문에 40년 동안 신탁통치를 받아야 한다"고 말했고, 스탈린은 이에 동의했다. 루스벨트는 이제 연합국들이 한국 신탁통치에 모두 합의했다고 생각했다.[73] 이후 카이로선언은 12월 1일 백악관을 통해 공표되었다.[74]

한국인들에게 카이로선언은 한국 독립의 국제적 보장이라는 긍정적 측면과 한국의 자치 능력 결여에 기초한 신탁통치 실시라는 부정적 측면의 양가적 의미를 지니게 되었다. 카이로선언에 명시된 '한국인의 노예 상태'는 일본 지배의 가혹성·무자비성을 상징하는 것이었지만, 한국인들이 즉시 독립·자치정부 수립의 능력을 갖고 있지 않다는 연합국의 인식을 반영한 것이기도 했다. 이는 한국의 즉시 독립이 당연하고 정당하다는 한국인들의 인식과 현저한 차이가 있었고, 이러한 양자의 인식 차이는 향후 정치적 후폭풍을 예고하는 것이었다.

1943년 12월 1일 카이로선언이 발표되자, 임시정부는 2일 『임시정부공보』 호외를 발행해 카이로선언을 "전후 한국 독립 자유를 보장할 것"으로 해석하며 환영했다.[75] 그러나 곧 한국이 즉시 독립이 아니라 "적절한 시기"를 거쳐 독립한다는 점이 분명해졌다. 카이로선언의 초점은 "한국의 독립 자유"가 아니라 "적절한 시기"(in due course)로 이동했으며, 이 문제를 둘러싸고 1944년 이래 중경과 워싱턴에서는 강력한 항의가 쏟아졌다. 민혁당은 1944년 제25주년 3.1절 기념선언을 통해 장개석이 "전후 한국의

---

73 매트레이, 1989, 위의 책, 36쪽.
74 카이로회담과 테헤란회담의 결과는 모두 코뮤니케로 발표되었다. 테헤란회담의 코뮤니케가 발표될 때 '3대 열강의 공동선언'(Declaration of the Three Powers)이라는 제목이 붙었으나, 내용상 차이는 없다. 테헤란 코뮤니케는 모스크바 시각 12월 6일 오후 6시에 발표될 예정이었지만, 12월 4월 타스통신을 통해 미리 보도되었다. "The Agreed Text of the Communique(Teheran Conference)", *FRUS: The Conference at Cairo and Teherans*, 1943, Government Printing Office.
75 『대한민국임시정부공보』 호외(1943. 12. 2); 『대한민국임시정부자료집』 1.

완전 독립을 보증할 것을 앞장서 제의"했고, 루스벨트와 처칠의 동의를 얻어 "적당한 시기에 한국을 독립시킨다"고 선포했다며, "적당한 시기"에 대해 유감을 표명했다.[76] 재미한족연합회의 한시대도 카이로선언의 "적당한 순서에 따라 한국은 자유되고 독립되어야 할 것이다"라는 대목의 "적당한 순서"라는 어구가 단명되어야 한다고 주장했다. 한국은 즉시 독립을 위해 싸울 것이라는 얘기였다.[77] 민혁당 미주총지부는 1944년 2월 "보호국설을 반박"한다는 성명을 제출했는데, 카이로선언 이후 김영기·전경무가『태평양주보』·『국민보』를 통해 "미국이 당분간 우리나라를 지도 혹은 보호해 주어야 한다"는 의사를 밝힌 것을 반박하는 내용이었다.[78] 미주 내 일부 한인들 중에는 카이로선언에 포함된 미국의 전후 대한정책에 공감하는 목소리도 존재했음을 알 수 있다.[79]

(3) 광복군 행동준승 9개조와 중국정부 지원금의 연계

김규식은 1943년 2월 민족혁명당 제7차 대표대회에서 중앙집행위원회 주석에 선출되었다. 제7차 대표대회는 한국독립당통일동지회(손두환, 김붕준), 조선혁명당 해외전권위원회(이광제), 조선민족해방투쟁동맹(김인철, 한지성) 등 조선민족전선연맹을 구성했던 군소 단체들이 민혁당으로 통합

---

76 「제25주년 3.1절기념선언」(1944. 3. 1, 조선민족혁명당 중앙집행위원회),『대한민국임시정부 자료집』37.
77 「대회의장 한시대의 신문발표, '적당한 순서'라는 어구의 해석」,『신한민보』(1944. 4. 13).
78 「성명서, '동포·동지여 보호국설을 반박하라'」(1944. 2),『독립』(1944. 2. 3).
79 하와이국민회 기관지『국민보』와 동지회 기관지『태평양주보』는 1942~1943년간 통합해서 『국민보·태평양주보』를 간행한 바 있다.『독립』신문이 문제 삼은 기사는 김영기가 쓴 「쥬코스독립」(『태평양주보』, 1943. 12. 22)이라는 사설과 전경무(J. Kyung Dunn)가 쓴 기명 사설 "Editorial: In Due Course,"(*The Korean National Herald-Pacific Weekly*, December 29, 1943)이었다.

하는 대회였다. 1943년 초반 민혁당은 이전과 동일한 패턴으로 군소 단체들과 통합을 추진하고 각지 지부를 설치하는 등 세력 확장을 추진하며 민혁당의 세를 과시하려고 했다.

민혁당 제7차 대표대회 선언은 개조대표대회(改組代表大會)라고 명명했는데,[80] 민혁당은 민족운동의 통일을 확장하고, 임시정부를 지지하며, 광복군 규모를 확장한다고 결정했다. 김규식, 김약산, 김기원(金起元, 김붕준), 윤규운(尹虬雲) 등 17명을 중앙집행위원, 최우강(崔友江) 등 5인을 중앙감사위원으로 임명했다.[81]

중국 측 자료에는 1943년 1월 4단체 통합 후 민혁당의 개선된 임원을 다음과 같이 보고하고 있다.

> 총서기 김약산, 집행위원장 김규식(현 임시정부 각원), 집행위원 김인(金仁), 한지성, 성선원(成宣園: 성현원成玄園의 오자, 성주식), 이광제(李光濟), 왕통(王通), 손두환(孫斗煥), 김붕준(金朋濬) 등 7인.[82]

임원 서열에서 드러나듯 민혁당의 실권은 총서기 김원봉에게 있으며, 김규식은 명목상 당을 대표하는 집행위원장, 주석이었던 것이다. 민혁당에 합류한 이광제(조선혁명당 해외전권위원회)가 1943년 9월 김구와 김원봉을 모두 비난하는 서한을 중국정부에 보낸 것으로 미루어 1943년 1월의

---

80 「조선민족혁명당 제7차 대표대회 선언(改組代表大會宣言)」(1943. 2. 22), 독립기념관 소장자료 5-001746-000. 『대한민국임시정부자료집』 37. 중국 측 자료에는 한국독립당혁신동지회, 조선민족당해외전권위원회라는 명칭으로 되어 있다. 「한국 군소정당 조선민족혁명당에 합병」(1943. 1. 21), 政情字第118號, 王明哲, 重慶市檔案館 소장자료, 『대한민국임시정부자료집』 37.
81 「조선민족혁명당 개편」(1943. 2. 22), 독립기념관 소장자료 1-003629-005, 『대한민국임시정부자료집』 37.
82 「3단체와 통합 후의 임원 명단」(1943. 1. 25), 政情字第152號, 王明哲, 重慶市檔案館 소장자료, 『대한민국임시정부자료집』 37.

통합 역시 원만한 것은 아니었던 것으로 보인다.

　1943년 3월에는 곤명의 한국 혁명통일촉진회(김좌경, 조중철 등)가 민혁당 곤명지부 성립을 추진한다는 보고가 있었다.[83] 나아가 김원봉은 화북조선독립동맹의 개조를 지시(1943. 3. 24)하고,[84] 민혁당 미주지부 조직 준비를 지시하는(1943. 3. 25)[85] 등 화북과 미주에도 영향력을 확산한다는 모습을 보여 주려 했다. 그러나 화북조선독립동맹은 이미 중국공산당 산하 조직이 되었으며, 민혁당 미주지부 설립을 지시한 한길수는 중한민중동맹 해체와 미주지부 설립에 반대했으니, 김원봉의 이런 지시는 현실을 반영했다기보다는 중국정부 및 재중, 재미한인을 대상으로 한 퍼포먼스에 가까웠다.

　김규식은 1943년 8월 5일 임정 선전부장 자격으로 하와이와 미주 본토의 조선민족혁명당원들에게 방송 연설을 했다. 김규식은 자신이 임정 요인들과 함께 7월 26일 장개석 총통과 인터뷰하며 전후 한국 독립을 요청했고, 이에 장개석이 동의했다고 밝혔다. 김규식은 민족혁명당 미주총지부가 결성되었고, 또한 하와이총지부를 결성 중이라며, 특별결의서 내용을 전달했다.[86] 또한 조선민족전선연맹에 속했던 단체들이 민혁당에 통일된 관계로 민족전선연맹이 해산되었으며, 해당 사실을 한길수에게 전달해 달라고 했다. 김규식은 자신이 한길수에게 보낼 서신을 "쓰고" 있는데, 그 소식

83　「한국 혁명통일촉진회와 합병 임박」(1943. 3. 19), 政情字第101號, 王明哲, 重慶市檔案館 소장자료, 『대한민국임시정부자료집』 37.

84　「김약산, 華北朝鮮獨立同盟의 개조 지시」(1943. 3. 24), 政情字第202號, 王明哲, 重慶市檔案館 소장자료, 『대한민국임시정부자료집』 37. 화북조선독립동맹을 취소하고 민혁당으로 조직 개편, 조선의용군 명의를 취소하고 광복군 제1지대로 개명할 것 등의 지시였다.

85　「조선민족혁명당 미주지부 조직 준비」(1943. 3. 25), 政情字第218號, 王明哲, 重慶市檔案館 소장자료, 『대한민국임시정부자료집』 37. 김원봉이 민혁당 주미대표 한길수에게 민혁당 미주지부 조직을 지시하였다는 것이다.

86　결의서 내용은 총지부에 3명의 대리인, 5명의 행정위원을 선출하며, 그중 1명은 집행위원장, 나머지 4명은 비서, 조직, 재무, 선전 부서장이 된다는 내용이었다.

을 한길수에게 전달해 달라고 밝혔다. 한길수에게는 공개 방송으로 통보해야 한다는 의미였을 것이다. 한길수 문제는 여전히 미해결 상태였다. 김규식은 한길수가 주장하는 중한민중동맹단의 출처이자 정당성의 근원이었지만, 천방지축으로 날뛰는 미주의 한길수는 중경에서 제어할 방법이 없었던 것이다. 이어서 김규식은 조선의용대 출신 석정(윤세주), 김창화(진광화), 문명철의 전사 소식을 전했다.

1943년 하반기 임정 내부에서는 민혁당과 한독당이 또 한 번 대대적으로 충돌했다. 이 과정에서 김규식도 민혁당 주석으로 사건의 중심에 서게 되었다. 이는 중국정부의 지원금을 둘러싼 갈등이었고, 김구의 주석 사퇴 선언으로 이어지는 파행을 불러왔다.

조선의용대 주력의 북상 이후 중국 관내에서 한독당·임시정부·광복군의 우위와 지배적 입장이 확인되었다. 임시정부 측은 한국 독립운동 정당·단체가 모두 임시정부의 기치 아래 통일되었으며, 이것이 광복군·의정원·정부를 통해 실현되었다고 자임했다. 중경에 거주하는 3백여 명 한인들이 그 지지 기반이자 중심 세력이었다. 중국국민당정부가 경제적·군사적으로 지원하는 통로도 임시정부로 통일되었다. 이러한 지원 통로의 통일은 표면적으로는 한국 독립운동 세력의 통일·연합이었지만, 자금 배분을 둘러싼 갈등의 원천이 되었다.

조선의용대는 중국 군사위원회 정치부에 직속되어 있으면서, 매월 1만 6천 원씩 지원을 받았지만,[87] 조선의용대가 광복군에 통합된 이후로 중국정부의 경제적 지원은 임시정부로 통일되었다. 이후 자금 배분을 둘러싼 분쟁이 끊이지 않았다. 김구는 1941년 하반기부터 중국국민당정부를 향해 본격적으로 경제적 원조를 요청하기 시작했다. 항일전사 위로금 명목 20만 원(1941. 11. 18), 임시정부·한독당·한교 생활비 매월 6만 원(1941. 12.

---

[87] 「徐恩曾이 朱家驊에게」(1941. 11. 1), 국사편찬위원회, 1994, 위의 책, 78~80쪽.

10) 등을 요청했고, 이에 대해 장개석은 한적(韓籍)·반정(反正)사병 및 적후에서 돌아온 청년 구제금 10만 원을 제공(1941. 12. 10)하고, 한독당·교민 생활비용 6만 원을 매달 지급하라고 지시(1941. 12. 17)했다.[88]

중국의 자금 지원이 광복군 행동준승 9개조와 연결되어 있다는 의심이 제기되면서, 사안은 복잡해졌다. 중국 측은 1941년 11월 15일 광복군 행동준승 9개조를 제시했고, 임시정부는 11월 19일 제18차 국무회의에서 이를 수락했다. 임시정부가 행동준승 9개조를 수용한 가장 중요한 이유는 재정적 어려움 때문이었다.[89] 광복군 행동준승 9개조는 이후 임시정부 내외에서 핵심 문제로 부각되었다. 제34차 임시의정원 회의(1942. 10~11)에서 행동준승 9개조가 문제로 떠오르자, 조완구는 중국 군사위원회와 광복군 총사령부가 직접 타결한 문제일 뿐, 임시정부는 행동준승 9개조와 관련이 없다고 주장했다.[90] 그러나 1942년 11월 중경 주재 미국대사관을 방문한 민혁당의 김원봉과 한독당의 조소앙, 안원생, 엄항섭은 모두 중국이 임정에 대한 재정 지원을 빌미로 손문의 삼민주의를 기본 강령으로 삼으라고 요구하고 있으며, 중국이 한국인들의 분열을 빌미로 임정 승인을 거부하고, 전후 한국에 대한 정치적 지배를 관철시키려 한다고 입을 모았다. 특히 1942년 10~11월 임시의정원 회의에서 임시정부를 미국으로 이전하는 게 좋겠다는 의견까지 나왔다고 전했다.[91] 이런 정보에 입각해서 1943년 1월 주중대사 고스(Clarence Gauss)는 임시정부가 광복군 행동준승 9개조를 수용하는 대가로 조사통계국 등의 책임자인 대립(戴笠), 진립부(陳立

---

88 「蔣中正이 朱家驊에게」(1941. 12. 17), 국사편찬위원회, 1994, 위의 책, 91쪽.
89 김광재, 2007, 위의 책, 72~77쪽.
90 국사편찬위원회, 1983, 위의 책, 155쪽; 정병준, 2005, 「해제」, 『대한민국임시정부자료집』 3(임시의정원II).
91 Gauss to Hull, "Korean Independence Movement,"(1942. 11. 25). RG 59, State Department, Decimal File, 895.01/199; Gauss to Hull, "Korean Independence Movement,"(1942. 12. 11). 895.01/20.

夫), 진과부(陳果夫)로부터 매달 6만 원을 받게 되었다고 미 국무부에 보고했다.[92]

1942년 말부터 1943년 초까지 광복군 행동준승 9개조와 중국정부 재정 지원의 연계성, 중국정부의 임시정부·광복군에 대한 지원과 통제 시도 등에 관한 중경 미국 대사관의 보고들이 연이어 접수되자, 미 국무부와 루스벨트 대통령은 중국정부의 임시정부에 대한 재정적 후원, 임시정부 승인, 전후 한국 독립 약속 등을 전후 한국에 대한 정치적 야심이자 한국 독립에 대한 중대한 위협으로 평가하기 시작했다. 특히 1942년 가을 이래 광복군 행동준승 9개조가 임시정부에 대한 재정 지원의 보답이라는 보고가 접수되자, 이 협정이 "동양에서의 어떠한 형태의 전후 기획에서든 한국을 중국에 속박"시키려는 것이라는 소문이 만연했다. 조소앙 외무부 부장은 주중대사관 에드먼드 클럽(Oliver Edmund Clubb) 부영사를 만나 미국이 무기대여법에 따라 원조를 제공한다면 김구는 중국으로부터 재정 원조를 받지 않을 것이라고 넌지시 제안했다.[93] 중국은 전후 한국의 자유와 독립을 옹호하며 국제적 책임을 구할 뿐 지배를 구하지 않는다고 강조했지만, 중국의 이런 태도는 미국이 신탁통치 계획을 촉진하게 하는 중요한 요인이 되었다.[94] 미국은 중국이 임시정부에 일방적인 군사적, 재정적 후원과 협정 방식의 속박을 가하고 있는 상황을 우려하게 된 것이다. 역설적으로 중국의 광복군 후원과 행동준승 9개조, 전후 한국 독립의 약속, 임정 승인 가능성 등이 1943년 초 이래 미국 정책당국의 신탁통치 계획 추진에 주요 동

---

92 「한국 독립운동」(1943. 1. 15) 고스(Gauss), RG 59, State Department, Decimal File, 895.01/213. 『대한민국임시정부자료집』 26.
93 Gauss to Hull, 25 November 1942, 895.01/19; Guass to Hul 9 December 1942, 895.01/197; Tjo Sowang to Hull, 1 October 1942, 895.01/183; Roy P. McNair, Jr. Memorandum, "Analysis of Political Parties," 28 October 1942, OSS File, Report #24638; 매트레이, 1978, 위의 논문, 184쪽.
94 매트레이, 1978, 위의 논문, 184쪽.

력을 제공한 셈이었다.

1942년 7월 이래 중국국민당 중앙상무위원회는 한국 문제를 토론하고 대전현(戴傳賢), 하응흠, 왕총혜(王寵惠), 진과부, 주가화, 오철성, 왕세걸(王世杰) 등 7인으로 구성된 전문소위원회를 구성했다. 이들은 1942년 7월 군사위원회가 작성한「중국 거주 한국 혁명 역량에 대한 원조운용지도 초안」(對韓國在華革命力量扶助運用指導草案)을 검토하며, 한국 독립운동을 원조하는 기본 원칙, 임시정부 승인 여부와 적절한 시점 등을 논의했다. 논의 결과「중국 거주 한국 혁명 역량에 대한 원조운용지도방안」(對韓國在華革命力量扶助運用指導方案)이 마련되었다. 구체적으로 첫째 중국 내 한국 당·정·군 지도와 관련해 군사 방면만 군사위원회가, 당·정 방면은 중앙당부가 책임을 지고, 둘째 먼저 차관 방식으로 임정에 경비 1백만 원(法幣)을 대여하며, 셋째 적당한 시기에 임정을 승인하고 시기는 장개석 총재에게 보고해 결정한다는 내용이었다.[95]

8월 22일 중앙당부로부터 요점을 보고받은 장개석은 10월 9일 오철성 비서장에게 부분적인 수정 지시를 내렸다. 장개석의 지시는 군사 문제는 하응흠 총장이 맡지만, 한국의 당·정·군 문제는 통일적으로 지도해야 하기에 1~2사람이 추가해서 맡을 것, 임정 승인을 다른 나라보다 먼저 한다는 원칙, 임정에 먼저 100만 원을 지급할 것 등이었다. 이에 근거해서 새롭게「한국 복국운동 원조 지도방안」(扶助韓國復國運動指導方案)이 제정되어, 1942년 12월 27일부터 실시되었다.[96] 이에 따라 장개석은 참모총장 하응흠, 중앙조직부 부장 주가화, 중앙비서처 비서장 오철성 3인이 공동으로 한국 당·정·군 문제를 담당하도록 지시했다.

---

95   民國 31년 8월 17일, 중앙「商討朝鮮問題」제2차 회의기록, 黨史會 所藏; 호춘혜, 1978, 위의 책, 90~95쪽.
96 「扶助韓國復國指導方案」, 호춘혜, 1978, 위의 책, 98~99쪽.

위의 방침에 따라 1943년 초 임시정부는 중국정부로부터 1백만 원의 차관을 얻어 독립운동 추진 비용으로 쓰게 되었다. 이는 이미 1943년 2월 중경 한인사회에 소문이 파다하게 난 상태였다. 조선민족해방동맹의 김규광·박건웅은 중국이 임시정부에 100만 원 차관을 제공하고, 민혁당과 한독당에 30만 원씩 제공하기로 했음을 파악하고, 중국의 차관 제공에 감사하지만, 차관의 상당수를 한독당과 민혁당에만 제공한다는 데 반대의사를 표명했다. 약소정당을 탄압하고 당파 간 투쟁을 위한 자본으로 쓰일 것이란 우려를 담았다.[97]

(4) 중국지원금을 둘러싼 갈등: '암살단 사건'과 '공금횡령'의 대결

1943년 6월 임시정부가 계획을 제출한 후 장개석은 정식으로 중앙당부에서 매월 20만 원을 임시정부에 지급하도록 승인했다. 여기에는 임시정부의 정무비, 한교의 생활비, 한독당·민혁당의 당무활동비가 포함되어 있었다.[98] 6월 중 중경한인사회에는 이런 자금이 중국정부로부터 지원된다는 소문이 퍼졌는데, 민혁당이 질의하자 김구 등은 이를 극력 부인했으며, 한간(漢奸)들이 유언비어를 만들어 한교를 유혹한다고 했다.

1943년 6월 17일 민혁당은 김규식, 김원봉 명의로 오철성 비서장에게 진상규명을 요구하는 편지를 보냈고, 오철성은 6월 26일 답신에서 20만 원 건은 5월 중 장개석 위원장의 비준을 받아 조직부 주가화 부장을 통해 김구에게 발급, 수령토록 했다고 답했다.[99] 민혁당은 중국정부가 한국

---

97 「중국정부의 차관 배급 문제에 대한 의견」(1943. 2. 17), 王明哲, 重慶市檔案館, 『대한민국임시정부자료집』 37.
98 호춘혜, 1978, 위의 책, 125쪽.
99 「朝鮮民族革命黨中央執行委員會致中國國民黨吳鐵城祕書長對電」(1943. 6. 18); 「中國國民黨執行

독립운동 진영에 제공하는 원조금 매월 20만 원 중 14만 원씩을 1943년 5월부터 임정 핵심파가 횡령한다고 주장했다. 7월 12일 민혁당 중앙위원회는 임정 인사 중 공금횡령죄를 범한 사람이 있다고 결정하고, 이 사실을 공표하기로 했다. 김규식은 국무회의 석상에서 오철성 비서장의 답신을 공개 낭독하고, 임시정부 내 한독당 계열을 통렬히 비판했다.[100] 민족혁명당은 「공금횡령 및 날조한 암살단 사건의 진상」(公金橫領 及 捏造한 暗殺團事件의 眞相)이라는 소책자를 발표했다. 공금횡령은 한독당이 중국정부의 후원금을 착복했다는 민혁당의 주장이며, 암살단 사건은 민혁당이 임정 요인 암살을 위해서 권총을 훔쳤다는 한독당의 주장을 공박하는 것이었다.

호춘혜에 따르면 암살단 사건의 경위는 다음과 같다. 1943년 4월 민혁당 간부 왕통(王通)과 임정 비서 황민(黃民)이 결탁하여, 임정 경위대 경위 박수복(朴守福)을 매수해 지급받은 권총을 숨겨 놓은 뒤 이를 절도 당했다고 보고했다. 왕통 등이 이 권총으로 김구, 조완구, 박찬익, 조성환, 엄대위(엄항섭) 등 임정 요인을 암살하려고 했다는 것이다. 1938년 장사 남목청 사건을 재현해 국무회의를 개조하려고 했다는 것이다. 내무부장 조완구는 박수복, 황민을 심문한 후 왕통을 심문하려 했으나 거절당했다. 민혁당은 1943년 6월 중경시 경찰국에 사건 조사를 청구했으나, 증거 부족으로 매듭되었다.[101]

미주 『독립』 신문은 1944년 3월 민혁당 주장에 따른 암살단 사건의 내

委員會祕書長吳鐵城致金奎植 金若山對電」(1943. 6. 26); 호춘혜, 1978, 위의 책, 125~126쪽.
100 호춘혜, 1978, 위의 책, 125~126쪽. 오철성의 편지는 다음과 같다. "우사[김규식] 김원봉 선생 감. (전략) 귀국 임시정부 경비와 및 교민 생활보조비에 관하여 본년 5월 중에 일즉 상부의 명령을 받아 매월에 원래 보내던 6만 원 이외에 3만 원을 증가하였습니다. 그중에는 귀당 보조비 1만 5천 원과 또 중경시에 있는 귀국 교민 생활비 7만 9천 5백 원이 포함된 바 모두 김구 주석이 조직 주[가화] 부장처에서 영수하여 전하게 하였사오니 사조하신 후 협의하여 처리하심을 바라나이다. 오철성 배계. 6월 26일." 「중국국민당 비서장 오철성 씨의 공함」, 『독립』(1944. 3. 8).
101 호춘혜, 1978, 위의 책, 124~125쪽.

막을 보도했다. 1943년 6월 21일 임정 내무부 경위대가 중경시 경찰당국에 송치한 문건에 따르면 (1) 이집중, 이해명, 왕통(이상 민혁당 간부, 의정원 의원)과 조중철(민혁당 운남 특파원), 송철(한독당 제3차대표대회, 광복군 제2지대원), 황민(무소속, 임정 국무위원회 비서처 비서)으로 구성된 6인 암살단이 나동규, 김성호(이상 한독당원, 광복군 2지대원)와 공모해서, (2) 홍진(한독당 중앙집행위원, 의정원 의장), 최동오(한독당 중앙상무위원, 비서장, 의정원 의장), 김약산(민혁당 중앙상무위원, 중앙총서기, 광복군 부사령, 의정원 의원), 손두환(민혁당 중앙상무위원, 중앙선전부장, 의정원 의원) 등 5명을 임시정부에 입각시킬 목적으로, (3) 현 임시정부 주석 김구, 내무부장 조완구, 법무부장 박찬익, 재무부장 이시영, 군무부장 조성환 등 5인을 암살하기 위해, (4) 황민으로 하여금 내무부 경위대원이자 김구 주석의 호위대원 박수복의 권총 한 자루를 탈취해 갔다는 내용이었다.[102]

사건은 5월 15일 내무부 경위대 대원 박수복의 권총 분실 사건을 통해 표출되었다. 체포된 박수복은 5월 30일 탈옥 도주했고, 다음 날 황민이 석방되었다. 6월 2일 박수복이 다시 자수했고, 황민과 박수복은 재차 구금되었다. 6월 8일 황민이 다시 탈옥 도주한 후, 6월 9일 외무부 비서 이정호의 집에 와서 "조완구가 사전에 소위 기호파 암살단이라는 안건을 만들어서 나의 코에다가 고춧가루와 후춧가루를 냉수에 타서 넣으며 억지로 승인시켰다"라고 주장했다. 6월 10일 내무부 무장경위대 4인이 왕통을 체포하려 했으나 민혁당 측이 저지했고, 민혁당은 성주식, 손두환 2명을 민혁당 대표로, 신기언, 윤증우 2인을 수행원으로 해서, 김규식, 장건상 2인과 함께 내무부장 조완구를 방문해 사건 경위를 문의했다. 6월 11일 민혁당은 김규식 명의로 내무부장 조소앙에게 권총 유실 건에 대한 법적 수속을 밟아

---

102 「임시정부 핵심파의 두려운 음모 사건 폭로-신인이 공노할 조완구, 박찬익 일파의 공금횡령 사건과 만행-김규식 주석의 강경한 태도」, 『독립』(1944. 3. 8).

서 신속히 법원을 조직해 심판하라고 요청했다. 이후 조완구는 김규식에게 왕통을 넘겨 달라고 주장했고, 6월 21일 중경 경찰국 경찰 3인이 민혁당을 찾아와 권총 절도 혐의범 박수복, 황민 2인과 민혁당 당원 왕통도 혐의자라고 했다. 민혁당이 강경하게 막아선 이후 사건은 중국 사법당국의 손에 넘어갔다. 7월 7일 황민과 박수복은 중경 위수총사령부로 넘어갔다. 즉, 민혁당 측에서는 암살단 사건이 조완구 내무부장의 음모에 따라 민혁당 계열을 제거하거나 음해하기 위한 음모 사건이라고 규정한 것이었다. 또한 이는 중국정부 지원금 횡령 사건과 연계된 것이라고 주장했다.[103]

1943년 11월 중국 정보당국은 이 사건의 조사결과를 정리했다.[104] 사건의 근저에는 한독당과 민혁당의 충돌이 있었다. 민혁당 중앙위원 왕통이 국제문제연구소가 간행한 한국어 잡지 『앞길』(前途)을 통해 여러 차례 임시정부를 공격했고, 일본인 청산화부(靑山和夫)가 발행하는 『국제』(國際)라는 잡지도 동일한 공격을 게재해서 임시정부는 이를 반박했다. 이에 불만을 품은 한독당 인사들이 왕통에게 위해를 가하려 했기 때문에 사건이 발생했다는 것이다. 임시정부 비서 황민(黃民)은 김약산의 첩자와 같은 인물로, 임정 청사 수위가 권총을 분실했는데 실은 황민을 거쳐 왕통에게 권총이 건네졌다는 게 주된 혐의였다. 사건은 중경지방법원을 거쳐 중급법원으로 이송되었는데, 사정을 잘 모르는 지방법원은 11월 12일 왕통과 황민의 유죄(상해교사, 장물 취득)를 인정했다. 중국 정보당국 관계자가 판단하기에 문제가 된 권총을 왕통이나 황민이 훔친 것은 분명히 아니었다. 그 이유로 (1) 민혁당은 충분한 무기를 보유했기 때문에 임시정부의 총기를 훔칠 이유가 없고, (2) 왕통과 황민은 임시정부가 골칫거리로 생각하던 대표

---

103 「임시정부 핵심파의 두려운 음모사건 폭로-신인이 공노할 조완구, 박찬익 일파의 공금 횡령 사건과 만행-김규식 주석의 강경한 태도」, 『독립』(1944. 3. 8).
104 「한국독립당과 조선민족혁명당의 갈등의 진상」(1943. 11. 16), 政情字第137號, 王明哲, 『대한민국임시정부자료집』 37.

적 인물로 이 사건도 두 사람을 목표로 한 것이며, (3) 임시정부 각료를 한 꺼번에 모두 암살하는 것은 불가능한 데다, 임시정부 측도 황민 등을 심문할 때 답을 정해 놓고 고문을 통해 자백을 얻었고, (4) 임시정부가 내부 갈등인 이 사건을 드러낸 것은 황민과 왕통을 음해하려는 것이며, 김약산을 사건에 연루시켜 유리한 위치를 점하려 한 때문이라고 분석했다.[105]

암살단 사건이 파국으로 치닫는 와중에 공금횡령 건도 가열되고 있었다. 김구에게 자금을 지원한 담당자로 알려진 주가화 부장은 동남으로 출장 중이었는데, 중경에 돌아온 후 자금의 결재 비준일이 6월 8일이지만, 수속상 문제로 자금은 7월 중순 중앙조직부에서 지불했다고 해명했다.[106] 주가화의 해명은 8월 11일 김구에게 보낸 편지에 들어 있었다. 주가화의 해명은 민혁당이 문제를 제기한 6월 17일이나 7월 12일에는 김구에게 중국정부 지원금이 실제 지급되지 않았고, 단지 사무처리 문제로 오해가 생겼다는 식으로 해석될 수 있었다.

주가화의 해명에 근거해서 8월 17일 국무회의는 문서 내용이 전혀 사실이 아니고, 문서 배포로 독립운동과 임시정부에 큰 손해를 주었기 때문에 민혁당이 자진 취소하라고 성명을 발표했다. 이와 함께 8월 26일 국무회의는 중국정부가 제공한 보조비 14만 원 가운데 민혁당에 매월 1만 5천 원, 한독당에 이미 있는 2만 원에 매월 1만 5천 원, 민족해방연맹에 종래 5백 원에 5백 원을 더해 매월 1천 원, 중한문화협회에 매월 1천 원을 발급하기로 결정했다.[107] 이런 조치는 중국 측 지원금을 배분하는 데 공정성 문제가 있었음을 자인하는 격이었다.

민혁당은 당의 위신과 양심과 후손을 위해서 공포한 소책자를 "결코

---

[105] 「한국독립당과 조선민족혁명당의 갈등의 진상」(1943. 11. 16), 政情字第137號 王明哲, 『대한민국임시정부자료집』 37.
[106] 「朱家驊部長致金白凡主席函」(1943. 8. 11); 호춘혜, 1978, 위의 책, 126쪽.
[107] 「대한민국임시정부공보」 제79호(1943. 10. 8), 『대한민국임시정부자료집』 1.

취소할 수 없다"고 선언하며 계속 문제를 제기했다.[108] 김구 측이 6월 내내 중국정부의 추가 지원금이 없다고 부정했던 점을 지적한 것으로 보인다. 김구는 1943년 8월 31일 "개인의 위신뿐 아니라 우리 전체 독립운동을 극히 훼손"한 "적은 책자"를 취소하라고 민혁당에 요구했으나 거부당했고, 부끄러우나 민혁당을 처벌할 수 없기 때문에 사직한다고 발표했다.[109] 김구와 이시영, 조성환, 황학수, 조완구, 박찬익, 차이석 등 국무위원이 함께 사직의사를 표명했다. 핵심은 김구가 공금을 "비법적으로 처분"했다고 공격한 데 있었다. 김규식, 장건상, 유동열, 조소앙 등은 잔류했다.

끝장을 보자는 태도로 강대강 대치가 이어진 끝에 사정이 여기에 이르자 한독당과 민혁당 모두 필수 경비가 절대 부족할 뿐 아니라 교민 생계 문제에서 곤경을 당하게 되었다. 중립파 인물인 박건웅이 분주히 중재에 나섰고, 중국정부가 직접적으로 권고한 끝에 김구가 복직하게 되었다.[110] 9월 12일 비상 의정원회의가 개최되었고, 절대다수의 가결로 김구 등의 사면서 취소를 요구해, 김구는 21일부터 다시 시무하기 시작했다.[111] 조소앙은 9월 22일 오철성과 면담하면서 이 문제를 거론했다.[112] 김구는 9월 24일 이승만에게 전보를 보내 자신과 동료 6명이 임정으로 복귀해 업무를 재개했다고 알렸다.[113]

중국정부도 기민하게 대응했다. 9월 22일 오철성은 김구, 조소앙, 박찬익(이상 한독당), 김약산, 손두환(이상 민혁당), 홍진, 최동오(의정원 의

108 外交部 情報司,「韓國臨時政府現狀之調査報告」(1943. 10. 12); 호춘혜, 1978, 위의 책, 127쪽.
109 「대한민국 임시정부 주석 김구 씨 사직」,『신한민보』(1943. 9. 9).
110 「吳鐵城 何應欽 等 爲呈報韓國臨時政府 改組經過 並 擬見處理原則四項請鑒察示邁上蔣總裁報告」(1944. 5); 호춘혜, 1978, 위의 책, 127, 133쪽.
111 「김구주석과 내각원 복직 9월 21일부터 집무」,「재미한족연합위원회 집행부 회록」,『신한민보』(1943. 9. 30).
112 「조소앙의 오철성 면담기」(1943. 9. 22), 추헌수, 1971, 위의 책, 395쪽.
113 「김구(Kingston)-이승만」(1943. 9. 24), 국사편찬위원회, 1994,『한국독립운동사』자료 25(임정편X), 349쪽.

장, 부의장), 유동열(한독당을 탈당해 조선민족혁명자통일동맹 결성), 안원생(조선청년회 총간사) 등을 만나 임시의정원 내 분쟁을 해결하기 위해 노력했다. 쟁점은 약헌 개정 문제였는데, 한독당의 조소앙·박찬익은 현행 약헌에 따르면 의정원 의원 정수는 57명이며, 그중 반대파가 27명인데, 반대파가 이를 자신들에게 유리하게 바꾸려고 한다고 했다. 민혁당의 김약산·손두환은 현행 약헌은 많은 결점을 내포하고 있으며, 민혁당이 보조비 증액을 청구하는 편지를 오철성 비서장에게 보낸 것을 죄송하게 생각한다고 했다. 오철성 비서장은 지난번, 즉 7월 26일 장개석 총재가 김구 주석 등을 면담하고 한국 혁명운동에 대한 지원을 강화할 생각이었지만, 의정원 분규로 중지되었다며, 김구가 왜 사직을 했는지 물었다. 조소앙은 김구가 어제부터 복직했다고 했으니, 이 면담의 날짜가 9월 22일이었음을 알 수 있다. 오철성은 개인적 의견을 전제로 내년 말이나 후년 초, 즉 1944년 말이나 1945년 초 전쟁이 끝날 것으로 예상하며, 한국 혁명운동의 속도와 통일·단결을 요청했다. 김규식은 이 회의에 참석하지 않았고, 김약산은 별다른 반응을 보이지 않았다.[114]

 김구는 10월 1일 각 파 대표를 초청해 좌담회를 개최하고 4개 항의 시정 방침을 알렸다. (1) 각 당파의 의견을 받아들여 합작할 것을 강력히 추진, (2) 외교권을 집중하여 대외 교섭의 통일을 강력히 추진, (3) 재정권을 통일하여 수입과 분배의 형평화를 강력히 추진, (4) 중국군 측과 소통해 광복군 행동준승 9개조를 수정하고 군제(軍制)의 충실과 쇄신을 강력히 촉구한다는 내용이었다.[115] 재정을 공평하게 분배하고, 9개 준승을 수정하겠다는 내용이 핵심이었다.

---

114 「趙素昻, 濮純, 金若山, 孫斗煥 등과 吳鐵城의 담화기록」(1943), 白凡金九先生全集編纂委員會 편, 1999, 『白凡金九全集』 5, 335~339쪽; 『대한민국임시정부자료집』 22.
115 「邵毓麟致吳祕書長鐵城函」(1943. 10. 5); 호춘혜, 1978, 위의 책, 127~128쪽.

이런 상황 속에서 1943년 민혁당 제7차 대표대회를 통해 민혁당에 합류했던 조선혁명당 해외전권위원회의 이광제(李光濟)는 주가화에게 편지(1943. 9. 23)를 보내 "김구나 김약산과 같은 소인배들의 장난"을 비난하고 나섰다. 천도교 인사이던 이광제가 언제, 왜 민혁당과 갈라섰는지는 분명치 않다. 이광제는 중경에서 일어난 4가지 일로 "내부의 분란"이 극에 달했다고 주장하며 주가화와 오철성의 불화설, 주가화-김구, 오철성-김약산 지지설 등 온갖 풍문이 무성하다고 지적했다. 이광제가 지적한 4가지 사건이란 (1) 김약산 계열의 김구 계열 암살 음모, (2) 김구, 박찬익, 조완구 등이 중국국민당에서 임정에 제공한 보조비 중 10만 원 횡령, (3) 중국국민당이 추가로 지원한 20만 원을 김구 계열이 횡령, (4) 오철성의 주선으로 장개석이 한국 독립운동 지도자 6명을 접견한 일 등이었다.

이광제는 필설로 형용하기 힘든 욕설로 "김구 일파의 죄악"을 거론하며 김구가 "이씨왕조의 부활을 궁극적 목표로 하는" 기호파와 결탁해 기호파와 절연하라는 모친 곽낙원의 유언도 저버렸다고 비난했다. 이광제는 김약산도 공산주의자라고 힐난했다. "중공 수괴인 하룡(賀龍)과 엽정(葉挺)을 따라 강서(江西)에 잠입하여 반국민당 활동을 전개"하며 북평에서 레닌학교를 열기도 했으나, 대대적 공산당 숙청이 이뤄지자 남경으로 가서 황포군관학교 동기생인 등걸 등의 소개로 군관학교 특별반에 입학하여 공산당의 외피를 벗은 듯했으나, 그가 만든 민족혁명당은 마르크스-레닌주의에 근간을 두고 있다고 주장했다. 한인사회에서 이들을 '숨은 공산당' 혹은 '회색분자'라고 부른다는 것이다. 자신은 국내에 3백만 천도교 신자를 갖고 있으므로, 중국이 지원하는 보조비 중 1만 5천 원은 한독당에, 1만 5천 원은 민혁당에 나눠 지급하는 것은 현명하지 않고, 절반은 임정 활동보조비로, 절반은 한교 생활보조비로 달라고 주장했다.[116]

---

[116] 「한국 혁명진영 내부의 분규와 난맥상에 관한 보고 및 건의」(李光濟-朱家驊)(1943. 9. 24),

같은 시점에 김규식은 민혁당 중앙집행위원회 주석 자격으로 오철성 비서장에게 편지를 보내 "일부 사람들이 공산당(共黨) 분자 및 적의 정찰 분자가 우리 내부에 혼입했다며 우리 당을 모함 및 비방하고 있습니다만 이것이 사실이 아님을 정중히 알려드리는 바"라고 했다.[117] 김규식은 민혁당의 건국 주장, 강령, 정책 등이 중국국민당의 삼민주의와 서로 맞는다고 주장하며 민족혁명당이 공산당이 아니라는 사실을 설명하고 증명하는 역할을 수행해야 했던 것이다. 그럼에도 중국외교부는 1943년 하반기 민혁당이 소련과 연합·용공(聯俄容共)을 주장하는 "좌경단체"라고 규정한 바 있다.[118]

그런데 표면적으로 드러난 민족혁명당의 강령과 정책에는 "공산주의적" 색채가 분명히 드러나지 않는다. 오히려 한국독립당의 정책이나 임시정부의 건국 강령에 비춰 볼 때 유사성이 더 확연하다. 1943년 7월 민혁당 창립 제8주년 기념선언에 제시된 핵심 강령은 (1) 일제 통치를 전복하고 조선민족 자주독립의 민주공화국을 건설, (2) 독립 1년 내 국민대표대회 소집, 헌법 제정, 보통선거 실시, (3) 일제, 매국노, 친일반도의 공적 재산과 사유재산 몰수, 대기업 몰수 국영, 토지 농민 분배 등 12개 항목이었다. 즉, 민주공화국 수립, 국민대표대회를 통한 보통선거 실시, 일제·매국노·친일파 재산 몰수, 대기업 국영, 토지 농민 분배 등이었다. 급진적이기

中央研究院 近代史研究所, 1988, 위의 책, 174~191쪽.
117 「한국 독립운동 지원 요청 편지」(1943. 8. 24)(조선민족혁명당 중앙집행위원회-중국국민당 중앙집행위원회), 독립기념관 소장자료 1-003629-012;『대한민국임시정부자료집』37. 이광제는 1944년 임정 국무위원 개편이 있자 이를 조선공산당과 보황당(保皇黨)이 정권을 나눠 가질 음모를 꾸민 결과라고 주가화에게 보고했다. 이광제는 한독당 국무위원(조완구, 박찬익, 조소앙, 조성환, 황몽호〔황학수〕, 안일청)은 귀족, 이시영은 황족으로, 민혁당의 김약산은 회색분자, 장건상, 성준용은 공산당, 해방동맹의 김규광은 공산당으로 규정했다. 김구, 김규식, 차리석, 김붕준은 분류하지 않았다. 李光濟,「임시정부 주석 및 국무위원 선출과 관련한 보고」(1944. 4. 25), 中央研究院 近代史研究所, 1988, 위의 책, 200~201쪽;『대한민국임시정부자료집』22.
118 중국외교부 작성,「韓國獨立運動經過情形」(1943),『대한민국임시정부자료집』25.

는 하지만, 중국 관내 지역의 독립운동 조직들이 모두 공감할 수 있는 내용들이었다. 정책 역시 (1) 민족통일전선 확대 강화, (2) 임시정부의 혁명정권 기구화, (3) 국내 및 해외 한국 무장 세력 통일과 대규모 독립전쟁 전개 등 7개 항이었다.[119] 민혁당의 좌파적 지향은 반공적 중국국민당정부가 허용할 수 있는 범위를 최대치로 한 것이었다. 이것이 중국 관내 민혁당의 사상적 활동 범위였다.

(5) 갈등의 안팎: 생계 문제와 정치 갈등, 중국 지원통로의 불통일

김구 등 국무위원의 사직은 이렇게 일단락되었지만, 여진은 계속되었다. 1943년 11월 25일 중경의 김규식·김약산은 LA 민혁당 미주총지부에 전보를 보내 의정원이 특별회의를 소집한 일이 없다며, 임시의정원 결의로 김구가 복직했다는 엄항섭의 주장을 실은 9월 30일 자 『신한민보』 보도는 사실무근이라고 밝혔다. 이와 함께 김규식·김약산은 김구 일파가 중국정부로부터 수령한 한교 생활보조비와 민혁당 보조비를 횡령했다며 문제의 '소책자'를 보내 왔다.[120] 이는 1944년 3월 8일 자 『독립』 신문 지상에 발표되었다.

　　나아가 중국의 정보보고에 따르면 민혁당은 1943년 12월 28일 중앙집행위원회 회의를 개최하고 김약산의 광복군 부사령직 사퇴를 만장일치로 통과시켰다. 민혁당은 6가지 이유를 들었는데, (1) 광복군 총사령 이청천은 민혁당 당원으로 김약산의 영도를 받던 인물인데, 김약산이 이청천의

---

119 「조선민족혁명당 창립 제8주년 기념선언」(1943. 7. 5), 독립기념관 소장자료 1-003629-005; 『대한민국임시정부자료집』 37.
120 「임시정부 핵심파의 두려운 음모 사건 폭로-신인이 공노할 조완구, 박찬익 일파의 공금횡령 사건과 만행-김규식 주석의 강경한 태도」, 『독립』(1944. 3. 8).

수하가 된 점, (2) 김구와 김약산이 대립적 관계인데, 김약산이 김구과 당원 밑에서 일하는 게 모욕이자 스스로의 지위를 격하시키는 것, (6) 경력과 능력으로 볼 때 김약산은 임정 군무부장에 최적임자로, 군무부장에 취임하면 이청천을 지휘할 수 있게 될 것 등이었다.[121] 보고자 왕명철(王明哲)이 극적으로 묘사했을 가능성을 배제할 수 없지만, 믿기 힘들 정도로 민망한 내용이자 접근 방식이었다. 이청천이 민혁당에서 "김약산의 영도"를 받았다는 주장은 왜 이청천, 유동열, 조소앙 등 독립운동의 대선배들이 민혁당에 가담했다 탈퇴했는지, 그 이유를 보여 주기에 충분했다. 김약산은 1944년 5월 군무부장에 선임된 후 부사령을 사직했다. 이후 군무부장 김약산과 총사령관 이청천은 광복군 지휘권을 장악하기 위한 갈등과 경쟁을 본격화했다.

11월 30일 주가화가 김구에게 보낸 편지에 따르면, 민혁당은 오철성 비서장에게 중국이 임정에 지급하는 보조비 중 매월 1만 5천 원이 민혁당의 몫인데, 7월분을 제외하고 6, 8, 9, 10월 등 4개월 합 6만 원의 보조비를 받지 못했다며, 증가된 보조비 14만 원 중 우선 10만 원을 민혁당에 지급하고, 밀린 보조비도 전액 수령할 수 있게 도와 달라고 항의했다는 것이다. 오철성은 주가화에게 편지를 보내 이 10만 원은 보조비 증액을 결정할 때 이미 민혁당에 지원하기로 결정한 것이니 속히 지급해서 "더는 이 문제로 분란이 생기지 않도록" 해달라고 요청했다.[122]

1942년 12월 오철성의 명령으로 김약산과 접견한 중국인은 한독당의 가족 1백 명은 조직부로부터 매달 6만 원의 지원을, 민혁당 가족 1백 명은 1942년부터 군사위원회로부터 매달 1만 원(11월부터 1만 5천 원으로 증

---

121 「김약산의 사직안 통과」(1943. 12. 29), 政情字第251號 王明哲, 重慶市檔案館 소장; 『대한민국임시정부자료집』 37.
122 「보조비 문제로 조선민족혁명당과 갈등이 없도록 당부하는 공함」(朱家驊-김구)(1943. 11. 30), 백범김구선생전집편찬위원회 편, 1999, 『백범김구전집』 7, 387쪽.

액)을 지원받고 있으며, 김약산이 민혁당 보조를 요청했다고 밝혔다.[123]

　김구는 주가화에게 사정을 알렸다. 1942년 겨울 제34차 의정원 회의는 민혁당 참여하에 "정치 통일을 위해서는 생활 통일"을 먼저 해야 한다고 결정하고, 중경 인근 한인 생활비 보조를 결정했다는 것이다. 임정 예산이 허락하지 않아 1943년 7월부터 실시하게 되었는데, 처음에는 생활보조비를 1인당 250원으로 정했다가 물가 상승으로 매달 420원씩 지급하기로 했으며, 총 325명의 생활비로 매달 13만 6,500원, 사무실 운영 경비 등 매월 6만여 원, 국민당 조직부에서 미리 빌린 부채 상환 매달 3만 원을 지출하게 되었다. 중국정부로부터 지원받는 매달 20만 원은 실수령액이 17만 원이어서, 매달 1만 원 수지 적자가 난다는 것이다. 한독당은 작년겨울 이후 매달 지급되는 생활비 1만 7천여 원을 임시정부에 반환한 반면, 민혁당은 가족 생활비 5만 1,282원과 7월분 활동비 1만 5천 원을 수령했는데, 임시의정원 결의대로라면 민혁당도 가족 생활비 중 1만 6천 원 정도를 임시정부에 내놓아야 했다. 그런데 민혁당이 1만 6천여 원을 임시정부에 내놓지 않아서, 8월부터 민혁당에 지급할 1만 5천 원의 활동비 지급을 중단했다는 설명이었다.[124]

　생활과 생계 문제가 정치적 갈등의 근저에 있다는 설명인 것이다. 중국국민당정부의 지지와 후원으로부터 비롯된 재정 지원과 군사적 후원이 한국 독립운동 진영의 갈등 원인이 되는 역설적 현상이 또다시 재현된 것이었다. 주가화는 김구에게 이렇게 썼다.

> 최근 중·미·영 3국 영수가 카이로에서 회의를 갖고 전후 상당한 시기 내에 한국의 독립을 보증한다는 공동성명을 발표하였습니다. 이제 한국

---

123 「김약산과의 회견기록」(1942. 12. 3), 『대한민국임시정부자료집』 11.
124 「조선민족혁명당이 주장하는 보조비 미지급 문제의 전후 사정을 해명하는 공함」(김구-朱家驊)(1943. 12. 3), 백범김구선생전집편찬위원회, 1999, 위의 책, 135~137쪽.

의 독립문제는 확실한 보증을 얻게 될 것입니다. 선생 등이 지난 수십 년간 혁명운동을 전개했던 목적이 이제 곧 달성될 것입니다. 이런 때에 경비 문제로 분규가 발생하면 안으로는 통일의 완성에 장애가 될 뿐 아니라 밖으로는 한국임시정부에 대한 국제적 인상이 큰 타격을 입게 될 것입니다. 절대 이런 일이 발생해서는 안 될 것입니다. 조국광복의 큰 뜻을 이루기 위해 노력하시는 선생께서 내부 문제에 대해 좀 더 관대하게 아량을 베푸시는 것이 바람직하리라 생각됩니다. 이에 특별히 연락 드리니 잘 생각해 보시기 바랍니다.[125]

"한국 독립의 확실한 보증"인 카이로선언이 발표되는 상황에서 한국 독립운동의 주역을 자처하는 한독당과 민혁당이 중국이 지원하는 자금문제로 격렬하게 충돌하는 게 말이 되느냐, 김구 당신이 관대한 아량을 베풀어야 한다고 힐난한 것이다.

중국정부 내에서 한국 독립운동 세력에 대한 지원 통로가 단일화되지 않은 점도 한독당과 민혁당의 갈등과 분열을 지속시키는 원인이 되었다. 국민당 조직부장 주가화는 김구·한독당을 지원하고, 총재 비서장 오철성과 군부의 하응흠은 김약산·민혁당을 지원하는 상황이었기 때문이다.[126] 한독당원이자 외무부 외사과장 안원생(安原生, David An)도 중경 미국대사관을 찾아가 국민당(CC파)이 임시정부를 지지하는 반면 중국군(주로 남의사)은 민혁당을 지지하는 상황이기 때문에 한국 정당 간 통합이 이뤄지지 못한다고 주장했다.[127] 김원봉과 민혁당이 중국군의 강한 뒷받침을 받

---

125 「경비문제로 분규가 발생하지 않도록 적절히 처리하기를 청하는 공함」(朱家驊-김구)(1943. 12. 7), 백범김구선생전집편찬위원회, 1999, 위의 책, 389~390쪽.
126 한상도, 2013 「제2차 세계대전기 김원봉의 임시정부 참여와 통합임정 체제 내의 동향」, 『한국독립운동사연구』 44, 166~167, 182~183쪽.
127 「조선민족혁명당의 재조직과 중국정부 측 태도」(J. C. Vincent)(1943. 3. 17), 『대한민국임시정부자료집』 26.

고 있기 때문에 통합이 어렵다는 취치였다.[128]

주가화는 김구의 한독당을 "지지하고 원조하는 것이 타당"하며 굳이 한국 당파의 통일을 강구할 필요가 없다고 주장했다. 민혁당은 토지혁명, 노동시간 단축, 언론과 집회의 자유를 표방하며, 정치색채가 "국제노선" 즉 소련을 추종한다고 주장했다. 예하의 조선의용대 2백 명이 공산당 편으로 들어갔으며, 잔류한 의용대원은 숫자도 적고, 신앙이 다르고, 사상도 복잡하다고 평가했다.[129]

중경 주재 미국대사관 측에서는 이 사태가 중국정부의 재정 지원을 둘러싼 갈등이며, 임시정부의 기능이 완전하지 못하다는 것을 보여 준다고 파악했다. 임시정부는 매달 중국정부에서 중국돈 6만 원, 하와이 한인들로부터 미화 2천 달러를 기부받았는데, 1943년 2월 중국정부가 재정난 타개를 위해 추가적으로 임시정부에 20만 원을 제공한 후 자금이 공평하게 분배되지 않았기 때문이라고 파악했다. 비서장 오철성에게 불려간 임정 각료들은 면목을 잃어 전부 사임했고, 반격의 일환으로 사라진 권총을 민혁당이 훔쳐 갔다며 중국 법원에 고소했다고 미 국무부에 보고했다.[130]

이런 상황이 벌어진 근본 이유는 1942년 12월 장개석의 비준을 거쳐 한국 독립운동에 대한 중국정부의 지원 방침을 결정한「한국 복국운동 원

---

128 안원생은 김원봉의 뒤에 일본통인 왕봉생이 있으며, 중국외교부 동아시아국장 양운죽(楊雲竹)은 재중한인 사이에서 김원봉의 영향력이 커서 김원봉 지지자가 임정 지지자보다 많다고 중경 미국대사관에 알렸다.「대담비망록: 조선민족혁명당 재조직과 세 군소정당의 조선민족혁명당으로의 통합: 한국 독립운동」(안원생, 스프라우스)(1943. 3. 16),『대한민국임시정부자료집』 26. 안원생은 안중근의 조카로, 상해 교통대학을 졸업한 후 1937년 북경 가톨릭대학 교원으로 일하다 일본군에 체포된 후 풀려나 "일본인들을 위한 간첩 업무와 한국인들 사이에서 선전 업무"에 연관되었으며, 이후 1938년 홍콩을 거쳐 중경으로 들어왔다.
129 「지난 4년간 한국 문제 처리 경과에 대한 簽呈」(1943. 3. 5), 松字第212號(朱家驊－蔣介石);『대한민국임시정부자료집』 11.
130 「중경 대한민국임시정부의 현재 지위」(1943. 9. 20), 로이 맥네어(Roy P. McNair, Jr.) 국사편찬위원회, 1994,『한국독립운동사』 자료24(임정편IX), 455~459쪽;『대한민국임시정부자료집』 26.

중국 국민당정부의 임시정부 지원 책임자 주가화, 오철성, 하응흠(왼쪽부터).

조 지도방안」(扶助韓國復國運動指導方案) 때문이었다. 이 결정으로 국민당 중앙비서장 오철성, 조직부장 주가화, 군사위원회 참모총장 하응흠 3명이 대한 원조의 최고지도책임자로 지정되었다. 이에 따르면 "중국 내 한국 혁명단체와의 접촉과 지도는 총재가 지정한 3인이 주관하며 이에 필요한 경비 보조는 본당 명의로 통일적으로 집행한다"라고 규정되었다.[131] 이에 따라 광복군은 군사위원회에 예속되어 참모총장 하응흠이 운용권을 장악하고 경비 보조도 무기·군량·군사비는 군사위원회가 담당하고, 당무와 정치 방면 경비는 "책임지도자들이 상의하여 결정"한 뒤 비서처에 통지해서 집행하는 것으로 되어 있었다. 즉, 비서장 오철성, 조직부장 주가화, 참모총장 하응흠이 대한 원조에서 각자 실권과 지분을 행사하는 구조가 장개석의 재가를 통해 마련되었던 것이다. 반공주의자이자 극단적 보수주의자로 김구를 적극 지지하던 주가화, 김원봉을 지원하던 오철성과 군부의 하응흠 등이 각자 대한 원조의 기구이자 통로로 활동하면서 1943년 이래 임시정부 내에서는 중국정부의 지원을 둘러싼 갈등이 재연되었다.[132]

---

131 「扶助韓國復國運動指導方案」, 邵毓麟, 『使韓回憶錄』.

호춘혜에 따르면 중국국민당정부가 임정 등 한국 독립운동 진영에 제공한 경제 원조는 크게 4가지였다. (1) 임시정부와 의정원에 제공하는 정무비(政務費), (2) 한국 각 독립정당에 대한 보조비인 당비(黨費), (3) 광복군 군비(軍費), (4) 한교 생활비 등이었다.

정무비는 중일전쟁 이후 중앙조직부 부장이 매월 6만 원씩 제공했으며, 1943년 5월 21일 전후 물가 파동으로 보조비가 매월 20만 원으로 증액되었는데 그 가운데 각 단체 지원비, 한교 생활보조비, 임정 정무활동비 등 16만 원이 포함되었다. 이후 물가 등귀로 1944년 1월 임시정부 보조비가 매월 50만 원으로 증액되었고, 9월부터 1백만 원으로, 1945년 3월 이후 3백만 원으로 증액되었다.[133] 그 외 김구에 대한 기밀활동비가 1945년 7월 전후 매월 20만 원 제공되었다.

당무비는 한독당과 민혁당에 국민당 중앙당부가 매월 보조비를 지급했는데, 1942년 임시정부 차관 1백만 원 중 한독당과 민혁당 당무비 1만 5천 원씩을 포함시키도록 했다. 그런데 중국정부의 각 당파에 대한 보조금이 독립운동 진영을 더 분열시킬 가능성이 있었기 때문에, 1944년 2월 이래 임시정부를 유일한 보조 대상으로 삼았고, 한국 당파에는 더 이상 직접 보조하지 않았다.[134] 1944년 2월 자료에 따르면 민혁당은 생활비로 3만 7,500원, 특별보조금 2만 7,000원, 정부직원 월급 2만 4,700원, 학비 2만 503원, 양식 운반비 1,100원, 의료비 2,000원, 의원 교통비 1만 4,300원,

---

132 이들 3인 밑에서 대한정책을 집행하는 다수의 실무자들이 등장했다. 군사위원회 군무처 주임 하국광(賀國光), 군사위원회 군사처 처장 후성(候成), 중앙조직부 비서 감가형(甘家馨), 변강(邊疆)당무처 처장 이영신(李永新), 중앙비서처 비서 장수현(張壽賢), 기요처 처장 온숙훤(溫叔萱), 위원장 시종실(侍從室) 비서 겸 외교부 정보사(情報司) 사장(司長) 소육린(邵毓麟), 위원장 시종실 제6조 조장 당종(唐縱), 군통국(軍統局) 대립(戴笠), 중통국(中統局) 엽수봉(葉秀峰), 군사위원회 정치부 류영요(劉詠堯) 등이다. 호춘혜, 1978, 위의 책, 103쪽.
133 호춘혜, 1978, 위의 책, 104~105쪽.
134 중앙당부가 重慶 上淸花園에서 소집한「會商韓國問題會議」기록(1944. 3. 7); 호춘혜, 1978, 위의 책, 106쪽.

민혁당 경비 1만 5,000원, 합계 14만 2,103원을 임시정부로부터 지원받은 것으로 나타나 있다.[135] 중국정부의 지원 창구가 임시정부로 단일화되고, 임시정부가 이를 민혁당에 분배하게 된 것이다.

군비의 경우, 1938~1941년간 조선의용대는 중국 군사위원회 정치부에 속하였기 때문에 보급을 중국 부대와 같이했다. 1940년 광복군 성립 이후, 1941년 겨울 광복군 행동준승 9개조로 중국 군사위원회가 광복군 지휘권을 인수한 이후 중국군에서 광복군을 지원했다. 1945년 5월 광복군이 임시정부에 예속된 이후로도 보급은 중국군이 제공했고, 차관의 방식으로 수속만 했다.[136]

교민생활비의 경우, 임시정부에 제공하는 매월 보조비 중 한교의 생활비용을 예산 항목으로 정해 매월 필요한 생활비를 지급했다.[137]

결국 1943년 중국정부가 제공한 차관 1백만 원 중 20만 원의 용처를 둘러싸고 임정·한독당과 민혁당이 대립했고, 사실상 임정이 와해될 정도의 위기 상황에 봉착했던 것이다. 중국정부 역시 중일전쟁으로 재정난을 겪고 있는 상황에서 한국 독립운동 세력을 경제적으로 후원한 것이지만, 이를 둘러싼 양극적 대립의 결과, 임정 자체가 붕괴될 위기에 처했던 것이다.

1943년 임시정부와 민족혁명당으로 돌아온 김규식이 당면한 현실은 이상과 같았다. 국제적으로는 한국에 대한 신탁통치(국제공관, 국제공영, 국제감호) 계획이 본격화되기 시작했으며, 임시정부 내에서 김규식의 위치는 유동적이었고, 민족혁명당 내에서는 명망 있는 원로석에 앉았다. 김규식을 주어, 주체로 한 활동이 두드러지게 나타날 수 없는 시대적, 환경적 제약이 있었다.

---

135 「조선민족혁명당 간부 명단 및 매월 임시정부로부터 받는 금액」(1944. 2), 독립기념관 소장 자료 1-003630-063, 『대한민국임시정부자료집』 37.
136 호춘혜, 1978, 위의 책, 107쪽.
137 호춘혜, 1978, 위의 책, 107~109쪽.

3   임시정부 부주석 김규식(1944)

(1) 의정원의 갈등: 헌법 개정, 한독당의 분열, 국무위원 선임(1944)

　1942년 10월 제34차 의정원 회의는 민혁당이 의정원에 들어옴으로써, 군대 통일 이후 의회 통일이라는 좌우합작을 이룩했다. 즉, 중경 시대 임시정부를 대표하는 좌우합작은 조직적 측면과 사상·이념적 측면에서 그 경향성이 분명했다. 먼저 조직적으로는 조선의용대가 광복군으로 통합되고 김원봉이 광복군 부사령이 되는 군대 통일, 민족혁명당이 임시의정원에 참가하는 의회 통일, 그리고 민족혁명당원이 국무위원에 참가하는 정부 통일의 과정을 거쳐서 군대·의회·정부가 좌우합작으로 구성된 것을 의미했다. 또한 사상·이념적으로 삼균주의를 기초로 한 건국강령이 채택됨으로써 좌우합작적 지향을 갖게 된 것이다.[138]

　이는 세계사적·동아시아적 정세 변화를 반영한 움직임이기도 했다. 제2차 세계대전 발발 이후, 소련이 미국·영국 등과 연합국의 일원이 됨으로써 반파시즘 전쟁의 성격이 분명해졌고, 중국 내에서는 국공합작이 진행

138　정병준, 2009, 『광복 직전 독립운동 세력의 동향』, 독립기념관 한국독립운동사연구소.

되었다. 이런 세계사적·동아시아적 정세 속에서 중국 관내 한국 독립운동 세력이 좌우합작을 추진한 것은 필연적인 귀결이었다. 또한 중국국민당정부도 대일항전의 필요성과 전후 대한정책의 일환으로 한국 독립운동 세력의 통일을 강력하게 후원하고 요청했던 것이다.

다른 한편, 임시정부를 중심으로 한 좌우합작의 실현은 민족유일당 운동 이후 임시정부를 배척하고 대체를 주장했던 민족혁명당 계열이 조선의용대 주력의 화북 북상 이후 세력과 영향력이 급감한 상황을 반영한 것이기도 했다. 이는 중국국민당과의 관계에서 임시정부·한국독립당 계열이 주도권과 우위를 점하게 되는 상황과 반비례하는 것이었다. 즉, 1940년대 중경 임시정부의 좌우합작은 한독당·임시정부 우위 속에서 민혁당 계열의 내키지 않는 선택의 결과이기도 했다. 그리고 이러한 비대칭적 합작은 임시정부 내에서 계속 파열음과 분란을 일으키는 원인이 되었다. 민혁당은 한독당·임시정부의 권위나 영도권을 인정하지 않으려 했고, 한독당·임시정부는 3·1운동 이래의 역사성과 정통성을 부정하려는 민혁당의 시도에 강한 반감을 갖게 되었다. 시대적 요청과 중국정부의 강력한 요구, 독립운동 진영 내부의 상황이 결합되어 1940년대 중경시대 군대·의회·정부 통일이 이루어졌지만, 어느 하나도 순탄하게 진행되지 않았다. 분열과 내파(內破)의 위험을 품은 채 통일이 진행되었던 것이다.

1942년 제34차 의회의 최대 쟁점은 임시정부 헌법의 개정이었다. 민혁당의 제의로 개헌 문제가 제기되었고, 9명의 헌법수개(修改)위원을 선출해 초안을 작성한 후 다음 회기에서 논의하기로 결정했다. 제32차 의회(1940. 10)에서 제정된 대한민국임시약헌은 임시정부가 중경에 정착하면서 만들어진 것이었는데, 한독당 일당 체제하에서였다. 제32차 의회의 약헌 개정은 이전의 국무령 제도를 폐지하고 국무위원회 주석제를 신설한 데 초점이 있었다. 좌우합작을 이룬 임시의정원에서는 임시약헌 개정 요구가 적지 않았다.

1943년 제35차 의정원 회의(1943. 10. 9~1944. 4. 15)가 개최되자, 헌법 개정 문제가 즉시 제기되었다. 핵심은 임시약헌 제2장 제4조 제2항이었는데, "국내에서 선거가 실시될 수 없을 때에는 임시정부 소재지에 머물고 있는 광복운동자들이 해당 선거구의 원적증명을 갖고 해당 지역 선거인의 선거권을 대행한다"는 조항이었다. 즉, 대행선거제였다.

김원봉이 한길수에게 보낸 편지(1942. 11. 18)에서 주장한 것처럼, 민혁당의 주장은 일견 타당성을 갖고 있었다. 대행선거제를 실시함으로써 중경에서는 각 도별 분배가 잘 이뤄지지 않은 불공평한 현상이 발생했고, 중경 이외의 지역, 즉 미주, 러시아령, 전선에서 무장투쟁하는 인사들은 완전히 선거권·피선거권이 없었기 때문이다. 민혁당의 주장은 선거구를 임시정부 법령이 통용되는 지역까지 확대하고, 도별 선거제를 폐지하고 현재 거주 지역별 한교 숫자에 근거한 혼합선거제를 실시하자는 것이었다. 민혁당은 임시의정원 내 영향력을 증가시키고, 임시의정원의 투표로 선출되는 국무위원을 변경함으로써 임시정부를 장악하려는 것이었다.

임시의정원 결의에 따라 임시정부 약헌을 수정(修改)하는 위원회가 조직되었다. 조소앙·조완구·최석창·안훈·박건웅·차이석·김상덕·신영삼·유자명 등 9인이 임시약헌수개 및 선거법 기초를 위임받았다. 이들은 총 22차에 걸쳐 약헌 수정(개정)위원회를 개최한 끝에 1943년 6월 28일 약헌수개안을 완성해 제출했다.[139] 보고서에 따르면 이들은 약헌수개는 완료했으나 선거법은 약헌수개가 완료된 후에야 기초할 수 있는 성질이어서 기초할 수 없었다고 밝히고 있다. 회의에서는 임시정부의 명칭에서 '임시'를 삭제하자는 의견, '혁명정부'로 부르자는 의견 등이 제시되었지만, 결국 대한민국정부와 대한민국임시정부 두 가지 명칭이 있을 뿐이라는 조완구·차이

---

139 「대한민국임시약헌수개안제안서」(1943. 6. 28), 국사편찬위원회, 1983, 『한국독립운동사』 자료1(임정편I), 491~492쪽.

석의 견해에 동의했다. 독립될 국가의 명칭, 토지국유제 문제 등이 검토되었다.[140]

제35차 의회가 개최되자 한독당 내부가 분열되었고, 임시정부 및 한독당의 원로들은 자신들이 임시정부에서 축출될지 모른다는 위기의식을 갖게 되었다.[141] 제35차 의회는 약 6개월가량 지속되었고, 이는 1940년대 개최된 의회 가운데 가장 장기간이었다.[142] 휴회한 날이 80여 일이었고, 정해진 회기를 연장한 것도 7차에 달했다.

1943년 중반 중국정부의 지원금을 둘러싼 갈등이 진정되자, 1943년 하반기 이래로는 국무위원 배분 문제가 의정원 회의의 쟁점이 되었다. 민혁당은 국무위원 11명 중 민혁당과 한독당이 각각 5석을, 나머지 1석을 기타 작은 당파에 주자고 제안했다. 한독당이 당연히 받아들일 수 없는 제안이었다.[143] 이후 한 차례 4:3:2 인원 비례의 묵계가 있은 후, 1944년 1월 김구의 주석직을 보장하고 한독당 4석, 민혁당 3석, 한독당과 민혁당에 가까운 작은 당파에 각각 2석과 1석을 주자는 제안이 있었다.[144]

민혁당은 비밀리에 김구의 복심인 박찬익, 조완구 두 사람의 국무위원 당선 반대 계획을 추진했고, 한독당도 유동열의 국무위원 당선을 반대했다. 또한 민혁당이 비밀리에 한독당 내 인사들을 유인해 탈당시키고 김구 계열을 타도하고 홍진을 임시정부 주석으로 추대하려는 음모를 꾸미다 발각되었다.[145] 중국 측 기록에는 임정 내 한독당과 민혁당의 대립·갈등이 거

---

140 정병준, 2009, 「1940년대 대한민국임시의정원의 건국 구상」, 『한국민족운동사연구』 61, 160~162쪽.
141 外交部情報司第266號 機密情報(1944. 2. 25); 호춘혜, 1978, 위의 책, 131쪽.
142 「제35차 의회 이래의 보고」(1945. 4. 11), 국사편찬위원회, 1983, 위의 책, 436~438쪽.
143 「吳鐵城 何應欽 等 爲呈報韓國臨時政府 改組經過 並 擬見處理原則四項請鑒察示遵上蔣總裁報告」(1944. 5); 호춘혜, 1978, 위의 책, 127, 133쪽.
144 「제25주년 3.1절기념선언」(1944. 3. 1)(조선민족혁명당 중앙집행위원회), 『대한민국임시정부자료집』 37; 호춘혜, 1978, 위의 책, 134쪽.
145 「外交部情報司 第266號情報」(1944. 2. 26); 호춘혜, 1978, 위의 책, 134쪽.

의 궁중 암투처럼 묘사되어 있다.

한독당이 유동열의 국무위원 당선을 반대한 것은 1943년 하반기 한독당의 분열에 따른 것이었다. 1943년 5월 한독당 제3차 전당대표대회는 「각 당파의 통일 혹은 연합 방식으로 혁명진선을 공고히 하는 안」을 가결하고 중앙집행위원회 선거를 실시했는데, 통일파의 대표인 조소앙(외무부장)이 중앙집행위원장에 선임되었다. 통일파는 홍진(임시의정원 의장), 조소앙, 유동열(참모총장 겸 교통부장)이었고, 반통일파는 김구, 조완구, 박찬익 등이었다. 중국 측은 1943년 5월 한독당 전당대표대회에서 통일안이 결의되고 조소앙이 중앙집행위원장에 선임된 것이 반통일파의 고립이지만 통일파는 세력이 튼튼하지 못하고 경제권도 갖지 못했다고 평가했다.[146] 그러던 중 1943년 10월 유동열(중앙집행위원), 김자동(金紫東, 중앙감찰위원, 광복군총사령부 과장), 이준식(李俊植, 중앙집행위원, 광복군 고급참모, 의정원 비서장), 채원개(蔡元凱, 중앙집행위원, 광복군총사령부 총무처장), 이석화(李錫華, 광복군총사령부 과장) 등 17명이 한독당을 탈당했다.[147] 탈당성명에 따르면 한독당이 통일 주장 의견과 통일 반대 의견의 대립으로 행동 일치가 불가능하며, 한독당은 내부 모순으로 자기 분열을 면할 수 없다는 것이 탈당의 이유였다. 1943년 10월은 암살단 사건 및 중국지원금 횡령 사건이 표면적으로는 일단락되어 가던 시점이었다.

---

146 「한국독립당 제3차 전당대표대회 개최 및 중앙집행위원회 개선에 관한 보고」(1943. 5. 8), 백범김구선생전집편찬위원회, 1999, 『백범김구전집』 6, 157~159쪽; 『대한민국임시정부자료집』 34.

147 탈당자 명단은 다음과 같다. 유동열(중앙집행위원), 채원개(광복군총사령부 총무처장), 김자동(金紫東, 중앙감찰위원, 광복군총사령부 과장), 이석화(李錫華)(광복군총사령부 과장), 최덕신(崔德新, 광복군총사령부), 송철(宋哲)(인도에서 공작 중), 이준식(李俊植, 중앙집행위원, 광복군 고급참모, 의정원 비서장), 김응만(金應萬, 임정 직원), 김성호(金成浩, 인도에서 공작 중), 이진영(李進榮), 이규광(李奎光), 나동규(羅東奎), 김병일(金秉一), 최상철(崔相哲), 김병인(金秉仁), 김상준(金尙俊), 유미영(柳美英), 「탈당성명서」(1943. 10), 朱部長靂先 수신(1943. 11. 17), 국사편찬위원회, 1994, 『한국독립운동사』 자료27(임정편XII), 103~106쪽. 최덕신은 최동오의 아들이며 유동열의 딸 유미영과 결혼했다.

호춘혜는 이들이 한독당을 탈당해 민혁당에 가담했다고 설명했지만,[148] 유동열은 민혁당이 아니라 조선민족혁명자통일동맹 소속으로 되어 있었다.[149] 공식적으로는 이들은 1943년 11월 27일 조선민족혁명자통일동맹을 결성하고, 유동열(간사장), 이진영·김자동(간사)을 간부로 선출했다.[150] 한 걸음 더 나아가 유동열 등 조선민족혁명자통일동맹 측은 민혁당을 탈당한 김붕준, 신기언과 함께 1945년 2월 7일 신한민주당을 창당했다. 신한민주당은 홍진(의정원 의장), 유동열, 김붕준 3인을 주석단에 선임한 후 간부로 신기언(비서), 김윤서(조직부장), 안원생(한독당 출신, 선전부장), 유진동(재정부장), 손두환·이광제·신영삼(이상 집행위원)을 선출했다.[151] 이들은 한독당 중심의 임정 국무위원에 반대하며, 의정원과 임시정부 개조를 주장했다. 김약산은 신한민주당 창당 및 운영 경비의 일부를 중국 군사통계국이 제공한다고 밝혔다. 가담자들은 대부분 민혁당 계열이지만 김약산에 대한 불만으로 새로운 조직에 동참했고, 임시정부에 대한 불만을 공유하고 있었다. 1943년 민혁당 제7차 대회에 참가했다가 다시 떨어져 나온 후 김약산을 맹렬하게 비난했던 천도교의 이광제도 신한민주당에 합류했다. 신한민주당은 장개석에게 창당 취지와 당헌에 관해 보고

---

148 閔石麟,「韓國各黨派槪略」(1944. 3. 15); 호춘혜, 1978, 위의 책, 237쪽.
149 「조선민족혁명당 당원」(1944. 3. 15), 독립당 민석린(본명 민필호)이 보내옴. 독립기념관 소장자료 1-003629-019.『대한민국임시정부자료집』37. 조선민족혁명자통일동맹 소속은 유동열, 김자동, 김웅만, 최덕신, 채원개, 이웅(李雄), 이규원(李圭元), 이지영, 이석화(李錫華) 등이다.
150 「유동열 등, 조선민족혁명자통일동맹 결성」(1943. 12. 1), 政情字第2號 王明哲, 重慶市檔案館, 국편 수집자료,『대한민국임시정부자료집』37.
151 「신한민주당 창당에 관한 소식(미상-吳鐵城)」(1945. 2. 10), 추헌수, 1972, 위의 책, 188~189쪽;『대한민국임시정부자료집』37. 중앙집행위원은 신영삼(申榮三)·이광제(李光濟)·손두환(孫斗煥)·문일민(文逸民)·이연호(李然皓)·강창제(姜昌濟)·김철남(金鐵男)·강홍주(姜弘周)·조중철(趙重哲)·김자동(金紫東)·이석화(李錫華)·이웅(李雄)·장성철(張聖哲)·김좌경(金佐卿) 등이다.「신한민주당 책임 임원 명단」(1945. 2), 독립기념관 소장자료 1-003630-065.『대한민국임시정부자료집』37.

(1945. 3. 6)했다.¹⁵² 한독당은 신한민주당 창당에 격분했고, 조소앙은 광복군 신입대원들에게 한 훈화에서 임시정부가 정식 승인을 받지 못한 것이 신한민주당의 정부 비방과 승인 훼방 때문이라며 정부가 무력 사용도 불사해 반당분자들을 적절히 처리하겠다고 했다.¹⁵³

결국 1943년 하반기 한독당에 불만을 품고 탈당한 유동열 등과 1945년 초 민혁당에 불만을 품은 김붕준 등이 결합해서 신한민주당을 만든 것이다. 한독당이 민혁당과 군대통일, 의회통일, 정부통일을 이루고 한국 독립운동의 영도적 역할을 자임하려는 순간 유동열 등이 한독당을 탈당해 신한민주당을 결성하게 된 것이다. 큰 통일 뒤에 작은 분열이 이어졌고, 통일이 분열·대립을 낳은 후 다시 통일이 주장되는 악순환이 계속된 것이다. 여기에는 "영도적 역할"을 수행하지 못하는 임정 지도부의 한계, 통일을 주장하면서 중국정부의 후원을 둘러싸고 경합·갈등하는 독립운동 조직의 모순, 재정적·군사적 후원을 통해 임시정부의 방향을 조정하려고 하는 중국정부의 개입 등이 복합적으로 작용하고 있었던 것이다. 중경에서 벌어진 이런 상황에 미국 정책당국은 깊은 우려를 갖고 있었다. 미국은 임시정부에 대한 중국정부의 재정 후원과 광복군에 대한 통제 확보를 전후 한반도에 대한 중국의 야심으로 평가하면서 국제 신탁통치를 전후 대한정책의 필수적 경로로 상정하고 있었다.¹⁵⁴ 이 모든 사안은 중경 임시정부 및 한국 독립운동의 지도부가 분열되어 있으며, 한국 독립운동은 물론 식민지 한국의 한국인들을 대표하지 못한다는 명백한 증거로 받아들여지고 있었다.

제35차 의회에서 민혁당은 의정원 회의의 국무위원 선거를 무기명투

---

152 「신한민주당 창당의 취지와 黨憲에 관한 代電」(1945. 3. 6) 洪震·柳東說·金朋濬 - 蔣介石, 추헌수, 1972, 위의 책, 189~191쪽;『대한민국임시정부자료집』37.
153 「신한민주당 창당에 관한 소식과 내부 실정」(1945. 4. 1) 추헌수, 1972, 위의 책, 191쪽;『대한민국임시정부자료집』37.
154 James I. Matray, "An End to Indifference: America's Korean Policy During World War II," *Diplomatic History*, Spring 1978, Vol 2, No. 2.

표로 하자고 제안했다. 1944년 1월 3일 투표 결과 기명투표 (총 57인 중) 찬성 24인, 무기명투표 (총 50인 중) 찬성 23인으로 양측 모두 과반수를 넘지 못했다. 민혁당은 의장 홍진에게 의정원법 제72조 규정에 따라 의장 직권 행사를 요구했다. 호춘혜에 따르면 다수 표가 기명투표 찬성이었는데도, "민혁당과 통하던 홍진"이 무기명투표 제안을 통과시킨다고 선포했다. 의장의 직권남용에 분노한 한독당은 의정원에서 철수했고, 국무위원 투표는 이뤄지지 못한 채 의회 기능이 중단되었다. 여러 차례 회기가 연장되었으나, 합의에 이르지 못했다. 또한 이미 만기가 된 국무위원회 주석 및 국무위원 선거를 하지 못한 채 조속한 시일 내에 임시의회 소집을 결의하고 폐회했다.

의정원 사태가 여기에 이르자 "한국의 일을 맡고 있는 중국 당국"은 한인들의 단결을 촉구하며, 장수현(張壽賢), 온숙훤(溫叔萱) 등을 한독당과 민혁당에 파견해 "단결·합작을 지도"했다.[155] 온숙훤은 오철성 비서장이 김구와 면담(1944. 3. 3)할 때 의정원 분규를 해결해 최단기간 내에 합법정부를 만들지 않으면 경제원조를 할 수 없다고 압력을 가하는 방책을 건의했다.[156] 결국 중국의 압력에 따라 한독당과 민혁당이 타협에 이르러 다음번 의정원 회의가 개최될 수 있었다.

임시약헌 수개안은 1944년 4월 제36차 임시의정원에 상정되었고, 출석의원 37인 중 35인의 압도적 찬성으로 통과(1944. 4. 21)되었다. 임시약헌은 이제 임시헌장(臨時憲章)이라는 새로운 이름을 얻게 되었다. 「대한민국임시약헌 개정안 설명서」에 의하면 약헌이 헌장으로 바뀐 이유는 약자(約字)보다는 장자(章字)가 좀 더 장중성(莊重性)이 있기 때문이었다.[157]

---

155 「張壽賢上吳鐵城祕書長條陳」(1944. 9. 17); 호춘혜, 1978, 위의 책, 135쪽.
156 호춘혜, 1978, 위의 책, 135~136쪽.
157 통과(1944. 4. 20)·시행(1944. 4. 22)된 임시헌장의 전문은 「대한민국임시헌장」(民國26年), 국회도서관, 1974, 『대한민국임시정부의정원문서』, 15~20쪽; 『대한민국임시정부자료집』

1944년 제5차 개헌을 통해 성립한 임시헌장은 1942년 임정에 참여한 민족혁명당을 비롯한 각 정파들의 의견을 반영한 것이었다. 임시헌장의 특징은 비상시 연립정부를 규정한 부분에 있었다.[158] 주석제를 강화했지만, 한편으로 부주석제를 신설해 연립정부의 한 축인 민족혁명당 등 좌파 세력을 배려했으며, 종래의 막연한 광복운동자의 개념을 명문화해 "광복운동자는 조국광복을 유일한 직업으로 인하고 간단없이 노력하거나 또는 간접이라도 광복사업에 정력 혹은 물력의 실천공헌이 있는 자로 함"으로 확정했다. 또한 주석·부주석·국무위원의 자격을 광복운동 10년 이상의 경력자로 적용함으로써 임시정부가 명실상부한 독립운동의 대표성과 연륜을 반영한다고 규정했다. 임시헌장은 각 당파가 1942년 임정으로 통합한 이래 가졌던 정치적 합의를 명문화한 것이었다. 임시정부 헌법의 마지막 개헌이었다.

　그럼에도 임시헌장은 민혁당이 주장한 대행제 폐지 주장을 받아들이지 않았다. 임시헌장 10조에 따르면 의원은 경기·충청·전라·경상·함경·평안에서 각 6인, 강원·황해에서 각 3인, 중국령과 소련령 교민에서 각 6인, 미주교민 3인을 선거하며, 선거가 불가능할 경우 '해(該)선거구에 원적(原籍)을 두고 임시정부 소재지에 교거(僑居)'하는 광복운동자가 선거권을 대행한다고 되어 있었다.[159] 특히 3년 임기의 의원 자격은 25세 이상으로 광복운동 3년 이상 종사자가 피선거권을 지녔다.

　이후 이 조항들을 둘러싸고 임시헌장 개정 논의가 시작되었다. 민혁당은 1945년 해방 시점까지 화북(독립동맹·의용군), 소련, 남미 등 해외 한인의 의정원 참가를 가로막는 이 조항을 개정하자고 주장했고,[160] 이에 기초해 임시헌장 수개안이 제38차 의회에 제출되었다.

　　1(헌법·공보), 28~34쪽에 수록되어 있다.
158　황묘희, 2002, 『중경 대한민국임시정부사』, 경인문화사, 39쪽.
159　『대한민국임시정부자료집』 1, 29쪽.
160　「5당통일과 개헌」(1945.5.4), 추헌수, 1972, 위의 책, 82쪽.

임시헌장 개정에는 임시의정원 의원 총원의 3/4 출석과 출석의원 2/3의 찬성이 필요했으나, 결국 폐회식까지 회의 정족수가 채워지지 않았고, 임시헌장 수개안은 자동 폐기되었다.[161]

(2) "민족통일전선적 정부"의 부주석 김규식

민혁당은 1944년 4월 10일부터 14일까지 제8차 대표대회를 개최했다. 대회의 중요 결정은 1. 적 후방 및 국내에서 세포조직을 확대 강화하고, 군중적 혁명투쟁을 적극 지도 활동할 것, 2. 재미동포의 인력, 물력을 총동원할 것, 3. 일체 무장역량을 임시정부로 집중할 것, 4. 임시의정원에서 각 당 각 파를 망라한 국무위원회를 빨리 산출케 할 것 등이었다.[162] 김규식은 하와이총지부 대표였으며, 김순애는 중경특구 대표였다. 장건상은 로하구특구 대표였다. 민혁당 제8차 대회가 임시정부로 무장력을 집중하고, 의정원에서 국무위원회를 조속히 선출하기로 결정한 것은 중국 측 압력과 공작이 주효했음을 보여 준다. 민혁당은 재미교포의 인력과 금력을 총동원하고, 재미 동지를 원동공작에 참가케 하자고 했다. 김강, 변준호, 이경선 등 민혁당 미주총지부 간부들이 1945년 OSS에 입대해서 NAPKO 프로젝트에 참가(김강, 변준호)하는 한편 중경으로 특파(이경선)되는 배경이 되었음을 알 수 있다. 김규식은 중앙집행위원회 주석으로 선출되었다. 중앙집행위원회는 21명으로 주석 1인(김규식), 총서기 1인(김약산), 조식, 선전, 재무,

---

161 임시헌장 제61조에 따르면 "本憲章은 臨時議政院에서 總在籍議員 3분지 1 이상이나 정부의 제안으로 總在籍議員 4분지 3의 출석과 출석의원 3분 2의 찬동으로 개정함을 得함"으로 되어 있다"(「대한민국임시헌장, 民國26년」. 국회도서관, 1974, 위의 책, 20쪽.

162 「제8차 조선민족혁명당 대표대회」(1944. 4. 14), 『독립』(1944. 7. 26); 『대한민국임시정부자료집』 37.

훈련 4부 및 비서처 등의 위원회를 두기로 했다.

민혁당 제8차 대표대회가 끝난 후 제36차 의정원 회의가 개막(1944. 4. 20)되었다. "중국 관계기관의 노력에 의하여" 순리적으로 회의가 진행되었다.[163] 회의는 4월 20일부터 26일까지 1주일 동안 개최되었고, 제34차 의회 이후 최대 쟁점이자 논란이었던 약헌 수개안을 통과시켰다.

'제36차 임시의회 선언'을 통해 "전체 국무위원은 우리 혁명운동사에서 가장 공헌이 많은 민족 지도자"이며 "각 당의 권위 있는 지도자들이 연합·일치하여 생산한 전민족통일전선적 정부"라고 규정했다.[164] 이로써 임시정부는 대내적으로 일체 반일 세력을 통일적으로 지도할 수 있고, 대외적으로 전 민족의 의사와 권력을 대표함으로써 "전 민족의 권위 있고 능력 있는 최고 영도기관"이 되었다고 자부할 수 있었다.

제36차 임시의정원 회의에 이르러 한독당과 나머지 정당들이 25명씩 세력균형을 이루었다. 양 진영은 임시정부의 최종 헌법인 임시헌장(臨時憲章)을 제정하였는데, 이는 종전 헌법인 임시약헌을 개정해 "광복운동자를 집중 통일하고 전 민족을 총동원하여 독립을 완성한다"고 밝히고 있다.[165] 1944년 4월의 개헌은 건국강령을 구체화하고 독립운동을 총결산하여 다가올 광복에 대비한 것이었다. 그 특징은 주석의 권한 강화, 행정부의 이중조직, 부주석제, 광복운동자의 특권, 심판원의 설치 등이었다.[166] 전문에서 삼균주의(1931)와 건국강령(1941)의 정신을 계승한 건국이념을 밝힘으로써 가까운 장래의 광복을 염두에 두었다. 임시헌장의 제정은 독립운동 선상에서 다른 길을 걸었던 좌우 양 진영이 독립운동의 방략과 목표에 합의

---

163 호춘혜, 1978, 위의 책, 132쪽.
164 「대한민국임시의정원 제36차 임시의회 선언」, 추헌수, 1971, 위의 책, 356쪽; 「임시의정원 제26회 비상회의 성명서」, 『新華日報』(1944. 4. 28).
165 이현희, 1982, 『대한민국임시정부사』, 집문당, 325쪽.
166 조동걸, 1993, 위의 책, 343쪽.

를 도출했음을 의미했다.

제36차 의회(1944. 4. 20~4. 26)는 제35차 의회가 남긴 최대 쟁점이자 논란이었던 약헌 수개안을 통과시켰다. 또한 새로운 헌장에 의해 주석 김구, 부주석 김규식과 국무위원 14인을 선거했다. 총 16명의 국무위원은 김구(주석), 김규식(부주석), 이시영, 조성환, 황학수, 조완구, 차이석, 장건상, 박찬익, 조소앙, 성주식, 유림, 김성숙, 김약산, 안훈 등이 선임되었다.[167] 김규식은 민혁당 소속으로 임정 부주석에 선임되었다. 국무위원 중 한독당 국무위원은 김구, 이시영, 조성환, 황학수, 조완구, 차이석, 박찬익, 조소앙, 김붕준, 안훈 등 9명, 민혁당 국무위원은 김규식, 장건상, 김붕준, 김약산, 성주식 등 5명으로 김약산과 성주식 2명이 새로 추가되었고, 그 밖에 유림(조선무정부주의자연맹), 김성숙(조선민족해방동맹) 2명이 선임되었다.

1944년 5월 8일 국무회의 투표 결과, 내무부장 신익희, 외무부장 조소앙, 재무부장 조완구, 군무부장 김약산, 법무부장 최동오, 문화부장 최석순, 선전부장 엄항섭, 비서장 차이석이 선임되었다.[168] 한독당은 5명(신익희, 조소앙, 조완구, 엄상섭), 민혁당은 2명(김약산, 최석순), 무소속은 2명(최동오, 차이석)으로 부장급에서도 민혁당 인사가 1명 증가했다. 차장급과 예하 위원급에서는 민혁당의 비중이 높았다. 사실상 민혁당의 승리였다. 4월 24일 한독당, 민혁당, 민족해방동맹, 무정부주의자연맹 등 4당은 공동성명으로 임시의정원 회의 결과를 지지하고 임시정부를 지지한다는 공동성명을 발표했다.[169]

---

167 이 시점에서 국무위원은 주석, 부주석을 제외한 14명을 대상으로 지칭한 것으로 보인다. 임시정부의 공보뿐 아니라 중경 주재 영국대사관의 보고에도 국무위원을 14명으로 계산하고 있다.
168 「국무회의 결의안 철(1944. 5~1945. 4)」, 『대한민국임시정부자료집』 8.
169 「1944년 4월 24일 여러 한국단체들이 발표한 성명서: 여러 한국 혁명정당 및 단체의 제36차 임시의정원 회의 지지성명서」, 『대한민국임시정부자료집』 12.

4월 29일 중경 주재 미국대사관을 찾은 안원생은 내각 개편이 원만하게 된 것은 중국국민당 조직부장 주가화가 한국 당파의 통합이 이뤄지지 않는다면 중국이 제공하는 지원금을 중단할 것이라고 통보한 결과라고 했다. 주가화가 너무 강압적으로 주장해서 "많은 한국인이 비우호적 태도에 분개"했다는 것이다.[170] 중국 언론들은 "한인의 단결된 모습"을 일제히 보도했다.[171] 오철성은 김구와 김규식에게 주석, 부주석 당선을 축하하는 편지를 보냈다.[172]

　5월 11일 엄항섭은 미주『신한민보』에 전보를 보내『독립』신문이 보도한 김구와 조완구에 대한 "모욕과 훼방"은 근거가 없고, "우리 운동에 해독"이며 당사자인 민혁당 총서기 김약산이 미주총지부와『독립』신문에 교정하는 성명을 보낼 것이라고 했다. 김규식은 조소앙과 함께 재미한족연합회 집행부에 성명을 보내 1944년 5월 20일 개최되는 중국국민당 제12회 중앙집행위원회에 청원서와 각서를 보내려고 하니 미주와 하와이 한인들은 통일된 임시정부를 완전히 지지하고 찬성하다는 특별전보를 보내 달라고 했다.[173] 1943년 중반 이래 임시정부·한독당과 민혁당의 갈등이 마무리되는 국면이었다.

　5월 12일 민혁당 주석 김규식과 총비서 김약산은 민혁당 미주총지부 변준호에게 장문의 전보를 보냈다. 1943년 민혁당 본부에서 발행한 소위 '소책자' 즉 「공금횡령 급(及) 날조한 암살단 사건의 진상」으로 인해 중경

---

170 「1944년 5월 1일 안원생과의 대화 비망록」, 스프라우스(Philip D. Sprouse), 「한인그룹의 미국여행 제안과 관련한 전보」(1944. 5. 15), 주중 미국대사 고스(C. E. Gauss)『대한민국임시정부자료집』 12.
171 중경, 천진『大公報』(1944. 4. 26).『대한민국임시정부자료집』 40.
172 「임시정부 주석, 부주석 당선을 축하하는 편지(오철성)」(1944. 4. 26).『대한민국임시정부자료집』 22.
173 「엄항섭이 신한민보에 보낸 전보」(1944. 5. 12).『대한민국임시정부자료집』 43; 「임시정부 내각 조직」.『신한민보』(1944. 5. 18).

에서 대파란이 일었는데, 1944년 3월 LA의『독립』신문은 해당 사건을 「임시정부 핵심파의 두려운 음모 사건 폭로」라는 기사로 보도한 바 있다.[174] 1943년 중반 중경에서 벌어진 왕통 암살단 사건과 중국정부 지원금 횡령 사건을 다룬 것으로 중경 민혁당 본부에서 민혁당 미주총지부에 보내온 자료를 기초로 한 것이었다. 그런데 이번에는 민혁당 주석 김규식과 총서기 김약산이『독립』신문에 자신들의 입장이 바뀐 성명서를 발표해 줄 것을 요청했다. "어떠한 사실 혹은 사실 아닌 자극적 선동이나 누구가 옳고 그른 것을 이제 전부 과거의 비탄에 장사하며 연합국의 위대한 공격에 가담함으로 우리 국가의 자유를 속히 실현코저 단합된 한국임시정부에 완전한 협동을 위하여 최대의 관용을 실천할 것이라고 생각한다"고 했다.[175] 횡령, 도용, 날조, 위조라는 문구는 필요 없이 사용되었다고 지적했다. 기금을 낭비한 개인도 없으며, 암살단은 꿈도 꾸지 못할 일이며, 오직 황민의 위증만이 있을 뿐이라고 했다. 1943년 중반 중경에서 벌어진 자금 횡령, 암살단 사건의 여파는 1944년 5월 미주까지 확산했으나, 수습 단계에 접어들자 사실이 중요한 게 아니라 협동과 관용이 필요하다는 식으로 마무리한 것이다.

1944년 5월 25일 중경 주재 영국대사관 포드(J. F. Ford)는 「중국에서 한국 독립운동의 현황에 대한 비망록」을 작성해 영국 외무성에 보고했다.[176] 포드는 임시정부의 다양한 인사들을 면담한 후에 이 비망록을 작성했다. 각 정당과 인물에 대한 인상 비평적인 설명을 덧붙이고 있다.

한독당과 관련해 포드는 조소앙과 처음 만났을 때 "경외심을 일으키는 혁명지도자 혹은 혁명운동가의 인상을 주지 못했으며, 실제로는 다소

---

[174] 「임시정부 핵심파의 두려운 음모 사건 폭로-신인이 공노할 조완구, 박찬익 일파의 공금횡령 사건과 만행-김규식 주석의 강경한 태도」,『독립』(1944. 3. 8).
[175] 「임시정부 내각 조직」,『신한민보』(1944. 5. 18).
[176] FO 371/41801. Post-war independence of Korea(1944. 5. 25), F2935/102/23.『대한민국임시정부자료집』24.

주제넘다는 느낌"을 받았다고 했다. 현실 감각이 부족하고, 20년 넘는 망명 생활로 일종의 심리적 공황에 처해 있으며, 외국의 승인을 얻는 데 과잉된 관심을 기울이고, 현장에서 실제 일어나는 활동을 무시하는 경향이 있다고 했다.

민혁당과 관련해 최근 김약산을 만났는데, "대화 내내 정말로 솔직했으며, 힘차고 활동적인 성격에 깊은 인상"을 받았다고 했다. 김원봉은 임시정부 승인은 한국의 대의에 대한 도덕적 원조이자 물질적 원조의 첫 단계이기 때문에 필요하지만, 정식 정부로 인정하는 것은 불필요하며 불합리하다고 했다. 해방 후 한국에서 한국인들이 선출한 대표가 자신의 정부를 선택해야 한다고 강조했다. 해방 직후 중경에서 벌어진 임정봉환론·간수내각 주장과 임정해체론 주장의 연원을 알 수 있는 대목이다. 포드는 조선민족해방동맹의 김성숙과 만났고, "유쾌하고 지적인 사람"이라는 평을 남겼다.

전반적으로 영국대사관의 평은 한독당에 부정적인 반면, 민혁당에는 우호적인 것이었다. 아마도 이런 평은 민혁당이 1943년 이래 영국군과 합작해서 주세민 등을 인도·버마전구에 파견해 대일심리전에 종사하게 한 경험에서 비롯된 것으로 볼 수 있다.[177] 김약산은 1942년 조선의용대를 광복군에 편입시키라는 명령을 받았을 때 광복군은 사령부만 있었지만, 통합을 거부할 경우 중국 당국이 조선의용대를 해산시킬 태세였기에 통합할 수밖에 없었다고 했다. 같은 맥락에서 영국군에 제2차 조선의용대 파견부대를 보내려고 했지만, 중국정부가 파견을 가로막았다고 했다.[178]

---

[177] 의열단 출신이자 조선의용대 대원이었던 김승곤은 영국정부가 임정을 승인하지 않았지만, 민족혁명당의 역량은 평가하였다고 증언했다. 「김승곤지사증언」, 한국정신문화연구원 편, 1986, 『한국 독립운동증언자료집』, 박영사, 55쪽; 한상도, 2013, 위의 논문, 171쪽; 정병준, 2023, 「해제」, 『대한민국 임시정부 자료총서 3-영국국립문서보관소 소장 대한민국 임시정부자료: 인면전구공작대 및 외교문서』, 국립대한민국임시정부기념관.

[178] FO 371/41801. Post-war independence of Korea(1944. 5. 25), F2935/102/23. 『대한민

1944년 5월 28일 중한문화협회는 임시정부 요인들을 초대해 다과회를 개최했다. 임정 국무위원, 각 부 차장 등과 이사장 손과(孫科)를 비롯해 중한 인사 1백여 명이 참석했다. 조소앙은 임시정부가 단결된 정부로, 성은 한(韓)이고, 이름은 단결(團結)이라고 강조했다. 손과는 승리가 멀지 않아 2년 내에 한국 친구들은 고향으로 돌아갈 것이라고 했다. 김규식은 "1919년 이래 한국임시정부는 시종 한국혁명을 영도해 왔다. 금후 한국임시정부의 역량은 더욱 강화될 것이다"라고 간단히 인사말을 했다.[179] 중한문화협회의 다과회 소식은 미주 『신한민보』에도 전해졌다.[180] 이 다과회에 참석한 소련대사 소력자(邵力子)는 카이로선언의 '적당한 순서를 따라'라고 한 것은 현재 한인의 통일이 성취된 때에 존재할 이유가 없다고 발언했다.[181]

결국 1944년 5월에 이르러서야 임시정부를 뒤흔든 중국 지원금 횡령, 임정 요인 암살 시도, 임시약헌 수개, 국무위원 선임 등의 사안이 일단되어 정리된 것이다. 그사이 국제적으로 1943년 12월 카이로선언의 한국 독립 약속이 이뤄졌다. 임시정부는 군대통일-의회통일-정부통일이라는 좌우합작·민족통일전선적 성격을 띠게 되었지만, 그 내면은 단일하거나 평온한 것이 아니었다. 조선의용대의 광복군 합류로부터 시작된 통일의 과정은 중국정부의 재정 후원과 막후 개입에 따른 것이었으며, 광복군·의정원·국무회의의 주도권을 장악하려는 민혁당의 끊임없는 도전과 이를 유지하려는 한독당의 대응과 반격으로 점철된 것이었다.

시대는 제2차 세계대전, 태평양전쟁의 결정적 분수령을 넘어가는 상

국임시정부자료집』 24.
179 「한국의 단결은 동아의 기쁨」, 『大公報』(1944. 5. 29).
180 「임시정부 각원을 환영, 한중문화협회의 다과회」, 『신한민보』(1944. 6. 8).
181 「한중문화협회 다화회」, 『신한민보』(1944. 6. 22); 「엄항섭 선전부장이 신한민보에 보낸 전보」(1944. 6. 20), 『대한민국임시정부자료집』 43.

황이었지만, 임시정부 내부에서는 주도권을 둘러싼 도전과 응전이 잠시도 쉬지 않고 지속되었던 것이다. 표면적으로는 민족통일전선적 정부가 수립되고, 좌우합작이 실현된 것처럼 보였지만, 여전히 갈등은 내연(內燃)되고 있었다. 민혁당과 한독당의 상대방에 대한 불신과 부정적 인식은 중국정부의 만류와 억제 속에 수면 밑으로 잦아들었지만, 언제든 기회와 조건이 주어진다면 대폭발로 이어질 수 있는 것이었다. 귀국 이후 한독당과 민혁당의 분리·분립은 필연적인 귀결이었다. 양당은 자석의 남북극처럼 서로를 밀어낼 뿐 결합하려 하지 않았다.

1944년 7월 3일 임시정부는 김구 명의로 장개석에게 임시정부 승인을 요청하는 문서를 발송했다. 이 편지에서 임시정부 승인과 접견, 광복군 행동준승 9개조 폐지 대신 임시정부가 마련한 '중한호조군사협정초안'을 채택해 달라고 요구했다.[182] 7월 17일 김구 주석, 김규식 부주석, 홍진 의정원 의장과 의원, 이청천 광복군 총사령관, 유동열 참모총장 등 임시정부 요인 20여 명은 국민당 본부에서 개최된 만찬 행사에 참석했다. 중국 측에서는 비서장 오철성, 조직부장 진과부, 하응흠 장군 등이 참석했다. 오철성이 임정 인사들의 국민당 중앙당부 방문을 축하는 환영사를 했다.[183] 김구는 '적당한 시기'라는 어구는 중국의 지원을 받아 우리 스스로의 노력을 통해 제거되어야 한다고 연설했다.[184] 벽에는 처음으로 한국 국기가 국민당 당사 연회장에 걸렸다.[185]

---

182 「임정승인 요청과 각원 명단」(김구-장개석, 1944. 7. 3), 『대한민국임시정부자료집』 16.
183 「임시정부 수뇌부의 국민당 중앙당부 방문을 축하하는 환영사」(오철성, 1944. 7. 17), 백범김구선생전집편찬위원회 편, 1999, 『백범김구전집』 5, 445~448쪽; 『대한민국임시정부자료집』 22.
184 「엄항섭이 신한민보에 보낸 편지」(1944. 7. 18), 『대한민국임시정부자료집』 43.
185 「중한 양국 요인 한자리에」, 『大公報』(1944. 7. 18); 「국민당 행사에 임시정부 대표 참석」, 엄항섭-신한민보(1944. 7. 18), 독립기념관 소장문서 1-a00920; 『대한민국임시정부자료집』 19, 43쪽.

이상과 같이 1944년 김규식은 거의 1년 이상 지속된 임시의정원, 임시정부와 민혁당의 대결과 갈등 끝에 임시정부 부주석에 당선되었지만, 역할은 명확치 않았다. 주석을 보좌하는 정도로 규정되었을 뿐, 선전부장 자리는 내놓았으며, 의정원 의원도 아니었다. 다른 한편으로 김규식은 민족혁명당을 대외적으로 대표하는 중앙집행위원회 주석이었으나, 실권은 총서기 김약산이 장악하고 있었으며, 어떤 현실적인 권한을 행사할 수 없었다. 민혁당과 함께 행동했지만, 그것이 반드시 사상적·노선적 일치를 대변했다고 보기는 어려웠다. 즉, 중경 시대 김규식은 한독당과 민혁당이 자웅을 겨루는 상황 속에서 앉은 자리에는 이름과 명예가 있었으나, 실권이나 실무적 권한은 없는 상태였다. 중경 시대 김규식에게는 독자적으로 활동하거나 적극적으로 활동할 공간과 역할이 주어지지 않았던 것이다. 임시정부에서 김규식이 담당했던 외교, 선전, 교육 등은 멀어진 지 오래였다. 임시정부와 민혁당을 떠난 지 7년 만의 복귀였지만, 김규식은 돌아와 임시정부와 민혁당에 합류한 것으로 만족해야 했다. 중경 시절 김규식의 위상이 그런 것이었다. 1944년 김규식의 주소는 김약산, 성주식과 함께 중경시(重慶市) 남대불단(南大佛段) 172호로 되어 있다. 김원봉의 거주지였다.[186]

---

[186] 「외무부 亞東司 楊雲竹 司長이 베푸는 연회에 초대할 명단」(1944. 12. 13), 『대한민국임시정부자료집』25. 김성숙에 따르면 1942년 무렵, 김원봉의 거주지는 남안(南岸) 대불단(大佛段) 172호였고, 민족혁명당의 소재지는 남안 탄자석(彈子石)에 있는 중국인의 별장인 도화오(桃花塢)였다. 김성숙, 「오호! 임정 30년 만에 해산하다」, 『월간중앙』(1968. 6), 90쪽; 한상도, 2013, 위의 논문, 160쪽. 조소앙, 신익희, 이청천 등 한독당 인사들의 주소는 중경시 오사부항(吳師爺巷) 1호로 되어 있다.

4   중경과 미주의 연계·갈등·분열(1941~1945)

(1) 김구·이승만 연대와 이승만·한길수의 갈등

태평양전쟁기 재미한인사회에서는 임시정부 지지를 둘러싸고 이승만(동지회), 김호(재미한족연합회·국민회), 한길수(조선의용대 미주후원회·중한민중동맹) 등 3개 그룹의 연대와 대립의 이중주가 진행되고 있었다.

태평양전쟁 발발 직전인 1941년 4월 하와이와 본토의 재미한인들은 해외한족대회를 개최하고 재미한족연합위원회라는 연합기구를 창설하는 데 성공했다.[187] 국민회와 동지회의 오랜 분열을 딛고 창립된 재미한족연합회는 태평양전쟁기 재미한인들의 독립운동 기관이자 미국의 전쟁협력기구로서 활발한 활동을 벌였다. 재미한족연합회의 주된 활동은 크게 세 가지였다. 첫째, 임시정부 후원 활동, 둘째, 한국 독립운동을 확대하기 위한 외교·선전 활동, 셋째 미국 국방 업무 후원 활동이었다. 재미한족연합회는 이승만을 대미 외교위원으로, 한길수(韓吉洙)를 국방봉사원으로 선

---

[187] 이하 설명은 정병준, 2004, 「1940년대 재미한인의 민족운동」, 『한국민족운동사연구』 38을 참조.

정해 대미 외교와 군사업무를 맡겼다.[188] 이 시점에 재미한인들은 미국 외교는 이승만, 미국 국방 봉사는 한길수에게 맡긴다는 공식 입장을 취할 정도로 외교와 국방에 대한 두 사람의 장점을 인정했던 것이다.

재미한족연합회는 명백히 독립운동 기관을 자임했고, 교민들은 매년 15달러 이상의 '독립금'을 낼 의무를 지니게 되었다. 재미한족연합회는 미주와 하와이에서 독립금을 수합해 임정에 송금했다. 1942년도 예산안에 의하면 임정에 3만 달러, 이승만의 외교위원부에 1만 5천 달러를 지출하도록 되어 있었다. 또한 재미한족연합회는 임정 승인 외교 및 무기 대여를 위한 활동을 주미외교위원부에 맡겼다. 이는 이후 재미한족연합회 분열의 원인이 되었다.

〔표 7-2〕 재미한족연합회의 임시정부 재정 지원 현황 (단위: 달러)

	1941년 5월~1942년 12월	1943년	1944년	1945년	합계
집행부(본토 LA)	9,200	4,561	2,988	0	16,749
의사부(하와이)	20,420	16,410	2,925	1,220	40,975
합계	29,620	20,971	5,913	1,220	57,724

〔출전〕 홍선표, 2002, 『재미한족연합위원회연구(1941~1945)』, 한양대학교 박사학위논문, 104쪽.

위 표에서 나타나듯 재미한족연합회는 1941~1945년간 약 5만 8천여 달러를 임시정부에 후원했다.[189] 1941년 하반기부터 1942년까지 2만 9

---

188 고정휴, 1993, 「제2차 세계대전기 재미한인사회의 동향과 주미외교위원부의 활동」, 『국사관논총』 49, 229~235쪽; 홍선표, 2002, 『재미한족연합위원회연구』, 한양대학교 박사학위논문.
189 재미한족연합회의 1941~1948년간 재정보고서에 따르면 (1) 임시정부 후원금은 의사부 4만 1,655달러, 집행부 1만 6,566달러, 합계 5만 8,201달러였다. (2) 외교위원부 경비는 의사부 2만 1,591달러, 집행부 4,928달러, 합계 2만 6,520달러였다. 그 외 워싱턴사무소 경비 2만 2,242달러, 해방 후 한국파송대표단 경비 4만 2,570달러 등을 지출했다. 국가보훈처, 1998,

천 달러, 1943년 2만 달러였던 재정 지원액은 1944년 5,913달러, 1945년 1,220달러로 급감했다. 가장 큰 이유는 주미외교위원부를 둘러싸고 이승만과 재미한족연합회 집행부·국민회의 갈등이 고조된 상황에서 임정 측이 이승만을 일방적으로 지지했기 때문이었다.

처음 해외한족대회가 재미한족연합회를 결성할 시점부터 김구는 이승만을 중시했다.[190] 김구는 해외한족대회가 이승만을 단장으로 선임하고 2~3인을 보조자로 정하라고 지시했다.[191] 김구는 독립운동의 원동력이 임정과 광복군에 있으니, 예전 구미위원부 시절처럼 이승만이 전횡하기 불가능할 것이므로 안심하고 이승만을 단장으로 선임하라고 지시했던 것이다. 김구는 '한 사람에게 맡겨도 전횡'이 불가능하며 '여러 사람에게 맡겨도 쟁공(爭功)은 할지언정 쟁권(爭權)은 못할 것'이라는 낙관적이며 순진한 전망을 갖고 있었다.

나아가 김구는 해외한족대회가 이승만을 외교위원부 위원장으로 추천한 것을 극찬했다. 김구는 "이번 회의에서 여러분들이 이 박사를 완전한 일군의 지위에 등단시킴은 매우 지혜스러운 일이고, 혁명적 도덕의 고상한 발동으로 족히 건국남아들의 위대한 공헌으로 아니 볼 수 없습니다"라고 했고,[192] "이번 대회에서 이 박사를 단독으로 외교대표로 선택한 것 … 지혜스러운 공작이라고 정부 동인 등은 찬하(贊賀)하기 마지 않는다"라고 했다.[193] 이승만의 외교위원장 선출 이후 미주에서는 이에 반대하는 편지들이 적지 않았지만, 김구는 "지금 이 박사와 정부 사이에는 전보와 비행

『미주한인민족운동사료』, 573~574쪽.
190 이하 설명은 정병준, 2007, 「태평양전쟁기 이승만―중경임시정부의 관계와 연대 강화」, 『한국사연구』 137을 참조.
191 「김구→김병연」(1941. 3. 20), 백범김구선생전집편찬위원회 편, 1999, 『백범김구전집』 7, 59쪽.
192 「김구→김병연」(1941. 6. 4), 백범김구선생전집편찬위원회 편, 1999, 위의 책, 70쪽.
193 「김구→김호」(1941. 6. 18), 백범김구선생전집편찬위원회 편, 1999, 위의 책, 78~79쪽.

신이 번개같이 내왕하는 중에 이 박사도 정부에 극단 정성을 다 쓰는 터이고, 정부에서도 이 박사를 극히 신임하는 터인즉 멀지않아 좋은 성적을 얻을 것이라 믿"는다고 밝힐 정도였다.[194]

결국 이승만은 1941년 4월 해외한족대회에서 주미외교위원부 위원장으로 추천되어 임시정부의 승인을 받게 됨으로써 임시정부와 관계를 회복했고, 대미 외교의 중심인물로 부각될 수 있었던 것이다. 이 시점에 이승만이 임시정부와 관계를 회복하지 못했다고 한다면 해방 직후 이승만의 국내 지위는 전혀 다른 공간에 위치했을 것이다. 여기에 김구의 역할이 결정적이었던 것이다.

임시정부 국무위원회 주석 김구는 1941년 6월 4일 이승만을 주차워싱턴전권대표(駐箚華盛頓全權代表)로 임명하는 한편, 주미외교위원장 앞으로 신임장을 주었다.[195] 주미외교위원부의 조직은 국무위원회 결정으로 이뤄졌으며, 제33차 의정원 회의(1941. 10)에서 「대한민국임시정부주미외교위원부 규정」이 추인되었다. 주미외교위원부 설립 규정에 따르면 "위원장은 수시(隨時)하여 외교 상황을 임시정부에 보고하고 중요한 안건은 반드시 임시정부에 청시(淸示)함을 요함"이라는 조항이 있었지만 선언적 의미에 그쳤을 뿐 실질적인 구속력을 갖지 못했다.[196]

1939년 하와이에서 워싱턴으로 건너온 이승만은 1941년 재미한족연합회에서 대미 외교위원으로 선임된 후 임시정부로부터 주미외교위원장에 임명되었다. 이승만은 주미외교위원부의 영문명을 한국위원회(Korean Commission), 전보 약어로는 코릭(KORIC)을 사용했는데, 이는 이승만이 주미외교위원부를 3·1운동기 구미위원부의 연장·계승으로 파악하는 것을

---

194 「김구→박신애」(1941. 7. 25), 백범김구선생전집편찬위원회 편, 1999, 위의 책, 76쪽.
195 「신임장: 주미외교위원장」(1941. 6. 4), 「임명장: 주차화성돈전권대표 선임」(1941. 6. 4), 『우남이승만문서(동문편)』 6, 441~444쪽.
196 고정휴, 1993, 위의 논문, 238쪽.

의미했다.[197]

주미외교위원부는 임시정부 외무부 산하기관이었는데, 실제로는 재미한인들이 조직하고 재정을 후원하는 곳이었다. 명분은 임시정부의 대미 외교기관이고 실체는 재미한족연합회의 주요 부속기관이라는 이중성을 지니고 있었다. 임시정부의 공식 기관이라는 명분상의 위상과 재미한인들의 대표 기관이라는 실체상의 위상 사이에 괴리가 존재했고, 이것이 재미한인사회의 분열과 임시정부와 재미한족연합회의 갈등을 초래하는 기본 원인이 되었다.

1940년대 이승만 외교의 가장 큰 특징은 1919년 방식의 외교노선을 반복했다는 점이었다. 백악관·국무부·전쟁부 및 미국 정치인들을 상대로 임시정부 승인·청원 외교를 시도하고, 자금·주도권을 둘러싸고 미주한인 단체와 갈등을 빚고, 자유한인대회 등을 통해 이승만 개인의 명성과 위상 제고를 시도하고, 한미협회 등 사설조직을 가동하는 등 태평양전쟁기 이승만의 외교는 1919년 외교의 복사판이었다.

두 번째 특징은 임정 승인 청원 외교였다. 1943년에 이르면 미국정부는 한반도에 대한 군사점령 후 신탁통치 실시라는 대한정책의 기본 틀을 정했으며, 각 국의 수많은 자칭 '망명정부'의 대표성을 인정하지 않는다는 일반적 방침하에 한국임시정부의 파벌 대립과 대표성 부재에 심각한 회의를 가지고 있었다. 임정 승인 외교보다는 군사운동에 주력해야 한다는 견해가 있었으나 이승만은 관심을 보이지 않았다. 또한 이승만은 워싱턴에 주재한 각 약소국 '망명정부'와의 연대나 미국을 제외한 연합국과의 연대 등에는 전혀 관심을 기울이지 않았다. 다른 한편으로 이승만은 내심으로 한성정부 법통론을 계속 유지했는데, 1945년 샌프란시스코회담에 제출한 비망록에 한성정부를 의미하는 '대한민주국'의 인장을 찍었다.[198] 중경 임

---

197 고정휴, 1993, 위의 논문, 238쪽.

정은 이승만이 1940년대 재미한인사회에서 '외교'에 나설 수 있는 권한을 부여했지만, 임정으로부터 발원한 정통성을 가진 이승만의 중심은 여전히 한성정부 법통론이었다. 이러한 내부적 견해 차이는 해방 후 임정과 이승만의 갈등의 원인이 되었다.

세 번째 특징은 반소·반공 노선이었다. 이승만은 1943년부터 전후 소련이 만주·한국에 소비에트 공화독립국을 세우려고 한다고 주장했다.[199] 임정 승인을 목적으로 참석한 샌프란시스코회담에서 이승만은 미국이 얄타회담(1945. 2)에서 소련에게 한반도의 이권을 양도했다는 소위 '얄타밀약설'을 제기하며 강력한 반소·반공 운동을 펼침으로써 물의를 일으켰다. 이승만의 호전적인 반소·반공 선전으로 임정은 연합국의 일원인 소련의 지원을 받을 기회를 사전 봉쇄당했고, 미 국무부 역시 이승만을 대표로 선출한 임정에 등을 돌렸다. 반면, 이를 통해 이승만은 자신의 사설 로비스트를 구축하고 아시아를 대표하는 반소·반공 지도자로서 명망성을 획득할 수 있었다.[200]

마지막으로 이승만의 외교 문제를 둘러싸고 재미한인사회에서 분쟁이 발생했다. 한길수와의 불화, 재미한족연합회의 중경특파원 방해 의혹, 1943년 전경무·김호와의 분쟁, 독립금 관할 시도, 외교위원부 지방지부 설치 시도 등을 통해 재미한인사회는 또다시 분열 양상을 보이게 되었다.

이 와중에 이승만의 사설조직 한미협회의 크롬웰(James A. Cromwell)이 1942년 5월 5일과 6월 3일 미 국무장관에게 임시정부를 승인하지

---

198 「김구 주석·조소앙 외무부장의 이승만 주미외교위원부 위원장 신임장」 영어 번역본(1941. 6. 4), RG 59, State Department, Decimal File, 895.01/49 1/2; 정병준, 2020, 「해제문」, 『대한민국 의회정치의 시작 임시의정원 국외 주요기록 해제집 미국 편』, 국회도서관 국회기록보존소, 379~380쪽.
199 「주미외교위원부통신」, 『태평양주보』(1943. 4. 21). 기사의 출처는 스탈린의 신망을 받는 '어떤 미국 신문기자'(John Q. public)로 되어 있다.
200 정병준, 1999, 위의 논문; 정병준, 2005, 위의 책.

않으면 이승만이 한국의 반일 독립군·청년들을 풀어 놓지 않을 것이라는 협박조의 편지를 보냈다는 사실이 드러났다.[201] 이승만은 크롬웰 등 한미협회가 미 국무부와 주고받은 편지를 모아 『한국은 왜 승인을 받지 못하는가』(Why Isn't Korea Recognized?)라는 소책자를 발간하는 비용 5천 달러를 재미한족연합회 집행위원장 김호에게 요구(1942. 8. 14)했다. 이승만은 미 국무부와의 논쟁이 임시정부 승인에 도움이 될 것이라고 주장했지만, 반대파들의 비판이 거셌다. 임시정부 승인과 무기대여법 지원 등으로 한국 독립운동을 지원할 미 국무부를 상대로 협박과 단교 운운의 공갈 외교를 펼쳤고, 그것도 임시정부와는 아무런 관련 없는 외국인이 '외교'를 담당했다는 비판이었다. 한미협회는 1942년 말 이승만과 연합회 간 갈등이 폭발한 직후 연합회를 직접 공격하는 데 나서기까지 했고, 연합회 측은 외부인들이 한인 내부 문제에 개입할 수 없다며 강력하게 반발했다.

　문제는 미주에서 불거져서 중경으로까지 확산되었다. 도대체 이승만의 임시정부 승인 외교의 실체와 방식이 무엇인가 하는 의문이었다. 김구·임시정부와 대립·대결하고 있던 김원봉·민족혁명당 등에 이 문제는 중요한 시빗거리가 되었다. 이승만은 3·1운동기와 마찬가지로 태평양전쟁기 재미한인사회에서도 분열과 갈등의 주역이 되었다. 진주만사건 이전 재미한인의 통일기관이자 독립운동 후원조직으로 성립된 재미한족연합회는 이승만을 둘러싼 갈등과 이승만에 대한 중경 임시정부의 일방적 지지로 사분오열되기 직전이었다.

201　고정휴, 2004, 『이승만과 한국 독립운동』, 연세대학교출판부, 436~438쪽.

(2) 갈등의 삼파전: 이승만·한길수·재미한족연합회의 대결

한길수와 이승만의 대립·대결은 미국 행정부와 정가에서 너무나 유명한 일이었다. 두 사람은 서로를 비난하는 다수의 편지와 투서를 국무부·전쟁부·백악관에 보냈고, 이는 재미한인 지도부가 분열되어 있다는 결정적인 증거로 해석되었다. 한길수를 후원해 본토로 초청한 질레트 상원의원은 1942년 1월 6일 헐 국무장관에게 편지를 보내 현 단계에서 미국이 한국임시정부를 승인하거나 연합국의 일원으로 인정하면 안 된다고 주장했다. 미국을 위해 극동에서 활동하는 비밀 정보조직들을 파괴하고 그 요원들이 대량 살육될 가능성이 있다는 것이 그 이유였다.[202] 이러한 터무니없는 주장은 한길수의 과장된 정보에 근거한 것이었다. 한길수 자신도 1942년 4월 20일 이래 여러 차례 헐 국무장관에게 편지를 보내, 미주와 중국에는 이승만·임정 대 한길수·조선의용대로 대표되는 2개의 한인그룹이 존재한다고 주장했다. 이들을 통합하기 위해서 미주에서는 5인 위원회를, 중국에서는 14인 위원회를 구성하며, 이승만·김구 그룹과 한길수·김원봉 그룹에 동등한 자격을 부여하고, 미국·중국 관리는 고문 내지 후견인 역할을 맡으면 된다고 했다.[203] 즉, 한길수는 임시정부의 분열, 민족혁명당과 조선의용대의 역할을 강조함으로써 임시정부 승인을 적극적으로 방해한 것이다. 때문에 한길수를 지지하던 중한민중동맹단 내부에서조차 한길수가 임시정부를 반대하는 선전을 중단하라는 요구가 제기되는 지경이 되었다.[204]

한길수는 미국 정계·군부·언론계에 광범위한 연계망을 갖고 있었지

---

202 G. M. Gillette to Hull(1942. 1. 6), RG 59, State Department, Decimal File, 895.01/59. 고정휴, 2005, 「하와이 중한민중동맹단(1938~1945) 연구」, 『한국근현대사연구』 34, 185쪽.
203 Kilsoo K. Haan to Hoskins(1942. 6. 17), RG 59, State Department, Decimal File, 895.01/60; 고정휴, 2005, 위의 논문, 187쪽.
204 「림경 승인 방해에 대하야」(운슈산인), 『태평양주보』(1942. 8. 19); 고정휴, 2005, 위의 논문, 189쪽.

만, 자신에게 재미한족연합회의 외교대표가 아닌 미국의 국방에 봉사하는 국방공작 봉사원이란 직함이 주어진 데 불만을 가졌다. 한길수는 이승만을 의심했고, 이승만은 한길수가 미 국방공작 봉사라는 본연의 임무를 넘어 자신의 영역인 외교 활동까지 침범했다고 생각했다.[205] 한길수는 중경 내 좌파세력과 연계해 반일 활동을 벌이며 과대선전을 계속한 결과, 임정과 한독당을 지지하는 미주한인단체들의 반감을 사게 되었다. 한길수는 이승만과 사사건건 충돌한 끝에 1942년 2월 재미한족연합회로부터 면직되었다. 이후 중한민중동맹단과 조선의용대 미주후원회는 재미한족연합회에서 탈퇴했다.

1942년 초중반 미국에서는 임시정부를 승인하지 않으면 독립운동에 착수하지 않겠다는 이승만식 외교와 극동의 친미 정보조직 보호를 위해 임시정부를 승인하면 안 된다는 한길수식 외교가 충돌하고 있었던 것이다. 1942년 이래 미국이 본격적으로 한반도 신탁통치를 구상·결정하는 과정에서 중요한 영향을 미친 것이 바로 한국인의 자치 능력 여부였다. 워싱턴에서 벌어진 이승만·한길수의 분열·갈등이 한편이라면 태평양 건너 다른 편 중경에서 똑같이 재현되고 있었던 한독당·민혁당의 대결은 한국 독립운동 진영의 분열, 통일의 결여를 증명하는 것이자 한국인들의 자치 능력 결여를 증명하는 사례로 받아들여졌다. 독립운동을 위한 통일조직을 못 만드는 한국인들이 어떻게 독립된 국가의 자치를 실행할 수 있겠느냐는 의문이었다. 한국 독립운동을 대표한다고 하는 주체들이 미국 워싱턴과 중국 중경에서 태평양전쟁기에 각을 세우고 지속적으로 대립·투쟁하는 광경은 미국의 대한정책 결정 과정에 부정적인 영향을 주었다.

더욱 심각했던 것은 이승만과 한길수가 모두 중경의 정치 세력과 연계되어서, 워싱턴의 분열이 중경의 갈등으로 전환되었고, 중경에서의 소동이

---

205 방선주, 2000, 「한길수와 이승만」, 『이승만연구』, 연세대학교출판부, 334~347쪽.

워싱턴에서 투쟁으로 변화하는 악순환이 반복된 것이다. 즉, 한길수와 이승만 모두 중경과 워싱턴에서 문제적 인물로 부각되었으며, 사실상 중경에서 정부·군대·의회의 주도권을 둘러싼 한독당과 민혁당의 갈등을 미주에서 변형된 형태로 대리하게 되었다.

한길수 소동은 중경 임정에도 파장을 미쳐 의정원 제34차 의회(1942. 10~11)에서 격렬한 논쟁이 벌어졌다. 한길수가 임시정부 승인을 방해했다는 미주의 소식이 전해지자 김구는 한길수가 일본영사관에서 공작하던 인물로, 이후 차모(차신호)와 함께 중한(민중)동맹단을 조직했으며, 한길수가 '국제적 제5종대(5열)'라고 주장했다.[206] 엄항섭은 한 걸음 더 나아가 한길수가 임정의 승인을 방해하는 일본 스파이라고 극언했다.[207] 왕통이 중재에 나서 이 발언은 취소되었다. 이처럼 미주와 중경은 서로의 정세 진행에 민감했고, 한쪽 상황이 다른 쪽에서 정치적 논란을 불러일으킬 정도로 긴밀하게 연계되었다.

1942년에는 이승만과 한길수가 대결했다면, 1943년이 되자 이승만과 재미한족연합회가 대결하기 시작했다. 재미한족연합회는 1919년 3·1운동 시기 안창호, 정인과, 황진남 등이 상해로 가서 생생한 독립운동 현장에 동참하고, 그 소식을 전한 것처럼, 태평양전쟁기 중경에 특파원을 보내 자신들이 후원하는 임시정부·광복군과 직접 연결되길 희망했다. 이미 1938년 북미국민회는 중국에 특파원을 파견해 원동혁명전선의 진상을 조사하며, 재미한인의 여론을 전달하고, 임시정부를 협조하여 전 민족적 통일을 촉성한다는 계획을 세우고 특파원 선정 및 소요 경비 마련에 착수한 바 있었다.[208] 김구도 1940년 초 『신한민보』 기사를 통해 원동특파원 파견 계획을

---

206 국사편찬위원회, 1983, 위의 책, 138쪽.
207 국사편찬위원회, 1983, 위의 책, 139쪽.
208 『신한민보』(1938. 9. 8, 1938. 9. 15); 고정휴, 1993, 위의 논문, 232쪽.

알고 이를 적극 지지하고 있었다. 김구는 국민회 최진하에게 보낸 편지에서 원동특파원의 구체적 입국 경로로 베트남에서 운남-홍콩을 거쳐 비행기로 중경까지 오는 경로를 제시하며, 사전에 통보하면 홍콩이나 곤명에서 영접하며 중국 고위관리 방문을 준비하겠다고 했다.[209]

재미한족연합회는 1942년 5월 4일 미주의 김호와 하와이의 전경무를 중경특파원으로 선정했다. 연합회는 이승만에게 이들의 중경행 주선을 요청했고, 이승만은 처음에는 협조적 태도를 보였으나 곧 반대 입장으로 선회했다. 중경특파원의 임무가 중경 임정과 연합회 간 연락이며, 이는 임정과 연락의 공식 담당자이자 외교대표인 자신의 영역을 침범한 것으로 판단했기 때문이다. 이 과정에서 임정의 입장은 일관된 것이 아니었다. 당시 사정에 대해『재미한인50년사』는 이승만과 김구가 서로 연락하며 은근히 중경특파원의 파견을 방해했다고 설명했다. 워싱턴의 이승만과 중경의 김구가 자신과 현지 실정을 반대편에 알리지 않길 원했다는 것이다.[210]

김구는 이승만에게 보낸 전문(1942. 11. 3)에서 임시정부의 이동 문제를 수사 중이기 때문에 문제가 해결될 때까지 김호·전경무가 중경에 올 수 없다고 했다.[211] 이는 김원봉의 편지에 등장하는 임정의 미국 이전설과 관련된 내용이었을 것이다. 김구와 이승만이 합작해서 재미한족연합회의 중경특파원을 가로막았다는 김원용의 서술은 당시 연합회의 시각을 보여 주는 것이었다. 임시정부는 공식적으로 중경특파단의 중국행을 반대하거나 방해하지 않았지만, 임정의 애매한 태도와 이승만의 반대 속에 결국 파견되지 못했다.[212]

---

209 「김구→최진하」(1940. 1. 22),『대한민국임시정부자료집』42.
210 김원용, 1959, 위의 책, 427~428쪽.
211 「Kingstone(김구), Chungking to Syngman Rhee」(1942. 11. 3), 국사편찬위원회, 1994, 위의 책, 25, 245쪽.
212 자세한 경과에 대해서는 홍선표, 2002, 위의 논문, 108~114쪽을 참조.

한편 민혁당 측에서는 1943년 8월 이래 하와이 호놀룰루의 황사용(黃思容)의 중경 방문을 추진했다. 민족혁명당 하와이총지부는 황사용을 중경으로 보내 1943년 10월 개최 예정인 임시의정원 의원으로 출석케 하겠다며 입국허가를 요청했다.[213] 김규식도 재미한인들에 보내는 라디오 연설(1943. 8. 5)에서 황사용 목사가 하와이 국민 대표로 임시의정원에 참석하기 위해 10월에 중국에 올 것이라고 연설했다.[214] 그런데 중국외교부는 황사용이 일본 국적자라는 사실을 문제 삼았다.[215] 민혁당은 황사용이 하와이 한인기독교회 목사로서 하와이 전체 한국인을 대표해 제35차 임시의정원 회의에 참석할 목적이며, 2차 대전 발발 후 중국이 한국 교민들을 동맹국 인민처럼 대우하듯 미국도 한국 교민들을 적으로 간주하지 않는다며 민혁당이 신분을 보증할 터이니 입국케 해달라고 재차 요청(1943. 11. 5)했다.[216] 그러나 오철성은 재차 군사위원회를 경유해 보았으나 논의가 미뤄졌다며 사실상 거부 의사를 밝혔다.[217]

중국 측 문서에도 중경특파원 건에 대한 기록이 있다. 중국외교부는 1943년 하반기 김호, 전경무, 황은구(黃恩究, 黃思容의 誤字) 등 재미한인이 중국 입국을 요청했는데, "우리 정부(중국)가 한인 내부에서 의외의 분규가 발생할 것을 염려하여 김과 전 두 사람의 입국을 완곡하게 거절"했다. 황사용의 경우 미국 국적을 가진 관계로 "입국을 거절하지 못하고 있

---

[213] 「재미한교 황사용 입국에 관한 협조 의뢰」(김규식·김약산→오철성)(1943. 8. 3), 추헌수, 1972, 위의 책, 220쪽.
[214] 「선전부장 김규식의 재미동포 방송 원고」(1943. 8. 5), 독립기념관 소장 자료 1-003630-067,『대한민국임시정부자료집』 37.
[215] 「황사용 입국에 관한 회신」(오철성→김규식·김약산)(1943. 9. 17), 추헌수, 1972, 위의 책, 221~222쪽.
[216] 「황사용의 일본 국적 소지 이유 해명」(김규식·김약산→오철성)(1943. 11. 5), 추헌수, 1972, 위의 책, 225쪽.
[217] 「황사용 입국에 대한 2차 회신」(오철성→김규식·김약산)(1943. 12. 1), 추헌수, 1972, 위의 책, 226쪽.

는데, 황 씨의 입국에 대해 아직 군사당국의 허락을 얻지 못하고 있다"는 것이었다.[218] 즉, 중국정부가 임시정부의 내분을 우려해 이들의 중국 입국을 "완곡하게 거절"했던 것이다.

　　재미한족연합회는 출범 당시부터 문제의 소지를 안고 있었는데, 그것은 재미한족연합회와 주미외교위원부·임시정부의 상호 관계 때문이었다. 김구는 해외한족대회에 '훈사'(訓辭)를 보내 외교기관의 명칭을 '임정주미외교위원회'로 하며 책임자 5인을 선정하라고 했다.[219] 재미한족연합회에서 이승만을 위원장으로 하는 주미외교위원부를 조직하자, 임정은 1941년 6월 3일 이를 승인하고 미국 대통령에게 보낼 공함을 준비했다.[220] 이런 과정은 결국 미주교민단체의 추천에 의해 임시'정부'가 외교기관을 승인하는 방식이었다. 즉, '정부'가 외교대표를 임명하고 파견한 것이 아니라, 미주교민단체가 인물 선정·경비 부담·조직 유지 등의 모든 활동을 담당했고, 임시'정부'는 다만 이를 승인한 것이었다. 재미한족연합회의 결정에 임시정부의 권위를 덧붙여 준 것이었는데, 이승만은 이후 자신은 정부기관인 반면 재미한족연합회는 민회(民會)에 불과하므로 자신의 명령·결정에 복종해야 한다는 고압적 자세를 취했다. 임시정부와 미주교민단체의 이러한 관계는 이후 미주한인사회의 분열을 가져오는 중요한 요인이 되었다.

(3) 김구·임시정부의 이승만 선택과 재미한인사회의 좌절

사건의 발단은 중경특파원으로 임명된 김호·전경무가 1942년 말 워싱턴을

218　중국외교부 작성, 「한국 독립운동경과정형」(1943), 『대한민국임시정부자료집』 25.
219　『태평양주보』 No.480(1941. 5. 31).
220　『태평양주보』 No.483(1941. 6. 21); 『신한민보』(1941. 6. 26, 1941. 8. 21).

방문하면서 시작되었다. 재미한족연합회 집행부는 1942년 9월 21일 김호를 워싱턴 주미외교위원부에 파견해 사무 진행을 협의하기로 결정했고, 김호는 10월 13일 로스앤젤레스를 떠났다.[221] 이미 워싱턴에서는 다양한 불협화음이 고조되고 있었다. 먼저 이승만과 한길수 간 갈등이 불거지자, 국민회 등에서는 한길수를 비판하는 목소리가 높아졌다. 다른 한편, 이승만이 사설조직 한미협회의 크롬웰(James H. R. Cromwell)을 통해 임시정부를 승인하지 않으면 '국교를 단절하겠다'고 미 국무부에 편지를 보내 위협한 사실이 알려졌다. 나아가 이승만은 전쟁부가 요구한 한국인 50명 모병 요구를 재미한족연합회라는 공조직이 아닌 개인적 차원에서 처리한 사실도 드러났다. 한길수, 이승만 모두 재미한인의 공적 요구와 임시정부 지지라는 대의에 어긋나는 개인 행동을 하고 있었던 것이다.

이런 상황 속에서 재미한족연합회 집행위원회는 회의를 개최(1942. 10. 3~4)하고 이승만이 한미협회와 손을 끊을 것, 이승만이 주미외교위원부 위원장이지만 고문·자문역을 제외한 행정권을 갖지 말 것 등을 결의했다.[222] 김호의 워싱턴 방문은 집행위원회 결의를 전달하고 이를 관철하기 위한 목적이었다. 김호는 이승만을 만나 한미협회와 주미외교위원부의 관계를 단절할 것, 외교위원부의 문호를 확대해 위원을 확충할 것을 요구했지만, 이승만은 이를 거부했다.

양측의 논쟁은 1943년 초반 재미한족연합회를 실질적으로 분열시켰다.[223] 1943년 초부터 국민회·재미한족연합회는 임시정부에 이승만의 면

---

221 『신한민보』(1942. 10. 15).
222 『신한민보』(1943. 9. 16);「캐롤 해리스가 굿펠로우에게 보낸 편지」(1942. 10. 5), 국사편찬위원회, 1995, 위의 책, 200쪽.
223 이에 대해서는 OSS 캘리포니아사무소가 작성한 보고서 "A Report on the progress of the Free Korean Movement,"(1943. 3. 24) RG 226, box 72, folder 571;「이승만이 김호에게 보낸 편지」(1942. 12. 7, 1942. 12. 8, 1942. 12. 25), 독립기념관 소장 대한민국회 자료; 김광식, 1994,「자료소개: 이승만서신」,『월간독립기념관』 2월호;「김호가 이승만에게

직을 청원했고,[224] 이승만 대신 이범석(李範奭)을 추천했다. 재미한족연합회 집행부가 제시한 이승만의 외교 실패 사례는 (1) 위원회의 중경 특파 방해, (2) 외교위원부 확대에 대한 김호·전경무의 제의안 거부, (3) 독립금을 직접 관할하려 정부를 강박하다가 실패, (4) 외교위원부 각 지방 지부 설치를 선언했으나 실패했다는 점 등이었다.[225] 그러나 중경의 김구는 이승만을 고문으로 물러나게 한 후 외교위원부를 재조직하자는 이들의 요구를 거부했다.[226]

한편 1943년 이래 재미한인사회는 이승만 지지 세력 대 반대 세력으로 격렬하게 대립했다. 이승만은 김호·전경무가 1천 달러를 차용한 후 갚지 않았으며 위원부 재조직 문제, 한미협회, 중경행 등에서 자신이 억울하다며 공개편지로 선전했다.[227] 1943년 1월 17일 한 집회에서 이승만의 열성 추종자 이순기가 이승만을 변호하다가 쓰러져 사망하자, 동지회의 이승만 추종자들은 분노했다.[228] 이승만 추종자들은 연달아 민중대회를 열어 연합회 집행부와 김호를 격렬히 공박했다.[229] 이들은 김호·전경무의 중경행을 막아 달라고 미 국무부장관·전쟁부장관 등에게까지 편지를 보냈다.[230] 한족연합회가 이승만에 대한 재정 지원을 중단하고 독자적인 워싱

보낸 편지」(1942. 12. 16), 국사편찬위원회, 1993, 『한국독립운동사』 자료23(임정편VIII), 453~459쪽을 참조.
224 국민회는 1943년 초 제7차 대표회에서 제1조로 이승만의 소환을 임시정부에 청원했다. 그 이유는 (1) 외교 실패, (2) 권리 남용, (3) 인심 소란 등이었다(『신한민보』, 1943. 1. 14).
225 「리 박사와 그 외교실책(안원규)」, 『국민보』(1943. 10. 13).
226 『국민보』(1943. 10. 13).
227 「이승만이 김호에게 보낸 편지」(1942. 12. 25), 김광식, 1994, 위의 글, 『월간독립기념관』 2월호.
228 「이순기의 아들 새미 리(Sammy Lee)가 이승만 부부에게 보낸 편지」(1943. 1. 18), 국사편찬위원회, 1994, 『한국독립운동사』 자료25(임정편X), 268쪽.
229 OSS는 김호의 영향력이 감소하고, 그의 위신이 추락했다고 평가했다(「1943년 4월 28일~5월 8일간 캘리포니아 로스앤젤레스에서 개최된 재미한족연합회 1943년 연례회의 제2차 회기에 관한 예비보고서」(1943. 4. 28), 국사편찬위원회, 1993, 『한국독립운동사』 자료23(임정편VIII), 502쪽).

턴사무소 설립을 주장하자, 이승만의 동지회는 1943년 12월 23일 연합회를 탈퇴했다.[231] 이에 맞서 한족연합회는 1944년 6월 5일 워싱턴사무소를 설립하고 김원용·전경무를 상주시켰다. 같은 시기 민혁당과 한독당의 갈등으로 임시정부 와해 직전까지 치달았던 중경의 상황은 정리·진정되는 단계로 넘어갔지만, 미주 상황은 악화일로로 치달은 것이다.

1944년 7월 24일 재미한족연합회 집행위원장 한시대는 민혁당의 김규식과 김약산에게 재미한족연합회와 이승만 양자 중 택일하라고 통보했다. 한시대는 "이승만을 제거하고 재미한족연합위원회를 위원 선출권을 지닌 임시정부의 대표기관으로 승인"하는 결정을 즉각 내려야 하며, "워싱턴과 하와이의 대다수 한인들은 이승만의 정책을 반대"하며 이승만이 주미외교위원장으로 실패해 왔다고 지적했다. 이제 임시정부가 재미한족연합회와 이승만 중 양자택일을 해야 한다는 주장이었다. 재미한족연합위원회 구성단체로 미주 대한인국민회, 하와이 대한인국민회, 미주 대한애국부인회, 하와이 대한애국부인회, 하와이 대한부인구제회, 하와이 독립당, 하와이 단합회, 하와이 대조선독립당, 하와이 한인애국단이 열거되었다.[232]

이미 임시정부는 미주한인사회에서 제기되고 있던 주미외교위원부 개조 문제의 심각성을 인식하고 있었다. 한시대의 서한이 도착하기 전인 1944년 5월 15일 임시정부 국무회의는 미주의 분규 문제를 해결하기 위해서 주석, 내무, 외무, 재무, 군부 각 부장에게 '미주 문제 선후 방침안'을 위

---

230 「민중대회 의장 앤드류 현→이원순·김원용」(1943. 4. 2);「앤드류 현→제임스 크롬웰」(1943. 4. 2);「앤드류 현→코델 헐 국무장관」(1943. 4. 2);「앤드류 현→호놀룰루 재미한족연합회」(1943. 4. 3);「로스앤젤레스 동지회→스팀슨 전쟁부장관」(1943. 4. 4); 국사편찬위원회, 1994,『한국독립운동사』자료25(임정편X), 287~293쪽.
231 『신한민보』(1944. 1. 6);『국민보』(1943. 12. 29).
232 「연합회, 김규식과 김약산에게 연합회와 이승만 양자 가운데 택일 촉구」(1944. 7. 24) 독립기념관 소장, 문서번호 1-a00922.『대한민국임시정부자료집』19;「한시대가 김규식 부주석과 김약산 군무부장에게 보낸 전보」(1944. 7. 24)『대한민국임시정부자료집』43.

임하기로 결의했다.[233] 논의 결과 1944년 7월 3일 임시정부 국무위원 김구, 김규식, 조소앙, 조완구, 신익희 등으로 구성된 소조위원들이 「미주 문제에 관하여」라는 보고서를 국무위원회에 보고했다. 이 보고서에 따르면 원래 몇 명 간부를 선임해서 미주로 파견하려 했으나 수속 문제 등으로 여의치 않기 때문에 우선 다음과 같이 결정한다고 했다.

1. 현재 주미위원부를 대한민국 임시정부 주미대표단으로 취급할 것.
2. 위원장은 이승만 박사를 잉임(仍任)하는 외 위원 4인을 선임할 것. (교포 중 성망재간(聲望才幹)을 구비한 자를 물색 선임할 것).
3. 위원은 (1) 교포의 자치 및 교육사업, (2) 외교 및 선전사업, (3) 군사에 관한 사업, (4) 재정수모(收募)에 관한 사업 등을 분담할 것.[234]

그런데 이는 주미외교위원부를 임시정부 주미대표단으로 변경하고, 이승만을 위원장으로 유임하며, 교포 중 위원 4인을 선임하라고 지시한 것이었다. 즉, 이승만을 그대로 주미외교위원부 위원장으로 유임하고, 나아가 외교뿐 아니라 교포 자치, 군사, 재정 수합 등 재미한인사회의 모든 기능을 부여한다는 방안이었다. 재미한인들이 보기에는 개혁이나 개선이 아니라 개악이었다. 당연히 재미한인사회, 특히 미주 본토의 재미한족연합회 집행부가 받아들일 수 있는 방안이 아니었다.

때문에 임시정부 국무회의는 1944년 8월 3일 미주문제해결방침위원회(위의 7.3. 보고 주체)가 제시한 방침대로, 주미외교위원부를 주미외교위원회로 개조하기로 결정했다. 제1차 위원 인선에 대해서 재미한족연합회에서 각 주요단체와 협동해 주비회를 조직하고, 미국, 하와이, 멕시코 각지

---

233 「국무위원회 중요기사(1943년 7월 11일로 1944년 6월 5일까지)」, 『신한민보』(1944. 8. 24).
234 「보고서(미주문제에 관하여)」(1944. 7. 3) 『대한민국임시정부자료집』 8.

한인단체 대표회의를 소집하여 그 대표회의에서 새로 개조하는 위원을 선거하여 임시정부에 보고하면 임시정부가 정식 임명하기로 결정했다.[235] 재미한인단체 7/10 이상이 참석해, 참석자 3/4의 결정으로 조직하면 그 외교위원부를 인정하겠다는 선언이었다. 임정의 지시는 8월 12일 재미한족연합회를 비롯한 각 단체에 전해졌다.[236] 임정의 지시에 따라 재미한인단체의 70% 이상에 해당하는 단체(17개 중 13개)가 호응해 재미한인각단체대표회를 개최(1944. 10. 28~11. 5)하고 1944년 11월 김원용을 위원장으로 외교위원부를 개조했다.[237]

임정의 지시에 따라 외교위원부가 개조되었지만, 1944년 11월 10일 국무회의는 동지회가 불참한 채 대표회의가 진행되었고, 회의 선거 결과가 전체적·통일적이 아니라는 이유로 재미한인사회의 70% 이상이 선거로 결정한 인선안을 거부하기로 결정했다. 한 걸음 더 나아가 임시정부는 11월 20일 국무회의에서 위원장 이승만, 부위원장 김원용, 비서 정한경, 위원 9명(이승만, 김원용, 정한경, 한시대, 김호, 이살음, 변준호, 안원규, 송헌주)을 직접 선임했다.[238] 김규식이 이러한 과정에서 어떤 의견을 제시했는지는 명확하지 않다. 다만 국무회의 결의에 따른 것이었으므로 김규식도 이에 동의했을 것이다. 특히 재미한족연합회의 인선에서 한길수가 포함된 사실에 반감을 품었을 가능성이 있다. 이후 재미한인사회는 임시정부에 대한 지지를 둘러싸고 사분오열되었다. 3·1운동 이래 오랫동안 임시정부를 절

---

235 「미주 문제 해결안」, 「국무회의 결의안 철(1944. 5~1945. 4)」, 『대한민국임시정부자료집』 8.
236 「주미위원부의 개조」, 「로스앤젤레스에서의 한국인의 활동에 관한 조사」(1945. 1. 18), FBI file no.100-17151. 국사편찬위원회, 1994, 『한국독립운동사』 자료24(임정편IX), 529~538쪽; 『대한민국임시정부자료집』 19.
237 외교위원부 간부진은 다음과 같다. 위원장 김원용, 부위원장 한시대, 총서기 전경무, 서기 한길수·배의환. 『신한민보』(1944. 11. 9).
238 「미주 문제 해결안」, 「국무회의 결의안철(1944. 5~1945. 4)」, 『대한민국임시정부자료집』 8; 「임시정부의 최후 지령」, 『신한민보』(1944. 11. 23); 『독립』(1944. 11. 29).

대 지지한 거의 유일한 해외 한인 지지 세력이었던 미주한인사회의 다수 의견을 버리면서까지 김구는 이승만이 미주에서 가장 중요한 인물이라고 공인한 것이다.

김구가 이승만을 지지한 데는 여러 가지 이유가 있었겠지만, 특히 1942~1943년간 중경에서 이승만이 파견한 미군들과 접촉한 경험이 큰 영향을 끼쳤을 것으로 보인다. 이승만은 1941년 여름 이후 정보조정국(COI)-전략첩보국(OSS)과 연결되어 한인을 동원한 대일 특수작전 및 정보공작을 추진했다.[239] 또한 1942년 6월 전쟁부로부터 한인 입대지원자 50명의 선발을 요청받고, 10월 50명의 명단을 제공했는데, 그중 12명이 입대했다. 이승만의 추종자 장석윤은 1942~1943년 아이플러(Carl Eifler)가 지휘하는 OSS 최초의 첩보·공작부대인 특수부대 101지대(Special Unit Detachment 101, SU DET 101) 대원이 되었다. 장석윤은 이승만의 편지를 갖고 이 부대에 동반했으며, 중경 임정과 이승만의 한국위원부를 연계시킬 계획을 갖고 있었다.[240] 장석윤이 이해한 바에 따르면 이 부대의 임무는 중국 중경에 가서 한인 애국청년들을 모집, 교육, 훈련한 뒤 그들을 인솔하고 한국 내에서 게릴라 활동을 전개하는 것이었다.[241]

101지대는 7월 8일 인도 뉴델리에 도착했고, 아이플러는 중국 중경에 들이기 힌국으로 침투할 기능성을 디진했다. 이이플리는 1942년 8월 내내 중경에서 김구·조소앙·엄항섭을 만났고 한국에 침투하는 선을 개척하는 데 8천 달러의 경비와 4개월의 시간이 소요될 것으로 예상했다.[242] 그러

---

239 정병준, 2001, 「해제: 태평양전쟁기 재미한인의 독립운동과 미 전략첩보국의 냅코계획」, 『NAPKO Project of OSS』, 국가보훈처.
240 「이승만이 굿펠로우에게 보낸 편지」(1942. 6 추정), 『NAPKO Project of OSS』, 41쪽. 이승만이 김구에게 광복군을 미군 지휘하에 두자고 제안했다는 내용인데, 장석윤이 들고 간 편지는 바로 이러한 내용이었을 것이다.
241 장석윤, 1972, 「축간사」, W. R. Peers 저·임덕규 역, 『OSS의 비사: 미군 사상 최초 최강의 게릴라』, 동서문화원.

나 101지대의 중국-한국 침투 계획은 중국정부의 막후 실력자인 조사통계국 대립(戴笠)의 반대, COI에 대항의식을 품고 있던 SACO(중미협조기구, Sino-American Cooperative Organization)의 밀턴 마일즈(Milton Miles)의 막후 작용, 스틸웰의 거부 등으로 실패했다. 이후 이들은 버마 산중에 들어가 카친족 게릴라부대를 양성하며 일본군을 상대로 특수작전을 벌였다. 버마에서 특수작전을 성공적으로 수행한 아이플러와 장석윤은 1944년 말 워싱턴으로 복귀해 잠수함을 이용하여 한반도 해안으로 침투하는 냅코 프로젝트(NAPKO Project)를 추진하게 된다.

COI-OSS라는 미군 특수부대의 장교와 한인 병사들이 1942~1943년 중경을 방문한 사건은 김구와 임시정부 수뇌부들에게 충격적인 인상을 남겼을 것이다. 이는 중경까지 미군 특수부대를 파견할 수 있는 이승만의 능력과 미군에 대한 공작력으로 해석되었을 것이다. 나아가 이승만의 추종자이자 대리인인 장석윤은 중경을 방문해 임시정부 수뇌부들과 접촉하면서, 미군 무선통신망을 이용해 중경과 워싱턴을 연결했는데, 이 광경을 김구와 임시정부 수뇌부들이 직접 목격하였다. 김구는 킹스톤(Kingston)이라는 암호명으로 미군 무선통신망을 활용해 워싱턴의 이승만과 무선통신을 주고받았다. 이런 과정을 통해 김구는 미국 군부와 정부에 대한 이승만의 영향력을 과대평가했을 가능성이 매우 높다.[243] 이 결과, 김구 등 임정 핵심파는 이승만이 3·1운동 이래 대미 외교의 상징적인 인물일 뿐 아니라 미국에 대한 군사적 접근에서도 여타의 한인 조직·인물보다 결정적으로 중요하다고 판단하게 되었을 것이다.

임정이 자의적으로 결과를 번복한 후 임정과 재미한인 사이에는 회복

---

242 『NAPKO Project of OSS』, 49~50쪽.
243 정병준, 2007, 위의 논문; 정병준, 2001, 위의 논문; 정병준, 2003, 「박순동의 항일투쟁과 美 전략첩보국(OSS)의 한반도 침투작전」, 『지방사와 지방문화』 6-2.

할 수 없는 간극이 발생했다. 이후 재미한인사회는 임정 지지파와 임정 지지 철회파, 나아가 임정 반대파까지 속출하였다. 민족혁명당 미주지부도 임정에 대한 계속적 지지 여부를 둘러싸고 양분되었다. 1944년 12월 15일 민족혁명당 미주총지부 위원장 변준호와 총무 김강은 재미한족연합회와 민혁당 미주총지부 내의 반(反)임정 태도를 비판하며, 중경의 민혁당 본부에 거취 문제를 논의하자고 제안했다.[244] 그러나 이들의 제안은 다수파에 의해 거부되었고, 민족혁명당 미주총지부는 2파로 분열되었다. 원 간부파는 독자 외교나 임정 반대를 거부했고, 신 간부파는 한족연합회 참가 및 한길수를 중심으로 한 한족연합회의 워싱턴사무소 외교에 찬성했다.

1944년 12월 재미한인 진보진영을 대표하던 민족혁명당 미주지부는 '민족혁명당 미주총지부'(구 간부파)와 '조선민족혁명당 북미총지부'(신 간부파)라는 2개의 당파로 분열되었다.

최초에 민혁당 미주지부는 중경 민혁당 지지, 반(反)한독당의 기치하에 모인 진보 좌파의 조직이었는데, 마지막에는 임시정부 지지를 둘러싸고 분열 끝에 파국에 처한 것이었다. 민혁당 미주지부가 독자적 결정권을 행사하는 게 아니라 중경 민혁당의 결정에 따라야 했기에 발생한 결말이었다. 외교와 군사에서 최후의 대일결전에 동참하고 싶었던 재미한인들은 어떻게 하더라도 항일전의 주역이 될 수 없었고, 중국의 주인공들을 지원하는 후원자 역할에서 벗어날 수 없었던 존재론적 한계를 갖고 있었다.

한편 임시정부가 재미한인사회 다수와 결별하면서까지 이승만을 지지했지만, 이승만은 임시정부의 대의보다는 자신의 입지·명망성 강화를 택했다. 이승만은 3·1운동기에 이어서 또다시 재미한인사회를 분열시켰고, 결정적 시기에 재미한인사회의 독립운동 열기와 의지에 찬물을 끼얹었다.

---

244 「민혁 미주총지부 분열 진상」, 『독립』(1944. 12. 20); 「미주 조선민족혁명당 분열의 이유: 변준호」, 『독립』(1944. 12. 20).

중경과 미주 간 분열과 갈등은 극도에 달했다. 3·1운동기에는 국민회총회가 해체되었다면, 태평양전쟁기에는 재미한족연합회와 민혁당 미주지부가 모두 좌절을 겪었다. 임정과 오랜 유대관계를 맺고 지지 기반이 되었던 재미한인사회는 일방적으로 용도 폐기되었다.

5 임시정부의 외교·군사·통일·연대(1945)

(1) 외교: 김규식의 1945년 샌프란시스코회의 참가 시도와 이승만의 '얄타밀약설' 파란

1945년이 되자 임시정부 내에서는 일제의 패망을 대비한 외교적 대응, 군사적 대응, 민족적 대응이 요구되었다. 먼저 외교적인 측면에서 임정은 중국국민당정부의 승인을 획득하고, 미국의 승인과 무기대여법에 따른 원조를 획득하는 것을 가장 중요하게 생각했다.[245] 1945년에 임정의 외교에서 새롭게 대두한 중요 사안은 첫째, 프랑스 망명정부와의 연대 가능성, 둘째, 얄타회담의 결과에 따른 대소 외교의 필요성과 대응, 셋째, 샌프란시스코회의 참가 시도였다.[246]

먼저 임시정부는 런던의 프랑스 망명정부와 연대하고 승인을 획득함으로써 임정의 국제적 승인을 위한 발판을 마련하려고 시도했다. 임시정부

---

245 정용대, 1992, 『대한민국임시정부외교사』, 한국정신문화연구원, 213~220쪽; 고정휴, 1993, 위의 논문.
246 이하 설명은 정병준, 1999, 위의 논문을 참조.

를 재정적·군사적으로 후원하던 중국마저도 카이로선언 이후 연합국의 대한정책인 신탁통치 계획에 찬성한 상황이었으므로, 임시정부는 다른 타개 방안이 필요했다. 이때 프랑스 망명정부의 중국대사관과 접촉하게 되었으며, 임정은 프랑스 망명정부가 임정을 사실상 승인했다고 주장했다. 그런데 주중 프랑스대사인 페코프(Zinovi Peckhoff) 장군에 의하면 프랑스 망명정부는 "임정과의 관계를 비공식적으로 현상 유지"하며 "한국 독립에 대한 프랑스의 동정적 관심과 한국의 조속한 독립을 희망한다"는 정도의 의사를 전달한 것에 불과했다. 페코프는 이 사실을 1945년 2월 26일 임정 외무부장 조소앙에게 전달했다. 또한 임정과 관계를 설정하려고 시도한 것은 주중 프랑스대사관이었지만, 임정은 프랑스 망명정부가 임정을 승인했다며 3월 8일 서영해(徐嶺海)를 임정 프랑스 주재 대표(駐法代表)로 선임하기까지 했다.[247]

둘째는 1945년 2월 얄타회담에서 목격한 폴란드 망명정부의 운명과 소련의 영향력에 대한 대책 마련이었다. 소련은 얄타회담에서 연합국들이 승인했던 런던의 폴란드 망명정부 대신 자신이 지원하는 루블린의 폴란드 민족해방위원회를 폴란드의 유일정권으로 승인하게 했다. 1939년 독일 침공 이후 폴란드인들은 1939년 9월 말 프랑스에 시코르스키(Sikorski) 망명정부를 수립했고, 프랑스 항복 이후 런던으로 망명정부를 이전했다. 미국과 영국, 소련은 이 망명정부를 실질적으로 혹은 국제법적으로 승인했다. 폴란드 망명정부 휘하의 폴란드 독립군은 10만 명에 달했으며, 프랑스에서 싸우던 폴란드군 7만 5천 명 중 2만 명은 프랑스 항복(1940. 6) 이후 영

---

[247] "The Charge in China(Atcheson) to the Secretary of State," (April 11, 1945) 895.01/4-945;「임정과 주중불란서대사관과의 우의관계」(1945. 3. 12), 추헌수, 1971, 위의 책, 456쪽;「임정의 불란서와의 국교수립계획」(1945. 3. 23), 重慶版『大公報』, 추헌수, 1971, 위의 책, 427쪽;「대한민국27년도 제37회의회 정부제안급결의문(全)」, 국사편찬위원회, 1983, 위의 책, 529쪽.

국으로 탈출했다. 독소전 개전(1941. 6) 이후 런던 망명정부와 소련이 협정을 맺어 7만 5천 명의 폴란드 제2군이 안데르스(W. Anders) 중장 지휘하에서 독일과 싸웠고, 이후 중동을 통해 탈출했다. 이들은 미군 산하로 북아프리카·이탈리아·노르망디 상륙작전에서 활약했다. 또한 폴란드 국내에서 우익 국내군(Home Army)의 활약도 눈부셨다.[248]

1943년 4월 독일군은 '카틴숲학살'(Katyn massacre)이 소련에 의한 것이라 공표했고, 이 직후 폴란드 망명정부는 소련과 외교관계를 단절했다. 소련은 1939년 9월 폴란드 침공 이후 카틴 숲에서 폴란드 장교 등 2만여 명을 대학살했는데, 이 진상을 독일군이 공표한 것이다. 독일은 600만 유태계 폴란드인을 대학살(홀로코스트)했지만, 버젓이 소련과 폴란드 망명정부를 이간질했다. 분노한 소련정부는 친소 군대와 정당을 조직하기 시작했고, 1944년 1월 소련과 연계된 노동자당의 국내 국민평의회가 조직된 이후, 이들을 중심으로 1944년 7월 루블린에서 폴란드 민족해방위원회가 설립되었다. 1944년 8월 1일 런던 망명정부와 연계된 국내군이 바르샤바에서 봉기해 독일군을 축출하고 소련 진격 전에 정권의 기초를 잡으려고 했지만, 바르샤바 비스와강 동쪽에 도착했던 소련군은 진격을 중단했다. 이후 독일군의 반격으로 바르샤바는 폐허가 되었고 봉기군은 10월 궤멸된 후 독일군에 항복할 수밖에 없었다. 1944년 12월 31일 루블린정권이 임시정부를 수립하자, 소련은 1945년 1월 5일 이를 전격 승인했다. 곧이어 개최된 얄타회담(1945. 2)에서 루블린정권을 중심으로 한 '민족통일임시정부'(Provisional Government of National Unity)가 결성되었다.[249] 미국은

---

248 방선주, 1999 「대한민국임시정부와 미국」, 『대한민국임시정부와 독립운동』 대한민국임시정부 수립80주년기념 국제학술회의, 32~37쪽; Richard C. Lukas, *The Strange Allies, The United States and Poland, 1941-1945*, University of Tennessee Press, 1978; Arthur Bliss Lane, *I Saw Poland Betrayed*, Bobbs-Merrill Col, New York, 1948.

249 柴田政義 지음, 손학모 옮김, 1990, 『동구정치경제사-동구인민민주주의의 형성』, 인간사랑, 63~108쪽; 방선주, 1999, 위의 논문, 35~36쪽.

5 임시정부의 외교·군사·통일·연대

1944년 4월까지 폴란드 지하공작 명목으로 2,500만 달러를 원조했고, 별도로 해외 폴란드군을 유지했지만, 런던 망명정부를 끝까지 지원하지 못했다.[250]

망명정부를 구성하고 연합국들의 외교적 승인, 군사적 후원을 받아 온 폴란드 망명정부가 소련에 의해 일거에 부정되는 상황은 중경 임시정부에 큰 충격이자 교훈이 되었다. 중국의 지원을 받는 한편 미국의 승인 여부에 촉각을 곤두세우고 있던 임정으로서는 소련이라는 강대국의 존재를 실감하게 된 것이다. 한반도에 인접한 소련지역에 한인 임시정부가 수립된다면 임정이 몰락할지도 모른다는 우려와 당혹감이었다.[251]

얄타회담 이후 임시정부에서는 대소정책 마련, 소련과의 우호적인 관계 수립이 초미의 관심사로 떠올랐다. 임정 내에서는 1945년 4월 일소(日蘇)불가침조약의 만료와 함께 소련과 우호적인 관계 설정이 가능할지도 모른다는 조심스러운 관측이 흘러나왔다.[252] 임정은 이를 대비해 1944년부터 소련 및 소련 거주 한인과의 연대를 추진해 왔다. 김구는 1944년 9월 장개석과 면담할 때 소련 및 소련령 중앙아시아에 거주하는 한인들과의 연대에 협조를 부탁한 바 있다.[253] 김구는 "소련 영토의 중앙아시아 일대에 살고 있는 1백만 한국민에 대하여 우리 정부는 선무(宣撫)하기로 (중략) 그들은 최근에 대표 1인을 중경에 파견하여 우리 임시정부에 모든 충성을 다할 것

250 방선주, 1999, 위의 논문, 36쪽.
251 임시의정원 제38회 회의 제13일 회의(1945. 5. 1)에서 신한민주당의 손두환은 소련에서 중경 임정 외의 다른 정부를 수립하고 지원할 가능성이 농후하다고 지적하면서, 폴란드가 소련에 당했다고 지적했다. 소련이 새로운 임시정부를 수립할 가능성을 봉쇄하기 위해 미주, 화북, 중경의 항일운동 세력들이 임정을 중심으로 단결해야 하며, 이를 위해 임정의 확대·개조가 필요하다고 주장했다(「대한민국임시의정원 속기록」, 국사편찬위원회, 1983, 위의 책, 303~305쪽).
252 「대한민국임시의정원 속기록(제38회 제4일 회의)」 국사편찬위원회, 1983, 위의 책, 228쪽; 「대한민국26연도 정무보고서」 중 외무부 정무보고서, 같은 책, 465~466쪽.
253 「한국임시정부의 승인과 협조를 요청하는 비망록 및 요구조건」(金九-蔣介石)(1944. 9. 5), 최종건 편역, 1976, 『대한민국임시정부문서집람』, 지인사, 82~83쪽.

을 표명"했다고 주장했다. 중앙아시아에서 온 대표는 이충모였는데, 김구는 소련령 한교와의 연락·교통에 대한 협조를 강력히 요구했다.[254] 또한 임정은 1944년 제36차 임시의정원 회의(1944. 4)에서 임시약헌 개정을 통해 소련령에 거주하는 한인들을 위한 의석 6자리를 비워 둔 상태였다.[255]

이충모(李忠模, 1896~1960)는 함남 홍원군 출생으로 일본 메이지대학(明治大) 재학 중 3·1운동에 참가했다. 1921년 이후 시베리아로 건너갔고, 김우희라는 이름으로 1923년 국민대표대회에 러시아 한교 대표로 참가해 창조파로 활동했다. 1924년 귀국 후 체포되었고, 1928년 치안유지법 위반으로 징역 1년을 선고받고, 1929년 만기 출옥했다. 1931년 재차 북만으로 건너간 후 소련으로 들어갔다. 모스크바 공산대학에서 수학했다는 증언도 있다. 10년 이상 중앙아시아에 거주하다, 1943년 모스크바 주재 중국 대사 소력자(邵力子)의 도움으로 외몽고 통화(通化), 신강성(新疆省) 하미, 감숙성(甘肅省), 섬서성(陝西省)을 거쳐 1944년 중경에 도착했다. 감숙성 난주(蘭州)의 보계부로수용소(寶鷄俘虜收容所)에 1년가량 억류되기도 했다.[256] 1941년 일소중립조약 체결 후 한인과 폴란드인 강제이주에 반대하다 투옥된 이충모가 어떻게 소련정부의 승인을 받아 중경에 도착했는지는 미상이다.[257]

셋째, 임시정부는 1945년 4월 샌프란시스코에서 개최되는 유엔 창

---

254 「김구 주석 등이 장 총재를 면담하고 제시한 요구사항」(1944. 9. 20. 特6775호), 추헌수, 1971, 위의 책, 419~420쪽;「임정 승인과 협조를 요청하는 비망록과 요구조건」(金九-蔣介石)(1944. 9. 5), 추헌수, 1971, 위의 책, 455~456쪽.
255 「대한민국임시의정원 회의록」, 국사편찬위원회, 1983, 위의 책, 168쪽.
256 朝鮮總督府 警務局,「國外ニ於ケル容疑朝鮮人名簿」, 285쪽; 葛赤峰, 1944,『朝鮮革命紀』, 商務印刷館, 90~92쪽; 진기섭, 1993,『조국이여, 산하여』, 골드, 167~168쪽; 국사편찬위원회, 1993,『한민족독립운동사자료집』별집6, 600쪽; 태윤기, 1975,『회상의 황하: 피어린 독립군의 항일수기』, 갑인출판사, 125~126, 214~215쪽;「馬英(馬草軍의 장남)과 車達成의 인터뷰」(1992. 11. 30);「이충모가 박찬익에게 보낸 편지」(1946. 6. 1, 1946. 6. 16).
257 태윤기, 1975, 위의 책, 126쪽.

립을 위한 회담에 참가하기 위해 노력했다. 샌프란시스코회담(1945. 4. 25~1945. 6. 26)에 임하는 임시정부의 태도는 1945년 2월 얄타회담이 가져온 두 가지 충격, 즉 폴란드 망명정부의 돌연한 몰락과 얄타밀약설을 떨치기 위해서 임시정부가 적극적으로 미국, 중국뿐 아니라 소련을 상대로 한 외교의 필요성과 중요성을 실현할 수 있는 계기였다.

이에 따른 첫 조치로 임시정부는 1945년 2월 28일 국무회의에서 대독일 선전포고를 했다. 샌프란시스코 연합국회의 참가국 자격이 1945년 3월 1일 이전에 독일과 일본에 선전포고를 한 국가로 제한되었기 때문에, 샌프란시스코회의에 참가하기 위해서는 대독일 선전포고가 필요했던 것이다. 임시정부는 3월 5일 국무회의 결의로 외무부장이 주요 국가에 한국대표로 임시정부의 참가를 요청하며, 김구 주석 명의로 각국 원수에게 공함을 보내기로 했다.

1945년 3월 19일 국무회의는 샌프란시스코회의에 파견할 한국대표단을 선정했는데, 재미 인사 중에서 김호, 한시대, 송헌주, 변준호, 이살음, 전경무, 김원용, 황사용, 윤병구 등 9명을 대표로 선임했다. 3월 23일 국무회의는 중경 임시정부에서 파견할 대표로 조소앙, 김규식 2명을 선임했다.[258] 대표단은 곧 5명으로 늘어났고, 4월 25일 임시정부는 샌프란시스코회의에 파견할 대표의 여비 지급과 출국 수속을 중국정부에 요청했다. 김규식 부주석, 조소앙 외무부장, 정환범(鄭桓範) 주석 고문, 임의탁(林義鐸) 서무국장 등이었다.[259] 중국 언론에는 조소앙 외무부장을 단장으로 하는

---

258 「국무회의 결의안 철(1944. 5~1945. 4)」, 『대한민국임시정부자료집』 8.
259 「임정대표의 샌프란시스코회의 참가를 위한 여비 지급 요청과 대표 명단」(1945. 4. 25), 김구-오철성, 추헌수, 1971, 위의 책, 429~431쪽. 정환범은 영국 케임브리지대학 정치경제학 박사, 상해 진단대학 교수를 역임한 것으로 되어 있다. 임의탁은 일본 천엽(千葉) 의과대학을 졸업한 후 중국 하얼빈 청화(淸華)의원 원장, 상해 춘곡(春谷)의원 원장, 군정부 제27후방의원 원장, 군정부 강철창 수도처(鋼鐵廠 水道處) 주임의사를 지낸 의사였다. 김규식의 아들 김진동의 장인이었다.

한국대표단이 샌프란시스코회의에 참가를 시도하고 있으며, 미국·영국·소련·중국 4대국에 참가를 요청했으나 회답이 없다고 밝혔다. 조소앙은 중국외교부를 방문해 오국정(吳國楨) 차장과 의견을 교환했다.[260] 5월 25일 중한문화협회는 샌프란시스코회의에 참가할 예정인 김규식, 조소앙을 초대해 다과회를 베풀었다. 환송식에는 중국과 한국의 인사 수십 명이 참가했다. 김규식과 조소앙은 한국의 독립 건국에 많은 도움이 될 것이며, 각국 정부와 깊은 대화를 나누고, 구미 각국에 거주하는 한교들과도 한국 독립 문제를 토론하길 희망한다는 희망을 밝혔다.[261] 김규식은 "우리가 미국에 가는 것은 다만 국제안전회의에 참석하기 위할 뿐 아니오, 멕시코 쿠바와 및 미국 각지에 있는 한인교민을 심방하기 위함이라고 한다"라고 밝혔다.[262] 그러나 미국은 이들의 입국을 허가하지 않았다.

1945년 6월 8일 중국국민당 정보에 따르면 김규식, 조소앙, 정환범 3명이 샌프란시스코회의 참가차 출국하지 못한 이유는 최근 한국인 중 누군가가 미국대사관에 김규식은 공산주의분자이며, 정환범은 무정부주의자라고 이견을 제시했기 때문이라는 것이다. 미국대사관은 이들에 대한 비자 발급을 미루고 워싱턴의 지시를 기다리고 있는 중이라고 했다.[263] 또한 임시정부가 중국정부에 미화 2만 달러의 차관을 요청했지만, 이 역시 결과가 없는 상태였다. 미국은 한국이 대서양헌장 서명국, 혹은 제2차 세계대전 참전국, 연합국, 협력국, 교전국 등의 지위에 해당하지 않는다고 판단했기 때문에 임시정부의 샌프란시스코회의 참가에 응답하지 않았다. 때문에 김규식과 정환범에 대한 비방을 이유로 주중 미국대사관이 비자 발급을 거

260 「한국임시정부, 샌프란시스코회의 참가 갈망」, 『大公報』(1945. 4. 5).
261 「중한문화협회, 미국으로 출발하는 김규식 조소앙을 위한 환송회 개최」, 『大公報』(1945. 5. 25).
262 「한국임시정부 대표가 안전회의에 온다는 전설」, 『신한민보』(1945. 5. 31).
263 「대한민국 임시정부의 최근 동태」(1945. 6. 8), 중국국민당 중앙집행위원회, 추헌수, 1971, 위의 책, 403~405쪽; 『대한민국임시정부자료집』 13.

절했다는 정보는 정확하지 않은 것이지만, 당시 중경한인사회의 상호 비방과 무고의 정황을 미루어 짐작할 수 있다. 1945년 6월 26일 샌프란시스코회의가 폐막될 때까지 회의에 참가하기 위한 임시정부의 노력은 계속되었고, 이는 주요 뉴스가 되었다.[264]

중경 임시정부의 대표는 참석하지 못했지만, 임시정부가 선임한 재미한인대표단은 샌프란시스코에 파견되었다. 한국대표의 출석이 승인되지 않았으므로, 단장 이승만을 필두로 한 대표단은 회의에 직접 출석할 수는 없었고, 일부 인사들이 『신한민보』·『독립』 등의 신문기자 자격으로 회의장 접근이 가능했다. 샌프란시스코회의에 참석했던 소육린(邵毓麟)은 한국·중국 대표단이 함께 차선책을 강구해 옵저버 형식으로 회의 참석 가능성을 사무국에 타진했지만, 훗날 친공인사로 지목된 사무국장 앨저 히스(Algier Hiss)가 한국은 어떤 명의로도 참가할 수 없다고 답했다고 주장했다.[265] 한국의 참가 좌절에 마치 국무부 내 공산분자의 음모가 있었던 것처럼 묘사한 것이다.

그런데 이번에도 역시 이승만을 중심으로 대파란이 일었다. 샌프란시스코회의에서 이승만은 소련과 연합국을 상대로 한국 독립의 정당성, 임시정부 승인의 필요성을 강조하는 임시정부 승인 외교를 펼친 것이 아니라, 소련이 얄타회담에서 한국에 대한 지배권을 미국으로부터 승인받았다는 소위 "얄타밀약설"을 대대적으로 펼쳤기 때문이다.[266] 이승만은 한반도가 소련 영향권하에 들어갈 것이며, 이는 얄타회담에서 미국과 소련 간, 혹은 중국국민당정부와 소련 간 비밀협약을 통해 국제적으로 보증되었으며 소

---

264 「사론: 한국임시정부와 샌프란시스코회의」, 『독립신문』 7호(1945. 8. 20).
265 邵毓麟, 『使韓回憶錄』, 『대한민국임시정부자료집』 25.
266 샌프란시스코회의에 신문기자 자격으로 참가했던 한길수 역시 얄타회담에서 한반도가 소련에게 넘어갔다고 주장하며, 미 국무부에 항의전문을 보내기도 했다(「임정대표의 샌프란시스코회의 참가불능」(1945. 5. 22) 重慶版 『大公報』 추헌수, 1971 위의 책, 434쪽).

련지역 또는 중공지역의 한국인 공산주의자들이 이 일을 담당할 것이란 주장을 폈다. 이승만은 1945년 중반 내내 얄타밀약설로 미 국무부 관리들을 괴롭혔고, 국무부의 공식 반응은 얄타밀약이 근거 없다는 것이었다.[267]

주미외교위원장 이승만은 소련이 한국과 중국의 대련을 자국 소유로 해야 한다는 기사를 소련 측 관변 신문에 게재했으며, 얄타회담에서 소련이 만주·몽고와 한국을 취득한다는 데 미국이 동의했다는 보도가 미국 신문에 낭자하다는 소식을 임시정부에 알렸다.[268] 1945년 4월 5일 임시정부 국무회의는 사실 여부를 확인한 후 이에 관한 성명서를 발표하기로 결의했다. 임시정부 부주석 김규식은 5월 24일 중경 『대공보』(大公報) 기자를 만나 얄타밀약설이 사실이 아님을 중경 주재 소련대사를 만나 확인했다고 밝혔다. 김규식은 주미외교위원장 이승만이 얄타밀약설에 대해 미국 당국에 확인을 요청한 바, 미 국무부가 소문이 사실무근이라고 성명했으며, 임시정부도 중경 소련대사관에 비공식으로 소문의 사실 여부를 문의한 결과 소련대사가 사실 무근임을 밝혔다는 것이다. 김규식은 "우리도 소련이 한국에 대해 어떠한 야심도 없을 것을 굳게 믿고 있다. 한국과 소련의 합작은 장래 원동의 평화 유지에 큰 도움이 될 것이다"라고 밝혔다.[269]

당시 언론에 일반적으로 알려진 얄타밀약설은 중국에 관해서는 부분적으로 사실이었다. 하지만 이승만이 주장한 한국 관련 얄타밀약설은 전혀 근거가 없는 것이었다. 얄타회담에서 루스벨트 대통령과 스탈린은 유럽 종전 3개월 이내에 소련이 대일 개전을 하며, 그 대가로 소련이 러일전쟁에서 상실한 사할린, 쿠릴열도를 반환하고, 여순·대련항의 지배권과 만주철도에 대한 권리를 돌려주는 데 합의했다. 주로 중국의 주권과 관련된 이들

---

267 정병준, 1997, 「해방 직후 이승만의 귀국과 동경회합」, 『우송조동걸선생정년기념논총II: 한국민족운동사연구』, 나남, 925쪽.
268 「국무회의 결의안 철(1944. 5~1945. 4)」, 『대한민국임시정부자료집』 8.
269 「한국은 여전히 소련을 신뢰」, 『大公報』(1945. 5. 25).

지역 및 권리를 미국과 소련이 결정했다는 점에서 강대국 중심의 "얄타밀약"이라고 부를 만한 사안이었다. 그러나 이러한 이권 거래는 1945년 8월 중소우호조약을 통해서 중국과 소련 양국 정부의 정식 승인을 받았다. 반면, 한국에 관해 소련의 지배를 미소가 비밀리 합의했다는 소위 이승만식 "얄타밀약"은 이승만의 자가발전식 허위주장이었으며, 발설자도 이승만이었고, 확대 유포자도 이승만이었다. 사실 자체가 존재하지 않았지만,[270] 이승만은 2차 대전 종전과 함께 대두되고 있던 반소·반공적 매파에 편승하고 자신의 명성을 높이기 위한 목적으로 샌프란시스코회의 내내 얄타밀약설을 주장했다. 대소 외교나 연합국 외교는 존재하지 않았으며, 미 국무부 외교관들을 공산주의 동조자로 무고하는 데 주저함이 없었다. 임시정부는 미주한인사회를 뒤흔든 주미외교위원부 파란 속에서 재미한인사회의 대부분과 관계를 단절하면서까지 이승만에게 절대적 신임과 지지를 보낸 것인데, 이에 대한 이승만의 응답은 임시정부의 공적 임무를 완벽하게 무시한 채 개인적 야심을 위해 허위사실에 근거한 반소·반공·반미적 선전 활동을 벌인 것이었다. 얄타밀약설은 임정의 선택 가능성을 현저하게 축소시켜 버렸다.

특히 이승만은 임정 주미외교위원회 위원장으로 소련의 대한정책을 비난하는 성명을 여러 차례 발표했는데, 이 성명은 임정 명의로 제출되었다. 그러나 이 성명들은 임정의 사전 승인이나 동의를 받지 못한 것이었다. 근거 없는 풍설에 근거해 미국과 소련을 공격한 이승만의 비난 성명들은 임정을 곤혹스럽게 만들었다.[271] 샌프란시스코회의에서 이승만의 반소·

---

[270] 1945년 2월 얄타회담 관련 기록은 미국과 소련에 의해 모두 공개된 바 있다. 미국과 소련의 공개 회의록 어디에도 한반도를 소련 영향권에 두기로 한 미소 간 논의나 합의는 발견되지 않는다. 한국에 대한 유일한 언급은 루스벨트의 "30년 이상 신탁통치"의 필요성 발언이었고, 스탈린은 가급적 조속한 시기의 독립을 주장했을 뿐이다.

[271] 임시의정원 제38회 회의 제4일 회의(1945. 4. 17)에서 박건웅은 이승만의 근거 없는 전보에 기초해 임정이 얄타회담과 관련해 반소·반미 성명에 동의한 경위를 추궁했고, 외무부장 조

반공 캠페인은 너무 유명한 것이어서, 임시정부는 소련으로부터 이승만과 함께 극우 반공주의적인 집단으로 낙인찍히는 역효과를 얻었다.[272] 폴란드 망명정부를 반면교사로 삼아서 샌프란시스코회의에서 대소 외교를 펼쳐보려고 했던 임시정부의 순진한 발상은 이승만에 의해 완벽하게 부정되었다.

(2) 군사: 행동준승 9개조 철폐와 광복군-OSS의 공동작전

1945년에 이르러 광복군을 중심으로 한 군사 활동, 군사작전이 적극적으로 추진되기 시작했다. 중국과 미국 군사당국 모두 제2차 세계대전이 막바지에 도달했으며, 특히 유럽전장이 정리된 이후 태평양 대일전에서 광복군의 역할이 중요하다고 판단했다.

임시정부는 대일전에 참가하기 위해서는 광복군의 독자성 회복이 중요하다고 판단했고, 중국 측과 접촉해 광복군 행동준승 9개조의 취소·철폐를 위해 노력했다. 1944년 5월 25일 국무회의에서 본격적으로 광복군 행동준승 9개조를 철폐하고, 10개 항으로 구성된 한중호조군사협정(韓中互助軍事協定)을 체결하는 방안이 논의되었다. 이 일은 주석 김구, 외무부장 조소앙, 군무부장 김약산에게 전임되었다. 한중 간 협상은 1944년 6월 하순부터 진행되었고, 1944년 8월 23일 중국 군사위원회 하응흠 총장으로부

소앙은 시간 제한과 연락 두절 때문에 일 처리가 미숙하게 되었다고 답변했다(「대한민국임시의정원 속기록」, 국사편찬위원회, 1983, 위의 책, 228~229쪽).
272 샌프란시스코회의 당시 중국공산당 동필무(董必武)는 중국대표단의 일원이었다. 동필무는 김성숙에게 샌프란시스코회의에서 이승만이 얄타밀약설을 거론하며 소련이 한반도를 팔아먹었다는 비난 성명을 내어 임정과 소련의 관계가 험악해졌다고 전했다. 김성숙은 국무회의에서 이승만의 파면을 주장했고, 임정 주미외교위원장에서 파면시켰다고 회고했다(이정식 면담, 김학준 편집·해설, 1988, 『혁명가들의 항일회상』, 민음사, 120~121쪽). 이후 소련은 김구·조소앙·이승만에 대해 친국민당·친미인 동시에 반소적인 반동 인물로 평가했다(김성보, 1996, 『북한의 토지개혁과 농업협동화』, 연세대학교 사학과 박사학위논문, 87쪽).

터 "지금 이래로 한국광복군이 의당히 한국정부에 직예(直隷)됨에 의하여 이전에 중국 군사위원회에서 정한 한국광복군 행동준승 9개조는 지금 수요(需要)되지 않음으로 이를 즉시 취소한다"는 공문이 도착했다. 나아가 9월 8일 장개석은 국민당 오철성 비서장에게 광복군의 임시정부 예속과 행동준승 9개조의 취소를 지시했다.[273] 즉, 1944년 8월에 행동준승 9개조는 철폐되었고, 동년 9월 장개석의 비준을 얻은 것이다.

그런데 행동준승 9개조를 대체할 새로운 한중 간 군사협정은 곧바로 체결되지 않았다. 1944년 10월 5일 국무회의는 「관어한국광복군환문초안」(關於韓國光復軍換文草案)과 「위광복군당면요구조건」(爲光復軍當面要求條件)을 중국정부에 제시했으나 중국 측은 동의하지 않았다. 임시정부 승인을 전제로 한 차관 형식의 원조 요청에 반대했기 때문이다.[274] 이어 1945년 1월 29일 국무회의는 종전과 유사한 「관어한국광복군중한양방상정판법」(關於韓國光復軍中兩方商定辦法)을 통과시켜 중국 측에 제시했고, 4월 4일 장개석 총통의 답변이 도착했다.[275] 장개석이 승인한 「원조한국광복군판법」(援助韓國光復軍辦法)은 1945년 5월 1일부터 시행되었다. 핵심은 광복군이 중국 경내에서 활동할 때는 중국 군사위원회의 지휘를 받으며, 필요한 군사비는 차관 형식으로 임시정부에 제공하고, 포로수용소의 한인 포로는 광복군에 넘긴다는 내용이었다.[276] 결국 1941년 11월 중국정부에 의해 일방적으로 강요된 광복군 행동준승 9개조는 임시정부의 강한 철회 요구와 미국 등 국제사회의 압력하에 1944년 8월 취소되었고, 광복군은 1945년 5월에야 임시정부의 직접 관할하에 두어졌다. 행동준승 9개

---

273 김광재, 2007, 위의 책, 91~96쪽.
274 김광재, 2007, 위의 책, 98쪽.
275 「대한민국27년도 제37회 의회 각종 안」, 『대한민국임시정부자료집』 6; 「국무회의 결의안 철(1944. 5~1945. 4)」, 『대한민국임시정부자료집』 8.
276 「원조한국광복군판법」(援助韓國光復軍辦法), 『대한민국임시정부자료집』 10, 195쪽.

조 철폐 이후 광복군 총사령부에서 근무하던 중국 측 인원이 철수했고, 새로운 광복군 총사령부 조직법에 따라 부사령직이 폐지되고 총사령부 밑에 5개 처를 두게 되었다. 이제는 광복군 운용 경비를 둘러싸고 재무부(한독당 조완구)와 군무부(민혁당 김약산)가 서로 운용권 장악을 주장하는 상황이 벌어졌다. 또한 총사령 이청천의 거취도 의정원의 토론을 거쳐 결정될 상황이었다.[277]

일본의 패전과 종전이 임박했다는 징후는 일본군에 강제 지원병·징병으로 끌려갔던 한인 병사들이 대거 탈출한 사실로도 증명되고 있었다. 수십 명의 한인 탈주병들이 일본군을 벗어나 중국국민당군, 팔로군에 가담하고 있었다. 1945년 2월 6일 오후 3시 중경 중한문화협회는 일본군에서 탈출해 광복군에 합류한 한국 청년 35명을 환영하는 다과회를 개최했다. 임시정부 부주석 김규식, 외무부장 조소앙, 선전부장 엄대위(엄항섭), 문화부장 왕해공(신익희) 등이 참석했고, 중국 측에서는 소력자(邵力子) 비서장, 마초준(馬超俊, 일명 마성초馬星樵) 부부장, 방치(方治) 주임 등이 참석했다. 내외신 기자 20여 명도 취재차 참석했다.[278] 여기에 김준엽, 장준하 등이 포함되어 있었다. 이들은 일본군을 탈출한 후 2만 리 장정의 신산고초를 겪은 끝에 중경 임시정부에 당도했던 것이다.[279]

한편 민혁당에서 독자적으로 인도 주재 영국군과 협상을 벌여 운영했던 인도·버마전구(印緬戰區)공작대는 1944년 12월 8일 국무회의 결정을 통해 민혁당에서 임시정부로 이관되었다.[280] 김원봉이 임시정부 군무부장으

---

277 「한국광복군 개조 후 임시정부 근황에 관한 보고」(1945. 4. 30), 미상-중국국민당 중앙집행위원회, 『대한민국임시정부자료집』 11.
278 「중한문화협회의 일본군 진영 탈출 병사를 위한 다과회 개최」(1945. 2. 6), 추헌수, 1972, 위의 책, 340~341쪽; 『대한민국임시정부자료집』 22.
279 장준하, 1971, 『돌베개』, 사상사; 김준엽, 1987, 『장정』, 나남.
280 「국무회의 결의안 철(1944. 5~1945. 4)」, 『대한민국임시정부자료집』 8. 정병준, 2023, 「해제」, 『대한민국 임시정부 자료총서 3-영국국립문서보관소 소장 대한민국 임시정부자료: 인

로 선임된 것이 이러한 조치와 연관되었을 것이다. 1945년 3월 27일 국무회의는 한국광복군 인도 주재 연락대(駐印聯絡隊)와 관련해 광복군 대표와 주인도 영국군 대표 간에 체결할 협정 초안을 통과시켰다. 1943~1945년 연합군 인면전구(印緬戰區, 인도·버마전구)에서는 광복군 제1지대원 10여 명이 영국군과 함께 대일심리전에 투입되었다. 광복군 총사령부가 파견한 이들은 영국군 총사령부에서 4개월간 교육을 받은 후 영국군에 배송되어 대적방송, 적문서 번역, 정보 수집, 포로 심문 등의 활동을 벌였다. 광복군은 영국군과 추가 협력을 위한 협정 체결을 준비·시도했다.[281]

광복군이 독자성을 회복하는 시점에서 임정은 적극적으로 미국의 승인과 지원을 획득하는 데 주력했다. 특히 미국과의 군사적 연대 시도는 해방 전후 임정의 진로에 큰 영향을 미쳤다. 임정은 중국 전구 내에 있던 2개 미군 기관과 연대를 시도했다.

첫째는 주중미군사령부와의 연대 시도였다. 1945년 2월 23일 조소앙은 주중 미국대사관의 대리대사 앳치슨(George Atcheson)에게 (1) 한인군대를 태평양 도서의 하나에서, 그리고 나중에는 중국 북부해안의 기지에서 훈련시킬 것, (2) 군수품·자금 지원은 임정과 차관협정 같은 일종의 협약을 맺고 미국으로부터 공여받을 것, (3) 한국인 기관을 정보 목적에 활

면전구공작대 및 외교문서』, 국립대한민국임시정부기념관.
[281] 광복군 인면전구공작대에 대해서는 다음을 참조. 한시준, 1993, 『한국광복군연구』, 일조각; 김광재, 2002, 「조선민족혁명당의 연합국과의 합작활동」, 『홍경만교수정년기념한국사학논총』; 반병률, 2006, 「해제: I 인면전구공작대」, 『대한민국임시정부자료집』 12 (한국광복군 II); 박민영, 2009, 「한국광복군 인면전구공작대 연구」, 『한국독립운동사연구』 33; 류동연, 2015, 「한지성의 생애와 민족운동-1930·1940년대 중국·인면 지역 활동을 중심으로」, 『한국근현대사연구』 74; 加納敦子, 2016, 「韓国光復軍の「インド・ビルマ戦区工作隊」派遣」, 現代韓国朝鮮学会, 『現代韓国朝鮮研究』 15; 류동연, 2020, 「R. C. Bacon 유족 제공 자료를 통해 본 인면전구공작대」, 『한국근현대사연구』 94; 류동연, 2021, 「한국광복군 인면전구공작대의 파견 배경과 성격」, 『한국근현대사연구』 95; 김영범, 2022, 『한국광복군 인면전구공작대장 한지성의 독립운동 자료집』, 선인; 한승훈, 2022 「태평양전쟁기 영국의 한국 독립운동 진영의 주목 계기와 그 인식-김원봉과 조선민족혁명당을 중심으로」, 『한국독립운동사연구』 79.

용할 것, (4) 미군 항공기를 이용해 한국에 살포할 선전용 전단을 임정이 준비할 것 등을 제안했다.[282] 나아가 1945년 7월 김구는 주중미군사령관 웨드마이어(Albert C. Wedemeyer)에게 편지를 보내 "일단 미군이 조선 남부의 제주도를 해방하면 한국임시정부는 즉시 미군 협조하에 제주도에 진입하기를 원하며 모든 한국인을 영도해 미국 작전에 협조하겠다"고 밝히기까지 했다.[283] 이미 광복군 제2지대는 OSS 중국지부와 협력하에 한반도 침투 작전인 독수리작전(Eagle Project)을 추진 중이었다.

둘째는 OSS와의 연대였다. 잘 알려진 것처럼 독일·이탈리아가 항복한 이후 OSS는 제2차 세계대전 종전에 결정적 기여를 하지 못한 데에 따른 조직적 위기감을 느끼고 있었다. OSS는 마지막 남은 대일전에서 확실한 전과를 세우기 위해 중국전구 OSS 활동을 강화했고, 특히 한국인들을 이용한 한국·만주·일본 본토 침투 계획을 강력히 추진했다.[284] 이 과정에서 중국전구 OSS는 독수리작전, 화북작전(North China Project), YENZIG4작전, 불사조작전(Phoenix Project), 칠리미션(Chilli mission) 등을 추진했다.[285]

1944~1945년 한국광복군 제2지대는 서안 두곡(西安 杜曲) 및 임천(臨泉) 등에서 미국의 특수공작 기관인 전략첩보국 OSS와 함께 한반도 침투를 위한 합동작전을 계획·실시했다. 독수리작전으로 알려진 합동작전은 45명의 한국광복군이 1945년 초여름 무렵 한반도의 5개 전략지점에 침투해 정보·공작거점을 마련하고 대일유격전, 심리전, 한국인들의 봉기를 지

---

282 "The Charge in China (Atcheson) to the Secretary of State" (March 1, 1945) RG 59, State Department, Decimal File, 895.01/3-145.
283 「최근의 임정동태」(1945. 7. 25), 추헌수, 1971, 위의 책, 405~406쪽.
284 Bradley F. Smith, *The Shadow Warriors: O.S.S. and the Origins of the C.I.A.*, Basic Books, Inc., Publishers, N.Y. 1983, pp.263~329; Maochun Yu, *OSS in China: Prelude to Cold War*, Yale University Press, New Heaven and London, 1996.
285 Maochun Yu, 1996, 위의 책, pp.209~230.

원한다는 계획이었다. 1기생 훈련은 7월 말 종결되었고, 8월 4일 38명이 수료했다. 1945년 8월 7일 김구 주석은 이청천 사령관, 이범석 제2지대장과 함께 서안에서 OSS 국장 도노반(William B. Donovan)과 만나 한미합동작전을 상의한 후 광복군-OSS 합동훈련을 참관했다. 또한 광복군 제3지대는 1945년 1월 이래 OSS와 미 14공군의 합작기구 공지자원기술단(空地資源技術團 AGFRTS)과 연계하여 합작훈련을 실시했다. 5월부터 미 14공군 파견대가 주둔하고 있던 입황(立煌)에서 훈련이 시작되었다.

OSS 훈련에 투입된 광복군에는 중국 각지에서 초모된 한국인들과 일본군을 탈출한 학병 출신 병사들이 포함되었다. 중국에서 일본군을 탈출한 학병들은 임시정부·광복군에 합류해 독수리작전에 참가했으며, 일부는 버마·인도를 거쳐 미국 캘리포니아에서 OSS의 한반도 침투 작전인 냅코프로젝트(NAPKO Project)에 참가했다.

독수리작전에 동참했던 광복군은 일본의 포츠담선언 수락 통보 이후 8월 11일 이청천을 지휘관으로 하는 국내정진군을 편성했다. OSS 훈련을 받은 제2지대를 중심으로 총 94명의 대원이 소집되었다. 이들의 임무는 국내 질서 유지, 일본군 무장 해제, 임시정부의 귀국 기반 조성 등이었다.[286] 한편 OSS 중국지부는 연합군 포로 구호 및 송환 등의 임무를 지닌 동북야전사령부를 편성해 한반도 진입을 추진했다. 광복군의 이범석, 김준엽, 장준하, 노능서 4명이 OSS 중국지부 포로구출팀 책임자 버드(Willis Bird) 대령과 함께 국내 진공작전에 투입되었다. OSS-광복군은 8월 18일 여의도 비행장에 착륙했지만, 본국의 지시를 받지 못했다는 일본군의 위협으로 다음 날 중국으로 귀환해야 했다.

독수리작전은 임정에 미군과의 공식적인 군사동맹으로 비칠 정도로

---

[286] 한시준, 1993, 위의 책, 288~293쪽; 김우전, 1992, 「한국광복군과 미국 OSS의 공동작전에 관한 연구」, 『수촌박영석교수환갑기념 한민족독립운동사논총』, 탐구당.

중요한 의미를 지녔다.²⁸⁷ 김구는 1945년 8월 7일 서안(西安)에서 개최된 OSS 국장 도노반과의 회담을 통해 미국과 임정의 항일 비밀공작이 시작되었다고 쓸 정도로 고무되었다.²⁸⁸ 임시정부가 꿈꾸던 미군과의 공동 군사작전을 광복군이 실시 중이었기 때문이다. 이후 임정은 한미 간 공식적 군사관계가 성립됨으로써 임정의 대외 승인에 대한 자신감을 얻은 한편, 상당한 친미 경향을 보이게 되었다. 다른 한편으로 OSS와의 연대가 비밀리에 한독당 중심으로 이뤄짐으로써 민혁당 등 임정 내 비주류 좌파의 반발이 강력하게 제기되었다.²⁸⁹ 또한 이 과정에서 임정은 주류 측에 의한 독선과 강한 반공주의를 표출하게 되었다.

1945년 광복군과 OSS의 공동훈련이 진행되면서, 광복군의 주도권을 둘러싼 민혁당의 도전과 반발이 고조되었다. 앞서 살펴본 것처럼 조선의용대가 광복군 제1지대로 편입되고 김원봉은 광복군 부사령이 되어 총사령 이청천의 휘하에 놓이게 되자 이에 불만을 품어 왔다. 1944년 5월 임정 군무부장이 된 김원봉은 광복군의 실질적 주도권과 권한이 총사령 이청천이 아니라 자신에게 있다고 생각했으며, 이청천의 지휘 권한과 경력을 무시했다. 반면 한독당은 임시정부와 광복군에 대한 권한과 통제력을 지속적으로 강화했다. 작은 갈등이 쌓였고, 대립이 중첩되었다. 임시정부 법률에 따르면 군무부장은 장교를 임명할 권한이 있지만, 이 법안은 사문화되었고, 장교 임명권은 군무부장 김원봉이 아닌 총사령 이청천에게 있었다. 김원봉은 자신의 권한이 침해되었다고 생각해 불만을 품었다. 양자는 국무회의에서

---

287 독수리작전에 대해서는 한시준, 1993, 『한국광복군연구』, 일조각, 272~298쪽을 참조.
288 『백범일지』, 396쪽.
289 김구의 8월 초 서안 여행에 대해서 임정의 극소수를 제외하곤 중국국민당·군사위원회조차 정확한 이유를 알지 못했다(「최근의 임정동태」(1945. 8. 15), 추헌수, 1971, 위의 책, 406쪽). 또한 민혁당은 이러한 처사가 비밀외교 때문이라며 '미국에 부용(附庸)'되는 것을 중단하라고 강력히 요구했다(「한독당에 대한 민혁당의 주장」(1945. 6. 13), 추헌수, 1971, 위의 책, 82~83쪽).

광복군의 통제권을 둘러싸고 대립했다.

OSS 중국지부의 보고에 따르면 1945년 3월까지 광복군 제1지대장은 민혁당 당원이던 이집중이 맡았다. 김약산은 송수창을 지대장으로 임명했는데, 이청천은 조소앙의 동생 조시원을 제1지대 정치지도원에 임명했다. 김약산은 조시원 임명에 격렬히 반대했고, 송수창도 사임의사를 밝혔다.[290] 5월에 송호(宋虎, 송호성)가 한독당의 영향력을 통해서 제1지대장이 되었고, 나아가 한독당 당원인 이범석이 제2지대장을, 김학규가 제3지대장을 맡게 되었다.[291] 제2지대를 중심으로 OSS와 독수리작전이 준비되었고, 제3지대를 중심으로 미 제14공군과의 연합작전이 추진되었다. 광복군 내 김원봉의 영향력은 구조적으로 축소될 수밖에 없는 상황이었다. 중국 측은 광복군 총사령부가 이미 두 파로 분열되었다고 판단했다. 한독당 계열인 이청천파는 최창석과 조소앙의 동생 조시원이 브레인 역할을 하며, 민혁당 계열의 왕일서(김홍일)파는 이두산(李斗山)과 송수창(宋壽昌)이 중요 역할을 맡았다. 쌍방의 대립은 첨예한 상태로, 이청천은 왕일서가 마음대로 권력을 휘두른다고 생각해 사사건건 행동을 견제했고, 왕일서는 사의를 표명했다.[292]

1945년 5월 1일 김구가 주중미군사령관 웨드마이어에게 보낸 영문편지가 양자 간 갈등을 폭발시켰다. 영문편지에서 김구는 미군 측이 군사상 한국 측의 협조가 필요한 경우, 한국광복군 총사령과 상의하며, 중국군사위원회의 동의를 다시 받을 필요가 없다고 했다.[293] 그런데 원래 한글편지

---

[290] 「대한민국 임시정부의 최근 동태」(1945. 6. 8), 미상-중국국민당 중앙집행위원회, 『대한민국임시정부자료집』 13.
[291] 「한국임시정부, 한국광복군, 그리고 한독당」(1945. 8. 3), 중국전구 OSS 비밀첩보과, 『대한민국임시정부자료집』 13.
[292] 「대한민국 임시정부의 최근 동태」(1945. 6. 8), 미상-중국국민당 중앙집행위원회, 『대한민국임시정부자료집』 13.
[293] 「김구주석이 웨드마이어장군에게 보낸 조회문 내용」(1945. 5. 1), 추헌수, 1971, 위의 책,

에는 광복군 총사령(이청천)이 아닌 군무부장, 즉 김원봉과 상의하라고 되어 있었고, 김원봉은 한독당 측이 노골적으로 광복군 지휘 계통에서 자신을 배제하려는 의도라고 격분했다. 김원봉은 웨드마이어에게 편지를 보내 자신이 협상 상대라고 밝혔고, 임정은 재차 웨드마이어에게 수정공문을 보내 광복군 총사령 이청천과 군무부장 김원봉 양자와 협상하라고 했다. 임정 내분에 말려들길 꺼린 웨드마이어 측은 자신들은 총사령·부장을 승인하지 않으며 단지 김구를 교섭 상대로 할 뿐이라고 답했다.[294]

나아가 민혁당은 군무부장 김원봉뿐 아니라 광복군 참모장인 왕일서(김홍일)까지도 광복군의 지휘 계통에서 소외되는 데 강한 불만을 갖게 되었다.[295] 또한 광복군 문제와 관련해 민혁당 측은 한독당이 중국전구 OSS 측과의 연합훈련에서 한독당 계열인 제2지대만을 훈련시키는 데 강한 불만을 품었다.[296] 이러한 요인들이 복합적으로 작용해 민혁당은 6월 11일 전 당원 명의로 성명을 발표하고 임정 및 광복군 탈퇴를 선언하기에 이르렀다.[297]

사태가 정확히 어떻게 수습되었는지는 미상이지만, 민혁당은 중국 군사위원회를 통해 활로를 모색했다. 중국 군사위원회는 성도(成都) 중앙군사학교에서 한국 청년들의 훈련을 승인했고, 왕일서를 학교장으로 임명했다. 한국 청년 훈련학교의 모든 간부는 민혁당 간부가 담당했다. 채원개

427~428쪽.
294 「한미관계와 임정의 최근 동태」(1945. 5. 8); 「웨드마이어 장군에게 보낸 조회문 내용으로 인한 분규」(1945. 5. 12), 추헌수, 1971, 위의 책, 432~433쪽; 「최근의 임정 동태」(1945. 6. 8), 추헌수, 1971, 위의 책, 403~404쪽.
295 「최근의 임정 동태」(1945. 6. 8), 추헌수, 1971, 위의 책, 403~404쪽; 「한독당에 대한 민혁당의 주장」(1945. 6. 13); 「한독당과 민혁당과의 관계」(1945. 7. 3), 추헌수, 1972, 위의 책, 82~84쪽.
296 「최근의 임정 동태」(1945. 6. 8), 추헌수, 1971, 위의 책, 403~404쪽; 「한독당에 대한 민혁당의 주장」(1945. 6. 13), 추헌수, 1972, 위의 책, 82~83쪽.
297 「한독당에 대한 민혁당의 주장」(1945. 6. 13), 추헌수, 1972, 위의 책, 82~83쪽.

(교육부서), 이두산(정훈교육), 김자동(총무)이 각자 역할을 맡았다. 중앙 군사학교는 1945년 8월 첫째 주에 개교할 계획이었으며, 중경 광복군 제1지대의 훈련생 약 15명만이 등록했다. 한독당이 관리하는 제2지대와 제3지대는 훈련에 파견할 대원이 없다고 통고했다. 이미 미군의 협조로 서안과 부양에서 OSS 훈련을 마친 대원들은 성도 간부훈련반에 참가할 필요가 없었기 때문이다. 중국 측 정보에 따르면 미군은 서안 제2지대 훈련반 개설비용 2천만 원을 제공했고, 훈련에 필요한 각종 복장과 무기를 제공한 바 있다.[298] 성도 군사학교의 훈련비용은 중국 군사위원회가 제공하기로 했다.[299] 해방 직전 광복군을 둘러싼 민혁당과 한독당의 힘겨루기가 처한 현실이었다.

(3) 중경 내 정당 통일 시도: 5당통일회의와 독립운동자대표대회

1945년 중경에 존재하는 5개의 정당은 또다시 통일회의를 개최했다. 5당통일회의였다. 5개 정당은 한국독립당, 조선민족혁명당, 신한민주당, 조선민족해방동맹, 조선무정부주의자연맹 등이었다. 5당통일회의가 발의·개시된 정확한 시일은 알 수 없지만, 5당 중 하나로 한독당 이탈파와 민혁당 이탈파가 결합해 신한민주당이 결성(1945. 2. 8)된 이후에 본격화된 것으로 보인다. 시기적으로는 1945년 3~4월경부터로 생각된다.[300] 5당통일회의를 주도한 것은 한독당이었다.

---

298 「대한민국 임시정부의 최근 동태」(1945. 6. 8), 미상-중국국민당 중앙집행위원회, 『대한민국임시정부자료집』 13. 제2지대원의 생활은 여유로워 심지어 도박까지 하는 사례가 보고되었다.
299 「한국임시정부, 한국광복군, 그리고 한독당」(1945. 8. 3), 중국전구 OSS 비밀첩보과, 『대한민국임시정부자료집』 13.
300 안병무, 1988, 『칠불사의 따오기』, 범우사, 148~149쪽.

한독당은 민혁당·신한민주당 등이 내세운 임정 확대·개조와 독립운동자대표대회 요구에 대응하기 위해 5당통일회의를 주장했다. 임정 확대·개조나 외연 확대가 이뤄지기 위해서는 먼저 중경 내 5당파의 통일이 필요하며, 그에 기초해야 임정 확대·개조나 독립운동자대표대회가 가능하다는 논리였다. 한독당은 5당파가 즉시 통일하고, 새로운 정당이 임정을 강력히 지지함으로써 대외선전도 가능하고 외국 원조도 크게 받을 수 있다고 주장했다.[301] 한독당을 확대·강화하는 것이 바로 임정을 확대·개조한다는 논리였으며, 한독당의 임정 지배력을 강화하겠다는 포석이었다.

민혁당·신한민주당 등 나머지 4당도 5당 통일에는 일단 찬성했다. 그렇지만 이들은 기본적으로 한독당을 중심으로 한 통일 방안에는 분명히 반대했으며, 오히려 5당통일회의를 임시헌장 개정과 대표대회 소집의 논의 장으로 이용하려고 했다.

1945년 4월 말에 이르러 5당은 통일에 합의했다. 중국국민당 중앙집행위원회의 보고에 따르면 1945년 4월 16일 5당은 단일당 결성안을 통과시켰다. 단일당 통과 후에도 각 당은 기존의 사상·언론·출판·집회의 자유를 향유할 수 있도록 했다.[302] 중국 측은 단일당 결성안이 통과되었지만, 한 당에 여러 파벌이 존재하는 것을 인정하는 상황이므로 전도가 밝지 않다는 일반적인 여론을 전했다. 협의된 통일 원칙은 5당 통일이 항구적·전면적인 것이 아니라 한시적이며 부분적인 것임을 증명했다. 일단 5당은 합병을 하며, 각 조직과 당은 명의를 완전 취소한다는 데 동의했다. 여기에는 단서조항이 붙었는데, 그것은 (1) 정책의 통일이지 주의(主義)의 통일이 아닐 것, (2) 사상·언론·출판의 자유권을 보유할 것, (3) 정치성을 띠지 않

---

301 「5당통일회의와 각당의 의견」(1945. 4. 30); 「5당통일과 개헌」(1945. 5. 4), 추헌수, 1972, 위의 책, 81~82쪽.
302 「한국광복군 개조 후 임시정부 근황에 관한 보고(미상-중국국민당 중앙집행위원회)」(1945. 4. 30), 『대한민국임시정부자료집』 11.

은 종교단체와 같은 성격의 조직일 것 등이었다.[303] 한독당이 제출한 이 통일 원칙은 사실상 새로운 정당 결성의 원칙이라기보다는 공동투쟁을 위한 일시적 연대를 위한 연맹·연합체 결성의 원칙에 가까웠다. "종교단체"성격의 통일이라는 것이 정확히 무엇인지는 알 수 없으나, 한독당이 필요한 것은 임정이 단일당으로 통일되었다는 대외선전용 명분이었다.

5당통일회의 내내 민혁당 등은 이에 근거해 통일당에 참가하는 각 정파가 언론, 집회, 사상, 출판의 자유를 지님으로써 통일당 내 분파 활동을 보장하라고 요구했다.[304] 또한 민혁당은 임정헌법을 먼저 개조해 화북·미주·소련의 한인들을 임정에 참가시킨 후 다시 통일을 논의하자는 입장을 주장한 반면, 한독당은 5당 통일을 이룬 후에 헌법을 개정하자고 주장했다.[305]

신한민주당 측 인사는 이 시점에 임시정부 구성원을 친중, 친러, 친미로 구분할 수 있는데, 친중 세력 40명(김구, 박찬익, 조완구, 이청천, 황학수, 엄항섭, 조소앙, 조성환, 안훈, 이시영, 신익희 등), 친러 세력 40명(김약산, 성현원, 김규식, 김상덕, 장건상, 김규광 등), 친미 세력 20명(홍진, 김붕준, 유동열)이라고 주장했다. 그런데 좌파적으로 평가받는 신한민주당이 홍진, 김붕준, 유동열을 모두 친미 세력이라고 구분하고, 김규식을 친러파에 넣은 것은 아무래도 OSS의 지적처럼 "다른 당파에 대한 얼마간의 선입견"에 근거한 것이었다.[306]

---

303 「최근의 임정 동태」(1945. 4. 26), 추헌수, 1972, 위의 책, 402~403쪽. 이러한 통일 원칙은 한독당이 제출한 것이었다(「5당통일회의와 각 당의 의견」(1945. 4. 30), 추헌수, 1972, 위의 책, 81쪽).
304 「5당통일회의와 각 당의 의견」(1945. 4. 30), 추헌수, 1972, 위의 책, 81쪽.
305 「5당통일회의와 각 당의 의견」(1945. 4. 30);「5당통일과 개헌」(1945. 5. 4) 추헌수, 1972, 위의 책, 81~82쪽.
306 「제38차 임시의정원 회의에 대한 보고(2급 비밀)」(1945. 7. 3), 국사편찬위원회, 1993, 『한국독립운동사』 자료23(임정편VIII), 6~8쪽; 『대한민국임시정부자료집』 13.

5당통일회의는 제38차 의정원 회의와 결합되면서 복잡한 양상을 띠었다. 제38차 의정원 회의가 임시헌장 수개(修改), 원부(院府) 확대·개조, 독립운동자대표대회 등에서 아무런 성과를 거두지 못하자, 5당통일회의 역시 5월 말에 이르러 난관에 봉착했다. 민혁당은 독립운동자대표대회 즉시 소집이 불가능하면 임정을 즉시 개조해야 한다고 주장하며, 국무위원회의 민혁당 자리를 4자리로 늘릴 것을 주장하는 한편, 신한민주당은 국무위원 55제[한독당 5·그 외 당파 5]를, 조선민족해방동맹과 조선무정부주의자총연맹 등도 국무위원 자리와 정부 부장 지위를 요구했다. 이들은 자신들의 요구가 거부되면 임정을 탈퇴하겠다고 위협했다.[307]

　　한독당은 계속해서 무조건 통일한 후에 정부 문제를 해결하자고 주장했고, 나머지 4당은 한독당이 임정을 지배하는 상황하에서 무조건 5당 통일은 신당(新黨)을 한독당에 넘겨주는 것과 마찬가지라는 이유로 격렬히 반대했다.[308] 또한 이들은 독립운동자대표대회 소집을 5당 통일의 교환 조건으로 내세우며, 또한 신당 내에서 언론·집회·사상·출판의 자유를 보장할 때만 통일에 응하겠다는 태도를 취했다.[309]

　　결국 5당통일회의는 결렬되었다. 제38차 임시의정원 회의가 실패로 폐회되었고, 신한민주당 간부이자 임정 법무부 차장이던 신기언(申基彥)이 구타를 당하는 사건이 벌어졌다. 주중미군사령부와 광복군 간 연락을 둘러싼 한독당과 민혁당의 갈등 때문이었다.

　　신한민주당 상임위원이던 신기언은 1945년 4월 10일 한인 포로가 수용된 부로집중영(俘虜集中營)의 외국기자회견에서 임정을 반대하는 발언을 했고, 전쟁포로 수예전람회(手藝展覽會)(5. 2~5. 4)의 외국기자회견에

---

307 「의정원의 최근 동태」(1945. 5. 12), 추헌수, 1971, 위의 책, 357쪽;「한미관계와 임정의 최근 동태」추헌수, 1971, 위의 책, 433쪽.
308 「의정원의 최근 동태」(1945. 5. 22), 추헌수, 1971, 위의 책, 358~359쪽.
309 「5당통일회의에 관한 소식」(1945. 6. 14), 추헌수, 1972, 위의 책, 83~84쪽.

서도 반(反)임정 발언을 했다.[310] 또한 신기언은 한인 포로들을 신한민주당으로 흡수하기 위해 임정을 비난하며 신한민주당 가담을 종용했다.[311] 이에 격분한 한독당의 조완구는 임정 경위대를 보내 신기언을 구타했고, 나아가 그를 1주일간 감금한 후 법무차장 직에서 축출시켰다.[312] 임시정부의 법무차장이 외국기자들과 한인 포로들 앞에서 반임정 발언을 연이어 행하고, 임정 경위대가 법무차장을 구타·감금한 후 축출하는 상황이 벌어진 것이다.

여러 차례 생사의 고비를 넘으며 일본군을 탈출해 2만 리 장정 끝에 중경 임시정부 청사에 도착한 학병 탈주병들은 상상과 기대 속에 그리던 임정이 아닌 현실 속 임정과 마주했다. 초라한 임시정부는 분열된 상태였고, 파벌투쟁은 상상을 초월할 정도였다. 정당으로 인정할 수 없을 정도의 몇 사람이 당파를 구성해, 학병 출신들을 자파로 끌어들이려 "추태"를 벌였다. 식사 자리를 만들고, 정치훈련을 빙자한 가입 권유와 정파적 비난이 이어졌고, 미인계를 사용하는 당파도 있었다. 기대가 실망으로 바뀌고, 희망이 분노로 탈바꿈하는 데는 오랜 시간이 걸리지 않았다. 장준하는 "셋집을 얻어 정부청사로 쓰는 형편에 그 파는 의자보다도 많았다"고 냉정하게 썼다. 파벌로 분열되어 학병 출신들을 서로 끌어가려는 임정의 실정을 보고, 차라리 임정을 떠나 일본군에 들어가 일본항공대에 지원하여 "중경 폭격을 자원, 이 '임정' 청사에 폭탄을 던지고 싶습니다"라고 일갈했다.[313]

1945년 제38차 의정원 회의에서는 5당통일회의와 함께 독립운동자대표대회가 최대 쟁점으로 부상했다. 민혁당은 1943년 2월 제7차 전당대표

310 「임정법무차관의 발언」(1945. 5. 15), 추헌수, 1971, 위의 책, 403쪽.
311 「의정원의 최근동태」(1945. 5. 22), 추헌수, 1971, 위의 책, 358~359쪽.
312 「최근의 임정동태」(1945. 5. 23); 「최근의 임정동태」(1945. 6. 8), 추헌수, 1971, 위의 책, 403~404쪽.
313 장준하, 1971, 『돌베개』, 사상사, 304, 307쪽.

대회에서 해내외 혁명당파·단체와 민족통일전선 확대·강화, 임정 확대·강화를 내세웠으며, 1944년 민혁당의 손두환은 중경 거주 소수 한인이 현재의 임정·의정원을 장악하고 있어 독립운동의 영도 임무를 수행할 수 없기에 1923년 소련이 후원한 국민대표대회와 같은 한국 혁명자대표대회를 연내에 개최해야 한다고 주장한 바 있다.[314] 손두환은 한국 혁명자대표대회를 통해 해외 각국 내 교민 대표가 모이고, 공선(公選)으로 약간 명의 위원을 선출하면 임정을 접수·관리할 수도 있으며, 한국 혁명최고위원회를 설립할 수도 있다고 주장했다. 손두환은 1945년 2월 신한민주당에 합류했는데, 신한민주당 역시 창립선언에서 독립운동자대표대회 소집을 주장했다.[315]

중경의 5당파는 모두 임정을 해외 항일운동의 영도기구로 확대·개조해야 한다는 점에서 동일한 입장이었지만, 확대·개조된 임정의 영도권을 누가 장악하는가 하는 점에선 타협의 여지가 없었다. 이런 경로를 겪어 독립운동자대표대회 소집안은 제38차 의정원 회의에서 2차례 제출되었다. 첫 번째 안은 손두환 외 신한민주당과 민혁당이 제출(1945. 4. 19)했고, 두 번째 안은 한독당과 민혁당이 함께 제출(1945. 5. 7)했다.[316]

소집 주체, 소집 기한, 대회의 권한 문제 등에서 논란이 있었지만, 한독당이나 민혁당, 신한민주당 등 중경에 존재하던 모든 정당은 독립운동자대표대회가 필요하다는 점에 공감대를 형성했다.[317] 일제의 패망과 한국의 해방이 임박했기 때문이다.

한독당 측은 소련·화북지역과의 연락·교통난, 비용 및 해당국 정부와

---

314 「한국 문제에 관한 의견」(손두환-중국국민당 중앙집행위원회)(1944. 4. 11), 추헌수, 1972, 위의 책, 443~449쪽.
315 「신한민주당 창립선언」(1945. 2), 추헌수, 1972, 위의 책, 186~188쪽.
316 「5당 통일과 개헌」(1945. 5. 4), 추헌수, 1972, 위의 책, 82쪽.
317 임시의정원 제38회 의회 제7일 회의(1945. 4. 20), 제8일 회의(4. 21), 제15일 회의(5. 7), 「대한민국임시의정원 속기록」, 국사편찬위원회, 1983, 위의 책, 247~249, 258, 312~318쪽.

의 교섭 등 현실적인 문제를 제기하며 국무위원회가 중심이 되어 빠른 시일 내에 독립운동자대표대회를 개최하자고 주장했다.[318] 즉, 국무위원회 중심으로 한독당의 임정 장악력이 유지되는 방향으로 임정을 확대·강화하겠다는 의도였다.

민혁당·신한민주당은 종전이 임박했으니, 임정을 확대·개조하지 않으면 소련·화북·미주 등에서 새로운 정부가 수립될지도 모른다는 우려를 내세웠다.[319] 그러나 이들은 한독당이 장악하고 있는 국무위원회가 독립운동자대표대회를 추진하는 데 반대했다. 각지의 항일단체가 국무위원회를 신임하지 않는다는 이유를 내세웠지만, 독립운동자대표대회를 국무위원회 장악과 연계해 사고했기 때문이었다.

결국 논란 끝에 국무위원회가 소집 주체가 되어, 최속한 기일 내에 독립운동자대표대회를 개최한다는 결정이 내려졌다. 소집 시기가 정해지지는 않았지만, 아마도 김구-한독당을 중심으로 한 국무위원회는 1945년 8~9월의 시점에 중경에서 독립운동자대표대회를 개최하려 했을 가능성이 높다.

(4) 독립운동 세력과의 연대: 독립동맹, 만주빨치산의 연락·연대 시도

1945년 임정은 연안 독립동맹, 김일성 빨치산, 국내 건국동맹과 연락·연대를 맺으려고 시도했다. 중경 임정과 연안 독립동맹의 연락·연대 시도는 역

---

[318] 엄항섭은 38회 의회 제15일 회의(1945. 5. 7)에서 화북·소련에서 대표가 오는데 3개월 내로는 불가능하며, 샌프란시스코회의에 전보 보내는 데도 각 당이 돈이 없어 정부가 돈을 냈다는 점을 지적했다.

[319] 종전이 목전에 도래했다는 점에 대해선 모든 이들의 견해가 일치했다. 이청천은 "연내 싸움이 끝난다", 박건웅은 "지금 독립운동 기한이 반년이나 일 년밖에 안 남았다"며 시간의 촉박성을 강조했다(「대한민국임시의정원 속기록」, 국사편찬위원회, 1983, 위의 책, 312~318쪽).

사적 연원을 갖고 있었다. 1941년 1월 화북조선청년연합회가 결성된 이래 독립동맹이 통일전선의 대상으로 삼고 있던 항일 혁명조직은 대한민국임시정부, 동북 조선의용군, 한국독립당, 조선민족혁명당, 조선민족해방투쟁동맹, 미주 조선 각 혁명단체 등이었다.[320] 이 중에서도 가장 중요한 통일전선의 대상은 임정이었다. 1941년 10월 말 연안에서 개최된 동방각민족반파시스트대표대회에서 김구는 명예주석단에 이름이 올랐으며, 1941년 10월 15일 개최된 화북조선청년연합회 진찰기(晉察冀) 분회 식장에서도 명예주석으로 추대되었다. 1942년 11월 13일 개최된 화북조선독립동맹 진서북(晉西北) 분맹 결성식장에도 김구의 사진이 손중산, 장개석, 모택동, 가타야마 센(片山潛)의 사진과 함께 걸렸다.[321] 독립동맹은 김구를 민족해방운동의 대표적 지도자로 인정하고 임정을 민족통일전선 결성의 주요 동맹자로 설정했던 것이다.

또한 중경 임정에서도 여러 차례 연안 독립동맹과의 연대 문제가 거론되었다. 중경 5개 당파 모두 독립동맹과의 연대를 강조했는데, 독립동맹이나 조선의용군의 주요 간부들이 관내에서 함께 활동했던 사람들이었기 때문이다. 1944년 이래 중경과 연안 간에는 상호 연락이 오고 갔다.

해방 후 독립동맹의 김두봉은 중경의 각 단체와 '약간의 연락'이 있었다고 밝혔고,[322] 독립동맹은 여러 경로로 김구의 연안 방문을 권유하기도 했다.[323] 김구 자신이 연안 방문 의사를 표명하기도 했고(1944. 3),[324] 해방 후 엄항섭은 연안과의 관계가 "대체로 좋은 상태에서 연락과 협조가 되어

---

320 「華北朝鮮青年聯合會代表大會宣言」, 內務省 警保局 保安課, 『特高月報』(1941. 4), 98~99쪽; 森川展昭, 1986, 위의 논문, 82~83쪽.
321 森川展昭, 1986, 위의 논문, 82~84쪽; 염인호, 1994, 『조선의용군연구: 민족운동을 중심으로』, 국민대학교 대학원 국사학과 박사학위논문, 188~189쪽.
322 『서울신문』(1946. 1. 30).
323 『동아일보』(1945. 12. 23).
324 「김구·김규식이 김두봉에게 보낸 편지」(1948. 2. 16).

〔표 7-3〕 1944~1945년간 중경-연안의 연락 접촉

일자	발신	수신	형식	내용	출전
1944. 3.	김구	김두봉	서한	김학무(金學武) 통해 연락·통일 위한 연안행 의사 타진	(1)
1944. 10. 16.	김두봉	김구	서한	민족 이익 기준으로 환영, 중공도 환영	(2)
1945. 3.	김원봉	독립동맹	서한	1945년 4월 제38차 임시의정원 회의에 독립동맹 대표 파견 요청	(3)
1945. 1. 이전	김원봉	김두봉	서한	화북독립동맹을 조선민족혁명당 화북지부로 명칭 변경 요청	(4)
1945. 1. 이전	무정	김원봉	서한	영도를 원하면 연안으로 오라	(5)
1945. 4.	장건상	독립동맹	방문	임정과의 합작 추진, 중경에서 대표대회 개최, 중경으로 가기로 했으나 해방	(6)
1945. 12. 23.	김명시		증언	독립동맹, 김구 초청. 독립동맹 3차 대회 개최 시 對임정 협조 결의했을 것	(7)

〔출전〕 (1)·(2) 「김구·김규식이 김두봉에게 보낸 편지」(1948. 2. 16).
(3) 「한인의 최근 동태」(1945. 3. 7), 추헌수, 1972, 『자료한국독립운동』 2, 연세대학교출판부, 80~81쪽.
(4)·(5) 「김약산과 연안과의 관계」(1945. 1. 15), 추헌수, 1972, 『자료한국독립운동』 2, 연세대학교출판부, 239쪽.
(6) 장건상, 1966, 「장건상 편」, 『사실의 전부를 기술한다』, 희망출판사.
장건상, 1971, 「독립운동 반세기의 회고」, 『세대』 8월호.
이정식 면담, 김학준 편집·해설, 1988, 「장건상」, 『혁명가들의 항일회상』, 민음사.
(7) 『동아일보』(1945. 12. 23).

있다"라고 밝혔다.[325] 장건상은 독립동맹이 "임시정부의 취하는 길에 대하여 반대나 파괴하지 않고 성공을 축복한다는 공문서를 중경 각 정당에 발송"했다고 증언했다.[326]

---

325 『중앙신문』(1945. 11. 25); 유동열은 연안 조선의용대와 연락이 닿아 광복군에 편입하게 되었다고 과장할 정도였다(『서울신문』, 1945. 11. 25).
326 『동아일보』(1945. 12. 14); 「김구·김규식이 김두봉에게 보낸 편지」(1948. 2. 16). 또한 장건상은 연안 측이 중경 5정당에 연락해 왔으며 그 내용은 "서로 협조하여 조국을 위하여 일하

중경-연안의 연대·통일 시도에서 핵심 역할을 한 사람은 장건상(張建相)이었다.[327] 장건상은 초창기 임정에 참가했으며, 1940년대 중경의 모든 당파와 우호적 관계를 맺고 있었다. 당적은 민혁당이었지만 한독당 인사들과도 폭넓게 교류하고 있었다. 1936년 상해에서 체포되어 국내로 압송되었던 장건상이 또다시 국내를 탈출해 중경에 도착한 것은 1942년 초반이었다.[328] 1930년대 김원봉의 의열단과 관계를 맺었던 장건상은 국내 탈출 당시 상해·홍콩에서 김원봉의 도움으로 비행기 편을 이용, 중경에 들어왔고, 중경 시절 민혁당과 밀접한 관계를 맺고 활동했다.

　　1942~1943년경에 작성된 민혁당 중요간부의 명단에 장소해(張霄海, 장건상)가 들어 있으며,[329] 1944년 민혁당 중앙집행위원 명단에도 들어 있다.[330] 또한 장건상은 1943년 11월 29일 민혁당 당적으로 임시의정원 경상도 의원에 보결선거되었으며,[331] 민혁당 측 국무위원으로 1944년 4월 26일 피선되었다.[332]

　　이런 경력의 장건상은 1945년 4월 중경을 출발해 연안으로 떠났고, 해방 후인 9월 말 혹은 10월 초 다시 중경으로 돌아온 것으로 보인다. 장건상은 귀국 후에도 일정 기간 동안 민혁당과 같은 노선을 유지했다. 언론은 장건상을 공산계 임정 국무위원으로 소개했으며,[333] 1946년 2월 임정을 탈

자"는 것이었다고 밝힌 바 있다(『서울신문』, 1945. 12. 21).
327　장건상, 1966, 「장건상 편」, 『사실의 전부를 기술한다』, 희망출판사; 장건상, 1971, 「독립운동 반세기의 회고」, 『세대』 8월호; 김은호, 1974, 「외로이 간 임정요인 소해(霄海) 장건상」, 『서울평론』(1974. 6. 6); 김재명, 1985, 「장건상 선생 파란의 역정」, 『정경문화』 11월호; 이정식 면담, 김학준 편집·해설, 1988, 「장건상」, 『혁명가들의 항일회상』, 민음사.
328　한국 혁명재판사편찬위원회, 1962, 『한국 혁명재판사』 3, 542쪽; 국가보훈처, 1990, 『독립유공자공훈록』 8, 496쪽.
329　「각지 중요간부 이력」(조선민족혁명당), 추헌수, 1972, 위의 책, 228~229쪽.
330　「당간부명단」(조선민족혁명당), 추헌수, 1972, 위의 책, 246~248쪽.
331　「遺缺 의원보선의 건」(1943. 11. 29. 臨政發135號), 국사편찬위원회, 1983, 위의 책, 539쪽.
332　「국무위원선서」(1944. 4. 26), 국사편찬위원회, 1970, 위의 책, 435~436쪽; 민주주의민족전선, 1946, 『조선해방연보』, 문우인서관, 151쪽.

퇴해 민주주의민족전선에 참가할 때도 역시 김원봉·성주식(민혁당), 김성숙(해방동맹)과 보조를 같이했다. 이후 장건상은 1946년 4월 여운형의 인민당에 참가해 부위원장이 되었다.

장건상은 4월 초순 중경을 떠났고 5월 중순 이전 연안에 도착했다.[334] 임시의정원 의원이었던 장건상은 "원지(遠地)로 가는 까닭에 전의회(全議會)에 참가할 수 없다"는 이유로 4월 12일 임시의정원에 휴가원(청가서請假書)을 제출했다.[335] 장건상이 연안으로 떠난 것은 임정의 핵심인사 몇몇을 제외하곤 비밀에 붙여졌다. 제38차 의회 제2일 회의(1945. 4. 15)에서 청가서가 문제 되었을 시점에 장건상은 이미 중경을 떠난 후였다. 흥미로운 것은 장건상에 대한 청가서가 한독당 엄항섭의 동의, 김구의 재청, 조완구의 삼청으로 통과되었다는 것이다. 즉, 민혁당 중요간부였던 장건상의 연안행에 대해 한독당 핵심들만이 그 내막을 알았고, 민혁당 훈련부장이자 의정원 의원이었던 김상덕조차 몰랐으며, 무슨 직무로 가는지 모르기에 그의 청가서를 불허해야 한다고 발언했던 것이다. 김구는 장건상이 중경을 떠난 것은 "공무를 가지고 간 것"이라고 발언했고, 엄항섭은 현 시기가 비상 시기이고 장건상이 떠난 이유는 정확히 모르나 "여하튼 개인 일은 아니고 일 간다는 것만은 사실"이라고 강조했다.[336]

장건상의 연안행은 독립동맹과의 연대를 위한 것이었고, 국무회의 핵심인사들과 사전 조율을 거친 결과였다. 분명한 것은 연안행의 필요성에 장건상과 김구의 입장이 일치했다는 점이다.[337] 김구는 "미일전쟁이 일어

---

333 『동아일보』(1945. 12. 14).
334 박일우(朴一禹, 王巍)는 중국공산당 제7차 대표대회(1945. 5. 21)에서 장건상이 임정대표로 연안에 들어왔으며, 한시기 동안 교육을 받았고, 조선혁명군정학교 좌담회에 참가했다고 했다. 또한 장건상 자신도 5월에 연안에 들어갔다고 한 것으로 미루어 중공 7차대회 이전인 5월 초순 연안에 들어간 것으로 판단된다(『신조선보』, 1945. 11. 29).
335 「대한민국임시의정원 속기록」, 국사편찬위원회, 1983, 위의 책, 206~207쪽.
336 「대한민국임시의정원 속기록」, 국사편찬위원회, 1983, 위의 책, 207쪽.

나 일본은 기어코 패전할 것이니 우리가 독립할 날도 멀지 않다. 중국 각지에 흩어져 항일투쟁을 하는 우국지사들이 한곳에 단결되지 못하고 제각기 주장을 달리하고 있으니 이들이 모두 한곳에 모여 대동단결 해야 한다"[338]며 장건상의 연안행을 권했다. 장건상은 연안에 가서 교섭할 구체적인 내용을 다음과 같이 진술했다.

(1) 조국이 해방되는 날 우리는 함께 들어가 단결된 힘으로 조국 건립에 노력할 수 있도록 중국 각지에 흩어져 있는 동지들을 집결하여 <u>중경에서 의견의 통일</u>을 갖고 싶었다.[339]
(2) 나는 연안에 있는 김두봉의 조선독립동맹까지 임정에 끌어넣자고 제의했습니다. 그것을 위해 우선 조선독립동맹 대표까지 포함한 <u>모든 항일조직 대표들의 회의를 중경에서 한 번 열자</u>고 제의.[340]

장건상의 연안행은 (1) 중경에서 해외항일조직대표회의를 개최하며 (2) 이 회의에 독립동맹 측에서 대표를 파견해 달라고 요청하기 위한 것임을 알 수 있다. 해외항일조직대표회의는 의정원에서 논의되던 독립운동자대표대회를 의미했다. 독립운동자대표대회는 제38차 의정원 회의와 5당통일회의에서 최대 쟁점이 되었지만, 김구 등 임정 핵심은 장건상의 연안행을 비밀에 부쳤다. 결과를 알 수 없는 상태였기 때문이다.

김구는 장건상의 연안행을 위해 중국국민당 조사통계국 진립부(陳立夫)에게 여행증명서를 얻어 주기까지 했다.[341] 적구(敵區)를 지나 중공군

---

337 1966년에 같이 이루어진 두 차례의 증언에서 장건상은 한 번은 김구가 제안하고 자신을 적격자로 추천했다고 했으며, 다른 증언에서는 자신이 제안하고 김구가 이에 동의했다고 했다 (장건상, 1966, 위의 글, 423쪽; 이정식 면담, 김학준 편집·해설, 1988, 위의 책, 209쪽).
338 장건상, 1966, 위의 글, 423쪽.
339 장건상, 1966, 위의 글, 423~424쪽.
340 이정식 면담, 김학준 편집·해설, 1988, 위의 책, 209~210쪽.

장악 지역을 여행하기 위해 필요한 안전조치였다. 장건상은 4월 초순 중경을 떠나 일단 서안까지 기차로 이동했다. 서안에 도착한 장건상은 광복군 2지대장 이범석을 만난 후 도보로 평서(平西, 북경 서부지역), 진찰기변구(晉察冀邊區), 진서북변구(晉西北邊區)를 거쳐 5월 초순 연안에 들어갔다.[342] 연안의 독립동맹은 장건상을 '임정 대표'로 우대했다.[343] 독립동맹은 "임시정부가 국제적으로나 국내적으로 유리한 조건을 가지고 있다는 사실을 파악한 까닭에 임시정부에 반대하지 않고 발전을 축복"했다.[344]

연안에서의 협상 과정은 밝혀져 있지 않다. 임정 측과 독립동맹 간 우호적 항일연대를 형성한다는 원칙에 대해서는 공감대가 있었지만, 문제는 주도권을 누가 갖느냐는 점이었다. 장건상에 따르면 김두봉과 여타 독립동맹 간부들을 만나 중경에서 좌우통일전선을 결성하자고 제의했고, 이들은 모두 이러한 임정 측 제안에 찬성하고 대표자를 선정해 중경으로 떠날 것을 약속했다. 특히 김두봉은 자신이 중경으로 갈 것을 약속했다.[345] 그러나 조직 차원의 공식 방침으로 결정되지는 못했다.[346]

당시 독립동맹 역시 일제 패전과 해방을 목전에 두고 해외 항일세력의 통일·단결이 중요함을 절감하고 있었다. 독립동맹이 중점을 둔 것은 독립동맹 제3차 대회였다. 독립동맹은 1945년 8월 29일 독립동맹 제3차 대회 겸 국치(國恥)기념대회, 전조선민족대회(全朝鮮民族大會)를 개최하려

---

341 이정식 면담, 김학준 편집·해설, 1988, 위의 책, 209~210쪽.
342 이정식 면담, 김학준 편집·해설, 1988, 위의 책, 210~211쪽; 『조선의용군발자취』 집필조, 1987, 「중국공산당 제7차 대표대회에서 한 왕외동지의 연설」, 『중국의 광활한 대지우에서』 연변인민출판사, 674쪽.
343 『서울신문』(1946. 1. 30).
344 『동아일보』(1945. 12. 14).
345 이정식 면담, 김학준 편집해설, 1988, 위의 책, 211~212쪽; 장건상, 1966, 위의 글, 423~424쪽.
346 해방 후 김두봉은 독립동맹이 임정에 대한 지지 혹은 반대의 공식 견해를 표명한 적이 없으며, 장건상을 환영했지만, 구체적인 협의 이전 해방을 맞아 아무런 공식 관계를 맺지 못했다고 밝혔다(『서울신문』 1946. 1. 30).

고 했다.³⁴⁷ 독립동맹은 재연안주비위원회(在延籌備委員會)를 조직하고 새로운 독립동맹 강령 초안을 작성하기까지 한 상태였다.³⁴⁸

독립동맹은 이 대회에 장건상을 임정 대표로 출석시키며, 독립동맹의 국내 분맹(分盟)으로 간주하고 있던 국내 조선건국동맹의 대표까지 참석시킬 의도를 갖고 있었다.³⁴⁹ 이는 분명 연안판 독립운동자대표대회였다. 김명시(金命時)에 따르면 이 대회의 목적은 세 가지로 (1) 정세에 가장 적절한 전술전략과 투쟁 방침 결정, (2) 의용군을 동원해 조선으로 진격, 일제를 완전 소탕할 계획 결정, (3) 조선독립의 노선과 방침을 결정하기 위한 것이었다.³⁵⁰

해방을 목전에 둔 시점에 임정은 중경에서 독립운동자대표대회를, 독립동맹은 연안에서 전조선민족대회를 개최하려 했던 것이다. 양자는 단일한 항일민족통일전선 결성의 시급성에 동의하고, 상호 연대하려 했지만, 자파 중심의 주도권 행사를 원했다. 독립운동자대표대회 또는 전조선민족대회가 개최되었다면 임정과 독립동맹의 연대가 상당한 수준으로 발전했을 가능성이 있다.³⁵¹ 그러나 일제의 갑작스런 패망으로 해방이 되자 임정과의 제휴 얘기는 사라지고 독립동맹은 평양행에 중점을 두었다.³⁵² 장건

---

347 염인호, 1994, 위의 논문, 191쪽.
348 염인호, 1994, 위의 논문, 191쪽.
349 독립동맹과 건국동맹의 관계에 대해서는 정병준, 1993, 「조선건국동맹의 조직과 활동」, 『한국사연구』 80, 130~132쪽; 염인호, 1994, 위의 논문, 169~189쪽; 이만규, 1946, 『여운형투쟁사』, 민주문화사, 172~174쪽. 독립동맹은 각 지역 조직을 분맹-거점의 단위로 파악했는데, 무정(武亭)의 1945년 5월 보고에 의하면 서울에는 천진·북평·하얼빈과 함께 분맹이 설립된 곳이었다. 이는 건국동맹을 지칭하는 것이었다[武亭,「華北朝鮮獨立同盟一九四四年一月至一九四五年五月工作經過報告」(1945. 5. 9), 楊昭全 等編, 1987, 『關內地區朝鮮人反日獨立運動資料彙編』上·下, 遼寧民族出版社, 瀋陽, 1150쪽].
350 「해외투쟁의 혈투사: 화북에서 온 여투사 김명시 회견기」, 『해방일보』(1945. 12. 28).
351 김명시는 귀국 후 기자회견에서 "독립동맹 제3차 대회를 열게 되었더라면 임시정부에 대한 협조 결의까지 표명되었을 것"이라고 증언한 바 있다(『동아일보』, 1945. 12. 23).
352 이정식 면담, 김학준 편집해설, 1988, 위의 책, 210~212쪽.

상은 평양행 권유를 뿌리치고 다시 중경으로 귀환했다.

한편 국내 건국동맹은 중경 임시정부와의 접촉을 시도했다. 건국동맹은 상해, 북경, 북만주 등지에 연락원을 파견·선임해 놓고 있었다. 북만주에는 최근우(崔謹愚), 북경에는 이영선(李永善)·이상백(李相佰)·박승환(朴承煥)·엄태섭(嚴太燮), 연안에는 이영선(李永善)·이상백(李相佰)·박승환 등이 거주 혹은 왕래했다.[353] 건국동맹은 이러한 연락망을 이용해 임정과 접촉을 시도했으며, 특히 1945년 5월 말 최근우를 북경에 파견해 국내 사정을 전달하고 '내외가 상응하여 협동전선을 형성하기 위한 연락'을 시도했다. 최근우는 중경 임정 요인과의 접촉을 시도했지만 실패했다.[354] 교통 등 현실적인 여건의 어려움 때문이었다.

다른 한편으로 임정에서는 김일성 빨치산파와 접촉을 시도했다. 김구는 김일성의 존재를 알고 있었으며, 『백범일지』 하권(1942)에서 연대 가능성을 언급한 바 있다.[355] 김구가 김일성 세력과의 합작을 위해 만주로 파견한 인물이 바로 이충모였다.[356] 안중근의 조카로 임정 직원이었던 안우생(安偶生)은 이와 관련한 증언을 남겼다.[357]

안우생에 따르면 김구가 이충모를 김일성에게 파견한 시점은 1944년

---

[353] 정병준, 1993, 위의 논문, 130~132쪽.
[354] 이만규, 1946, 위의 책, 173~174쪽. 여운형은 신문기자와의 회견(1945. 10. 1)에서 임정과 직접적 연락은 없었지만 소식은 끊어지지 않았다고 밝혔다(『매일신보』, 1945. 10. 2).
[355] 『백범일지』, 315쪽; 도진순, 1996, 「백범일지의 원본·필사본·출간본 비교 연구」, 『한국사연구』 92, 180쪽.
[356] 도진순, 1997, 『한국민족주의와 남북관계』, 서울대학교출판부, 289쪽.
[357] 안우생·김종항, 1986, 「민족대단합의 위대한 경륜: 남북련석회의와 백범김구선생을 회고하여」, 『인민들 속에서』 39, 조선로동당출판사. 안우생은 1944년 임정 주석판공실 비서, 선전부 선전과장, 문화부 편집위원을 지냈으며, 주중 미국대사관에서 한인공작반(Korean Group)의 일원으로 첩보 업무를 담당했다. 해방 후 입법의원 영문비서로 활동하다 한국전쟁기 월북했다. 국사편찬위원회, 1986, 위의 책, 386~391쪽; 안병무, 1988, 위의 책, 135쪽; 『조선일보』(1946. 11. 24); 『입의속기록』 제11호(1947. 1. 6); 김광운, 1995, 『통일독립의 현대사』, 지성사, 317쪽.

말³⁵⁸ 혹은 1945년 봄이었다.³⁵⁹ 이충모는 산서성 태원(太原)에서 동북으로 향하는 통로를 탐색하다가 중도에서 8·15를 맞게 되었다. 이와 관련해 해방 후 이충모와 함께 활동했던 차달성(車達成)은 1945년 9월 이충모가 김구의 개인특사로 김일성과 만나 좌우합작, 정치 협상을 전개할 목적으로 산서성 대동(大同)에 왔다고 증언했다.³⁶⁰ 1944년 8월 이래 이충모와 함께 산서성에서 활동했던 진기섭(陳起燮)은 이충모가 수원성(綏遠省) 섬패(陝壩)에서 해방을 맞았다고 증언했다.³⁶¹ 진기섭은 이충모가 '김구 주석의 개인대표 자격'으로 수원성에 파견된 상태였다고 증언했다.³⁶² 한편 1944년 일본군을 탈출한 태윤기(太倫基)는 1944년 7월부터 1945년 5월까지 섬서성 난주(蘭州)의 보계부로수용소(寶鷄俘虜收容所)에 수감 중이었는데, 1945년 1월 이충모를 만났다. 이충모는 이곳에 1년간 수감되었다 석방된 바 있으며, 이후 서안과 북경을 오가며 활동했다.³⁶³

여러 증언을 종합해 보면 첫째, 김구가 이충모를 개인특사로 김일성에게 파견했으며, 둘째, 이충모는 동북으로 진출하기 위해 산서성 일대에서 활동 중 해방을 맞았음을 확인할 수 있다. 즉, 중앙아시아에서 중경에 온 이충모는 광복군 전방공작대가 위치한 화북의 산서성·섬서성·수원성 일대에 파견되었다. 그가 이 지역에 파견된 것은 안우생·차달성의 증언처럼 김구가 김일성 세력과 연락·연대를 시도했기 때문이었다.

김일성도 1942년 12월 임정 특파원인 김모가 항일빨치산을 찾아 목단강까지 왔다가 만나지 못하고 중경으로 돌아갔다고 회고했다.³⁶⁴ 연해주

---

358 안우생·김종항, 1986, 위의 글.
359 안우생, 1971, 위의 글, 187~188쪽. 안우생은 이충모가 1944년 가을 김일성과의 연대를 제안했고, 1945년 봄 김구의 신임장을 가지고 출발했다고 회고했다.
360 「馬英(馬草軍의 장남)과 車達成의 인터뷰」(1992. 11. 30. 백범김구선생기념사업협회 소장).
361 「진기섭 증언」(1990. 5. 6. 백범김구선생기념사업협회 소장).
362 진기섭, 1993, 위의 책, 167쪽.
363 태윤기, 1975, 위의 책, 155~156, 214~215쪽.

88교도려 시절 항일빨치산 세력은 임정과의 연계 방안을 모색했다. 김일성은 임정과 합작을 통해 조국해방을 위한 최종작전에 광복군의 무력을 동원할 수 있다는 견해를 표명했고, 처음엔 반대했던 김책·최용건도 이에 찬성했다는 것이다.[365] 김일성은 88교도려에 있던 중국공산당의 류아류, 로동생, 왕붕에게 중경 임정과의 연대를 위한 서한을 맡겼지만 이들은 해방될 때까지 이 서한을 전달하지 못했다.[366] 이처럼 임정과 만주 항일빨치산 양측에서 모두 연대의 필요성을 절감하고 있었으며, 구체적인 연락·연대를 시도한 것만은 사실로 보인다.

일제 패망과 해방이 목전에 당도했던 1944~1945년 김구를 중심으로 한 임정 핵심들이 연안의 독립동맹, 만주의 항일빨치산 세력들과 연락·연대를 시도하려 했으며, 그 반대쪽에서도 동일한 시도가 있었던 것은 분명하다. 이러한 연락·연대가 성공하지 못한 채 해방되었지만, 이러한 상호 연대의 '시도'는 해방 후 다시 민족 문제가 전면화되었을 때 역사적 경험과 유산으로 되살아날 수 있는 것이었다.

---

364 김일성, 1998, 『세기와 더불어(계승본)』 8, 조선로동당출판사, 417쪽.
365 김일성, 1998, 위의 책, 409~412쪽.
366 김일성, 1998, 위의 책, 415~416쪽.

해방과 귀국의 길

8

1   중경에서 맞은 해방의 날

1945년에 접어들자 김규식에 대한 인물평이 미국 정보기관에 여러 차례 등장했다. 임시정부의 주요 인사에 대한 보고서로 인물평과 이력을 정리하고 소개한 것이다.

    김규식 박사.
    김 박사는 64세이다. 그는 미국 버지니아주에 있는 작은 대학을 졸업했고, 후에 프린스턴대학에서 대학원을 다녔으며 국제법을 공부했다. 그는 상해로 가서 임시정부에 들어갔고 학무총장에 선출되었다. 1919년에 그는 파리강화회의에 임시정부 대표로 참석했다. 파리에서 돌아온 후 그는 3년 동안 상해 윌리엄스대학에서 영문학을 가르쳤고, 후에 남경에 있는 중앙정치학교 영문학 교수로 초빙되었다. 10년 전에 그는 사천에 들어가 성도에 있는 사천대학 영문과 학장이 되었다. 1942년 그는 중경 임시정부의 선전부장으로 왔다. 그는 현재 조선민족혁명당의 의장이며 임시정부의 부주석이기도 하다.[1]

---

1   「한국인과 독립운동 관련 보고서」(1945. 2. 21), Oxford 작성, 중경, 국사편찬위원회, 1993,

김규식 박사

어린 시절 그는 선교차 한국에 와 있던 호레이스 언더우드 목사에게 입양되어 존이라는 이름을 받았다. 결혼 후, 존은 자신의 성을 김, 이름은 규식으로 하였다. 그는 1905년경 미국에 왔다. 버지니아의 로녹대학을 졸업한 후 한국으로 돌아가 언더우드를 위해 일했다. 그는 1912년경 중국으로 갔다. 후에 그는 독립단에 가담했다(독립당이 아니다. 독립당은 한국 민족주의 정당이다). 제1차 세계대전 후, 신한청년당은 그를 파리강화회의의 대표로 파견했다. 그는 회의 참여를 간청했으나 거부당했다. 1919년 3·1운동이 일어났고, 한국은 일본으로부터 독립을 주장했다. 한국임시정부가 서울에서 설립되었고, 곧 중국으로 망명했다. 김규식은 이승만이 대통령으로 있는 그 정부의 학무총장이 되었다. 1919년 이승만은 워싱턴 주재 한국임시정부의 외교 담당기관인 구미위원부를 조직하였다. 이승만은 김규식을 파리에서 워싱턴으로 불러들여 구미위원부의 일원이 되게 했다. 1920년 이승만은 내각과 의논하기 위해 중국 상해로 출발했다. 출발에 앞서, 이승만은 잠시 구미위원부 위원장에 김규식을 임명했다. 얼마 지나지 않아 1920년 후반 김규식은 중국으로 돌아갔다. 당시 러시아공산당은 시베리아의 일부 한국인들을 지원하고 있었다. 김규식은 이에 관심을 표명했다. 그는 즉시 러시아로 가서 소비에트의 고위관료들과 회담했던 것으로 알려지고 있다. 1922년 이갑을 필두로 하는 일단의 한국인들은 한국인들에게 공산주의를 확산하기 위해 소비에트정부로부터 거액을 받았다. 1930년대 김 박사는 중국의 모 학교에서 교편 생활을 하였다. 1940년대 이래 그는 약산 김원봉과 함께 공산주의단체로 알려진 소위 조선민족혁명당의 발전을 위해 공

『한국독립운동사』 자료22(임정편VII), 238~242쪽: 국사편찬위원회, 1994, 『한국독립운동사』 자료25(임정편X), 519~523쪽;『대한민국임시정부자료집』 26.

개적으로 활동했다. 김약산과 김규식은 미국의 한길수와 긴밀한 협력 관계에 있다. 1943년 그들은 중국 중경에 망명해 있는 대한민국임시정부에 대한 단호한 공세를 가하기 시작했다. 이른바 통합정부 내에서 김규식은 정부 부주석이 되었고 1944년 김약산은 한국광복군 부사령이 되었다.[2]

위는 1945년 2월의 정보이고, 아래는 1945년 4월의 정보인데, 최소한 1945년이 되면 OSS 측은 김규식의 일생에 대해 거의 정확한 정보를 파악하고 있었음을 알 수 있다. 특히 두 번째 정보는 매우 상세한 내용을 담고 있다. 1922년 이갑 등이 소련으로부터 거액을 받았다는 내용 정도가 잘못된 것이다. 김규식의 일생에 대해서 큰 흐름은 정확하게 꿰뚫고 있었던 것이다. 정보가 차곡차곡 쌓이면서 구체적인 인물, 조직, 상황, 주요 흐름에 대해서 판단을 할 수 있을 정도의 수준에 이르렀음을 알 수 있다.

임시정부와 주요 인물에 대한 OSS의 정보는 1945년 9월 주한 선교사 2세인 웜스(Clarence Weems Jr.)에 의해 종합보고서로 작성되어 OSS 국장 도노반에게 제출되었다. 이는 해방 이후 남한에 진주한 미 24군단의 주요 인명 정보 및 참고자료로 활용될 수 있었다.[3] 웜스는 김규식에 대해 이렇게 평가했다.

김규식, 부주석, 64세로, 한국 내 미국 선교학교에서 교육받았으며 후에 미국 내 대학에서 교육받았다. 임시정부의 "자결권"을 획득하기 위한 노력의 일환으로 1919년 베르사유에 갔었다. 상해로 귀환해서, 임시정부의 외무부장으로 복무했다. 1921~1922년 직을 사면한 후, 모스

---

2 「한국 문제에 관한 메모」(1945. 4. 12), 극동비밀첩보과 일본·중국반 뷰캐넌-비밀첩보국장. 『대한민국임시정부자료집』12.
3 정용욱, 1993, 「미군정의 임정 관계 보고서」, 『역사비평』 가을호.

1 중경에서 맞은 해방의 날

크바에서 개최된 약소국회담에 한국대표단을 이끌고 갔다. 이 시기 공산당과 그의 교류로 인해 한독당 지도자들의 눈에는 자신의 이해에 따라 민주주의자 혹은 공산주의자로 전환할 수 있는 기회주의자라는 꼬리표가 붙었다. 위에서 나타난 바와 같이, 그가 민주적 원칙을 실제로 신봉한다는 것은 명백하다. 그는 성급하며 참을성이 없는 경향이 있으며, 건강이 아주 좋은 것은 아니지만, 폭넓은 지도력의 자질을 많이 갖추었다.[4]

OSS의 보고서는 김규식을 민족혁명당 및 소련과 연관된 인물로 묘사했지만, 이는 중경 한독당 등의 정보를 반영한 결과였을 것이다. 윔스의 보고서에 묘사된 김규식은 미국에 우호적이고 합리적인 의사결정이 가능한 인물이지만 지도력과 결단력, 추종 세력이 미약한 것으로 기록되어 있다.

한 가지 이해하기 어려운 점은 중경 시절 김규식이 중경 주재 미국, 영국 대사관 등과 직접 접촉하지 않은 사실이다. 김원봉, 조소앙, 안원생 등은 여러 차례에 걸쳐 다수의 미국, 영국 외교관들과 접촉했지만, 김규식이 직접 미국·영국 외교관들과 접촉한 기록은 없다. 임시정부 측에서는 조소앙이 외무부장으로 외교 문제를 대표했을 터이고, 민혁당 측에서는 총서기 김원봉이 외교 접촉 통로를 장악했기 때문일 가능성이 높다. 어느 경우에도 임시정부와 민혁당 양측 모두 미국통이자 대표적 한국 외교관이었던 김규식이 직접 미국·영국 외교대표와 접촉하는 것을 꺼렸다. 당사자들이 자신들의 외교적 대표성, 위상·역할을 빼앗기지 않기 위해 노력한 결과였을 가능성이 높다. 그만큼 김규식에 대한 보이지 않는 견제와 제약이 작용했던 것이다.

---

4   Clarence N. Weems, "Korea and the Provisional Gov't," (1945. 9. 28). RG 332, XXIV Corps Historical File, Box. 32.

1945년 8월 태평양전쟁의 마지막을 장식하는 대사변들이 연이었다. 미국은 일본 나가사키와 히로시마에 팻맨(Fat Man)과 리틀보이(Little Boy)라고 명명한 2발의 원자폭탄을 투하했다. 인류 역사상 최초의 핵무기 사용이었다. 8월 9일 소련군은 일소불가침조약을 깨고 전격적으로 대일전에 돌입해 3방면으로 만주 관동군을 공격하기 시작했다. 그중 일부가 한반도 북단에서 상륙작전을 벌였다. 이제 일본의 패망은 초읽기에 들어갔다.

일본이 포츠담선언을 수락했다는, 즉 일본의 패전 소식은 8월 10일경 중국에 전해졌다. 장건상은 연안에서, 김구는 서안에서, 김규식은 중경에서 이 소식을 들었다. 일본의 패전 소식을 들은 장소는 이 시기 이들의 위상과 활동을 반증하는 것이다.

민혁당원이자 국무위원이었던 장건상은 김구와 밀의 끝에 독립운동자 대표대회 개최를 위해 연안으로 향했고, 그곳에서 해방을 맞았다. 한국근현대사의 중도파, 혹은 혁신계를 대표하는 장건상은 부평초처럼 미국·중국·한국을 떠돌며 한국의 해방과 독립을 위해 싸웠고, 해방을 맞이하는 순간도 드라마틱했다. 오랜 친구들은 그에게 평양으로 동행하자고 제안했지만, 김구와의 관계를 생각한 장건상은 중경으로 돌아가는 길을 선택했다.

김구는 이청천, 엄항섭, 이시영 등 임정 핵심인사 10여 명을 동반해 1945년 8월 5일 OSS 중국지부가 제공한 특별전용기 편으로 중경에서 서안으로 향했다. 서안에서 3개월간 훈련을 마친 OSS-광복군 제2지대의 한반도 침투를 위한 독수리작전(Eagle Project) 공작요원들이 수료식을 거행할 참이었다. 8월 7일 OSS 국장 도노반과 OSS 중국지부장 헤프너(Richard Heppner)가 서안에 도착해 김구 등과 우호적인 분위기 속에서 회담을 진행했다. 독수리작전 공작요원들의 한반도 침투 작전을 논의하고, 한국에서 심리전에 사용할 문서에 대한 김구의 서명식이 있었다. 김구는 한미군사협정이 체결되고, 임시정부에 대한 사실상 승인이 이루어졌다고 생각했다. 8월 8일 임정 요인들은 훈련생의 훈련 평가 과정을 시찰했다. 아마도 이 시

1 중경에서 맞은 해방의 날

점에서 김구 등 임정 핵심인사들은 가장 흥분되고 고조된 심정이었을 것이다. 오랫동안 염원하던 한미군사작전의 실행, 한미군사협정의 체결, 미국 특수공작 기관의 임시정부 승인, 광복군의 국내 진공 등이 실현되기 직전이었기 때문이다. 김구는 8월 10일 섬서성 주석 축소주(祝紹周)의 자택에서 저녁 만찬 참석 중 일본의 무조건 항복 소식을 들었다. 광복군-OSS 공작조의 한반도 침투를 목전에 두고 일본의 항복 소식이 전해진 것이다. 김구는 임시의정원 회의에서 이렇게 얘기했다.

> 중국 사람의 음식 대접을 받앗는데 가서 이 예기 하다 저 예기 하다 갑자기 중경(重慶) 전화가 왓다하며 일본이 투항하엿다고 입이 터지게 실신(失神)한 사람 모양으로 좋와 날뛰엿음니다. 그리하야 작별할 때 나의 말이 당신의 음식은 이다음 조선 금강산에 가서 갑겟다고 하엿음니다.[5]

김구의 첫 반응은 "입이 터지게 실신한 사람 모양으로 좋아 날뛰었다"는 것이었다. 당연히 기다리던 일제의 패망을 맞았기 때문이다. 그리고 나서 김구는 이렇게 생각을 정리했다. "하늘이 무너지고 땅이 꺼지는 일"이었다. "지금까지 들인 정성이 아깝고 다가올 일이 걱정"이었기 때문이다.[6] 자력으로 광복을 이루지 못한 아쉬움이자 한반도의 미래에 대한 우려 때문이었다.

김규식이 느끼는 해방의 느낌은 기록되지 않았다. 김규식은 기쁜 마음으로 담담하게 일제의 패망 소식을 전해 들었을 것이다. 기다리고 예견되던 해방이지만, 중경 시절 김규식은 제한되고 제약된 공간 속에 위치해 있

---

5 「김구의 의정원에서의 서안 시찰보고(제39회 임시의정원회의)」(1945. 8. 22), 『대한민국임시정부자료집』 13.
6 『백범일지』, 399쪽.

었다. 태평양전쟁이 결정적 순간을 맞이한 1943년 임시정부와 민족혁명당 재합류 이후 김규식에게는 거의 기회가 주어지지 않았다. 임시정부 국무위원, 선전부장, 부주석의 직위가 주어졌으나, 실제로 일할 수 있는 조건이나 환경은 되지 않았다. 민족혁명당 주석으로 추대되었으나, 역시 명예와 간판뿐이었다. 중국정부로부터 발원한 군사적, 재정적 후원을 둘러싸고 임시정부·한독당과 민혁당, 김구와 김원봉이 각축전을 벌였으나, 김규식은 이러한 예각적 대립으로부터 한 걸음 물러서 있었다. 그의 장점이자 명성의 근원이던 외교는 임시정부 내에서는 조소앙 외무부장이, 미국에서는 이승만 주미외교위원부 위원장이 담당하고 있었다. 임시정부와 민족혁명당을 떠난 7년 동안 벌어진 간극이었다. 태평양전쟁과 제2차 세계대전이 종막을 향해 달려가고, 한국의 해방과 독립의 순간이 다가온다는 점만은 분명히 인식하고 있었을 것이다. 김구가 광복군-OSS 공동작전을 위해 서안을 방문하고, 장건상이 독립동맹과 연대를 위해 연안을 방문하는 등 적극적인 활동의 최고점에서 해방을 맞았으나, 김규식은 중경에서 전해지는 해방 소식을 들었을 뿐이다.

해방 소식이 전해진 후 김규식은 감격에 겨워 자신의 중국 생활을 정리하는 영시집 『양자유경』을 써 내려갔다.[7] 중국 화가 양정명과 김구의 며느리 안미생의 삽화가 들어간 장편의 영시였다. 딸 김우애는 한여름 찌는 듯한 중경의 무더위 속에서 아버지 김규식이 정신없이 타이프라이터로 영시를 써 내려가는 것을 지켜보았다. 모두가 해방과 귀국의 기쁨 속에 흥분과 두려움, 기대와 설렘을 안고 앞날을 준비하는 때, 김규식은 영시를 쓰고 있었던 것이다. 김규식의 객관적 조건이 이러했고, 해방을 맞은 순간 중경에서 그가 할 수 있는 최대한의 활동이 시작(詩作)이었음은 이 시기 김규

---

[7] 「생활 전부가 독서와 연구, 불원 영시집 '양자강의 유혹' 상재, 그 영식이 말하는 "父큄 김부주석"」, 『자유신문』(1945. 11. 26).

식을 상징한다.

　누구도 다가올 미래를 정확히 예견할 수는 없었다. 상상하던 "해방 한국"과 미소 양군 점령하의 분단된 한국이라는 현실의 간극 속에서 벌어질 정치적 대격변은 귀국하는 김규식과 임시정부 인사들의 운명을 격랑의 소용돌이로 몰아 넣을 것이었다.

　해방을 맞게 된 중경에서는 임시정부의 귀국 및 대처 방안을 둘러싸고 격론이 벌어졌다. 우선 김구의 8월 초 서안행에 대해서는 임정의 극소수를 제외하곤 중국국민당과 군사위원회조차 정확한 여행 이유를 알지 못했다.[8] 민혁당은 이러한 처사가 비밀외교 때문이라며 '미국에 부용'(附庸)되는 것을 중단하라고 강력히 요구했다.[9] 김규식은 김원봉과 함께 8월 30일 프랑스 임시대통령 드골에게 태평양전쟁 종전에 대한 감사 인사를 보냈다. 서구 열강 중 최초로 중경 주재 프랑스대사가 임시정부와 사실상의 관계를 맺은 데 대해 감사를 표했다.[10]

　해방 직후 임시의정원에서는 '이제 해방이 되었으니 임정을 해산하고 국내 민중에게 정권을 이양해야 한다'는 국무위원 총사퇴론과 '독립운동의 상징인 임정을 국내로 봉환해 국민에게 돌려드려야 한다'는 임정봉환론이 맞섰다. 8월 17일부터 개최된 제39차 임시의정원 회의에서 내각 총사퇴안을 주장하는 신한민주당·민족혁명당 계열과 임정봉환을 주장하는 한독당 계열이 대립했다. 광복군과 OSS의 공동작전을 위해 서안에 갔던 김구는 8월 17일 서안을 떠나 중경으로 향했다. 8월 22일 중경으로 귀환한 김구는 국무회의의 의결대로 내각총사직 불가 및 현 정부 형태 입국을 결정했다.[11]

8　「최근의 임정 동태」(1945. 8. 15), 추헌수, 1971, 위의 책, 406쪽.
9　「한독당에 對한 민혁당의 주장」(1945. 6. 13), 추헌수, 1971, 위의 책, 82~83쪽.
10　「조선민족혁명당의 드골 장군에 보내는 메시지 전달」(1945. 8. 30), 주중 프랑스 대사관-파리 외무부장관, 『대한민국임시정부자료집』 23.
11　이승억, 1997, 「임시정부의 귀국과 대미군정 관계(1945. 8~1946. 2)」, 『역사와현실』 24, 89쪽.

김구는 오철성(吳鐵城) 국민당 비서장과 회담(1945. 8. 22)을 통해 한반도가 미소의 점령하에 놓이며 연합국이 신탁통치나 군정의 과도기를 거쳐 폴란드 방식으로 통일된 임시정부를 수립할 계획임을 알게 되었다.¹² 의정원에 출석한 김구는 간략하게 서안행 경과에 대해 이야기한 후 총사직은 불가하며, 임시정부가 속히 광복군과 함께 귀국해야 한다는 입장을 밝혔다.¹³

김구는 중국정부의 후원하에 귀국을 서두르는 한편, 9월 3일 국무회의 명의로 당면정책 14개 조를 발표했다. 그 주요 내용은 다음과 같았다.

1. 본 임시정부는 최속기간(最速期間) 내에 곧 입국할 것. (중략)
6. 전국적 보통선거(普選)에 의한 정식 정권이 수립되기까지의 국내 과도정권을 수립하기 위하여 국내외 각층 각 혁명당파, 각 종교집단, 각 지방대표와 저명한 각 민주영수회의를 소집하도록 적극 노력할 것.
7. 국내 과도정권이 수립된 즉시에 본 정부의 임무는 완료된 것으로 인정(認)하고 본 정부의 일체 직능 및 소유물건은 과도정권에게 교환할 것. (중략)
9. 국내의 과도정권이 성립되기 전에는 국내 일체 질서와 대외 일체 관계를 본 정부가 부책(負責) 유지할 것.¹⁴

당면정책 14개조는 임정이 선포한 건국강령(1941)의 대강을 계승한 것으로, 임정이 속히 입국해 통치권을 실시하며, 이후 국내 혁명당과·종교

---

12 「김구-오철성 담화요점」, 최종건 편역, 1980, 『대한민국임시정부문서집람』, 158~159쪽.
13 「김구의 의정원에서의 서안 시찰보고(제39회 임시의정원회의)」(1945. 8. 22), 『대한민국임시정부자료집』 13.
14 「대한민국임시정부특파사무국 전단」(1945. 9. 3), 국사편찬위원회, 1970, 『자료대한민국사』 1, 47쪽.

집단·지방대표·민주영수의 회의를 통해 수립될 정식 과도정권에 권한을 이양하며, 전국적 보통선거를 통해 정식 정권을 수립한다는 내용이었다. 즉, 임시정부의 통치권 행사→(비상정치회의) 정식 과도정권 수립→(전국 보통선거) 정식 정부 수립이라는 건국 방략을 제시한 것이었다. 이는 환국한 임정이 곧바로 과도정부를 자임해야 한다는 기존 입장에서는 후퇴한 것이지만, 임정을 중심으로 한 과도정부 수립 방안으로 1946년 초까지 임정 계열 정치활동의 직접적인 지침이 되었다.[15]

이는 중국정부의 희망이기도 했다. 오철성은 8월 17일 김원봉에게 비슷한 건국 방략을 제시한 바 있다. (1) 중경 임시정부가 귀국해서 선거를 관리하고 민선의 정식 정부를 탄생케 할 것, (2) 전항이 불가능하면, 동맹국 협조 아래 한국 독립운동 관련 조직들로 임시정부를 공동으로 조직하고, 선거를 통해 민선 정부를 탄생케 할 것, (3) 동맹군이 한국에 상륙해서 군정부(軍政府)를 설립하여 과도정부로 할 것 등의 방안을 제시했다.[16] 김구는 8월 22일 오철성을 만난 이후, 오철성이 제시한 방안 중 (1)과 (2)의 혼합 방식을 임시정부의 당면정책으로 채택한 것이다.

임정의 환국을 전후한 시점에서 국내 상황은 급변을 거듭하고 있었다. 대외적으로 미소의 38선 분할 점령으로 인해 임정은 미군정하의 남한으로 그 활동 범위가 제한되었다. 임정에 우호적이었던 중국국민당의 후원·지지를 받을 수 없게 되었다. 북한의 공산주의자들과 소련은 임정을 인정하지 않았을 뿐 아니라 임정에 대해 부정적 인식을 갖고 있었다.

미군정은 임정의 입국 과정을 전후한 시기에는 우호적인 태도를 취했으나, 중국정부와는 질적으로 다른 차원에서 접근했다. 미군정

---

15 이용기, 1997, 「1945~48년 임정 세력의 정부수립 구상과 '임정법통론'」, 『한국사론』 38, 178~179쪽.
16 「오철성이 김약산을 접견하고 담화한 요점」(1945. 8. 17), 『대한민국임시정부자료집』 9.

은 임정을 자신이 구상하고 있던 정치 계획, 즉 '정무위원회'(governing commission)를 비롯한 미군정 통제하의 과도정부 수립 계획에 활용하겠다는 구상을 갖고 있었다. 미군정의 계획에 따라 임정의 명망성을 활용하지만, 임정을 인정하지는 않겠다는 것이었다. 또한 미군정의 중점은 임정보다는 이승만과 한국민주당에 있었으며, 이승만의 독립촉성중앙협의회(약칭 독촉중협)에 임정을 참가시키는 것으로 임정의 효용이 완성된다고 판단했다.[17]

또한 국내 다양한 정치세력들의 임정에 대한 태도 역시 단일하지 않았다. 미군정의 진주와 임정의 귀국 소식을 계기로 구성된 좌파의 인민공화국은 임정과 대립하는 최대 정치 세력이었다. 인공을 주도한 여운형은 해방 직후 임정봉대론에 맞서 해외에 5개의 정부가 있다고 맞섰지만, 임정이 귀국하자 인민공화국과 임정을 통합한 일종의 좌우합작을 시도하기도 했다.

한편, 이승만은 귀국 후 공개적으로 임정 지지를 내세우고, 인공의 주석 취임 요구를 거부했지만, 임정이 정부 자격으로 귀환하는 것이 아니라 개인 자격으로 귀국한다는 사실을 여러 번 강조했다. 나아가 중경 임정에 대한 대중적 환영 분위기에 반대하며 '환영 소동은 그만두어야 할 것'이라고 했다.[18] 이승만은 미군정의 적극적 후원하에 자신이 주도하는 독촉중협을 실질적인 과도정부로 만들며, 임정을 해산한 후 임정 요인들을 개인적으로 독촉중협에 참가시킬 계획이었다.[19] 한민당은 해방 직전부터 임정 지지를 주장했지만, 해방 후 인공 부정을 위한 방략이자 한민당의 존재를 부각시키기 위해 계속 중경 임정 추대를 내세웠다.[20] 한민당의 송진우

---

17 정병준, 1996, 「주한미군정의 '임시한국행정부' 수립 구상과 독립촉성중앙협의회」, 『역사와 현실』 19.
18 『자유신문』(1945. 11. 8, 1945. 11. 20); 『중앙신문』(1945. 11. 6); 『신조선보』(1945. 11. 20).
19 『신조선보』(1945. 11. 21); 「독립촉성중앙협의회 중앙집행위원회 제1회 회의록」(1945. 12. 15), 『우남이승만문서(동문편)』 13, 57~62쪽.

는 이승만과 함께 인공 타도를 위해 임정정통론을 적극 내세우되 일단 임정이 귀국하여 정국이 정리되면 임정을 해체하고 새로이 독립정부를 수립해야 한다는 계획에 합의했다.[21] 한편 일제하 비타협 민족주의자이자 해방 후 중도우파의 대표적 인물인 안재홍 중심의 국민당은 '중경 임정 영립보강론'을 주장하며 강력하게 임정을 지지했다.[22] 안재홍은 중경 임정을 국제적 승인을 받은 과도정부로 추대하고 여기에 국내외 모든 혁명 세력으로 보강 확충하여 정권을 행사하는 건국정부로 발전시킬 것을 주장했다. 이들은 한독당에 합류하는 한편 좌우합작을 지지하면서, 제2차 미소공위 직전까지 중경 임정의 국내적 지지 기반이 되었다.

이상과 같이 임정은 국제적 후원·지지 세력의 상실, 남북 분단, 지지·반대 세력의 분립 등의 조건 속에 귀국하게 되었다. 때문에 임정이 구상한 잠정적 시기의 실질적 과도정부 기능 및 임정봉대론은 즉각 국내 정치에 적용되기 어려운 정치적 구조였다. 임정이 귀국하는 상황에서 국내 정계의 주도권은 좌파의 경우 여운형·박헌영이 주도하는 인민공화국이, 우파의 경우 이승만·한민당이 중심이 된 독촉중협이 장악하고 있었다.

---

20 서중석, 1991, 위의 책, 267~274쪽.
21 「윤치영·윤석오의 증언」, 손세일, 1970, 『이승만과 김구』, 일조각, 201쪽.
22 김인식, 1998, 「해방 후 안재홍의 중경임정 영립보강 운동」, 『한국독립운동사연구』 12.

2   33년 만의 귀국길

김규식은 임시정부 부주석이자 국무위원으로 제일 먼저 귀국하는 일행에 포함되었다. 종전 이후 중국국민당정부는 임시정부 요인들을 조속한 시일 내에 한국으로 귀환시켜 정치적 구심으로 삼는다는 정책하에 연합국, 특히 남한을 점령한 미국과 협의에 나섰다. 또한 임시정부가 요구하는 외교적, 재정적 후원을 아끼지 않았다. 임시정부의 귀국은 임시정부의 의사와 중국 정부의 후원만으로 가능한 일이 아니었다. 임시정부의 귀국은 국제정치적 결정과 합의가 있어야 가능했다. 가장 중요한 것은 서울을 점령한 미국과의 협의였다.

그중에서도 외교와 군사 방면 기관들의 허가와 동의가 필요했다. 먼저 미 국무부의 허가와 동의를 얻어야 했는데, 미 국무부는 태평양전쟁기 내내 '임시정부'에 대한 비판적 시각을 가지고 있었다. 미 국무부는 임시정부가 한국 독립운동 진영뿐 아니라 한국인 전반을 대표하는 대표성을 결여하고 있으며, 파벌로 분열되어 있을 뿐 아니라 중국국민당정부의 강한 영향을 받는 친중적 조직이라고 판단했다. 나아가 주미외교위원회 위원장 이승만을 필두로, 워싱턴 등에 산재한 재미한족연합회 워싱턴사무소, 김용중의 한국사정사, 유일한의 고려경제연구회, 한길수의 중한민중동맹단 등 다양한 재미한인 파벌이 존재하고, 이들이 중경 임시정부와 직간접으로 연결되어 있다고 보았다. 중경 주미대사관의 고스(Clarence Gauss) 대사, 클럽(Oliver Edmund Clubb) 부영사, 곤명의 랭던(William Langdon) 영사 등의 보고서는 이러한 비판적 시각에서 공통점을 형성하고 있었다. 때문에 주한미군사령부가 임시정부의 활용과 조기 입국을 강력하게 요청하고, 맥아더 사령부가 이에 동의한 후에야 미 국무부는 '임시정부'가 아닌 개인 자격의 귀국과 활용에 동의하게 되었다. 임시정부 요인들을 개인 자격으로 입국시킨다는 국무부의 논리는 형식논리적인 주장이었을 뿐, 사실상 임시정부로서의 귀국을 눈감아 주겠다는 뜻이었고, 주한미군 사령부의 강력한 요청을 수동적으로 수락한다는 의미였다. 그리고 이러한 판단이 미군정하 남한 정치 상황을 결정하는 주요한 요인이 되었다.

한편 임시정부의 귀국은 군사적으로 남한을 점령한 미 24군단 사령부, 그 상급자인 맥아더의 태평양 방면 미 육군총사령부, 중국을 관할하는 중국전구 미국사령부 등의 허가와 동의, 수송 수단 제공 등의 복잡한 수속이 필요한 것이었다. 각 전구, 각 사령부의 허가와 동의를 얻기까지 상당한 시간이 필요했다.

1945년 말 반탁 시위 이후 벌어진 임시정부와 미군정의 대충돌 상황을 염두에 둔다면, 아마도 해방 이후 귀국하는 시점까지가 임시정부가 미군정으로부터 최상급의 우호적 대우와 호의를 받은 기간이었을 것이다. 동시에 중국정부가 임시정부에 최상급의 환대를 제공한 기간이기도 했다. 임시정부의 역사상 최초이자 마지막으로 중국과 미국의 공식적 호의와 우호적 대우가 중첩되는 짧은 시기이자 공간이었다. 아직 귀국하지 않은 임시정부에 대한 미군정의 기대와 상상이 최고조에 달한 시기였고, 귀국할 임시정부가 차지할 남한 내 정치적 지위에 대한 중국정부의 기대치가 최고조에 달한 시기였기 때문이다.

임시정부는 귀국을 위해 중국국민당정부, 중국전구 미군사령부, 주한

미군사령부, 주중 미국대사관, 미 국무부 등과 다각도로 협의하며 협력을 구했다. 먼저 김구는 8월 22일 중국국민당 비서실장 오철성과 면담한 것을 필두로, 9월 26일에는 직접 장개석을 만나 임시정부의 귀국 주선을 요청했다. 김구는 미국정부와 협상해서 최소한 비정식(非正式) 혁명적 과도정권으로 묵인해 입국하게 해달라고 요청했다. 이와 함께 400만 한국교포를 관리하는 특별기구 설치, 한적(韓籍) 사병의 광복군 편입 등을 요청했다.[23]

8월 14일 임정 외무부장 조소앙은 중경 주재 미대사관을 방문해 미군과의 협조를 요청했고, 8월 17일에는 김구·조소앙 명의로 트루먼 미국 대통령에게 "한반도 처리에 관한 연합국협의위원회를 비롯해 한국의 운명에 영향을 미치는 모든 공식·비공식 국제기구에 참여하기를 희망한다"는 서신을 보냈다. 8월 30일에도 주중 미국대사관에 임시정부 요인들이 "어떤 방식으로든 한국에 환국하는 것을 미국이 허용해 주기를 희망"한다며 미국에 협조할 의사를 밝혔다.[24] 9월 11일에는 재차 미 대사관을 방문해 임정 구성원 10명이 귀국해 정부 구성에 참여하게 해달라고 요청했다.

중국정부는 임시정부의 귀국에 관한 편의를 적극 제공했으며, 자금과 군사사절 파견을 계획했다. 장개석은 1945년 9월 15일 주미대사 위도명(魏道明)에게 임정과 관련한 대한정책을 미국과 협의하도록 지시했고, 또한 주중대사 헐리(P. J. Hurley)를 통해 중국 내 한국 독립운동 영수들의 귀국을 주선하는 한편 임시정부 요인들에게 군정의 행정공작을 맡겨 달라는 내용의 요구서를 미국에 보냈다. 김구는 8월 24일 이래 중국정부에 3억 차관 요구안을 제출했으며, 중국정부는 임시정부에 재정 지원을 아끼지 않았다.

---

23 「김구가 장개석에게」(1945. 9. 26), 국사편찬위원회, 1994, 『한국독립운동사』 자료27(임정편 XII), 41~42쪽.
24 이승억, 1997, 「임시정부의 귀국과 대미군정 관계(1945. 8~1946. 2)」, 『역사와현실』 24, 95~96쪽.

중국국민당정부는 미국의 승인을 전제로 임시정부의 승인을 계획하며 소육린을 군사사절로 한국에 파견할 계획이었다. 소육린은 임시정부의 고문으로 추천될 만큼 임시정부 요인과 친밀한 사이였으며, 김구와 상해까지 동행해 동반 입국하려고 했다. 장개석은 1945년 11월 말 귀국하는 김구에게 미화 20만 달러와 3명의 무전사 및 무전기를 제공했다.[25]

미 국무부와 주한미군 사령부는 임시정부의 귀국에 우호적인 입장을 표명했다. 미 국무부는 9월 21일 임시정부 요인들이 '개인 자격'으로 귀국한다면 반대하지 않는다는 입장을 주중대사 헐리에게 표명했다. 9월 26일 앳치슨 국무장관 대리는 주미 중국대사 위도명에게 임시정부 인사들의 귀국 교통편을 모색하고 있으며, 귀국 후 이들이 행정부 구성을 지원할 수 있을 것이라고 밝혔다. 국무부의 방침은 주한미군사령부가 제기한 입장을 반영한 것이었다.

주한미군사령부는 진주 직후부터 임시정부에 우호적이었다. 주한미군사령관 하지(John R. Hodge) 중장의 정치고문 베닝호프(Merrell Benninghoff)는 9월 15일 연합국 후원하에 임시정부 자격으로 귀국시킨 후 선거가 실시되기까지 과도기에 간판으로 활용하는 방안을 제기했다. 하지 등은 보수적이고 친미적인 한국민주당 그룹이 제시한 정보에 기초해서 진주 직후 불과 2주도 되지 않는 시점에 임시정부 입국과 활용이라는 정책적 결정을 내린 것이다. 이는 여운형의 건준·인민공화국 부정이라는 선택 위에 내려진 것이며, 사실상 주한미군 사령부의 권한을 넘어서는 정책적 결정이었다. 또한 9월 28일 OSS 요원 출신 윔스(Clarence Weems Jr.)는 임시정부의 활용 방안에 관한 보고서를 통해 임시정부의 정치적 상징성을

---

25 주한미군의 허가를 받지 못했기에, 20만 달러는 뉴욕 중국대사관에서 보관하게 되었다. 미군정은 무전기를 압수한 후 무전사들을 곧 추방했다. 정병준, 2005, 『우남이승만연구』, 역사비평사, 615쪽.

높게 평가하고 긍정적인 결론을 제시했다. 주한미군 사령부는 임시정부에 대한 긍정적 판단을 제시했고, 10월 8일 맥아더 사령부는 임시정부의 입국을 허가했다.[26] 10월 16일 미 국무부도 주한미군의 임시정부 활용 방안을 승인하며 임시정부 요인들의 귀국을 허가했다.

임시정부에 우호적이던 주한미군사령관 하지는 자신의 비서 로건 대령을 10월 하순경 중국 상해로 보내 조소앙·조시원을 만나 미군정의 의사를 전달했다.[27] 10월 25일 김구·조소앙은 10일 안에 임정 요인 30여 명이 서울로 떠난다는 사실을 미국대사관에 알렸다. 한편, 오광선은 10월 29일 미군 항공기로 중국에 건너가 김구 주석, 이청천 광복군 총사령관 등을 만나 국내 정세를 보고하고 광복군 국내지대장으로 임명된 후 11월 5일 귀국했다.

주한미군 사령부는 임시정부의 귀국에 적지 않은 기대를 걸고 있었고, 임시정부를 활용해 과도정부를 미군정 휘하에 수립한다는 구상을 가졌다. 하지 사령관은 임시정부 구성원들이 개인 자격으로 귀국한다는 서약을 요청(1945. 11. 13)했고, 임시정부 내부에서는 격론 끝에 개인 자격으로 귀국한다는 문서를 웨드마이어 주중미군사령관에게 제출(1945. 11. 19)했다.[28] 다음 날 미군 C-47수송기가 상해에 도착했다.

환국은 중경에서 상해까지 이동한 후 상해에서 미국이 제공한 항공편

---

26 「오철성이 김구에게」, 국사편찬위원회, 1995, 위의 책, 39~41쪽.
27 김형민, 1987, 『눌정 김형민회고록』, 범우사, 124~128쪽.
28 서약서의 내용은 다음과 같다. "이에 본인은 본인 및 본인의 동료들이 어떠한 공적 위치로서가 아닌 완전히 사적 개인의 자격으로서 귀국을 허락받을 것임을 충분히 숙지하고 있음을 귀하에게 확신시키고자 합니다. 나아가 본인은 한국에 들어가면 우리들이 개인적으로나, 집단적으로 정부로서 혹은 민간 및 혹은 정치적 능력을 발휘하는 기구로서 활동할 것을 기대하지 않는다는 점을 기꺼이 진술합니다. 우리의 목적은 한국인에게 유리하게 될 질서를 수립하는 데 있어 미군정과 협력하는 것이 될 것입니다." "Letter, Kim Koo to Lt. Gen. A. C. Wedemeyer, CG U.S. Forces in China," 19 Nov. 1945. RG 332, XXIV Corps Historical File.

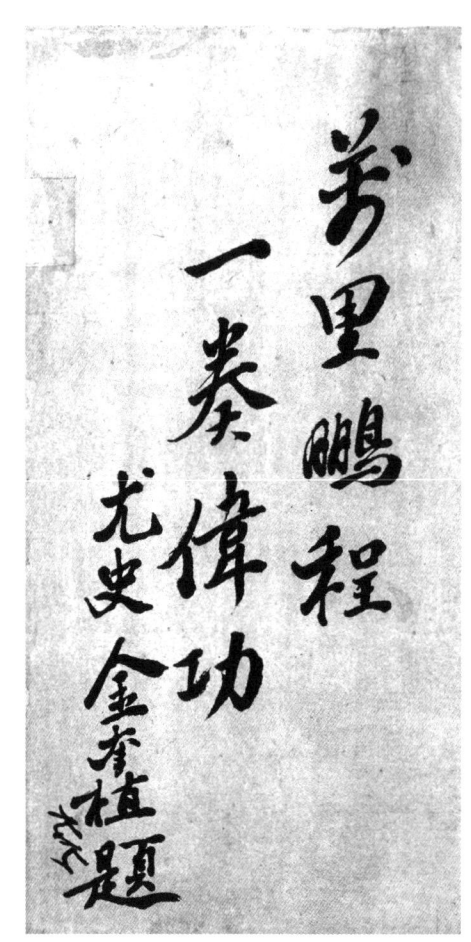

김규식 휘호 〈만리붕정 일주위공〉(萬里鵬程 一奏偉功)(중경, 1945. 11. 4). 숭실대학교 소장.

을 이용하기로 했다. 10월 24일 중국국민당 주최로 대규모 환송연이 개최된 것을 필두로 송별식이 이어졌다. 10월 29일에는 중한문화협회 주최로 협회 창립 3주년 기념 및 한국 혁명영수의 귀국환송회가 개최되었다. 행사에는 한국 측 인사 1백여 명이 참석해 대성황을 이루었다. 이사장 손과가 치사를 했고, 김규식도 소력자, 우빈(于斌) 주교 등과 함께 치사를 했다.²⁹

김구는 10월 29일 장개석과 만나 임시정부 지원을 감사했다. 장개석은 11월 4일 임시정부 요인을 초청해 다회(茶會)를 개최했다. 중국국민당 강당에서 개최된 이 다과회에는 임시정부 요인 30여 명과 중국국민당 전체 중앙위원을 포함한 중국 측 인사 백여 명이 참석했다. 장개석은 두 나라의 우의와 건강을 축복했고, 김구는 중국의 후의에 감사하는 답사를 했다. 장개석 부부는 임시정부 요인들과 일일이 악수했다.³⁰ 임시정부 요인들은 중경 시대를 마감하면서 11월 3일 중경 연화지 임시정부 청사에서 태극기를 배경으로 기념사진을 찍었다. 26년 전인 1919년 임시정부 성립 당시 청장년들은 이제 모두 세월의 풍상을 한몸에 맞은 노경에 접어들었다. 11월 4일에는 임시정부 요인 23인이 필묵을 들어 각자의 소회를 적어 남겼다. 이는 중경 시절을 기념하는 서첩 「재유기념첩」(在渝記念帖)으로 표구·제책되었는데, 원래는 각자 휘호를 적은 후 낙관을 찍어 낱장 상태로 보관했던 것으로 보인다.³¹ 임시정부 요인 23인은 각자 생각하고 뜻한 바를 휘

29 「한국임시정부 요인을 위한 환송회 개최」, 「중한문화협회가 주관한 임시정부 귀국환송회 소식」, 중경, 『大公報』(1945. 10. 20), 『대한민국임시정부자료집』 22.
30 「장 총재, 어제 한국 영수들의 환국을 축하하는 다과회 열어 환송」, 중경, 『大公報』(1945. 11. 5), 『대한민국임시정부자료집』 40.
31 현재 임시정부 인사 23인의 유묵은 숭실대학교 한국기독교박물관에 『재유기념첩』(在論記念帖)이란 제목으로 소장되어 있다. 유(論)는 중경을 의미하는 약자 유(渝)의 오자이다. 작성 경위와 소장자는 미상이며, 김양선 목사가 구입하여 숭실대학교 한국기독교박물관에서 소장하고 있으나, 구입 경위, 과정, 필첩의 형태를 알 수 있는 자료가 없다. 『재유기념첩』(在論記念帖)이란 제호는 박물관 측에서 잘못 기재한 것이며, 어설픈 표구·제책으로 원본에 손상이 간 것으로 보인다. 「대한민국임시정부 환국기념 23인 필묵 조사보고서」, 『2019년도 문화재위원회(근대문화재분과) 제5차 회의록』(2019. 5. 28), 48쪽.

중경 연화지 임시정부 청사에서 찍은 임시정부 요인 기념사진(1945. 11. 3)

상해 비행장에 도착한 임정 요인들(1945. 11. 5).
(2열 왼쪽부터) 김규식, 조완구, 김구, 안미생, 미상, 이시영. (1열) 가운데 소년 이종찬.

호로 남겼다. 김규식은 "만리붕정 일주위공"(萬里鵬程 一奏偉功)이라고 쓰고, 우사 김규식 제(尤史 金奎植題)라고 적고, 영문 이니셜 K.K.를 왼쪽 옆에 썼다. "만 리 양양한 앞길, 한뜻으로 이룬 큰 업적"이란 뜻이다. 대붕이 날아가는 만 리 길이 우리 앞에 놓여 있으니, 큰 공을 함께 이루자는 의미였다. 우리 앞길이 험난하고 멀어도, 함께 힘을 합쳐 큰 업적을 세우자는 뜻이다. 귀국해서 한국의 완전한 독립과 통일을 이룩하자는 다짐이었다. 앞길이 멀고 험난할 것이라는 비관보다는 함께 나아가자, 함께 이룩하자는 단결의 대목에 김규식의 마음이 두어졌을 것이다. 김구는 불변응만변(不變應萬變), "변하지 않는 것으로 수많은 변화에 대응한다"고 썼다. 변하지 않는 것, 변함없음, 항심(恒心)으로 시대와 국면의 변화에 대응한다는 것이니, 임시정부 26년을 지켜 온 주석의 기개와 풍상이 드러나 있다.

11월 5일 김구 등 국무위원과 경위대원 29명이 2대의 비행기를 타고 중경을 떠나 상해에 도착했다. 상해에 도착한 임시정부 요인은 1진 15명, 2진 22명으로 나뉘어 귀국했다. 김규식은 김구 등과 함께 1진으로 11월 23일 오후 4시 40분 김포 비행장에 도착했다. 동행한 국무위원은 이시영, 김상덕(문화부장), 엄항섭(선전부장), 유동열(참모총장) 등이었고, 수행원으로 9명이 동행했다.[32] 김규식의 큰아들 김진동도 영어 통역 겸 비서로 대동했다. 홍진 임시의정원 의장 등 2진은 12월 1일 군산에 도착한 후 다음 날 서울로 올라왔다. 한편, 임시정부 직원과 가족들 250명은 1946년 1월 16일 중경을 떠나 2월 19일 상해에 도착했다. 이들은 1946년 3~4월 부산항에 도착했다.[33]

32 수행원은 선우진(비서), 안미생(김구 며느리), 민영완(민필호의 딸), 유진동(의사), 이영길·백정갑·장준하·윤경빈(이상 임정 경위대), 김진동(김규식 아들) 등이었다. 『중앙일보』·『서울신문』(1945. 11. 24).
33 한시준, 2003, 「대한민국임시정부의 환국」, 『한국근현대사연구』 25; 정병준, 2015, 「대한민국임시정부의 전후 구상과 환국」, 『한국독립운동사연구』 52.

미국 워싱턴디씨에 있던 임시정부 주미외교위원부 위원장 이승만도 귀국을 서둘렀다. 이승만은 미 국무부 여권과로부터 출국 허가를 받은 후 일본 도쿄에 진주한 맥아더 태평양 방면 미 육군 총사령관의 입국 허가, 미 전쟁부의 군용기 탑승 허가, 주한미군사령부의 허가 등 복잡한 수속을 통과해 귀국할 수 있었다. 이승만도 개인 자격으로 귀국한다는 서약서에 서명했고, 도쿄를 거쳐 10월 16일 서울로 환국할 수 있었다.[34]

　귀국 직후 김규식의 기자 인터뷰는 이러했다. "정치적인 이야기는 이미 주석과 엄(嚴) 선전부장이 말하였다. 따라서 나로서는 새삼스럽게 할 말이 없고 또 아직은 말할 수도 없다. 고국에 돌아온 감상은 감개무량하지만, 그것을 이 자리에서 말하면 무엇하겠는가. 여러분들이 알고자 원하는 것은 사사로운 개인의 감상이 아니고 좀 더 무게 있는 정치 문제일 줄 안다. 나는 우리 민중을 믿는다는 것만 말한다."[35] 임시정부 인사들은 광산왕 최창학이 제공한 죽첨장에 머물렀다.

　김규식은 11월 25일 자신이 건립위원장을 맡았던 새문안교회를 찾아 예배를 드렸다. 새문안교회의 이선신(李善信)이라는 여성이 김규식을 기억했다. 김규식이 교장으로 있을 때 교편을 잡고 있었고, 같은 교회 일을 보았기에 잘 알고 있다는 것이다. 망명 전 청아하던 김규식이 풍찬노숙으로 노쇠해진 것을 안타까워하며, 교회에서 연극을 할 때 김규식이 여자로 분장해서 출연했는데 관중은 물론 미국인 선교사까지도 서양 부인인 줄 알았다는 얘기를 전했다.[36] 김규식의 아들 김진동도 언론과 인터뷰를 했다.[37]

34　이승만은 다음과 같은 미 국무부의 한국 입국허가서에 서명했다. "나는 북위 38도선 이남의 한국 지역이 현재 미군에 의해 통제되는 군정의 통치하에 있다는 사실을 인정하며, 군정이 종식되기 전까지는 同지역에서의 체류기간 중 본인의 모든 활동이 同기관의 법령과 규칙에 의해 통제를 받을 것에 동의한다." "The Acting Secretary of State to the Charge in China, Robertson," Sept. 27, 1945. No. 1560, *Foreign Relations of the United States*, Volume Ⅵ, p.1060. 정병준, 1997, 위의 논문.
35　『서울신문』(1945. 11. 25).

2　33년 만의 귀국길　　617

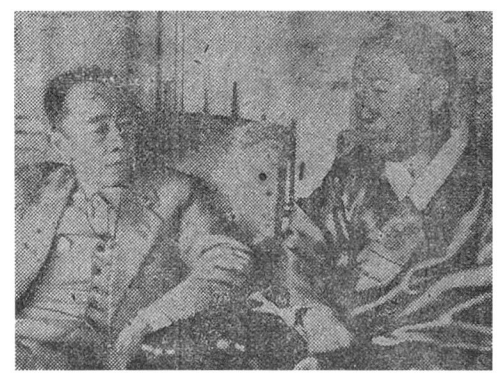

돈암장의 김규식과 이승만
(1945. 11. 29). 자유신문.

    11월 26일 오전 11시 전국인민위원회대표자대회에 참가했던 서울, 경기, 충북, 충남, 전북, 경남, 함남, 황해 등 각 도 대표들이 개인 자격으로 김규식, 유동열, 엄항섭과 회견했다.[38] 김구는 엄항섭 선전부장과 영어 통역 김진동(김규식 아들)을 대동하고 미군정청 하지 장군을 방문하고 기자회견 중이었다. 하지는 "오늘 아침 조선의 위대한 지도자 김구 선생을 여러분에게 소개하게 된 것을 큰 환희와 영광으로 생각한다"라며 김구를 기자들에게 소개했다.[39] 11월 28일 오전 김구, 김규식, 이시영 등 임정 요인은 의암 손병희, 도산 안창호의 묘소를 참배했다. 오후에는 정동교회에서 개최되는 기독교 환영회에 김구, 김규식, 엄항섭이 참가했고, 아놀드와 하지도 참가하기로 했다. 이날 오후 3시 반 김규식은 전 연희전문학교 교장이며 현 군정 고문인 언더우드 박사와 만나기로 했다. 언론은 두 사람이 형제를 맺은 사이이며, 두 사람이 헤어진 지 33년 만의 재회라고 기록했다.[40]

36 「김규식 박사 과거의 일면, 이선신 여사가 말하는 일화 편편」, 『자유신문』(1945. 11. 26).
37 「생활 전부가 독서와 연구, 불원 영시집 '양자강의 유혹' 상재, 그 영식이 말하는 "父君 김부주석"」, 『자유신문』(1945. 11. 26).
38 『서울신문』(1945. 11. 27).
39 『자유신문』(1945. 11. 27).
40 「다망한 김 부주석의 동정」, 『신조선보』(1945. 11. 29).

11월 27일 인공 총리 허헌이 김구, 김규식을 방문하고 임정 각료 취임을 권유했으나, 김규식은 당사자의 승인이 없이 내각원으로 임명한 것은 "비법적"이라며 각료 취임을 거부했다.[41] 김구도 같은 의견을 피력했다. 예상했던 대로 김규식, 김구와 인공의 관계는 단절되었다. 같은 날 오후 3시 김규식은 3·1운동 33인 중 생존자인 오세창, 권동진, 김창숙을 방문하고 환국인사를 했다.[42] 김규식은 11월 29일 오전 10시 반도호텔에서 하지 사령관과 면담했고, 오후 2시 김상덕과 아들 김진동을 대동하고 돈암장으로 가 이승만을 방문했다.[43] 임정 요인 2진이 귀국한 후 12월 3일 김규식은 조소앙, 장건상과 함께 미군정청을 방문해 하지 장군과 아놀드 군정장관에게 환도(還都)인사를 했다.[44] 김규식은 전국 기독교 남녀기독교청년단체가 통합한 전국기독청년연합회 회장으로 추대되었다.[45]

　12월 말 모스크바3상회의 결정이 보도되기 전까지 임시정부는 정중동의 움직임을 보였다. 26년 만에 귀국한 임시정부를 기다리는 것은 이승만이 주도하고 미군정이 후원하는 독촉중협, 일명 정무위원회 계획에 동참하라는 요구였다. 나아가 이승만은 임시정부가 개인 자격으로 귀환했고, 국제 사정상 정부로 인정할 수 없으니 사실상 해체하고 독촉중협에 개인적으로 합류하라고 강요했다. 임시정부가 수용할 수 있는 요구가 아니었다. 임시정부는 단호히 이를 거부하고 독자적인 노선을 추구했다. 중경 시절 한독당과 민혁당의 대결이 치열했지만, 귀국 이후에는 중층적인 대결 구도가 기다리고 있었다. 여기에는 미군정, 한국민주당, 조선공산당, 독촉중협 등 좌우파 정당, 인물들이 복잡하게 얽혀 있었다.

41　『중앙신문』(1945. 11. 29).
42　「김규식 박사 三長老 방문」, 『자유신문』(1945. 11. 29).
43　「주석은 이 박사와, 김규식 부주석은 하지 중장과 회담」, 『중앙신문』(1945. 11. 30); 「그립던 古土서 두 동지 감격의 환담, 이승만, 김규식 양 박사」, 『자유신문』(1945. 11. 30).
44　「김규식 부주석 등 대표 군정청에 환도인사」, 『대동신문』·『민중일보』(1945. 12. 4).
45　「기독연합회장, 김 부주석 추대」, 『중앙신문』(1945. 12. 9).

서울에 도착한 임정 요인 2진 기념사진(1945. 12. 3).
(1열 왼쪽부터) 장건상, 조완구, 이시영, 김구, 김규식, 조소앙, 신익희, 조성환. (2열) 류진동, 황학수, 성주식, 김성숙, 김상덕, 유림, 조경한, 김붕준, 유동열, 김원봉, 최동오.

귀국한 임정의 국내 정치 활동은 모스크바3상회의의 결정, 즉 신탁통치 계획과 이를 둘러싼 반탁운동으로 본격화되었다. 이미 1943년 이래 국제공관, 국제공영, 국제감호설에 견결히 반대했던 임정은 모스크바 결정을 신탁통치 결정으로 단정하고 강력한 반대운동을 주도했다. 해방된 한반도, 독립된 한국을 기대했던 한국인들의 염원은 38선 분단에 이어, 신탁통치 결정으로 냉정하게 부정되었다. 자주독립을 향한 한국인의 목소리는 분노의 함성이 되었고, 반탁운동은 1945년 말부터 1946년 초까지 한반도를 집어삼켰다. 민족주의 에너지의 대폭발은 그 어떤 방해물도 용납하지 않을 도저한 대파고로 기성의 정치지형을 허물었다. 냉정과 이성보다는 열정과 감성의 시대였다. 객관적 사실과 국제적 조건을 고려하지 않은 주관적이고 자기 완결적인 세계관의 표출이었다.

임정 세력은 신탁통치 반대운동과 함께 분화·재편되기 시작했다. 김구·한독당·임정 핵심 세력은 반탁총동원위원회·비상정치회의를 거쳐 민주의원에 참가했고, 김원봉·민혁당 세력은 좌익 민주주의민족전선으로 떨어져 나갔다. 신익희는 임정 내무부 산하에 정치공작대·행정연구반을 조직하고 독자적 세력화에 나섰다. 신익희는 1945년 말 이래 임시정부와 미군정의 관계, 임시정부와 북한과의 관계를 파괴하는 데 결정적 역할을 맡고, 나아가 1946년 중반 이승만과 김구 간 우익 주도권 경쟁에서 보이지 않는 결정자 역할을 할 예정이었다.

김규식은 반탁 임정 계열로 민주의원 부의장이 되었지만, 김구·한독당 계열과 거리를 벌리기 시작했다. 중경 시기 시대정신과 중국의 압력하에 묶여 있던 통합 임시정부의 상이한 요소들이 자기 목소리를 내며 떨어져 나가기 시작한 것이다. 이제 바야흐로 김규식이 남한 정계에서 자신의 독자적 목소리를 내고 입지를 다지기 시작할 시점이었다. 그 핵심에는 미소공동위원회에 의한 한국임시정부의 수립, 이를 위한 좌우합작 추진이라는 정치구상이 자리하고 있었다. 이제 김규식은 1919년 파리강화회의 특사 파견으로 최초의 정치적 합을 맞추었던 여운형과 사반세기 만에 정치적 해우를 하게 될 예정이었다. 시대와 역사를 거치며 청년의 기세는 화경(化境)으로 갈무리되었고, 항일투쟁과 풍찬노숙으로 노성해진 두 인물은 민족의 운명을 걸고 정치적 승부수를 띄울 것이었다.

김규식·여운형은 한반도에 엄존하는 미소 대결·남북 분립·좌우 대결이라는 3층위의 갈등 구조를 해결하기 위해서는 미소 협력, 남북 연합, 좌우 합작이 가장 이성적이고 합리적이고 현실주의적 노선이라고 판단했다. 그러나 이들의 현실주의적인 노선은 좌절되었는데, 여운형은 암살(1947. 7)되고, 김규식은 한국전쟁 중 납북되어 사망(1950. 12)했다. 두 사람의 비극적 최후와 함께 이들이 걸어갔던 현실주의적 노선은 현대 한국에서 가장 이상주의적 노선으로 기억되기에 이르렀다. 이러한 비극과 역설은 김규식·여운형이라는 중도파 노선의 몰락이자, 한국현대사가 걸어온 비극적 경로를 상징하는 것이었다.[46]

---

46 해방 이후 한국전쟁기 납북·사망에 이르는 김규식의 생애 및 정치 활동에 관한 글은 아직 완성하지 못했다. 이 시기에 대한 개괄적인 소개글을 이 책에 부록 논문으로 첨부하였다. 「버치 문서를 통해 본 1946~1947년 김규식의 정치 활동」 참조.

김규식 자료 추적기

남은 말

이 책은 김규식에 대해 관심을 가진 이래 조금씩 모아 온 자료들의 축적에 따른 결과물이다. 김규식의 일생을 다루었지만, 생애 모든 일을 균등하게 다룰 수는 없었다. 자료의 유무와 사안의 경중에 따라서 설명의 편차가 생길 수밖에 없었다. 어느 곳은 미시적인 분석이 가능했지만, 어느 시기는 대략적이고 추상적인 접근만이 가능했다. 이런 측면에서 이 책은 김규식 일생의 사실적, 연대기적 재현이라기보다는 접근 가능한 자료 범위 내에서 재구성한 저자의 해석이라고 하는 게 타당할 것이다.

이 장에서는 새로운 자료를 찾아 세계를 횡단하고, 이를 토대로 새로운 이야기를 쓰는 역사학자의 자료 추적기를 진술하려 한다. 역사가와 역사자료의 만남에 대한 이야기이다. 이 여정에서 발견한 김규식의 인간적 면모, 한국근현대사의 역사적 경로에서 점하는 김규식의 주객관적 좌표, 이 시점에 김규식을 쓴다는 것의 의미 등을 얘기하려고 한다. 영화를 만드는 과정을 설명하는 메이킹 필름(making film) 정도로 이해해 주시길 바란다. 특히 본문에서 충분히 설명하지 못했던 김규식 인생의 주요 굴곡 지점에 대해서 부연설명을 하려고 한다.

1   가계, 유년기, 도미 유학

(1) 미국 내셔널아카이브의 현대사 자료로부터 출발한 여정

김규식에게 다가갈 수 있었던 중요한 동력은 아마도 미군정기 비밀문서들을 읽으면서부터였을 것이다. 정확히 말하자면 남한에 주둔한 미 24군단 정보참모부 군사실 문서철을 통해서였다. 주한미군사령부가 『주한미군사』(the History of the United States Army Forces in Korea, HUSAFIK)를 집필하기 위해서 모아 놓은 문서철들이었다. 3년간 주둔한 미군이 군대 역사를 쓴다는 것도 놀라운 일이지만, 이를 위해 방대한 분량의 원자료와 초고를 준비해 두었다는 것, 그리고 이것이 공개되어 한국현대사 연구를 좌우하고 있다는 사실도 놀랄 만한 일이다. 미국은 해방 직후 역사 현실을 결정하고 주조했을 뿐만 아니라, 남겨진 기록을 통해서 후세의 역사가와 현대사 기술에 결정적인 영향력을 행사하고 있기 때문이다. 이것이 진정한 미국의 힘이라고 생각하게 되었다. 실제로 메릴랜드주 칼리지파크(College Park, MD)에 있는 미국 국립문서기록관리청(The National Archives and Records Administration, NARA)을 방문하는 연구자들은 엄청난 규모의 건물이 주는 위압감에 깜짝 놀라게 되고, 방대한 문서 규모에 다시 한번 압도될 수밖에 없다. NARA의 건물과 문서는 과거 미국이 갖고 있던 압도적인 군사적·정치적·외교적 힘, 현재 미국이 발현하고 있는 역사를 증명하는 문화적·학문적 힘을 증명하고 있다. 이곳을 이용하는 전 세계 연구자들에게 국적과 신분에 따른 어떠한 차별도 가하지 않는 가장 대중적이고 서민적인 아카이브라는 점에서 미국이 가진 소프트 파워를 생각하게 만드는 곳이다.

주한미군 군사실 문서철은 1970년대 후반 미국에서 비밀 해제되었는데, 이를 한국에 본격적으로 소개한 것은 재미 역사학자 방선주 박사였다. 방선주 박사는 1980년대 중반 이래 한림대학교 아시아문화연구소의 『아시아문화』라는 잡지에 주한미군 군사실 문서철과 한국전쟁기 미군이 북한으로부터 빼앗은 소위 북한노획문서철을 소개했는데, 눈이 번쩍 뜨이는 내용으로 가득했다. 전혀 알지도, 듣지도 못했던 당사자들의 문서, 행위를 보여 주는 원자료, 당대의 목소리가 생생하게 드러나 있었다. 자료의 질적 수준, 밀도, 규모 또한 압도적이었다. 진정한 신천지가 펼쳐진 것이다. 그러나 아직은 그림의 떡과 같이 멀리서 간접적으로 지켜봐야 하는 상황이었다.

국사학과 선배인 서울대 정용욱 교수는 당시 박사과정생이었는데, 신혼집을 팔고 미국 자료들을 보러 내셔널아카이브에 갔다. 우리가 나라(NARA)라고 부르는 이곳에서 정용욱 교수는 주한미군 군사실 문서철 중 좌우합작운동과 관련한 문서 백수십 장을 복사해서 보내 주었고, 이를 토대로 좌우합작운동을 주제로 석사논문을 쓸 수 있었다. 역사 속 인물이자 책 속의 활자화된 모습으로만 알고 있던 여운형, 김규식, 박헌영, 하지, 버치 등의 생생한 면모가 당사자가 쓴 당대의 원문서를 통해 뚜렷하게 부각되었다. 좌우합작운동, 과도입법의원, 미군정의 공작 등이 당대의 생생한 날것 그대로의 모습으로 나타났다. 이렇게 주한미군 군사실 문서를 비롯한 미국자료와의 본격적 대면이 시작되었다.

이후 국사편찬위원회에서 일하게 되면서, 방선주 박사가 오랫동안 선

1 가계, 유년기, 도미 유학

별·수집·복사해서 보낸 미국자료들을 볼 수 있게 되었다. 국사편찬위원회는 마치 필자를 위해 자료를 수집, 정리, 간행해 온 것처럼, 중요한 자료들의 소장처이자 제공자였다. 또한 방선주 박사를 직접 만나, 미국 자료에 근거한 충격적이고 격동적인 한국근현대사 관련 얘기들을 들을 수 있었다. 1970년대 말부터 미국 아카이브에서 자료 조사, 발굴에 전념하고 있던 방선주 박사는 묵묵히 매일의 노동을 감당하는 수도승 같은 자세로 수십 년간 자료를 다루어 왔다. 필자 역시 방선주 박사가 발굴, 소개한 자료들을 따라가며 연구를 하게 되었고, 눈썰미가 나쁘지 않은 덕에 낙수(落穗)를 줍듯이 방선주 박사가 개척한 자료들의 의미를 분석하는 것으로 연구자로 입신했다. 필자가 수행한 연구의 상당 부분이 방선주 박사가 발굴하고 의미를 부여한 자료의 덕분이라고 해도 과언이 아닐 것이다.

이런 연고로 여운형·김규식의 좌우합작운동으로 석사논문을 썼고, 이승만으로 박사학위논문을 쓸 수 있었다. 이후 한국전쟁과 독도 문제로 책을 쓰게 되었다. 일련의 연속선상에 놓여진 것이었고, 모두 미국 자료가 가져다 준 학문적 자극, 충격, 근거에 기초한 것이었다. 새로운 자료, 새로운 시각, 새로운 글을 쓸 수 있게 됨으로써 연구자로서 독자성, 자기 목소리를 낼 수 있게 된 것을 감사할 따름이다.

2001년 국사편찬위원회에서 미국 내셔널아카이브로 파견근무를 할 기회를 얻었고, 방선주 선생님과 1년을 보내며 미국 자료를 마음대로 찾아볼 수 있었다. 국내에서는 활자화된 극소수의 자료를 제외하고, 해방 직후 당대의 원자료를 본다는 것은 거의 불가능한 일이다. 한국의 도서관, 기록보존소 등에서 이러한 원문서를 소장하고 있지 않을뿐더러 원문서의 직접 열람은 불가능하다. 미국 내셔널아카이브에서 역사적 인물들의 이름과 서명이 적힌 자료들을 만져 보고 접촉한 경험은 정말 특별한 감정이 일게 하는 것이었다.

(2) 홍천 후손들의 증언, 가계, 부친 김용원

김규식과 관련된 연구나 주제를 생각한 첫 출발은 1990년대 후반 김규식의 비서였던 송남헌 선생을 인터뷰하면서부터 였을 것이다. 마포 사무실에서 여러 차례 인터뷰했고, 그 결과는 한국정신문화연구원(현 한국학중앙연구원)에서 증언집으로 출간되었다.[1] 그 후 우사김규식연구회의 장은기 선생을 만났고, 그로부터 1950년 김규식이 작성한 영문 및 한문 이력서를 얻었다. 자필 이력서는 김규식이 중요하게 생각한 경력, 활동, 지점들을 본인 시점에서 얘기하고 있었고, 지금까지 전혀 알려져 있지 않던 내용들을 포함하고 있었다. 이는 김규식 평전의 기본 틀을 짜는 토대가 되었다. 그러나 다른 연구주제들이 우선순위를 점하면서 김규식을 마음에 묻어 둔 채 몇 해를 지내야 했다.

2010년대 중반 김규식의 손녀딸인 김수옥 여사를 알게 되었다. 강원도 홍천에 선산이 있고, 그곳에 김규식의 부친 김용원(김지성)의 묘가 있다는 얘기를 듣고 그 위치를 파악하기 위해서였다. 김규식의 방계 후손으로 홍천에 거주하는 김주만 씨를 소개받았다. 김규식의 형 김규찬의 증손자이다. 홍천에서 김주만 씨의 안내로 김규식의 아버지 김용원, 할아버지 김동선, 형 김규찬의 묘를 찾아 봤고, 홍천 자택에 보관 중인 김용원 관련 자료들을 일별할 기회를 가졌다. 이 댁에는 1대 김규찬의 부인과 2대 김진성의 부인이 과부로 한집에 살았다. 3대 김건영의 부인 이윤성(4대 김주만의 모친)은 이들 과부가 된 시조모·시모에게 들었던 이야기들과 김규식 집안의 대소사를 잘 기억했다. 김규찬은 사망한 지 오래였고, 김진성도 김규식을 따라 중국으로 떠난 후 해방될 때까지 돌아오지 않았다. 김규찬 부인

---

[1] 「송남헌 인터뷰」(1999. 4. 15, 1999. 4. 30, 1999. 10. 8. 서울 마포 한신빌딩 1715호); 정병준, 2001, 「송남헌」, 한국정신문화연구원 한민족문화연구소 편, 『내가 겪은 해방과 분단』, 선인.

1 가계, 유년기, 도미 유학

과 김진성 부인은 김용원, 김규식, 김규찬, 김진성 이야기를 하며 소일했다. 김규식, 김진성은 중국을 통해 세계로 나아갔고, 자료와 증언과 흔적은 흩어졌지만, 홍천에는 향리를 떠나지 않은 채 이들의 과거를 기억하는 3대에 걸친 여성의 이야기가 전해질 수 있었던 것이다.

김규식의 가계를 추적하는 데 가장 큰 인사이트를 준 것은 펜실베이니아대학의 유진 박(Eugene Park) 교수였다. 하버드대학 에드워드 와그너(Edward Wagner) 교수의 제자인 유진 박 교수는 한국 족보, 조선시대 가계에 정통한 학자로 필자에게 김규식의 가계와 가문에 대한 처음 듣는 흥미로운 얘기를 들려주었다. 유진 박 교수는 김규식의 가문에 대한 와그너의 연구와 자신이 정리한 김규식 가계도를 보내 주었다.[2] 청풍김씨 족보를 정리한 유진 박의 가계도는 김규식 집안의 내력을 파악하는 데 큰 도움을 주었다. 이 과정에서 김규식의 선대가 대부분 중인 직역을 거쳤으며, 조정의 허락을 얻어 용(鏞)자 돌림에서 성(性)자 돌림으로 이름을 바꾸었다는 사실도 알게 되었다.

한편 한국 사진사 연구자들로부터 김용원의 도일 유학에 대해 많은 것을 배울 수 있었다. 서강대 이은주 석사는 김용원이 설립한 한국 최초의 사진관 촬영국에 대한 논문을 썼는데, 김용원의 일생을 복기하는 데 큰 도움을 받았다.[3] 또한 한국 사진사의 대가 최인진 선생을 만나 김용원의 일본 수신사행, 조사시찰단행, 사진술 연구 등에 대해 가르침을 얻었다.[4] 최인

---

2   에드워드 와그너 지음, 이훈상·손숙경 옮김, 2007, 『조선왕조 사회의 성취와 귀속』, 일조각: Edward Wagner, "The Development and Modern Fate of *Chapkwa-Chungin* Lineage," 한국학 국제학술회의 '국내외에 있어서 한국학의 현재와 미래', 인하대학교 한국학연구소, 1987. 9. 10~1987. 9. 12; "In Inquiry into the Origin, Development, and Fate of *Chapkwa-Chungin* Lineage," 1983; "The Three Hundred Year History of Haeju Kim *Chapkwa-Chungin* Lineage," 1987, 『송준호교수정년기념논총』, 한국인문과학원.
3   이은주, 2002, 「개화기 사진술의 도입과 그 영향-김용원의 활동을 중심으로」, 『진단학보』 93.
4   최인진, 1999, 『한국사진사 1631-1945』, 눈빛.

진 선생은 김용원이 1881년 조사시찰단으로 가기 전 국내에서 찍어 명함 대용으로 활용한 사진이 국내 경매사이트에 올라 있었다는 사실도 알려주었다.[5] 사진으로 확인한 김용원의 얼굴은 김규식 집안의 전형적인 얼굴 생김이었다. 김주만 씨 홍천 자택에는 김용원의 막냇동생 김익승이 당상관복을 입고 찍은 사진이 소장되어 있는데, 김용원과 김익승은 집안 내력을 반영해 닮은 얼굴 생김이었다. 김용원의 아들 김규식과 김익승의 딸 김메리의 얼굴이 닮은 것과 같은 이치였다.

이런 인연과 기성 연구, 자료 조사에 근거해 2015년 김규식의 부친 김용원에 대한 글을 쓸 수 있었다.[6] 도화서 화원으로 출발해서, 수신사 동행 화원, 동래 수군우후, 조사시찰단 조사, 일본 유학, 귀국 후 촬영국·순화국 개설, 제1차 조러밀약의 외교관, 유배와 해배 후 병사 등의 행적을 가진 김용원에 대해서 거의 알려진 바가 없다는 것이 이상할 정도였다. 또한 그의 아들인 김규식이 어떻게 해서 언더우드 고아원학교에 맡겨졌고, 그 후 운명이 결정되었는지에 대해 왜 다른 이들이 몰랐는지 이유를 알 수 있었다. 김규식이 근대세계로 나아가는 길에 부친 김용원의 영향, 조선왕조와의 관계 등이 작동했다는 사실을 알게 되었다. 특히 고종과 김용원의 관계, 의화군(의친왕)과 김규식의 관계, 외교노선의 형성 등에 대해 여러 가지를 깨우치게 되었다.

5 kobay, 2005년 62회 '삶의흔적경매', 물품번호 0502VJ66207, 「朝鮮末 武臣 金鏞元 영정 古寫眞」. http://www.kobay.co.kr/servlet/wsauction/item/itemView?cmd=imageViewDetail&item.itemseq=0502VJ66207.
6 정병준, 2015, 「김규식의 부친 김용원의 가계와 생애」, 『한국근현대사연구』 73.

1   가계, 유년기, 도미 유학

(3) 언더우드 고아원학교

김용원은 1883년 러시아에 밀사로 파견되어 제1차 조러밀약을 체결하는 주역으로 활약했다. 도화서 화원에서 수신사행, 조사시찰단행, 일본 유학을 거쳐 마침내 고종의 외교관 역할을 수행했다. 그러나 청일의 압력이 쏟아지자 고종은 김용원에게 책임을 물어 그를 유배시키는 것으로 사태를 무마하고자 했다. 열강은 조선의 운명을 걸고 각축을 벌이고, 국내 정치는 무책임과 무능 속에 혼란 그 자체였다. 김용원이 유배형에 처해지자, 그의 형제들은 서울에서 관직 생활을 하고 있었는데도 김규식을 돌보지 않았다. 정치적 음모에 휘말리지 않거나, 돌보지 않을 만한 처지라고 여겼음이 분명하다. 김규식은 사실상 고아 신세가 되어 언더우드(Horace G. Underwood, 원두우) 목사가 문을 연 고아원학교에 입학했다가 나이가 어리다는 이유로 다시 숙부의 집으로 돌려 보내졌다. 그 후 어린 김규식은 중병에 걸렸고, 사실상 방치되어 아사 직전까지 몰렸다. 이러한 사정을 전해들은 언더우드 선교사는 김규식을 거두었고, 그를 보살펴 되살렸다. 아직 총각이던 언더우드는 김규식을 양자로 거두어 보호하고 양육했다.

    김규식의 유년기를 추적하는 과정에 한국기독교역사연구소의 도움이 컸다. 언더우드와의 관계, 장로교 선교본부의 관계 등을 기록으로 확인하는 데 실마리를 얻었다. 광주대 한규무 교수의 소개로 연구소를 방문해 한국 개신교 역사와 관련한 중요 국내외 기관, 도서관들의 자료들을 알게 되었다. 여기에서 김규식의 언더우드 고아원학교 시절 및 초기 국내 활동과 관련한 기독교계의 중요 기초 정보들을 조사할 수 있었다. 언더우드 부부와 관련된 자료는 이미 국내에서 번역, 출간되었거나, 회고록 등이 있어서 확인할 수 있었다.

    언더우드의 부인 릴리어스 언더우드(Lillias Horton Underwood)의 회고록은 여러모로 김규식의 비감한 처지를 직간접적으로 잘 드러냈다. 언더우드 부부에게 김규식은 사실상 양자로 자랑할 만한 존재였다. 김규식은 한국의 친척들에게 버림받고 죽을 고비에 처하며 사실상 고아 신세가 되었지만, 자신들의 보호로 되살아났고, 곧 영어를 모국어처럼 구사할 줄 아는 어린아이로 자랐기 때문이다. 총명하고 반듯한 이 어린아이는 릴리어스가 한국 여성들에게 전도할 때 통역을 담당하는 은총의 아이가 되었던 것이다. 그렇지만 언더우드 회고록에는 이 아이의 이름이 "존" 혹은 본갑이로 불렸다고 기록되었을 뿐, 본명인 김규식으로는 명명되지 않았다. 언더우드 부부가 이 어린아이의 생명을 살리고, 영혼을 구원하고, 영육의 교육을 제공했지만, 한편으로는 김규식의 삶과 생애를 꼼짝 못 하게 하는 결정자이자 힘의 근원이었다.

(4) 스미소니언박물관의 김규식 사진들

김규식의 평전을 시작하는 단계에 국내에서 간행된 사진첩에 들어 있는 어린 김규식 사진 2장을 발견했다. 잘 갖춘 복색에 호화스런 배경을 한 서양식 오크나무 의자에 앉은 귀족 풍모의 어린 김규식 사진, 책을 들고 서당 가는 도련님 복색의 김규식 사진 등이었다. 일본에서 간행된 사진첩을 번역한 것이라고 했지만, 해당 일본 사진첩에는 김규식 사진이 들어 있지 않았다. 오랜 기간 이 사진을 김규식의 부친 김용원이 설립한 촬영국에서 찍은 것이거나, 김용원의 의뢰로 일본 사진사가 찍은 것이라고 생각했다.

초고를 탈고한 후 이 사진 중 하나가 스미소니언 국립인류학아카이브 (Smithsonian National Anthropological Archives)에 소장되어 있다는 것을 알게 되었다. 한국 위키백과에 누군가 스미소니언박물관 사진을 올리고 링크를 걸어 놓은 것이었다. 참 놀라운 세상, 훌륭한 무명의 전문가들이 넘치는 시대임을 절감했다. 올해 1월 20일 트럼프 대통령 취임식 날 워싱

1   가계, 유년기, 도미 유학

턴으로 향했다. 사진은 메릴랜드주 수틀랜드(Suitland, Maryland)에 위치한 스미소니언 국립인류학아카이브에 소장되어 있었다. 호화스런 귀족집 자제로 보이는 김규식의 이 사진이 사실은 미국 장로교 해외선교본부가 한 해 동안 해외선교의 업적을 홍보하기 위한 팸플릿의 표지로 쓰인 것임을 알게 되었다. 1886년 촬영된 이 사진에는 김규식이라는 이름 대신 언더우드 목사의 보호하에 있는 "존"이라고 적혀 있었다. 또한 이 사진을 스미소니언박물관에 판매한 사람이 헐버트(Homer B. Hulbert) 선교사였다는 것을 알게 되었다. 언더우드, 헐버트, 존, 김규식, 스미소니언의 조합은 놀라움 그 자체였다. 스미소니언 인류학아카이브에 김규식을 찍은 또 다른 일본관광엽서 사진이 들어 있었다. 김규식은 좋은 복색에 잘 꾸며진 자세로 한국의 양반집 도련님으로 소개되었다. 상업적 목적, 선교적 목적으로 활용되는 이름 없는 소년이 언더우드 고아원학교 시절 김규식의 정체성이었다.

이어 스미소니언에 한국컬렉션을 판매한 헐버트의 기록을 확인하기 위해서 워싱턴디씨의 스미소니언기관아카이브(Smithsonian Institution Archives)를 찾았다. 1886년 처음 한국에 들어왔던 헐버트는 1892년 고향 오하이오주 제인스빌에서 이 물건들을 스미소니언에 판매했는데, 자세한 매각 내력과 물품 목록이 있지만, 김규식 사진의 출처와 기록은 들어 있지 않았다. 스미소니언박물관과 아카이브는 140년 전에 한국 민속을 수집하기 위해 해군장교 버나도(J. B. Bernadou)를 파견한 이래 그 당시의 사진, 기록을 원본 그대로 소장하고 있을 뿐 아니라 한국에서 찾아온 연구자가 이용할 수 있도록 검색도구(finding aids)를 제공하고 있다. 부러움을 넘어 경탄을 자아내기에 충분했다. 1886년의 사진 유물들과 1892년의 문서들을 직접 만져 보며 그 시대를 느낄 수 있는 경험은 경이로운 것이었다. 이런 내력을 정리해서 제1권의 서장을 쓸 수 있었다.

몇 장의 사진을 가지고 서장을 쓸 수 있었던 것은 그만큼 그 사진과 문서기록에 남겨진 의미와 김규식의 주객관적 상황이 선명하게 연상되었기 때문이다. 이런 발굴의 기회가 아직도 역사학자에게 주어지는 상황이 조금은 민망하면서도 개인적으로는 영광이었다. 21세기 중반 아직도 이런 자료를 발굴해야 하는 한국학계의 실정이 오버랩되었다. 흔히 역사학자는 문헌에 기초해 사변적 연구를 할 것이라고 생각하지만, 사실은 한 장의 사진과 조각난 흔적을 찾아 세계를 떠돌며, 역사의 편린과 모자이크를 맞추기 위해 온종일 사진 촬영을 하고 복사·스캐닝을 하는 노동자에 가깝다.

(5) 김규식의 신분과 신분의식

릴리어스는 김규식이 고아원학교에서 일하는 급사에게 마치 양반처럼 하대하는 것을 보고 격분해서 다시는 그런 짓을 못 하도록 혼냈다는 얘기를 쓰고 있다. 여러모로 김규식의 의식세계와 그에 대한 언더우드 부부의 교육 방침을 보여 주고 있다. 김규식은 1921년 신생 러시아에서 개최된 극동민족대회에 참가하며 이력서를 적어 냈는데, 거기에 자신의 신분을 사족(士族), 즉 양반이라고 썼다. 사회주의러시아가 개최하는 대회에 적어 내는 이력서에 자신을 양반으로 기록할 정도로 김규식은 신분에 대한 집념 같은 것이 존재했다. 반면 소론 양반 가문이 확실한 여운형은 극동민족대회 이력서에 자신의 신분을 평민, 직업을 농민으로 적었다. 신분제에 대한 두 사람의 입장과 태도 같은 것이 드러나는 대목이다.

　미국 유학을 마치고 돌아온 김규식은 조은애와 결혼하게 되었는데, 조은애의 부친 조창식은 중인 가문 출신으로 토문 감계(土們 勘界)를 맡은 바 있다. 백천 조씨였던 조은애 집안의 족보를 찾아 그 세계(世系)를 정리했는데, 알려진 것과는 달리 부친 조창식에게는 2명의 아들이 있었다. 첫째는 양자로 들였고, 둘째는 친생자였다. 그러나 조은애의 남편인 김규식의 이름은 기록되지 않았다. 해방 후 입법의원 의장을 지냈으므로, 당연히 딸

1　가계, 유년기, 도미 유학

의 이름은 안 올려도 사위의 이름은 등재하는 것이 마땅했으나, 김규식의 이름은 올라가지 않았다. 또한 두 아들 이후의 후손도 없는 것으로 나타난다. 이는 이 집안의 대가 끊어졌으며, 김규식과 결혼한 조은애가 정실 소생이 아니었을 가능성을 시사한다. 새문안교회 교인명부에 따르면 조은애는 친모와 함께 거주하는 것으로 나타나 있다. 김규식과 조은애의 혼인은 여러 가지를 생각하게 한다.

김규식은 1913년 중국으로 망명한 후 몽고와 장가구를 오가며 생활했는데, 당시 어린 아들 김진동과 사촌여동생 김은식을 동반한 사진을 남겼다. 김은식은 몽고 국왕의 주치의이자 세브란스의학교 출신 독립운동가 이태준과 결혼했다. 그런데 이태준이 미친 남작 운게른에게 피살된 후 김은식은 국내에 잠입해 일본 경찰의 조사를 받은 후 역사와 기록에서 사라졌다. 유진 박 교수가 제공한 김규식 가계자료에서 김은식과 이태준을 찾았지만 어떤 흔적도 찾을 수 없었다. 사실 이태준과 김은식은 정식으로 법적 결혼을 한 상태가 아니었고, 이태준에게는 향리에 본처가 있었다. 김규식과 사촌 관계인 여러 집안의 족보를 살펴보았지만, 김은식으로 추정할 만한 사람을 찾을 수 없었다. 이는 두 가지 가능성을 의미하는 것인데, 김은식이 여자여서 족보에 기록되지 않았을 가능성과 김은식이 서출(庶出)이고 정식 결혼을 하지 않았으므로 이태준이 기록되지 않았을 가능성이다. 1881년생인 김규식이 경험한 조선은 아직도 강력한 신분제, 적서와 출신에 따른 명백하고 엄격한 차별 대우가 존재하던 시대였다. 김규식의 토머스호 밀항 실패 후 미 정보당국이 압수한 자료에 이태준과 김은식이 김규식에게 쓴 편지가 들어 있다. 서로에 대한 애정이 느껴지는 서한임을 알 수 있었다.

김규식은 귀국 후 1947년경 홍천 선영의 부친 묘소 앞에 비석을 세웠다. 과도입법의원 의장에 재직 중일 때였다. 분망했던 김규식은 참석하지 못했고, 부인 김순애가 참석했다고 한다. 놀랍게도 비석 뒷면에는 장형 김규찬의 이름은 빠진 채 김규식의 이름이 사자(嗣子)로 새겨져 있다. 김규식이 평생 마음 한편에 묻어 두었을 생각을 미루어 짐작할 수 있다. 훗날 후손들은 김규찬과 김규식 이름이 모두 들어간 새로운 비석을 그 옆에 세워 놓았다. 김용원은 김지성이라는 다른 이름을 가진 것처럼 2개의 비석을 가진 묘의 주인공이 되었다.

1917년 상처한 김규식은 1919년 김필순의 여동생 김순애와 재혼했고, 둘은 4명의 자식을 두었다. 그중 2명이 생존했다. 김순애의 집안은 김필순, 김필례, 김마리아 등 한국 독립운동의 주요 인물을 배출한 바 있으며, 김순애 자신도 독립운동가로 종신했다. 그러나 김규식의 세계(世系)와 첫 결혼에 이르기까지의 과정은 알지 못했던 것으로 보인다.

해방 후 우익 3영수는 이승만, 김구, 김규식으로, 이들의 신분의식은 제각각이었다. 이승만은 전주 이씨 양녕대군의 방계후손으로 이미 평민적 지위가 된 지 오래였지만, 혈통에 대한 자긍심이 높았다. 대외적으로는 왕족의식을 표방하며, 진짜 왕족인 고종의 직계후손에게는 가혹한 태도를 보이는 이중적 왕족의식을 지녔다. 그의 전기작가 올리버(Robert T. Oliver)는 이승만으로부터 자신의 왕족 가계를 쓰면 정적들이 왕조를 부활하려 한다고 비판할 것이니 이를 삭제하라는 지시를 받았다는 얘기까지 모두 기록했다. 이승만 부부가 꼼꼼히 검토한 전기에 실린 얘기다. 김구는 혈통과 관련해 김자점의 후손이라는 열패감을 가지고 있었으며, 임시정부 국무령으로 추대되자 해주 김존위(尊位, 면장 정도의 지위)의 아들로 감당하기 힘들다(過濫)고 사양할 정도였다. 신분제 사회에서 신분이 없는 근대사회로 이행했지만, 세 사람 모두 전통적 신분제의 강력한 유산 위에 서 있었던 것이다.

1 가계, 유년기, 도미 유학

(6) 도미 유학, 의화군과의 관계

김규식의 미국 유학이 의화군의 도미 유학과 연관되어 있음을 알게 되면서, 의화군(훗날 의친왕)에 대한 자료를 찾기 시작했다. 가장 많은 자료를 찾은 곳은 미국 의회도서관(Library of Congress) 고신문 검색사이트인 클로니클링어메리카(Cloniclingamerica)였다. 조용한 아침의 나라, 한국에서 온 망명객 왕자에 대한 가십성 기사가 많았다. 무능한 황태자를 대신할 수 있기에 정치적 암살 위험에 처한 왕자가 미국을 망명처로 택했다는 소식, 워싱턴에서의 생활, 로녹대학 왕래, 다양한 염문기사가 지면을 장식했다. 왕자의 기행을 전하며, 헤픈 씀씀이와 믿기 힘든 행적을 전하는 내용들이었다. 여기에 일본외무성 기록, 주한일본공사관 기록, 통감부 기록 등을 종합하자, 지금까지 전혀 알려지지 않았던 김규식의 도미 유학 과정과 의화군과의 관계, 미국에서의 유학 생활, 김규식과 주미한국공사관·한국정부와의 관계 등을 새로운 시각에서 볼 수 있었다.

을미사변 이후 의화군은 이미 무능한 고종, 왕위 계승자로 부적절한 황태자(순종)를 대체할 수 있는 건강하고 명민한 왕자로 꼽혔으며, 의화군 자신도 그러한 가능성과 기회를 알고 있었다. 때문에 고종은 의화군을 일본으로 유학 보냈는데, 오히려 일본에는 온갖 정치범과 매국적 기회주의자들이 득실대며 정치적 음모를 꾸미고 있었다. 고종은 의화군의 보호와 교육을 후쿠자와 유키치(福澤諭吉)에게 맡겼지만, 이미 의화군은 자신이 왕위를 계승할지 모른다는 가능성과 정치적 야망의 포로가 된 지 오래였다. 고종은 의화군을 귀국시킬 수도, 계속 일본에 머물게 할 수도 없어서, 이번에는 미국으로 유학을 보냈다.

이때 김규식이 의화군의 통역 겸 시종 격으로 선발되어 도미 유학에 동행하기 위해 일본에 도착했다. 언더우드 선교사가 동행했으며, 그는 의화군의 부채를 청산하고 김규식의 도미를 주선했다. 그러나 암살 위협, 암살 음모에 시달리던 의화군은 처음 보는 김규식을 신뢰하지 않았고, 시종과 따로 도미했다. 또한 미국 유학에 마음이 없던 의화군은 곧 일본으로 돌아왔고, 재차 고종의 재촉을 받고서야 다시 미국으로 떠나야 했다. 김규식은 다른 2명의 한국인들과 함께 일본을 떠나 미국 유학길에 올랐다. 김규식은 의화군이 재차 도미해서 로녹을 방문한 때인 1900년 이후 그를 동반해 미국 전역을 여행했다.

의화군이 워싱턴에 도착할 당시 조선은 주미공사관을 정상적으로 유지할 재정이 없는 상황이었고, 미국에서는 의화군을 제대로 통제하고 가르칠 선생이 없는 상태였다. 또한 주미공사관 관원들은 엄비의 측근들로 대부분 의화군의 감시 역을 맡았다. 즉, 의화군은 언어나 문화가 전혀 통하지 않는 미국에 사실상 방치된 것이었다. 말 붙일 친구나 조언자, 선생이 없던 의화군은 오락과 쾌락을 따라 흥청망청하는 삶을 추구했다.

그에게 제대로 된 교육, 보호, 지도가 주어지지 않았고, 유학이라는 명목으로 유배나 방치에 가까운 정치적 감시하에 놓여졌으며, 적당한 정치적 기회를 제공하지 않은 것은 고종과 대한제국의 큰 불행이었다. 의화군은 1905년 을사조약이 체결되는 시점에서야 이토 히로부미의 후견으로 귀국할 수 있었고, 이토는 영친왕을 볼모 삼아 일본으로 데리고 갔다. 결국 국망의 위기에 처한 조선의 정상적인 왕자 2명 모두 이토의 수중에 들게 된 셈이었다. 의화군은 이토의 도움으로 의친왕 대우를 받게 되었고, 3·1운동기에야 대동단 사건으로 근왕주의적 국권회복운동의 중심인물이 되었다. 이미 때가 늦었고, 기회는 바늘구멍처럼 작았고, 기운은 쇠한 상황이었다. 의친왕의 남은 여생은 사업 실패, 빚, 여색 등으로 기억되었다.

김규식의 친미, 유학, 파리강화회의 특사 등은 모두 그의 근대성을 대표하는 것인데, 역설적으로 그의 부친이 고종의 대러 밀사 외교의 책임을 진 외교관이었으며, 그의 도미 유학이 의화군의 통역 겸 시종으로 선발된 임무에 따른 것이고, 미국 유학 시절 주미한국공사관에서 외교관으로 근무했으며, 포츠머스강회화담 당시 고종의 밀사로 상해까지 파견되었다는 점 등을 알게 되자, 생각이 복잡해졌다. 나아가 임시정부 외교독립노선의 출발이 을사조약 이후 고종의 국권 수호를 위한 밀사외교, 밀서외교로부터 발원한 것임을 알게 되었다.

김규식의 근대적 면모의 배경에는 고종과 근왕주의라는 전통적 출발점이 있었던 것이다. 근왕적 태도에서 민족주의적 입장으로, 고종 중심의 밀사 외교에서 신한청년당·임시정부 외교대표로 전환하는 과정이 그려졌다. 역사의 연속성, 전통에서 근대로의 전환에는 당연히 계승과 변용이 존재한다는 상식을 재확인할 수 있었다. 그 교집합 위에 김규식이 위치했던 것이다.

이를 기초로 김규식의 도미 유학과 의화군과의 관계에 대한 글을 쓰게 되었다.[7] 나아가 주미공사 이범진의 장남 이기종의 생애에 대한 글을 썼다.[8] 이범진과 그의 둘째 아들 이위종은 헤이그밀사 사건 등으로 유방백세(流芳百世)의 이름을 얻었지만, 국내에서 이범진과 연락책을 맡아 집안을 건사하다 고문으로 피폐해진 이기종에 대해서는 누구도 알지 못했다. 대한제국의 운명이 기울어지던 이 시기 김규식, 의화군, 이기종 등의 실체적 모습을 현대사 전공자가 되살린 것은 남다른 소회를 갖게 하는 것이었다.

(7) 로녹대학의 기록들이 이야기하는 김규식의 대학 시절

2016년 여름 버지니아주 세일럼에 위치한 로녹대학(Roanoke College)을

---

7 정병준, 2023, 「김규식과 의친왕: 미국 유학 시절을 중심으로」, 『사학연구』 152.
8 김혜령·정병준, 2022, 「이기종의 생애와 주요 활동 –알려지지 않은 이범진·이위종의 동반자–」, 『한국민족운동사연구』 113.

방문했다. 수년 전부터 방문하고자 했지만 만성적 허리 통증으로 장시간 운전이 어려워 방문을 미루곤 했었다. 한국고대사를 전공한 중국계 스텔라 수(Stella Xu) 교수와 로녹대학 아카이브의 린다 밀러(Linda Miller)의 도움을 받아 로녹대학 재학 시절 김규식과 관련한 여러 자료를 살펴볼 수 있었다. 린다는 남편의 뒤를 이어 로녹대학 역사를 정리하는 전문가였는데, 심장병을 앓고 있었음에도 친절하게 로녹을 다녀간 한국 학생들, 주미한국공사관 관리들에 대한 자료와 이야기를 들려주었다. 100년도 넘은 목조 게스트하우스에 묵으면서 김규식이 140년 전에 이곳에서 생애 처음으로 맛보았을 진정한 평안함, 남부의 호의(Southern Hospitality)가 어떤 것인지를 생각하게 되었다.

김규식의 유소년기는 바람 부는 가지 위 새 둥지같이 위태로운 신세였다. 끊임없이 전후좌우로 흔들리며, 비바람과 작열하는 태양과 혹독한 추위를 맨몸으로 견뎌야 했다. 그의 출생, 부친의 유배, 친족들의 방치, 언더우드 고아원학교 생활 등은 근대 전환기 보통의 한국인들이 경험한 바를 훨씬 뛰어넘는 것이었다. 1897~1903년간 로녹대학 유학은 그에게 진정으로 편안하고 아늑한 환경을 제공했고, 정서적·심리적으로 그의 인성과 감정이 성숙되는 계기를 제공했다. 미국 전역에서 모여든 순진하고 예의 바른 친구들, 모든 인종과 소수민족을 평등하게 대우한다는 기독교 정신에 입각해 학교를 운영하려는 배려와 호의를 사명감으로 지닌 교직원들, 로녹대학을 품고 있던 친절한 세일럼 주민들과 그 중심에 놓인 보수적 교회가 그를 감쌌다. 김규식은 학교 인근 하숙집에서 교사, 학생 수십 명과 함께 지냈는데, 로녹시절 친구들을 평생 잊지 않았다. 김규식이 신분, 생존, 종교의 제약으로부터 벗어나고, 보호자이자 엄격한 훈육자였던 언더우드로부터 진정한 자유를 맛보았던 몇 년이었다. 이정식 교수가 지적한 것처럼 김규식이 인격적으로 성숙할 수 있었던 환경이었다. 이런 의미에서 로녹대학은 그에게 마음의 고향과도 같았다.

김규식은 청소년기에 미국 인문대학을 졸업한 한국인이었으며, 미국식 지성에 푹 젖은 진정한 교양을 쌓을 수 있었다. 그는 한국에서 정치적 격변이나 활동에 개입하지 않은 채 미국으로 건너가 학문적 수련을 거친 첫 세대였다. 갑신정변, 독립협회 등 정치적 격변의 주인공들 중 일부는 망명과 피신의 일환으로 미국 유학을 선택했고, 이 경우 이들은 정치적 신념과 지향이 확고한 위에 미국식 교육과 문화를 흡수했다. 이들은 이미 국내 정변의 주인공으로서 정치적 사전학습과 지향이 뚜렷했기 때문에 이들이 접한 미국식 교육, 제도, 문화는 도구적이고 방편적으로 기성의 사상과 지향을 조정하는 수준에서 작동했다. 갑신정변 관련자인 서재필, 서광범, 변수, 독립협회 관련자인 이승만, 게이오기주쿠 출신 망명 유학생인 김헌식, 여병현 등이 그러했다. 김규식은 한국에서 정치적 풍파와 사변에 휘말리지 않은 채 자의로 유학했으며, 로녹대학은 그에게 관대함과 조건 없는 호의, 남부의 친절함을 제공했다. 이를 자양분으로 김규식은 미국화된 세계시민, 인문 교양이 몸에 밴 지성인으로 거듭났다.

　다른 한편 미국 유학은 그에게 평생의 직업세계를 보증했다. 영어에 유창하고, 미국 대학에서 문학사를 받았기 때문에 한국과 중국에서 그는 영어 교사, 선생으로서 입지를 다질 수 있었다. 중국 독립운동 시절 김규식은 임시정부에 참가했다가 물러나기를 수차례 반복했는데, 그럴 수 있었던 배경 중 하나는 그에게는 돌아갈 직업세계가 존재했기 때문이다. 김규식의 중국 시절은 독립운동가로서의 삶과 교육자로서의 삶이 교차하는 것이었다.

　김규식은 미국과 중국의 학교에 유학하기를 희망하는 한국인 학생을 위한 학교를 다수 설립했으며, 중국 여러 대학의 영문학 교수로 재직하며 생계를 유지할 수 있었다. 미국에서 공부했으므로, 현실에서 독립운동의 전망이 막히거나 암담한 경우, 김규식은 물러나 교육자로서 생활세계로 돌아갈 수 있었다. 이러한 출입의 자유가 한편으로 김규식에게 합리적 판단과 선택을 가능하게 했지만, 다른 한편 극동민족대회와 국민대표대회와 같은 경우에는 이해할 수 없는 극단적 지점까지 밀고 나가는 모습으로 나타났다. 고집스럽게 논리적 긍부(矜負)를 따지는 개인적 성격과 극단까지 밀고 나가더라도 물러나 생활세계로 돌아갈 방도가 존재했기 때문일 것이다. 전업적 독립운동가들에게는 다른 선택의 여지가 없었다. 대부분 전업적 독립운동가들에게 독립운동 전선에서 물러나는 것은 귀국해서 일제에 투항, 체포되거나 해외에서 극빈층으로 유리걸식하는 현실로의 복귀를 의미했기 때문이다.

한편 김규식-언더우드 관계의 이러한 복잡미묘함 때문인지 언더우드 집안에서는 김규식에 대해 좋은 평이나 구체적 언급을 피했다. 김규식의 동생뻘인 언더우드의 아들(Horace Horton Underwood, 원한경), 조카뻘인 언더우드의 손자(Horace Grant Underwood II, 원일한)는 회고록을 남겼는데, 이승만을 한국의 지도자로 적극 평가한 반면 김규식에 대해서는 고아로 언더우드가 거두었다는 정도에 그치고 있다.

(8) 호주로 인삼 팔러 간다며 여권 받아 중국으로 망명하다

김규식은 1913년 중국으로 망명했는데, 정식으로 총독부 경무총감부에서 여권을 발급받았다. 일본외무성 외교사료관에 여권발급대장이 있다는 사실을 알려준 것은 한국학중앙연구원의 장신 교수였는데, 한걸음에 달려가 김규식, 여운형, 이승만의 여권발급대장을 마이크로필름으로 확인했다. 김규식은 "오스트레일리아에 인삼을 팔러 간다"는 명목으로 여권을 발급받았는데, 당시 인삼 상인들이 해외로 나가기 위해 여권을 발급받는 일이 적지 않았다. 김규식의 목적은 분명 중국 망명인데, 왜 굳이 호주에 인삼을 팔러 간다는 명목으로 여권을 발급받았을까 하는 의문이 가시지 않았다. 처음에는 고지식하고 변통성 없는 김규식의 성격 때문일지도 모른다고 생각했다. 그러나 그것으로 충분하지는 않았다.

오랫동안 생각했고, 책을 정리한 지금에 이르러 다음과 같은 이유를 생각할 수 있었다. 김규식이 중국행을 택한 것은 첫째, 신분제와 출생의 한계에 따른 한국 내 제약으로부터의 탈출이었다. 김규식은 도미 유학생이고 훌륭한 영어를 구사하는 근대 지식인이었지만, 한국 내에서 객관적 지위는 적서(嫡庶)의 차별 위에 존재해야 했다. 그의 결혼, 사회적 지위, 사회적 관계가 기본적으로 이런 신분제적 강박 위에 존재했음이 분명했다.

둘째는 식민지라는 감옥의 억압으로부터의 탈출이었다. 김규식은 로녹대학 시절부터 한국의 운명에 비감한 판단을 갖고 있었고, 일본의 승리를 예견한 바 있다. 그럼에도 세계시민으로 거듭난 김규식이 마주한 일본 식민지 통치는 감당하기 어려웠을 것이다. 특히 105인 사건으로 대표되는 기독교, 민족주의 계열에 대한 일본의 집중적 탄압은 그의 정치의식과 반발심을 일깨웠음이 확실했다. 총독부 측이 도쿄제대 대학원 진학이나 도쿄외국어대학 교수직을 제의했으나 거절했다는 김규식 이력서의 내용도 같은 맥락에서 이해할 수 있다.

셋째는 이런 부정적 환경과 시대상 속에서 폭발한 중국 신해혁명의 영향과 이에 동참하고자 하는 열망이었다. 청조가 폐지되고 공화정을 수립한 중국에서 중국혁명, 한국 해방, 신분 해방의 기회를 포착하려는 열망이 있었을 것이다. 그의 절친이던 세브란스 출신의 김필순, 이태준이 신해혁명에 가담하기 위해 1911년 중국으로 망명한 것도 직접적 영향을 미쳤을 것이다.

넷째는 언더우드로부터의 탈출이었다. 아무리 영어를 잘해도, 미국 유학생 출신이라도, 새문안교회의 20대 장로일지라도 김규식은 언더우드 손바닥 위의 손오공과 같은 존재였다. 그의 존재 자체가 언더우드에게 긴박되어 있었고, 어떤 독자적 활동을 기대할 수 없었다. 언더우드는 그의 생명과 생존과 교육의 구원자였지만, 동시에 그에게 절대자적 존재였다. 5살의 김규식은 1913년 이제 32살의 청년으로 가정을 이루었지만, 언더우드의 개인 비서라는 존재론적 한계를 벗어날 수 없었다. 1916년 언더우드 목사가 사망했을 때, 김규식은 깊은 회한과 애도를 느끼면서도, 다른 한편으로는 진정한 해방감과 자유를 느꼈을 것이다.

이런 상황 속에서 김규식은 중국 망명을 선택했고, 언더우드에게 문제가 되지 않도록 총독부의 여권을 발급받아 "호주에 인삼 팔러 간다"는 명목으로 중국 땅을 밟았다. 신분으로부터, 일제 강압통치로부터, 언더우드로부터의 탈출이자 새로운 세계, 중국혁명에의 동참을 목적한 것이었다. 언드우드도 김규식이 정치운동을 하러 중국행을 선택했음을 잘 알고 있었다. 중국에 도착한 김규식은 날아다닐 듯 자유롭게 활동을 벌였다. 김규식은 중국혁명에 참가하려 시도했고, 미주로 건너가기 위해 중국에 건너온 한국인 학생·사진신부의 미국행을 주선했으며, 유동열·서왈보와 함께 몽고에 사관학교를 세우려 시도했고, 미국계 및 스칸디나비아계 상업회사에서 일하며 자유를 만끽하고 살았다. 김규식의 일생은 부평초처럼 세계를 떠도는 삶이었다.

김규식의 독립운동 참여와 정치 활동은 은밀하고 비밀리에 이뤄졌는데, 이는 그가 가담한 동제사가 비밀조직이었기 때문이겠지만, 다른 한편으로 한국의 가족과 언더우드에게 폐를 끼치지 않기 위한 목적이었을 것이다. 1919년 이전까지 일본 정보당국의 정보망에는 김규식의 정확한 실체가 드러나지 않고 있었다.

2. 3·1운동, 파리강화회의, 워싱턴 구미위원부, 모스크바 극동민족대회, 국민대표회의

(1) 영국에서의 자료 조사: 김규식이 인도양 콜롬보에서 쓴 편지

김규식에 대한 본격적인 자료 조사와 정리는 연구년이던 2016년에 시작되었다. 미국, 영국, 프랑스, 일본에서 김규식의 삶을 추적했다. 한불 수교 130주년이기도 했던 이해 2월 파리도서관협회 초청으로 한국현대사 특강을 하러 파리에 갈 기회를 얻었다. 덕분에 파리에서 김규식의 경로를 따라 파리위원부가 있었던 건물과 파리 시내를 답사했다. 이후 런던으로 건너가 큐(Kew)에 있는 국립문서보관소(The National Archives, TNA)에서 김규식이 1919년 2월 파리행 배를 타고 가던 중 인도양의 실론섬 콜롬보에서 부인 김순애에게 보낸 편지 등을 찾았다. 원래 이 편지를 발굴한 것은 이화여대 정외과의 구대열 교수였는데,[9] 해당 문서를 문의하니 돈이 없던 유학생 시절이어서 복사를 하지 못했다는 얘기를 들었다. 덕분에 이 자료를 찾기 위해 영국 런던에 가게 되었다. 국내에서 유일하게 영국 외무성 문서들을 활용한 구대열 교수의 선행연구를 가이드 삼아 문서관 연구를 할 수 있

---

[9] 구대열, 1995, 『한국국제관계사연구』 1, 역사비평사, 260~261쪽.

었다. 이때 처음 런던에서 문서관 연구를 했으며, 이후 여러 차례 방문 조사할 기회를 얻었다. 런던에서의 자료 조사는 미국이나 일본에서의 자료 조사와 다른 측면에서 흥미진진했다.

김규식이 실론에서 보낸 편지는 실론 우편검열국을 통해 전쟁성에 보고되었고, 다시 외무성에 보고된 것이었다. 여기서 파리강화회의에 가는 김규식의 기묘한 태도와 입장을 알게 되었다. 신한청년당 대표인 김규식이 여운형이 아닌 김필순, 서병호와 논의하고 있으며 미주에서는 박용만과 이승만을 파트너로 생각하고 있음이 드러난 것이다. 또한 파리강화회의행을 전후한 시점에 김규식과 신규식이 동제사를 중심으로 맹렬한 활동을 벌이고 있음도 알게 되었다. 즉, 김규식이 여운형과 신한청년당이라는 새로운 세대와 조직보다는 신규식과 동제사라는 구래의 인맥과 조직에 의지하고 있었다는 결론을 얻게 되었다. 중국 내 한국 독립운동 세력의 세대 교체, 중심 조직의 전환을 이해하는 계기였다.

런던 조사에서 영국 외무성 문서철들을 보게 되었는데, 3·1운동기와 관련한 주요 정보와 상황 파악이 가능했다. 3·1운동에 대한 도쿄와 서울 주재 영국 외교관들의 상황 보고서, 1차 대전기 러시아 무르만스크에서 프랑스로 송환된 한인 노동자들의 처리 문제, 간도참변 등 문서철이 특별했다.

파리강화회의 영국대표단 문서들을 열람하면서 김규식이 파리강화회의 대표로 각국 대표들에게 보낸 청원서, 비망록 등을 직접 볼 수 있었다. 조그만 명함에 새겨진 김규식(John Kiusic Soho Kimm)의 이름과 친필 서명을 마주하는 감동은 남다른 것이었다. 이 명함이 담고 있는 시간의 무게, 묵은 종이의 냄새 등이 모두 100여 년의 시공간을 뛰어넘어 김규식의 과거와 현재의 필자를 연결하는 것 같았다.

(2) 미국에서의 자료 조사: 토머스호 밀항 실패가 남긴 기록

이후 2016년에 두 차례 미국 자료 조사에 나섰다. 미국 의회도서관의 필사문서처(Manuscript Division)에서 우드로 윌슨(Woodrow Wilson) 대통령 문서, 국무장관 로버트 랜싱(Robert Lansing) 문서, 파리강화회의 사절단원 태스커 블리스(Tasker Bliss) 문서 등을 뒤졌다. 이 문서들은 나가타 아키후미(長田彰文)가 쓴 책에서 알게 된 것인데, 그는 파리강화회의를 전후한 시기 한미관계, 한국 독립운동에 관해 미국 측 외교문서와 개인 문서철을 가장 많이 섭렵한 학자이다.[10] 일본 학자가 쓴 글에서 자극과 도전을 받기는 처음이었다. 그는 파리강화회의의 김규식에 대해 냉소적 태도로 설명했다.

블리스 문서철에서 파리강화회의 한국대표 김규식이 발송한 한국 독립에 관한 청원서, 비망록, 부록 등의 원본을 마주할 수 있었다. 영국 외무성 문서철은 책으로 편철해 제본한 것인 반면, 블리스 문서철은 폴더에 문서를 보관하고 있었다.

미국 국립문서기록관리청(NARA)에서는 파리강화회의 미국대표단 문서철(RG 59), 미 육군정보국(Military Intelligence Division, MID) 문서철(RG 165), 주한미국공사관 문서철(RG 84) 등을 조사했다. 가장 인상적인 것은 육군정보국 문서철이었다. 이를 처음 소개한 것은 재미 사학자 방선주 박사였다.[11] 그중 1920년 김규식이 하와이에서 일본을 거치지 않고 상해로 귀환하기 위해 미군 수송함 토머스호 밀항을 시도하다가 붙잡혔을 때 육군정보국이 입수해 촬영한 문서들이 가장 압권이었다.

3·1운동기 재미 한국 독립운동가들은 체포를 피하기 위해 일본을 거

---

10 나가타 아키후미 지음, 박환무 옮김, 2008, 『일본의 조선통치와 국제관계』, 일조각.
11 방선주, 1989, 「박용만평전」, 『재미한인의 독립운동』, 한림대학교 아시아문화연구소.

치지 않고 중국 상해로 갈 배편 마련에 골몰했다. 김규식은 1919년 하와이의 박용만이 토머스호를 타고 시베리아를 거쳐 북경으로 갔다는 전설적 얘기를 들었다. 미국 ROTC 군인 출신인 박용만은 실제로 토머스호를 타고 시베리아로 가는 공작력을 보여 주었다. 하와이에서 상해로 가려던 이승만도 이 얘기를 듣고 토머스호 탑승을 미군에게 요청했지만 당연히 거절당했다. 그래도 수완이 있고 현실적이었던 이승만은 사전 조율을 통해 중국행 화물선의 중국인 관들 사이에 숨어 여권도 없이 상해로 밀항했다. 다시 하와이로 돌아올 때도 이승만은 탁월한 공작력을 보여 주었다. 이승만은 여권 없이 미국 하와이에서 중국 상해를 왕복했으나 처벌받지 않고 추방당하지 않은 유일한 인물이다. 그러나 상해를 왕복하며 여권의 중요성과 이민국의 위력을 몸소 체험한 이승만은 이후 정적인 박용만과 안창호가 미국에 입국하자, 이들을 이민당국에 볼셰비키로 신고해서 추방당하게 만들었다. 경찰, 법원, 정보국, 이민국 등 미국의 법 집행기관을 동원해서 자신의 정적, 반대파 탄압에 이용하는 이승만의 수완은 놀라우면서 비감한 것이었다.

1924년 12월 안창호는 중국에 입적해 중국 여권으로 비자를 받아 미국에 도착했지만, 그를 볼셰비키로 무고하는 익명의 편지가 미 이민국에 도착하면서 곤경에 처했다. 그와 관련된 문서들을 처음 발견한 것은 UC 리버사이드의 장태한 교수인데, 내셔널아카이브 태평양지역분관(National Archives, Pacific Region, San Bruno, CA)에서 이를 찾았다.[12] 현재는 NARA 홈페이지에서 제공하고 있다. 미 이민국의 심문을 받은 후 안창호는 사실상 추방되었는데, 1926년 3월 호주를 경유해 상해로 돌아가는 길을

---

12   U. S. Department of Labor, Immigration Service District No. 30. Document No. 23880/1-6. Office of the Commissioner Angel Island Station San Francisco, California. February 6, 1926. Investigation Arrival Case Files, San Francisco. Records of the U. S. Immigration and Naturalization Services, RG 85, National Archives, Pacific Region, San Bruno, CA.; 장태한, 2018, 『파차파캠프 미국 최초의 한인타운』, 성안당, 244~249쪽.

택했다. 이는 1921년 김규식이 토머스호 밀항 실패 후 택했던 경로였다.

　박용만은 1925년 7월 Shih Liang Roy Hahn이라는 중국 이름과 중국 여권으로 미국에 들어왔지만, 역시 볼셰비키라는 모함을 당했다. 국민위원회 위원으로 참가했으며, "원동에 가서 근 6~7년 동안이나 과격주의자"로 활동했다는 투서였다. 지지자들의 도움으로 미국에 상륙할 수 있었지만, 결국 박용만은 1927년 6월 북경으로 사실상 추방당했다.

　하와이에서 상해로 돌아오는 길을 고민하던 고지식한 김규식은 박용만의 사례를 듣고 직접 토머스호 밀항을 시도했다가 당연히 체포되었다. 박용만, 이승만, 김규식 세 사람의 성격과 태도가 극명히 드러나는 대목이다. 김규식의 밀항이 실패한 덕분에 지니고 있던 중요 서류 및 개인 서신 등이 미국 정보기관에 남겨지게 된 것이다. 파리강화회의 특사, 구미위원부 위원장 업무와 관련해 김규식이 소지하고 있던 상당한 분량의 이들 서류, 서신, 사진은 이 책에서 처음 소개하는 것들이다.

(3) 여운형이 윌슨 대통령에게 쓴 청원서 편지를 찾다

2016년 여름 뉴욕 컬럼비아대학 도서관 희귀필사도서관(Rare Book and Manuscript Library, Columbia University)에서 1918년 여운형이 우드로 윌슨(Woodrow Wilson) 미국 대통령에게 보낸 한국 독립 청원 편지를 발굴했다. 편지를 쓴 지 거의 100년 만의 일이었다. 이 편지가 존재한다는 사실은 익히 잘 알려져 있었지만, 편지 원본은 필자의 발굴로 알려지게 된 것이다. 지금까지 발굴자를 기다려 준 이 편지·청원서가 전하는 감동적인 소리가 아직도 귀에 쟁쟁하다. 이를 기초로 여운형이 3·1운동과 파리강화회의 특사 파견에 미친 영향 등을 쓰게 되었다.[13] 여운형은 윌슨 대통령에게 청원서를 써서 전달을 부탁하고, 신한청년당을 조직한 후 주요 밀사들을 국내외로 파견함으로써 3·1운동의 기폭제 역할을 했다.

이 과정에서 신한청년당 관련 자료를 추적했는데, 컬럼비아대학 도서관에 기관지 『신한청년』이 소장되어 있다는 사실을 알게 되었다. 신한청년당 당원이었던 나기호가 상해에서 프랑스를 거쳐 미국으로 유학하는 길에 가져간 것이었다. 컬럼비아대학에는 나기호 등이 1930년대 조성한 최초의 한국컬렉션이 있었는데, 여기 백범일지 필사본도 포함되어 있었다. 그런데 현재 컬럼비아대학 도서관에서는 이런 책 원본들이 사라졌고, 마이크로필름만 남은 상태이다. 수소문 끝에 당시 컬럼비아대학이 미 의회도서관 한국 담당 사서였던 양기백 박사의 부탁으로 『신한청년』을 마이크로필름으로 촬영했고, 양기백 박사가 이를 서울대 신용하 선생에게 제공한 사실을 알게 되었다. 서울대 호암관에서 만난 신용하 선생은 흔쾌히 마이크로필름을 빌려 주셨다.

한편, 서강대 최기영 교수는 송헌주의 신한청년당 당원증을 비롯한 자료를 선뜻 제공해 주었다. 신한청년당의 실물 당원증이 확인되는 순간이었다. 또한 하버드 옌칭도서관에 일본 고서점에서 구입한 『신한청년』 원본이 한 권 남아 있다는 것도 알게 되었다. 이런 경로로 신한청년당에 관한 글을 쓰게 되었고, 『신한청년』 판본들을 모아서 독립기념관 한국독립운동사연구소에서 『신한청년』 자료집을 간행하였다.[14] 뜻이 있는 곳에 길이 있고, 찾는 자에게 자료가 응답한다는 것을 새삼 느끼게 되었다.

---

13 정병준, 2017, 「3·1운동의 기폭제: 여운형이 크레인에게 보낸 편지 및 청원서」, 『역사비평』 119.
14 정병준, 2020, 「해제: 신한청년당 기관지 '신한청년'(The New Korea)」, 『신한청년』 영인본, 독립기념관 한국독립운동사연구소.

(4) 파리강화회의의 김규식: 무명의 청년에서 독립운동의 상징으로 거듭나다

파리강화회의에서의 김규식 행적을 정리하면서, 이미 100년도 넘은 일이고, 프랑스, 미국, 영국의 기록들이 다 공개되어 있는 상황인데도 한국에서는 제대로 된 자료 정리와 연구가 이뤄지지 않고 있다는 사실에 연구자로서 자괴감을 느꼈다. 연구는 기성 연구들을 반복하는 수준이었고, 낡고 오래된 관점과 자료에 근거하고 있었다. 각국 자료들을 종합하자 김규식이 상해를 출발해 파리에 도착하는 과정, 파리에 도착해서 진행한 일의 경과 등이 연대기적으로 정리되었다.

미국 국립문서기록관리청에 소장된 파리강화회의 미국대표단 관련 문서(RG 59)들은 이용자가 많아서 마이크로필름으로만 열람이 가능한데 상태가 썩 좋지 않았다. 이후 스탠퍼드대학 후버연구소에 소장된 스탠리 혼벡(Stanley K. Hornbeck) 문서철을 입수할 수 있었다. 혼벡은 파리강화회의 미국대표단 주니어 단원이었고, 훗날 국무부 극동국의 중국전문가로 활약하는 중국통이었다. 혼벡 문서철에서 정확한 사실관계와 전후 사정을 파악할 수 있었다. 미국대표단의 고위급이나 중간간부들은 김규식에게 관심표명조차 하지 않았지만 실무자들은 동정적인 태도를 취했다.

가장 놀라운 일은 김규식이 단기필마로, 즉 혼자서 모든 일을 해냈다는 사실이었다. 여러 건의 청원서, 비망록, 서신들을 작성하면서 김규식이 느꼈을 다양한 층위의 난관들을 복기하게 되었다. 초대받지 않은 식민지 한국의 '자칭' 대표라는 모호한 지위, 평화회의 사무국과 각국 대표단의 냉대와 무시, 일본의 방해 공작, 조력자의 부재, 재정적 어려움, 평화회의에 걸맞은 청원서 작성과 법률적 검토, 언어 장벽 등의 난관이 켜켜이 쌓여 있었다. 김규식이 파리강화회의에 최종 제출한 청원서, 비망록, 부록 등은 당대 다른 약소국가, 식민지는 물론 관련 당사국들이 제출한 문서들에 비해

뒤지지 않는 것이었다. 이 모든 일을 김규식은 혼자 해낸 것이다.

어떻게 보면 고아 신세가 된 어린 김규식이 언더우드 고아원학교에서 양육된 후 미국 대학에서 인문교육을 받은 지성인으로 거듭나게 된 과정은 그가 파리강화회의 한국대표로 '외교관' 역할을 수행하기 위한 준비 과정에 다름 아닐 정도였다. 그는 서양의 고전, 라틴어, 영어, 프랑스어, 독일어를 공부했고, 토론과 웅변술을 익혔다. 1919년 국내외 한국인들 가운데 김규식이 가장 적합한 자격과 능력을 갖추었고, 38세 청년으로 한국 독립을 주장하고 도움을 청할 기세와 열정이 충만했으며, 실제 파리에 도착해서 스스로 모든 일을 처리할 수 있는 실행력을 완비하고 있었다.

김규식의 눈부신 활동은 신한청년당 밀사들이 간도, 연해주, 국내, 일본에 잠입해서 김규식의 파리강화회의행과 그를 위한 선전, 자금 지원 등을 호소한 결과 국내외에 확산되어 전파되었다. 즉, 신한청년당은 김규식, 여운형, 장덕수, 이광수, 선우혁, 김순애, 김철 등을 프랑스, 한국, 일본, 만주, 연해주로 밀사로 파견해 3·1운동이라는 대폭발의 견인차 역할을 한 것이었다. 이를 통해 무명의 청년들은 3·1운동의 주역이 되었고, 임시정부의 주역으로 거듭났으며, 한국 독립운동의 미래를 책임지는 독립운동가로 거듭났다. 특별한 기회에, 특별한 역할을 부여받았고, 최선을 다해 자신의 임무를 수행함으로써 한국의 역사와 미래를 개척하고, 자신의 운명을 개척한 것이다. 한국독립운동사의 주역, 영웅들은 이렇게 탄생하게 된 것이다.[15]

김규식은 처음에 박용만, 이승만 등 미주 국민회 대표들이 파리에 도착하면 자신은 이들과 함께, 혹은 조력자로서 한국 독립 선전 임무를 담당할 것으로 생각했다. 즉, 파리에서 가장 중요한 임무는 한국 독립과 관련된

---

15 정병준, 2017, 「1919년, 파리로 가는 김규식」, 『한국독립운동사연구』 60; 정병준, 2019, 「중국 관내 신한청년당과 3·1운동」, 『한국독립운동사연구』 65(『3·1운동과 국제사회』, 2020, 재수록).

홍보, 공보 활동을 하는 공보국의 설치와 운영이었다. 그런데 정작 파리에 도착한 것은 김규식뿐이었다. 이후의 일은 우리가 잘 아는 바와 같다. 김규식은 파리강화회의 사무국과 각국 대표단에 청원서, 서한을 보냈고, 파리위원부를 설립하고 홍보물을 제작하고, 다양한 정당, 사회단체, 언론 등과 접촉하고 한국 독립의 정당성, 일본 통치의 부당성, 야만성, 3·1운동의 실상과 일제의 야만적 탄압, 한국인의 독립 의지, 미국, 일본, 중국 내 한국 독립운동을 선전하는 데 주력했다.

이 모든 일을 끝낸 김규식은 사실상 번아웃(burn-out) 상태였다. 김규식은 파리강화회의 이후 한국 독립 문제가 논의될 국제연맹 외교를 다음번 순서로 설정했다. 이때 미국의 이승만이 김규식을 초대했다. 김규식은 잠깐 미국에 들러 외교 활동을 벌인 후 국제연맹의 무대가 될 스위스로 복귀할 마음이었지만, 일은 그렇게 흘러가지 않았다.

(5) 공채표 세일즈맨 김규식의 뇌수술

미국에 도착한 김규식을 기다리는 것은 구미위원부 위원장이라는 직함이었지만, 실제 일은 이승만이 제작한 공채표를 미주한인들에게 판매하는 역할이었다. 외교는 이승만, 서재필, 정한경의 몫이었고, 김규식은 공채표 세일즈맨의 역할을 해야 했다. 구미위원부 위원장으로서 김규식은 사적 이해나 입장에 얽매이지 않고 공적 목적과 이익을 추구하는 데 철저했다.

3·1운동 이래 임시정부의 유일하고 지속적인 재정적, 정신적 후원자였던 대한인국민회는 임시정부를 지원하는 애국금을 둘러싸고 대통령 이승만과 갈등을 빚었다. 대통령 직위와 재정 문제에 지독했던 이승만은 재정 지원을 둘러싸고 임시정부를 압박한 끝에 자신이 주장한 공채표를 구미위원부가 관할하고 국민회가 주도한 애국금을 폐지하라는 임시정부 재무

총장의 명령을 발령케 했다. 미주 재정권을 장악하는 한편 오랫동안 자신과 갈등관계였던 국민회의 기능을 중단시키고, 사실상 해체시키려는 의도의 소산이었다. 그럼에도 김규식은 임시정부의 위상과 역할을 존중해서 이를 관철시키려 노력했다. 김규식은 파리강화회의 특사로서 3·1운동기 한국 독립운동의 살아 있는 상징이었고, 대의를 위해 타협하지 않는 원칙주의자였다. 재미한인사회를 대표하던 대한인국민회총회는 가장 중요한 재정수합권이 폐지되자, 결국 해체되고 말았다.

파리강화회의 대처로 모든 에너지를 소모한 김규식은 공채표 세일즈맨 역할에 진력하다 결국 워싱턴디씨의 월터리드병원에서 뇌종양 수술을 받았다.[16] 당시로서는 파격적이었고, 살아남기 어려운 대수술이었다. 의료기술이 발달한 워싱턴이었고, 재미한인들의 독립열 고조로 그의 병원비를 해결할 수 있었다. 이후 김규식은 평생 병약한 몸으로 약을 달고 살아야 했다. 미군정이 붙인 그의 별명이 골골 김규식(Kim Kiu-Sickly)이었던 것도 그럴 법했다. 김규식은 자신의 이름을 Kim Kiusic으로 적었는데 sic을 sickly로 바꿔 부른 것이었다.

김규식이 사경을 헤맸으나 이승만은 병문안은 물론 제대로 된 안부인사조차 없었다. 수술 후 불과 한 달도 안 되어 김규식은 미주 전역을 왕복하는 공채표 판매 일을 재개할 수밖에 없었다. 김규식은 넌덜머리가 났고, 지긋지긋해졌다.

국민회의 애국금을 중단시킨 후 이승만의 공채표 판매는 당연히 제대로 진행되기 어려웠다. 구미위원부의 재정 수입은 급락했고, 이와 연동해서 임시정부도 재정 곤란을 당했다. 결정타는 하와이국민회에서 벌어졌다. 본토 국민회의 애국금 모금을 중단시킨 이승만은 자신이 통제하고 있는 하

---

16   김규식의 수술 과정을 처음으로 밝힌 것은 이상훈이었다. 이상훈, 1996, 「김규식의 구미위원부 활동(1919-1920)」, 한림대학교 사학과 석사학위논문.

2   3·1운동, 파리강화회의, 워싱턴 구미위원부, 모스크바 극동민족대회, 국민대표회의

와이에서는 구미위원부가 아니라 하와이국민회가 자금을 모집해 자신에게 보내야 한다고 주장한 것이다. 미주 본토 국민회는 애국금 모금을 할 수 없으며, 구미위원부가 자금을 통제하는 반면 하와이에서는 구미위원부 대신 하와이국민회가 자금 모금을 해야 한다는 것이었다. 이유도 근거도 없는 주장이었다. 김규식의 로녹대학 후배이자 구미위원부 위원이었던 송헌주는 공채표 모금과 재정의 통일적 수합을 위해 하와이를 방문했다가, 이승만으로부터 해임 통고를 당했다. 이승만은 자신의 영역 하와이를 침범한 송헌주를 격렬하게 비난한 끝에 해임한 것이었다.

김규식도 더는 참을 수 없는 지경이 되었다. 사임의사를 밝힌 김규식은 상해로 떠났다. 구미위원부 시절 김규식은 자신의 역할에 최선을 다했으나, 결국 자신이 이승만을 위한 공채표 세일즈맨의 역할 이상을 할 수 없으며, 자신이 자랑스럽게 생각했던 외교 업무는 이승만과 다른 구미위원부 위원의 몫임을 절감했던 것이다.

구미위원부 및 1920년대 임시정부와 관련된 연구에서 가장 큰 도움을 받은 것은 이화장에 소장된 이승만 자료들이다. 이승만은 자신의 경력을 증명하기 위해 꼼꼼히 문서를 보관해 놓았는데, 이승만의 국한문 자료(東文), 국한문 서한, 전문, 영문 서한 등은 3·1운동기부터 해방 직후까지를 살피는 데 중요한 자료적 근거를 제공했다. 대부분 유영익 선생이 주도한 작업의 결과물로, 그의 필생의 업적이자 공로로 기억할 만한 일이다.

(6) 김규식과 여운형의 관계

파리강화회의 시기 김규식과 여운형의 관계는 늘 미스터리한 것이었다. 여운형은 윌슨 대통령에게 독립청원서를 쓰고, 신한청년당을 조직한 후, 김규식을 대표로 선정해 파리강화회의에 파견한 장본인인데, 정작 김규식은 파리강화회의행을 전후해 여운형의 역할과 공로를 전혀 언급하지 않았던 것이다. 김규식은 어떤 기록에서도 여운형의 이름과 역할을 거론하지 않았다. 심지어 그가 노년에 작성한 이력서에도 여운형은 등장하지 않는다.

해답은 다른 곳에서 실마리를 얻게 됨으로써 가능했다. 파리강화회의를 전후한 시기에 김규식과 신규식이 함께 움직인 사실들이 드러난 것이다. 김규식은 신한청년당 대표로 파리에 가는 형편이었는데, 동제사의 수장 신규식과 함께 윌슨 앞으로 프랑스어로 된 청원서를 썼으며, 김규식은 파리 도착 후 이를 미국대표단에 전달했다. 또한 김규식은 하와이의 박용만에게 여러 차례 편지를 보내 파리에서 합류하자고 제안했으며, 스리랑카 콜롬보에서 김순애에게 편지를 쓰며 청원서 초안을 상의했지만, 상의는 신한청년당의 여운형이 아니라 친구이자 친척인 김필순·서병호와 했다. 또한 김규식은 파리로 출발하기 전 북경 미국공사관과 접촉하며 자신의 파리행과 파리에서 맡은 역할과 임무 등을 상의했다. 김규식이 출발한 후 상해의 신규식은 하와이를 향해 1917년 대동단결선언과 동일한 방식의 임시정부 수립을 위한 국민대회 소집을 제안했다. 즉, 파리강화회의로 가는 도중 김규식의 파트너는 여운형과 신한청년당이 아니라 신규식과 동제사였던 것이다. 이런 사실들은 미 육군정보국(MID) 문서철, 파리강화회의 미국대표단 문서철 등에서 제공된 정보를 종합한 것이다.[17]

나아가 이런 관계의 출발점이 1905~1910년대 국내에서 김규식과 여운형의 첫 만남과 상호관계였음을 알게 되었다. 여운형은 김규식이 총교사로 있던 흥화학교 학생이었고, 여운형이 따르고 존경하던 족숙 여병현과 구미 유학, 사회 활동을 같이한 사회의 선배였다. 또한 1913년 중국 망명

---

17 정병준, 2017, 「1919년, 파리로 가는 김규식」, 『한국독립운동사연구』 60; 정병준, 2019, 「파리강화회의와 3·1운동」, 『3·1운동에서 촛불혁명으로, 임정 수립에서 통일 한반도로』, 동국문화푸른별.

후 김규식은 곧바로 재중 한국 독립운동의 중심인 동제사의 지도자가 되었던 반면, 여운형은 금릉대학 학생 신분이었다. 즉, 총교사와 학생, 구미 유학 출신의 사회지도자와 신입학생, 재중 한국 독립운동의 지도자와 학생의 위계가 존재했던 것이다. 아마도 김규식은 자신이 속한 동제사 등 기성 독립운동 진영의 노선이 중심이라고 생각한 반면, 여운형이 중심이 된 신진기예의 신한청년당은 미숙하거나 구심력이 약하다고 판단했을 가능성이 높다. 그렇지만 김규식의 파리강화회의 특사 파견이 실행되고, 여운형과 신한청년당 동지들이 국내외에 밀사로 파견되어 3·1운동의 폭발에 견인차 역할을 하자, 신한청년당은 상해 독립운동의 중심적 청년조직이자 인력 보급의 저수지가 되었다. 여운형 주위에는 동제사 관련자들이 존재했으며, 이들을 매개로 신한청년당의 신진그룹은 동제사의 기맥을 계승해 주중 한국 독립운동의 중심으로 부각되었다. 옛 동제사의 유산 위에 등장한 신한청년당이 시대의 기세를 안고 독립운동의 대세로 약진한 것이다.

한편 이는 김규식의 성격과 경향성을 보여 주는 것이었는데, 김규식은 합리적이고 이성적인 학자형 지도자라는 평판과 함께 쉽게 곁은 내주지 않는 냉랭한 성격의 소유자로 이름이 높았다. 아마도 출생의 신분제적 약점, 부모가 부재한 유년기, 부친의 유배 이후 고아로서 언더우드 고아원학교에서 생존하며 성장해야 했던 경험 등이 그의 성격에 영향을 끼쳤을 것이다. 언더우드의 훈육 방식은 "예, 아멘"으로 끝나도록 강제하는 것이었고, 이를 위해 아이들을 초달하는 것을 당연하게 생각했다. 김규식도 이러한 가부장적 훈육을 몸에 새겼고, 이러한 유년기의 경험은 그의 가정 내에서도 재현되었다.

또한 총명한 어학천재였던 김규식은 타인의 미치지 못하는 능력을 이해하지 못했다. 외롭게 생존하는 일생이다 보니 타인의 어려움과 부족함에 공감하는 능력이 부족했던 것으로 보인다. 암기천재 신채호의 영어 발음을 지적하며 구박한 끝에 신채호가 김규식에게 영어 배우기를 포기했다는 일화는 유명하다. 이런 이야기들을 통해 김규식이 매사에 적극적이며 호방하고 진취적이었던 여운형과는 상반된 성격이었음을 알 수 있다. 김규식의 냉철한 성격은 세월의 풍파에 깎였고, 여운형의 연륜이 쌓여, 두 사람이 다시 해방정국에서 정치적 합을 맞추기까지 30여 년의 시간이 더 필요했다. 해방 직후 김규식과 여운형의 명성과 경험이 모두 제고되어 민족 지도자 반열에 들고, 세월의 풍화 속에 청년의 기세가 순화되어 갈무리되자, 두 사람의 정치적 합은 요철처럼 들어맞게 되었다.

(7) 김규식과 신규식, 동제사의 관계

김규식, 신규식, 동제사, 박달학원 등의 관계는 매우 파편적이며 모자이크 조각처럼 분산되어 존재했다. 김규식과 신규식, 동제사에 대한 정리는 3·1운동기 두 사람의 행적을 파악한 후 거슬러 올라가 그 이전 상황과 관계를 복기하는 방식으로 진행되었다. 지금까지 가장 많이 이용된 것이 정원택의 『지산외유일지』와 이광수, 정인보, 민필호 등의 회고였는데, 여기에 다양한 서한들, 일본 외무성의 정보자료들을 종합해서 스토리를 완성할 수 있었다. 특히 『도산안창호전집』에 수록된 안창호와 주고받은 편지들, 일본 외무성의 『불령단관계잡건』(不逞團關係雜件) 시리즈에서 다양한 정보를 얻을 수 있었다. 데이터베이스가 구축되어 온라인으로 제공되는 연구환경의 도움을 받았다. 처음 연구를 시작했던 1990~2000년대와는 전혀 다른 연구환경인 것이다. 마침 이 시점에 국사편찬위원회 대한민국임시정부자료집 간행위원회의 말석을 차지하고 있었는데, 임정자료집 편찬 과정에서 다양한 자료를 수집 정리하면서 김규식에 대한 이해를 넓힐 수 있었다. 독립기념관에서는 신규식의 동제사 1주년 기념 한시를 찾았는데, 이화여대 국문과 김동준 교수의 도움으로 풀어쓸 수 있었다.

2   3·1운동, 파리강화회의, 워싱턴 구미위원부, 모스크바 극동민족대회, 국민대표회의 659

이를 기초로 여운형, 김규식의 파리강화회의, 신한청년당 등에 대한 본격적인 연구를 진행할 수 있었다.[18] 김규식과 신규식의 관계는 3·1운동기, 파리강화회의와 관련해서 김규식이 여운형을 왜 칭찬하거나 언급하지 않았는가 하는 의문을 풀어 가는 과정에서 자연스럽게 설명할 수 있었다. 아마도 연구사적으로 의미 있는 기여라고 자부한다.

(8) 일본에서의 자료 조사: 최정익 미스터리, 박용만 미스터리

서울에서 가까운 도쿄는 일제 시기 자료 조사에 매우 편리한 곳이다. 미국과 영국보다 훨씬 짧은 비행시간, 적은 체류비용, 친숙한 동양적 생활환경 등의 장점이 있다. 가장 큰 이점은 어디에 가도 눈에 띄지 않는 같은 동양인으로서의 익명성이 보장되는 듯한 느낌일 것이다.

도쿄에서는 주로 외무성 외교사료관을 방문해 『불령단관계잡건』(不逞團關係雜件) 시리즈 등을 살펴보았다. 발견한 자료 중 가장 충격적인 것은 최정익의 귀순 과정이었다.[19] 최정익은 박영효의 사람으로 갑오개혁 이후 특채되어 내부 회계국장, 여수군수·장연군수 등 총 9년간 관직에 종사했고, 1906년 미국에 건너와 국민회 핵심인물이 되었다. 북미지방총회와 하와이지방총회가 통합해 대한인국민회를 조직할 때 주역이며, 1909~1910년간 국민회 회장·부회장을 역임했다. 안창호의 오른팔이었다. 최정익은 감자 농사를 짓다 큰 빚을 지게 되어 1913년 호주로 건너가 중국인 상대 인삼중매업을 했다. 이재에 재능이 있어 빚을 갚았으나 미주로 돌아오지는

---

18   정병준, 2017, 「3·1운동의 기폭제: 여운형이 크레인에게 보낸 편지 및 청원서」, 『역사비평』 119; 정병준, 2017, 「1919년, 파리로 가는 김규식」, 『한국독립운동사연구』 60; 정병준, 2019, 「중국 관내 신한청년당과 3·1운동」, 『한국독립운동사연구』 65.

19   「在濠洲鮮人崔正益ノ歸國ニ關スル件(大正八年五月)」, 『明治四十三 韓國移民關係雜件』.

않았다. 그런데 최정익은 3·1운동이 한창이던 1919년 4월 시점에 호주 시드니 주재 일본총영사를 찾아와 고향에 돌아가겠다며 자신의 이력서와 함께 『대동단결선언』 1부를 제출했다. 표제에 『선언』이라고 적혀 있는 이 문건은 독립기념관에 기증된 안창호의 유품 중에서 발견되기 전까지 세상에 알려지지 않은 비밀문건이었다. 조동걸 등 학자들이 1917년의 이 선언을 '대동단결선언'으로 명명했다. 최정익은 이런 비밀문건을 전달받을 정도로 미주 독립운동 진영에서 신뢰와 명성을 얻고 있는 인물이었는데, 모두가 3·1운동으로 흥분하고 독립운동의 전선으로 뛰어나갈 때 호주 일본총영사관에 투항하러 간 것이었다. 진심을 표명하기 위해 내부 비밀문건을 제공하고, 친필로 작성한 이력서를 동봉한 것이었다. 시드니총영사는 최정익의 "글과 언행이 훌륭하고 신사의 풍모가 있다며 극찬"하고 있다. 최정익은 귀국했다.

원래 미주 시절부터 최정익에 대해 친일의 기운이 농후한 자라는 일본 측 평가가 있었지만, 이런 문서를 접하니 참으로 놀랍고도 황망할 따름이었다. 미주에서 안창호의 최측근이자 미주 국민회의 최고지도자라고 할 수 있는 사람의 처신과 판단이 이와 같았다는 믿기 힘든 진실과의 대면이었다. 앞으로 「나는 최정익이다」라는 제목의 글을 쓰게 될 것이다.

한편 『불령단관계잡건』(不逞團關係雜件) 시리즈에는 박용만의 1923~1924년 북경, 서울, 블라디보스토크의 행적에 관한 다수의 정보보고서가 존재하고 있다. 박용만이 국민위원회에서 제명되고, 그가 밀정이었다는 비판이 고조된 시점의 일본 정보보고서가 다수 존재하는 것이다. 또한 박용만이 작성했고, 총독부가 입수해서 보고한 「연경야화」(燕京夜話)도 그런 정보에 해당한다.[20] 학계에서는 박용만 밀정설을 둘러싼 논의가 진행되었지만, 명확한 결론은 내려지지 않았다. 박용만 밀정설의 출처가 된 총

---

20 윤소영, 2023, 「자료소개: 박용만 저, 『연경야화』(燕京夜話)」, 『한국독립운동사연구』 84.

2 3·1운동, 파리강화회의, 워싱턴 구미위원부, 모스크바 극동민족대회, 국민대표회의 661

독부 양해 혹은 공작하의 서울 방문은 사실로 생각되지만, 그 정확한 실상은 밝혀져 있지 않다. 박용만 밀정설의 중심에 위치한 것이 조선총독부 통역으로 주요 독립운동 공작 사건에 깊숙이 개입한 기토 가쓰미(木藤克己)였다. 기토는 박용만과 동행해 경성을 다녀간 것으로 알려져 있다. 이 자는 유창한 한국어 실력을 바탕으로 회유, 공작, 밀고, 밀정 등의 수완에 능했다. 다양한 밀고 사건, 음모 사건에 기토가 등장하는 것은 우연이 아니다.

김구는 이승만에게 보내는 편지(1928. 11. 20)에서 박용만이 "총독부에 투항하고 목등(木藤) 놈과 동행하여 비밀 입국하야 철도여관에서 유연(留連)하면서 기밀비"를 받았고, 북경에 몰래 들어와 중국 여자를 첩으로 삼아 음행을 일삼다가 이해명에게 총살당했다고 주장한 바 있다.[21] 중국에서의 반응은 매우 냉정한 것이었음을 알 수 있다. 다만 미주와 중국의 사정과 형편이 전혀 이질적이었으며, 미국 생활 방식에 익숙한 박용만의 처신은 중국 독립운동가들로선 이해하기 어려웠을 것이다. 김구도 이름을 언급한 기토는 일제 측에서 일했던 유능한 공작원이지만, 이런 부류에 대한 연구는 전무하다. 앞으로 독립운동 주체뿐만 아니라 일제 측 인물에 대한 심도 있는 연구와 분석이 필요할 것이다.

(9) 임정과 김규식의 1차 결별: 극동민족대회

이제 본격적으로 평전 집필로 나아가기 시작했는데, 1921~1922년 모스크바 극동민족대회, 1923년 국민대표회의, 1933년 도미 외교, 태평양전쟁기 임시정부 시절 등이 중요한 챕터였다. 김규식이 한국근현대사의 행로에

21　「김구가 이승만에게(1928. 11. 20)」, 백범학술원 편, 2005, 『백범 김구 선생의 편지』, 나남출판, 31~32쪽.

서 중요한 역할을 한 것은 1919~1923년 시기와 1946~1948년 시기였다. 전자가 3·1운동 이후 프랑스·미국·중국·러시아에서의 외교독립운동이었다면, 후자는 해방정국에서 좌우합작·남북협상을 통한 통일·독립운동이었다. 그의 인생에서 가장 빛나는 시기이자, 한국근현대사의 운명이 좌우되는 결정적 시기였다.

극동민족대회와 국민대표회의는 수준 높은 선행연구와 발굴된 자료들을 따라가면 되었다. 극동민족대회와 관련해 반병률, 임경석 교수의 연구에 기초해 대회 회의록 등을 찾아 읽었다. 영어로 정리된 회의록에는 김규식과 여운형 등 주요 참가자들이 가명으로 등장했다. 김규식은 대회에서 연설하고, 대회 관련 논문을 영국 런던에서 발행하는 『Communist Review』에 기고하기도 했다. 어떤 이유인지 김규식의 이름은 Kimm Kiusic이 아니라 Kimm Kinsic으로 오기되어 있다. 파리강화회의와 워싱턴군축회의에서 제1차 세계대전 승전국들은 이전 제국주의 국가들과 다를 바 없이 극동이나 태평양지역에서 식민지, 반식민지 억압민족의 이해관계는 아랑곳하지 않고 자신들의 이해만을 추구하는 "흡혈귀와 같은" 태도를 취한다는 내용이다. 승전국에 대해 비판적 어조인 것은 분명하지만, 그렇다고 해서 공산주의적 입장을 표명한 것으로 보기는 어렵겠다. 문맥 가운데 그런 부분은 드러나지 않는다.

영문 회의록에 따르면 극동민족대회에 참가한 지노비예프 등 러시아 공산주의자들은 강도 높은 어조로 한국, 중국, 일본 참가자들이 비계급적, 비전투적인 태도를 취하고 있으며, 특히 영국, 미국 등 제국주의 국가에 대해 우호적인 자세를 견지하고 있다고 비판한 바 있다. 극동민족대회의 목표 중 하나는 여러 전선에서 벌어지는 내전 및 시베리아 출병으로 대표되는 열강의 러시아내전 개입을 비판하고 열강의 압력을 약화하기 위해 러시아를 둘러싼 식민지, 반식민 민족해방운동, 계급운동을 고조시키는 것이었다. 이런 측면에서 러시아는 극동민족대회의 후원자이자 한국대표단의 초청자였지만, 다른 한편으로는 강한 압력과 비판을 가하는 지도부이기도 했다. 지노비예프가 비판한 흡혈적 제국주의 국가들의 잔치였던 파리강화회의에 한국대표로 참가했던 김규식이 이런 비판을 어떻게 수용했는지는 알 수 없다.

대회 출석을 위해 작성한 이력서에서 김규식은 노동사회개진당 소속이라고 밝혔는데, 아마도 이것이 김규식이 사회주의, 공산주의에 가장 가깝게 자신의 경력을 적시한 경우라고 생각된다. 극동민족대회와 국민대표대회에서 김규식은 이르쿠츠크파의 대표로 활동한 것이 분명하지만, 본격적인 공산주의자였다거나 이론에 심취했다고 볼 여지는 전무하다. 김규식은 이르쿠츠크파 고려공산당과 관련을 맺었지만, 출신 배경과 경력에서 알수 있듯이 사회주의·공산주의자와는 거리가 멀었다. 큰 틀에서는 1919년 연합국과 미국 중심의 외교노선이 1921~1922년에는 러시아 중심의 외교노선으로 전환된 것으로 생각한다.

2016년 이화여대 블라디미르 흘라스니(Vladimir Hlasny) 교수와 함께 현앨리스, 정웰링턴에 관한 러시아 자료 조사를 진행했는데, 독립연구자 베라 보지치코(Vera Bozhichko)의 도움을 얻었다. 이때 베라는 극동민족대회와 관련해 김규식의 이력서, 대회 사진 등을 수집해 준 바 있다. 덕분에 이 책에 여운형, 김규식이 극동민족대회 주석단에 오른 사진을 새롭게 발견해 수록할 수 있었다. 지금까지 알려진 것은 에반스(Ernestine Evans)라는 기자가 찍은 사진뿐이었다. 김규식의 이력서도 베라가 수집한 것을 활용할 수 있었다.

극동민족대회 이후 조선외교단 대표로서 러시아정부와 협상할 당시 김규식의 태도는 반(反)임정 노선이었다. 그렇다면 1919~1920년 3·1운동의 상징이자 임시정부의 파리강화회의 특사였던 김규식이 왜 1921~1922년에 들어서 이렇게 임시정부에 대해 부정적이고 감정적인 반대 입장으로 전환했는가 하는 점에 주목할 필요가 있다.

가장 큰 원인은 1919~1920년간 미국에서의 경험에서 비롯되었음이 분명했다. 김규식이 파리로 떠날 때는 신생 신한청년당의 대표성을 지녔지만, 이것이 충분히 한국인들의 의지를 대변한다고 생각하지 않았던 김규식은 신규식과 함께 중국식 이름인 신정·김성이라는 이름으로 윌슨 대통령에게 프랑스어 청원서를 제출한 바 있다. 이후 미주 대한인국민회의 대표성이 덧붙여졌고, 임시정부가 조직된 다음에는 임시정부 특사라는 정식 대표성이 부여되었다. 그런데 여기서 김규식이 받은 특사 임명장은 상해 임시정부가 아닌 이승만의 대한민주국 임시정부로 한성정부를 뜻했다.

　　이 시점에서 한성정부, 상해 임시정부를 정확히 구별하기는 곤란했다. 워싱턴으로 이동한 김규식의 임무는 이승만을 대리해서 임시정부 명의로 공채표를 판매하기 위해 미국 전역을 몇 차례 순행하는 것이었다. 뇌종양 수술까지 받았던 병중의 김규식은 임시정부나 독립운동의 대의를 위해서 구미위원부 위원장 직무를 수행한다고 여겼지만, 실제로는 이승만을 위한 공채표 세일즈맨의 역할이었다. 게다가 이승만은 미주와 하와이국민회에 대해 다른 기준을 적용했고, 공적 위치에 걸맞지 않은 태도로 일관했다. 김규식과 이승만의 파열에는 공적 조직의 사적 활용, 대의에 어긋나는 자의적 원칙의 적용, 지도자의 무책임성이 원인으로 작용했다.

　　하와이에서 호주를 거쳐 어렵사리 상해에 도착했을 때 김규식은 임시정부 학무총장이었다. 그런데 이 직후 대통령 이승만이 상해를 방문했고, 상해 임시정부는 그에게 큰 기대를 걸었다. 이승만이 당면한 가장 중요한 과제는 임시정부가 취할 독립운동의 큰 방침인 대정(大政) 방침을 정하는 것, 미주로부터 공채표·애국금을 통한 자금 조달, 위임통치 청원 문제, 임시정부 개조 방안 등이었다. 그러나 사실상 이승만은 어떤 것에 대해서도 해답을 제시할 수 없었고, 상황 미봉과 회피적 태도로 일관했다. 궁지에 몰린 이승만은 대통령직 사의를 공언했다가 곧바로 철회했고, 이내 급한 외교적 이유를 내세우며 미주로 귀환했다. 이승만의 하와이 귀환을 전후해 대통령 이승만, 국무총리 이동휘, 노동국총장 안창호 등 임시정부의 핵심 인사 3명이 모두 뿔뿔이 흩어졌다. 이동휘는 외교노선과 무장투쟁노선 중 무장투쟁노선을 주장했고, 안창호는 임시정부 유지에 방점을 둔 온건한 내부 개조를 주장했다. 이승만은 어떤 책임도, 해결 방안도 내세우지 않았다. 임시정부의 지도부는 분열되었고, 차장급들의 줄사퇴가 이어졌다. 이런 와중에 김규식도 임시정부를 떠난 것이다. 김규식에게 임시정부는 1919년 성립되었지만, 그 정체성과 지속성이 의문시되는 조직이었고, 가장 큰 문제는 이승만의 대통령직 유지를 위한 사적 기관으로서의 역할이 두드러졌다는 것이었다. 특히 미주에서 체험하고 목격한 바와 이승만의 방문으로 상해 정국에서 벌어지고 있던 상황을 종합해 김규식은 그런 판단에 도달한 것이다. 상해에 도착한 이승만은 김규식에게 도움을 청하며 만나자고 했지만, 김규식은 부인이 병중에 있고, 자신은 연락할 하인이 없다는 싸늘한 답장을 보냈다. 이승만이 하와이로 떠나려 하자 김규식은 이승만이 여권도 없이 미국에 돌아가기는 곤란할 것이라고 발언해서 상해 한인사회가 술렁거렸다. 두 사람의 관계가 파열되었고, 인간적 배신감이 그 배경에 있었다.

극동민족대회에 김규식이 참가한 것은 외교적 방략에 의한 독립운동, 러시아의 지원에 기대하는 새로운 방략으로의 전환이었다. 파리강화회의, 3·1운동의 주역이자 외교독립노선의 주창자였으며 친미 기독교도였던 여운형, 김규식, 현순, 최창식 등이 모두 모스크바를 향했다. 상해에 미치고 있던 러시아혁명의 영향력과 파급력을 가늠할 수 있다. 극동민족대회 폐회 후 김규식은 이르쿠츠크파가 주도한 외교교섭단의 단장으로 대러시아 외교를 시도했지만, 상해파 이동휘, 임시정부 대표 이희경·안공근과 대립한 끝에 아무런 성과를 거둘 수 없었다. 안공근이 작성한 보고서에는 김규식을 신랄하게 비난하고 인격적으로 모욕하는 내용이 나열되어 있다. 이 시점에 김규식의 입장은 임시정부 대표단과 상극이었던 것이다.

(10) 극한까지 밀고 간 국민대표회의

1923년 국민대표회의는 김규식이 1920년대 가장 극한적 결말까지 이른 경우에 해당했다. 국민대표회의에 대해서는 조철행 박사와 임경석 교수의 연구에 대부분 의지했다. 조철행 박사는 국민대표회와 관련된 러시아 문서를 제공해 주었다. 러시아전문가인 이재훈 박사도 국민대표회의 관련 러시아 문서를 보내 주었다. 두 분이 흔쾌히 제공한 러시아 문서로 국민대표회의 관련 내용을 정리할 수 있었다. 또한 대한민국 임시정부 자료집 별집으로 번역·간행된 국민대표회의 관련 자료들의 도움을 받았다.

　국민대표회의는 소위 레닌자금의 지원으로 진행된 것인데, 어떻게 김규식이 핵심적 역할을 담당하게 되었는지에 대해서 자료상으로는 정확한 설명을 찾지 못했다. 아마도 김규식이 1919년 파리강화회의 한국대표였다는 대표성과 상징성을 대회 주최 측이 반영했고, 극동민족대회에서 김규식이 이르쿠츠크파와 맺은 연계가 작동했던 것으로 보인다. 국민대표회의는 임시정부를 기초로 독립운동의 기운을 일신하기 위해 시작된 것이지만, 이미 출발 단계에서부터 분열의 가능성을 내포하고 있었다. 1923년 국민대표회의를 시작으로, 민족유일당 운동, 1930년대 정당통일운동, 1940년대 중경 임시정부의 당·정·군 좌우합작 및 독립동맹과의 연대 등은 모두 민족통일전선을 목표로 한 것이었지만, 내부적 불화와 분열의 불씨를 품은 채 통일을 선언한 후 재차 분열을 반복하는 일이 반복되었다. 민족통일전선 결성은 중국 관내 독립운동 세력의 가장 큰 과제였지만, 역설적으로 상시 존재하는 걸림돌이 되었다.

　안창호, 여운형 등 초기 국민대표회의를 기획한 이들은 임시정부의 조직과 인물을 변경함으로써 임시정부를 진정한 독립운동의 대표기관으로 만들고자 하는 개조론의 입장에 서 있었다. 자금을 지원한 러시아 측과 이르쿠츠크파 고려공산당 측은 국내외 각지, 각 조직의 대표로 조직된 국민대표회의를 통해 임시정부 대신 새로운 독립운동 대표기관을 만들자는 창조론의 입장을 유지했다. 한편 소수의 임시정부 인사들은 임시정부를 그대로 유지해야 한다는 유지론의 입장을 취했다. 이러한 세 가지 노선의 기획, 의도가 충돌하는 가운데 회의는 한형권이 수령한 레닌자금으로 시작되었다.

회의 초반 이르쿠츠크파는 국민대표회의의 중심인물이자 임시정부 핵심이던 안창호의 도덕성과 위상을 허물기 위한 공격을 개시했다. 이미 국민대표회의의 결말을 예상할 수 있는 순간이었다. 지리한 논쟁을 거친 후 회의의 다수를 점하던 개조파가 회의를 탈퇴하자 창조파인 이르쿠츠크파가 회의를 종결하고, '한'공화국을 창설했다. 문제는 이들을 후원한 러시아 측이 공화국, 임시정부 형태의 조직을 승인하지 않는다는 입장을 취한 데 있었다.

김규식은 1923년 8월 말 블라디보스토크로 건너가 국민위원회의 대표 격으로 활동했다. 이들은 1924년 2월 러시아의 추방령이 내려질 때까지 블라디보스토크에 체류했다. 김규식은 국민대표회의의 진행에는 전혀 참가하지 않았지만, 회의 결과 조직된 국민위원회에는 적극적으로 참가했다. 이는 김규식이 이면에서 창조파의 논의에 깊숙이 개입했을 가능성을 열어 놓는 것이다. 부인 김순애가 창조파의 일원으로 대한애국부인회의 입장을 거스르면서까지 참가했고, 동서 서병호가 국민대표회의 자금을 관리하는 직책이었다는 점에서 이런 가능성을 충분히 제기할 수 있다.

김규식은 러시아 측 파트너인 파인버그(Joseph Finberg)와 함께 협상을 이끌며 국민위원회가 정부조직이 아니며, 혁명정당·혁명조직이라는 주장을 펼쳤다. 사실상 성립 불가한 궤변에 가까웠다. 임시정부를 부정하고, 새로운 정부를 조직함으로써, 독립운동 진영 내부에 분열을 명확히 한 선택으로는 러시아 측의 승인은 물론 한국 독립운동 진영에서 동의를 얻기 어려웠다. 레닌이 사망한 후 러시아는 입장을 결정해 국민위원회 지원을 중단하고 러시아령 밖으로 추방을 명령했다.

결국 1921~1924년간 김규식은 무슨 일이든 끝을 보기까지 밀고 나가는 고집스런 면모를 보여 주었다. 임시정부에 대한 반대와 새로운 조직을 향한 시도가 지속된 시기였다. 기본적으로 러시아의 자금 지원과 후원으로 성립했던 극동민족대회와 국민대표회의는 러시아가 예상했던 한국공산당의 발전, 새로운 국민대표기관의 설립 등에 미치지 못했다. 역설적으로 러시아의 후원자금은 그 용도와 주도권을 둘러싸고 한국 독립운동 진영을 분열시켰고, 혁명정당의 발전보다는 치유할 수 없을 정도의 불화와 내분을 명백히 했다. 러시아는 혁명 이후 내전과 곤란한 경제사정에도 불구하고 한국 독립운동을 지원한 유일한 국가였지만, 그 결과는 참담한 자유시참변 이후 강력한 반공, 반러, 반소비에트 동력을 한국 독립운동 진영 내부에 만들어 내고, 이르쿠츠크파 고려공산당과 상해파 고려공산당의 극한적 대결을 불러온 것이었다. 2개의 고려공산당은 통합회의를 거쳤지만 결국 코민테른의 해산을 명령받았다. 이후 국내에서 조선공산당이 결성되지만, 중요인물인 박헌영, 김단야, 임원근 등 화요회계 3총사는 이르쿠츠크파의 핵심인물이었다. 새로 출범하는 조선공산당의 앞길에도 파벌투쟁, 분파투쟁의 깊은 그림자가 드리웠다.

1921~1923년간 모스크바 극동민족대회와 국민대표회의에서 김규식이 보여 준 입장과 태도는 당시 국내외 독립운동 진영은 물론 일반 한국인들에게도 잘 알려지지 않았다. 이 사실들은 구소련 해체 후 러시아 문서들이 공개되고서야 그 실체가 드러났다. 40대 초반의 김규식은 임시정부와 대척점에 서서 반임정 태도를 분명히 했다. 김규식은 임시정부를 대체하는 새로운 국민대표기관의 설립을 추구했고, 러시아의 후원을 받는 이르쿠츠크파와 행보를 같이했다.

김규식은 1919년부터 1923년까지 한국 독립운동을 대표하는 상징적 인물로 파리, 워싱턴, 모스크바, 블라디보스토크에서 외교적 수단과 방법으로 한국의 이해를 대변하기 위해 노력했다. 이 시기 김규식의 활동은 그의 명성을 제고하고, 그의 위상을 분명히 한 것이었지만, 김규식은 그 대가를 치러야 했다.

　　김규식은 임시정부를 떠났고, 임시정부는 분열 속에 사실상 1919년 성립 당시의 동력을 상실했다. 3·1운동에 참가한 200만 한국인들의 독립운동, 독립선언의 민족적 에너지를 흡수한 임시정부는 발생사적 가치가 분명한 한국인들의 대표적 독립운동 기관이었지만, 1923년을 경과하면서 그 위상이 흔들렸다. 러시아에서 개최된 모스크바 극동민족대회와 블라디보스토크 국민위원회의 충격파가 좌파 쪽 영향이었다고 한다면, 미국에서는 이승만·서재필이 성공을 공약한 태평양회의가 한국 문제에 어떤 관심도 표명하지 않고 폐막함으로써 우파 쪽 타격으로 작용했다. 창립 당시 핵심인사들이 임시정부를 떠났고, 이승만도 1925년 대통령에서 탄핵 면직되었다. 재미한인들의 독립열도 급속히 냉각되어, 국민회 기관지 『신한민보』는 발행이 중지되었고, 구미위원부도 사실상 활동을 중단했다. 임시정부는 긴 침체기를 거쳐야 했고, 사실상 중국 관내 독립운동 조직 중 하나로 위상이 재조정되었다. 임시정부의 활동 재개와 가치 재평가는 1930년대 초반을 기다려야 했다.

3   1930~1940년대 중국 시절

(1) 1932년 중한민중동맹단, 1933년 도미 외교, 한길수와의 만남

상해로 귀환한 김규식은 혜령영문학교, 윌리엄스대학, 복단대학 등에서 일했다. 김규식은 중한호조사 등 한중연대 활동 정도에 이름을 내는 정도였다. 김규식은 다양한 중국 학교에서 영어교사로 일했는데, 1925년 상해에서 영국 경찰과 일본 경찰로부터 체포당할 위기에 처하기도 했다. 당시 상해 노동자 파업을 옹호하는 기고문을 상해학생연합회가 간행하는 영자신문에 실은 탓이었다. 이런 내용은 2차 대전 후 상해를 점령한 미군이 관리하게 된 상해 공동조계 경찰문서 속에 들어 있다. 방선주 박사가 국내에 소개한 이 자료는 미 국립문서기록관리청 문서군(Record Group) RG 263으로 분류되어 있다. 영국 측은 노동자 파업 선동 혐의(출판물 위반)를 붙인 반면, 일본 측은 김규식이 러시아 석유회사를 상대로 사기를 치려 했다는 혐의(사기협박)를 내세웠다.

    김규식이 다시 독립운동 선상에 복귀한 것은 1930년대 초반부터 변화하기 시작한 정세에 따른 것이었다. 세계대공황의 여파로 제국주의 국가 간 블록경제화, 국가 개입의 경제 개발 혹은 파시즘으로의 전환이 이뤄지던 시점이었다. 만주사변과 상해사변 등 중국을 침략하려는 일본제국주의의 노골적 시도가 분명해졌고, 1932년 이봉창 의거와 윤봉길 의거가 이에 반대하는 한국 독립운동 측의 의지를 대표했다.

김구의 한인애국단이 주도한 이봉창 윤봉길 의거는 한편으로 한국 독립운동에 대한 중국 측의 지원과 우호적 지지를 끌어 올린 것이었지만, 다른 한편으로 일본 경찰의 습격으로 상해 임시정부가 파괴되고 이동 시기에 접어들게 되는 계기였다. 중국의 평가도 양가적이었다. 중국 민중 측에서는 중국을 침략한 일본제국주의에 맞서 윤봉길 의거가 이를 대변했다고 생각하는 반일 민족주의에 근거한 대중적 지지와 환호가 쏟아졌지만, 다른 한편으로 이를 빌미로 일제의 침략이 좀 더 본격화하고 노골화할 것을 우려한 국민정부 차원에서의 비판적 시각이 존재했다.

이런 상황 속에서 임시정부와 한국 독립운동 진영을 지원하는 중국 측의 경제적 원조가 본격화되었다. 역설적으로 중국 관민의 경제적 지원은 한국 독립운동 진영의 내부 갈등을 촉발하는 원인이 되기도 했다. 자금을 둘러싼 상호 대결과 공격이 본격화되었던 것이다. 이는 임시정부를 분열시키는 계기가 되었다.

다른 한편 상해사변과 윤봉길 의거를 계기로 한중연대를 실현하기 위한 다양한 시도들이 존재했다. 1930년대의 가장 중요한 화두는 민족통일전선의 구축이었다. 국내에서는 1927년 민족통일전선인 신간회가 조직되었고, 국외에서도 민족통일전선의 결성이 민족적 과제로 제시된 바 있었다. 1923년 국민대표회의가 임시정부를 중심으로 한 통일의 새로운 방향을 모색한 것이었다고 한다면, 1930년대 초반의 민족통일전선 결성은 정당 통일의 방식을 제시하고 있었다. 조직체로서 수명을 다한 임시정부 형태로는 민족통일전선 결성이 어렵다는 판단에 중국 관내 독립운동 조직들이 공감하는 바였다. 때문에 이번에는 정당 통일의 방식이 제기되었다.

김규식은 1932년 11월 한국대일전선통일동맹에 가담했다. 조직명이 의미하듯이 여러 독립운동 정당, 단체가 연합해서 대일전선을 통일하자는 통일전선 조직이었다. 상해사변과 윤봉길 의거 이후 조성된 한중 합작과 통일전선 결성의 움직임을 반영한 것이었다.

같은 시기 김규식은 중한민중동맹이라는 한중연대 조직을 만들었다. 정확한 실체가 있는 조직이라기보다는 시대적 추세를 반영해 한중연대를 표방한 조직이었다. 중국 측 인사들의 후원을 받아 김규식은 1933년 미주를 방문하게 되었다. 김규식은 도미를 앞두고 세계정세와 극동정세를 설명하는 『원동정세』(The Far Eastern Situation)라는 제목의 영문 팸플릿을 만들었다. 김규식은 3·1운동 직후 「극동정세」(The Far Eastern Situation, 1920)라는 팸플릿을 작성한 바 있으니, 동일한 제목의 팸플릿을 도미 외교에 맞춰서 작성한 것임을 알 수 있다. 이 팸플릿은 한중연대나 중국에 대한 지원 등을 강조하고 있지만, 임시정부는 전혀 언급하고 있지 않다. 현재 한국연구원에 이 팸플릿의 원본이 보존되어 있으며, 출처는 맥큔 선교사 집안의 지리학자인 섀넌 맥큔(Shannon McCune)으로 되어 있다. 어떻게 섀넌 맥큔의 자료가 한국연구원에 입수되었는지는 미상이다.

김규식은 로스앤젤레스부터 뉴욕까지 미주를 순회하면서 한국대일전선통일동맹과 중한민중동맹을 선전했다. 김규식을 파리강화회의 특사, 구미위원부 위원장으로 인식하고 있던 재미한인들은 열성적인 지지를 표명했지만, 김규식의 강조점은 임시정부가 아니었다. 김규식은 재미화교들을 중한민중동맹에 참가시키고, 재미한인들을 한국대일전선통일동맹에 가담시키려 했다. 재미화교들은 김규식을 응원한다고 했지만, 새로운 조직 참가는 거절했다. 반면 송헌주, 이살음 등 김규식의 열렬한 지지자들은 대한독립당이라는 정당 결성을 선언했다. 민족통일전선 결성을 내세운 김규식의 미주 순행 결과 새로운 정당이 결성되었고, 국민회와 동지회는 반발하기에 이르렀다.

중국으로 돌아가는 도중 하와이에 들린 김규식은 3·1운동기부터 친밀하던 이용직 목사와 한길수를 만났다. 김규식은 신뢰하던 이용직을 중심으로 중한민중동맹과 한국대일전선통일동맹의 활동이 하와이에서 전개되길 희망했다. 이용직은 한길수와 함께 리한(Lyhan)이라는 가명을 만들어 하와이 정보당국을 상대로 일종의 정보공작을 하고 있었다. 중국으로 돌아간 김규식은 이용직, 한길수를 중한민중동맹 대표로 임명하는 임명장과 신임장을 전달했다. 돌연 한국으로 돌아간 이용직 대신 한길수가 이를 접수했고, 이를 근거로 중한민중동맹 미국대표로 자부하기에 이른다. 이용직은 일제가 출국허가를 내주지 않아 평양에 거주하며 두 차례 체포되다가 해방을 맞았다. 주한미군 군사실 문서철에 따르면 해방 후 이용직은 미군정에 엽관운동을 하는 한편, 단체를 조직해 미소공위 참가를 시도하기도 했다.

한편 이용직의 유산을 물려받은 한길수는 1930년 후반부터 태평양전쟁기 내내 하와이와 미주에서 중국-한국과 직결된 정보망을 갖고 있다고 주장하며, 심지어 브라질에까지 요원을 두고 있다고 했다. 허풍쟁이(white-liar)로 불릴 만한 행위였지만, 태평양전쟁과 일본의 침략이라는 공포 속에 있던 미국인들의 반일감정을 대변하는 역할에 충실했고, 그로 인해 명성을 얻었다. 한길수가 제시한 가장 큰 활동의 정당성은 김규식이 발부한 중한민중동맹, 대일전선통일동맹의 신임장, 임명장이었다.

이 책에서 한길수가 가지고 있는 김규식의 친필서명이 들어간 임명장 등을 소개했다. 여기에는 특별한 스토리가 있다. 한길수 임명장은 한길수 아들이 소장하고 있던 개인 문서철에서 나온 것이다. KBS 외주 프로그램을 만들던 이인수 피디는 한길수에 관심을 갖게 되었다. 한길수는 태평양전쟁 발발 이후 태평양 연안 재미일본인들을 내륙 수용소로 강제 이주시키는 데 결정적 기여를 했으며, 전후 재미일본인사회의 공적 1호였다. 때문에 일본인들과 일본 학자들이 한길수 추적에 나선 바 있다. 그런데 이인수 피디는 우연히 미국문서에 등장하는 1950년대 한길수 주소를 알게 되었고, 무작정 그 집을 찾아갔다. 놀랍게도 그 집에 한길수 아들 스탠 한(Stan

Haan)이 살고 있었다. 또한 한길수 아들을 통해 한길수의 무덤도 확인할 수 있었다. 이런 연유로 이인수 피디는 한길수 다큐멘터리를 제작했고,[22] 한길수 아들로부터 상당수의 문서를 빌려 왔다. 이인수 피디에게 자문하고 있던 필자는 이 문서 중 사본 일부를 얻게 된 것이다. 한길수에게 관심을 가진 이인수 피디는 안재모 주연의 〈한길수〉라는 영화를 제작(2008)하기도 했다. 스파이물의 형태를 취했지만, 성공할 수 없는 다큐멘터리적 화법이었다.

이외에도 한길수 문서는 미국 내 여러 기관에 소장되어 있는데, 가장 많은 자료는 미 국립문서기록관리청 RG 165 MID(군사정보국) 문서철에 들어 있는 한길수·중한민중동맹단 폴더들이다. 미 육군 정보당국이 제2차 세계대전 발발 이후 수집한 문서들이다. 그 외에 UCLA, 스탠퍼드대학, 와이오밍대학 등에 한길수 문서가 산발적으로 존재한다. 여기에는 한길수의 임명장 등은 들어 있지 않다.

결국 1933년 김규식의 미주 순방은 최초의 목적과는 달리 용두사미가 되었다. 그가 도착할 당시에는 재미한인사회가 환영 일색의 기운이었다고 한다면, 하와이에서 그가 중국으로 돌아갈 시점에는 그의 출발조차 보도되지 않았다. 가장 큰 이유는 김규식이 재미한인들이 오랫동안 지지해 온 임시정부의 대표가 아니었으며, 정체가 명확하지 않은 중한민중동맹과 한국대일전선통일동맹의 지도자를 자부했기 때문이다. 결정적인 이유는 한중연대, 한국 독립운동 진영의 통일을 앞세운 김규식의 미주 순방의 결과 대한독립당이라는 별도의 정당이 설립되었기 때문이기도 했다. 김규식의 주된 미주 순방 목적은 재미 화교와의 연대를 통한 재정적 후원과 조직 확대였고, 재미한인과의 연대였는데, 재정과 조직 두 가지 측면에서 모두 기대했던 성과를 거두지는 못했다. 임시정부를 떠난 활동의 한계이기도 했다.

22 「최초공개! 한길수 X-파일(KBS 수요기획」 1·2부(2002. 3. 13, 2002. 3. 20).

(2) 1935년 민족혁명당 참가와 탈당: 행간으로 읽은 인간관계

미국에서 돌아온 김규식은 임시정부 국무위원에 선임되었다. 위기의 임시정부는 명맥을 유지하기에 급급한 상황이었다. 김규식은 1933~1935년간 임시정부에서 다시 국무위원, 외무장 등으로 활동했다. 김규식은 임시정부에 큰 비중을 두지 않았다. 아마도 그 위상과 효용성이 다했다고 생각했을 가능성이 높다. 그럼에도 불구하고 임시정부는 극한의 환경과 조건 속에서도 사라지지 않고 살아남았다. 그리고 그 과정이 역사화되면서 한국 독립운동 선상에서 가장 역사성, 정통성, 대표성을 주장할 수 있는 기관으로 자리 잡게 되었다.

1930년대 초반 중국 내 한국 독립운동 진영의 화두는 민족통일정당 결성이었다. 임시정부 중심의 개편 논의는 이미 국민대표회의로 불가능하다는 판정이 내려졌으니, 이제 혁명적 정당단체를 묶어 민족통일정당을 만들자는 것이었다. 1920년대 후반 민족유일당 운동의 기맥을 계승한 것이었다.

1935년 창립된 민족혁명당은 이러한 정당 통일 운동의 결정체였다. 의열단 출신 김원봉을 중심으로 한 좌파가 주도한 민족혁명당은 최초에는 임시정부까지 흡수해서 진정한 민족통일전선 정당을 추구한다고 선언했지만, 이미 분열의 불씨를 품고 있었다. 민족혁명당에 합류했던 이청천, 조소앙은 탈퇴한 후 이전 정당의 부활을 선언했다. 김규식도 민족혁명당을 사임했다. 김규식, 이청천, 조소앙이 민족혁명당에 가담했다가 탈퇴하는 과정은 명목상 내세워진 민족 통일, 정당 통일이 실제 구현되었을 때 어떤 모습이었는지를 보여 주는 실례였다.

김규식은 대한독립당, 한국대일전선통일동맹의 지도자였는데, 민족혁명당이 결성되면서 이러한 정당, 한중연대, 재미한인 지원을 모두 상실했다. 게다가 김규식은 민족혁명당을 대표하는 직책이 아닌 일개 부장의 위

치가 되어 김원봉의 지휘를 받게 되었다. 독립운동의 대선배이자 명망가였던 김규식은 자신의 미주 기반마저 모두 상실하고, '통일' 정당에서는 위상이 저락되자 이를 참을 수 없었을 것이다. 문서와 기록에는 등장하지 않지만, 연대기적 사실관계를 연결해 보면 행간에 드러나는 의미가 그러했다. 김규식은 홀연히 임시정부와 민족혁명당을 떠났다.

김규식과 민족혁명당의 관계에서 드러나듯, 이 시기 김규식, 이청천, 조소앙과 민족혁명당의 불화에는 독립운동의 사상, 노선, 방략의 차이라기보다는 인간관계의 파열이 자리했을 가능성이 농후하다. 김원봉이 민족혁명당 지도자로 사실상 당수 역할을 수행하면서, 독립운동·혁명운동의 선배인 이청천, 조소앙, 김규식 등을 부하처럼 대우하는 데 대한 인간적 모멸감 및 갈등이 가장 큰 관계 결렬의 원인이었을 것이다.

민족혁명당을 탈퇴한 이청천, 조소앙은 임시정부에 가담하고 국민당과 합당해 중경 시기 한국독립당의 중심인물이 되었다. 그러나 이번에는 김구와 내면적으로 원만한 관계를 유지하지 못했다. 서로 합종연횡하며 통일을 지향했지만, 분열이 반복되면서 감정과 인간적 관계가 파열되는 방식으로 일이 진행된 것이다. 표면적인 통일·연합 뒤에 내재하는 갈등·분열이 중경 시기 독립운동 진영 내부에 존재하고 있었다.

중경 시기 한국독립당은 우파 정당을 대표하고, 민족혁명당은 좌파 정당을 대표하는 것이었지만, 사실상 두 정당 모두 중국국민당의 원조와 승인하에 존립 가능했다. 이런 측면에서 양당의 사상, 노선, 활동상의 차이는 중국국민당이 승인할 수 있는 범위 내의 것이었다. 즉, 양립불가 혹은 빙탄불상용(氷炭不相容)의 관계가 아니었다. 그럼에도 양측이 서로 상대방을 비난하며 용납하지 못한 데에는 신구 세대 간의 격차, 교육 배경, 그리고 인간적인 신뢰 문제 등이 작용했던 것으로 보인다.

민족혁명당은 중경 내 좌파 정당, 진보적 정당을 자임했지만, 최창익 등 조선공산당 출신 인사가 출현하자 그 진보성이 무색해졌다. 해방 후 귀국한 김원봉, 민족혁명당이 해방정국에서 제대로 된 정당, 지도자로 역할을 하지 못한 결정적인 이유는 중국 관내 지역에서 중국국민당의 승인하에 활동하던 좌파 정당으로는 해방정국에서 조선공산당 등 진짜 공산주의 정당과 맞설 수 없는 조직적 한계, 여운형·이승만 등 카리스마 정치인과 상대할 수 없는 국내 지지 기반의 한계 등이 작용했다.

한편 민족혁명당을 떠난 이청천, 조소앙, 유동열, 최동오 등은 한독당에 가담했지만, 귀국 후 모두 김구와 다른 길을 걷게 되었는데, 역시 여기에도 이러한 역사적 배경이 존재했던 것이다. 그럼에도 이들이 김구 계열과 연합할 수 있었던 것은 시대를 바라보는 관점, 인간적 신뢰 등에서 김원봉 계열보다는 서로 소통할 측면이 있었기 때문이었다.

임시정부가 귀국할 당시 김구는 혼자 몸으로 귀국했고, 1946년 일본에 묻힌 윤봉길, 이봉창, 백정기 3의사의 유해를 모셔 와 효창원 문효세자(文孝世子) 묘터에 쓰고, 여순에서 봉환하지 못한 안중근 의사의 가묘를 함께 썼다. 정조가 사랑하던 의빈성씨의 소생 문효세자의 묘는 일제 말기 서삼릉으로 옮겨 갔지만, 김구는 세자의 원소(園所) 자리에 3의사를 모셔 사후 복락을 누리시라 한 것이었다. 근대적이라기보다는 전통적 가치관에 충실한 셈이다. 반면 김원봉은 귀국할 당시 사별한 부인 박차정의 유골함을 품고 왔다. 이런 점이 김구와 김원봉, 한독당과 민혁당 사이에 존재하는 차이였을 것이다.

(3) 사천대학 교수 시절

김규식은 1933~1935년 짧은 임시정부 합류 후에 다시 임시정부와 민족혁명당을 떠났다. 김규식의 선택은 중국 대학에서의 영어교사였다. 김규식은 1935년부터 1942년까지 사천대학 영문과 교수로 일했다. 1937년 중일전쟁이 발발하고 일본군이 중국 본토를 잠식하자, 사천대학도 피난길에 올랐다. 역설적으로 이 기간 동안 김규식의 가족은 안정되고 평안한 시기를 보냈다.

김규식은 영문학자로 영어 교과서, 번역서 등을 출간했는데, 가장 눈에 띄는 것은 〈완용의 이야기〉(완용사婉容詞)였다. 완용의 남편은 근대 학문을 배우기 위해 미국 유학길에 올랐고, 완용은 향리에서 시부모와 가족을 건사하며 남편의 귀국을 기다렸다. 그러나 이미 남편은 미국 여자와 결혼한 상태였다. 남편의 친구는 이 사실을 완용에게 알렸고, 완용은 강가에 나가 몸을 던졌다. 이 비극적인 스토리의 시는 중국인들 사이에 회자되었는데, 김규식이 이를 영어로 옮긴 것이었다. 근대를 찾아 서구로 향했지만, 결국 전통과 가족을 배신하고 일신의 영화를 추구하는 아시아의 남성들과 그 비극에 자살로 응답하는 전통적 여성들의 스토리는 중국뿐만 아니라 동아시아 국가들 모두에게 공명을 얻은 바 있었다. 김규식은 〈완용사〉를 번역하면서, 향처를 버리고 미국에서 새살림을 차린 한국인들을 연상했음이 분명했다.

김규식의 사천대학 시절에 대해 사천대학 인터넷 신문 등에 기사가 실린 바 있다. 그런데 중국은 여전히 정보 통제가 심한 국가여서, 도서관을 통해 원문 복사를 신청했지만, 이미 공간된 인터넷 신문의 복제를 거부했다. 중국 측 백과사전과 인터넷 기사 등에는 사천대학 시절, 항일전쟁 시기 김규식의 소소한 일상이 드러나 있다. 김규식은 김중문, 김우사라는 이름으로 행세하며 중국의 시인, 묵객 등과 어울렸다. 김규식은 화상마(話桑麻)라는 찻집, 귤밭 등에서 사천의 유명 화가 양정명(梁鼎銘), 시인, 문인 등과 어울려 시를 짓고 담화를 나누었다.

양정명은 종전 후 귀국하는 김규식을 위해 대협곡과 아미산 풍경을 그린 2폭의 그림을 선물했다. 이 그림은 중국-한국-미국-한국을 거치며 지금은 행방불명 상태에 있다. 김규식은 1949년 미국 워싱턴디씨에서 『양자유경』을 간행하기 위해 친구인 중국 외교관 웰링턴 쿠(Wellington Koo, 顧維鈞)의 발문을 받았고, 출간 실무는 한미문화협회 회장 김창순 박사가 맡기로 했다. 1949년 워싱턴디씨를 방문한 김우애는 원고 사본을 타이핑하기도 했다. 그런데 돌연 김창순 박사는 출간을 포기하고, 김규식의 원고 원본과 김우애가 타이핑한 사본을 김우애에게 보내 왔다. 그 후 김우애가 김규식의 원고와 그림·삽화를 소장하고 있다가 1992년『양자유경』을 국내에서 번역해 출간했다. 양정명의 그림도 여기에 수록되었다.[23] 김규식이 직접 휴대용 타이프라이터로 집필한 원고 원본이 어떻게 되었는지는 알 수 없다.

　　김우애는 미국으로 돌아가며 이 그림을 책 발간에 도움을 준 김유혁 교수에게 맡겼다. 김 교수로부터 얘기를 들은 김규식의 손녀 김수옥이 양정명의 그림 등을 돌려 달라고 여러 차례 부탁했지만, 연로한 김 교수로부터 찾지 못한다는 얘기를 들었다.『양자유경』의 다른 삽화는 김구의 맏며느리 안미생이 그렸다. 이 삽화도 마찬가지 상태이다. 안미생과 그녀의 믿기 힘든 불행한 개인사는 2024년 외손녀 부부가 한국을 방문함으로써 알려졌다. 한 이야기가 다른 이야기와 연결되고, 한 사람의 흔적이 다른 사람의 일생으로 이어지는 것은 단지 김규식에만 해당되는 것은 아닐 것이다.

(4) 1943년 임시정부 복귀

김규식은 1943년 사천을 떠나 중경으로 이사했다. 사천대학 교수직을 그만두고 임시정부에 다시 합류한 것이다. 임시정부를 떠난 지 8년 만의 일

23　김규식 지음, 김상수 옮김, 안수산나·양정명 삽화, 1992,『양자유경: 전승을 기념하여』, 보진재.

이었다. 김규식이 임시정부로 귀환한 것은 한독당과 민혁당 양측의 요청과 이해가 일치했기 때문이었고, 김규식 스스로도 제2차 세계대전 발발 후 명확해진 대일전의 최종 국면에 동참하려는 의지가 강했기 때문이었다. 즉, 주객관적 상황이 김규식의 임정 합류를 요청한 것이다. 김규식은 1919~1921년, 1933~1935년, 1943~1945년간 임정의 국무위원으로 활동했고, 이는 그가 2차례 임시정부를 떠났다가 돌아온 것임을 의미했다.

1940년대 김규식의 활동은 선행연구와 임시정부 자료집 등 공간 자료를 주로 활용했다. 이 시기와 관련해서 필자는 이승만연구,[24] 1940년대 재미한인 독립운동,[25] 이승만-김구 관계,[26] OSS의 한국 침투 작전,[27] 카이로선언 한국 조항의 성립 과정,[28] 카이로선언에 대한 영국정부의 정책과 태도,[29] 광복 직전 독립운동 세력의 동향,[30] 임시정부-독립동맹의 연락·연대, 임시정부의 민족통일전선 정책,[31] 임시의정원의 건국 구상,[32] 건국동맹과 해외 독립운동 세력의 관계[33] 등을 연구한 바 있다. 이런 연구의 연장선상에서 1940년대 임시정부를 중심으로 한 한국 독립운동 진영의 움직임을

---

24 정병준, 2005, 『우남이승만연구』, 역사비평사.
25 정병준, 2004, 「1940년대 재미한인 독립운동의 노선과 성격」, 『한국민족운동사연구』 38; 정병준, 2005, 「김호의 항일독립운동과 정치활동」, 『한국민족운동사연구』 43.
26 정병준, 2007, 「태평양전쟁기 이승만-중경임시정부의 관계와 연대 강화」, 『한국사연구』 137.
27 정병준, 2007, 「암태도소작쟁의 주역의 세 가지 길 —서태석·박복영·문재철—」, 『한국민족운동사연구』 51; 정병준, 2001, 「해제: 태평양전쟁기 재미한인의 독립운동과 미전략첩보국의 냅코계획」, 『NAPKO Project of OSS: 재미한인들의 조국 정진 계획』, 국가보훈처.
28 정병준, 2014, 「카이로회담의 한국 문제 논의와 카이로선언 한국조항의 작성 과정」, 『역사비평』 107.
29 정병준, 2023, 「영국의 카이로회담 인식과 카이로선언 한국 조항에 미친 영향」, 『역사비평』 145.
30 정병준, 2009, 『광복 직전 독립운동 세력의 동향』, 독립기념관 한국독립운동사연구소.
31 정병준, 2006, 「광복 직전 대한민국임시정부의 민족통일전선」, 『백범과 민족운동연구』 4.
32 정병준, 2009, 「1940년대 대한민국임시의정원의 건국 구상」, 『한국민족운동사연구』 61.
33 정병준, 1993, 「조선건국동맹의 조직과 활동」, 『한국사연구』 80.

파악할 수 있었다.

　그런데 이 시기 기존 연구들은 일종의 선험적 판단을 전제로 한 위에서 연구 대상과 인물을 파악하는 경향이 강하다. 관심 주제와 대상에 따라서 연구 대상과 인물에 대한 평가와 해석이 상이해지는 경향이다. 예를 들어 김구, 한국독립당, 광복군, 임시정부를 중심으로 한 평가와 김원봉, 민족혁명당, 조선의용대를 중심으로 한 평가가 극명하게 나뉘며, 조선의용군, 화북조선독립동맹 연구는 또 다른 배타적 평가를 지향하고 있다. 일종의 가치지향적 평가와 분석의 경향이 너무 극명해서 전체적인 조망과 평가를 방해하고 있는 것이다.

　이 책은 이미 잘 알려진 자료, 사건, 인물, 조직을 기성 연구·자료들을 종합적으로 분석함으로써 이 시기 독립운동 진영에 대한 전체적인 조망을 시도했다. 또한 한국 독립운동을 원조·후원·통제하려 한 중국국민당의 정책과 입장을 함께 살펴봄으로써 주체들의 동향과 객관적 환경 요인들을 체계적으로 파악하려고 했다. 특히 제3부의 「6장 한국독립당과 민족혁명당의 대결(1937~1942)」은 이런 측면을 고려해서 나름대로 이 시기를 재정리한 것이다. 김규식은 등장하지 않지만, 그가 1943년 중경으로 복귀했을 때 맞이하게 되는 중경의 현실 정치 모습을 그리기 위한 목적이다.

　그 핵심에는 조선의용대와 광복군, 민족혁명당과 한국독립당의 대립과 갈등, 그리고 통합의 경과가 존재했다. 민혁당과 한독당의 갈등은 상상을 초월하는 것이었는데, 가장 큰 원인은 중국국민당정부의 지원자금을 둘러싼 갈등이었다. 민혁당 계열이 임정 요인 암살을 시도했다는 소위 '암살단 사건'과 임정 요인들의 소위 '공금횡령 사건'이 벌어져 중경은 물론 미주한인들을 경악케 했다. 사건의 실체가 존재했다기보다는 심각한 상호증오와 갈등이 빚어낸 음모에 가까웠다. 이러한 마찰은 중국국민당의 적극적 개입과 진압으로 수면 아래로 가라앉았다.

　조선의용대는 중국국민당군의 후원을 받는 조직으로 중국 군사위원회의 통제를 받는 군사조직이었다. 조선의용대의 젊은 대원들은 중국 사관학교에서 교육을 받은 군사전문가이자 대일전 참전을 희망하는 독립투사들이었다. 이들은 후방에서 대일전 참전의 기회가 없는 상황에 몸이 달았고, 즉각적인 대일 참전을 희망했다. 이때 동북노선을 제출한 최창익 등 조선공산당 출신 공산주의자들이 등장했다. 이들은 만주로 진출해서 만주 한인들과 결합해 일본군과 싸워야 한다고 주장했고, 강력한 공산주의 선전을 통해서 조선의용대원들을 사로잡았다. 한독당을 상대로 혁신적이고 진보적 노선을 취했던 김원봉과 조선의용대는 이제 진짜 공산주의 노선을 상대하자 고루하고 보수적이며 현상유지적 입장을 취한다는 비판을 받아야 했다. 김원봉과 본부의 만류에도 불구하고 조선의용대 주력은 화북으로 진출해서, 결국 중국공산당 휘하로 들어가 버렸다. 중국국민당은 자신이 후원하고 군사훈련을 시킨 조선의용대 주력이 중국공산당의 수중에 들자 격분했고, 조선의용대의 광복군 편입을 지시했다.

광복군은 창설 과정에서 먼저 조직된 조선의용대 측의 반대에 직면했지만, 임시정부 주역들의 노력으로 창설이 선언되었다. 중국국민당은 광복군을 승인하며 행동준승 9개조를 덧붙이고 중국 군사위원회의 통제하에 두었다. 조선의용대가 화북으로 북상한 이후 중국국민당 측은 광복군이 중국국민당이 후원하는 핵심 무력이라고 결정하고 김구의 한국독립당이 그 중심 세력이라고 판단했다. 이 결과 광복군을 중심으로 한 조선의용대의 흡수, 한국독립당을 중심으로 민족혁명당을 포함한 임시의정원의 확대 등이 실행되었다. 즉, 군대 통일, 의정원 확대, 국무위원 확대 등 좌우합작에 기초한 임시정부의 재정립 과정에는 중국국민당의 영향력이 결정적이었다.

이런 상황 속에서 민족혁명당을 대표할 수 있는 국무위원의 적임자가 바로 김규식이었다. 임시정부 출범 당시부터 독립운동의 상징적 존재였으며, 파리강화회의 대표이자 구미위원부 위원장으로서 대미 외교의 핵심적 역할을 할 수 있는 인물이었다. 2차 대전 발발 이후 소련의 연합군 합류,

미소 합작, 반파시즘 공동전선, 중국 내 국공합작 등의 세계적 추세와 독립운동 진영 내부에서의 좌우합작 요구가 고조되고 있었다. 민혁당 측에선 이미 김규식과 인연이 있었고, 한독당 측에서도 재미한인을 대상으로 선전, 모금 등의 활동을 하기에 신뢰할 수 있는 사람이었다.

　　김규식 자신도 한국 독립운동의 결정적 시기가 도래했음을 자각했다. 이런 상황과 조건의 결과 김규식은 1943년 온 가족을 이끌고 중경으로 이주하게 되는 것이다. 김규식은 임시정부 선전부장, 부주석의 직위를 얻게 되었다. 그러나 중경 시절 김규식의 활동은 매우 제한된 것이었다. 임시정부 내에서는 외교 활동이 아니라 선전 활동으로 국한된 역할을 맡았으며, 부주석이라는 직책은 어떠한 실무 권한이 없는 명목상 직함이었다. 외교는 조소앙, 김구가 전담했으며, 대외적 활동의 책임은 주석 김구의 몫이었다. 민족혁명당 내에서 김규식의 직함은 주석이었지만, 실제로 당의 대표는 김원봉이었다. 김규식은 간판 역할을 맡게 되었고, 어떠한 권한도 갖지 못했다. 해방 후 김규식이 민족혁명당과 결별하고, 김원봉과 관계를 단절하게 되는 배경이 여기에 있는 것이다.

(5) 임시정부와 미주의 관계

김규식은 미주를 대표할 수 있는 인물이었지만, 임시의정원 의원에 선임되지 못했다. 민족혁명당은 김규식을 주석으로 대우했지만, 의원으로 추대하지는 않았다. 임시정부의 주요 정책을 결정하고 의논하는 의정원에 김규식이 참가하지 못했다는 사실은 임시정부 내에서 김규식의 위상을 반증하는 것이었다. 김규식은 미주를 대상으로 방송 선전을 하는 정도로 임무가 제한되었다. 김규식이 임시정부에 합류할 때 가장 큰 문제 중 하나는 미주의 문제아인 한길수를 처리하는 건이었다. 한길수는 김규식이 1933년 도미할 당시 사용한 중한민중동맹단 미주대표 직함과 한국대일전선통일동맹의 대표 명의를 사용했다. 중한민중동맹단 대표직은 한길수가 아니라 리한에게 부여된 것이며 중한민중동맹단은 사실상 활동을 중단했지만, 한길수는 이것이 자신의 경력을 증명하는 것이라고 주장했다. 또한 한국대일전선통일동맹도 민혁당이 임시정부에 합류함으로써 해소된 것인데, 여전히 대표 명의를 사용했다. 김규식은 김원봉의 민혁당이 임시정부에 합류함으로써 민혁당과 한독당의 대결, 조선의용대와 광복군의 대결이 해소되었고, 중한민중동맹단과 한국대일전선통일동맹의 명의를 활용할 수 없다고 한길수에게 통보했다. 그러나 한길수는 응하지 않았다.

한길수가 미주에서 이승만과 대결하면서, 미주에서는 한길수 대 이승만, 중경에서는 김원봉 대 김구의 대결 구도가 형성되었다. 대일전 최종승리를 향해 가는 시점에, 또한 미국이 임시정부 승인 혹은 한국 독립 문제를 진지하게 고려하던 시점에 이러한 분열, 갈등상은 미국에게 한국인들이 통일 단결되지 못했다는 명백한 증거로 사용되었다. 그만큼 부정적인 여파가 컸다.

한길수의 이러한 행동에는 중경에서 받은 김원봉, 민족혁명당, 조선의용대 측의 편지, 격려 등이 적지 않은 작용을 했다. 미주에서 김원봉의 편지를 직접 받은 사람 가운데 한길수, 이경선에게 보낸 편지 원본을 미국 국립문서기록관리청에서 발견했다. 김원봉(김약산)이 한길수에게 보내는 편지(1942. 11. 18)는 RG 494 하와이군정 문서철(Records of the Military Government of the Territory of Hawaii, Executive Section)에서 찾은 것인데,[34] 김원봉은 푸른색 만년필로 직접 11장을 적었다. 김원봉의 편지 원

---

34 「김약산이 한길수에게 보낸 편지」(1942. 11. 18), RG 494, Entry 11, Records of the Military Government of the Territory of Hawaii, Executive Section, Classified Correspondence and Related Records, Box 28.

본이 공개되는 것은 최초일 것으로 생각한다. 이 편지에서 김원봉은 격렬한 어조로 김구, 이청천, 이범석을 비판하고 있다. 한독당·임정 주류에 대한 날 선 비난, 조선의용대와 민혁당계 의원에 대한 과장, 화북조선청년연합회 및 동북항일연군의 관계에 대한 과장 등이 들어 있다. 이런 편지가 오고 가면서 중경과 미주 사이에 사실 이상의 근거에 입각해 갈등이 고조되었고, 불필요한 오해가 증폭되었다. 또한 중경의 양당·양파가 미주 양 진영의 근거를 제공하고, 그 반대도 마찬가지인 상황이 지속되었다.

한편 이 시기에 임시정부는 재미한인들과 관계가 단절되었다. 핵심은 이승만을 둘러싼 분쟁이었다. 3·1운동 이후 임시정부를 지속적으로 지지, 후원하는 유일한 해외 한인이었던 재미한인들은 제2차 세계대전기에도 열성적으로 임시정부를 후원했다. 태평양전쟁 발발 이전 재미한족연합위원회라는 통일조직 건설에 성공한 재미한인들은 임시정부 후원과 미국의 전쟁 수행 지원이라는 2가지 목적을 내걸었다. 이승만에게는 대미 외교의 임무가, 한길수에게는 미국 국방 봉사의 임무가 주어졌다. 임시정부는 이 결과를 수용해 이승만을 주미외교위원부 위원장에 임명했다. 그런데 재미한족연합회는 이승만, 한길수 두 사람 모두와 관계가 악화되었다.

한길수는 이승만의 외교를 비판하며 워싱턴의 국무부, 백악관을 상대로 독자적 활동을 편 끝에 재미한족연합회로부터 직무를 정지당했다. 이어 재미한족연합회 집행부의 김호·전경무는 워싱턴을 방문해 이승만과 주미외교위원부 위원 확대와 외교노선의 전환을 요구했다. 이승만은 단호히 거부했고, 이후 재미한족연합회와 이승만 사이에 충돌이 거세졌다. 양측 충돌로 재정 곤란을 겪게 된 임시정부는 재미한인단체 70퍼센트 이상이 모여서 주미외교위원부를 개편하면 이를 승인하겠다고 했다.

재미한인단체 70퍼센트 이상이 모여 회의가 개최되었지만, 이승만의 동지회는 불참했다. 개편된 주미외교위원부 명단에 이승만이 포함되어 있지 않자 김구는 이를 수용하지 않고, 독자적으로 이승만을 위원장으로 하는 명단을 일방적으로 발표했다. 이로써 20여 년 이상 임시정부를 절대 지지·후원했던 재미한인들과 임시정부 사이에는 회복할 수 없는 균열이 발생했다. 해방을 앞둔 시점에 임시정부가 이승만 지지를 이유로 재미한인과 결별한 것은 임시정부의 앞날에 큰 장애를 초래했다. 이후 재미한인들의 중경 임시정부 지지와 후원은 사실상 중단되었고, 오히려 임시정부에 대한 적대감과 비판의식이 고조되었다. 해방 후 재미한족연합회는 국내에 대표단을 파견해 신진당이라는 중간파 정당을 결성하고, 임시정부와 별개로 활동했다.

임시정부로서는 김구와 김원봉, 한독당과 민혁당, 광복군과 조선의용대의 대결에 이어, 한독당 내 김구와 이청천·조소앙·유동열의 분열, 임정과 재미한족연합회의 분열 등이 연이은 것이다. 중국 내에서 이들은 모두 국민당 후원하의 정치군사 활동을 전개하는 세력이었고, 한때는 국민당의 후원과 통제하에 좌우합작노선으로 통일되었다. 그러나 해방 이후 이들은 모두 뿔뿔이 흩어지고 말았다. 민혁당의 경우, 김규식이 김원봉과 결별했으며, 귀국 후 민족혁명당이라는 당명조차 유지할 수 없게 되었다. 김구, 김규식, 김원봉, 이청천, 조소앙, 유동열 등은 함께 정치적 목표를 추구할 수 있는 세력이었고, 사상·이념·노선상의 차이가 크지 않았지만, 해방 전후 연합·연대·통일에 실패했던 것이다. 또한 재미한인들도 미군정 시기 임시정부 계열에 큰 도움을 줄 수 있는 친미적, 대미 우호적 세력이었지만, 양자 모두 미군정하에서 고립 분산적으로 활동하며 연대·연합의 힘을 발휘할 수 없었다. 해방 후 한국 정치 상황을 생각해 본다면, 작은 차이를 극복하고 연대했어야 할 세력의 분열은 임시정부 계열의 불행이었고, 해방 후 임시정부의 위축과 몰락을 예상할 수 있게 하는 지점이었다.

반면 임시정부와 재미한인 간 결별을 초래한 이승만은 귀국 후 임시정부 대표로 자임하며 한국민주당 및 친일파들과 결합해 세력을 확대 강화했다. 임시정부와 이승만의 선택은 전혀 다른 방향으로 작동했던 것이다. 이승만은 김구·임시정부가 자신을 옹호하기 위해 재미한인사회와 결별한 사실을 정확하게 알았지만 전혀 개의치 않았다. 이승만은 임시정부가 자신을 주미외교위원부 위원장으로 임명하고 신임장을 제공했을 때, 이를 영어로 번역해 미 국무부에 제출하면서 3·1운동 당시부터 사용하던 대한민주국, 즉 한성정부 실(Seal)로 압인을 했다.[35] 태평양전쟁기에도 이승만은 주미외교위원부 등의 영문 명칭으로 3·1운동기에 사용하던 Korea Commission, 즉 구미위원부 명칭을 사용했다. 적어도 자기 스스로는 3·1운동기부터 지속되는 정통성을 주장했던 것이다. 그러나 중경에서는 이승만이 어떤 일을 도모하는지 알 수 없었다. 이승만은 1945년 5월 유엔 조직을 위한 샌프란시스코회담에서 얄타밀약설을 스스로 만들어 주장함으로써 반소·반공 선전에 전념했고, 임시정부에 정치적·외교적 타격을 가했다. 이로써 이승만은 반소·반공 성향의 맥아더 등 군부 매파의 주목을 받게 되었고, 조기 귀국할 수 있는 발판을 마련했다.

(6) 카이로선언, 국제공관론과 반탁운동

중경 시기 김규식이 위치한 정치적 환경이 이와 같았다. 임시정부 부주석이지만 실권이 없었으며, 민족혁명당 주석이지만 역시 간판 역할이었을 뿐 실권은 김원봉이 행사했다. 임시정부 내에서 벌어지는 중요한 의사결정에서 소외되었으며, 중요 안건이 논의·결정되는 의정원에는 참석할 수 없었다.

---

35 Memorandum by Stanley K. Hornbeck, Advisor on Political Relations. (1941. 8. 21). RG 59, State Department, Decimal File, 895.00/729895.00/729;「임명장: 주차화성돈전권대표 선임」(1941. 6. 4),「신임장: 주미외교위원장」(1941. 6. 4), 연세대학교 현대한국학연구소 편, 1996, 『이화장소장 우남이승만문서(동문편)』 6, 441~444쪽; 정병준, 2020,「해제문」,『대한민국 의회정치의 시작 임시의정원 국외 주요기록 해제집 미국편』, 국회도서관 국회기록보존소.

한독당과 민혁당의 대결, 광복군과 조선의용대의 대결 등에서 김규식은 표면상 민혁당을 대표하는 입장이었지만, 실제 역할은 극히 제한적이었다.

1943년 카이로선언은 한국 독립과 신탁통치라는 2가지 약속을 한 것이었는데, 이것이 중경에서 어떻게 수용되었는지에 대해서 추가적인 분석을 시도했다. 중경에서의 출발은 1942년 8월 미국『포춘』(Fortune)지에 실린「신세계에서의 미국: 제2부 태평양 관계」(The United States in a New World II: Pacific Relations)였는데, 국내에서 원문을 분석한 적이 아직까지 없었다. 또한 카이로선언에 대한 영국, 미국, 중국 등의 입장에 대해서도 충분한 분석이 이뤄지지 않았다.

필자는 영국과 미국에서 문서관 조사를 통해 미국·영국·중국 등의 문서를 교차 분석해 카이로선언에 미친 각국의 입장과 카이로선언 한국 조항의 성립 과정을 분석한 바 있다.[36] 이에 기초해 영국, 미국, 중국의 입장과 중경 한국 독립운동 진영의 반응 등을 정리할 수 있었다.

중경 측이 카이로선언을 국제공관, 국제공영, 국제감호론으로 수용한 사실은 1945년 12월 모스크바3상회의 결정을 신탁통치 결정으로 단정해서 반대하게 되는 역사적 배경을 형성했다. 즉, 해방정국에서 반탁운동은 1945년 12월 27일 이후 즉자적인 대응과 결정의 산물이라고만 평가하기에는 곤란한 측면이 있다. 주체의 결정이라는 측면에서는 역사적 전조, 배경, 관성이 이미 충분히 축적되어 있는 상황이었기 때문이다. 중경 임시정부 측에서는 이미 1943년부터 신탁통치라는 "늑대가 나타났다"라고 외치고 있었고, 해방 이후에도 국무부 극동국장 빈센트(Carter Vincent)가 "미국의 공식 대한정책은 신탁통치"라는 발언으로 동일한 경고를 발한 상태였기 때문에, 1945년 12월 말에 등장한 모스크바3상회의 결정은 당연히 "늑대"일 수밖에 없었던 것이다.

36 정병준, 2014, 위의 논문; 정병준, 2023, 위의 논문.

(7) 해방과 귀국

1945년 일본 패전 소식이 전해지는 순간, 김구는 OSS-광복군의 연합훈련을 참관하기 위해서 서안에 가 있었고, 장건상은 독립동맹과 임시정부의 연락·연대를 성사시키기 위해서 연안에 있었지만, 김규식은 중경에서 간접적으로 소식을 전해 들었다.

김구의 한독당은 귀국 후 임시정부가 일종의 간수내각, 과도내각으로 국내 정국을 이끌다가 정식 정부를 수립해야 한다는 입장을 취한 반면, 김원봉의 민족혁명당 등 야당은 해방이 되었으니 임시정부가 국내 민중에게 정권을 넘겨야 한다며 내각 총사퇴론을 주장했다. 임시의정원 의원이 아니었던 김규식의 입장과 목소리는 들리지 않았다.

김구의 한독당, 김원봉의 민족혁명당이 자신의 입장을 강하게 표출하며 귀국을 서두르는 시점에 김규식은 몇 달에 걸쳐 영시집 『양자유경』(揚子幽境)을 집필하고 있었다. 김규식의 딸 김우애는 아버지가 더운 중경의 여름날 땀을 뻘뻘 흘리면서 타이프라이터로 영시를 쓰던 모습을 기억하고 있었다. 급박하고 결정적인 해방정국을 맞아서, 김규식이 할 수 있는 최선이 영시집 작성이라는 점을 생각해 볼 때 중경 내 김규식이 차지하는 객관적이고 현실적 위치를 짐작할 수 있다.

이제 귀국하게 되는 김규식을 기다리는 것은 한반도가 처한 위기, 분열된 정치, 갈라진 민족, 정치적 욕망을 추구하는 정치인들의 갈등이었다. 김규식은 합리적 우파 지도자, 중도 우파 정치인, 미국식 교육을 받은 기독교인이라는 배경을 기초로 미군정의 신임과 후원, 중도좌파 여운형과의 합작 등을 추구하게 될 것이었다.

4 해방 이후 김규식

1946년 초반 미군정이 후원한 이승만 중심의 독촉중협, 민주의원이 실패하고 김구의 임시정부 세력이 1945년 말 반탁시위로 대중적 지지를 확고히 했지만 미군정의 비토를 받게 되자, 이들을 대체할 우익 인물로 김규식이 급속히 부각되기 시작했다. 김규식은 1946년 5월 제1차 미소공동위원회가 폐막되기 직전 미군정이 가장 선호하는 정치인으로 호명되었다. 반탁, 반공, 친미적이지만 좌파들과 대화할 수 있는 정치인으로 부각된 것이다. 제1차 미소공동위원회를 대비해 미군정이 조사한 여론조사 결과는 미소공위로 수립될 한국임시정부의 각료 후보로 대통령 이승만, 부통령 김규식, 국무총리 김구를 상정하고 있었다. 미 국립문서기록관리청 RG 43 미소공동위원회 문서철에는 출처도 명시되지 않은 채 들어 있는 1장짜리 여론조사 결과가 들어 있다. 바로 이 문서가 미군정의 여론조사를 가장한 임시정부 각료 명단이라고 판단하고 있다.

이는 소군정이 설정한 총리 후보 여운형 등의 각료 명단에 비견되는 미국식 계획을 보여 주고 있다. 이 중 광산스캔들로 민주의원에서 물러난 이승만, 반탁시위로 비토 대상이 된 김구를 제외하면 가장 중요한 인물이 김규식이었다. 1946년 5월 이후 미군정은 김규식을 앞세운 정치적 기획을 본격화하기 시작했다. 미군정의 정치적 후원과 자신의 합리적 노선은 1946~1948년간 김규식의 정치 활동이 만개하는 가장 중요한 원천이 되었다.

즉, 1946년 5월 시점에 김규식이 여운형과 함께 좌우합작운동을 추진하는 배경에는 미군정의 강력한 후원 의지가 존재했으며, 이는 미군정이 생각하는 임시정부 각료 명단의 우선순위에 따른 것이었다. 한편 이승만, 김구, 김규식, 여운형, 박헌영, 김일성 등은 모두 자신이 미소공위로 수립될 임시정부에서 어떤 위상을 점하는지 명백히 인지하고 있었음이 분명했다.

지금까지 학계에는 소군정의 임시정부 각료 명단만이 알려져 있으며, 이것이 북한의 김일성과 박헌영의 합의이고, 이를 소군정이 수용한 것으로 평가했다.[37] 이는 당연히 여운형에게 알려졌으며, 여운형의 정치행로에도 영향을 미쳤다고 보는 게 정확할 것이다. 미군정은 여운형을 은도끼(silver axe)라고 불렀는데, 화려하고 멋지지만 쓸모가 없다는 의미였다. 여운형이 미군정의 손아귀에 잡힐듯 말듯 하면서도 끝내 협력하지 않았다는 뜻이었다. 여운형의 이런 행보는 자신이 소군정 임시정부의 수상임을 명확히 알고 있었기 때문에 가능했을 것이다.

미군정의 각료 명단은 이승만, 김구, 김규식 및 한민당에게 알려졌으며, 이승만은 1946년 초 이미 자신이 한국의 대통령이라는 확신과 태도를 가지고 있었다. 이는 좌우합작운동이 전개되자, 하지 및 미군정이 자신을 배척하고 좌익세력을 부식시키려고 한다는 소위 하지 공산주의자설을 강하게 주장하는 직접적인 원인이 되었다. 이승만은 자신의 대통령 지위를 부정하거나 위태롭게 하는 모든 행위에 철저히 반대한다는 권력의지를 표명한 것이다. 즉, 남북한 주요 정치인들이 1946년 초반 미군정과 소군정의 기획·계획 속에서 자신의 위치를 인지했으며, 이것이 이들의 정치행위의

---

37 기광서, 2018,『북한 국가의 형성과 소련』, 선인, 289쪽.

중요한 배경을 형성했던 것이다.38

이러한 생각을 확인시켜 준 것은 하지의 정치고문이던 버치(Leonard Bertsch) 문서이다. 버치 문서는 현재 하버드대학 옌칭도서관에 소장되어 있으며, 하버드대학에서 교내 온라인서비스하고 있다. 버치 문서는 홍콩과학기술대학의 데이비드 창(David Chang Cheng) 교수와 서울대 국제대학원 박태균 교수의 도움으로 입수할 수 있었다.

버치 문서는 놀라운 이야기들을 많이 담고 있으며, 버치 자체가 놀라운 인물이다. 하지의 개인 정치고문이었던 버치는 하지가 알고 보니 정치고문 직위는 장군이 맡을 수 있는 직책이라고 하자, 그렇다면 나는 장군직 승진을 수용하겠다고 말하는 위인이었다. 당시 버치의 계급은 중위였다. 이를 전후해 버치는 자신의 지프에 장군용 성판(星板)을 달고 다닌 것으로 보인다.

오하이오주 애크론(Akron) 출신으로 홀리크로스대학(Holy Cross College), 하버드대학 법학과를 졸업한 변호사였던 버치는 2차 대전기 징집되어 헌병학교를 졸업한 소위였으며, 군정요원 훈련을 거쳐 1945년 말 한국에 배치되었다. 처음 배치된 곳은 공보국이었는데, 한국 정치에 관한 탁월한 분석으로 군정 내 고위장교들은 물론 도쿄의 맥아더 사령부에서도 실력을 인정받았다. 또한 군정장관 러치(Lerch)가 헌병감 출신이었으므로 이런 인연으로 제1차 미소공동위원회 이후부터 정치고문으로 역할을 하기 시작했다. 직제에는 없는 역할이었다고 생각한다. 그의 선임자인 굿펠로우(Preston Goodfellow), 테이어(Charles Thayer)로부터 고급 정치술을 눈썰미 좋게 배웠다.

---

38 정병준, 2024, 「1946~1947년 김규식의 정치 활동: 새로운 자료가 말하는 이야기」, 『우사 김규식과 삼청장』, 2024, 우사김규식선생기념사업회 학술회의(2024. 11. 18); 정병준, 2025, 「버치 문서를 통해 본 1946~1947년 김규식의 정치 활동」, 『사학연구』 158(이 책에 「부록 논문」으로 수록).

하지는 하버드 출신 엘리트 장교들을 중용했는데, 버치뿐만 아니라 훗날 『미국의 배반』(Betrayal of a Nation)을 쓴 로빈슨(Richard Robinson)도 하버드 출신이었다. 로빈슨은 하지가 미군정의 기록 대부분을 비밀 처리했으며, 공개된 정보의 절대다수가 조작이거나 왜곡이라고 주장한 바 있다. 버치나 로빈슨 모두 공보국 소속으로 한국인의 여론 동향에 민감했으며, 자유주의적 성향이 강해서 주한미군이 남한을 친일파, 폭력단, 파시스트, 모리배, 브로커 등에게 기회의 땅이 되도록 방조하는 데 강한 반감을 가지고 있었다.

로빈슨은 『네이션』(Nation)에 미군정의 정책을 비판하는 익명의 기사를 투고한 탓에 추방된 것으로 알려져 있지만, 버치 문서에 따르면 로빈슨은 이승만, 김구, 김성수 등을 감옥에 투옥하고 추방해야 한다는 건의서를 썼다. 로빈슨은 버치에게 강력하게 자신의 건의서를 사령관에게 제출해 달라고 강력하게 요청했는데, 버치조차 로빈슨이 도를 넘어섰다고 평가할 정도였다. 『초당』의 작가 강용흘도 미군정에서 일했는데, 이승만, 김구 등 극우파 정치인과 조병옥, 장택상 등 경찰 수뇌, 우익 폭력배를 비판하는 비망록을 작성했다. 강용흘의 비망록은 군정 수뇌부에 회람되었는데, 일부 고위장교는 강용흘의 견해가 빨갱이 부류가 아니냐고 힐난했다. 강용흘의 견해에 들을 만한 바가 있다고 옹호하는 목소리도 있었지만, 군정 수뇌부의 내부 분위기가 이러했다.

버치 문서는 매우 풍부한 자료들을 포함하고 있는데, 상당 부분은 아는 사람은 알아볼 수 있고, 볼 수 있는 사람은 들을 수 있는 자료들을 담고 있다. 버치는 리버럴한 성향이 강하고 권위나 명령에 선천적으로 복종하지 않는 체질이어서, 군정 내부의 고급 장교들과 마찰을 빚었다. 물론 이승만을 혐오하고, 1947년 도미 외교에서 귀국하려는 이승만의 귀국 비행기 편을 막으려 시도하기도 했다. 이승만도 가만히 있지 않았다. 버치의 고향 애크론에서 양식당을 하고 있던 주영한은 애크론의 신문을 샅샅이 뒤져서,

자신이 간행하는 『한국공개편지』(Korea Open Letter)에 버치 비판 기사를 여러 페이지에 걸쳐 게재했다. 버치가 애크론에서 공산주의 동조 단체의 대표로 선임되었고, 다수의 경찰 체포 전과와 재판 회부 전력이 있다는 내용이었다. 주영한은 이 신문을 동봉한 편지를 버치에게 보냈고, 또한 주한미군 사령부에도 발송했다. 버치는 열거된 주장과 혐의 가운데에서 오직 공산주의 동조 단체 대표였다는 점을 강력하게 부인하며 자신은 애크론에서 가장 유명한 반공주의자라고 썼다. 하지의 태도도 흥미로운데, 하지는 본국의 방첩사령부 사령관에게 편지를 보내, 버치의 혐의가 터무니없는 것이라고 쓰면서 주영한의 편지와 신문을 동봉했다. 사실상 사건을 이첩하거나 밀고한 셈이었다. 주영한은 초대 샌프란시스코 주재 한국총영사를 역임했다.

현재 공개된 하지 장군 공식 문서철(Official File)은 RG 554에 들어 있는데, 3상자에 불과하다. 그것도 분량이 얼마 안 되는 폴더들로 구성되어 있다. 로빈슨의 주장처럼 중요한 문서들이 포함되어 있지 않다. 하지가 가장 좋아한 신문기자인 『뉴욕타임스』의 리처드 존스턴(Richard Johnston)은 1946년 1월 박헌영 기자회견에서 박헌영이 한국의 소련방 편입을 선호한다는 발언을 보도한 것으로 유명했다. 하지에 따르면 해당 기사는 『뉴욕타임스』에 보도되지 않았고, 후속 기사만 보도되었다. 또한 하지는 해당 발언이 사실이라는 내용을 남겼다. 어떻게 된 영문인지 보도되지 않은 존스턴의 기사는 국내 우익 신문에 대서특필되어 박헌영, 조선공산당, 찬탁진영을 공격하는 데 주요 무기로 활용되었다. 하지는 존스턴과 그의 가족을 한국에 받아들이기 위해 노력했다.

한편 하지는 자신이 마음에 들어 하지 않는 기자는 끝까지 괴롭혔다. 『크리스천사이언스모니터』(Christian Science Monitor)의 기자 고든 워커(Gordon Walker)가 이에 해당했는데, 공식 문서철에 최소한 3차례 이상 워커에 대한 비난 문서가 들어 있다. 하지가 또한 혐오했던 것은 노동 문제 보고서를 쓴 스튜어트 미챔(Stuart Meacham)이었는데, 미챔이 공산주의 조직인 전평에 동조하면서 공산주의자였던 여운형을 두둔한다고 여러 차례 비판했다. 1946~1948년간 남한 정치는 현재 시각에서 볼 때 상상할 수 없는 정도의 정치적 환경이었고, 믿을 수 없는 일들이 일상적으로 발생하는 공간이었다.

버치는 주한미군사령부 내 엘리트들의 집결체였던 정치고문실 소속으로 미소공동위원회 관련 업무를 맡았으며, 주로 한국 정치인들과의 접촉이 주요 임무였다. 또한 사령관과 군정장관에게 직보할 수 있는 권한과 지위를 갖고 있었다. 그러나 이는 비공식적인 것이었다.

1947년 9월 제2차 미소공동위원회가 폐막되고, 한국 문제가 유엔으로 이관되자 버치의 운명도 급락하기 시작했다. 버치의 상관들은 버치의 근태를 관리하기 시작했고, 그가 몰던 지프의 운전법규 위반이 급증했으며, 중위계급 버치가 명령계통을 거치지 않고 하지 사령관과 고위 장성들에게 보고하는 길도 원천 차단했다. 1947년 말 제대해서 민간인이 된 버치는 정보참모부에서 말단 병사를 보조하는 임무를 최후로 한국을 떠나게 되었다. 1950년대 중반 CIA 한국지부에서 일하며 진보당의 조봉암과 접촉했던 토머스 주니어(Fred Charles Thomas, Jr.)의 회고에 나오는 얘기다.

미국에 돌아가기 전 버치는 한국학 관련 박사과정에 들어가기 위해서 하버드의 맥큔 등에게 의사를 타진하기도 했지만, 긍정적인 답을 얻지 못했다. 장학금은 물론 입학 기회도 제공하지 않은 것으로 보인다. 1950년대 초중반 미국에서 매카시 선풍이 불면서 재미한인 진보주의자들의 상당수가 청문회에 소환되어 심문당한 후 이민국 추방 절차에 들어갔다. 이들 가운데 박상엽, 데이비드 현 등이 버치에게 자신의 구명을 부탁했고, 버치는 이들이 남한으로 추방될 경우 이승만에게 처형될 위험이 있다는 소견을 써주기도 했다.

버치문서는 주한미군사령부 군사실 문서철과 함께 미군정 시기, 특히

1946~1948년 시기 최고위급 정책과 남한 주요 정치인의 동향, 미군사령부와 남한 정치인의 상호관계, 주요 이슈 등에 대해 감춰져 보이지 않았고, 숨겨져 들을 수 없었던 이야기들을 들려줄 것이다. 새로운 자료와 기성 자료들은 서로 이야기를 주고받으며, 빈 공간과 숨겨진 틈새를 메꾸고 김규식과 그의 시대를 온전히 우리에게 보여 줄 것이다. 제4부가 다룰 이야기들이다.

부록

1. 「한국독립당의 정강 급 쁘로그람」의 성립 과정

1. 「강령 초안」 (1923. 10. 1)	2. 「강령」 (1923. 10. 10)	3. 「당의 쁘로그람」 (1923. 10. 10)
1. 일제로부터 조선의 해방과 독립된 조선공화국의 창건, 국가통치의 형태는 조선해방에 따라 민중의 의사표시로 결정되어야 한다.	1. 본당은 일본의 통치에서 한국을 해방하고 자립적 공화국을 건설할 것	
2. 일본의 보호 아래 조선의 자치를 제안하는 방식으로 일본정부가 민족독립의 의지를 꺾는 기도의 폭로. 당은 정치적 압제의 약화가 민족의 경제적 예속의 실행을 위해 실시하는 사기라고 간주한다. 당은 민족산업의 발전은 일제로부터 조선의 완전한 정치경제적 해방 없이는 불가능하다고 천명한다.	2. 본당은 일본정부의 한국인 일부에 대한 회유적 태도가 한국을 경제적으로 예속함으로서 順成케 하려는 간계임과 국민적 실업과 농업의 발전이 오직 한국을 일본의 통치에서 정치적 경제적으로 완전히 해방함을 득함으로만 될 것임을 인함으로 한국을 일본의 보호국으로 자치를 受하자 주창하여 민중으로 하여금 민족적 독립을 요구하는 의지를 박약케 하려고 用力하는 者類를 일체 반대할 것	
3. 언론 출판 정치의 자유. 노동조합단체 결사의 자유		1. 언론·출판의 자유, 정치적 경제적 결사 자유
4. 조선인학교의 일본화 정책 중지. 일반 의무무료교육		2. 동화적 교육을 제거하고 한국 아동을 상당히 교육할 기관 곧 초등학교로 分科대학까지 시설할 것
5. 조선 통치기관에서 조선어의 상용		3. 관공청에 한국어·문의 사용을 강행할 것
6. 최후목적: 토지국유화와 경작자 토지지급. 현재 직접 요구: 임차료 경감. 현물세의 금납. 장기 소작기간. 토지 분배 아래 농민 감독		4. 토지는 농민에게 歸할 것. 동양척식회사가 탈취한 한국의 전일 국유지를 한국인민에게 반환할 것. 또 이 회사의 한국토지를 全權하려는 제반 영위와 한국 농민을 조직적 계획으로 퇴출시키는 것을 제거할 것. 소작료의 경감. 농작지로 급여하는 소작료를 화폐로 할 것. 永小作權 토지의 분배는 농민이 감독할 것. 노력자에게 폐해되는 지세나 닮은 과세를 폐지할 것. 토지개량에 대한 경비는 지주가 當할 것.

부록

7. 1일 8시간 노동의 제정. 최저임금. 일본인과 조선인, 유년과 여성의 평등한 보수. 노동자와 농민을 위한 보호 입법. 1주 1일 휴일 제정. 여성과 유년 보호		6. 8시간 노동제, 1주일 1차의 휴업, 최저한도의 예금제, 종족별 성별이 없이 동일한 노동에 대하여 임금을 균일, 도시노동자 및 고농에 대한 보호적 법률, 유년노동의 금지 및 모성 보호.
8. 근로자를 괴롭히는 모든 토지 등의 세금 폐지		
9. 조선해방을 위한 혁명운동 세력은 노동대중의 규율있는 단체에 있다고 간주하면서 당은 노동자, 소작인 농민단체와 그들의 이익을 보호하기 위해 협조한다.	4. 본당은 한국독립운동의 주력이 노력군중의 규율과 조직에 있는 줄로 인함으로 노력자 자신의이익 보호를 목적한 노동자 고농 및 농민의 제단체를 조성함에 협조할 것이오 일본의 탈취의 정략을 반항하기 위하여 민중으로 하여금 경제적 급 지배적 훈련을 得케할 생산 및 소비조합 등 단체의 건설을 장려 또는 협력할 것	
10. 조선해방을 위한 투쟁은 자본주의 제국주의에 대항하는 공동투쟁과 긴밀한 관계를 맺어야 한다고 간주하면서 당은 일본과 국제노동운동과 행동을 같이 한다.	5. 본당은 한국의 독립운동이 자본적 제국주의에 대한 일반의 투쟁과 절실히 연쇄되는 줄로 인함으로 일본 및 국제노동운동과 협동할 것	
	3. 본당은 한국의 독립운동을 평화적 운동과 타협적 수단이나 혹은 자본주의 국가에 대한 외교상 교섭으로 성취하지 못할 것임과 오직 반듯이 完實한 준비와 상당한 조직이 有한 한국군중의 강력으로 일본의 통치를 제거하여야 될 것임을 명확히 인정함	
		5. 식산은행과 如한 한국을 경제적으로 침략하기 위하여 일본정부의 보조로서 한국을 일본의 자본주의 하에 예속시키려는 정책을 제거할 것

〔출전〕 1. Положения: Draft presented by Korean National Council(강령: 국민위원회 측이 작성한 초안), 1923. 10. 1, с.3, 러시아국립사회정치사문서보관소(РГАСПИ), ф.495, оп.135, д.72, лл.33 а~33в.
2-3. 「韓國獨立黨의 政綱 及 쁘로그람」, 러시아국립사회정치사문서보관소(РГАСПИ), ф.495, оп.154, д.190, л.103~104об; 조철행, 2011, 「국민대표회 전후 민족운동 최고기관 조직론 연구」, 고려대학교 박사학위논문, 235~236쪽.

2. 국민위원회 집무규정

제1장　국민위원회

제1조　국민위원회는 국민대표회의 또는 국민위원회에서 선출한 국민위원으로서 조직한다.

제2조　국민위원 보결(補缺)의 편의를 도모하여 국민위원회의 정원 3분의 1수에 상당하는 후보자를 미리 선출하여 차례에 따라 보충한다.

제3조　국민위원회의 집행간부를 선출하는 것 외에 비서처(祕書處)를 특별히 설치한다.

제4조　비서처에는 비서장 1인과 비서2인을 두고 비서장은 처(處)의 일을 주간하고 비서는 비서장을 보좌하고 비서장에 사고가 있을 때 그 사무를 대신한다.

제5조　비서처는 집행간부의 사무집행을 감시하고 국민위원은 사무진행을 수시로 통보하고 각 위원의 의견을 채취하여 이를 처리한다.

제6조　비서처는 집행간부와 협동하여 내외의 선전사무를 담당 처리한다.

제7조　비서처의 발표하는 문서는 비서장 및 비서가 연서(連署)하여 유효하고 비밀사건에 한하여 적당한 시기까지 발표를 유예할 수 있다.

제8조　집행간부는 집행위원 9인을 내무 1인, 외무 1인, 군무 2인, 재무 2인, 경제 1인, 조직 2인으로써 두고 사무를 분장한다. 단 각부 사무의 번잡하고 간소함(煩簡)에 따라 서로 협조한다.

제9조　집행간부는 합의제로 일절 사무를 집행하고 국민위원회를 대표한다.

제10조　집행위원의 사무분배는 오직 내부에 한하며 대외에 관한 일절 책임을 연대한다.

제11조　집행간부의 대소사무는 동 위원회의 결의로부터 집행하고 동시에 비서처에 보고한다.

　　　　재정지출에 관한 기결사건이라고 할지라도 다시 지출결의서를 작성한 후에 지출할 수 있다.

제12조　집행간부의 문서발표는 원 결의안으로부터인 것이라도 집행위원 5인 이

상이 연명한 것을 유효한 것으로 한다.

제13조 집행간부의 사무분장은 다음과 같다.

내무위원은 일절 내정 사무를 담당, 처리한다.

외무위원은 일절 국제사무를 담당, 처리한다.

군무위원은 일절 군무를 담당, 처리한다.

재무위원은 재정출납에 관한 일절 사무를 담당, 처리한다.

경제위원은 경제에 관한 일절 사무를 담당, 처리한다

조직위원은 국내외의 일절 조직과 교통에 관한 사무를 담당, 처리한다.

제2장 국민위원

제14조 국민위원은 집행위원으로서 중앙에 있거나 기타 임무를 띠고 지방에 있는 것을 막론하고 비서처에 대해 기민하게 연락과 의견제공을 할 의무가 있다.

제15조 국민위원은 집행간부의 사무집행에 대해 이의가 있을 때에는 비서처에 질문 또는 정정을 요구할 수 있고 그 사건이 법규 또는 국민위원회의 공결(公決)에 위반한 행위에 속하는 때에 정정(訂正)의 수속을 행할 때까지 집행간부의 정책 또는 방략에 반대하여 행위할 수 있다.

제16조 국민위원은 어느 지방에 있음을 막론하고 해당 지방 기관에 대해 지도 또는 감시할 권리가 있다.

제17조 국민위원이 상당한 사고가 있어 반년 이상 직무를 다시 하지 못할 때에는 비서처는 사면청원자로 간주하고 위원 반수 이상의 동의를 거친 후 이를 처리한다.

제3장 고문

제18조 고문은 독립운동에 다대한 성의와 공적있는 인사로써 선거한다.

제19조 고문은 때마다 혁명사업진행에 대한 의견을 비서처 혹은 집행간부에 제공하고 중앙에서 의뢰한 제반사무에 협조한다.

제4장 회의

제20조 국민위원회 회의는 비서처에서 소집하고 긴급 중대한 사건이 있을 때 혹은 국민위원 10인 이상의 요구가 있을 때 어느 때라도 이를 소집할 수 있다. 단 비서처는 편의에 따라 통신결의를 행하고 그 방법은 의논하여 정한 안건을 등사(謄寫) 배부하여 가부를 표결한다.

제21조 국민위원회 회의는 총원 반수 이상으로써 성립한다.

헌법개정은 총원 3분의 2이상의 가결을 요한다.

제23조 비서장 및 비서와 집행위원의 불신임안은 비서처와 집행간부의 위원을 제외하고 총원 3분의 1이상의 제안에 반수 이상의 가결을 요한다.

제24조 비서장 및 비서와 집행위원의 직무상 책임에 관해서는 당사자의 투표를 허하지 않는다

제5장 지방조직

제25조 지방조직은 독립운동의 중추적 세력을 합리적으로 건설하기 위해 국내외의 각오가 절실한 사기 건전한 동지자가 결합하여 당적 시설을 행한다.

제26조 전 조항의 조직에 관한 절차는 중앙집권제를 근본주의[根本義]로 하여 이를 따로 정한다.

부칙

제27조 본 규정은 국무위원회의 결의로써 어느 때라도 증감 또는 변경될 수 있다.

제28조 본 규정은 4257년〔1924년〕 2월 20일부터 시행한다.

[출전] 「국민위원회 의사록에 관한 건」(1924. 11. 14), 機密 제277호, 在間島總領事 鈴木要太郎—外務大臣 幣原喜重郎, 『不逞團關係雜件 鮮人ノ部 在西伯利亞』 15.

3. 한국독립당 조직안

서언

한국독립운동은 일찍이 새로운 계단에 들어서서, 한국인민 중 그저 부요(富饒)한 일부에서 일본의 통치에 회유된 경향을 보면 먼저 일본 정부의 정책이 일면에는 이 경향의 증장에 힘쓰고 그 반면에 있어서는 국민적 운동을 극단으로 박멸하고자 함에 의하여, 일반 민족적 운동에 있어서 계급적 차별을 만들기에 이르러, 해당 운동으로부터 한국 노력군중의 민족적 정치운동의 성질을 점차 발휘하는 데에 도달하므로, 고로 한국의 민족적 운동은 필연 통일된 혁명적 전선에 의하여 조직하지 않으면 안 된다. 또한 유력한 혁명적 중추에 의하여 유일한 민족적 혁명당의 형체를 조직하지 않으면 안 된다. 이에 한국민족위원회는 '한국독립당'이라는 명명 하에 당규와 당의 현시 착수를 하는 사업방침을 정한 바 아래와 같다.

제1장 강령

제1조 본당의 강령은 아래와 같이 이를 정한다.
1. 본당은 한국 내에서 일본의 통치권을 제거하고 자립적 공화국을 건설할 것.
2. 본당은 한국의 독립을 정치 또는 경제상 완전하게 해방할 것을 기한다. 한국민족의 민족적 정신과 의지를 박약하게 하기 위하여 한국을 일본 보호국 또는 자치방(自治邦)으로 하자는 언론을 주창하는 자의 부류와 한국을 영원히 경제적으로 자기의 예속으로 하려는 한국인 중 일부 부요계급을 회유하려는 일본 정부의 휼책(譎策)을 일체 박멸하고 정치 또는 경제상 완전한 해방을 얻는 데에 있어서 한국의 절대독립을 기달(期達)할 수 있다고 인정한다.
3. 본당은 한국의 독립운동을 완실한 준비와 상당의 조직을 가진 한국 군중의 강력(强力)에 의하여 이루어질 것.
한국의 독립운동은 평화적 운동 내지 타협적 수단 혹은 침략적 제국주의 국가에 대한 외교에 의해서는 성공할 수 없는 것으로 인정한다.

4. 본당은 한국독립운동의 주력을 노력군중의 규율과 조직에 둔다. 일본의 약탈정책을 근본적으로 제거하기 위하여 민중으로 하여금 경제적 및 지배적 훈련을 시켜야 하며 생산 및 소비조합 등 단체를 건설하는 것, 노력자 자신의 이익보호를 목적으로 하는 노동자 고농 및 농민의 제단체 조직을 장려 또는 지도하는 것은 경제상 해방 즉 독립운동의 일(一) 요소로 인정한다.
5. 본당은 한국의 독립운동에 의하여 세계 피압박민족과 동일전선을 취하여 나아가고 국제적 노동운동과 제휴할 것. 침략적 제국주의와 자본주의에 대한 반항적 전쟁은 모두 한국의 독립운동과 연쇄되는 것으로 인정한다.

제2장 당의 조직

제2조 한국의 절대독립을 주장하는 당강(黨綱) 및 주의를 승인하고 당의 규율에 복종하여 의무금을 납부하며 소관 지방단체에 복역할 성의를 가진 한국 남녀는 본당에 입당할 수 있다.

제3조 당원은 내외지를 막론하고 각자 주거하는 지방의 지방기관에 결합한다.

제4조 각 지방기관은 각해 지방당원으로 선거한 지방위원회의 지배를 받고 지방단체의 조직체는 비밀의 필요에 따라 변통 혹은 적의한 방법을 취할 수 있다.

제5조 당의 전체 사무는 당대표회의에서 선출한 중앙간부로 하여금 총괄한다. 주의. 당대표회의를 성립하여 상당한 중앙간부를 선출할 때까지의 사이에는 국민대표회의에서 선출한 국민위원회가 당의 임시중앙간부로서 행동한다.

제6조 당의 최고권력은 각 지방단체의 대표에 의하여 조직한 당대표회의에 있고 당대표회의는 당의 주의(主義) 정강(政綱) 및 사업방침을 결정하여 중앙간부의 당무(黨務) 지배 방향을 의정한다.

제3장 당원

제1절 당원의 자격

제7조 본당의 당원 자격은 본규 제2장 조직의 제2조에 의하여 현 국적의 여하를

불문하고 18세 이상의 한족(韓族)인 자는 당원이 될 수 있다.

제8조 본당의 당원이 되기를 지원하는 자는 입당원서에 이력서와 서약서를 첨부하여 각해 지방간부 또는 지방지부로 제출하고, 각해 지방간부 또는 지방지부에서는 이를 심사하여 합격자로 판정한 때에는 당원이라고 확정하여 당증을 급여하며 각해 상부를 경유하여 중앙간부에게 보고하기로 한다.

주의. 지방간부가 성립되지 않은 지방은 중앙간부원 혹은 중앙간부가 파송한 위원 또는 그 지정된 타 지방간부가 이를 집행한다.

제2절 당원의 권리 및 의무

제9조 당원은 선거 및 피선거와 제의 및 표결의 권리를 가진다.

제10조 당원은 당의 특정한 비밀을 엄수하고 당의 명령에 대하여는 절대복종의 의무를 가진다.

제4장 지방 및 중앙조직

제1절 지방, 중앙기관 및 그 권한

제11조 지방 및 중앙기관은 다음과 같이 선거한 간부로부터 성립한다.

지방간부. 지방간부는 지방회의에서 선출한 위원 7인 이상 13인으로 조직하고 동 위원 중에서 다시 3인 이상 5인 이하의 집행위원을 선출한다. 단 지방지부는 1인 혹은 3인의 집행위원을 지방간부에서 임명한다.

지방총간부. 지방총간부는 지방대표회의에서 선출한 위원 9명 이상 15명 이하로 조직하고 동 위원 중에서 다시 5인 이상 7인 이하의 집행위원을 선출한다.

중앙간부. 중앙간부는 중앙대표회의에서 선출한 위원 30인 이상 50인 이하로 조직하고 동 위원 중에서 다시 5인 이상 9인 이하의 집행위원을 선출한다.

제12조 본당의 명의를 공개하는 것이 불편한 지방은 노동단체 또는 직업단체 기타 적당한 명의로 대행할 수 있다.

제13조 지방 및 중앙기관의 권한은 다음과 같다.

지방간부는 지방총간부의 직할 하에 있고 각해 지방회의 공결(公決)에 의하여 당의 기본사업을 집행한다. 단 지방지부는 지방간부에 소속한다. 지방총감부는 중앙간부의 명령지휘를 받고 각해 지방대표회의의 공결에 의하여 사업을 계획실행하며 각해 구역 내의 각종 기관을 시설관리한다. 중앙간부는 당의 최고기관으로 하며 당규와 당대표회의의 공결범위 내에서 일체 사업을 계획실행하고 각종 기관을 시설지휘한다.

제2절 회의

제14조 지방회의는 총회제 또는 대의제로 한다.

제15조 지방대표회의는 각 지방회의 혹은 지방간부에서 선출한 대표로 성립된다.

제16조 중앙대표회의는 각 지방대표회의 혹은 지방총간부에서 선출하는 대표자에서 이루는 것으로 한다

제17조 각 회의의 대표자 수는 대표자를 선출해서 회의의 관할구역 수의 비례에 따라 그 비율은 회의를 소집하여 각해 간부로 수시 작정 하기로 한다.

제18조 각 지방 회의 또는 지방 대표회의는 당규·당중앙대표회의의 공결과 같이 당중앙간부의 기정 방략 범위 내에서 자치적으로 의사결정하여 각해 상부 회의로 파견해야 하며 대표를 선출해 각 해 간부를 선거한다.

제19조 지방간부에서 상부 명령에 위배되는 행위가 있을 시는 중앙간부의 동의가 있으면, 지방총간부에서 지방총간부가 중앙간부의 명령에 위배되는 행위 시에는 중앙대표회의의 동의가 있으면 중앙간부에서 각해 간부의 해산을 명령해 각해 지방회의 개회 때에 임해 간부를 직접 임명할 수 있다.

제5장 재정

제20조 당의 재정은 입회금 2원 의무금 매년 1원 및 기타의 수입으로 이를 충당한다. 단 입옥 중인 경우, 수입 없이 병역에 복역 중인 경우의 기타 특별 사정에 있는 경우는 일절 금전상의 의무를 면제한다.

제21조 입당금 및 의무금은 각해 지방간부에서 수합하여 지방총간부를 경유해 중앙간부에 납입한다. 단 지방비는 각해 지방에서 스스로 부담한다.

제22조 각 간부의 예산안은 각해 지방회의 또는 대표회의에서 결정한다. 다만 지방 예산안은 지방총간부의 인준을 경유해 중앙간부에 보고하고 지방총간

부의 예산안은 중앙간부의 인준을 요한다.
제23조 필요하다고 인정될 시에는 특별의연금을 수집할 수 있으며 지방간부는 지방총간부의, 지방총간부는 중앙간부의 허가를 받기로 한다.
제24조 각간부 집행위원의 재정수지를 감독하기 위해 각위원회는 각해 위원 중에서 전임검사원 몇 사람을 선발하여 둔다.

제6장 벌칙
제25조 벌칙은 크게 4종으로 분류한다. 견책 정권 출당 극형
제25조 책벌은 중앙위원회의 공결에 따라 이를 집행한다. 단, 견책 및 정권은 각 소관 지방위원회의 공결에 따라 집행할 수 있지만 출당 및 극형에 한해서는 중앙위원회의 재결을 받아 그것을 집행하기로 하며, 긴급한 경우에는 집행 후에 그것을 보고할 수 있다.
정권 출당 또는 극형의 결의가 확정됐을 때에는 그 이유를 첨부하여 공보에 게재한다.

부칙
제27조 본규에 대해 증강 또는 변경이 필요한 때에는 중앙대표회 출석원 삼분의 2 이상의 가결에 따르기로 한다.
단, 긴급한 경우로 인정될 시에는 중앙간부에서 이것을 대행해서 중앙대표회의의 추인을 받기를 요한다.
제28조 본규에서 갖춰지지 못한 사항은 중앙간부에서 수시작정하여 그것을 시행하는 일이 있어도 중앙대표회의의 추인을 얻는 것으로 한다.
4257년 7월 10일 한국국민위원회 발행.

[출전] 「國民委員會公報 第一號 送付의 件」(1924. 8. 29), 機密 제395호. 芳澤謙吉 中國특명전권공사-幣原喜重郎 외무대신『不逞團關係雜件 鮮人ノ部 上海假政府』5; 「(2) 한국독립당조직안」, 「국민위원회 공보 입수에 관해 1924년 9월 5일 자로 재상해 총영사가 외무대신에게 보고한 요지」, 1976, 『한국민족운동사료(중국편)』, 국회도서관, 513~516쪽.

부록 논문

버치 문서를 통해 본 1946~1947년 김규식의 정치 활동*

1. 머리말

이 글은 1946~1947년간 김규식의 정치활동을 개관하고 그 의미를 분석하는 것을 목적으로 하고 있다. 특히 하버드 옌칭도서관의 버치 문서(Leonard M. Bertsch papers)의 새로운 정보에 기초한 새로운 이야기들을 정리하려고 한다. 미군정기 주한미군사령관 하지(John R. Hodge) 중장의 개인 정치고문을 지낸 버치 중위는 1946~1947년간 남한 정계동향과 관련해 핵심적 역할을 한 인물이며, 당대 한국 정치인들과 깊은 유대를 가졌다. 버치의 사후 유족들은 그의 모교인 하버드 옌칭도서관에 버치 문서를 기증했다.[1] 이 시기 김규식의 활동에 대해서는 대체적인 상황이 잘 알려져 있으므로,[2] 이 글에서는 새로 발견한 자료들을 중심으로 새로운 주장과

---

* 이 글은 2024년 우사김규식선생기념사업회의 「우사 김규식과 삼청장」 학술회의(2024. 11. 18)에서 발표한 「1946~1947년 김규식의 정치 활동: 새로운 자료가 말하는 이야기」를 수정·보완한 것으로, 『사학연구』 158(2025. 8)에 수록된 것이다.

1 버치 문서를 제공한 홍콩과학기술대학의 데이비트 창쳉(David Chang Cheng. 常成) 교수, 서울대 박태균 교수에게 감사드린다. 현재 버치 문서는 하버드대학 옌칭도서관에서 검색공구(finding aids)와 문서목록을 공개하고 있으며, 하버드대학 내부에서는 온라인으로 서비스하고 있다. https://hollisarchives.lib.harvard.edu/repositories/25/resources/9285 (2024. 11. 5. 검색). 버치 문서에 대해서는 다음을 참조. 박태균, 2021, 『버치 문서와 해방정국-미군정 중위의 눈에 비친 1945~1948년의 한반도』, 역사비평.

2 정병준, 1993, 「1946~1947년 左右合作運動의 전개과정과 성격변화」, 『韓國史論』 29, 서울대학교 국사학과; 정병준, 1995, 『몽양여운형평전』, 한울; 정병준, 2004, 「해방 이후 여운형의 통일·독립운동과 사상적 지향」, 『한국민족운동사연구』 39; 정병준, 2023, 『1945년 해방직후사』, 돌베개.

논점들을 정리하려고 한다. 이 글이 주목하는 김규식의 정치 활동은 다음과 같다.

첫째, 1946년 초 비상국민회의 최고위원과 민주의원 부의장 활동이다. 1946년 2월 조직된 민주의원은 미소공동위원회를 통해 미소가 설립하기로 한 "한국민주임시정부"을 염두에 둔 미군정의 포석이었다. 여기에 등장한 최고정무위원, 부서책임자는 사실상 미군정이 구상하는 예비 각료명단이었다. 김규식은 민주의원 부의장이자 임시정부의 부통령으로 예정되어 있었다. 이 시기 김규식은 미군정의 신임을 획득했으며, 반탁운동을 주도해 미군정의 신임을 잃은 김구나 광산스캔들로 물러난 이승만을 대체할 수 있는 합리적 대안 정치인으로 주목을 받게 되었다. 미군정은 김규식에게 정치자금을 지원하고, 적산가옥을 제공하는 등 경제적 편익을 제공했다.

둘째, 1946년 5월부터 여운형과 함께 추진한 좌우합작운동이다. 좌우합작운동은 중도우파의 김규식, 중도좌파의 여운형이 중심이 되고, 미군정의 적극적 지지 속에서 전개되었다. 미군정은 좌우합작운동을 시작할 처음부터 이를 통해서 상원(senate) 역할을 수행하는 과도입법의원과 행정부 역할을 수행하는 과도정부를 수립하겠다는 이중적 목적을 갖고 있었다. 김규식은 여운형과 함께 1946년 10월 1일 좌우합작7원칙을 제출한 이후 10월 "인민항쟁"의 원인 분석과 대책마련을 위한 조미공동회담의 핵심 역할을 했다.

셋째, 1946년 말부터 1947년 하반기까지 과도입법의원 활동이다. 과도입법의원은 1946년 5월 이래 미군정의 중도파 육성정책의 일환으로 시작되었는데 가장 큰 문제는 중도좌파인 여운형에 대한 포섭과 견인이 쉽지 않았다는 점이었다. 여운형은 미군정과 협력하면서도 완전히 끌려가지 않았다. 또한 미군정 하의 행정권력은 한국민주당 계열이 장악하고 있었는데, 이들은 이승만과 강한 기축적 동맹을 유지하며, 지방의 우익 반탁·반공세력과 결합해 10월 항쟁의 와중에 과도입법의원 선거를 휩쓸었다. 중도파를 육성하려고 했던 미군정의 기획 의도와는 달리 과도입법의원은 극우 반탁 반공세력의 결집체로 귀결되었다.

넷째, 추가적으로 1946~1947년 테러와 중도파의 좌절과정 속에서 김규식의 위치를 다룰 것이다.

2. 민주의원 "부통령 후보" 김규식의 부상 과정

(1) 민주의원의 성립과 부통령 후보 김규식

1945년 말~1946년 초 남한을 휩쓴 반탁운동은 모든 정치적 이슈를 블랙홀처럼 빨아들였다. 1945년 12월 27일 『동아일보』 등의 소련 일국 신탁통치설이 보도된 이래 반탁운동이 본격화되고, 1945년 12월 30일 새벽이면 한국민주당 수석총무 송진우가 암살될 정도로 반탁운동은 모든 것을 불태우고 있었다. 사실상 한국현대사의 주요 분수령이 된 반탁운동의 정점에서 신탁통치가 결정되었다는 모스크바3국외상회의 한국에 관한 결정문을 본 사람은 아무도 없었다. 민족주의 에너지의 분류(奔流)였으나, 최소한의 사실확인조차 없었다. 1943년 카이로선언 이후의 국제공관론(國際共管論)·국제공영론(國際共營論)에 대한 반대의 관성은 1945년 10월 미 국무부 극동국장 빈센트(Carter Vincent)의 한반도 신탁통치계획에 대한 반대에 이어, 1945년 12월 모스크바결정에 대한 반대투쟁으로 폭발한 것이다.

미군정 내부에서는 1945년 10월 이래 추진하던 미군정 예하의 과도정부 수립계획=정무위원회계획이자 현실정치에서는 이승만 중심의 독립촉성중앙협의회를 통한 반탁 과도정부 수립계획으로 추진되고 있었다. 탁상공론의 사무관급 계획이었던 반탁 과도정부 수립계획은 임시정부의 참여 거부와 1945년 말~1946년 초 반탁운동으로 큰 충격을 받았으나, 정책의 관성은 유지되고 있었다.[3]

1946년 1월~2월 미소공동위원회 예비회담이 개최된 후, 2월 미군정은 남조선국민대표민주의원(약칭 민주의원)을 구성했다. 훗날 버치는 이 조직이 '국민을 대표'하지도 않고 '민주'적이지도 않고, '의원'이지도 않다고 했으나,[4] 이는 미군정이 야심차게 준비한 제1차 미소공동위원회 대책이자 대안이었다.

민주의원의 조직과정은 미스터리하다. 일반적으로 반탁운동의 중심이었던 비

---

3   정병준, 2005, 『우남이승만연구』, 역사비평; 정병준, 2023, 『1945년 해방 직후사』, 돌베개.
4   "I objected to the Council on the grounds that it was undemocratic, unrepresentative, and could scarcely be called an assembly, its being appointed entirely by the Commanding General." Bertsch to Wolbers (1973. 12. 3). Bertsch papers, Box. 3. PQ-55.

상국민회의가 구성되고, 비상국민회의 최고정무위원회의 인선을 이승만과 김구 양인에게 맡겨서 인선이 이뤄지고 난 후, 미군정에 의해서 비상국민회의 최고정무위원이 민주의원 의원으로 선포된 것으로 알려져 있다.

민주의원 설립을 주도한 것은 이승만 사설고문단의 일원이자 당시 주한미군사령관 하지 중장의 정치고문으로 부임한 굿펠로우(Preston M. Goodfellow)였다. OSS 부국장을 지낸 굿펠로우는 태평양전쟁 발발 이전부터 이승만과 알고 지냈으며, 이승만의 귀국과정의 로비를 담당할 정도로 밀착되어 있는 인물이었다. 이승만의 추천으로 대통령 임명 정치고문에 임명될 뻔했으나 군부와 국무부의 반대로 하지 중장의 개인정치고문으로 1946년 1월 한국에 부임하게 되었다. 굿펠로우는 1945년 12월 말까지 하지의 정치고문으로 일했던 윌리엄스(George Z. Williams) 소령을 승계해서 한국 정치에 깊숙이 개입하게 되었다. 굿펠로우는 자신의 약력을 통해 "남한에 최초의 임시정부"(the first temporary government)를 자신이 수립했고 이승만이 대통령이었다고 자부했는데, 바로 민주의원을 의미했다.[5]

주한미군사(HUSAFIK)를 비롯한 주한미군 자료에 따르면 굿펠로우는 박헌영은 물론, 여운형, 여운홍, 황진남 등 중도좌파를 민주의원에 끌어들이기 위한 공작을 거의 반공개적으로 진행했다. 굿펠로우는 1946년 5월경 정치고문에서 해임되어 미국으로 돌아갔는데, 이때까지 그의 주요 역할은 이승만을 위한 민주의원의 조직과 정치자금의 조달이었다.

구소련 붕괴 후 러시아문서가 공개되면서 소련이 제1차 미소공동위원회에 대비하기 위해 작성했다는 임시정부 각료 구성안이 알려졌다. 이 각료 구성안은 김일성과 박헌영이 상의해 소군정, 즉 주북한소련군사령부의 슈티코프의 동의를 얻은 명단이었다.[6] 이 인선안은 1946년 3월 7일과 3월 15일 자로 되어 있는데, 제1차 미소공위 개막을 염두에 두고 작성된 것이었다. 여운형을 수상, 박헌영·김규식을 부수상으로 한 임시정부 각료 인선안은 남한 측 중도파 인사들을 배려했으나,

---

5   Preston Millard Goodfellow Papers, box 2, Biographical material. The Hoover Institution Archives, Stanford University(이하『굿펠로우문서철』로 약칭); 리차드 로빈슨, 1988,『미국의 배반』, 과학과사상사, 85쪽.
6   기광서, 2018,『북한 국가의 형성과 소련』, 선인, 289쪽.

우파의 이승만, 김구, 김성수 등은 배제한 것이었다. 수상, 부수상 등은 모두 남측 인사로 배치하고, 내각에서 내무상, 국방상, 산업상, 교육상 등을 모두 북측 인사로 배치한 것이었다.

1946년 초부터 북한을 왕래했던 여운형에게 이런 인선안의 소식이 전해졌을 가능성이 높다. 서울의 소련영사관이나 서울-평양을 오가던 북한 연락원에 의해 자연스럽게 정보가 전달되었을 것이다.

소련의 임시정부 각료 구성안(1946. 3)

직위	성명	소속 직책	남북	비고
수상	여운형	남조선인민당 당수	남	
부수상	박헌영	조선공산당 당수	남	
부수상	김규식	중경임시정부 부주석	남	
외무상	허헌	민전 의장	남	
내무상	최용건	임시인민위 보안국장	북	후보 교체
국방상	김일성	임시인민위 위원장	북	국방성 신설
산업상	무정	북조선공산당 간부부장	북	
교육상	김두봉	임시인민위 부위원장	북	
선전상	오기섭	임시인민위 선전부장	북	
노동상	홍남표	민전 부의장	남	
경제계획위원장	최창익	북조선신민당 부위원장	북	공위 훈령에서 폐지
농림부상	명재억	임시인민위 농림국 농업부장	북	
재정부상	박문규	민전 선전부장	남	
교통부상	한희진	임시인민위 교통부장	북	
체신부상	안기성	조선공산당 간부	남	
보건부상	이상숙	임시인민위 보건국 부국장	북	
산업부상	이준엽	경제전문가	남	

〔출전〕「부르쩨프가 파뉴쉬킨에게」(1946.3.15), 러시아국립사회정치사문서보관소(РГАСПИ), Ф.17, оп.128, д. 61. л.1-11;「슈티코프의 제안」No.2776 (1946.3.7), 러시아국립사회정치사문서보관소(РГАСПИ), Ф.17, оп.128, д. 998. л.3-4. 기광서, 2018 『북한 국가의 형성과 소련』, 선인, 289쪽.

우리는 지금까지 소련의 임시정부 각료안만 존재한다고 생각했으나, 미군정

PROVINCIAL POLITICAL FEELING

	KYUNGGI	KANGWON	CHUNGCHONG PUKTO	CHUNGCHONG NANDO	KYONGSANG PUKTO	KYONGSANG NANDO	CHOLLA PUKTO	CHOLLA NANDO	
FOR PRESIDENT:									
RHEE SYNG MAN	UNANIMOUS								8
VICE PRESIDENT:									
KIM KOO			X	X				X	3
KIM KYUSIC	X	X			X	X	X		5
PRIME MINISTER:									
KIM KOO	X	X			X	X	X		5
KIM KYUSIC				X				X	2
CHO WON KOO			X						1
MINISTERS STATE:									
CHO MAN SIK	X	X			X	X	X	X	7
AN JE HONG		X	X	X	X	X	X		6
CHO SO ANG			X	X	X	X	X	X	6
SIN IK HE			X	X	X	X	X	X	6
KIM SUNG SOO			X		X	X	X	X	5
UM HANG SUP			X	X	X			X	4
RYU TONG YUL					X	X	X	X	4
KWON TONG JIN				X				X	2
KIM PYUNG NO				X				X	2
WUN SE HUN							X	X	2
CHANG KUN SANG					X	X			2
KIM SANG TOK				X	X				2
CHO WAN GOO				X			X		2
OH SE CHANG				X					1
KIM WOO EYUN	X								1
HONG SEUNG SA	X								1
KIM LYANG SOO	X								1
CHO LYUNG HWAN	X								1
LEE BONG CHUNG	X								1
OH KEUN YUNG	X								1
LEE SOON KI	X								1
LEE YUN YUNG	X								1
KANG SEI HYANG	X								1
KIM DONG SUNG	X								1
IXUH BOON HYUNG								X	1
LEE SI YONG									1
KIM WON PONG					X				1
LEE KUK NO					X				1
LEE YONG SUL					X				1
KIM IL SUNG	X								1
LEE TON WHA	X								1
YANG CHU SAM	X								1
CHO WAN GOO				X			X		2
PAIK KWAN SOO							X		1

제1차 미소공위 미국측 임시정부 각료 후보 명단. NARA.

역시 이러한 인선안을 준비하고 있었다. 미소공동위원회 문서를 다룬 미국립문서기록관리청(NARA)의 문서군 RG 43 미소공동위원회 문서철에서 다음과 같은 문서 1장을 발견했다.[7]

일자 미상, 작성자 미상으로 된 이 문서는 미군정이 제1차 미소공동위원회를 대비해 일종의 여론조사 혹은 정치인 선호도 조사 형식으로 임시정부 각료 후보자 명부를 만든 것으로 추정된다. 그런데 조사방법, 조사일, 작성자 등의 배경정보는 전혀 없으며 문서 1장이 미소공동위원회 문서철 뒤에 붙어있다. 문서 제목은 「도별 정치적 선호도」(Provincial Political Feeling)로 되어있다. 형식으로 볼 때 미군정 여론조사과가 만들었을 개연성이 높다. 담당자는 중도·좌익인 장건상, 여운형, 김원봉, 김일성 이름에 별도의 표시를 했고, 홍승사(홍승하), 이돈화(이동화) 이름에는 물음표를 붙였다.

이승만이 남한 8개 도에서 만장일치로 대통령직 선호로 조사된 점, 여운형이 정부통령이나 국무총리 대상자에 포함되지 않고 장관급 1표로 집계된 점, 박헌영, 백남운, 허헌, 홍명희 등 중요 인사가 배제된 점, 경기도에서는 전혀 출신과 배경을 알 수 없는 사람들이 다수 포함되어 있는 점 등으로 미루어 정치인 선호도 조사가 객관성이나 대중적 선호도를 반영한 것은 아니었다.[8] 정부통령, 국무총리, 장관급의 2표 이상 선호도를 받은 사람들이 미군정이 생각하는 내각 후보자였다.

그런데 이러한 명단을 왜, 어떻게 만들었을까를 보여주는 참고자료가 있다. 바로 비상국민회의 제1차 회의(1946. 2. 1)가 발표한 13개 부서 및 위원 명단이다. 비상국민회의 최고정무위원은 굿펠로우의 개입과 공작으로 미군정의 자문기관인 남조선국민대표민주의원이 되는 것인데, 민주의원으로 전환하기 전에 정부 부서에 해당하는 13개 부서 및 부서책임자, 위원 등의 명단을 밝힌 것이다.

---

7   RG 43. Records of the American Delegation, U.S.-U.S.S.R. Joint Commission on Korea, and Records Relating to the United Nations Temporary Commission on Korea (UNTCOK) 1945-1948, Roll 5, U.S.-U.S.S.R. Joint Commission on Korea. 이 문서는 서울대 정용욱교수가 제공한 것이다.
8   대중적 인지도가 충분한 여운형, 이시영, 김원봉, 이극로, 이용설, 김일성, 이돈화, 양주삼, 백관수 등이 장관급 1표를 얻은 반면, 경기도에서는 신원미상인 김우현, 홍승사, 김양수, 조영환, 이봉중, 오근영, 이순기, 이윤영, 강세향, 김동성 등이 추천되었다.

정무위원 안재홍, 외무위원 조소앙, 재정위원 조완구, 산업경제위원 김성수, 국방위원 유동열, 법제위원 신익희, 교통위원 장건상, 문교위원 이극로, 예산위원 김병환, 노농위원 유림, 후생위원 유진동, 선전정보위원 엄항섭, 청원징계위원 조경한.[9]

비상국민회의 최고정무위원이 민주의원으로 개편된 이후, 민주의원은 1946년 2월 23일 규범 32조를 통과시켰다. 의장(이승만), 부의장(김규식), 국무총리(김구) 외에 내무부, 외무부, 국방부, 재무부, 문교부, 법무부, 치안부, 농림부, 상공부, 광무부, 교통부, 우정부, 후생부, 공보부 등 14개 부서가 배치되었다.[10] 민주의원 단계에서 14개 부서의 장은 실제로 선임되지는 않았으며, 민주의원 직속 서무국장(고희동), 비서국장(윤치영)만 임명되었다.[11]

이와 같이 (1) 비상국민회의 13개 부서, (2) 미군정의 여론조사 결과, (3) 민주의원 부서명 등을 종합하면 다음과 같다.

비상국민회의, 미군정, 민주의원의 각료 후보 명단

직위	(1) 비상국민회의 각료명단 (1946. 2. 1)	(2) 미군정 임시정부 각료 구성 (1946)	(3) 민주의원의 부서명 (1946. 2. 23)
대통령	[이승만]	이승만 8	의장
부통령	[김규식]	김규식 5	부의장
국무총리	[김구]	김구 5	국무총리
정무위원	안재홍	안재홍 6	내무부
외무위원	조소앙	조소앙 6	외무부
재정위원	조완구	조완구 2	재무부
산업경제위원	김성수	김성수 5	상공부

9 「비상국민회의 2일째, 위원선정, 38선철폐안 미소공동위원회에 제출 결의」, 『조선일보』(1946. 2. 3). 예산위원 책임위원인 김병환(金炳煥)은 재미한족연합회에서 국내로 특파된 김병연(金炳燃)의 오자(誤字)이다.
10 『조선일보』(1946. 2. 15).
11 『조선일보』(1946. 2. 26).

국방위원	유동열	유동열 4	국방부
법제위원	신익희	신익희 6	법무부
교통위원	장건상	장건상 2	교통부
문교위원	이극로		문교부
예산위원	김병환(김병연)		
노농위원	유림		농림부
후생위원	유진동		후생부
선전정보위원	엄항섭	엄항섭 4	공보부
청원징계위원	조경한		
		조만식 7	치안부
		권동진 2	광무부
		김병로 2	우정부
		원세훈 2	
		김상덕 2	

〔비고〕 바탕색으로 짙게 표시된 부분이 핵심각료 명단임.
(2) 미군정 임시각료 구성(1946) 이름 옆의 숫자는 해당 인사가 받은 득표수임.
〔출전〕 (1) 비상국민회의: 『조선일보』(1946. 2. 3).
(2) 미군정: Records of the American Delegation, U.S.-U.S.S.R. Joint Commission on Korea, and Records Relating to the United Nations Temporary Commission on Korea (UNTCOK) 1945-1948, Roll 5, U.S.-U.S.S.R. Joint Commission on Korea.
(3) 민주의원: 『조선일보』(1946. 2. 15).

　　1946년 2월 민주의원은 1차 미소공위를 앞둔 미군정의 준비대책이었는데, 전후 사정을 살펴보면 미군정이 임시정부 예비각료 명단을 염두에 두고 이를 조직, 후원했다고 하는 점을 알 수 있다. 비상국민회의, 민주의원, 미군정 각료구성을 비교해 보면 조직명칭, 주요 인물이 일치하고 있음을 알 수 있다. 최소한 대통령(의장)부터 교통위원(교통부)까지 10개의 조직명·인명이 동일하며, 가장 중요한 3가지 직위는 대통령 이승만, 부통령 김규식, 국무총리 김구라는 우익 3영수에게 배당되었다.

　　민주의원의 조직 및 이러한 인선과정은 1946년 1월 워싱턴의 국무부-전쟁부-해군부 3부조정위원회의 정책문서 SWNCC 176/18 「한국에 관한 정치적 방침」

(1946. 1. 28)에 근거한 것이기도 했다. 이 결정은 미소공위가 한국의 민주적 정당·사회단체와 직접 협의할 것이 아니라 "민주적 한국 지도자의 대표단"(a group of representative democratic Korean leaders)을 조직해 간접적 협의를 하라고 지시했다.[12] "대표" "민주" "한국" "단" 등을 종합하면, 1946년 2월 13일 등장한 남조선국민대표민주의원(the Korean Representative Democratic Council of South Korea)이라는 조직명의 연원과 의미를 알 수 있다. 미국대표단은 제1차 미소공위에서 이런 방식의 한국인 자문단(Korean Consultative Union)을 제안했지만, 소련은 모스크바 결정에 자문기구를 상정하지 않았으니, 정당·사회단체와 직접 협의해야 한다고 주장했다.

제1차 미소공위에서 미군, 소련군 대표단이 자신의 각료명단과 정부구성안을 제시하고 논의한 흔적은 보이지 않는다. 다만 양측은 이러한 각료명단, 정부구성안을 준비하고 있었으며, 만약 임시정부 구성이 본격적으로 논의된다면 자신의 복안을 제시했을 것이다.

(2) 제1차 미소공위의 진행과 김규식의 부상

민주의원의 설립은 1945년 말 이승만과 김구가 처한 상황을 미봉하고 새로운 대책을 마련하기 위한 것이었다. 이승만은 미군정의 확고한 지지를 받았지만, 미군정이 후원한 반탁정무위원회=독촉중협 실행에 실패한 반면, 김구는 반탁운동으로 한국민들의 열렬한 지지를 받았으나 반탁쿠데타 사건으로 미군정의 비토를 받던 상황이었다. 이런 측면에서 민주의원의 성립은 굿펠로우 및 미군정의 후원하에 김구의 국내 지지기반과 이승만의 미군정 지지기반을 묶는 것이었다.

또한 임정 주석 김구가 임정 외교부 산하 주미외교위원부 위원장이던 이승만 밑으로 재편됨으로써 우익 진영 내 위계 서열이 분명해졌다. 이제 임정의 서열이 아니라 미군정이 인정한 서열이 생긴 것이다. 나아가 미군정 접수까지 시도했던 임시정부가 미군정의 자문기구로 전환됨으로써 정통성 주장을 스스로 철회한 셈

---

12 김혜영, 2023, 「미군정 정치고문 기구의 조직적 변천과 활동」, 서울대 국사학과 박사학위논문, 39~41쪽.

이었다. 즉 민주의원의 설립은 이승만에게는 우익 3영수의 수위라는 정치적 영예와 정치적 기반을 제공한 반면, 김구에게는 미군정과의 원만한 관계를 위해 임정수반으로서의 위신 손상과 임정의 독자성 상실이라는 정치적 손해가 수반된 것이었다.

그런데 제1차 미소공동위원회가 진행되는 과정에서 뜻하지 않은 일들이 연속되었다. 민주의원은 굿펠로우가 장담하고 미군정이 기대한 만큼 한국인들에게 호소력을 지니지 않았으며, 소련대표단이 수용할 수 없는 반탁, 반공, 우익 세력의 결집체였다. 나아가 의장 이승만이 광산스캔들로 사퇴하는 일이 벌어졌다. 이승만이 태평양전쟁기 새뮤얼 돌베어(Samuel Dolbear)라는 광산개발업자를 임시정부의 광업고문으로 임명하고 한반도에 대한 광산채굴권을 양도하기로 했다는 워싱턴발 뉴스로부터 비롯된 광산스캔들이었다. 이 뉴스는 이승만의 정적이었던 한길수로부터 발원해서, 국내의 언론은 물론 타스통신·이스베스티야 등 소련 언론을 도배하기에 이르렀다. 이 결과 이승만은 민주의원 의장직을 사임했고, 이승만의 추천으로 하지의 정치고문으로 부임했던 굿펠로우도 한국을 떠나야 했다.[13]

이런 상황에서 민주의원 부의장이자 미군정의 한국임시정부 부통령 후보로 지목되었으며, 중경 임정 부주석이자 민족혁명당 당수를 지냈고, 미국 대학교육을 받은 기독교계의 신망이 높은 중도우파의 지도자 김규식이 등장한 것이다. 김규식은 미군정의 입장에서 찾기 어려운 다중적, 다자격의 조건을 갖춘 인물이었다. 더구나 김규식의 정치적 행보는 미군정의 방향과 일치했다. 『주한미군사』(HUSAFIK)는 제1차 미소공동위원회 무기휴회의 직접적 원인을 김규식이 제공했다고 쓰고 있다.

[미소공위] 마지막 회기인 제24차 회담에 앞서 민주의원 임시의장인 김규식박사가 제1분과위원회(정치문제를 다루는)에 소개되었을 때, 협상 결렬을 촉진하는 스파크를 제공했는데, 김박사는 1946년 5월 1일 공위 5호 성

13 굿펠로우에 대해서는 "Goodfellow to Syngman Rhee"(September 4, 1958), 『굿펠로우 문서철』, box no. 1; Bruce Cumings *The Origins of the Korean War*, vol. II, Princeton University Press, 1990, chapter 12; 정병준, 1998, 「이승만의 정치고문들」, 『역사비평』 여름호.

명에 대한 민주의원에 태도를 개관하면서 말하기를, "5호 성명의 선언에 서명하는 것은 공위에서 신탁에 반대할 기회를 의미할 것이다"라고 했다. 짜랍킨(Tsarapkin)은 5월 6일 아침 소위원회 회의에서, 김박사와 민주의원이 취한 이런 자세의 결과, "민주의원과 관련된 어느 정당도 협의대상이 될 수 없다"고 단호하게 말했다. 오후에 있은 미소공위 회의에서, 앞서 발언이 소련대표단의 공식 입장인지의 여부를 묻는 질의에 답하면서, 슈티코프장군은 매우 망설였으며, 상당한 구두 재촉이 있은 후에야 그렇다고 답했다. 이런 전면적 배제는 "소련 통제하에 직접적 혹은 간접적으로 활동하고 있는 … 공산당과 그가 통제하는 위성 전선 외의 모든 다른 정당을 배제하는" 효과를 지닌 것이었다.[14]

버치가 작성한 제1차 미소공위 회담비망록(제24차 회담)(1946. 5. 6)은 이렇게 정리하고 있다.

결렬의 즉각적 계기는 5월 6일 아침 제1소위원회 회의 토론이었다. 이 회의에서, 짜랍킨은 소련대표단이 민주의원과 연관된 어떤 정당이나 조직과는 협의하길 거부한다고 발언했다. 이 발언의 이유로 그는 5월 1일 김규식 박사가 한 논평을 인용했다. 이 논평에서 민주의원 의장인 김박사는 공동성명 5호의 선언에 서명하는 정책을 승인하면서, 이런 서명으로 정당들은 신탁에 반대하는 목소리를 낼 권리를 보장받았다고 말했다.[15]

김규식이 민주의원 임시의장 자격으로 미소공위 제5호 성명을 승인한다는 서명서를 제출했는지는 미상이다. 주한미군 군사실 문서철에는 김규식이 '조선기독

---

14 G-2 Intelligence Summary, Northern Korea, No. 12, 21 May. 1946; 『주한미군사』(HUSAFIK) 2.
15 Report: Twenty-Fourth Session of U.S.-Soviet Commission, (1946. 5. 6), by Leonard M. Bertsch, Reports of Joint Commission Meeting, Nos.1-24, Mar. 20 - May 6, 1946, RG 45.

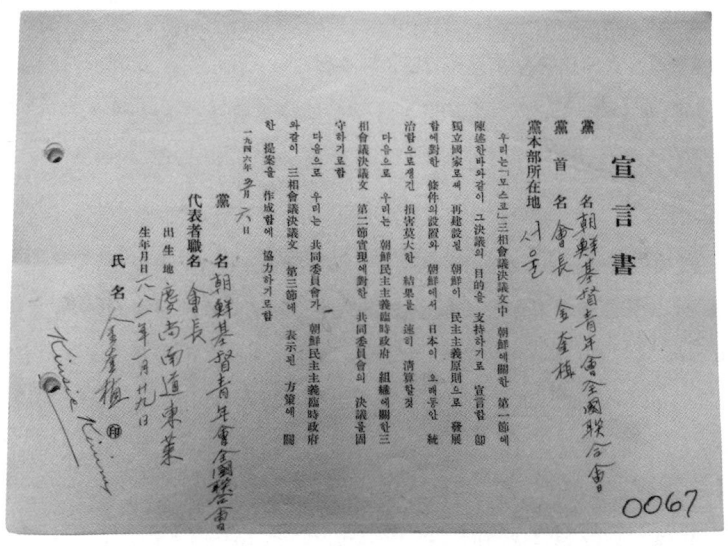

교청년회전국연합회' 회장 자격으로 1946년 5월 6일 제출한 선언서가 남아있다.[16]

3. 좌우합작운동과 김규식·여운형·미군정의 입장

(1) 좌우합작운동과 미군정의 상원·과도정부 수립계획

제1차 미소공위 무기휴회 이후 김규식과 여운형의 중심이 된 좌우합작운동이 본격화되기 시작했다. 또한 이 시점에서 미군정의 적극적 후원이 이어졌다.

좌우합작운동이 본격화되는 시점에서 여운형, 김규식, 미군정 3자의 입장과 태도는 상이했다. 미군정은 1946년 5월 좌우합작운동이 시작하는 시점에서 이미 과도정부와 입법기구를 설립한다는 계획을 수립하고 있었다. 남한 내 정당의 합작을 통해서 남한 내각(Southern Korean Cabinet)과 상원에 해당하는 과도입법기구(Senate, interim legislative body)를 수립한다는 계획이었다. 입안자는 제1차 미소공위 미국대표단의 일원으로 미소공동위원회 제1 소위원회(정치분과) 책임자였던 테이어(Charles W. Thayer)였다.[17] 이는 1946년 12월 과도입법의원(상원)과 1947년 4월 과도정부(남한 내각)로 실현되었다. 즉 1946년 5월부터 정당합작-좌우합작운동-입법의원-과도정부 수립이라는 정치 스케줄이 마련되었고, 이는 미군정이 기획한 정치 프로젝트였다. 테이어의 계획은 1946년 5~6월 미군정 수뇌부의 동의를 얻었고, 1946년 6월 하지의 공식 재가를 얻었다. 테이어가 한국을 떠난 후 굿펠로우·테이어 밑에서 일했던 버치가 그 역할을 떠맡게 된 것이다.

테이어가 입안한 과도한국내각(interim Korean Cabinet)과 상원(Senate)은 남한 행정을 조력하며, 남한 주요 정당의 진정한 합작을 제공하는 것이 목적이었다. 핵심은 남한 내 주요 정당의 합작이었다. 내각은 군정이 주요 정당 대표를 임명해 구성하는 것이었는데, 대통령(a President), 행정수반(an executive Chairman),

---

16   RG 554, USFIK, XXIV Corps, G-2 Historical Section, Box. 30.
17   Establishment of Southern Korean Cabinet and Senate, (May 1946, CWT), Bertsch Paper, Box 2, I-80~83. CWT는 Charles W. Thayer의 두문 약자이다.

행정부수반(a vice-chairman), 기타로 구성되었다. 상원은 남한 주요 민주정당 대표, 미군정이 선별한 기술직 대표, 38선 이남 각도에서 선출된 8명의 대표로 구성되었다.

1946년 5월 이래 좌우합작운동은 미소공위 재개와 통일·독립정부 수립이라는 시대적 소명에 따른 것이지만, 소군정에 의해 수상 후보로 지목된 여운형, 미군정에 의해 부통령 후보로 지목된 김규식 두 사람을 중심으로 과도정부 및 과도입법의원을 수립한다는 미군정의 기획이 얽히면서 복잡하게 전개된 것이다.

한편 이승만이 미군정의 좌우합작운동에 반대하기 위해 민족통일총본부를 설립하고, 단정발언을 하는 등 강경 입장을 고수하게 된 배경에는 1946년 2월 민주의원 결성과 미군정의 임시정부 각료후보 명단에서 자신이 대통령으로 지명되었음을 분명히 인지하고 있었기 때문이다. 이승만은 자신이 이미 대통령 후보이자 실질적으로 남한의 대통령임을 자임했는데, 제1차 미소공위 무기휴회와 함께 그 기회가 사라질까 봐 노심초사하게 된 것이었다. 이승만의 사설고문이기도 했던 굿펠로우는 자신이 최초의 한국 정부를 설립했으며, 이승만이 대통령이었다고 자신의 약력에 기재했는데, 이는 단순한 과장이나 허언이 아니었다.

또한 버치를 비롯한 군정 내 정치고문들도 이승만이 민족통일총본부를 만들면서 김규식의 좌우합작 활동을 방해·저지하고 미군정의 정책을 반대하는 상황에 크게 우려하면서, 이승만이 "자의에 의한 잠정적 정계 은퇴"(temporarily retiring from politics)를 선언해야 한다고 압박하는 상황(1946. 6. 28)이었다.[18] 이승만은 미군정 내 이런 목소리를 분명하고 정확하게 파악했을 것이다. 이 보고의 전날(1946. 6. 27) 좌우합작운동을 점검하기 위한 미군정 수뇌부(미소공동위원회 대표단)의 회담이 개최되었고, 버치는 여운형-김규식 회담 진행을 보고하면서 테이어

18　원문은 다음과 같다. It is imperative that it be understood that Dr. Rhee is temporarily retiring from politics, at his own desire for the good of the country. It is important that the Rightist leaders be given an understanding of the international situation, and that they understand that Dr. Kim has undertaken his work with the full concurrence of the military command and of Dr. Rhee. "Lt. Bertsch's Report to Joint Commission, 28 June 1946." Bertsch Paper. Box 1. R-24-26.

와 아놀드장군의 전폭적 지지를 받고 있었다.[19] 그 전전날(1946. 6. 26) 버치의 신당동 자택에서 김규식-여운형의 합작 회동이 있었다.[20] 그리고 이는 이미 일련의 좌우합작-과도정부·입법의원 추진 일정에 맞춰서 진행되는 움직임이었다.

버치 문서에서 나온 일정표(schedule)에 따르면 1946년 6월 20일 하지가 이승만, 김구, 김규식과 만나 입법기구의 대략을 설명하고 이승만과 김구에게 외곽에 머물고 김규식의 노력을 지지할 것을 사실상 "명령"하는 것으로 되어있다.[21] 이승만은 미군정에서 벌어지는 이와 같은 움직임을 명확하게 인지하고 있었으며, 이에 맞섰던 것이다.

미군정은 이승만과 김구를 완전히 버리지는 않았지만, 김규식을 중심으로 움직이는 정당 합작을 적극 후원함으로써, 입법기구와 과도정부를 수립함으로써 미소공위에 대처하고 미군정의 지지기반을 강화한다는 목적을 추구했다. 그리고 이를 위해 이승만과 김구가 하지의 지시에 따라 배후에서 김규식의 노력을 지지한다는 "계획"을 세운 것이었다.

그런데 격동기 한국 정치는 살아있는 생물처럼 움직였고, 노회한 이승만과 김구가 미군정의 의중대로 움직일 리 만무했다. 1945년 하반기 정무위원회=독촉중협 계획과 1946년 초반의 민주의원 계획이 실패를 맛보았지만, 미군정이 1946년 중반 이래 수립하고 추진한 좌우합작-입법의원-과도정부 계획도 현실정치에서 쉽게 성공하기 어려운 정치공학적인 군대식 상상의 산물이었다.

한편 김규식은 좌우합작운동을 시작하는 단계부터 북한과의 연대·협력이 필요하다는 인식을 분명히 했다. 북한과 연락·연대하던 여운형은 역설적으로 남한 내 좌우합작이 우선되어야 한다는 입장을 강조한 반면 김규식은 강력하게 남북연합이 필요하다는 입장을 강조했다.[22] 여운형의 입장은 미군정의 공명을 얻은 것인데,

19 "untitled memorandum of conversation" (1946. 6. 27). Bertsch papers, Box 1. R-33-38. 참석자는 아놀드 장군, 데이어, 버치 중위, 랭던, 부스(Booth) 대령 등이었는데, 국무부가 파견한 정치고문 랭던은 거의 방청객 수준이었다.
20 Kim, Kiu Sic and Lyuh Woon Hyung - meeting at home of Lt. Bertsch. Bertsch papers, Box. 1. S-3-4.
21 "Schedule" Bertsh papers, Box 2. A-23.
22 〔Memorandum of Conversation by Bertsch〕(1946. 6. 27) Bertsch papers, Box 1.

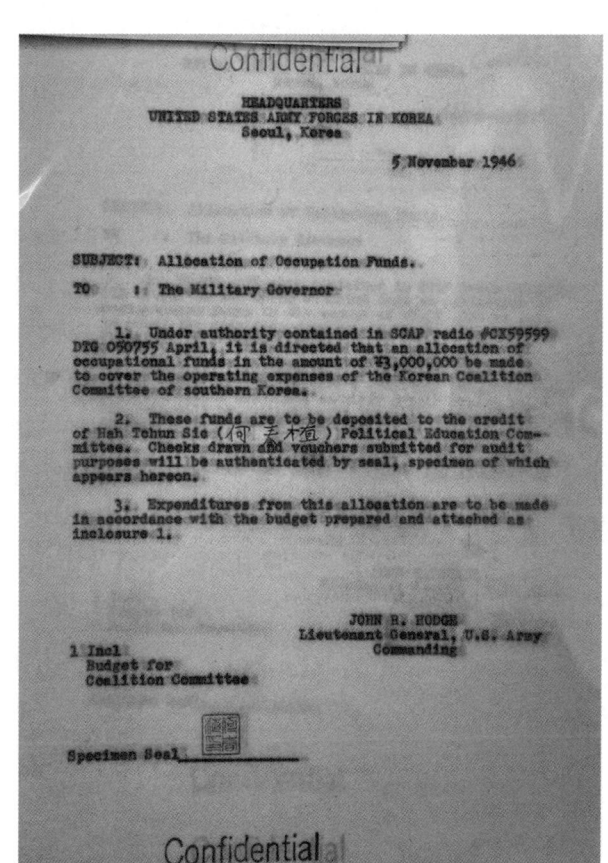
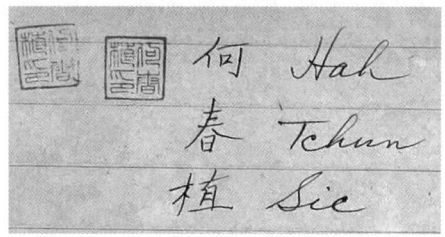

위: 하춘식 3백만 원 제공 하지 특별명령(1946. 11. 5) Bertsch Papers. Box 2. A.
아래: "Explanation of Specimen Seal," Bertsch Papers. Box 2. A-15.

한편으로 여운형은 자신이 사실상 독점하고 있던 대북 연대의 주도권을 김규식 등에게 양보하거나 공유하지 않으려 했을 가능성도 있다.[23]

(2) 미군정의 정치자금 지원[24]

1946년 제1차 미소공위 무기휴회 이후 미군정은 좌우합작운동을 지원하는 외양을 취했지만, 정치자금의 측면에서는 전혀 상황이 달랐다. 가장 많은 정치자금은 이승만에게 돌아갔다. 하지장군은 이승만에게 1천만 원의 정치자금을 제공했다. 자금은 굿펠로우와 테이어가 주선했으며, 친일파들이 중심이 된 대한경제보국회라는 정치적 보험조직이자 엽관운동단체가 중개 역할을 했다. 10명의 대한경제보국회 회원은 조선은행을 통해 2백만 원씩의 대출을 제공받아 총 2천만 원의 정치자금을 마련했고, 그중 1천만 원을 이승만에게 헌납했다. 조선은행에서는 개인에 대한 10만 원 이상의 대출이 금지되어 있었으므로, 2천만 원의 정치자금 대출은 하지 중장의 특별명령에 따른 것이었다고 할지라도 명백한 실정법 위반이었다. 이들은 어떠한 담보도 제공하지 않았으며, 또한 정치적 결정에 따른 것이었으므로 상환도 이뤄지지 않았다.[25] 특정 정치인을 위해 조선은행의 발권력을 남용한 엄청난 규모의 정치자금 조달과 제공이었고, 정치자금 스캔들이었지만, 한국인들에게는 철저히 비밀로 감춰졌다. 그 비밀은 하지 중장과 미군정 수뇌부, 이승만, 대한경제보국회, 한민당 지도부 정도만 알고 있었다. 이승만 문서철에는 대한경제보국회 회원들이 1천만 원을 '애국금'으로 이승만에게 헌납한다고 연대 서명한 문서가 들어있고,[26] 하지장군문서철에는 하지가 이들에게 2천만 원의 대부를 허가한다는 문

R-38.

23 여운형은 1946년 5차례 방북한 바 있다. 정병준, 1997, 「여운형의 좌우합작·남북연합과 김일성」, 『역사비평』 여름호.
24 이하는 정병준, 2005, 『우남이승만연구』, 역사비평; 정병준, 2023, 『1945년 해방 직후사』, 돌베개에 따른 것임.
25 정병준, 1999, 「대한경제보국회의 결성과 활동」, 『역사와현실』 33; 정병준, 2005, 위의 책, 580~800쪽.
26 「報告書(1946. 7. 18) 閔奎植·崔楠·康益夏·朴基孝·河駿錫·全用淳·孔鎭恒·金聖駿·張震燮·趙俊鎬」, 『우남이승만문서(동문편)』 15, 101~103쪽.

서(1946. 4. 25)가 들어있다.[27] 지금까지 미군정의 이승만 정치자금 제공과 그 과정은 현대사에서 비밀로 묻혀져 있었다.

김규식의 비서 송남헌은 좌우합작운동에 대한 미군정의 지원금을 하춘식(하지, 춘곡 원세훈, 김규식의 합성 이름) 명의로 받았다고 증언한 바 있다.[28] 버치 문서철에는 하춘식 명의로 좌우합작운동에 3백만 원을 지원하라는 하지장군의 특별명령(1946. 11. 5)이 들어있다. 이 문서에 何春植(Hah Tchun Sic)이라는 이름과 함께 한자 도장도 찍혀 있다.[29]

나아가 미군정은 김규식과 여운형에게 신당정 적산 주택을 제공했다. 김규식에게 제공된 집(신당정 353-35)에는 큰아들 김진동이 거주했으며, 여운형에게 제공된 집(신당정 357-9)에는 동생 여운홍이 거주했다. 신당정은 러치장군의 숙소와 버치 자택 등이 있어 안전하고 치안이 유지된 공간이었다.[30] 신당정 버치 자택에서 최초의 좌우합작 회담이 열리게 되는 것은 이런 사정에서 비롯된 것이었다.

이승만에게 제공된 2천만 원은 조선은행 대부 형식이었기 때문에, 1948년 4월 1일 상환이 이뤄져야 할 예정이었다. 미군정은 미소공위에 의한 한국민주임시정부가 수립되면 소련이 이를 눈치챌 수 있다고 우려했다.[31] 미소공위가 실패하면서 이러한 사실은 비밀로 감춰졌고, 상환도 이뤄지지 않았다. 반면 김규식에게 제공된 3백만 원은 미군정 예산에서 나온 것이어서, 1947년 이래 김규식은 미군정 예산담

27 Subject: Extension of credit by USAMGIK, John R. Hodge to Military Governor of Korea. 25 April 1946. Top Secret. RG 554, USAFIK Adjutant General, General Correspondence, Decimal Files 1945-1949 Conditions in Korea 1945-1948, Box 21; 정병준, 2023, 위의 책, 416~425쪽.
28 송남헌, 1985, 『해방3년사』 II. 까치, 389쪽; 「송남헌 인터뷰」(1999. 4. 15, 4. 30, 10. 8. 서울 마포 한신빌딩 1715호); 정병준, 2000, 「1945~47년 우익진영의 '愛國金'과 李承晩의 정치자금 운용」, 『한국사연구』 109, 195~198쪽.
29 Subject: Allocation of Occupation Funds, John R. Hodge to Military Governor. November 5, 1946, Bertsch Papers, Box 2-A-9, Folder "John Hodge 1946. Allocation of Occupation Funds Hah Tchun Sic".
30 #357-9 Shin Dang Chung, Seoul, Korea (36) Area #7 (1947. 6. 21). Bertsch papers. Box 4. C-193; Bertsch's statement (1946. 5. 10) Box 4. E-210; John Hodge's memorandum to Colonel Hogan (1946. 8. 8). Bertsch papers, Box 4. H-176.
31 [Top Secret, 제목 미상 비망록] Bertsch papers. Box 3. UV-20~21.

당 장교로부터 자세한 출납 내역과 영수증 증빙 등을 요구받는 곤란한 상황에 처했다.[32] 특히 1947년 9월 제2차 미소공위가 막을 내리고 한국 문제가 유엔으로 이관되자, 미군정의 호의는 사라졌다. 미군정은 민주의원이 빌려 간 타자기를 김규식이 반납하라고 독촉하는 상황이 되었다.[33]

4. 김규식의 정치적 최고점: 조미공동회담과 입법의원 선거

(1) 조미공동회담과 친일경찰 문제

여운형은 1947년 암살되었고, 김규식은 1950년 납북되어 병사했다. 이들이 비감한 최후를 맞은 후, 한국에서는 이 두 사람에 대한 멸시와 모욕이 자행되었다. 특히 조병옥이 『나의 회고록』을 통해 퍼뜨린 김규식에 대한 비방은 악의적이었다. 조병옥은 1946년 10~12월간 개최된 조미공동회담에서 친일경찰은 pro Jap(친일파)가 아니라 pro Job(목구멍이 포도청)이었다고 변호했다. 이 책에서 조병옥은 여운형과 안재홍이 싱가폴 함락 후 조선 총독에게 불려가 대동아전쟁에 협력할 것과 황국신민이 되겠다고 맹서한 사실이 매일신보에 실렸고, 그 담화·논문·사진이 있다고 주장했다. 또한 김규식에게는 그 자제가 일제시대 상해에서 일본해군 스파이로 8년간 활약한 책임을 따져 물었다고 했다.[34] 그러자 여운형은 병원에 가겠다고 중간에 나가고, 안재홍은 가만히 앉아 있었고, 김규식은 자신의 연설이 끝나자 조병옥이 "훌륭한 학자로 지식이 풍부하고 인격과 덕망이 있는 사람"이라고 칭송했

---

32 Coalition Committee Fund (1947. 2. 25) Bertsch papers, Box 2, G-31; American Delegation US-Soviet Joint Commission (1947. 2. 24) Bertsch papers, Box 2, G-32; Memorandum to Gen. Weckerling (by Kim Kiusic) (1947. 2. 24) Box 3, B-11~12; 1947년 3월에서 7월까지 합작위원회 자금의 세부명세를 보고하라는 상세한 내역은 Box 3, S-56~61를 참조.
33 Bertsch's memoranda for General Brown (1947. 8. 21), Bertsch papers, Box 4, E-199; [김규식이 버치에게 쓴 편지] (1948. 10. 5), Bertsch papers, Box 3, S-46.
34 김규식의 아들 김진동(Philip Kimm)을 둘러싼 논란에 대해서는 다음을 참조. G-2 Periodic Report, No.127 (1946. 1. 17); "Pro-Japanese Removal," RG 554, XXIV Corps Historical File, Box 34.

고, 하지와 군정 수뇌부가 "나(조병옥)의 승리를 축하"했다고 쓴 것이다.35

조병옥이 여운형과 김규식을 노골적으로 모욕하는 이런 회고록을 출간한 것은 그가 민주당 대통령 후보가 된 1959년도였다. 이승만대통령과 대결하는 자신의 위상을 높이기 위해 현직의 이승만을 비판한 것이 아니라 비극적 최후를 맞아 말이 없는 김규식, 여운형, 안재홍 등 중도파 민족지도자들을 조롱한 것이다. 하지만 이제 우리는 조미공동회담 회의록을 눈으로 직접 확인할 수 있는 시대에 살고 있다.

1946년 10~12월 개최된 조미공동회담은 대구 "10월 폭동"에 대처하기 위한 미군정의 대책이었다. 대구의 쌀요구 시위에서 점화된 농민반란은 동심원을 이루며 충청도, 전라도, 경기도 인근까지 확산되었다. 미군정이 당면한 최대의 위기였고, 그 원인과 수습방안을 모색하기 위해 좌우합작위원회를 한국 측 대표로 하고, 미군정 수뇌부를 미국 측 대표로 하는 조미공동회담이 개최되었다. 회담의 의제는 (1) 인사문제, (2) 경제문제, (3) 정치문제였다.36 그중에서도 인사문제의 첫 번째가 경찰에 대한 적대감이라고 적시된 것에서 알 수 있듯이 대구 "10월 사건"의 배경에는 경찰문제가 자리하고 있었다. 특히 친일경찰의 문제, 이들의 잔인성과 폭력성, 우익 테러 청년단체와의 결탁, 미곡 수집 과정에서의 무차별 폭력행사와 미곡 강탈, 영장도 이유도 없는 무차별 불법 구금, 수감자들에게 식사비 명목의 금전 약취, 뇌물 수수, 고문과 폭력, 사망사건 등 상상할 수 있는 모든 악행이 친일경찰로부터 비롯되었다. 이들을 중용하고 옹호하는 조병옥 경무부장, 장택상 수도경찰청장의 해임문제가 당연히 중요의제가 되었다. 조병옥은 한민당 당적을 유지하며,

---

35 조병옥, 1959, 『나의 회고록』, 민교사, 173~175쪽.
36 Topics to be discussed by conference. Minute of the third meeting held at the Duk Soo Palace at 1330, 25 October, 1946. RG 554, USAFIK, XXIV Corps, G-2 Historical Section, Box.
(1) 인사문제(1. 경찰에 대한 적대감, 2. 군정 내 구 일본협력자의 존재, 3. 정부 내 통역의 여파, 4. 일부 한국인 관리의 부패, 5. 남한 최고이익에 반하는 선동가들).
(2) 경제문제(6. 미곡수집 계획, 7. 미곡분배 계획, 8. 임금, 물가, 인플레이션, 9. 피난민 숙소 및 생활 문제, 10. 경제 회복 지체에 따른 인민의 실망).
(3) 정치문제(11. 한국임시정부의 미출현, 12. 구 적산의 처리에 관한 불만, 13. 정당의 영향, 14. 도덕적 정부를 수립할 방안: a. 한국인의 요구를 만족시킬 정부, b. 진정한 애국자에 의한 정부, c. 명확한 행정 프로그램, d. 정부에서 악한 행위자의 제거).

우익정당원으로서 경찰력을 지휘하고 친일경찰과 우익 청년단의 외피를 쓴 폭력단의 만행을 방조하고 있었다.

대표적인 악질 친일경찰 출신인 노덕술은 여운형의 후원자인 경성서비스 사장 정무묵, 정형묵 형제를 괴롭히고 있으며, 정형묵에게 여운형과 관계를 단절하고 한민당에게 1백만 원을 기부하라고 강요했다는 사실이 회담 중(제5차 회의, 1946. 10. 29) 언급되었다. 그런데 김규식과 원세훈은 너무 점잖았고, 예상외로 조병옥과 장택상에 우호적이었다. 브라운소장은 두 사람이 조미회담에 소환되면 모욕이라 생각하며 후과가 있을 것이라고 두둔하자, 김규식은 조사이지 재판이 아니라고 했고, 원세훈은 양자를 면직 후 해외조사차 파견해서 체면을 유지시켜 주자고 했다(8차 회의, 1946. 11. 1).[37]

조병옥, 장택상을 소환하기에 앞서 미군정 경무부 고문 매글린(William H. Maglin) 대령이 출석(제10차 회의, 1946. 11. 5, 제11차 회의, 1946. 11. 7)해서 경찰의 친일, 부패, 폭력 행위를 강하게 부인하며 경찰을 옹호했다. 매글린은 "일부 일제하 경찰의 능력을 활용하고 있으며, 한국인은 이들에 대한 존경을 아직 보유하고 있다"고 주장했다. 경찰의 월급이 불충분하고, 위험상황에서 근무하기 때문에 뇌물을 받는 것이며, 경찰의 잔인성 보도는 과장이며, 권한남용은 사실상 없으며, 부정직이 "만연"하지만 "많다"의 범위가 문제라고 주장했다. "10월 폭동"의 과정에서 경찰은 선한 시민이 폭동 중 경찰을 돕는 것을 적절하다고 판단한다며 우익 청년·테러단체의 폭력 활동을 두둔했다. 또한 정형묵 협박사건과 관련해서도 노덕술 등 경찰이 타당한 형사적·법적 이유가 있어서 체포했다고 주장했다(제10차 회의). 심지어 매글린은 노덕술이 정직하고 가난한 사람으로 월급으로 근근히 생활하는 사람이라고 주장했다(제11차 회의). 브라운, 랭던 등은 친일규정이 어려우며 개별적 청문을 거쳐야 하기 때문에, 판정이 어렵다고 주장했다(제12차 회의, 1946. 11. 8). 사실 군정 고위장교들은 상황이 엄중하다는 것을 인지하고 있었으

---

37 버치 문서의 인물평에 따르면, 원세훈은 '헌병(1919~1915. 함남)(한민당 유자효 1946.9. 폭로), 시베리아(1914~1918), 임정 반김구파(1919), 파리대표 반대 박헌영파(1919), 시베리아(1925~1935)'로 조사되어 있다. Won Sei Hoon, Member of the Coalition Committee and Democratic Council. (1946. 10. 25). Bertsch papers. Box 4. K-52~53.

며, 한국 경찰 측의 주장이 입에 발린 소리에 불과하다는 것을 잘 알고 있었으나, 2만 명 남짓 주한미군으로는 남한 치안과 상황을 효율적으로 통제할 수 없는 상황이라는 점에 좀 더 위기의식을 갖고 있었다. 충성스런 경찰 2만 5천 명이 없다면 남한의 정치, 경제, 사회 상황은 통제 불가능의 무정부 상태에 빠질 것이라는 우려가 지배적이었다.

장택상은 제13차 회의(1946. 11. 12)에 출석해 증언했고, 김규식과 여운형 두 사람이 모두 참석했다. 장택상은 친일경찰 및 경찰 잔인성과 관련해 경찰 재교육을 하고 있으니 1947년 3월이면 문제가 해결될 것이라고 주장했다. 물론 그런 일은 발생하지 않았다. 김규식과 여운형은 조병옥과 장택상, 친일경찰 제거를 주장했다. 여운형은 자신이 친일경찰에게 당하고 있는 상황을 이렇게 설명했다.

> 경찰은 중립이 아닌 정당·개인의 도구이다. 경찰·사법부의 정당 가입은 용납할 수 없다. 조병옥은 한민당 주요 발기인이며, 한민당의 주요 목적은 여운형을 공격하고 제거하는 것이다. 경무부장 조병옥의 목적도 동일하다. 여운형의 영향력을 제거하는 것이 목적이다. 여운형은 마음의 자유가 없다. 노덕술은 운전사를 구금하고 한민당 후원을 강요했다. 출타하면 경찰이 체류 장소를 탐문해서 경호원을 심문한다. 현재 친척이 경호원을 맡고 있다. 한번은 경찰 3명이 하루종일 자택을 지켰다. 이승만은 연설 여행을 자유롭게 다니지만, 여운형의 경호원은 제지를 당한다. 대부분의 사람들이 경찰을 두려워하며 회피한다. 일부 경찰은 일제시대 악명이 높았고 현재도 권력을 남용하고 있다.[38]

조병옥이 출석한 제14차 회의(1946. 11. 14)에 김규식은 병가로 불참 중이었다. 김규식은 2주간 제29 종합병원에 입원 중이었다. 회의 참석자 명단에 따르면

---

38 조미공동회담 제13차 회의(1946. 11. 8)에서 여운형의 발언. Minutes of the 13th meting of the Joint Korean-American Conference Held at the Duk Soo Palace 8 Nov. 1946. Bertsch papers. Box 3. G-51~63.

한국 측에서는 원세훈, 최동오, 김붕준, 장권, 박건웅, 여운형이 참석했고 안재홍은 명단에 없다. 즉 조병옥이 회고록에서 김규식, 여운형, 안재홍이 참석한 자리에서 연설했다는 주장 자체가 거짓인 것이다. 김규식은 병가 중이었고, 안재홍은 참석하지 않았고, 여운형만 참석했다. 그런데 조병옥은 미군정의 비호를 받아 위세 등등하고 거칠 것이 없었다. 조병옥은 친일경찰을 비호하고, 우익 테러를 옹호하고, 경찰의 공공성과 중립성을 거침없이 부정했다.

조병옥은 친일경찰에 대해서 "그들의 봉사를 매우 높게 평가하기 때문에 이들을 활용할 것"이며, 일제하 친일경찰 대부분이 "좋고, 가정적인 사람들"로, "이들을 친일파로 규정하는 것을 개인적으로 선호하지 않는데, 36년은 긴 시간이며" 가족을 건사하고 일상생존을 위해서 특별분야에서 봉사해야만 했다는 것이다. 아마도 이 얘기가 pro-Jap이 아니라 pro-Job이었다는 주장의 출처가 될 것이다. 경찰의 우익 비호와 좌익 공격 성향에 대해서 "한국인 절대다수가 생각과 행동에서 우파"라는 게 자기 생각이므로 경찰이 자연스레 우파로 행동한다고 강변했다. 경찰 수장으로 한민당 당적을 지니고 있던 조병옥은 자신의 한민당 당적에 대한 비판이 거세자, 한민당 당적은 직무 수행과 아무 상관이 없으며, 러치장군이 당적 철회를 요구한다면 그때 가서 그렇게 하겠다고 답했다. 브라운은 조병옥에 대한 공격이 지속되자 경찰을 약화시키는 것은 바람직하지 않다고 감쌌다. 조병옥은 군정 수뇌가 "10월 폭동"의 와중에서 경찰 수뇌부를 바꿀 수 없다는 점을 잘 알고 있기에 생각과 행동에 거침이 없었다.

여운형의 후원자인 정형묵·정무묵 형제에 대한 노덕술의 협박과 한민당 가입 및 1백만 원 기부, 운전수 홍순태의 구금 등에 대한 비판이 쏟아졌지만, 조병옥은 박헌영 체포를 이유로 둘러댔다. 박헌영이 정형묵과 홍순태의 차를 타고 다녔고, 정형묵과 박헌영의 운전수가 러시아영사관을 방문해 파티를 열었다는 정보가 있어 박헌영 행방을 심문하기 위해 정무묵과 홍순태를 1주일간 구금한 것이라며 정당한 경찰 업무였다고 강변했다.[39] 조병옥과 매글린의 주장에 따르면 경찰의 모든

---

39   조미공동회담 제14차 회의(1946. 11. 14)에서 조병옥의 발언. Minutes of the 14th meting of the Joint Korean-American Conference Held at the Duk Soo Palace 14 Nov. 1946.

불법 행동은 모두 형사적 이유가 있는 정당한 법집행이었다.

제15차 회의(1946. 11. 15)에는 경무부 수사국장 최능진이 출석해 경찰의 친일문제, 폭력문제, 비행 비리, 뇌물 등을 폭로했지만, 조미공동회담이 종결된 후 해임된 것은 조병옥이나 장택상이 아니라 경찰의 비리를 들춘 최능진이었다.

제21차 회의(1946. 11. 26)에서 조병옥과 장택상 해임 문제가 심각하게 논의되었다. 헬믹장군은 조병옥 해임은 경찰력을 약화시킬 것이라고 했고, 존슨고문은 조병옥에 대한 공격이 정치적인 것이라고 했다. 원세훈은 조병옥이 개인적으로 진정한 애국자이지만, 경무부장으로 전 친일경찰을 고용하고 있으며, 조병옥은 민주주의자이지만 부하들은 전 친일경찰이며 비민주적이라고 주장했다. 때문에 조병옥이 책임을 지고 해임되어야 한다고 했다. 조병옥 해임을 둘러싼 견해는 한국 측과 미국 측의 찬반이 갈렸다. 조병옥을 옹호하는 미군 측의 목소리가 거셌고, 회의는 장택상 수도경찰청장의 해임문제를 논의하기에 이르렀다. 장택상의 해임문제에 대해서 비밀투표가 이뤄졌고, 해임 8표, 비해임 2표가 나왔다.[40] 회의는 결과를 하지장군에게 권고하기로 했다(Exhibit 23). 그러나 장택상은 해임되지 않았다.[41] 즉 미군정은 치안유지의 핵심인 조병옥과 장택상에 대한 신임이 확고했던 것이다. 조미공동회담은 모든 문제를 새로 설립되는 입법의원으로 넘겼다. 친일파 청산 문제, 미곡수집 문제 등의 주요 의안이 입법의원에서 처리할 문제로 미봉되었지만, 해결은 불가능했다. 대중의 불만이 폭발했지만, 문제의 원인과 해법은 방기되었고, 폭동을 이유로 무자비한 폭력적 탄압과 검거가 뒤를 이었다. 불만이 폭발한 상황을 또 다른 폭력으로 덮은 것이다.

(2) 입법의원 선거: 우익의 산사태, 김규식의 정치적 최고점

"10월 폭동" 혹은 "10월 인민항쟁"이 벌어지는 와중에서 치러진 입법의원 선거는 미군정이 예상했던 합리적 중도세력의 정치세력화와는 거리가 멀었다. 우익 청년

---

pp.10-11.
40 조미공동회담 제21차 회의(1946. 11. 26).
41 하지장군 공식문서철에는 조병옥과 장택상에 대한 해임안 문서가 들어 있지만, 두 사람은 해임되지 않았다.

단, 테러단이 경찰과 합작해서 좌익은 물론 정치적 반대파를 무차별 공격하고, 사적 보복을 일삼는 상황에서 좌익은 물론 중도파마저 선거에 참가할 수 없었다. 선거를 목격한 미국 신문기자 마크 게인(Mark Gayn)이 묘사한 대로 "우익진영의 산사태"였고, 이승만의 독촉국민회, 한국민주당의 대거 당선이 이뤄졌다.

김규식과 여운형은 좌우합작위원회 명의로 1946년 11월 26일 하지장군에게 비망록을 보냈다. 이들의 요구는 경찰·군정 내 친일파 제거, 정치범 석방, 입법의원 선거 취소, 정간된 신문 복간, 미곡수집 중단 등이었다.[42]

김규식과 좌우합작위원회는 부정선거의 대표적인 지역인 서울과 강원 지역 재선거를 요구했고, 결국 재선거가 실시되었다. 서울에서 당선된 한민당의 지도자인 김성수, 장덕수 등은 선거무효가 선언되고, 재선거가 실시됨으로써 체면을 손상당했다. 이들은 김규식에게 악감을 품었다. 역설적으로 입법의원이 선거(45명)와 임명(45명)을 통해 총 90명의 민선의원과 관선의원을 선발하는 과정에서 김규식의 정치적 위상은 최고점을 찍었다.

입법의원이 개원하자 김규식은 의장에 선임되었지만, 입법의원 자체는 반탁, 반공, 극우 세력이 점령했고, 정치적으로는 이승만과 한민당의 수중에 들었다. 입법의원의 첫 활동은 반탁결의안 통과를 강행해 김규식의 위신과 정치적 기반을 허무는 일이었다.

입법의원은 1948년 5·10선거를 위한 보통선거법을 제정한 것을 거의 유일한 유산으로 남겼다. 1948년 3월 입법의원이 유명무실해진 시점에서 수도경찰청장 장택상은 버치를 만나 남한 정치인들에 대한 이러한 인물평을 남겼다.

> 김규식은 최고의 학자이지만 대중적 지지가 없다. 조만식의 재능은 중등학교 교사 수준이다. 김구가 대통령이 된다는 것은 조크이며 불가능하다. 이승만은 멀리서 보면 경탄할만하지만 가까이서 보면 결점이 분명하다. 장덕수에게 이승만과 거리를 유지하라고 강조했지만 그러지 못했다. 여운형은 사상가가 아니라 훌륭했다. 조병옥은 대통령이 될 수 없으며 훌륭한 행정

---

42   Request of Coalition Committee (1946. 11. 26), Bertsch papers, Box 4, C-188~191.

가 정도이다.⁴³

4. 여운형 테러와 제2차 미소공동위원회의 폐막

(1) 테러의 시대

여운형은 해방 직후부터 1947년 7월 19일 암살될 때까지 가장 많은 테러의 표적이 되었다. 1946년 이래 경찰과 테러범은 한통속이었고, 사실상 경찰은 테러범의 뒷배였다.

친일경찰의 추적과 협박은 노골적이었다. 여운형은 당대의 부호 백낙승 자택에서 머문 적이 있는데, 1946년 3월 1일 50여 명의 경찰이 백낙승 자택을 습격했다. 경비원 및 일꾼인 김순석, 박광서, 김응수, 김응섭, 신문균, 류종룡, 류종만 등은 경찰에 검거되어 1주일 넘게 구금, 물고문, 구타, 살해 협박을 받았다. 이들은 여운형이 숨겨둔 불법무기를 검색한다는 이유로 이런 일을 자행했다. 말도 안 되는 거짓 평계였지만, 버젓이 경찰 업무로 위장되었다. 신문균은 일제시대 징용에 나갔다가 탈주했는데, 그를 고문하던 경찰은 "이 자식아 그때는 그때다. 퇴주(退走)가 뭐냐! 그 당시는 그 나라에 충의(忠義)를 다해야 하는 것이다. 이 자식아!"라고 소리쳤다.⁴⁴ 친일경찰이 일제 징용을 거부하고 도망한 신문균을 보고 일제에 충의를 다하지 않은 나쁜 놈이라고 비난하며 구타한 것이다.

여운형이 1946년 9월 14일경 김규식에게 자필로 쓴 다급한 메모가 버치 문서에 들어 있다.

> 나를 만나기 원한다면, 나는 오늘 아침 랭던의 집에 있소이다. 특급 비밀이오!

---

43 Chang Taik-sang. Bertsch's memorandum for Mr. Sargent. (1948. 3. 5). Bertsch papers. Box 4. G-135~137.
44 Affidavit by Shim Mun Kyun (1946. 3. 18). Bertsch papers. Box 3. F-40~41.

(I am at Langdon's this morning) Top secret!
if you want to contact me.

Sept. 14. Raided Whang Chin Nam's house at 5.30 a.m. with pistols drawn. At least 10 plain clothes came into the house, while others surrounded the house.

Sept. 6. Chung Moo Mook, brother of the owner of the Kyung Sung Garage, Hong Soon Tai, (Lynch's Chauffeur) were arrested at their house in Myung Yun Chung kept in custody for a week. Hong was beaten up by the police, when he said that he had no knowledge of Park Hern Young's whereabouts.

여운형이 김규식에게 쓴 테러 상황 관련 메모(1946. 9. 14. 이후). Bertsch Papers. Box.4 B-109.

9월 14일. 오전 5:30. 황진남 자택이 권총을 빼든 자들에 의해 습격당함. 최소 10명의 사복이 자택에 들어왔고, 다른 사람들은 자택을 포위했음.

9월 6일. 경성자동차 소유주의 동생인 정무묵, 여운형의 운전수인 홍순태가 명륜정 자택에서 체포되었고, 두 사람은 1주일간 구금되었음. 홍은 경찰에 의해 구타당했는데, 박헌영의 행처를 알지 못한다고 답했기 때문임.

9월 7일 오후 3시. 6명의 사복이 계동의 여운형 자택을 급습함. 형사 1명은 집 밖을 지킴. 이들은 자기들이 종로경찰서에서 나왔다고 말했음. 매우 무례하고 거칠었으며, 여운형 부인을 모욕했음.

9월 8일. 더 많은 형사가 다시 계동 여운형의 자택을 급습하러 옴. 이들은 배지를 보여주지 않았고, 단지 자신들은 경찰이라고 말했음. 또한 무례하고 모욕적이었음. 이날 이전에도 여운형 자택은 역시 여러 차례 습격당했음.

한 달 전쯤. 경성자동차 소유주인 정형묵은 자택에서 체포되었음. 그는 본정서에 끌려갔고 수사과장 노덕술의 심문을 받았음. 이 자는 정무묵에게 말하길 여운형과 황진남을 돕는 게 현명하지 않으며, 정형묵은 여운형과 모든 관계를 끊고서 가능한 빨리 한국민주당에 가담해야 하며, 당에 자금을 기부해야 한다고 함.

김용기 역시 이와 동일한 일을 당했음. 노덕술은 15년간 일본 경찰에서 일했음.45|

1946년 9월 박헌영 체포를 빌미로 여운형과 가족 등에 대한 노덕술 등 친일경찰의 압박과 추궁이 지속적으로 벌어지고 있었다. 1946년 3월에 여운형이 가는 곳마다 노덕술이 추적을 해서 해당 주택 주인과 경비원들을 괴롭혔다면, 9월에 이르자 여운형과 후원자의 자택 및 운전사들에 대한 노골적 협박과 습격이 지속되었다. 이러한 광경은 미군정이 여운형을 존중하거나 불법적 경찰 공격으로부터 보호하지 않을 것이라는 강한 메시지를 우익 테러단과 청년단체에게 주기에 충분한 것

---

45 〔여운형이 김규식에게 쓴 자필 메모〕(1947. 9. 14. 이후) Bertsch papers. Box. 4. B-109~111.

이었다. 경찰이 노골적으로 여운형을 공격하는 상황이 지속적으로 연출된 것이다. 이제 여운형은 우익 테러단의 손쉬운 먹잇감이 되었고, 테러범들은 경찰의 방조와 도움과 보호 속에 공공연한 테러를 지속적이고 반복적으로 벌였다.

여운형은 우익 테러에만 노출된 것이 아니었다. 1946년 10월 9일 여운형은 좌익에게 납치되었다. 버치의 보고에 따르면 오전 6시 45분 청년 2명이 계동 여운형 자택에 나타나 허헌이 기다린다며 홍(증식)(계동 거주) 집으로 내려가자며 같이 걷다가 자동차로 납치했다. 여기에 2명이 더 타고 있었다. 여운형은 남동쪽 홍등가로 끌려가 36시간 동안 잠을 안 재운 채 감금을 당했다. 그후 여운형은 친구 정무묵 자택 앞에서 풀려났고, 곧 서울대병원에 입원했다. 여운형은 10월 4일 박헌영이 반대하는 좌우합작7원칙에 서명했고, 이는 10월 7일 발표될 예정이었다.[46] 여운형은 공포에 휩싸였다. 우익뿐만 아니라 조선공산당 측도 자신의 생명을 위협하는 상황이었기 때문이다.

1946년 10월 10일 여운형의 측근 황진남 자택에 괴한이 침입했다. 김규식은 브라운장군에게 알렸고, 버치는 브라운의 명령으로 장택상 청장을 방문했다. 장택상은 현장 출동을 22분간 지체하며 손톱을 손질하고, 여비서와 농담을 주고받고, 화장실을 다녀오는 등 시간 끌기를 했다. 현장에 도착하자 괴한들은 사라진 상태였다.[47] 괴한들이 수도청 경찰들이었거나, 경찰의 후원을 받는 우익 폭력배였음은 의문의 여지가 없다.

(2) 여운형 암살과 미소 타협의 결렬

미군정은 1946년 중반 좌우합작운동-입법의원을 추진하는 과정에서 여운형이 미군정에게 전폭적으로 협력하지 않자, 다양한 수단을 활용했다. 미군정은 여운형을 견인해 좌우합작운동, 과도입법의원에 끌어들이려 했지만, 여운형은 협상에 응하면서도 쉽게 미군정 편에 서지 않았다. 여러 가지 해석이 가능하지만, 여운형은 북

---

46 Memorandum for Gen. Hodge (1946. 10. 9), by Bertsch. Bertsch papers. Box. 3. T-64~66.
47 Chief Chang, Taik San (1946. 10. 10) Bertsch to Brown. Bertsch papers. Box 4. IH-114~118.

한과의 관계를 지렛대로 삼아서 소군정 및 북한과의 연대를 자신의 정치적 기반으로 삼고자 한 측면이 강했다. 1946년 3월 소군정이 자신을 수상 후보로 지목했음을 인지했기 때문일 것이다. 또한 여운형은 남한의 정치인 가운데에서 공개적으로 방북하며 북한과의 관계를 유지하려 한 유일한 인물이었다.

버치는 1946년 여름 여운형의 친일혐의에 대한 조사를 제안했고, 미군정은 일본에 외무처 오리어던(Charles O'Riodon) 소령을 파견해 총독부 고관들을 심문해 여운형과 일본과의 관계, 여운형이 대러 협력에 봉사했는지 등을 조사했다. 오리어던은 아베 노부유키(阿部信行, 총독), 도조 히데키(東條英機, 수상), 고이소 구니아키(小磯國昭, 총독), 우가키 이세이(宇垣一成: 우가키 가쯔시게의 오독, 총독), 엔도 류사쿠(遠藤柳作, 정무총감), 니시히로 다다오(西廣忠雄, 경무국장), 이소자키 히로유키〔磯﨑弘之(?), 사상검사〕 등 전 조선 총독과 총독부 고관들을 심문했다. 오리어던은 인터뷰 결과 여운형이 친일행위를 한 흔적은 찾을 수 없고, 도리어 여운형이 불굴의 애국자라는 평을 얻었다고 보고했다.[48] 그런데 1947년 3월 버치는 웨커링(Weckerling)장군에게 쓴 인민당 관련 보고서에서 "미국이나 한국 장래를 위해 여운형을 고의적으로 저명하게 만드는 것은 이득이 되지 않는다"라고 썼다.[49] 버치는 여운형 장례식에서 한글로 추도사를 했고,[50] 훗날 자신의 경력을 쓰면서 여운형을 존경한 것처럼 얘기했지만, 진실은 그렇게 단순하지 않았다. 미군정 경제고문 번스(Arthur Bunce)는 1947년 4월 4일 여운형이 군정의 두통거리이며 소련한테는 더 큰 위협이라고 평가했다.[51] 여운형이 암살되어 '안전'해지기 전까지, 미군정은 늘 여운형에 대해 불안과 의혹의 시선을 거두지 않았다.

1947년 제2차 미소공위가 성공의 전망을 언뜻 비치는 시점에서 여운형에 대한 살해 음모와 테러는 본격화되었다. 여운형 자택 사랑방에서 시한폭탄이 터진 것이다. 게다가 경찰과 검찰은 범인을 체포하고서는 여운형의 명예를 훼손하고 그를 농락하는데 활용했다. 폭파범은 정창화(일명 백민태)로 훗날 반민특위 요원 암

---

48 Charles O'Riodon to Bertsch, (1947. 1. 11) Bertsch papers. Box 3. T-69~85.
49 Memorandum to Gen. Weckerling. (1947. 3. 17). Bertsch papers. Box 3. B-74~75.
50 〔버치의 여운형 추도사〕 Bertsch papers. Box 3. T-62~63, Box. 4. C-211~212.
51 Bunce to Lincoln. Political Summary (1947. 4. 4). Box. 4. G-67~68.

살음모 사건에 등장하는 바로 그 백민태였다. 정창화는 경찰심문과 재판(1947. 4. 19) 과정에서 여운형이 공산주의자, 기회주의자여서 살해하려고 했다고 주장했다. 정창화는 자신의 여운형의 서생, 비서였다고 주장했지만 이는 거짓말이었다. 극우 신문들은 정창화의 허위 주장과 경찰·검찰의 일방적 보도를 게재하며 여운형은 문하 서생이 암살시도를 할 정도로 기회주의자, 공산주의자라고 선전했다.[52] 실제 폭파범이었던 정창화는 경찰·검찰과 극우 언론의 합작 속에 여운형에게 테러를 가하고 공개적으로 조롱했으나, 자신은 실제 폭파범이 아니며 기회주의자 여운형에게 경고하기 위해서 가짜로 자수했다고 주장했다. 정창화는 증거 불충분으로 석방되었다. 1949년 김구 암살 이후 한국 육군본부·군사법원이 언론을 통해 안두희를 옹호하며 범행의 배후와 죄악을 밝히기는커녕 김구 암살의 정당성을 홍보한 선전·마타도어 공작의 데자뷰였다. 버치에게는 노덕술과 장택상이 정창화의 배후에 있다는 정보가 들어왔다.[53] 경찰에서 축출된 경무부 수사국장 최능진에 따르면 한민당은 8개월 전 중국에서 저명 테러리스트를 귀국시켰고, 장택상이 이들을 조력하며 매제 유씨 집에서 이들을 유숙케 하고 있었다. 이들은 여운형, 김규식, 원세훈, 안재홍 살해를 지시받았으나 거부했다는 것이다. 여운형자택과 천도교 대강당을 폭파한 백민태(일명 정창화)는 장택상으로부터 폭탄투척을 승인받았고, 무선 전기폭탄을 사용했다는 것이었다.[54]

버치 문서에는 여운형 암살과 관련해 장택상이 여러 차례 등장하고 있다. 장택상은 여운형에게 직접 암살을 경고하며 서울을 떠나라고 했다. 1947년 7월 15일 김규식이 주최한 만찬장에는, 김규식, 여운형, 홍명희, 배의환, 김호, 김원용, 김용중, 장자일, 정이형 등 재미한족연합회(신진당) 인사들과 미군정의 키니, 웜스, 버치 등이 참석했다.[55] 이 자리에서 여운형은 자신이 장택상으로부터 서울을 떠나지 않으면 암살당할 것이라는 경고를 들었다고 발언했다. 그런데 여운형에겐 너무 많

---

52 정병준, 1995 위의 책, 437~447쪽.
53 Memorandum for Gen. Weckerling. (1947. 4. 19) Bertsch papers. Box. 3. C-52.
54 Memorandum for Lt. Bertsch. (1947. 4. 26). Bertsch papers, Box. 3. C-81~84.
55 Session with Kimm, Kiusic and Others (1947. 7. 17). Bertsch papers, Box 1. W-48~50.

은 암살, 테러 협박이 쏟아졌기 때문에 누구도 귀 기울여 듣지 않았다. 7월 19일 여운형은 혜화동 파출소 앞 로터리에서 암살당했다. 버치는 자신이 암살 당일 아침 여운형의 자동차에 동승하고 있었다고 회고했다.[56] 1947년 7월 8일 김규식도 버치를 통해 미군정에게 무기를 요청할 정도로 암살위협이 임박한 상황이었다.[57] 버치는 한국전쟁이 발발한 이후 여운형은 순교했고, 이승만의 명령에 따라 김구가 살해했다는 메모를 남겼다.[58]

제2차 미소공동위원회는 1947년 5월 22일 시작해 9월 5일 실질적으로 실패에 도달했다. 한때 성공의 희망을 보였던 제2차 미소공동위원회는 협의대상 문제로 급냉되었고, 결국 타협점을 찾지 못한 채 종막을 고했다. 공동보고서 채택에 실패하자 미국은 한국문제를 유엔에 이관(1947. 9. 17)했고, 소련은 양군 동시철수를 제안(1947. 9. 24)했다.

김규식은 1947년 12월 12일 하지에게 편지를 썼다. 여운형이 암살되었고, 더 이상 가망이 없어 좌우합작위원회를 12월 6일에 해체했다는 내용이었다.[59] 장덕수도 암살(1947. 12. 2)되는 정세였다. 한국인들이 자신의 손으로 한국의 저명 정치인들을 암살함으로써 자신의 미래를 철저히 망가뜨리는 중이었다.

5. 맺음말

이상에서 살펴본 바에 기초해 1946~1947년 김규식의 정치 활동을 평가하면 다음과 같다.

첫째, 김규식은 1946년 중반 남한 정치계에서 중요한 인물로 부상했다. 여기에는 민주의원 부의장이자 임시정부 부주석 출신이라는 우파적 배경과 미군정의 정치적 후원이 작용했다. 미군정은 김규식이 우익 3영수 중 일원으로 광산스캔들로

---

56 Bertsch to Charlie (Charles) Thayer. (1952. 2. 22). Bertsch papers. Box 3. UV-34~39.
57 Kimm, Kiusic's request for Arms (1947. 7. 8). Bertsch papers. Box 4. IJ-25.
58 [untitled memo] (1950. 9. 21) Bertsch papers. Box 6. E-20.
59 Kiusic Kimm's letter to General Hodge (1947. 12. 12) Bertsch papers. Box 4. B-174.

물러난 이승만, 반탁쿠데타의 김구를 대체할 수 있으며 신뢰할 수 인물이라고 평가했다. 미군정은 김규식이 기본적으로 반탁, 친미적 입장이며 임시정부의 부통령 적임자라고 판단했다.

둘째, 김규식은 반탁노선을 취했지만, 좌우합작을 통한 중간파 세력 결집과 미소공동위원회에 의한 한국민주임시정부 수립에 찬성하는 입장이기도 했다. 즉 반탁·임시정부 봉대 노선이 아니라 미소공위에 의한 임시정부 수립노선과 반탁을 결합한 새로운 노선을 취한 것이다. 선(先)임시정부 수립, 후(後)반탁의 입장이었고, 미소공위에 의한 임시정부 수립이라는 측면에서 여운형과 공통의 이해를 갖고 있었다. 김규식은 자신이 미군정의 임시정부 각료인선에서 부통령을 기대받음을 알았고, 여운형은 자신이 소군정의 임시정부 각료인선에서 수상 후보라는 점을 알고 있었다. 이승만은 자신이 미군정의 각료인선에서 대통령 후보였다는 점을 알고 있었다. 즉 1946년 중반 이래 김규식, 여운형, 이승만의 정치활동은 이러한 자신의 가치평가와 미래전망이라는 현실적 판단 위에서 재해석될 필요가 있다.

셋째, 미군정은 김규식과 중도파에게 최소 3백만 원 이상의 정치자금을 지원했으며, 이는 미군정이 김규식에게 부여한 정치적 중요도를 반영하는 것이었다. 미군정은 이승만에게 1천만 원의 정치자금을 제공했고, 『한성일보』의 안재홍에게는 『농민주보』 발간을 위해 5백만 원을 지원했다.[60] 김규식은 정치자금과 관련해 여러 차례 구설에 오르기도 했다. 1947년에 당한 왜(倭)고리짝 사건,[61] 1948년의 정치자금 사건[62] 등은 김규식의 정치적 기반을 허물기 위한 경찰 측의 공작적 냄새가 짙었지만, 권력의 주변으로 모여드는 모리배와 브로커들의 공세를 짐작케 했다.

넷째, 김규식은 1946년 10~12월 조미공동회담과 입법의원 선거과정에서 미군정의 지지를 받았으며, 정치적으로 최대의 역량을 발휘했다. 그는 여운형과 함께 좌우합작위원회를 기반으로 조미공동회담에서 경찰개혁, 미곡수집 문제 개혁 등을 주장했고, 입법의원 선거과정에서 재선거와 관선의원 선발에서 발언권을 행

---

60 정병준, 2005, 위의 책, 593~600쪽.
61 Memorandum for Gen. Weckerling (1947. 4. 22). Bertsch papers. Box. 3. C-56~59.
62 Contact Report - Kimm Kiusic (1948. 2. 26). Bertsch papres. Box. 4. F-100~101.

사했다. 그러나 미군정은 경찰개혁의 상징인 조병옥, 장택상 해임을 거부했고, 입법의원 선거는 우익의 압승이자 이승만·한민당 기축동맹의 승리로 귀결되었다. 입법의원은 중도세력의 확장이라는 최초의 목표와는 거리가 먼 반탁·극우세력의 결집체가 되었다.

다섯째, 여운형에 대한 테러에서 드러나듯, 미군정은 친미·반공이라고 평가하지 않은 정치인을 보호하지 않았고, 경찰과 테러단체들은 노골적으로 여운형에 대한 정치적 테러를 지속했다. 이 결과 1947년 중반에 이르면 해방정국 최고의 정치인이었던 여운형이 테러단, 경찰, 검찰의 노골적 합작 속에 공개적 정치테러를 당하였고, 제2차 미소공위의 갈림길에서 암살되었다. 미소공위를 통한 한국임시정부 수립의 꿈은 사라졌고, 이는 한국 중도파의 정치적 미래를 상징하는 것이었다.

여섯째, 여운형의 사후 김규식은 단독정부 수립과 남북통일 협상이라는 두 가지 노선 사이에서 남북협상 노선을 택했다. 김규식은 1947년 하반기 민족자주연맹을 결성하고, 좌우합작운동 시기부터 품고 있었던 남북대화·남북협상의 길을 추진했다. 미소, 남북, 좌우로 대립하고 분열된 한반도에서 통일과 독립의 길을 열기 위해서는 반드시 남한 내 좌우합작뿐만 아니라 북한과의 협상·연대가 필요하다는 판단이었다. 대결과 대립, 갈등과 투쟁보다는 합리적 협상과 대화를 통해 민족 내부의 문제를 풀어나가자는 노선이었다. 이성적이고 논리적인 김규식과 강한 추진력·돌파력의 김구가 결합하여 남북협상의 남측 동력이 완성되었던 것이다. 1948년 2월 김규식은 김구와 함께 김두봉, 김일성에게 남북 지도자 간의 정치협상을 제안하는 2월 서신을 발송했다. 김두봉(김백연)에게 쓴 편지에서 김구는 두 사람이 중경 시절 서로 그리워하며 독립운동자대표대회를 위해 연락하던 때를 기록했다. 이제 또다시 민족의 운명을 걸고 우리가 만나야 한다는 절박함이 절절하게 표현되었다. 북의 김일성, 김두봉은 이를 남북연석회의로 역제안함으로 남북협상이 성사되었다. 남북협상은 다양한 평가에도 불구하고 해방 이후 한국전쟁 이전 남북 간의 최초이자 최후였던 평화통일 정치협상으로 기록되었다.

참고문헌

1. 미간행 자료

☐ 미 국립문서기록관리청(The National Archives and Records Administration, NARA) 소장자료

- RG 43. Records of the American Delegation, U.S.-U.S.S.R. Joint Commission on Korea, and Records Relating to the United Nations Temporary Commission on Korea (UNTCOK) 1945-1948, Roll 5, U.S.-U.S.S.R. Joint Commission on Korea.
- RG 59. 국무부 십진분류문서철(RG 59 State Department, Decimal File)
- Subject: Government-Korea(Chosen). 895.01/199.
- The New York Times, 23 December 1942; "Gauss to Hull", 29 December 1942, RG 59, State Department, Decimal File, 895.01/207.
- RG 165. 군사정보국 문서철 (RG 165, Records of the WFGS, Military Intelligence Division Correspondence, 1917-41).
- 「이태준이 김규식에게 보낸 편지」(1920. 5. 10). RG 165, Records of the WFGS, Military Intelligence Division Correspondence, 1917-41. 1766-1391 to 1766-1443, Box No. 545, Folder 1766-1391-43 through 1766-1391-57.
- Subject: Korean Informants (February 26, 1921), Director, MID to ACofS, Military Intelligence, Third Corps Area, Ft. Howard, Md. RG 165, Military Intelligence Division Correspondence, 1917-41, Box no. 547. MID 1766-BB-7.
- FBI 문서. 1933년 4월 24일의 보고서. RG 165, Military Intelligence Division Correspondence, 1917-41, Box no. 553. MID 1766-S-146.
- "Necessity for Agent of Bureau of Investigation in Hawaii," March 14, 1933. RG 165, Military Intelligence Division Correspondence, 1917-41, Box no.

553. MID 1766-S-146.
- "A Survey of Public Opinion Among the Japanese in the Territory of Hawaii," FBI Honolulu Field Report by J. P. MacFarland, May 6, 1933. RG 165, Military Intelligence Division Correspondence, 1917-41, Box no. 553. MID 1766-S-146.
- "Korea's Appeal," April 20, 1933, W. K. Lyhan to George Dern, Secretary of War. National Archives Microfilm Publications M1216, Roll 7 RG 165, Military Intelligence Division Correspondence, 1917-41, MID 2657-H-392.
• RG 242. 북한노획문서(신노획문서)
-「朝盟報告草案(1943년)」,『新民黨文件』. RG 242, 신노획문서, Doc. no. 201238.
• RG 263. 상해시 경찰국 문서철(RG 263. the Shanghai Municipal Police (SMP) files).
- "Memorandum," Police Force, Municipal Council, Shanghai July 13, 1925. RG 263. Box 106. I.O. 4834.
- "Memorandum" Prosecuting Solicitor's Office, Municipal Council, Shanghai, 15/7/25. RG 263. Box 106. I.O. 4834.
• RG 319. IRR 파일.
- IRR Case Files, Impersonal Files, Case ZA000565, Sino-Korean Peoples League, Box. 35, RG 319, National Archives.
• RG 332(RG 554로 변경). 24군단 군사실문서철(RG 332. XXIV Corps Historical File).
- Clarence N. Weems, "Korea and the Provisional Gov't,"(1945. 9. 28). RG 332, XXIV Corps Historical File, Box. 32.
• RG 494. 하와이준주 군정문서철(RG 494. Entry 11, Records of the Military Government of the Territory of Hawaii).
-「金若山·金仁哲·金俊이 한길수에게 보낸 편지」(1941. 4. 5). RG 494. Entry 11, Records of the Military Government of the Territory of Hawaii, Executive Section, Classified Correspondence and Related Records, Box 28.
-「金若山이 한길수에게 보낸 편지」(1942. 11. 18). RG 494. Entry 11, Records

of the Military Government of the Territory of Hawaii, Executive Section, Classified Correspondence and Related Records, Box 28.
- 「조선의용대의 한길수 주미전권대표 위임장」(1941. 4. 1). RG 494. Entry 11, Records of the Military Government of the Territory of Hawaii, Executive Section, Classified Correspondence and Related Records, Box 28.
• RG 554. XXIV Corps Historical File, Boxes, 30, 34.
• RG 554. USAFIK Adjutant General, General Correspondence, Decimal Files 1945-1949. Conditions in Korea 1945-1948, Box 21.

□ 스탠포드대학 후버연구소(Hoover Institute on War, Revolution and Peace, Stanford University)
• 한길수 문서
- 「한국지하통신(Korean underground report)」(등사판 뉴스레터), Hoover Institute on War, Revolution and Peace, Stanford University.
• 굿펠로우 문서
- Preston Millard Goodfellow Papers, Hoover Institution Archives, Stanford University.

□ UC 버클리, 밴크로프트도서관 필사문서처(the Manuscript Division of Bancroft Library, University of California at Berkeley) 한길수 문서
- 「(한길수 문서)1937-1963년 하와이·미국 서부지역의 일본인 활동」(Letters and clippings relating to Japanese activities in Hawaii and the Western U.S., 1937-1963), the Manuscript Division of Bancroft Library, University of California at Berkeley.

□ USC 코리언헤리티지도서관(USC Korean Heritage Library)
• Soon Hyun Collection.

□ 와이오밍대학 현대사아카이브 프레드 캐닝스 컬렉션, 한길수 문서철(Fred Cannings Collection, Archives of Contemporary History, University of Wyoming)
- Haan, Kilsoo, 「1933-78 진주만 자료(Pearl Harbor Materials, 1933-1978), Fred Cannings Collection, Archives of Contemporary History, University of Wyoming.

□ 하와이대학 한국학연구소 조지 맥큔 문서
- George MaAfee McCune Papers, McCune-Becker Collection, Box. 20, Folder 8. Center for Korean Studies, University of Hawaiʻi at Mānoa.

□ 하버드 옌칭도서관 버치 문서
• Bertsch Paper. Box 1. Box 2, Box. 3, Box 4, Box 6. Harvard Yenching Library, Harvard University.

□ 러시아국립사회정치사문서보관소(РГАСПИ) 소장자료
- 「국민위원회 국무위원회가 공산주의 인터내셔널 원동부 고려국 의장에게 제출한 비망록, 블라디보스토크, 1923년 9월 24일」(Memorandum presented to the Chairman of the Korean Bureau of the Far Eastern Division of the Communist International by the Executive Committee of the Korean National Council, Vladivostok, September 24, 1923), 러시아국립사회정치사문서보관소(РГАСПИ), ф.495, оп.135, д.72, л.82-84. 이재훈 선생 제공.
- 「비망록: 극동 공산주의와 혁명당대회 한국대표단에 관한 정보 비망록」(1922. 2. 8), 러시아국립사회정치사문서보관소(РГАСПИ), ф.495, оп.154, д.175, л.77-80. 이재훈 선생 제공.
- Kimm Kiusic to Fineberg(1923. 11. 12), 러시아국립사회정치사문서보관소(РГАСПИ), ф.495, оп.135, д.72, лл.14506. 조철행 선생 제공.
- Representative of the Korean Delegation to the first congress of the communist and revolutionary parties of the Far East, "To the Executive Committee III Communist International"(1922. 4. 5), 러시아국립사회정치사문

서보관소(РГАСПИ), ф.495, оп.154, д.175, л.81-87. 이재훈 선생 제공.

□ 러시아현대사문서보관및연구센터(РЦХИДНИ)
- Executive Committee of the Korean Delegation to the Congress of Communist and Revolutionary Parties of the Far East, To the Mandate Commission First Congress of Communist and Revolutionary Parties of the Far East, 1922. 1. 21: РЦХИДНИ, ф.495, оп.154, д.175.

□ 러시아연방외교정책문서보관소(АВП РФ)
- ф.0146 оп.4 папка 103, д.13 л.12.
- ф.0146 оп.4 папка 103, д.15 л.40~41.
- ф.0146 оп.4 папка 103, д.15 л.64.

□ 영국 국립문서보관소(The National Archives: TNA) 소장자료
- FO 371/41801. Post-war independence of Korea, 1944, F2935/102/23.

□ 일본외무성 외교사료관 소장자료
- 『不逞團關係雜件 鮮人ノ部 在上海地方』 3, 5, 6.
- 『不逞團關係雜件 鮮人ノ部 在西伯利亞』 15.
- 『不逞團關係雜件 鮮人ノ部 上海假政府』 5.
- 『露國革命一件(別冊) 極東及過激派活動(別冊), 「ウンゲルン」ノ庫倫攻擊』(1921. 10. 5), 일본외무성 외교사료관 1.6.3. 24-13-28-1.

□ 국립중앙도서관 소장자료
- 淸風金氏譜所 編, 1958, 『淸風世譜』 第四卷. 국립중앙도서관 소장본(古第 91705~91716호 12책)(複古 2518-10-193, 1~12).
- 淸風金氏世譜編纂委員會, 1989, 『淸風金氏世譜』 卷之三, 回想社. 국립중앙도서관 소장본(999.11 김882ㅅㅍ 1-13).

□ 백범김구선생기념사업협회 소장자료

- 「馬英(馬草軍의 장남)과 車達成의 인터뷰」(1992. 11. 30. 백범김구선생기념사업협회 소장).
- 「李忠模가 朴贊翊에게 보낸 편지」(1946. 6. 1, 1946. 6. 16. 백범김구선생기념사업협회 소장).
- 「陳起燮 증언」(1990. 5. 6. 백범김구선생기념사업협회 소장).

□ 기타

- 「최초공개! 한길수 X파일(KBS 수요기획)」 1·2부(2002. 3. 13, 2002. 3. 20).
- 「김진동의 둘째 딸 김수옥과의 인터뷰」(2018. 5. 8).
- 「송남헌 인터뷰」(1999. 4. 15, 4. 30, 10. 8. 서울 마포 한신빌딩 1715호).
- 「한길수의 아들(Stan Haan) 인터뷰」(2001, 채널세븐).

2. 간행자료

□ 신문

"1000 Koreans Hear Dr. Kimm, Soul of Korea Is Not Dead, Educator and Statesman Tells Gathering," *Honolulu Star Bulletin*, July 15, 1933.

"An Appeal to the World: The Shanghai Union of Labor, Commerce & Education," *The Union*, Vol. I. No.I, July 5, 1925.

"Dr. Kimm is Guest of Chinese Group," *Honolulu Star Bulletin*, July 19, 1933.

"Dr. Kimm Is Guest Of Honor At Banquet," "Dr. Kimm Honored by Chinese," "Dr. Kimm banquet by Sun Choo Choi," "Dr. Kim Banquet by Methodists, *Honolulu Star Bulletin*, July 15, 19, and 24, 1933.

"Dr. Kimm Is Guest of Honor at Banquet," *Honolulu Star Bulletin*, July 15, 1933.

"Dr. Kimm Speaks at Wahiawa Methodist," *Honolulu Star Bulletin*, July 24, 1933.

"Dr. Kimm speaks to young Koreans," *Honolulu Star Bulletin*, July 20 and 22, 1933.

"Dr. Kimm to speak to Young Koreans," *Honolulu Star Bulletin*, July 20, 1933.

"Kimm Talks to Koreans, Urges Youths to Serve Land of Birth But Not to Lose Culture of Korea," *Honolulu Star Bulletin*, July 22, 1933.

"Kiusic Kimm States that Japan would restore Chinese dynasty in China," *Honolulu Advertiser*, July 14, 1933.

"Koreans Denounce Institute Finding, Insist They Are Capable of Self-Rule - Reject Mandate," *The New York Times*, December 23, 1942

"Koreans Here Voice Protest to the League," *Honolulu Star Bulletin*, November 3, 1931.

『독립신문』, 『東亞日報』, 『每日新報』, 『신조선보』, 『신한민보』, 『解放日報』.

□ 잡지

「'김구 맏며느리' 안미생 지사, 백범김구기념관에 건국포장 기증」, 『연합뉴스』(2024. 6. 25).

金星淑, 「오호! 臨政 30년 만에 해산하다」, 『월간중앙』(1968. 6).

김규식, 「반성과 단결의 필요」(1)~(3), 『동아일보』(1925. 2. 8~1925. 2. 10).

金殷鎬, 「외로이 간 臨政要人 宵海 張建相」, 『서울평론』(1974. 6. 6).

金在明, 1985, 「張建相先生 파란의 歷程」, 『政經文化』 11월호.

金鎭東, 「抗日鬪爭回顧錄 17: 金奎植博士와 獨立鬪爭」, 『경향신문』(1962. 8. 28).

김철수, 1989, 「김철수유고」, 『역사비평』 여름호.

김혜란, 「중일전쟁 이후 재미동포 해방운동의 회고(그2)」, 『독립』(1946. 9. 25).

리영일, 1933, 「이동휘 성재선생」, 『한국학연구』 5(별집), 인하대학교.

안우생, 1971, 「과거를 묻지 않으시고 관대히 포섭하시여: 민족의 태양 김일성장군님께서 찾아주신 재생의 길」, 『수령님의 품속에서』, 인문과학사, 평양.

안우생·김종항, 1986, 「민족대단합의 위대한 경륜: 남북련석회의와 백범김구선생을 회고하여」, 『인민들 속에서』 39, 조선로동당출판사.

_____, 1986,「민족대단합의 위대한 경륜: 남북련석회의와 백범김구선생을 회고하여」,『조선사회민주당』4.

여운형,「나의 회상기, 여행편」.『중앙』(1936. 3).

_____,「蒙古沙漠橫斷記-나의 回想記 第二篇」,『중앙』(1936. 4).

_____,「'赤色巨人都市'庫倫-나의 回想記 第三篇」,『중앙』(1936. 5).

_____,「모스크바의 印象-나의 回想記 第四篇」,『중앙』(1936. 6).

_____,「西伯利亞를 거쳐서-나의 回想記 第五篇」,『중앙』(1936. 7).

여운홍,「북경기행」,『동아일보』(1922. 4. 21).

張建相, 1966,「張建相編」,『事實의 全部를 記述한다』, 희망출판사.

_____, 1971,「獨立運動 半世紀의 回顧」,『世代』8월호.

한형권, 1948,「레닌과 담판, 독립자금 20억원 획득」,『삼천리』(1948. 10. 1).

_____, 1948,「임시정부의 對俄외교와 국민대표회의의 전말」,『가톨릭청년』8·9.

_____, 1948,「혁명가의 회상록: 레닌과 담판, 독립자금 20만원 획득」,『삼천리』 6(1948. 10).

Kinsic Kim, "The Asiatic Revolutionary Movement & Imperialism," *Communist Review*, No.3, Vol.3 July 1922.

Kiusic Kimm, "The "Red" Paint and The Foreign Press in China," *The Union*, Vol. I. No.I, July 5, 1925.

_____, *Far Easter Situation*, Sino-Korean Peoples League, 1933. 한국연구원 소장(김규식,『원동정세』(The Far Eastern Situation), 독립운동사편찬위원회,『독립운동사자료집』8(임시정부사자료집).

片山潛, 1928,「同志レーニンの追憶」,『解放』(4·5월 합병호).

□ 회고록

郭林大, 1973,『못잊어 華麗江山: 在美獨立鬪爭半世紀秘史』, 大成文化社.

김일성, 1998,『세기와 더불어(계승본)』8, 조선로동당출판사.

김준엽, 1987,『장정』, 나남.

김형민, 1987,『눌정 김형민 회고록』, 범우사.

도진순 주해, 1997,『백범일지』, 돌베개.

李庭植 면담, 金學俊 편집해설, 1988, 『혁명가들의 항일회상』, 民音社.
사오위린(邵毓麟) 지음, 이용빈 외 옮김, 2017, 『사우위린 대사의 한국 외교 회고록』, 한울.
신숙, 1963, 『나의 一生』, 日新社.
安炳武, 1988, 『七佛寺의 따오기』, 凡友社.
장준하, 1971, 『돌베개』, 사상사.
조병옥, 1959, 『나의 회고록』, 민교사.
陳起燮, 1993, 『祖國이여, 山河여』, 도서출판골드.
太倫基, 1975, 『回想의 黃河: 피어린 獨立軍의 抗日수기』, 甲寅出版社.
Chang Kuo-tao, *The Rise of the Chinese Communist Party, 1921-1927, of the Autobiography of Chang Kuo-tao*, vol. 1, (Lawrence, Manhattan, Wichita, The University of Press of Kansas, 1971
德田球一, 1986, 『德田球一全集』 5, 五月書房.
渡邊春南, 1955, 『片山潛と共に』, 和光社.

□ 자료집

慶尙北道警察部, 1934, 『高等警察要史』.
국가보훈처, 1990, 『獨立有功者功勳錄』 8.
_____, 1998, 『미주한인민족운동사료』.
_____, 2010, 『삼십년방랑기 유기석회고록: 해외의 한국독립운동사료(XXXV)』.
국사편찬위원회, 1983, 『한국독립운동사』 자료1(임정편I).
_____, 1983, 『한국독립운동사』 자료2(임정편II).
_____, 1983, 『한국독립운동사』 자료3(임정편III).
_____, 1991, 『한국독립운동사』 자료20(임정편IV).
_____, 1993, 『한국독립운동사』 자료22(임정편VII).
_____, 1993, 『한국독립운동사』 자료23(임정편VIII).
_____, 1994, 『한국독립운동사』 자료25(임정편X).
_____, 1994, 『한국독립운동사』 자료26(임정편XI).
_____, 1994, 『한국독립운동사』 자료27(임정편XII).

_____, 1993, 『한민족독립운동사자료집 별집6』.
_____, 2000, 『대한민국임시정부자료집』 1(헌법·공보).
_____, 2005, 『대한민국임시정부자료집』 6(임시의정원V).
_____, 2006, 『대한민국임시정부자료집』 8(정부수반).
_____, 2006, 『대한민국임시정부자료집』 9(군무부).
_____, 2006, 『대한민국임시정부자료집』 10(한국광복군I).
_____, 2006, 『대한민국임시정부자료집』 11(한국광복군II).
_____, 2006, 『대한민국임시정부자료집』 12(한국광복군III).
_____, 2006, 『대한민국임시정부자료집』 13(한국광복군IV).
_____, 2007, 『대한민국임시정부자료집』 16(외무부).
_____, 2007, 『대한민국임시정부자료집』 19(주미외교위원부).
_____, 2008, 『대한민국임시정부자료집』 22(대중국외교활동).
_____, 2008, 『대한민국임시정부자료집』 23(대유럽외교I).
_____, 2010, 『대한민국임시정부자료집』 24(대유럽외교II).
_____, 2008, 『대한민국임시정부자료집』 25(중국의 인식).
_____, 2008, 『대한민국임시정부자료집』 26(미국의 인식).
_____, 2009, 『대한민국임시정부자료집』 33(한국독립당I).
_____, 2009, 『대한민국임시정부자료집』 37(조선민족혁명당 및 기타 정당).
_____, 2011, 『대한민국임시정부자료집』 40(중국보도기사2).
_____, 2011, 『대한민국임시정부자료집』 41(일본·미국보도기사).
_____, 2011, 『대한민국임시정부자료집』 42(서한집I).
_____, 2011, 『대한민국임시정부자료집』 43(서한집II).
_____, 2005, 『대한민국임시정부자료집』 46(별책1: 『독립신문』).
_____, 2010, 『대한민국임시정부자료집』 49〔별책4: 『한민』(중문판)〕.
_____, 2011, 『대한민국임시정부자료집』 50〔별책5: 국민대표회의I)〕.
_____, 2015, 『(프랑스외무부 문서보관소 소장) 한국독립운동사료 1 중국 베이징 주재 프랑스 공사관 문서(Légation de France à Pékin)』 1(상하이 소재 한국인 혁명가들).
國會圖書館, 1976, 『韓國民族運動史料(中國篇)』.

＿＿＿＿＿, 1979,『韓國民族運動史料』3·1운동편 3.
金奎植 著, 金象壽 譯, 安수산나·梁鼎銘 삽화, 1992,『揚子幽景: 전승을 기념하여』, 寶晉齋.
金正明, 1967,『朝鮮獨立運動』2, 原書房
金正柱, 1971,『朝鮮統治史料』7, 東京 韓國史料研究所.
도산안창호선생기념사업회·도산학회 편, 2005,『미주국민회자료집』21(대한민국임시정부 및 기타 단체·중국발간자료), 경인문화사.
독립운동사편찬위원회, 1975,『독립운동사자료집』8(임시정부사자료집).
＿＿＿＿＿＿＿＿＿＿, 1975,『독립운동사』4(임시정부사).
民主主義民族戰線, 1946,『朝鮮解放年報』, 文又印書館.
백범김구선생전집편찬위원회 편, 1999,『백범김구전집』5, 7, 대한매일신보사.
안창호,『안창호일기』
우남이승만문서편찬위원회, 1996,『이화장소장 우남이승만문서(동문편)』9, 13, 15, 중앙일보사·현대한국학연구소.
우사김규식연구회 편, 심지연 번역·해설, 2016,『우사김규식영문자료집』, 우사김규식연구회.
우사연구회 엮음, 황건 고쳐옮김, 2020,『양자유경: 전승을 기념하여, 우사 김규식 박사의 영문장시』(우사 김규식 생애와 사상 4), 삼진.
유영익·송병기·이명래·오영섭 편, 2009,『이승만동문서한집서한』상, 연세대학교출판부.
이승만, 2015,『국역이승만일기』, 대한민국역사박물관.
崔鍾健 편역, 1980,『大韓民國臨時政府 文書輯覽』.
秋憲樹, 1971~1973,『資料韓國獨立運動』1·2·3, 연세대학교출판부.
한국정신문화연구원, 1983,『한국독립운동사자료집: 중국인사 증언』, 박영사.
＿＿＿＿＿＿＿＿＿, 1986,『韓國獨立運動證言資料集』, 박영사.
＿＿＿＿＿＿＿＿＿, 1999,『지운 김철수』.
韓國革命裁判史編纂委員會, 1962,『韓國革命裁判史』3.
한홍구·이재화, 1988,『한국민족해방운동사자료총서』3, 경원문화사.
Koreans in Honolulu Newspapers, 1903–1945, Compiled by Brandon Palmer,

2013.

The Syngman Rhee Correspondence in English 1904-1948, Volume 3. Institute for Modern Korean Studies, Yonsei University, 2009.

楊昭全 等編, 1987, 『關內地區朝鮮人反日獨立運動資料彙編』上·下, 遼寧民族出版社 瀋陽.

3. 연구논저

□ 저서

강덕상 지음, 김광열 옮김, 2017, 『여운형과 상해임시정부: 망명정부의 존립을 위한 고투』, 선인.

강만길, 2018, 『조선민족혁명당과 통일전선』, 창비.

강만길·심지연, 2000, 『우사 김규식-생애와 사상1: 항일 독립투쟁과 좌우합작』, 한울.

고정휴, 2004, 『이승만과 한국독립운동』, 연세대학교출판부.

구대열, 1995, 『한국 국제관계사 연구 2: 해방과 분단』, 역사비평사.

기광서, 2018, 『북한 국가의 형성과 소련』, 선인.

김광운, 1995, 『통일독립의 현대사』, 지성사.

김광재, 2007, 『한국광복군』(한국독립운동의 역사 52), 독립기념관 한국독립운동사연구소.

김규식 지음, 우사연구회·황건 고쳐옮김, 2000, 『양자유경(揚子幽景): 전승을 기념하여』, 한울.

김도훈, 2010, 『박용만』, 역사공간.

김마트베이, 1990, 『일제하 극동시베리아의 한인사회주의자들』, 역사비평사.

金聖甫, 1996, 『北韓의 土地改革과 農業協同化』, 연세대학교 사학과 박사학위논문.

김영범, 1997, 『한국 근대민족운동과 의열단』, 창작과비평사.

_____, 2022, 『한국광복군 인면전구공작대장 한지성의 독립운동 자료집』, 선인.

金元容, 1959, 『在美韓人50年史』, California Reedley.

김정계, 2021, 『중국공산당 100년사 1921~2021』, 역락.

김혜영, 2023, 『미군정 정치고문 기구의 조직적 변천과 활동』, 서울대 국사학과 박사학위논문.

김희곤·박윤형·홍태숙, 2008, 『의사출신 독립운동가의 활동과 역사적 위상』, 한국의사100년기념재단.

도진순, 1997, 『한국민족주의와 남북관계』, 서울대학교출판부.

盧景彩, 1996, 『韓國獨立黨硏究』, 신서원.

盧載淵, 1965, 『在美韓人史略』, 로스앤젤레스.

리차드 로빈슨, 1988, 『미국의 배반』, 과학과사상사.

박규원, 2003, 『상하이 올드데이스』, 민음사.

박태균, 2021, 『버치 문서와 해방정국-미군정 중위의 눈에 비친 1945~1948년의 한반도』, 역사비평.

박태원, 2000, 『약산과 의열단』, 깊은샘.

반병률, 1998, 『성재이동휘일대기』, 범우사.

＿＿＿, 2013, 『홍범도장군』, 한울.

방선주, 2018, 『방선주 저작집』 1, 선인.

보리스 박, 2006, 『소비에트, 코민테른과 한국해방운동 1918~1925』, 러시아학술원 극동연구소.

비트투루 지음, 현대몽골연구원 옮김, 2011, 『20세기 한국몽골관계사』, KM미디어.

상해 대한민국임시정부 옛청사 관리처 편, 김승일 옮김, 2005. 『중국항일전쟁과 한국 독립운동』, 시대의창.

손세일, 1970, 『이승만과 김구』, 일조각.

송남헌, 1985, 『해방3년사』 II, 까치.

송우혜, 2004, 『윤동주평전』, 푸른역사.

柴田政義 지음·孫學模 옮김, 1990, 『東歐政治經濟史: 東歐人民主主義의 形成』, 인간사랑.

신주백, 2009, 『1930년대 중국 관내지역 정당통일운동』(한국독립운동의역사 48), 독립기념관 한국독립운동사연구소.

애국동지원호회편, 1956, 『한국독립운동사』.

염인호, 1993, 『김원봉연구』, 창작과비평사.

廉仁鎬, 1994, 『朝鮮義勇軍硏究: 民族運動을 中心으로』, 국민대학교 대학원 국사학과 박사학위논문.

염인호, 2001, 『조선의용군의 독립운동』, 나남.

_____, 2009, 『조선의용대·조선의용군』(한국독립운동의 역사 53), 독립기념관 한국독립운동사연구소.

윤대원, 2006, 『상해시기 대한민국임시정부 연구』, 서울대학교출판부.

_____, 2022, 『제국의 암살자들: 김구 암살 공작의 전말』, 태학사.

李萬珪, 1946, 『呂運亨鬪爭史』, 民主文化社.

이정식, 1974, 『김규식의 생애』, 신구문화사.

이현희, 1982, 『대한민국임시정부사』, 집문당.

임경석, 2003, 『한국사회주의운동의 기원』, 역사비평.

전인갑, 2002, 『20세기 전반기 상해사회의 지역주의와 노동자』, 서울대학교출판부.

정문상, 2004, 『중국의 국민혁명과 상해학생운동』, 혜안.

정병준, 1995, 『몽양여운형평전』, 한울.

_____, 2005, 『우남이승만연구』, 역사비평.

_____, 2009, 『광복 직전 독립운동세력의 동향』, 독립기념관 한국독립운동사연구소.

_____, 2023, 『1945년 해방 직후사』, 돌베개.

鄭用大, 1992, 『大韓民國臨時政府外交史』, 한국정신문화연구원.

정용욱, 2003, 『해방 전후 미국의 대한정책』, 서울대학교출판부.

제임스 I. 매트레이 지음, 구대열 옮김, 1989, 『한반도의 분단과 미국: 미국의 대한정책, 1941-1950』, 을유문화사.

조덕천, 2021, 『1920년대 중한호조사의 결성과 한중연대』, 단국대학교 박사학위논문.

조철행, 2011, 『국민대표회 전후민족운동 최고기관 조직론 연구』, 고려대학교 박사학위논문.

陳志讓 지음, 박준수 옮김, 1993 『軍紳政權: 근대중국 군벌의 실상』, 고려원.

한상도, 1994, 『한국독립운동과 중국군관학교』, 문학과지성사.

_____, 2008, 『한국독립운동의역사 24: 대한민국임시정부II-장정시기』, 독립기념관 한국독립운동사연구소.

한시준, 1993, 『한국광복군 연구』, 일조각.

胡春惠 지음, 신승하 옮김, 1978, 『중국 안의 한국독립운동』, 단국대학교출판부.
홍선표, 2002, 『재미한족연합위원회연구』, 한양대학교 박사학위논문.
황묘희, 2002, 『중경 대한민국임시정부사』, 경인문화사.
Arthur Bliss Lane, *I Saw Poland Betrayed*, Bobbs-Merrill Col, New York, 1948.
B. Baabar, *History of Mongolia*, Cambridge: The White Horse Press, 1999.
Bradley F. Smith, *The Shadow Warriors: O.S.S. and the Origins of the C.I.A.*, Basic Books, Inc., Publishers, N.Y. 1983.
Bruce Cumings, *The Origins of the Korean War*, vol. II, Princeton University Press, 1990.
Maochun Yu, *OSS in China: Prelude to Cold War*, Yale University Press, New Heaven and London, 1996.
Richard C. Lukas, *The Strange Allies, The United States and Poland, 1941-1945*, University of Tennessee Press, 1978.
Robert Coltman Jr., *The Chinese, their present and future: Medical, Political, and Social*, Philadelphia, 1891; *Yellow Crime, or Beleaguered in Peking: the Boxer's War Against the Foreigner*, 1901.
The Communist International, *The First Congress of the Toilers of the Far East, Held in Moscow, January 21st–February 1st, 1922. Closing Session in Petrograd, February 2nd 1922*. Hammersmith Books, Barnes Hight Street, London, SW13.
中央研究院 近代史研究所 編, 1988, 『國民政府與韓國獨立運動史料』.
渡辺春南, 1957, 『日本マルクス主義運動の黎明』, 青木書店.
石源華, 2009, 『韓國獨立運動與中國關係論集』上.
干國勳, 1984, 『藍衣社 復興社 力行社』臺北, 傳記文學出版社.
葛赤峰, 1944, 『朝鮮革命紀』, 商務印刷館.

□ 논문

康基柱, 1997, 「中韩互助社研究」, 가천대학교 아시아문화연구소, 『아시아문화연구』2.
고정휴, 1992, 「歐美駐箚韓國委員會의 초기 조직과 활동(1919~1922)」, 『歷史學報』

　　　　　134·135.

_____, 1993,「제2차 세계대전기 재미한인사회의 동향과 주미외교위원부의 활동」,
『국사관논총』 49.

_____, 2005,「하와이 中韓民衆同盟團(1938~1945) 연구」,『한국근현대사연구』
34(가을호).

_____, 2007,「상해임시정부의 초기 재정운영과 차관교섭 -임시대통령 이승만의 역
할을 중심으로-」,『한국사학보』 29.

구첩(邱捷), 2005,「윤봉길의 장거와 19로군의 송호항일」, 상해대한민국임시정부 옛
청사관리처편, 김승일 옮김,『중국항일전쟁과 한국독립운동』, 시대의창.

김광식, 1994,「자료소개 : 이승만서신」,『월간독립기념관』 2월호.

김광재, 1996,「在中 抗日民族協同戰線運動과 金星椒」,『한국민족운동사연구』 13.

_____, 2002,「조선민족혁명당의 연합국과의 합작활동」,『홍경만교수정년기념한국
사학논총』.

김도형, 2020,「현순의 주미공사관 설립 추진과 논의」,『한국근현대사연구』 93.

김서연, 2018,「조지 맥아피 맥큔(George McAfee McCune)의 생애와 한국 연구」,
『한국사연구』 18.

김세호, 2014,「북벌 직후 '신흥중국'에 대한 한국 언론의 일 시각 -조선일보 특파원
李灌鎔의 취재(1928.10~1929.2)를 중심으로-」,『중국근현대사연구』 61.

김영범, 1988,「조선의용대 연구」,『한국독립운동사연구』 2.

김용진, 2020,「비행사 출신 徐曰甫의 생애와 무장독립운동」,『한국민족운동사연구』
104.

김우전, 1992,「한국광복군과 미국OSS의 공동작전에 관한 연구」,『수촌박영석교수환
갑기념 한민족독립운동사논총』, 탐구당.

김인식, 1998,「해방 후 안재홍의 중경임정영립보강 운동」,『한국독립운동사연구』
12.

김학준, 1999,「대한민국임시정부의 소비에트 러시아에 대한 외교」,『대한민국임시
정부수립80주년기념논문집』 하.

나현수, 1989,「제1차 국공합작과 북벌」, 서울대학교 동양사학연구실편,『강좌 중국
사 Ⅶ』, 지식산업사.

도진순, 1996, 「백범일지의 원본·필사본·출간본 비교 연구」, 『한국사연구』 92.

류동연, 2015, 「韓志成의 생애와 민족운동: 1930·1940년대 中國·印緬 지역 활동을 중심으로」, 『한국근현대사연구』 74.

_____, 2020, 「R. C. Bacon 유족 제공 자료를 통해 본 인면전구공작대」, 『한국근현대사연구』 94.

_____, 2021, 「한국광복군 인면전구공작대의 파견 배경과 성격」, 『한국근현대사연구』 95.

박민영, 2009, 「한국광복군 印緬戰區工作隊 연구」, 『한국독립운동사연구』 33.

박성수, 1967, 「한국광복군에 대하여: 소위 '준승9항'을 중심으로」, 『백산학보』 3.

반병률, 1999, 「대한민국임시정부와 노령지역 독립운동」, 『대한민국임시정부80주년 기념논문집』 상, 국가보훈처.

_____, 2000, 「醫師 李泰俊(1883~1921)의 독립운동과 몽골」, 『한국근현대사연구』 13.

_____, 2005, 「金立과 항일민족운동」, 『한국근현대사연구』 32.

_____, 2006, 「해제: I 인면전구공작대」, 『대한민국임시정부자료집』 12(한국광복군 III).

_____, 2013, 「이태준: 항일민족운동과 몽골」, 『여명기 민족운동의 순교자들』, 신서원.

_____, 2017, 「모스크바 원동민족혁명단체대표회와 한국독립운동」, 『3·1운동 전후 국제정세의 변화와 한국독립운동』, 광복72주년·독립기념관 개관 30주년 기념 국제학술회의(2017. 8. 10. 한국프레스센터).

_____, 2018a, 「원동민족혁명단체대표회와 한국독립운동 (1)-대회 개최의 배경과 준비」, 『역사문화연구』 36.

_____, 2018b, 「이태준의 서한을 통해서 본 한국독립운동」, 『대암 이태준 애국지사의 삶과 독립운동』, 함안문화원 2018년 학술회의.

방선주, 1979, 「재상해일본총영사관(在上海日本總領事館) 경찰부(警察部) 1930년대 상해(上海) 거주 한국인의 실태」, 『신동아』 8월호.

_____, 1988, 「3·1운동과 재미한인」, 『한민족독립운동사』 3(3·1운동).

_____, 1989, 「1921~22년의 워싱턴회의와 재미한인의 독립청원운동」, 『한민족독

립운동사』6.

_____, 1990, 「1930년대의 재미한인독립운동」, 『한민족독립운동사』 8(3·1 운동이후의 민족운동 1).

_____, 1998, 「이승만과 한길수」, 『이승만의 독립운동과 대한민국 건국』, 연세대학교 현대한국학연구소 제2차 국제학술회의. (2000, 『이승만연구』, 연세대학교 출판부 수록.)

_____, 1999, 「대한민국임시정부와 미국」, 『대한민국임시정부와 독립운동』, 대한민국임시정부 수립80주년기념 국제학술회의.

배경한, 1994, 「북벌시기 장개석과 반제문제 -제남사건(1928. 5)의 해결교섭 과정과 반일운동에의 대응을 중심으로 -」, 『역사와경계』 25·26.

_____, 2018, 「박은식과 '中韓互助': 『道路月刊』게재 논설 6편의 내용과 의미」, 『진단학보』 180.

森川展昭, 1986, 「조선독립동맹의 성립과 활동에 관하여」, 이정식·한홍구 엮음, 『항전별곡』, 거름.

신경환, 2010, 「1930년대초 김규식의 국제정세 인식과 대내외 대응」, 『역사교육논총』 45.

신복룡, 1994, 「한국신탁통치의 연구: 미국의 구도와 변질을 중심으로」, 『한국정치학회보』 27-2.

어네슈타인 에반스 지음, 신복룡 옮김, 2012, 「모스크바에서 본 동방 -1921~1922년의 극동피압박민족회의 참관기-」, 『한국민족운동사연구』 72.

안종철, 2005, 「미국 제도권 한국학의 탄생과 미국의 대한인식: 조지 M. 맥큔을 중심으로」, 『세계 속의 한국사』, 태학사.

양지선, 2016, 「한국독립운동세력과 CC파·역행사의 공동 첩보활동」, 『동양학』 62.

염인호, 2021, 「중일전쟁기 한국광복군 창설에 관한 일 연구-창설 배경 및 과정을 중심으로」, 『한국독립운동사연구』 76.

윤소영, 2023, 「자료소개: 박용만 저, 『연경야화(燕京夜話)』」, 『한국독립운동사연구』 84.

이상훈, 1996, 「김규식의 구미위원부 활동(1919~1920)」, 한림대학교 사학과 석사학위논문.

이승억, 1997,「임시정부의 귀국과 대미군정 관계(1945. 8~1946. 2)」,『역사와현실』 24.

이애숙, 1999,「상해임시정부 참여세력의 對蘇 교섭 -이동휘 국무총리 시기(1919년 11월~1921년 1월)를 중심으로-」,『역사와현실』 32.

이영춘(李永春), 2005,「모택동과 장사(長沙)한중호조사」, 상해대한민국임시정부 옛 청사 관리처 편, 김승일 옮김,『중국항일전쟁과 한국독립운동』, 시대의창.

이완범, 2022,「미국 루스벨트 행정부의 전후 한반도 신탁통치 구상 형성 -그 이상과 현실, 1939~1943-」,『한국독립운동사연구』 78.

임경석, 1999,「극동민족대회와 조선대표단」,『역사와현실』 32.

_____, 2007,「1922년 베르흐네우딘스크 대회의 결렬」,『한국사학보』 27.

_____, 2013,「국민대표회의 폐막이후 창조파의 동향」,『東方學志』 16.

장석윤, 1972,「축간사」(張錫潤) W. R. Peers 저·林德圭 역,『OSS의 비사: 미군사상 최초 최강의 게릴라』동서문화원(이 책의 원제는 Peers, William R. and Dean Brelis, Behind the Burma Road, Boston: Little, Brown & Co. 1963).

장세윤, 1988,「중일전쟁기 대한민국 임시정부의 대중국외교: 광복군 문제를 중심으로」,『한국독립운동사연구』 2.

張會見, 2016,「尤史 金奎植의 教育 生涯와 韓國語學 研究」,『奎章閣』 49.

정두옥, 1991,「재미한족독립운동실기」,『한국학연구』 3(별집), 인하대학교 한국학연구소..

정병준, 1993,「朝鮮建國同盟의 조직과 활동」,『韓國史研究』 80.

_____, 1996,「주한미군정의 '임시한국행정부' 수립 구상과 독립촉성중앙협의회」,『역사와현실』 19.

_____, 1997,「해방직후 李承晩의 귀국과 東京會合」, 于松趙東杰先生停年紀念論叢刊行委員會,『韓國民族運動史研究』, 나남.

_____, 1997,「여운형의 좌우합작·남북연합과 김일성」,『역사비평』 여름호.

_____, 1998,「이승만의 정치고문들」,『역사비평』 여름호.

_____, 1999,「대한경제보국회의 결성과 활동」,『역사와현실』 33.

_____, 1999,「해방직전 임시정부의 민족통일전선운동」,『대한민국임시정부수립80주년기념논문집(하)』, 국가보훈처.

_____, 2000, 「1945~1947년 우익진영의 '愛國金'과 李承晚의 정치자금 운용」, 『한국사연구』 109.

_____, 2001, 「해제: 태평양전쟁기 재미한인의 독립운동과 美전략첩보국의 냅코계획」, 『NAPKO Project of OSS: 재미한인들의 조국 정진 계획(海外의 韓國獨立運動史料 24, 美洲篇 6)』, 국가보훈처.

_____, 2002, 「해방 전후 美洲 韓人 독립운동 관련자료 연구」, 한국정신문화연구원 편, 『해방 전후사 사료 연구I』, 선인.

_____, 2003, 「朴順東의 항일투쟁과 美 전략첩보국(OSS)의 한반도침투작전」, 『지방사와지방문화』 6(2호).

_____, 2004, 「1940년대 재미한인 독립운동의 노선과 성격」, 『한국민족운동사연구』 38.

_____, 2004, 「해방 이후 여운형의 통일·독립운동과 사상적 지향」, 『한국민족운동사연구』 39.

_____, 2005, 「해제」, 『대한민국임시정부자료집』 3(임시의정원II).

_____, 2005, 「金乎의 항일독립운동과 정치활동」, 『한국민족운동사연구』 43.

_____, 2007, 「태평양전쟁기 이승만: 중경임시정부와의 관계와 연대 강화」, 『한국사연구』 137.

_____, 2009, 「1940년대 대한민국임시의정원의 건국 구상」, 『한국민족운동사연구』 61.

_____, 2011, 「해제」, 『대한민국임시정부자료집』 34(한국독립당 II).

_____, 2014, 「카이로회담의 한국 문제 논의와 카이로선언 한국조항의 작성 과정」, 『역사비평』 여름호.

_____, 2015, 「대한민국임시정부의 전후구상과 환국」, 『한국독립운동사연구』 52.

_____, 2020, 「해제문」, 『대한민국 의회정치의 시작 임시의정원 국외 주료기록 해제집 미국편』, 국회도서관 국회기록보존소.

_____, 2023, 「영국의 카이로회담 인식과 카이로선언 한국 조항에 미친 영향」, 『역사비평』 겨울호.

_____, 2023, 「해제」, 『대한민국 임시정부 자료총서 제3집 - 영국국립문서보관소 소장 대한민국 임시정부자료: 인면전구공작대 및 외교문서』, 국립대한민국임시정

부기념관.

정용욱, 1993, 「미군정의 임정 관계 보고서」, 『역사비평』 가을호.

조규태, 2008, 「1920년대 북경지역 한인유학생의 민족운동」, 『한국독립운동사연구』 30.

『조선의용군발자취』 집필조, 1987, 「중국공산당 제7차 대표대회에서 한 왕외동지의 연설」, 『중국의 광활한 대지우에서』. 연변인민출판사.

조영렬, 1997, 「트루만 기념도서관의 한국현대사 자료」, 『建大史學』 9.

조철행, 1996, 「국민대표회(1921~1923) 연구-개조파·창조파의 민족해방운동론을 중심으로-」, 『사총』 44.

최기영, 2015, 「1920~1930년대 유기석의 독립운동과 아나키즘」, 『중국 관내 한국독립운동가의 삶과 투쟁』, 일조각.

쳐봉춘, 2011, 「廣東地域 朝鮮留學生들의 배움터와 革命運動 -1920年代에 限하여-」, 광주학생독립운동 82주년 기념 국제학술회의: 동아시아의 근대적 각성과 학생독립민권운동(2011. 12. 2. 전남대학교 학생독립운동연구단).

崔鳳春, 2005, 「조선의용대의 창설과 활동 補遺」, 『한국독립운동사연구』 25.

최영호, 2010, 「박용만 문무를 겸비한 비운의 민족주의자」, 『한국사시민강좌』 47.

鐸木昌之, 1986, 「조선독립동맹의 성립과 활동에 관하여」, 이정식·한홍구 엮음, 『항전별곡』, 거름.

한규무, 2004, 「극동인민대표회의에 참가한 '조선예수교대표회' 현순의 '위임장'과 그가 작성한 '조사표'」, 『한국근현대사연구』 30.

한상도, 1989, 「金元鳳의 朝鮮革命軍事政治幹部學校 운영(1932 35)과 그 입교생」, 『한국학보』 57.

_____, 1995, 「1930년대 좌우익 진영의 협동전선운동」, 김희곤·한상도·한시준·유병용 지음, 『대한민국임시정부의 좌우합작운동』, 한울.

_____, 2000, 「조선의용대의 국제연대 인식과 대만의용대」, 『한국독립운동과 국제환경』, 한울아카데미.

_____, 2013, 「제2차 세계대전기 김원봉의 임시정부 참여와 통합임정 체제 내의 동향」, 『한국독립운동사연구』 44.

한승훈, 2022, 「태평양 전쟁기 영국의 한국 독립운동진영의 주목 계기와 그 인식: 김원봉과 조선민족혁명당을 중심으로」, 『한국독립운동사연구』 79.

한시준, 1993, 「한국광복군과 중국군사위원회와의 관계」, 『국사관논총』 47.

_____, 1995, 「1940년대 전반기의 민족통일전선운동」, 『대한민국임시정부의 좌우합작운동』, 한울아카데미.

_____, 2003, 「대한민국임시정부의 환국」, 『한국근현대사연구』 25.

한철호, 2002, 「1930년대 전반기 한중연대와 항일운동」, 『한국근현대사연구』 22.

한홍구, 1988, 「화북조선독립동맹의 조직과 활동」, 서울대학교 국사학과 석사학위논문.

홍석표, 2013, 「류수인(柳樹人)과 루쉰(魯迅): 〈광인일기〉 번역과 사상적 연대」, 『중국문학』 77.

Ernestine Evans, "Looking East from Moscow," *ASIA*, volume XXII, number 12, December 1922.

James I. Matray, "An End to Indifference: America's Korean Policy During World War II," *Diplomatic History*, Spring 1978, Vol 2, No. 2.

Linda J. Min, "Kilsoo K. Haan versus Syngman Rhee: a competition for leadership in the Korean independence movement in the United States, 19381945," Graduate School of International Studies, Yonsei University, 1997

N. Khisigt, 2009, 「운게르 남작 지배하의 몽골」, 애국지사 대암이태준선생 기념사업회, 『애국지사 대암 이태준선생 서거 88주년기념 국제학술회의』, 경남 함안.

Nicola Di Cosmo, "Mongolian Topics in the U.S. Intelligence Reports, *Mongolian Studies*, no. 10, Journal of the Mongolian Society, 1986

Norton Ginsburg, "Shannon McCune 1913~1993," *Annals of the Association of American Geographers*, 84-3, 1994.

The Representatives of the Korean Delegation to the First Congress of the Communist and Revolutionary Parties of the Far East, "To the Executive Committee III Communist International" (April 5, 1922).

長田彰文, 1999, 「朝鮮獨立運動と國際關係 19181922年」, 『國際政治』 122.

陈光复·朴根亨, 2005, 「抗战时期川大外文系主任金尤史教授」, 四川大学档案馆.

稻葉强, 1991, 「太平洋戰中の在米朝鮮人運動特に韓吉洙の活動を中心に」, 『朝鮮民族運動史研究』7.

藤傑, 1980, 「三民主義力行社援助韓國獨立運動之經過」, 百益印刷事業有限公司.

鹿嶋節子, 1991, 「朝鮮民族戰線連盟について」, 『朝鮮民族運動史研究』7, 朝鮮民族運動史研究會, 神戶.

刘乔, 「抗战激流中的川大外教金尤史」, 『四川大学新闻网』(2019. 4. 1).

山極晃, 1966, 「極東民族大會について(1)」, 『横濱市立大學論叢(人文科學系列)』17-2·3合.

_____, 1969, 「極東民族大會と中國」, 『國際法外交雜誌』, 68-2.

山內昭人, 2007, 「片山潛, 在米日本人社會主義團とコミンテルン」, 初期コミンテルンと東アジア研究會 編著, 『初期コミンテルンと東アジア』, 東京, 不二出版株式會社.

山辺健太郎, 1959, 「日本近代史研究にをける資料批判-'極東民族大會の思に出'に關聯して」, 『思想』424(10月).

菊池一隆, 2019, 「中国特務「藍衣社」の組織と「反共抗日」一九二○, 三○年代を中心に」, 『人間文化』第34号.

加納敦子, 2016, 「韓国光復軍の「インド・ビルマ戦区工作隊」派遣」, 現代韓国朝鮮学会, 『現代韓国朝鮮研究』15.

干國勳, 1981, 「協助韓國獨立運動之回憶」, 韓國學會 編, 『韓國學報』第1期 民國70年, 臺灣.

_____, 「朝鮮義烈團員의 軍事教育(1932~1960)- 中國 國民黨政府의 韓國獨立運動」, 국방부 군사편찬연구소, 1982, 『군사사연구총서』5.

표·그림 목록

59쪽	〔표 1-1〕 극동민족대회 참가 한국대표단 구성
122쪽	〔표 2-1〕 소비에트러시아의 한국 자금 지원 내역
124쪽	〔표 2-2〕 한형권의 베를린 수령 지원금(20만 금 루블) 사용 내역
129쪽	〔표 2-3〕 국민대표회의 주비회 결산보고서
132쪽	〔표 2-4〕 한형권 26만 원(루블)의 사용 내역
140쪽	〔표 2-5〕 국민대표회 대표 선거 구역, 단체 및 인원수
144쪽	〔표 2-6〕 개조파·창조파·상해파·이르쿠츠크파의 범위
161쪽	〔표 2-7〕 국민위원회 위원 33명
174쪽	〔표 2-8〕 국민위원회의 한국·간도·블라디보스토크 파견 예정 인사 명단 (1923. 11. 12)
175쪽	〔표 2-9〕 국민위원회의 한국·간도·블라디보스토크 파견 예정 인사 (1923. 11. 12) 약력
187쪽	〔표 2-10〕 국민위원회 총회(제1회 대회) 참가자 및 사면·보선·선임자
239쪽	〔표 4-1〕 윤봉길 의거 이후 한국 독립운동 진영에 지원된 중국 측 자금 내역
331쪽	〔표 4-2〕 김규식이 1933년 미주에서 모금한 금액
356쪽	〔표 5-1〕 1935년 각 정당이 민족혁명당에 제출한 당원·월 수입 내역
394쪽	〔표 6-1〕 1939년 기강5당회의 광복진선·민족전선의 논쟁점
404쪽	〔표 6-2〕 조선의용대 편제(1938. 10. 3)
415쪽	〔표 6-3〕 1944년 한국독립당·조선민족혁명당 영수급 교육 배경 비교
421쪽	〔표 6-4〕 한국광복군총사령부 편제(1941. 11. 13)
428쪽	〔표 6-5〕 한독당-민혁당 통일회의 제1차 회의(1942. 4. 14~1942. 4. 16) 결과
433쪽	〔표 6-6〕 제34차 임시의정원 신규 당선 의원(1942. 10)
477쪽	〔표 7-1〕 「신세계에서의 미국: 제2부 태평양 관계」, 『포춘』(1942. 8)

536쪽	〔표 7-2〕 재미한족연합회의 임시정부 재정 지원 현황
584쪽	〔표 7-3〕 1944~1945년간 중경-연안의 연락 접촉

33쪽	극동민족대회 김규식 조사표. 러시아국립사회정치사문서보관소 소장.
42쪽	김규식, 김진동, 김은식(몽고 고륜, 1918). 이정식 소장.
54쪽	극동민족대회 주석단. (1열 오른쪽부터) 여운형, 김규식, 장국도, 가타야마 센(연설자), 미상, 슈미야츠키(서 있는 사람), 몽고 대표, 미상, 부하린(서 있는 사람). 러시아국립사회정치사문서보관소 소장.
55쪽	극동민족대회 주석단. (1열 왼쪽부터) 김규식, 여운형, 미상, 미상, 슈미야츠키, 가타야마 센, 장국도. Ernestine Evans.
85쪽	외교교섭단 의장 김규식, 비서 한명세, 위원 김시현·최창식 서명(1922. 4. 5). 러시아국립사회정치사문서보관소 소장.
269쪽	『원동정세』(1933). 한국연구원 소장.
282쪽	노동사회개진당. (2열 오른쪽부터) 정한경(아이를 안고 있는 사람), 백일규, 이살음(1919년경). Henry De Young.
300쪽	김규식, 사촌매제 조오홍(디트로이트, 1933). 김메리 소장.
302쪽	김규식 발언이 실린 『뉴욕타임스』(1933. 6. 18).
307쪽	김규식 환영 시카고 한인 야유회. (1열 왼쪽부터) 3번째 전경무, 4번째 한장호, 6번째 김규식. (2열 왼쪽) 7번째 Mary Dunn(전경무 부인). (3열 왼쪽) 4번째 정한경, 5번째 김경, 7번째 한승곤(1933). 안형주 소장.
309쪽	한길수 문서에 포함된 김규식과 중한민중동맹 설명. Stan Haan 소장.
322쪽	김규식이 리한에게 준 신임장(1933. 7. 21). Stan Haan 소장.
323쪽	중한민중대동맹이 리한에게 준 신임장(1935. 2. 15). Stan Haan 소장.
371쪽	양정명, 「또 다른 대협곡 풍경」(1945). 『양자유경』.
373쪽	양정명, 「또 하나의 아미산 풍경」(1945). 『양자유경』.
436쪽	조선민족혁명당 제7차 전당대표대회, 정조(政組)대표대회(중경. 1943. 2. 24). (1열 오른쪽부터) 김인철, 강창제, 성현원, 김약산, 김규식, 김붕준, 신영삼, 윤홍운. (2열) 김문, 김상덕, 이집중, 이해명, 신기언, 김철남, 송욱동, 최석순, 한석원. (3열) 조빈, 윤징우, 한지성, 문일민, 왕통, 조중

	철. Stan Haan 소장.
456쪽	조선의용대의 한길수 주미전권대표 위임장(1941. 4. 1). NARA.
457쪽	김약산(김원봉)이 한길수에게 보낸 편지(1942. 11. 18). NARA.
474쪽	「신세계에서의 미국: 제2부 태평양 관계」, 『포춘』(1942. 8).
485쪽	자유한인대회의 김규식(중경, 1943. 5. 10).
514쪽	중국 국민당정부의 임시정부 지원 책임자 주가화, 오철성, 하응흠(왼쪽부터).
612쪽	김규식 휘호 〈만리붕정 일주위공〉(萬里鵬程 一奏偉功)(중경, 1945. 11. 4). 숭실대학교 소장.
614쪽	중경 연화지 임시정부 청사에서 찍은 임시정부 요인 기념사진(1945. 11. 3).
615쪽	상해비행장에 도착한 임정 요인들(1945. 11. 5). (2열 왼쪽부터) 김규식, 조완구, 김구, 안미생, 미상, 이시영. (1열) 가운데 소년 이종찬.
618쪽	돈암장의 김규식과 이승만(1945. 11. 29). 자유신문.
620쪽	서울에 도착한 임정 요인 2진 기념사진(1945. 12. 3). (1열 왼쪽부터) 장건상, 조완구, 이시영, 김구, 김규식, 조소앙, 신익희, 조성환. (2열) 류진동, 황학수, 성주식, 김성숙, 김상덕, 유림, 조경한, 김붕준, 유동열, 김원봉, 최동오.

찾아보기

숫자·약자

101지대Special Unit Detachment 101
　(SU DET 101) 55, 554
105인 사건 644
20만 금 루블(레닌자금) 80, 86, 94, 96~
　98, 100, 102, 105, 108, 120~124, 126,
　133
5당통일회의 576~580, 587
5당회의 393, 396, 397, 412
5방주비회 118, 119
CC단 347, 348, 390

ㄱ

가타야마 센片山潛 48, 53, 54, 58, 61,
　178, 583
간백촌簡伯村 402, 403
간탁견簡卓堅 403
감귤원柑子园→죽근탄 감귤원
강구우姜九禹 150, 156, 161, 182, 186~
　189, 192
강석훈姜錫勳 143
강수희姜受禧 156, 174, 175, 187
강역생 288
강영승康永昇 287
강용흘姜鏞訖 694
강창제姜昌濟(강화조姜華祖) 353, 355
강택康澤 346, 347, 396, 398, 413

개조론 78, 155, 162, 667
개조파 110, 143~148, 150, 152~156,
　159, 162, 164, 166, 177, 179, 668
개조파 삼삼三三 프랙션 120
건국강령建國綱領 391, 460, 517, 527, 603
건국동맹建國同盟 582, 589, 590
게인, 마크Gayn, Mark 738
계봉우桂奉瑀 86, 95
고등보수학원高等補修學院 198, 200, 201,
　206, 217
고려공산당 통합당대회 45
고려혁명군高麗革命軍 40, 61, 71, 80, 88
　~90, 161, 162, 166, 175
고려혁명군정의회高麗革命軍政議會 161,
　162
고세창 452
고소암 304, 305, 332
고스Gauss, Clarence 497, 608
고유균顧維鈞 368
　-쿠, 웰링턴Koo, Wellington 680
고이소 구니아키小磯國昭 743
고일명高一鳴 418
고종高宗 631, 632, 637~640
고창일高昌一 90, 94, 95, 100, 102, 103,
　120, 123
골골 김규식Kim Kiu-Sickly 655
공금횡령 및 날조한 암살단 사건의 진상

774

501, 529
공금횡령 사건 502, 509, 530, 682
공보국 654, 693, 694
공진원公震遠(고운기高雲起) 417
공채표 139, 654~656, 665
공패성貢沛誠 349
과도입법기구Senate(interim legislative body) 726
과도입법의원過渡立法議院(입법의원) 15, 627, 636, 714, 726, 727, 742
과도정부過渡政府 604~606, 611, 714, 715, 726, 727, 728
곽낙원郭樂園 507
곽말약郭沫若 400
곽태기郭泰祺 426
광복군光復軍 141, 266, 326, 347, 350, 351, 386, 392, 398, 404, 408, 412~414, 416~424, 426, 427, 430~432, 442, 443, 450, 455, 456, 458, 459, 461, 462, 467, 468, 470, 487, 494~498, 502, 506, 509, 510, 514, 516, 517, 521, 523, 531~533, 537, 544, 553, 567~569, 570, 571, 573~577, 579, 588, 591, 592, 597, 599~603, 609, 611, 682, 683, 685, 687, 689, 690
광복군 제1지대 432, 458, 459, 463, 495, 570, 574
광복군 행동준승 9개조→한국광복군 행동준승 9개조
광복군-OSS 합동훈련 572
광복운동자 519, 525, 527
광복진선光復陣線→한국광복운동단체연합회
광산스캔들 691, 714, 723, 745
교한치矯漢治 402, 403
구미위원부歐美委員部 14, 70, 79, 104, 116~118, 127, 197, 281, 288, 312, 326, 537, 538, 596, 655, 656, 670, 688
구미위원부 위원장 17, 116, 283, 451, 596, 654, 665, 683
구익균具益均 353
국공합작國共合作 75, 226, 263, 387, 400, 517, 684
국립문서보관소The National Archives (TNA) 646
국무위원회 94, 158, 159, 160, 163, 165, 166, 173, 182~184, 186, 241, 483, 502, 518, 524, 526, 538, 551, 579, 582, 705, 751
국민대표대회 72, 75, 160, 508, 561, 581, 642
국민대표회國民代表會 81, 82, 84, 86, 90, 93, 96, 98, 106, 117, 118, 119, 124, 125, 131~134, 143~145, 148, 149, 159, 166, 167, 175, 178, 180, 197, 286, 303
 -국민대표회 기성회期成會 72, 118, 119, 142
 -국민대표회 남만촉성회南滿促成會 141, 142
 -국민대표회 연설회 139
 -국민대표회 주비위원회籌備委員會 119, 139, 140
 -국민대표회 주비회籌備會(오르그뷰

로) 118, 119, 120, 125, 128~131,
133, 134, 135, 142, 143, 175
　-국민대표회 준비위원회 공장정公章程
　142
국민대표회의國民代表會議　14, 72, 77, 78,
87, 88, 91, 93, 97, 102, 105, 110, 111,
118, 119, 127, 128, 134, 139, 142, 143,
145, 146, 148~153, 155~161, 166,
167, 172, 173, 177~181, 184, 187, 188,
191, 194, 197, 223, 250, 279, 352, 353,
662, 663, 667~669, 672, 676, 702, 703,
707
국민대회 소집　657
국민위원회National Council　134, 157,
158~161, 163~183, 186~193, 194,
661, 668, 670, 703
　　-국민위원회 공보國民委員會 公報　186,
　　189, 479
　　-국민위원회 집무규정안　183
국민의회國民議會　71, 80, 82, 84, 86, 93,
95, 150, 151, 159
국민회國民會　88, 117, 120, 127, 135, 145,
159, 175, 249, 255, 266, 277, 279, 280,
281, 284, 285, 287~290, 292~298,
303~306, 308, 311~313, 325, 328,
332, 333, 352, 354, 388, 446, 469, 535,
537, 544, 545, 548, 549, 556, 653~655,
660, 661, 670, 673
국제감호國際監護(International Guardian-
ship)　472, 473, 482, 689
　　-국제감호설國際監護說　484, 621
국제공관國際共管　473, 481, 483, 485

　-국제공관론　486
　-국제공동관리國際共管　480, 484
국제공영國際共營　473, 516, 621, 689
　-국제공영론　715
국제문제연구소The Institute of World
　Affairs　401, 479, 503
국제신탁　482
국제신탁통치　489, 490, 523
국제연맹　245, 271, 275, 279, 313, 338,
654
군사특파단　412
굿펠로우Goodfellow, Preston M.　693,
716, 719, 722, 723, 726, 730
권국빈權國彬　250
권애라權愛羅　30, 32, 35, 109
권화순　122
극동공화국　29, 34, 45, 47, 49, 108, 121
극동민족대회 한국대표단 외교교섭단　81
~98, 102, 104, 107, 108, 110, 118,
164, 666
극동민족대회Congress of the Toilers of the
Far East　14, 29, 30, 31, 34, 36, 48, 52,
53, 56, 57, 62, 65, 68, 72~75, 77~86,
89~94, 96, 97, 101, 102, 105, 106,
110, 111, 115, 118, 119, 130, 243, 275,
642, 662~664, 666, 667, 669, 670
　-극동피압박민족대표자대회　48, 50
극동반파시스트동맹　401, 402
극동피압박민족대표자대회→극동민족대회
근왕주의勤王主義　639, 640
기강7당회의綦江7黨會議　396, 397, 412
기토 가쓰미木藤克己　662

김강金剛　465, 526, 555
김건영　629
김경金慶　287, 298, 299, 306, 332, 341
김경천金擎天　175
김구金九　14, 15, 18, 95, 135, 157, 218,
　　219, 228, 237~243, 247, 250, 251,
　　257~259, 261, 338, 345, 348~351,
　　353, 354, 358, 362, 363, 367, 368, 374,
　　387, 388, 390, 392, 393, 395, 396,
　　411~414, 416, 417, 419, 420, 422,
　　426~428, 431, 432, 435, 443~446,
　　456, 462, 463, 470, 471, 477, 480,
　　487, 488, 494, 496, 498, 500~502,
　　504~513, 515, 520, 524, 528, 529,
　　533, 535, 537, 538, 540~542, 544,
　　545, 547, 549, 553, 554, 560~562,
　　567, 571~575, 578, 582~584, 586,
　　587, 590~592, 599~603, 606, 609,
　　610, 611, 613, 615, 616, 618, 619, 621,
　　637, 662, 672, 677, 678, 680~686,
　　688, 690~692, 694, 714, 716, 717,
　　720~723, 728, 738, 744~747
　　　-킹스톤Kingston　554
김구례金求禮　228
김구특무대　243
김규식金奎植
　　-김우사金尤史　376~380, 679
　　-김중문金仲文　207, 209, 255, 262,
　　　290, 304, 324, 355, 361, 679
　　-본갑이　633
　　-여일민余一民　209, 378
　　-왕개석王介石　209

　　-존John　633, 647
　　-한재강韓再剛　339
　　-한중서韓中書　319
김국빈金國賓　261, 286
김규광金奎光→김성숙
김규면金圭冕　122, 123, 132, 133, 156
김규찬金奎贊　92, 231, 629, 630, 637
김극→김단야
김기원金起元(김붕준金朋濬)　494
김단야金丹冶　30, 32, 58, 59, 669
　　-김극　30
　　-김주金柱　32
김동산金東山(김인金仁)　417
김동삼金東三　120, 143, 146, 148, 154
김동수金東洙　411
김동우金東宇　241, 242
김두만金斗萬　136, 137
김두봉金枓奉　140, 160, 201, 219, 241,
　　248, 255, 352~355, 357, 398, 459, 583,
　　584, 587, 717, 747
김립金立　36, 42, 94~96, 99, 102, 106,
　　108, 120, 122
김마리아　143, 637
김만겸金萬謙　30, 103, 151, 164, 165, 168
김만애金晚愛　229
김메리　631
김명시金命時　589
김문숙金文淑→김순애
김병환金炳煥　720
김붕준金朋濬　135, 353, 358, 417, 418,
　　425, 436, 494, 522, 523, 528, 578, 620,
　　773

김빈金斌(김병태金餠泰) 352
김사준金思準 353
김상덕金尙德 35, 154, 318, 355, 425, 433, 434, 436, 463, 519, 578, 619, 620, 721
김석金晳 240~242
김성수金性洙 694, 717, 720, 738
김성숙金星淑 388, 389, 392, 393, 402, 403, 437, 443, 528, 531, 534, 567, 620
　-김규광金奎光 388, 389, 392, 402, 403, 487, 508, 578
김성호金成浩 502, 521
김세웅金世雄 260
김세준金世俊 161, 182, 186~189, 192
김순애金淳愛 16, 140, 160, 162, 201, 215, 218, 220, 227~229, 231~233, 369, 441, 526, 636, 646, 653, 657, 668
　-김문숙金文淑 201
김시현金始顯 58, 81, 85~87
김약산金若山→김원봉
김연희 174
김염金焰(김덕린) 227
김영(김덕봉) 228
김영기金永琦 493
김영진金永鎭 30, 32
김영호金永浩(이준연李埈然) 219, 222~224, 226, 247
김용기金容基 741
김용원金鏞元(김지성金智性) 232, 629~633, 637
김용중金龍中 479, 480, 607
김용철金容喆 153
김우사金尤史→김규식

김우애金尤愛 209, 230, 368, 369, 374, 601, 680, 690
김우희金宇希→이충모
김원경金元慶 30, 58, 59, 67, 68, 73, 109, 199
김원봉金元鳳 43, 239, 247, 251, 253, 255, 258, 260, 262, 266, 326, 337, 345~347, 350, 351, 353, 355~357, 359, 361, 363, 387, 388, 390, 391~393, 395, 396, 398~403, 405, 406, 409, 410, 412~414, 419, 425, 426, 428, 431, 432, 434, 437, 442, 453~456, 458~462, 464~471, 483, 487, 494, 495, 497, 500, 501, 512~514, 519, 531, 534, 541, 542, 545, 569, 570, 573, 575, 584, 585, 586, 596, 598, 601, 602, 604, 620, 621, 676~678, 682~688, 690, 719
　-김약산金若山 426, 433, 436, 444, 445, 454, 457, 458, 461, 487, 494, 502~512, 522, 526, 528~531, 534, 550, 567, 569, 574, 597, 685
　-진국빈陳國斌 259, 403
김원용金元容 293, 312, 316, 328, 447, 545, 550, 552, 562, 744
김윤서金允敍 460, 522
김은식金恩植 41~44, 231, 636
김은준金恩準 357
김응섭金應燮 160, 161, 163, 178, 186~189, 739
김의한金毅漢 418
김익승金益昇 631
김인金仁 374, 375

김인전金仁全 135~137
김인철金仁哲 393, 400, 425, 436, 454, 493
김일성金日成 467, 468, 582, 590~592, 692, 717, 719, 747
   -김일성 빨치산 582, 590
김일주金一柱 219
김자동金紫東 415, 521, 522, 576
김재호金在浩 434
김정진金廷鎭→김호
김정하金鼎夏 120, 144, 179
김종상金鐘商 135, 200
김좌경金佐卿 495, 522
김주金柱→김단야
김준金俊 454
김준섭金俊燮 225
김준엽金俊燁 569, 572
김중문金仲文→김규식
김지천金之川 379, 380
김진동金鎭東 16, 41, 199, 228, 230~234, 562, 616, 619, 636, 731
김진성金鎭成 231, 629, 630
김진세金鎭世 16, 375~377
김창숙金昌淑 161, 187, 619
김창순金昌純 368, 680
김창화金昌華(진광화陳光華) 496
김창환金昌煥 355
김책金策 592
김철金澈 35, 119, 120, 135, 144, 148, 160, 199, 219, 238~243, 250, 261, 338, 339, 343, 352, 358, 653
김철수金鐵洙 35, 36, 119, 148, 152

김철훈金哲勳 178
김필례金弼禮 111, 231, 637
김필립金弼立 199
김필순金弼淳 41, 227, 228, 231, 232, 637, 644, 647, 657
김하석金夏錫 165
김학규金學奎 354, 355, 361, 407, 411, 417~419, 435, 574
김학무金學武 400, 402, 403, 406, 409, 584
김한애金韓愛 229
김해악金海岳 96, 392
김헌식金憲植 642
김혁金革 161, 187
김현구金鉉九 297, 312, 313, 316, 317, 328, 434
김형권金亨權 161
김형순金衡珣 293
김호金乎 279, 293, 343, 445, 446, 535, 540, 541, 545~549, 552, 562, 686
   -김정진金廷鎭 279, 280, 293, 343
김호익金虎翼 161
김홍서金弘敍 135~137, 239, 353
김홍일金弘一 160, 161, 187, 238, 239, 398, 574, 575
   -왕웅王雄 238, 239
   -왕일서王逸曙 574, 575
김활석金活石(김상덕金尙德) 355
김효자金孝子 374, 375

ㄴ

나기호羅基瑚 651

나동규羅東圭 502, 521

나용균羅容均 29, 32, 34~37, 40, 41, 46, 109, 129, 130, 135

나우羅愚 140

나월환羅月煥 411, 413, 459

나청羅靑 348

나태섭羅泰燮 412, 418

낙양군관학교 한인특설반韓人特設班 243

낙양분교 한인특별반韓人特別班 350, 351, 361

남경 중앙정치학교 205, 339, 376, 595

남경대학살 212, 385

남공선南公善 140, 160, 187, 192

남궁염南宮炎 305

남목청 사건楠木廳 事件 349

남부의 호의Southern Hospitality 641

남북연석회의 747

남북협상 15, 16, 18, 443, 663, 77

남의사藍衣社 345~348, 351, 390, 398, 403~406

남조선국민대표민주의원南朝鮮國民代表民主議院(민주의원) 621, 691, 714~716, 719~724, 728, 732, 745

남한 내각Southern Korean Cabinet 726

남형우南亨祐 119, 129, 135, 142, 143, 148, 154

남화학원南華學院 137, 138, 194, 197, 198, 199, 200, 203, 206, 208

내무부령 제1호 157

냅코프로젝트NAPKO Project 554, 572

네 흡혈귀들의 동맹Alliance of the Four Bloodsuckers 66, 78

노능서魯能瑞 572

노덕술盧德述 734, 736, 741, 744

노동사회개진당勞動社會改進黨 281, 282, 664

노백린盧伯麟 117, 153~155

노종균盧鍾均 240

뇌종양 수술 223, 655, 665

니시히로 다다오西廣忠雄 743

니푸지지Nippu Jiji(日布時事) 314

ㄷ

다구치 운조田口運藏 58

단잔Danzan, Ajvain(日本團山, 단싱丹增) 40, 41, 44, 52, 58, 61, 89

대동단결선언大同團結宣言 657, 661

대립戴笠 348, 497, 515

대만의용대臺灣義勇隊 407

대일전선통일동맹對日戰線統一同盟(대일전선통일동맹회對日戰線統一同盟會) 250, 253, 257, 259, 262, 281, 285, 286, 296, 353, 674

대전현戴傳賢 499

대한경제보국회大韓經濟輔國會 730

대한독립당大韓獨立黨 249, 255, 293~295, 332, 354~357, 359, 387, 676

대한민국임시정부 12, 21, 31, 70, 101, 123, 126, 140, 146, 152, 155, 251, 271, 659

대한민국임시약헌大韓民國臨時約憲 518, 524

대한민주국大韓民主國 539

대한민주국 임시정부 665

대한애국부인회 30 160, 550, 668
대한의용군 49, 162
대한인국민회 279, 287, 288, 290, 295, 298, 325, 387, 550, 654, 660, 665
대행선거제代行選擧制(대행제) 462, 519, 525
도노반Donovan, William B. 572, 573, 597, 599
도인권都寅權 161, 163, 174, 175, 182, 183, 186, 187
도조 히데키東條英機 743
도쿠다 큐이치德田球一 34, 41
도화서 화원圖畫署 畫員 631, 632
독립 450, 451, 466, 501, 509, 529, 530, 564
독립신문 81, 95, 142, 485
독립신문사 30, 61
독립운동자대표대회 579, 581, 582, 587, 589, 747
독립촉성중앙협의회獨立促成中央協議會(독촉중협) 605, 606, 715, 619, 691, 722
독수리작전Eagle Project 571, 572, 574, 599
돌베어, 새뮤얼Dolbear, Samuel 723
동방대학東方大學 194, 209, 227
동방피압박민족연합회東方被壓迫民族聯合會 218
동북노선東北路線 399, 400, 406~508, 459, 683
동북의용군후원회東北義勇軍後援會 223, 238, 247, 251, 258, 259~263, 267
동북항일연군東北抗日聯軍 399, 459, 466, 467, 468, 686
동생회同生會 316
동양인민대회 29
동제사同濟社 21, 137, 198, 645, 647, 657 ~659
동지회同志會 293, 296, 297, 303, 305, 308, 312, 328, 387, 388, 446, 493, 535, 549, 550, 552, 673, 686
등걸騰傑(藤杰) 326, 346, 390, 403, 507
등려민鄧潔民 111

ㄹ

랜싱, 로버트Lansing, Robert 648
랭던Landgon, William R. 472, 473, 490, 608, 728, 734, 739
러치Lerch, Archer L. 693, 731, 736
레닌Lenin, Vladimir Ilyich 36, 42, 49, 51, 58, 59, 75, 77, 80, 91, 92, 96, 122, 123, 169, 183, 668
레닌학교 507
렝추冷橘 226
로녹대학Roanoke College 16, 23, 138, 281, 287, 319, 596, 638, 640~642, 656
로빈슨Robinson, Richard 694, 695
루스벨트Roosevelt, Franklin D. 321, 473, 482, 485, 488~493, 565, 566
루스벨트, 엘리노어Eleanor Roosevelt 321
류시언柳時彦 182, 187
류진화劉鎭華 220, 221
리진일 305
리철원李哲源 305
리한W. K. Lyhan(William Lee Yongchik &

Kenneth Haan) 316~321, 324~327, 407, 448, 451, 674, 685

린치노Rinchino, Elbegdorju(에린치노프) 40

ㅁ

마류사 남 40
마쓰오 키노아키松尾樹明 449
마일즈, 밀턴Miles, Milton 554
마초준馬超俊(마성초馬星樵) 569
만보산사건萬寶山事件 237
매글린Maglin, William H. 734, 736
맥네어, 로이McNair, Jr., Roy P. 458
맥큔, 섀넌McCune, Shannon Boyd Bailey 270, 427, 673, 696
맥팔랜드MacFarland, J. P. 314, 315
메이킹 필름making film 625
명예 법학박사 학위 138
모스크바 석유신디케이트 215
모스크바3상회의 결정 619, 621, 689
몽골리언프로듀스사the Mongolian Produce Company 38
무정武丁 399, 459, 584, 589, 717
무정부주의자연맹無政府主義者聯盟 485, 528
무한대학武漢大學 378
문명철文明哲(김일곤金逸坤) 496
문시환文時煥 148, 154
문일민文逸民 240, 353, 357
미국 국립문서기록관리청The National Archives and Records Administration (NARA) 22, 23, 210, 626, 648, 652, 671, 675, 691
미국 이전설 461, 545
미주 문제 선후방침안先後方針案 550
미주한인연합회美洲韓人聯合會 249, 279, 280, 281, 287, 288, 290, 292~295, 298, 332
미챔, 스튜어트Meacham, Stuart 696
민병길閔丙吉 425
민영구閔泳玖 418
민영휘閔泳徽 117
민족전선民族戰線→조선민족전선연맹
민족통일총본부 727
민족혁명당民族革命黨(민혁당)→조선민족혁명당
민주의원民主議院→남조선국민대표민주의원
민중대회 288, 299, 549
민찬호閔瓚鎬 328, 465, 466
민필호閔弼鎬 434, 659

ㅂ

바이워터, 헥터Bywater, Hector 315
박건朴健 174, 175
박건병朴健秉 150, 161, 182, 183, 186, 187
박건웅朴健雄 248, 251, 255, 262, 264, 352, 392, 434, 443, 500, 505, 519, 736
 －이진선李振善 251, 255, 262
박경순朴敬淳 353, 357
박경철朴景喆 174, 175, 187
박기성朴基成 411
박남파朴南坡→박찬익

박달학원博達學園 137, 138, 659
박대호朴大浩 417
박동완朴東完 328
박상엽朴尙燁 696
박수복朴守福 501~503
박승만 50
박승환朴承煥 590
박애朴愛 92, 93, 96, 108, 122, 123, 132, 133
박영효朴泳孝 660
박완朴浣 146
박용만朴容萬 111, 160, 161, 186, 187, 189, 190~192, 223, 647, 649, 650, 653, 661, 662
박은식朴殷植 187, 202
박진순朴鎭淳 80, 81, 98, 100, 102, 106, 108, 121~123, 126, 131, 133
박진우朴鎭宇 136
박차정朴次貞 678
박찬익朴贊翊 240, 241, 349, 394, 306, 425, 501, 502, 505~507, 520, 528, 578
 -박남파朴南坡 238, 239
박창세朴昌世 240, 242, 353~355, 357, 361
박창익 165
박헌영朴憲永 30, 606, 627, 669, 692, 695, 716, 717, 719
박효삼朴孝三 404, 409
반문치潘文治 402, 403
반탁운동反託運動 486, 621, 688, 689, 715, 722
방각혜方覺慧 390

방선주方善柱 20, 22, 280, 311~313, 316, 325, 451, 627, 628, 671
방치方治 569
배달공론倍達公論 131~134
배천택裵天澤 146, 148, 154
백낙승白樂承 739
백남신白南信 31, 32
백남운白南雲 719
백남준白南俊 119, 140, 154
백덕림白德林 210
백운제白雲梯 339
백일규白一圭 279, 280, 285, 287, 290, 291, 297, 332, 241
백정기白貞基 678
버나도Bernadou, J. B. 634
버드Bird, Willis 572
버치 문서Leonard M. Bertsch papers 22, 24, 692, 693, 694, 713, 728, 739, 744
버치Bertsch, Leonard 693, 695, 731
번스Bunce, Arthur 743
변준호卞俊鎬 526, 529, 552, 555, 562
보이틴스키Voitinsky, Grigori 30, 176, 177, 193
보천교普天敎 35, 36
복단대학復旦大學 205~209, 212, 217, 227, 228, 233, 381, 671
본갑이→김규식
볼셰비키 212, 649, 650
북경 미국공사관 657
북경군사통일회北京軍事統一會 119, 134, 143, 150, 175, 186, 223
북한노획문서철 627

찾아보기　　783

불관주의不關主義 425

불령단관계잡건不逞團關係雜件 131, 132, 659, 660, 661

브라운Brown, Albert E. 734, 736, 742

브래들리, 윌리스Bradley, Willis W. 448

블리스, 태스커Bliss Tasker 648

비상국민회의非常國民會議 714, 716, 719 ~721

비상국민회의 최고정무위원最高政務委員 719, 720

빈센트Vincent, Carter 689, 715

ㅅ

사기공산당 사건 36

사천대학泗川大學 207, 337, 361, 363~ 366, 368, 369, 375~378, 380, 381, 387, 437, 441, 452, 595, 678~680

사파로프Safarov, Georgy 44, 52, 66, 67, 73, 75, 80, 86, 88, 92

삼균주의三均主義 394, 395, 517, 527

삼민주의三民主義 397, 409, 460, 461, 497, 508

삼민주의역행사三民主義力行社 326, 345, 346, 351

삼일공학三一公學 198, 202~204, 206, 208, 217

삼일중학三一中學 201

상해 윌리엄스대학Williams College in Shanghai 205, 206, 208, 209, 220, 595, 671

상해 임시정부(상해 임정) 31, 32, 42, 49, 67, 72, 74, 76, 79, 88, 91, 93, 94, 96, 98, 102, 105, 110, 120~122, 131, 133, 149, 151, 166, 171, 177, 237, 279, 665, 672

상해대학 207, 208, 212, 217

상해대한적십자사 135

상해사변上海事變 237, 250, 256, 259, 263, 267, 271, 288, 289, 311, 349, 386, 672, 673

상해애국부인회 160, 162

상해파 34, 35, 36, 49, 50, 67, 71, 72, 75, 79, 80, 82, 85, 86, 90, 91, 94, 95, 98, 102, 106, 107, 108, 109, 110, 115, 118, 119, 120, 130, 131, 143, 144, 145, 146, 148, 151, 152, 154, 156, 177, 178, 191, 666

상해파 고려공산당 42, 71, 79, 93, 111, 148, 164, 669

상해한인청년당 241

새문안교회 617, 636, 644

샌프란시스코회담 539, 540, 562, 688

서광범徐光範 642

서병호徐丙浩 16, 119, 135, 137, 160, 161, 198~201, 217, 220, 227, 228, 319, 647, 657, 668

서영완徐永琬 148

서영해徐嶺海 558

서왈보徐日甫 160, 161, 222, 223, 645

서은증徐恩曾 396, 412, 413, 416, 420

서재필徐載弼 76, 115~117, 312, 642, 654, 670

석성재石成才 400, 403

석정石正→윤세주

선봉先鋒 144, 178, 180
선先 임시정부 수립, 후後 반탁 746
선우혁鮮于爀 120, 148, 154, 653
성주식成周寔(성선원成宣園, 성현원成玄園)
  339, 353, 392, 428, 494, 502, 528, 534,
  586, 773
세마운Semaun 48, 52
소력자邵力子 532, 561, 569, 613
소육린邵毓麟 251, 484, 564, 610
소쟁蕭錚 348, 349
손과孫科 437, 460, 532, 613
손덕인孫德仁 313, 317, 328
손두환孫斗煥 425, 434, 493, 494, 502,
  505, 506, 522, 560, 581
송남헌宋南憲 21, 629, 731
송메리 285, 288
송병조宋秉祚 135, 218, 241, 243, 248,
  338, 339, 352~354, 358, 362, 425
송수창宋壽昌 574
송자문宋子文 488
송창균宋昌均 294
송철宋哲 502, 521
송헌주宋憲澍 280, 285, 287, 288, 293,
  294, 332, 341, 343, 552, 562, 651, 656,
  673
송호성(송호宋虎) 574
순이시파純伊市派 178
슈미야츠키Shumyatsky, Boris 30, 49, 50,
  52, 54, 56, 57, 59, 93
슈티코프Shtikov, Terenti Fomich 716, 724
스미소니언박물관Smithsonian Museum
  13, 14, 633, 634

-스미소니언 국립인류학아카이브
  Smithsonian National Anthropological
  Archives 23, 633, 634
-스미소니언기관아카이브Smithsonian
  Institution Archives 23, 24, 634
스탈린Stalin, Joseph 467, 490, 491, 565,
  566
스틸웰Stilwell, Joseph 554
승룡환承龍煥 313, 317, 318
신간회新幹會 219, 672
신공제申公濟→이광제
신국권申國權 200
신규식申圭植 21, 100, 116, 117, 137, 647,
  657, 659, 660, 665
신기언申基彦 436, 502, 522, 579, 580
신문균 739
신세계에서의 미국: 제2부 태평양 관계
  475, 689
신숙申肅 119, 143, 144, 148, 150, 154,
  156, 160, 161, 163, 165, 168, 174, 175,
  182, 183, 186~189, 192, 318
신악申岳 403
신영삼申榮三 433, 436, 519, 522
신의단伸義團 132, 173
신익희申翼熙 103, 136, 137, 148, 238,
  239, 243, 245, 248, 255, 262, 319, 320,
  324~326, 338, 339, 352, 355, 359, 392,
  393, 400, 437, 483, 528, 534, 551, 569,
  578, 621, 720
  -왕해공王海公 238, 239, 255, 262,
  319, 320, 324, 325, 355, 392, 400,
  569

신일헌申日憲　156, 161, 182, 186, 187

신진당新進黨　687, 744

신채호申采浩　111, 160, 218, 658

신탁통치안　480, 491

신팔균申八均　161

신한독립당新韓獨立黨　255, 352, 354~357, 387

신한민보新韓民報　117, 131, 197, 200, 203, 222~224, 245, 278, 281, 284, 288, 290, 295, 298, 451, 461, 509, 529, 532, 544, 564, 670

신한민주당新韓民主黨　522, 523, 576~582, 602

신한청년新韓靑年　651

신한청년당新韓靑年黨　21, 30, 31, 60, 105, 161, 217, 271, 596, 640, 647, 650, 651, 653, 656~658, 665

신한촌新韓村　163, 168, 182

실용영문작문법Hints on English Composition Writing　364, 365

실용영어Practical English　365~367

십인단十人團　132, 133, 173

ㅇ

아놀드Arnold, Archibald V.　618, 619, 728

아베 노부유키阿部信行　743

아이플러Eifler, Carl　553, 554

안경근安敬根　240, 242

안공근安恭根　38, 86, 87, 88, 90, 91, 93~97, 99~101, 103~106, 109, 110, 238, 239, 349, 411, 666

안기옥安基玉　174, 175

안무安武　156, 174, 175, 187

안미생安美生　368, 369, 374, 375, 601, 680

안병찬安秉瓚　30, 90

안우생安偶生　199, 590, 591

안원생安原生(David An)　199, 487, 497, 512, 522, 529, 598

안재홍安在鴻　606, 720, 732, 733, 736, 746

안재환安載煥　218

안정근安定根　135~137, 154

안중근전安重根傳　138

안창호安昌浩　96, 103, 104, 120, 130, 139, 143, 145, 146, 148, 152, 154, 164, 202, 203, 217, 218, 237~242, 245, 249, 250, 256, 257, 261, 262, 288, 386, 446, 544, 618, 649, 659, 660, 661, 666~668

안현경安顯景　328

안호상安浩相　199

안훈安勳　519, 528, 578

암살단 사건　501, 503, 504, 521, 529

애국금愛國金　139, 340, 343, 654~656, 665, 730

앤더슨마이어 컴퍼니 유한회사Andersen, Myer & Co., Ltd.　38

얄타밀약설　562, 564~567, 688

얄타회담　557~560, 562, 564~566

양기백梁基伯　651

양기탁梁起鐸　141, 244, 245, 339, 343, 353, 355, 361, 362

양남파兩南派　120, 148

양묵楊墨　362, 415, 425, 435

양서파兩西派　120, 148
양세봉梁世奉　265, 318
양우명梁又銘　369, 379
양우조楊宇朝　358
양자유경揚子幽景　365, 367~369, 381, 601, 680, 690
양정명梁鼎銘　21, 365, 368~370, 372, 379 ~381, 601, 679, 680
양중명梁中銘　369, 379
언더우드Underwood, Horace G.(원두우) 217, 233, 596, 632, 634, 635, 641, 643, 644, 645, 658
언더우드 고아원(고아원학교)　233, 631, 632, 634, 635, 641, 653, 658
언더우드, 릴리어스Underwood, Lillias Horton　632, 633
엄태섭嚴太燮　590
엄항섭嚴恒燮(엄대위)　241, 349, 358, 392, 413, 416, 425, 435, 460, 461, 479, 480, 482, 497, 501, 509, 528, 529, 544, 553, 569, 578, 583, 586, 599, 616, 618, 721
엄화근嚴和根　418
에드먼드 클럽Oliver Edmund Clubb　498
엔도 류사쿠遠藤柳作　743
엘리자베스 시대 연극 입문An Introduction to Elizabethan Drama　364
여병현呂炳鉉　642, 657
여운형呂運亨　15, 16, 18, 21, 23, 29~32, 34~41, 44, 46, 48, 50, 51, 52, 53, 56, 57, 58, 65, 73~76, 79~81, 89, 99, 106, 109~112, 130, 136, 137, 139, 152, 200, 201, 213, 217, 586, 605, 606, 610, 622, 627, 628, 635, 643, 647, 650, 653, 656~660, 663, 664, 667, 678, 690~692, 696, 714, 716, 717, 719, 726, 727, 728, 730, 731~736, 738, 739, 741~747
여운홍呂運弘　111, 200, 716, 731
여일민余一民→김규식
여지사勵志社　346
연경야화燕京夜話　191, 661
연안 독립동맹延安 獨立同盟　14, 582, 583, 586, 588, 601
연충렬延忠烈　242
연해현위원회沿海縣委員會　179
엽정葉挺　507
오광선吳光鮮　349, 611
오국정吳國楨　483, 563
오르그뷰로→국민대표회 주비회
오리어던O'Riodon, Charles　743
오민성　459
오방길吳芳吉　366
오산吳山　136, 262, 263
오성묵吳成黙　165
오성지吳成之　207, 369, 370, 372, 378, 379, 380, 381
오세영吳世永　136
오영선吳永善　101, 103, 110, 135, 148, 219
오창환吳昌煥　146, 150, 156, 163, 182, 186, 187
오철성吳鐵城　349, 433, 437, 487, 499, 500, 501, 505~508, 510, 513, 514, 524, 529, 533, 546, 568, 604, 609

오통교五通橋 369, 378, 379, 381

오홀라Okhola, Marta Iakovlevicha 40, 44, 50

온숙훤溫叔萱 524

올리버Oliver, Robert T. 637

완용사婉容詞 366, 679

왕개석王介石→김규식

왕명철王明哲 487, 510

왕봉생王芃生 347, 401

왕세걸王世杰 499

왕영생汪榮生 395, 413, 416

왕웅王雄→김홍일

왕일서王逸曙→김홍일

왕준성王俊誠 419

왕총혜王寵惠 433, 499

왕통王通 425, 433, 436, 462, 494, 501~504, 530, 544

왕해공王海公→신익희

왕현지王現之 395

왕홍王興 418

왜고리짝 사건 746

외교독립노선 31, 139, 171, 640, 666

외무부행서外務部行署 341

요동의용군遼東義勇軍 223, 247

요시다 유타카吉田豊 43

요시다 하지메吉田一 58

요시다吉田→한길수

우가키 이세이宇垣一成 743

우리 통신 462

우탁禹鐸 156

운게른Roman von Ungern-Sternberg 38, 43, 636

워싱턴사무소 536, 550, 555, 607

워싱턴회의 29, 47, 49, 62, 65~68, 75, 76, 87, 115~118, 139, 482, 486, 488

워커, 고든Walker, Gordon 695

원세훈元世勳 95, 96, 119, 120, 130, 135~137, 144, 150, 156, 161, 163, 165, 168, 175, 183, 186, 187, 192

원일한Underwood Jr., Horace Grant 643

원조한국광복군판법援助韓國光復軍辦法 568

원한경Underwood, Horace H. 643

웨드마이어Wedemeyer, Albert C. 571, 575, 611

웨커링Weckerling, John 318, 714

위사원韋思源→한일래

위임통치委任統治(mandatory) 275, 473, 479, 480

위임통치청원 139, 145, 665

윌리엄스Williams, George Z. 716

윌슨, 우드로Wilson, Woodrow 21, 31, 57, 70, 480, 648, 650, 656, 657, 665

유건혁柳健赫 32

유기석柳基錫 259~261

유독劉篤 403

유동열柳東說 41, 222, 223, 224, 226, 248, 255, 262, 264, 265, 286, 353, 361, 362, 411, 413, 435, 437, 505, 506, 510, 520, 521, 522, 523, 533, 578, 616, 618, 620, 645, 678, 687, 720

　-유춘교柳春郊 255, 262

유린 75, 122, 219

유림柳林 434, 463, 528, 620, 720

유시언柳時彦 161
유영익柳永益 656
유용풍劉用豊 223
유자명柳子明 218, 388~390, 392, 402, 403, 434, 437, 519
유지론維持論 78, 668
유진동劉振東 353, 417, 418, 463, 522, 720
유춘교柳春郊→유동열
유해준兪海濬 418
윤규운尹虬雲 494
윤기섭尹琦燮 153, 219, 243, 248, 338, 339, 352, 353, 355, 357, 361, 425
윤길버트 285
윤덕보尹德甫 160, 161, 187
윤동주尹東柱 230, 231
윤병희 285, 288
윤봉길尹奉吉 238, 239, 678
윤봉길 의거 237, 240, 244, 247, 252, 256, 277, 289, 296, 338, 345, 349, 353, 367, 386, 672, 673
윤세주尹世冑 355, 362, 398, 496
 -석정石正 354, 362, 403, 409
윤자영尹滋瑛 146, 148, 151, 154
윤점순 447
윤증우尹澄宇 502
윤해尹海 94, 95, 120, 140, 143, 144, 146, 147, 149, 150, 154, 156, 157, 159, 161, 165, 167, 168, 174, 175, 182, 183, 186~189
은도끼silver axe 692
의열단義烈團 43, 132, 133, 134, 161, 173, 224, 248, 249, 251, 255, 257, 258, 260, 262, 286, 303, 326, 327, 337, 345, 346, 348, 351~357, 359, 361, 363, 387, 404, 406, 585, 676
의화군義和君 638~640
이경선李慶善 428, 462, 465~467, 526, 685
이광수李光洙 20, 653, 659
이광제李光濟 218, 353, 354, 355, 357, 361, 435, 493, 494, 507, 508, 522
 -신공제申公濟 355
이규서李圭瑞 242
이극로李克魯 719
이기종李璣鍾 640
이동녕李東寧 187, 240, 241, 243, 250, 338, 358, 362, 390
이동원李東園 136
이동휘李東輝 75, 80, 82~86, 89, 91~96, 99, 100, 103, 104, 106, 111, 120~122, 133, 165, 168, 177, 180, 187, 202, 223, 666
이두산李斗山 574, 576
이르쿠츠크파 30, 31, 50, 65, 67, 71, 72, 75, 79~82, 86, 89, 90~98, 105~111, 115, 118, 119, 130, 131, 143~145, 150, 151, 159, 162, 164, 166, 175, 178, 181, 664, 666~668
이르쿠츠크파 고려공산당 30, 36, 40, 81, 109, 110, 664, 669
이만규李萬珪 34, 36, 37
이범석李範錫 350, 417, 418, 459, 549, 572, 574, 588, 686

이범진李範晉 640

이복원李復源 411, 418, 435

이봉창李奉昌 678

이봉창 의거 234, 237, 240, 244, 256, 277, 285, 345, 672

이살음李薩音 280, 281, 282, 293, 552, 562, 673

이상만李象萬 418, 425, 435

이상백李相佰 590

이상재李商在 36, 111, 117

이상조李相朝 459

이상호李相皓 142, 161

이서화李錫華 521, 522

이성 178, 180

이소민李蘇民 413

이수봉李秀峰 242

이순기李舜基 293, 549, 719

이승만李承晩 15, 23, 75, 76, 99, 100, 103, 104, 106, 115~117, 127, 139, 145, 148, 153, 197, 202, 279, 288, 293, 297, 311, 312, 316, 326, 328, 338, 339, 341~343, 444~447, 450, 451, 453, 461, 464~466, 469, 471, 480, 505, 535~545, 547~555, 557, 564~567, 596, 605, 606, 610, 617~621, 637, 642, 643, 649, 650, 653, 654, 656, 662, 665, 666, 670, 678, 681, 685~688, 691, 692, 694, 696, 714~717, 719, 720~723, 727, 728, 730, 731, 733, 735, 738, 745~747

이승만의 반소·반공 캠페인 567

이시영李始榮 116, 117, 358, 362, 425, 502, 505, 508, 528, 578, 599, 616, 618, 719

이영선李永善 179, 180, 590

이영형李永衡(이관일李貫一) 355

이용 122, 123, 132

이용로李容魯 325

이용직李容稷 310~318, 320, 321, 324~329, 332, 341, 448, 451, 452, 674

이운환李雲煥 349

이웅李雄 418, 522

이원순李元淳 316, 332, 341, 550

이위종李瑋鍾 640

이유필李裕弼 135~137, 148, 218, 238~241, 243, 248, 249, 250, 255, 256, 262, 264, 338

　　-이춘산李春山 255, 262

이익성李益星 406, 409

이재곤李載崑 67

이적李迪 137, 198

이정건李正健 332, 341

이정근 313, 316, 328

이정식李庭植 16, 217, 220, 229, 230, 331, 365, 366, 369, 567, 641

이정호李貞浩 393, 425, 433, 502

이준식李俊植 412, 417, 521

이진 150

이진강李振剛 422

이진산李震山 154

이진선李振善→박건웅

이진영李進榮 521, 522

이진일李進一 304, 332, 341

이집중李集中 403, 425, 462, 502, 574

이차산李次山 262, 263
이창기 357
이창세 353
이청천李靑天 150, 161, 163, 165, 166, 168, 174, 175, 182, 186~189, 265, 318, 349, 350, 354, 356, 357, 361, 387, 388, 390, 392, 395, 400, 401, 417, 418, 420, 422, 426, 435, 458, 469, 470, 487, 509, 510, 533, 569, 572~575, 578, 582, 599, 611, 676, 677, 678, 686, 687
 -지대형池大亨 355
이초李初 287, 396
이초영李超英 396
이춘산李春山→이유필
이충모李忠模 148, 151, 561, 590, 591
 -김우희金宇希 146, 148, 151, 154, 156, 174, 175, 187, 561
이치룡李治龍 174, 175
이탁李鐸 120, 135~137, 142, 144, 148
이태준李泰俊 41~44, 122, 231, 232, 636, 644
이토 히로부미伊藤博文 639
이팔구락부二八俱樂部 30, 60
이하유李何有 411
이한영 122
이해명李海鳴 425, 434, 436, 462, 463, 502, 662
이해평李海平(이재현李在賢) 412
이회영李會榮 341
이희경李喜儆 38, 86~91, 93, 94, 96, 97, 99, 100~104, 106, 107, 111, 117, 332, 666

인도·버마전구印緬戰區공작대 569
인민위원회People's Committee 166
인성학교仁成學校 124, 132, 138, 194, 198, 200, 201, 202
일본공산당 75, 92, 191, 193
임근배林根培 233
임병극林炳極 158, 174, 175
임시의정원臨時議政院 139, 148, 152~154, 156, 159, 161, 175, 217, 218, 243, 256, 266, 339, 342, 344, 358, 362, 392, 425, 428, 430, 433, 435~437, 442, 443, 460, 462, 463, 497, 506, 509, 517, 518, 521, 524, 526, 527, 528, 534, 546, 561, 579, 584, 585, 587, 600, 602, 603, 616, 683, 684, 690
임시헌장臨時憲章 524, 525, 527, 577, 579
임원근林元根 30, 32, 67, 130, 669
임의탁林義澤 233, 418, 563
임정구任正九 280, 291
임초林超 298, 299
임표林彪 163, 187
입법의원立法議院→과도입법의원

ㅈ

자유시참변自由市慘變(자유시사변自由市事變) 40, 46, 49, 50, 71, 80, 110, 111
자의에 의한 잠정적 정계 은퇴temporarily retiring from politics 727
자치 능력 456, 472, 473, 478, 483, 484, 490, 492, 543
장개석蔣介石 224, 225, 326, 339, 346~349, 351, 369, 390, 397, 401~403, 405,

409, 412, 416, 419, 420, 426, 427, 431,
433, 461, 487~490, 492, 495, 497, 499,
500, 506, 507, 513, 514, 522, 533, 568,
583, 609, 610, 613
장건상張建相 150, 435, 443, 463, 502,
505, 508, 526, 528, 578, 584~589, 599,
601, 619, 620, 690, 719~721
장국도張國燾 48, 52, 53, 57, 57, 61, 62,
75
장권張權 736
장기영張基永 119, 157, 163, 187
장덕수張德秀 35, 36, 302, 304, 332, 341,
653, 738, 745
　-장설산張雪山 304~306
장덕진張德震 31, 35, 140
장붕張鵬 199
장석윤張錫胤 553, 554, 555
장설산張雪山→장덕수
장성언張聖彦 230
장수영 280
장수현張壽賢 524
장준하張俊河 569, 580, 616
장택상張澤相 694, 733, 734, 735, 737,
738, 742, 744, 747
재건 한국독립당再建 韓國獨立黨 357
재무부행서財務部行署 341, 343
재미유학생총회在美留學生總會 276, 302
재미 한족연합위원회在美韓族聯合委員會
　(재미한족연합회) 293, 446, 479, 493,
505, 535~537, 539, 540~545, 547~
552, 555, 556, 607, 686, 687, 744
재연안주비위원회在延籌備委員會 589

재중국 소련 석유무역부 215, 216
재중국 자유한인대회 485
저보성褚輔成 238, 239, 257, 258, 259
적절한 시기in due course 489, 492
전경무田耕武 287, 307, 493, 540, 545~
547, 549, 550, 552, 562, 686
전우田友→정재달
전조선민족대회全朝鮮民族大會 588, 589
정경회鄭京會 341
정경희 305, 332
정광호鄭光好 30, 32, 36, 119, 140
정남윤鄭南允 174, 175
정두옥鄭斗玉 312, 314, 316
정무묵鄭武黙 734, 736, 741
정무위원회계획 715
정양필鄭良弼 299
정유린鄭有麟 219
정인보鄭寅普 659
정재달鄭在達 144, 180, 181
　-전우田友 144, 165, 178, 180
정창화鄭昌和(백민태白民泰) 743, 744
정초오丁超五 262, 263, 264, 319, 324,
325, 326
정태은 299
정한경鄭翰景 282, 306, 315, 552, 654
정형묵鄭亨黙 734, 736, 741
정환범鄭桓範 562, 563
제1차 미소공동위원회 691, 693, 715,
716, 719, 723
제1회 극동노력자대회The First Congress
of the Toilers of the Far East 48
제섭Jesseup, John K. 479

조경한趙擎韓 350, 620, 720, 721

조극趙極 304, 305, 332, 341

조동호趙東祜 32, 68, 73, 109, 136, 137

조만식曺晩植 721, 738

조미공동회담朝美共同會談 714, 732, 733, 737, 746

조병옥趙炳玉 469, 694, 732~738, 747

조사시찰단朝士視察團 630, 631, 632

조상섭趙尙燮 136, 137, 154, 203, 219

조상지趙尙志 467

조선공산당朝鮮共産黨 399, 400, 508, 619, 669, 677, 678, 717, 742

조선무정부주의자연맹朝鮮無政府主義者聯盟 484, 529, 577, 579

조선민족독립당 428

조선민족전선연맹朝鮮民族戰線聯盟(민족전선) 347, 385, 387~395, 397, 400~402, 404, 410, 425, 443, 455, 464~466, 468, 470, 493, 495, 586, 621

조선민족해방동맹 347, 389, 392, 393, 434, 484, 487, 500, 528, 531, 576, 579

조선민족해방투쟁동맹 410, 413, 493

조선민족혁명군 429

조선민족혁명당朝鮮民族革命黨(민족혁명당, 민혁당) 14, 247, 255, 266, 326, 335, 337, 343~364, 386~389, 391~396, 399~401, 404~406, 409~411, 413~415, 420, 424, 425, 427, 428, 430, 432, 434~438, 442, 444, 445, 447, 450~453, 455, 456, 459, 461, 464, 465, 466, 468, 484, 493~496, 501, 503, 504, 507, 508, 516~518, 525, 531, 534, 541,

542, 546, 555, 570, 576, 583, 595, 596, 598, 601, 602, 676~678, 682~685, 687, 688, 690, 723

-조선민족혁명당 미주지부 359, 453, 455, 465, 495, 555

-조선민족혁명당 미주총지부 구舊 간부파 555

-조선민족혁명당 미주후원회 465, 466, 535

-조선민족혁명당 북미총지부 신新 간부파 555

-조선민족혁명당 하와이지부 465, 466

조선민족혁명자통일동맹 507, 522

조선의열단朝鮮義烈團 248, 257, 352, 355

조선의용군 화북지대華北支隊 431

조선의용대朝鮮義勇隊 14, 261, 262, 326, 345~347, 348, 350, 351, 359, 363, 386, 393, 396, 399, 401~424, 426, 427, 429~432, 434, 442, 450~456, 458~459, 463, 466~470, 485, 496, 513, 516, 517, 531, 532, 535, 542, 543, 584, 682, 683, 685, 686, 689

-조선의용대 주미전권대표駐美全權代表 453, 455

-조선의용대 화북지대華北支隊 409, 411, 418, 459

-조선의용대통신 405

-조선의용대후원회 465

조선청년전시복무단朝鮮靑年戰時服務團 400

조선청년전위동맹朝鮮靑年前衛同盟 392, 393, 396, 400, 401, 406, 408, 410

조선혁명간부학교朝鮮革命幹部學校 326
조선혁명군사정치간부학교朝鮮革命軍事政治幹部學校 346, 350, 351
조선혁명당朝鮮革命黨 192, 248, 249, 250, 251, 257, 262, 265, 303, 349, 352, 354, 355, 356, 357, 361, 387, 388, 392, 393, 395, 396, 400, 401, 493, 494, 507
조선혁명당 해외전권위원회海外全權委員會 493, 494, 507
조선혁명운동 판법辦法 413
조선혁명자연맹朝鮮革命者聯盟 347, 388, 389, 392, 393, 434
조성환曺成煥 219, 243, 338, 339, 353, 362, 412, 418, 434, 435, 463, 501, 502, 505, 508, 528, 578, 620
　-조욱曹煜 338, 339
조소앙趙素昻 219, 238~243, 250, 261, 338, 339, 344, 353~355, 357~359, 361, 362, 387, 388, 390, 392, 395, 417, 418, 428, 435, 441, 443, 446, 460, 464, 480~484, 487, 497, 498, 502, 505, 506, 508, 510, 519, 521, 523, 528~530, 532, 534, 540, 551, 553, 558, 562, 563, 567, 569, 570, 574, 578, 598, 601, 609, 611, 619, 620, 676, 677, 678, 684, 687, 720
　-조용은趙鏞殷 355
조시원趙時元 418, 435, 574, 611
조영한 257, 259, 260
조오흥曹五興 299, 300, 301
조완구趙琬九 148, 219, 240, 243, 251, 280, 338, 353, 354, 358, 362, 497, 501~503, 505, 508, 509, 519, 520, 521,

528, 529, 530, 551, 569, 578, 580, 615, 620, 720
조용은趙鏞殷→조소앙
조욱曹煜→ 조성환
조은애趙恩愛 229, 231, 635, 636
조중구趙重九 136
조중철趙重哲 425, 437, 495, 502, 523
조창식趙昌植 635
존John→김규식
존스턴, 리처드Johnston, Richard 695
좌우합작7원칙 714, 742
좌우합작운동 18, 249, 367, 443, 627, 628, 692, 714, 726, 727, 728, 730, 731, 742, 747
좌우합작위원회 733, 738, 745, 746
주가화朱家樺 349, 395, 397, 416, 419, 420, 422, 426, 427, 431, 432, 433, 437, 499, 500, 504, 507, 508, 510, 511, 512, 513, 514, 529
주경란朱慶瀾 238, 239, 257, 259
주덕朱德 385
주미외교위원부駐美外交委員部 464, 468, 480, 536~540, 547, 548, 550, 551, 566, 601, 617, 686, 688, 722
주세민周世敏 413, 531
주영한朱榮翰 301, 694, 695
주요섭朱耀燮 199
주요한朱耀翰 199
주은래周恩來 400, 409
주한미군 군사실 문서철 627, 674, 724
주한미군사the History of the United States Army Forces in Korea(HUSAFIK) 626,

716, 723
주함당周咸堂 402, 403
죽근탄 감귤원竹根灘 柑子園 379~381
중경특파단重慶特派團 545
중국 군사위원회 347, 401, 402, 403, 404,
　405, 407, 408, 418, 420, 422, 427, 429,
　430, 431, 432, 458, 469, 470, 487, 496,
　497, 516, 567, 568, 575, 576, 683
중국부흥사中華復興社 346
중국중앙군관학교 특별훈련반 347, 403
중국후원회中國後援會 465
중미협조기구Sino-American Cooperative
　Organization(SACO) 554
중한국민호조사 총사中韓國民互助社 總社
　137
중한문화협회中韓文化協會 437, 441, 484,
　504, 532, 563, 569, 613
중한민족항일대동맹中韓民族抗日大同盟
　261
중한민중동맹中韓民衆同盟 262, 266, 268,
　271~273, 276, 287~292, 294, 295,
　297, 298, 303, 309, 310, 316~321, 326,
　327, 330, 332, 338, 359, 361, 444, 445,
　448, 449, 451~453, 464~466, 495,
　496, 542, 543, 607, 671, 673~675, 685
　　-중한민중대동맹中韓民衆大同盟 256~
　　267, 281, 283~286, 292, 303~305,
　　319~321, 323, 324, 325
　　-중한민중대동맹 뉴욕지부 304, 305,
　　332, 359
　　-중한민중동맹단中韓民衆同盟團
　　466, 685

중한민중자위대동맹中韓民衆自衛隊同盟
　259~261, 267, 276, 304
중한민중토일동맹中韓民衆討日同盟 257
중한호조사中韓互助社 135~138, 161,
　255, 263, 671
　　-중한호조사 상해총사中韓互助社 上海
　　總社 138
　　-중한호조사 총사總社 137, 138
중화오족구국동맹회中華五族救國同盟會
　260
지노비예프Zinovyev, Grigory Yevseyevich
　44, 61, 66, 67, 73, 75, 78, 275, 663, 664
지대형池大亨→이청천
지장회池章會 162
진과부陳果夫 347, 349, 390, 433, 499,
　533
진국빈陳國斌→김원봉
진기미陳其美 349
진독수陳獨秀 58, 263
진립부陳立夫 349, 351, 497, 587
진의로陳義路(이영준李英駿) 355, 357
질레트Gillette, Guy 449, 542
짜랍킨Tsarapkin 724

ㅊ

차달성車達成 591
차리석車利錫 135, 243, 338, 339, 343,
　353, 358, 362, 417, 418, 428, 435, 508
차신호車信浩 312, 466, 544
차천자車天子(차경석車京石) 35
창조론 78
창조파 119, 134, 139, 140, 143~145, 147

~151, 154, 155, 157, 159, 160, 162~
164, 166, 173, 175, 177~180, 190, 192,
193, 223, 337, 561, 668
채동순蔡東順 50, 67
채영蔡永 119, 162, 187
채원개蔡元凱 417, 418, 521, 523, 575
천세헌千世憲 120, 121, 139, 140, 142
천일병(한일래) 355
청산화부靑山和夫(흑전선치黑田善治) 401,
403, 503
최고려崔高麗 51, 58, 80, 108
최근우崔謹愚 590
최기학崔基鶴 162, 187
최능익崔能翊 466, 469
최능진崔能鎭 469, 737, 744
최동오崔東旿 239, 243, 248, 255, 286,
303, 338, 339, 344, 352, 353~355, 357,
361, 362, 395, 435, 502, 505, 521, 528,
620, 678, 736
최동진 304
최석순崔錫淳 219, 354, 355, 428, 435,
436, 528
최선주崔善周 329
최성우崔聖禹 165
최순주崔淳周 328
최용건崔庸健 592, 717
최우강崔友江 494
최인진 630
최정익崔正益 660, 662
최준 136, 137, 157, 162, 174, 175, 182,
186, 187
최준형崔峻衡 187

최진하崔鎭河 295, 296, 545
최창덕崔昌德 328
최창석崔滄石 574
최창식崔昌植 30, 32, 81, 86, 87, 92, 106,
109, 136, 137, 200, 201, 218, 219, 666
최창익崔昌益 389, 399~401, 405, 406,
407, 459, 677, 683, 717
최충신崔忠信 199
최팔용崔八鏞 35, 36
축소주祝紹周 349, 600
치체린Chicherin, Georgy Vasilyevich 75,
85, 88, 89, 100, 101, 102, 107, 123
치토비치 165

ㅋ

카Carr 52
카라한Karakhan, Lev 75, 190
카리닌 75
카이로선언 483, 489~493, 512, 532, 558,
681, 688, 689, 715
카이로회담 378, 482, 487~491, 681
카틴숲학살Katyn massacre 559
케네스Kenneth→한길수
코민테른Comintern 29, 30, 44, 45, 48,
51, 52, 59, 61, 65~68, 71, 72, 74, 75,
79~86, 88~93, 95, 97~100, 102, 104,
105, 107, 108~110, 118, 123, 133, 134,
151, 163~165, 167~169, 173, 174,
177~179, 181~184, 215, 339, 467, 669
 -코민테른 원동부 고려국 177, 178
콜론타이Kollontai, Alexandra 75
콜맨Coleman 36, 38

콜트먼Coltman 38, 39
쿠, 웰링턴Koo, Wellington→고유균
쿤, 벨라Kun, Bela 52
크롬웰Cromwell, James A. 464, 540, 541, 548, 550
킹스톤Kingston→김구

ㅌ

태윤기太倫基 561, 591
태평양회의Pacific Council 36, 76, 116, 117, 312, 478, 479, 480, 481, 484, 670
태평양회의에 보내는 한국 인민의 글(韓國人民致太平洋會議書) 76
테이어Charles W. Thayer 693, 726, 728, 730
테헤란회담 491, 493
토머스 주니어Thomas, Jr., Fred Charles 22, 648, 649, 650
토머스호 밀항 636, 648, 650
토원운동討袁運動 227
트로이츠코삽스크Troitskosavsk(트로이츠차스카, 트로이카 삽스크賣買城) 36, 37, 40, 42, 44, 46, 46, 89
트로츠키Trotsky, Leon 44, 75, 169

ㅍ

파인버그Fineberg, Joseph 165, 168, 169, 171, 174, 176, 178, 179, 180, 181, 182, 183, 185, 668
팔로군八路軍 385, 393, 400, 406, 407, 409, 424, 431, 432, 455, 569
페코프Peckhoff, Zinovi 558

포드Ford, J. F. 530, 531
폴란드 망명정부 558, 559, 560, 562, 567
폴란드 민족해방위원회 559
풍옥상馮玉祥 221, 223, 225, 227, 286
프랑스 망명정부 557, 558
피어론다니엘사the Fearon Daniel Co., Inc. 38
필라델피아통신부 116

ㅎ

하룡賀龍 507
하와이국민회 255, 279, 308, 313, 352, 354, 493, 655, 656, 665
하응흠何應欽 302, 416, 426, 432, 433, 499, 512, 514, 533, 567
하지Hodge, John R. 713, 716, 723, 726, 728, 730, 731, 737
하춘식何春植 731
하충한賀衷寒 402, 403
학무총장 103, 218, 595, 596, 665
한, 스탠Haan, Stan 320, 674
한韓공화국 668
한교연합회韓僑聯合會 256, 279
한국 독립운동을 원조하는 지도방안扶助朝鮮復國運動指導方案 433
한국 복국운동 원조 지도방안扶助韓國復國運動指導方案 499, 513
한국 혁명통일촉진회革命統一促進會 495
한국공개편지Korea Open Letter 695
한국공론Korea Review 117, 268
한국광복군 345, 350, 363, 386, 405, 408, 410, 411, 416~418, 422, 426, 427, 431,

433, 434, 459, 469, 485, 570, 571, 574
- 한국광복군 행동준승 9개조韓國光復軍
行動9個準繩 404, 420, 422, 493, 497,
498, 506, 516, 567, 568, 683
- 한국광복군선언문 417
- 한국광복군창설위원회 417
한국광복운동단체연합회韓國光復運動團體
聯合會(광복진선) 385, 387, 388, 390~
397, 411, 413, 442
한국국민당 250, 350, 358, 387, 388, 392,
393, 410
한국국민위원회 186, 710
한국대일전선통일동맹韓國對日戰線統
一同盟 247~253, 255~258, 260~
262, 264~268, 276, 283~287, 289,
293~295, 298, 301, 303~305, 318,
330, 332, 337, 338, 352~355, 359~
361, 363, 387, 388, 451, 672~674, 676,
685
 - 한국대일전선통일동맹 뉴욕지부
305, 359
한국독립당 134, 168, 169, 170, 172, 173,
182, 184, 186~189, 220, 241~243,
247~251, 255, 257, 286, 303, 349,
351~357, 361, 363, 383, 386~388,
391~397, 411~417, 426~429, 435,
438, 442, 452, 455, 475, 493, 494, 503,
504, 508, 518, 521, 576, 583, 677, 682,
683, 701, 706, 710
한국독립당조직안 184
한국독립당통일동지회韓國獨立黨統一同志
會(한독당통일동지회) 434, 435, 493

한국민간관리단Korean civil service 478,
479, 481
한국유일독립당 상해촉성회韓國唯一獨立黨
上海促成會 219
한국임시헌법 157, 183
한국청년전지공작대韓國靑年戰地工作隊
259, 411, 412, 413, 414
한국친우회 117
한국특무대독립군韓國特務隊獨立軍 351
한규설韓圭卨 117
한길수韓吉洙 266, 306, 309~321, 324~
328, 360, 444~458, 462, 464~466,
468, 470, 471, 495, 496, 519, 535, 536,
540, 542~544, 548, 552, 564, 597, 607,
671, 674, 675, 684~686
 - 요시다吉田 448
 - 케네스Kenneth 448
한명세韓明世 58, 81, 82, 84~87, 89~92,
95, 97, 98, 146, 151, 164, 177~179,
181, 192
한미협회The Korean American Council
328, 464, 539, 540, 541, 548, 549
한민당 605, 606, 692, 730, 733, 734, 735,
736, 738, 744, 747
한빈韓斌 393, 398, 399, 410
한성정부漢城政府 197, 539, 540, 665, 688
한시대韓始大 493, 550, 552, 562
한용헌韓容憲 165
한유한韓悠韓 411
한인사회당韓人社會黨 43, 71, 79, 80, 94,
96, 99, 122, 162
한인애국단韓人愛國團 237, 353, 550, 672

798

한인청년당韓人靑年團 241, 242
한일래韓一來 248, 251, 355, 403
　-위사원韋思源 251, 255
　-천병일 355
한장호韓章鎬 287, 298, 299, 306, 307
한재강韓再剛→김규식
한재명韓在明 280
한주선 298
한중서韓中書→김규식
한중호조군사협정韓中互助軍事協定 567
한지성韓志成 434, 436, 462, 493, 494, 570
한창걸韓昌杰 162, 187
한태규韓泰奎 136
한형권韓馨權 36, 42, 77, 80, 86, 90, 92~103, 105~108, 115, 118, 120~124, 126~134, 139, 148, 162, 173, 182, 186, 187, 188, 189, 668
항일군정대학抗日軍政大學 406
항주습격사건杭州襲擊事件 240, 241, 242
해외한족대회海外韓族大會 535, 537, 538, 547
허동규許東奎 157, 174, 175, 187
허헌許憲 619, 717, 719, 742
헌법의 개정 152, 518
헌법회의 156
헐Hull, Cordell 542
헐버트Hulbert, Homer B. 14, 634
헬믹Helmick, Charles G. 737
현, 데이비드Hyun, David 696
현, 몽고메리Hyun, Montgomery K.(현만규) 374

현순Hyung 32, 57, 58, 116, 148, 470, 666
현익철玄益哲 349, 361, 411
현정건玄正健 120, 200, 201
혈전주의血戰主義 148, 150, 151
혜령영문교惠靈英文校 205, 207, 209, 217, 382
혜령영문전과학교惠灵英文专科学校 207
호용청胡用淸 261
혼벡, 스탠리Hornbeck, Stanley K. 652
홍남표洪南杓 219
홍도洪濤 82, 83, 84, 86, 91, 93, 95, 96, 97, 106, 120
홍명희洪命憙 719, 744
홍범도洪範圖 58
홍순태洪淳泰 736, 741
홍언洪焉 280, 290, 291, 293
홍진洪震 157, 174, 175, 218, 219, 352, 355, 392, 417, 418, 425, 428, 435, 502, 505, 520, 521, 522, 524, 533, 578, 616
홍진우洪震宇 174, 175
홍한식洪翰植 313, 317, 466
화동한국학생연합회華東韓國學生聯合會 60
화북조선독립동맹華北朝鮮獨立同盟 347, 410, 423, 458, 460, 495, 583, 682
화북조선청년연합회華北朝鮮青年聯合會 459
화상마화桑麻 376, 379, 380, 679
환남사변皖南事變 408, 409, 414
황민黃民 501, 502, 503, 505, 530
황사용黃思容(황은구黃恩究) 546, 547, 562
황욱黃郁 157, 174, 175
황종환黃宗煥 136

황진남黃鎭南 544, 716, 741, 743
황창하黃昌夏 299
황포군관학교黃浦軍官學校 207, 225, 345, 346, 347, 369
황학수黃學秀 187, 318, 412, 417, 418, 437, 505, 508, 528, 620
황흥黃興 135
후성候成 413, 419, 458, 515
후쿠자와 유키치福澤諭吉 638
훈춘사건琿春事件 135, 285
흑하사변黑河事變 50
흥화학교興化學校 657
히스, 앨저Hiss, Algie 564